上海市志

教育分志
成人教育卷

1978—2010

上海市地方志编纂委员会　编

上海古籍出版社

1978 年，普陀区业余工业专科学校更名为普陀区业余大学（原校址为长寿路 990 号）。

1979 年，虹口区中山北一路 369 号上海财经学院夜大学招生考试现场。

1981 年，金山县山阳镇成人中等文化技术学校。

1982 年 4 月，虹口区业余大学老校舍（东大名路旧校舍 1979–1982）。

1981 年 11 月 6 日，《解放日报》头版刊登上海市将举行自学考试的消息。

1982 年 11 月 7 日，上海市委书记夏征农（前排左三）、副市长杨恺（前排左二）、赵祖康（前排左四）等领导巡视考场。

1982 年 11 月，华东师范大学高等教育自学考试首次开考。

1985 年，复旦大学自学考试首届毕业典礼。

1986 年，真如中学社会教育委员会成立。

1986 年 3 月，联合国官员参观虹口区业余大学机房。

上海工业大学夜大学第二届毕业生毕业留念 87.6.

1987 年 6 月，上海工业大学夜大学第二届毕业生毕业留念。

1988 年，上海财经大学自学考试毕业典礼。

1991 年 5 月 18 日，虹口区业余大学与法国文化协会合作的上海市法语培训中心签字仪式。

1998 年 3 月 1 日，闸北区芷江西路街道终身教育节开幕。

1998 年 1 月，上海市首届学习型组织学术研讨会。

1999 年 12 月，上海电视大学静安分校揭牌。

2001年，经教育部批准，普陀业余大学首次招收全日制普通高校学员。

2001年4月，华东师范大学网络教育学院成立。

2003 年 9 月，市人民政府办公厅转发《市教委等五部门关于进一步加强本市老年教育工作的若干意见》。

2004 年 11 月，创建学习型社区国际论坛在闸北区召开。

2005 年 12 月，徐汇区社区教育学院揭牌。

2005 年，虹桥镇社区学校外来务工者学习电脑。

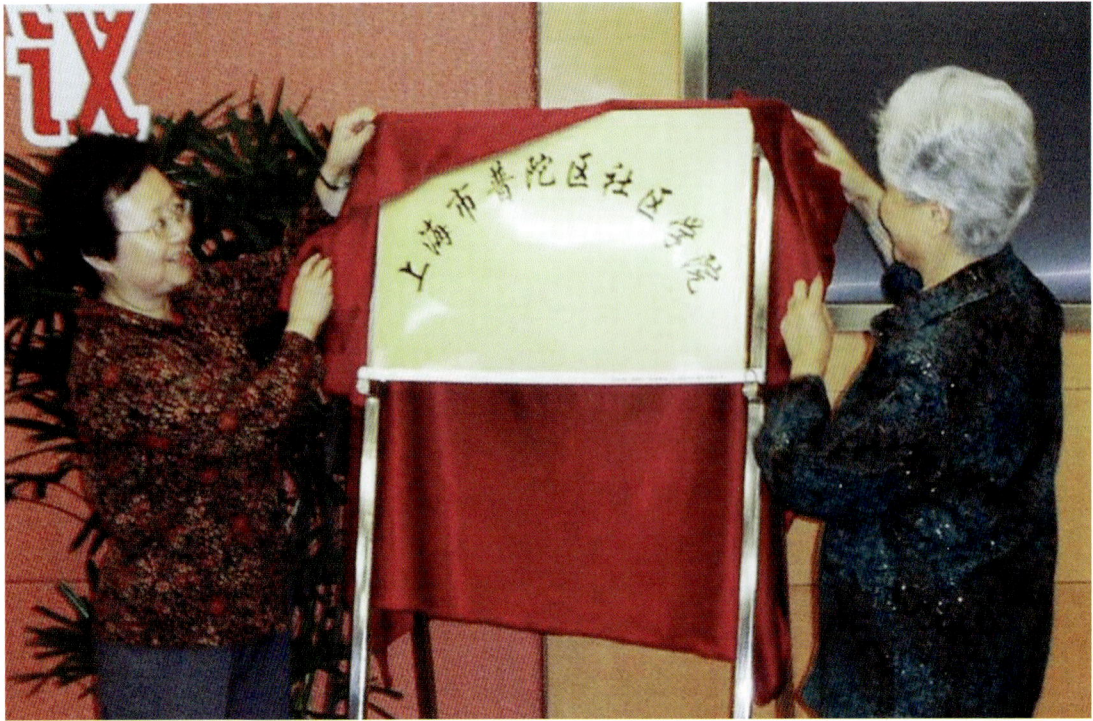

2006 年 4 月，普陀区社区学院正式挂牌。

2007 年 12 月，上海市第二次老年教育工作会议召开。

2007 年 4 月，上海市推进学习型社会建设大会召开。

2007 年 4 月，上海市学习型社会建设网站开通。

2008 年 12 月，杨浦区社区学院揭牌。

2009 年 5 月，华东师范大学成人教育学专业首批博士研究生通过学位论文答辩。

2009 年 12 月，上海市学习型企业建设推进大会召开。

2010 年 5 月，上海国际终身学习论坛召开。

2010 年 7 月，上海开放大学成立揭牌仪式。

2010 年 11 月，上海市学习型社区建设推进大会召开。

《上海市志·教育分志（1978—2010）》编纂委员会
2020年6月—

主　　任　王　平

副主任　蒋　红　贾　炜　闵　辉　毛丽娟　李永智　倪闽景　轩福贞　平　辉
　　　　　李　蔚

委　　员　（以姓氏笔画为序）

丁　力　丁　良　马建超　王　磊　汤林春　许开宇　苏　铁　李兴华

杨伟人　杨振峰　吴英俊　何鹏程　沙　军　张　旭　张　慧　束金龙

陆　勤　陈　华　郁能文　赵　宁　赵　扬　郭　扬　耿绍宁　凌晓凤

桑　标　董圣足　董秀华　焦小峰　颜慧芬

《上海市志·教育分志（1978—2010）》编纂办公室

主　　任　陆　勤

副主任　张日培

成　　员　张云娇　钟云芬

《上海市志·教育分志（1978—2010）》编纂委员会
2014年2月—2018年8月

主　　任　苏　明

副主任　高德毅　李瑞阳　尹后庆　印　杰　陆　靖　袁　雯　王　平　王志伟
　　　　　杨国顺

委　　员　（以姓氏笔画为序）

丁　力　王从春　王立慷　王兴放　王家一　王　磊　平　辉　朱　坚

庄　俭　汤林春　许开宇　劳晓芸　李兴华　李　蔚　何劲松　何敏娟

何鹏程　杨伟人　杨振峰　张　旭　张　慧　陆　勤　陈　华　陈国良

周　飞　周景泰　郑方贤　郑益慧　赵　宁　赵　扬　胡宝国　郭　扬

耿绍宁　顾泠沅　晏开利　倪闽景　凌晓凤　桑　标　陶文捷　董圣足
焦小峰

《上海市志·教育分志（1978—2010）》编纂办公室

主　　任　顾泠沅　陆　勤
副 主 任　罗东海　张日培
成　　员　钟云芬

《上海市志·教育分志（1978—2010）》编纂委员会
2018 年 9 月—2020 年 5 月

主　　任　陆　靖
副 主 任　李昕　蒋红　杨永和　贾炜　郭为禄　毛丽娟　李永智　倪闽景
　　　　　王从春　平　辉　李蔚
委　　员　（以姓氏笔画为序）
　　　　　丁　力　丁　良　王　磊　汤林春　许开宇　劳晓芸　李兴华　杨伟人
　　　　　杨振峰　何鹏程　沙　军　张　旭　张　慧　陈　华　陈郭华　陆　勤
　　　　　郁能文　郑益慧　赵　宁　赵　扬　郭　扬　耿绍宁　晏开利　凌晓凤
　　　　　桑　标　陶文捷　董圣足　董秀华　焦小峰　颜慧芬

《上海市志·教育分志（1978—2010）》编纂办公室

主　　任　陆　勤
副 主 任　罗东海　张日培
成　　员　张云娇　钟云芬

《上海市志·教育分志·成人教育卷（1978—2010）》
编纂委员会
2020 年 6 月—

主　　任　　王　平

副 主 任　　倪闽景

委　　员　　（以姓氏笔画为序）

丁　力　苏　铁　李兴华　何鹏程　陆　勤　郁能文　赵　宁　赵　扬

郭　扬　袁　雯

《上海市志·教育分志·成人教育卷（1978—2010）》
编纂办公室

主　　任　　顾晓波

副 主 任　　李　珺

主　　笔　　顾晓波　李　珺

编　　辑　　钱虎根

《上海市志·教育分志·成人教育卷（1978—2010）》
编纂委员会
2014 年 2 月—2018 年 8 月

主　　任　　苏　明

副 主 任　　袁　雯

委　　员　　（以姓氏笔画为序）

王从春　王家一　王　磊　平　辉　庄　俭　劳晓芸　李　蔚　李兴华

何劲松、何鹏程　陆　勤　周景泰　赵　扬　郭　扬　顾泠沅　陶文捷

袁　雯　蒋　红

《上海市志·教育分志·成人教育卷（1978—2010）》
编纂办公室

主　　任　　郭　扬

副 主 任　　顾晓波

主　　笔　　顾晓波

编　　辑　　李　珺

《上海市志·教育分志·成人教育卷（1978—2010）》
编纂委员会
2018 年 9 月—2020 年 5 月

主任主任　　陆　靖

副 主 任　　倪闽景

委　　员　　（以姓氏笔画为序）

丁　力　王　磊　劳晓芸　李兴华　何鹏程　陆　勤　郁能文　赵　宁

赵　扬　郭　扬　陶文捷　袁　雯

《上海市志·教育分志·成人教育卷（1978—2010）》
编纂办公室

主　　任　　顾晓波

副 主 任　　李　珺

主　　笔　　顾晓波　李　珺

编　　辑　　钱虎根

《上海市志·教育分志·成人教育卷（1978—2010）》主要文字、图片供稿人员及单位

文　字　（以姓氏笔画为序）

丁海珍　石华中　石俊杰　叶　康　仰丙灿　刘小龙　刘晓峰　朱志英
岑詠霆　陈　巍　杨　晨　张华亮　张东平　宋亦芳　李　珺　李学书
杨少鸣　周嘉方　范玲玲　金德琅　周美红　周晶晶　须晓明　项秉健
俞志亮　袁海燕　高志敏　顾晓波　顾凤佳　桂林　　钱松年　钱虎根
徐本仁　耿俊华　贾　敏　陶孟祝　徐小明　曹天生　梁　峰　韩　雯
蒋亦璐　魏志慧　瞿凯诚

图片整理　（以姓氏笔画为序）

马志华　王顺霖　王振华　王国强　王鸿业　王春晓　王　宏　尤艳丽
仓公苏　卢　艳　石美玲　庄　俭　刘煜海　刘晓峰　许　勇　孙延敏
朱伟丽　朱学松　孙耀庭　孙晓双　张东平　张德芳　张家安　张心如
张　欣　陆正伟　陆　建　陈　芳　陈振民　陈建国　陈延磊　邵民智
余起圣　杨　平　杨　东　李　佳　李　娟　金德琅　周汉幸　周晶晶
林　鹄　范冬虹　赵　云　赵　敏　皇汝贤　胡颖群　高志敏　耿俊华
陶孟祝　钱虎根　钱松年　钱　蕾　桂荣安　顾根华　徐本仁　徐沫杨
梁　峰　黄琼岚　龚　莉　龚一鸣　韩　雯　程友谨　蒋建华　蒋亦璐
董珏慧　董曲波　韩根生　葛　康　樊小伟　薛建国　薛顺兴　魏子华

以及各有关科研机构、高校、协会、社区学院、报刊杂志社等单位的专家、学者

单　位

各有关高校自考办、成人（继续）教育学院、科研机构、协会、各区业余大学、社区学院以及报刊杂志社等单位

《上海市志·教育分志·成人教育卷（1978—2010）》咨询专家（以姓氏笔画为序）

王　宏　叶忠海　庄　俭　杨　平　顾根华　楼一峰　戴菊生

《上海市志·教育分志·成人教育卷（1978—2010）》
评议专家名单

组　　长　　薛明扬

成　　员　　王　宏　叶忠海　庄　俭　张文良　季国强　顾根华　楼一峰　戴菊生　陈建国　毛大立

《上海市志·教育分志·成人教育卷（1978—2010）》
审定专家名单

组　　长　　薛明扬

成　　员　　王　宏　庄　俭　季国强　顾根华　戴菊生　陈建国　杨仁雷　吕　健

《上海市志·教育分志·成人教育卷（1978—2010）》
验收单位和人员名单

验收单位　　上海市地方志办公室

验收人员　　洪民荣　姜复生　黄晓明　黄文雷　杨军益

业务编辑　　李洪珍

《上海市志·教育分志》总序

教育事业承担着培养人才的重任,是民族振兴、社会进步的重要基石。教育兴则国家兴,教育强则国家强。相应地,对一个城市来说,教育发展水平决定着这个城市的发展潜力与核心竞争力,一流教育支撑着一流城市,同样一流城市也孕育和造就了一流教育。今天,上海要推进"五个中心",建设卓越的全球城市和具有世界影响力的社会主义现代化国际大都市,教育将成为实现这个目标的重要基石。

上海是中国近现代教育的发端之地和发展重镇。1843年,上海因清政府在鸦片战争中惨败而屈辱开埠,上海由此从一个封建社会的江南城镇被强制拉入近代工商业社会和世界经济体系。伴随工商业的繁荣和西学的涌入,中国封建科举制度首先在上海被撕裂,华洋共处的新式学堂(学校)迅速发展,西式教育逐渐成为教育体系的主流,并引领了中国教育制度的近代化转型,上海也成为中国学前教育、基础教育、高等教育、职业教育,以及特殊、师范、医学、法学、工程等专业教育的重要发祥地,涌现了一批学贯中西而又扎根中国沃土的杰出教育家,培育了一批享誉海内外的知名学校,也形成了上海教育开放包容、中西融合,并始终开风气之先的品格。但由于历史条件和社会制度的制约,教育在旧上海并没有成为普罗大众共享的基本权利。1949年上海解放后,经历了旧学校的社会主义改造、教育主权的回归、学校的结构性重组,以及中小学教育的普及和全民教育的开展,上海教育焕发出了新的青春,各项事业蓬勃发展,也支撑了上海作为全国最大经济中心城市的地位。但十年"文化大革命",教育成为重灾区,教育秩序被打乱,教育质量严重滑坡,学生学业荒废,人才队伍青黄不接。

1978年党的十一届三中全会召开,拉开了中国改革开放的序幕,也给中国教育事业带来了新的"春天"。中国教育从恢复高考、恢复教育秩序、为知识分子正名开始,全面走向正轨,开启了"穷国办大教育"和"大国办强教育"的伟大历史进程。上海教育顺应中国教育发展的大势,在持续推进改革创新中重振雄风,实现了各级各类教育的迅速发展,也完成了教育的结构性优化和历史性跨越。今天的上海教育继续走在全国的前列,在诸多领域已具有国际性影响,乃至有国际专业机构和专业人士专门研究上海教育成功的"秘密",并提出要"推广上海教育的经验"。

上海在教育改革发展进程中,始终把邓小平同志提出的教育要"面向现代化、面向世界、面向未来"作为自己的座右铭,自加压力,奋力前行,不断瞄准新目标,不断攀登新高峰。从1978年至1980年代,上海教育全面恢复被十年"文化大革命"破坏的秩序,解决了大量的历史欠账,各项事业发展驶入快车道,上海教育呈现欣欣向荣的新气象。进入20世纪90年代,上海抓住邓小平同志南方谈话、社会主义市场经济建立和浦东开发开放等历史性机遇,提出了"一流城市、一流教育"和到2010年率先基本实现教育现代化的战略目标。在中央的支持下,上海建设教育综合改革试验区,快一步、高一层推进各领域的改革发展,努力满足人民群众从"有书读"到"读好书"转变的愿望。进入21世纪,上海主动承担建设教育强国排头兵的重任,满足人民教育"学有所教、学有优教"的旺盛需求。2014年《上海市中长期教育改革和发展规划纲要》提出,到2020年上海要率先实现教育现代化。2019年《上海教育现代化2035》进一步提出,上海到2035年将实现更高水平、更高质量的教育现代化,建成与时代发展相适应、具有世界影响力的社会主义现代化国际大都市相匹配的一流教育,教育事业发展和人力资源开发主要指标达到全球城市先进水平,成为各类人才向往的学习体验之地、事业发展之地、价值实现之地,在中国教育现代化和教育强国建设中始终当好排头兵、先行者。

回顾上海教育事业改革发展40多年的探索历程,有诸多值得珍惜、总结并在实践中应当始终坚持、发扬光大的宝贵经验。

坚持党的统一领导,把教育事业发展放在优先发展的位置。教育事业是事关千秋万代、千家万户的长线事业,教育改革发展不可能封闭在自己的"象牙塔"里面,其最终成效不会在短时期内立竿见影。因此,教育改革发展必须在党的统一领导下,把握方向、统筹各方、全局规划、前瞻布局。上海教育改革发展每进入一个关键时期,市委、市政府都要召开全市教育工作会议,指明前行方向,出台重大规划和政策,落实各方责任,明确路线图、时间表。市委、市政府还成立教育工作领导小组，统筹协调全市各委办局的资源来推进教育改革攻坚和发展建设，切实把教育事业放在全局性、基础性、先导性的位置，把"教育振兴、全民有责"的理念落实到体制机制和战略举措上，确保在经济社会发展规划、财政资金投入、公共资源配置等各方面优先保证教育发展。在教育改革进程中，上海还积极探索各级各类学校加强党的领导的有效实现方式，完善科学民主的领导决策机制，建设能够担当办学治校重任的高素质领导干部队伍，不断夯实学校党建的基层基础工作，为教育改革发展引领正确方向，提供坚强组织保障。

坚持育人为本、德育为先，把促进素质教育发展作为教育工作的主线。上海教育改革发展遵循教育规律和学生成长规律，紧紧围绕"培养什么样的人、怎样培养人、为谁培养人"的根本问题，着眼于促进每一个学生德智体美劳全面发展和终身发展，确立并不断强化科学的教育思想和办学理念，克服重智轻德和唯分数、唯升学率等急功近利的教育观念和做法。积极探索大中小学纵向衔接、学校社会家庭横向沟通、网上和网下、德育与诸育有机融合的育人工作新格局，在全国范围内积极推广先进经验。20 世纪80 年代初，上海率先在中小学开展计算机教育。1984 年，邓小平同志在上海看着孩子们熟练操作计算机，发出"计算机普及要从娃娃抓起"的重要指示，对上海乃至中国教育顺应时代潮流创新发展产生深远影响。上海在教育改革中注重爱护和培养学生的好奇心、求知欲，培养学生的探索精神、创新思维和实践能力，构建创新实践、科普教育、艺术教育、体育锻炼、劳动教育、志愿服务等育人工作体系，凝练知识与能力、过程与方法、情感态度和价值观的三维课程教材改革价值目标。上海教育的改革创新让教育回归并坚守了育人的本源。

坚持把促进教育公平作为基本价值理念，努力办好每一所学校，教好每一个学生。上海的教育改革发展注重公平惠及全体市民，努力让全市每一位学习者获得公平受教育机会，让每位学习者在人生的各个阶段都有人生出彩的机会。上海率先普及九年义务教育，并进一步提出"双高普九"的目标。持续推进薄弱学校改造和中小学标准化建设的"达标工程"，让上海彻底告别危房校舍和弄堂学校，一批高标准的实验性示范性学校在市郊和城乡接合部拔地而起。把特殊教育发展作为上海教育现代化建设的重要任务,为残疾学生提供多样化、个性化的特殊教育服务。建立"奖、贷、助、补、减"一体化的学生帮困助学体系,确保不让一个在校生因经济困难而中止学业。践行终身教育理念,构建多层次、广覆盖以及网上网下一体化的职业培训、社区教育、老年教育等体系,时时、处处、人人学习的学习型城市建设初具规模。

坚持构建并逐步完善人才培养体系,提升教育的人才和知识贡献能力。改革开放之初,上海就率先在全市范围内开展人才普查与需求预测,提出相应的人才开发与教育"倍增计划"。各级各类学校充分发挥人才培养培训基地功能,积极参与"十大紧缺人才培训工程""再就业工程""燎原计划"等人才培养工程,数以百万计的市民通过教育培训,提高了文化素质和专业技能,也优化了上海人力资源结构。高等教育充分发挥高层次人才培养摇篮和知识创新、传播、应用基地作用,以大学校区、科技园区、公共社区"三区联动"的理念实施全市高校布局结构调整,高起点推进"985""211"高校建设和重点学科建设,主动推进高校布局和学科专业结构与上海经济社会发展的深度融合。上海职业教育积极深化校企合作、产教融合,加强知识型技能人才培养。同时,上海还率先打破各类教育之间的屏障,建设人才培养的"立交桥"。上海教育的社会贡献能力持续增强。

坚持把教师队伍作为教育发展的第一资源和核心要素,建设高素质的师资队伍。上海优质的教师素质支撑着上海的优质教育。上海构建师范教育、名师名校长培养、教研训一体的基础教育师资培养体系,还率先探索中小学校长职级制等改革。职业学校建立"双师型教师"培养体系。高等学校借鉴国际经验,建立竞争淘汰制度,逐步打破计划经济时代形成的"铁交椅""铁饭碗""铁工资"制度,实施优秀人才脱颖而出的各类人才计划,培育了一批能够站立全国教学和世界科技、学科前沿的教学科研骨干。上海还持续强化师德师风建设,营造尊师重教的社会氛围,涌现了以于漪老师为代表的一批优秀教师,引领广大教师立足三尺讲台,潜心教书,精心育人,为人师表,严谨笃学,志存高远,与时俱进。

坚持推进教育国际化,以教育开放牵引教育深化改革、提高质量。上海教育改革充分依托国际化大都市的区位优势,始终跟踪世界教育发展潮流,对标发达国家和全球化城市的教育发展水准,从中发现上海教育的瓶颈和短板,凝练新的发展方向和着力点、突破口。积极吸收世界先进的教育理念,结合上海实际进行本土化创造,推动上海教育创新发展,也确立上海教育的国际话语权。积极举办各种形式的中外合作办学,建立中外学校之间的学分互认和师生交流机制,积极开展留学生教育。同时上海的优质教育资源也通过孔子学院、网络教育等方式走出国门,参与国际教育竞争。上海教育也成为促进中外人文交流特别是青少年之间民心相通的桥梁。

坚持以改革创新为动力,勇于承担国家教育改革试点任务。通过体制机制创新,不断破解制约发展的瓶颈,释放改革"红利",这是上海教育发展最大的"秘笈"所在。改革开放以来,上海勇当"拓荒牛",主动提出先行先试,率先改革教育管理体制、办学体制和投融资体制。加强省级政府统筹,通过"共建、合并、划转、调整、合作",办学体制和管理体制取得突破性进展。上海高校不断深化内部管理体制改革,为落实高校办学自主权、建立现代大学制度探索新路。在基础教育领域,开展两级政府三级管理体制改革,管理重心下移,调动了各级政府的积极性,增强了基础教育的活力。同时还主动承担基础教育的课程教材改革、高考制度改革、高校自主招生改革以及民办教育管理体制改革等。上海的教育改革得到中央的鼓励和国家部委的支持。从20世纪80年代开始,中央和教育部就先后在上海设立教育综合改革试验区,20世纪90年代开始建立部市合作机制,明确要求上海解放思想,先行先试,加快教育治理能力和治理体系现代化步伐,为全国教育改革提供可借鉴的经验。

上海教育改革开放40多年,栉风沐雨,砥砺前行,取得的成就有目共睹。这是全社会参与支持的结果,是上海教育工作者接续奋斗的结晶。上海教育的发展进步也体现了上海教育人的教育理念的不断升华,对特大型城市教育发展规律的深刻把握。但我们也要清醒地看到,面对新时代的新形势和新任务,上海教育现代化的发展进程依然艰辛,一些陈旧的教育理念依然根深蒂固,一些陈旧僵化的体制机制和做法依然在惯性运行,教育发展的不平衡不充分的矛盾依然存在,上海教育发展的潜力和活力尚未充分释放。从全国发展态势看,兄弟省市的发展势头迅猛。因此上海教育改革要勇于进入深水区,用创新思维、全局眼光和全球视野面向未来,推进改革。但与此同时,前瞻未来不能忘记走过的道路。我们还要用历史的眼光来回望过去,善于进行反思和总结,要从历史发展的轨迹中更准确而深刻地把握特大型城市的教育改革发展的规律,推动上海教育新的发展进程能够蹄急而步稳,能够继续担当新时代教育创新发展的领跑者和追梦人。

《上海市志·教育分志(1978—2010)》的编写是上海教育系统进行的第二轮修志,记载内容时间跨度从1978年至2010年。这一阶段正是中国改革开放拉开序幕,上海从改革开放"后卫"走到"前沿",上海教育大胆闯、大胆试、大步跨越的重要历史时期。通过教育志书的记述,可以全景式地展现上海教育改革发展的艰辛而辉煌的历程。此套教育志书共分《普通教育卷》《高等教育卷》《职业教育卷》《成人教育卷》和《学前教育·特殊教育卷》五部分卷。各分卷既是上海市二轮新方志系列的组成部分,也是独立完整的志书。此轮修志自2011年启动以来,前后历经8年,共有50多位同志参与纂修。他们主要来自上海市教育科学研究院普通教育研究所、高等教育研究所、职业与成人教育研究所和民办教育研究所。他们中既有在职人员,也有退休人员,可以说是老中青携手、专兼职结合。上海教育系统的部分领导、教师和学生也参加了编纂工作。大部分编撰者都是在自己繁重的专业工作之外,挤出宝贵时间查阅浩瀚的史料,或静心回忆昔日走过的路程。他们用真情真心撰写各章节内容。相信这套教育志书,不仅具有存史功能,更能为上海教育守正创新、建设世界一流教育提供精神养料和资治辅政功能。

《上海市志(1978—2010)》凡例

一、本志坚持以马克思主义为指导,遵循辩证唯物主义和历史唯物主义原理,实事求是记述上海市自然、政治、经济、文化和社会的历史与现状。

二、本志为上海市首轮社会主义新方志中《上海通志》《上海市专志系列丛刊》之续,续义不续例,体例方面创新调整,并对首轮志书补缺正误。采用小篇平列体,分别编纂,陆续出版,汇为全志。

三、本志记述地域范围,以2010年底上海市行政区划为准。由上海市辐射至全国其他地区及国外事物,兼及记述。

四、本志记述内容的时限,上起1978年,下迄2010年,反映这一时期上海改革开放全貌。首轮《上海市专志系列丛刊》所缺或记述内容不够丰富的分志、分卷,上溯至事物发端。中国共产党分志、人民代表大会分志、人民政府分志、人民政协分志、民主党派分志,为保持同一届次内容记述的完整性,下延至2010年后的首个换届年份。

五、本志按自然、政治、经济、文化和社会为序设置分志、分卷,事以类从,类为一志,并兼顾当代社会分工的原则。全志除总述外,中国共产党分志、农业分志、工业分志、商业分志、服务业分志、城乡建设分志、金融分志、口岸分志设置综述卷,并设经济综述分志,加强全志整体性。各分志、分卷采用篇章节体,卷首设概述、大事记,以专记、附录、索引殿后。

六、本志体裁以述、记、志、传、图、表、录为主,力求内容与形式统一。

七、本志人物传遵循"生不立传"原则。入传人物排列先后以卒年为序,在世人物以人物简介(排列以生年为序)、人物表(人物录)记载。

八、本志采用规范的语体文、记述体,行文按《〈上海市志(1978—2010)〉编纂行文规范》,力求严谨、朴实、简洁、流畅,以第三人称记述。

九、本志纪年,凡1949年5月27日上海市解放以前的用历史纪年,一般标示朝代、年号、年份,括注公元纪年;1949年5月27日上海市解放后,一律采用公元纪年。

十、本志所记述的地名、机构名称、职称及币种、计量单位,一般按当时称谓。

十一、本志所用统计资料,原则上根据统计部门公布的材料;未列入统计部门统计的,根据部门统计的材料。

十二、本志资料来源于国家档案馆、上海市及有关省市档案馆、部门档案馆(室),以及历史文献、口碑资料、社会调查、部门提供的材料等,均经考证核实,一般不注明出处。

编 纂 说 明

一、本卷力求全面系统地记述上海成人教育的历史和现状。

二、本卷记述时限,上起 1978 年,下迄 2010 年,个别内容适当延伸。

三、本卷记述范围为上海市教育系统或上海市成人教育系统内的单位、人员。

四、本卷除图照、序、凡例、编纂说明、概述、大事记、附录外,正文设社区教育、老年教育、企业教育、农村成人教育、成人高等教育、成人中等教育、远程教育与开放教育、自学考试、民办非学历教育、公共平台、行政管理、科学研究与学科点建设、人物,共 13 篇。

五、本卷记述的各组织机构、学校名称、文件名称等,均参照《上海教育年鉴》《上海教育统计手册》。统计数据以《上海教育统计手册》为准。

六、本卷资料主要来自上海市档案馆、上海市教委档案室、《上海教育年鉴》系列丛书、《上海年鉴》系列丛书、《上海文化年鉴》系列丛书、《上海成人教育志》(1843—2000)、《上海老年教育史稿》以及各类报刊、专著,辅以部分当事人的口述、会议材料,图照由全市各区教育局、高校成人(继续)教育学院、编纂人员提供。

目　　录

Contents

概　述

上海国际终身学习论坛
Shanghai International Forum on Lifelong Learning
Forum international de Shanghai sur l'apprentissage tout au long de la vie

2010年5月19日-21日
19-21 May 2010
19-21 mai 2010

从1978年到2010年,上海成人教育历经恢复整顿、改革发展、逐步融入以及全面融入终身教育、学习型社会的多个发展阶段,为城市的人口素质提升以及人力资源开发做出了卓越贡献,为城市经济的腾飞、社会的振兴以及人的全面发展插上了强有力的翅膀。顺应国际教育思潮以及经济社会的巨大变迁,成人教育不断被赋予新内涵、新功能以及新的历史使命,从最初的"工农教育",到尔后的全民终身学习,成人教育在持续的深化改革中不忘初心,砥砺前行。

　　在成人教育实践逐步恢复以及不断发展的同时,上海市成人教育科学研究工作与学科点建设开始启动,并逐步迈入正轨,各类科研机构开始进行理论探索和实践活动,取得了诸多科研成果,各高校相继建立成人教育学硕士、博士学位授予点,开展学科建设、人才培养和成人教育研究工作。与此同时,各级政府、非政府机构纷纷开展国际间学术交流访问和学术合作,成人教育科学研究逐步走向国际化,有效促进了上海市成人教育改革和发展。

一

　　1978—1986年是上海成人教育的恢复整顿期。这一时期,上海成人教育管理机构、上海市各级各类成人学校逐步恢复和新办,成人中等专业教育、成人高等教育迅速发展,上海的老年教育开始起步。

　　1978年12月,十一届三中全会召开,明确将党和国家的工作重心转移到社会主义现代化建设方向上来。这一伟大历史转变迎来了成人教育发展的新局面,促进了对于成人教育的地位、作用以及重要意义的深刻认识。

　　这一时期,上海成人教育管理机构逐步恢复和重建,首先是市教育行政部门恢复了工农教育处。继而,1979年2月,由市政府教育卫生办公室和工、农、财贸等委办,市委组织部、宣传部,工、青、妇等人民团体共同组成的市工农教育委员会正式成立。在此发展背景下,各区县教育局的相关教育科室也逐步恢复,市政府所属各委办局也同时恢复或增设教育处或宣教处,各大中小型企业迅速恢复或建立了教育科。成人教育领导体制恢复和建立,为成人教育的快步向前发展提供了坚强后盾。

　　"文化大革命"的破坏,使得上海数以百万计的青年文化技术水平远远不能适应社会主义现代化建设事业的需要。1979年,上海市教育局组织力量对青壮年劳动力的文化现状进行调查,职工初中及初中以下文化程度的占90%,农村劳动力的文化程度更低,文盲占19%,小学程度占58%,初中程度占20%,高中与中专程度仅占3%。广大青壮年迫切要求学文化、学技术。在现状调查的基础上,上海市教育局提出,在全市对青壮年劳动者进行以普及初中文化程度为目标的文化补课教育,适时对已具有初中毕业水平的劳动力进行业务技术培训或高中文化教育,并积极进行扫盲教育。

　　为满足广大职工和农民提高文化和技术水平的迫切要求,上海市各级各类成人学校逐步恢复和新办企业职工业余中等学校、郊区农民业余中学、各区县业余大学以及电视函授教育。普遍开展大规模的"双补"(补文化、补技术)教育。

1978年2月,中共中央批准教育部、中央广播事业局《关于筹建电视大学的报告》。《报告》提出由教育部和中央广播事业局主办面向全国的中央广播电视大学。在中央广播电视大学筹建的推动下,上海电视大学于1978年4月24日正式复校,开设数学、物理、化学和医学专业,一年后增设电子、机械专业,转播中央人民广播电视大学课程。同年,函授高等教育也逐步恢复,上海教育学院、同济大学和华东师范大学的函授教育恢复。

1979—1980年,全市职工业余大学有较大发展。1979年9月,上海市教育局和上海市广播事业管理局联合建立了上海市电视业余中学。1980年1月24日,上海市召开全市职工教育工作会议,进一步推动了全市青壮年劳动者的文化补课工作。1983年全市设立的职工业余中学有1 681所,在学人数57.78万人,参加市电视业余中学和各种辅导班、复习班学习的人数有47.5万人,合计105.28万人。1983—1985年,上海市形成了持续三年的青壮年职工文化补课的高潮。

这一时期,成人高等教育得到迅速恢复和发展。1979—1982年,上海成人高等教育在整顿"七二一"大学的基础迅速恢复,普通高校附设的夜大学、函授部,电视大学,市、区业余大学,企业(公司、局)办的职工大学都有进一步的发展。1981年6月,《上海市高等教育自学考试暂行办法》获得批准,并于1982年11月首次举行高等教育自学考试。1983—1986年,上海成人高等教育的办学规模迅速扩大,各种类型的成人高等学校从103所增加到130所,高等学校附设夜大学和函授部逐步扩大规模。上海市各高等学校恢复和建立的函授部和夜大学在1979—1982年间仅有15所,1983年起夜大学和函授部有了较大的发展,至1986年增加到40所。高等教育自学考试也在开拓中不断前进,自首次举行高等教育自学考试以后,参加自学考试的人数日益增多。

与这一时期成人高等教育迅速发展的现状相比,成人中等专业教育的发展略显薄弱,长期停办后,于1979年复校,至1982年全市已有各行各业的成人中专学校百余所,但是不少学校对中等专业教育的培养目标、课程设置、所需的教学时数和学习年限以及举办中等专业学校所必须具备的条件缺乏认识。根据这一情况,市教育行政部门于1982—1983年对全市各成人中等专业学校进行了整顿和验收。经验收,全市37所成人中等专业学校共设53个专业点,在学人数6 700余人。1983—1986年,上海成人中等专业教育有了较迅速的发展,1983年下半年,全市企业主管部门、大中型企业、区县教育部门筹建的成人中等专业学校有112所,到1986年,全市成人中等专业学校有144所,在学人数达39 881人,专业点达354个,为各行各业充实了技术队伍和专业管理力量。这一时期,为进一步扩大成人中等专业教育的规模,以播放电视教学和组织辅导相结合方式的电视中等专业教育建立发展起来。1985年5月,原上海市电视业余中学改为上海市电视中等专业学校。首届招生共录取正式学员1.5万人,视听生(非正式学员)550人。

到1985年,上海的"双补"基本完成,据统计,当时全市有127万人文化补课合格,占应补对象186万人中的68.3%;有84.96万人技术补课合格,占应补对象118万人中的72%。

由于经济的快速发展以及干部制度改革等因素的影响,上海的老年教育开始起步。1985年1月,上海市离休干部进修学校(上海老干部大学前身)成立,5月,隶属市高教局的上海老年人进修学院(上海老年大学前身)成立;一些区县街道的老年教育机构,如四平街道老年大学等也于同年先后成立。

二

1987年至20世纪90年代中期是上海成人教育的改革发展期,以国务院批转《国家教育委员会关于改革和发展成人教育的决定》为标志,这一时期成人教育发展战略重心转向大力开展岗位培训并在成人学校教育方面也做了诸多改革。

1987年前后,"工农教育"普遍统称为"成人教育",这不仅是为了与国际接轨,更重要的是体现了以经济建设为重点和阶级认知更新的时代特征。1987年,根据国务院批转的《国家教育委员会关于改革和发展成人教育的决定》,上海大力改革和发展成人教育,将开展岗位培训作为成人教育的突出重点,这也是上海成人教育的一次重大的战略性转变。这一年,岗位培训工作在全市各行各业迅速开展,技术工人技术等级培训以及适应性专项培训也进一步加强。1987—1989年,累计参加各类岗位培训的职工干部达300万人次。1992年,全市职工参加各级各类岗位培训达150万人次。大规模的岗位培训有效地提高了企业干部、职工的素质,为上海经济的发展提供了人才支撑。

随着经济体制的改革以及产业结构的调整,转岗和下岗待业人员培训、转移劳动力培训计划、农民工培训逐步成为成人教育的重要内容。在农村,"燎原计划"(1988—1999年)和"绿色证书工程"(1994—1999年),两个计划的成功实施,有力推动了实用技术培训和乡镇企事业职工技术、业务培训。

在此阶段,上海成人教育改革另外一个重要事件是实施"紧缺人才工程",组建了上海企业管理培训中心、建设人才培训中心、对外经贸教育培训中心、财贸人才培训中心、农村经济技术干部培训中心、涉外法律人才培训中心、旅游培训中心、干部培训中心、干部教育中心、高校浦东继续教育中心十大紧缺人才培训中心,并形成了紧缺人才培训体系。实行"政府主导、行业主管、学校(培训机构)自主、学员自愿"的新的管理体制和运行机制,探索建立与学历文凭制度并存、并用、并重的岗位职业资格证书制度,从而摆脱了成人教育旧的管理体制和运行机制的束缚。

除了战略重心从初中等文化技术补课向大力开展岗位培训转移的重大改革之外,在成人学校教育方面也做了诸多改革。1992年12月,上海市召开成人高等教育工作会议,提出上海成人高校要调整布局、提高效益。会议提出了布局调整的目标、原则、任务;提出要发展成人高等职业技术教育,建立社区学院,鼓励各类成人高校之间的联合和独立设置成人高校改制或试办民办大学。90年代中后期,成人高校在整顿的基础上,进行教育资源优化配置,实施布局调整。经过合并,金山区建立了金山区社区学院,长宁区建立了长宁区社区学院。建委系统联合组建职工大学,财贸系统联合建成了商业高等职业技术学院,化工和医药系统联合组建化工教育培训中心,将上海教育学院、上海第二教育学院并入华东师范大学。又将原冶金系统职工大学联合组建的东沪高等职业技术学院划归市教委管理。对电教系统教育资源优化配置,成立远程教育集团,实施集团化运作。

这一时期,成人高等教育的发展规模逐步控制,在人才培养方面突破单一的培养规格。从1987年起试行专业证书教育,实施全科班的毕业证书、专修班的专业合格证书和单科班的单科合格证书三种证书制度。成人中等专业教育进一步得到加强和发展,并根据经济和社会建设的实际需要,调整专业结构,切实改变办学与社会需要脱节、学习与实际应用脱节的状况。科技人员的继续教育也有了新的进展,参加各项专业继续教育的专业人员逐步增多。在办学渠道方面不断拓宽,社会力量成为成人教育新型的办学主体之一。

1987年,老年教育明确归入成人教育范畴。上海市成人教育委员会(原工农教育委员会)、上海市老龄问题委员会在《上海市老年教育情况及今后的工作意见》中提出,"老年教育是成人教育的组成部分",明确了老年教育是成人教育的内容之一。1987年至90年代中期,上海老年大学分校、老年学校、兴趣班、进修班相继成立,办学主体有教育局管辖的退休教师协会、教育工会,也有区老干部局、区老龄委、区总工会等。

三

1995—2005 年是上海成人教育逐步融入终身教育、学习型社会的时期,这一时期,上海市率先提出"建设学习型城市"的构想,建立现代企业教育制度,组建上海远程教育集团,开展社区教育实验,初步构建了终身教育体系的框架。

1995 年,上海市成人教育工作会议上《抓住机遇,深化改革,为开创上海成人教育新局面而努力奋斗》的报告指出,"世界教育改革运动一个最重要的成果就是确立了终身教育的理念,《中华人民共和国教育法》《中国教育改革和发展纲要》提出了终身教育发展方向,为成人教育的发展提供了有力的思想武器和法律保障"。这是上海第一次使用"终身教育"表述有关教育发展的政策理念。

1996 年,为了更好地贯彻、执行国家教委颁布的《关于进一步做好高等教育学历文凭考试试点工作的意见》,逐步把高等教育学历文凭考试(以下简称学历文凭考试)试点工作(考试部分)建成与民办高校全日制高等学历教育相结合,适合国家对试点民办高校教学考核,教考职责分离的考试制度,充分发挥其考核认定学生学习成果、评估检测民办高校办学水平、教育质量的功能,选择部分民办高校进行学历文凭考试试点。

1999 年 1 月,上海市成人教育工作会议提出要积极探索适应上海地位和功能并符合特大城市特点的成人教育新路子。9 月,上海在教育工作会议上率先提出"建设学习型城市"的构想。这一构想的提出,一方面是受到国际终身学习思潮的深刻影响;另一方面,更是对上海翻天覆地的经济社会变革及迅速增长的市民学习需求的回应,以及对学校教育局限性的重要突破。围绕学习型城市建设的蓬勃开展,一个以多层次、多形式、立体化成人教育办学格局为主要形态特征的终身教育体系逐步形成。

1999 年,中央提出"力争到本世纪末大多数国有大中型企业初步建立现代企业制度"。同年,市成人教育委员会印发了《关于上海市推进现代企业教育制度建设的意见》,明确了建立现代企业教育制度的目的、重点、核心、方法、步骤、保障机制、评估制度和有关部门的职责,为推进建立现代企业教育制度迈出了坚实的一步。到 2000 年,经市教委批准,已有 28 个企业被列为现代企业教育制度试点单位,被列入试点的职工教育培训中心有 32 所,企业教育从综合改革发展到制度建设,建立和完善现代企业教育制度。由于政府的大力推动,各试点单位和大中型企业坚持不懈,共同探索,经过各个方面的协同努力,取得了重要的阶段性成果,构建了现代企业教育制度的基本框架,形成了政府宏观指导行业、企业自主管理、社会多元参与,能覆盖所有企业的新体制,面对全体员工开展了多层次、多规格、多内容、多形式的教育培训。随着政府职能的转变,企业教育已从政府行为转变为企业行为,适应了在市场经济条件下企业跨越式发展的需要。

2000 年,为全面贯彻落实全国和上海教育工作会议的精神,实施国家教育部"将上海列为国家远程教育定点城市"的政策,抓住上海率先建立终身教育体系和学习化城市的机遇,上海市教育委员会(以下简称市教委)根据市委和市政府领导的指示精神,经过深入调查和反复论证,提出了改革上海电化教育体制的构想,决定在重组上海电视大学、上海教育电视台、上海市电化教育馆、上海市电视中等专业学校等远程教育资源的基础上组建上海远程教育集团。2000 年 1 月 19 日,上海市人民政府批准在上海电视大学、上海教育电视台、上海市电化教育馆、上海市电视中等专业学校的基础上组建上海远程教育集团。2000 年 1 月 24 日,上海远程教育集团挂牌。

2001 年,教育部正式开展社区教育实验,设立 28 个城区作为第一批全国社区教育实验区,上海闸北区、嘉定区、浦东新区三个区入围。同年4月,上海市教委、市文明办、市民政局联合印发《关于加强上海市社区教育工作的意见》,9月,三部门又印发《上海市社区学校设置暂行规定》,对社区学校设置提出建设要求。这一时期,上海市开始探索社区学院、社区学校的建设和运行方式,初步构建了终身教育体系的框架,建设了"上海干部在线学习城"等,提供不同层次、不同类型的终身教育服务。随着农村城市化进程的加快,上海农村成人教育有了新变化、新发展,其内涵不断深化,外延不断延伸。2002年4月,上海提出"城乡一体化、农业现代化、农村城市化和农民市民化"的战略目标,在此大背景下,上海农村成人教育的主要任务也做出了重要调整,乡镇成人文化技术学校普遍以推进城乡一体化、农村城市化、农业现代化、农民市民化为目标,着重加强农村劳动力转移培训和新市民培训,并发布了《关于进一步加强上海市郊区成人教育工作的意见》(2003年)、《上海市郊农村劳动力转移培训计划》(2004—2010年)等文件予以推进。2004年,教育部颁发《关于进一步推进社区教育的指导意见》,系统阐述了社区教育发展的目标、方法,将社区教育实验工作推向一个新的高度。上海的实验区在社区教育发展中先行先试,制定了很多推进政策。

四

2006—2010年是全面建设学习型社会建设的重要时期,这一时期,形成了学习型社会建设的管理体制和组织架构,初步建成"人人皆学、时时能学、处处可学"的学习型社会框架。

2006年,上海市委、市政府颁布《关于推进上海学习型社会建设的指导意见》,这一文件把完善终身教育体系作为建设学习型社会的基础,作为传统学校教育向终身教育发展的一种新型教育制度,成人教育全面融入构建终身教育体系、学习型社会建设的宏观视野中。为贯彻落实该文件精神,2007年4月,学习型社会建设推进大会召开。会议提出,到2010年,要初步建成"人人皆学、时时能学、处处可学"的学习型社会框架,构建既能提供学历教育,又能进行职业培训,还能开展休闲文化教育,多样化、多层次、可及、开放的终身教育系统,形成以终身教育体系为基础,以学习型组织为载体,以学习者为中心,人人均能终身学习的学习型社会。

根据上海市学习型社会建设推进大会的部署以及《关于推进学习型社会建设的指导意见》要求,2007年由市精神文明办和市教委联合组建推进学习型社会的具体工作机构,在市教委增设终身教育处,协调解决推进学习型社会建设中的重大问题,管理各类非学历教育的专业设置、教学质量监控等工作,指导扫盲工作,宏观管理和指导企业教育、农村成人教育、老年教育、社区教育等工作。全市成立上海市推进学习型社会建设指导委员会(简称"市学习委"),办公室设在市教委(简称"市学习办")。市学习办和市教委终身教育处的设立,从根本上解决了上海市终身教育和学习型社会建设管理力量相对薄弱的问题,为上海学习型社会建设奠定了强有力的组织保障。同年,由市教委和市精神文明办委托市远程教育集团,组建成立了上海市学习型社会建设服务指导中心,利用远程教育集团所有资源,加强对区县社区学院的业务指导。

2007年底,市教委与市精神文明办联合下发了《关于推进上海市社区学院建设的指导意见》。文件的下发有力地推动了上海市各区县社区学院的建设,2008年先后有闵行区、青浦区、虹口区、南汇区、崇明县新成立了社区学院,以社区学院为龙头,整合区域内终身教育资源,基本形成包含成人中高等学历教育、职业技能培训、社区教育的市民终身学习综合平台。

与此同时,社区教育实验取得重要实效。2007年10月10日,教育部办公厅发布《关于推荐全国社区教育示范区的通知》,决定在全国确定一批社区教育示范区,2008年2月13日,教育部发布

《关于确定全国社区教育示范区的通知》,闸北区、徐汇区、浦东新区、嘉定区被确定为全国社区教育示范区。2010年长宁、普陀、静安、杨浦4个区入选为第二批全国社区教育示范区。至此,上海市社区教育示范区总数达8个,占全国总数的11.76%。社区教育示范街道(乡镇)评选工作中有51个街镇被评选为示范街镇,其中22个街镇被评为全国社区教育示范街镇。到2010年,上海市全国示范街镇总数达45个,占全国总数的18%。

社区学校和乡镇成人学校标准化建设工作得到有效推进,乡镇成人学校的校舍、师资队伍建设、信息化、学校管理制度得到有效规范并取得了良好效果,街道社区学校和乡镇成人学校的标准化取得重要进展。2007年,上海市继续完善乡镇成人学校的独立设置和标准化建设工作,引导区县加大对乡镇成人学校的经费投入力度,努力把乡镇成人学校建设成为集社区学校、老年学校于一体的农村公共教育基地。2008年,市教委发布了《关于进一步推进镇(乡)成人中等文化技术学校标准化建设的意见》,决定用3年时间基本实现上海市镇(乡)成人学校标准化建设。2008年,上海市乡镇成人中等文化技术学校校舍从300平方米的标准提高到1000平方米左右;专职教师达到690人,校均6人,培训人数达到225万人次,校均2.2万人次,乡镇成人学校的办学能力得到明显提高。农村成人学校还积极加强外来务工人员的培训,培训人次达28.4万。

2009年4月14日,由上海市学习型社会建设与终身教育促进委员会、市教委主管,上海远程教育集团、上海电视大学承建的上海终身学习网(www.shlll.net)正式开通。上海终身学习网的开通运行,又为广大市民提供了一个更便捷、更有效的网络学习平台。到2010年7月该网注册用户达63.7万。

2009年,市教委出台《关于开展民办非学历教育院校(机构)规范管理工作专项调研和督查的通知》,继而开展民办非学历教育的专项调研。截至2009年12月,全市共有各类民办非学历教育院校1535所。其中,已停止招生或歇业的民办非学历教育院校有171所;正常运行和办学的民办非学历院校共有1364所。在正常运行的1364所民办非学历教育院校中,进修学院267所(高等非学历教育机构),进修学校(中等及以下办学机构)1097所。2008—2009年,经上海市各区县教育局审核批准设立的民办非学历教育院校共131所,其中,进修学院为28所,进修学校为103所。同期,经上海市各区县教育局批准注销或撤销和吊销办学许可证的民办非学历教育院校共84所(其中进修学院7所,进修学校77所)。

这一时期,老年教育有了突飞猛进的发展,上海老年教育的学习场所不断增加,学习渠道不断拓展,学习人数大幅提高。至2009年底,上海已有4所市级老年大学,1所远程老年大学,21所区(县)老年大学,41个市级老年大学系统校和高校老年大学,216所街道(乡镇)老年学校和4032个居(村)委学习点。

2010年,"上海市成人教育委员会"更名为"上海市学习型社会建设与终身教育促进委员会",由市委分管副书记担任主任,市委常委、市委宣传部部长和市政府分管副市长担任副主任,20位市委、市政府相关委办局领导为委员会委员,委员会办公室设在市教委,进一步加强了综合协调与统筹管理的力度。7月,上海开放大学正式挂牌成立,成立组建学分银行学历教育工作小组。

五

从上述成人教育的四个发展阶段来看,随着时间的推移,"成人教育"的理解范围在不断扩大。改革开放初期,成人教育主要集中在扫盲教育、学历补偿教育、干部教育以及专业技术人员教育,主要面向的是农村青壮年文盲、企业中青年职工、专业技术人员以及干部,成人教育所面向的范围和覆盖的人群还比较有限。随着终身教育、全民教育概念的普及以及社会的急剧变革,"成人教育"的内涵及外延逐步扩大。成人教育不只关注企业职工培训、专业技术人员的继续教育,还重点关注着包括外来务工人员、残疾人、老年人、新型农民等各类群体。

成人教育内容逐步从学历教育向非学历教育转型。由于历史和社会的原因,改革开放初期人们的知识文化水平普遍偏低,远远不能适应社会主义现代化建设发展的要求。经济、社会因素驱动以及人的自身发展的要求,导致人们对文化知识的渴望特别强烈,在高等教育机会不足的时代背景下,大部分青年选择边工作边学习,以函授、自考、夜大、电视大学等成人教育的途径达到学历补偿的目的,因此成人中等教育和成人高等教育为一大批城市和农村青年打开了一扇通往知识殿堂的大门。随着高等教育的日益大众化,人们对于成人教育的学历补偿要求越来越弱,学历补偿已然不再是成人教育的主要部分,而与人们的工作和生活息息相关的非学历教育培训需求在不断催生和增长,成人教育面临着学历教育向非学历教育转型的重大挑战和机遇。

在价值导向上逐步从工具性向人文性转变。党的十一届三中全会后,经济快速增长,人才不足的矛盾非常突出,培养经济建设所需要的人才是成人教育的主要目标,成人教育工具性导向被放在非常显著的位置。而随着社会发展,成人教育的基本功能逐步从过去经济性和工具性导向转向促进个体身心全面、和谐地发展。从过去较多地关注成人的共性化需求和共性化发展逐步转向促进成人个性化发展。

在实施路径上逐步从依赖成人学校教育向超越学校教育转变。改革开放初期,成人教育主要依托成人中专、夜大学、业余中学、函授站等成人学校系统,随后逐步超越学校教育,实现教育与社会、教育与生活的联结。从办学模式上来讲,成人教育不单纯是教育部门的事,而是全社会共同参与的社会事业。教育功能不再为学校所特有,而是广泛而切实地扩充到生活场所、社区空间、工作场所,也就是说受教育的机会远远超出传统的学习空间——学校,而扩展到家庭、工作场所、图书馆、美术馆、博物馆,乃至工作和生活中得以发展和成熟的一切场所,逐步实现由依赖成人学校教育逐步向超越学校教育的转变。

大事记

1978 年

4 月 24 日　上海电视大学正式复校。

7 月 13 日　中共上海市委批复恢复上海市业余工业大学。

9 月 17 日　市教卫办和市农委在川沙县召开扫盲工作现场会,宣布川沙县基本扫除文盲,并要求全市郊区各县在 1979 年国庆节前基本完成郊区青壮年扫盲任务。

10 月 4 日　市教育局向市革命委员会提出《关于建立和健全工农教育委员会及其办事机构的报告》,建议由市教卫办和工、农、财贸等委办、市委组织部、宣传部、工、青、妇等人民团体以及市教育行政部门共同组成市工农教育委员会。

11 月　市教育局根据国务院《关于扫除文盲的指示》,部署全市的扫盲工作,限期扫除全市少年、青年、壮年中的文盲。

是年　上海交通大学夜大学、同济大学和华东师范大学函授教育首先恢复招生。

1979 年

2 月 22 日　市工农教育委员会成立。

9 月　市教育局和市广播事业管理局联合举办上海市电视业余中学。

12 月　宝钢教育培训中心成立。

1980 年

1 月 8 日　市农民教育会议召开,市委书记夏征农、副市长杨恺、陈宗烈到会讲话。

1 月 24 日　全市职工教育工作会议召开,会议对职工教育做了规划,提出要在 1985 年前使"文化大革命"以后参加工作的青年工人和干部普及初中文化。

3 月 20 日　市教育、农业、人事、劳动、财政、科技等 15 个部门联合印发《上海市实施"燎原计划"方案》,把实施"燎原计划"纳入当地经济和社会发展的整体规划当中,统筹规划教育、科技、经济,统筹管理基础教育、职业技术教育和成人教育。

4 月　"文化大革命"期间郊区举办的"五七"农业大学改办为县属农业技术学校,划归农业部门领导。奉贤县"五七"农业大学改办为本县农村成人教育部、教师培训基地,归属教育部门领导。

6 月　经整顿符合办学条件的行业性"七二一"大学更名为职工大学。市政府批准设立的第一批职工大学有新闻出版局、交通运输局、手工业局、外贸局、石化总厂、梅山矿山冶金公司、医药局、丝绸公司、线缆公司、电器公司、轴承公司等部门所办的职工大学。

12 月　市教育局对郊县扫盲进行逐县验收。

1981 年

1月28日　上海市人民政府在川沙县召开现场会,中共上海市委副书记王一平在会上宣布上海郊区已基本完成扫除文盲的任务。

4月　联合国教科文组织向各国发表金山县《山阳公社的业余教育》一文。

6月6日　市政府根据国务院批转文件和教育部《高等教育自学考试试行办法》,结合上海市实际情况批准了《上海市高等教育自学考试暂行办法》,同意成立市高等教育自学考试委员会。

7月　市教育局决定成人高中实行全市统一考试制度,规定全市成人高中不论何种教学形式都必须实行毕业和单科结业的统一考试制度。

9月　市政府批准成立上海市高等教育自学考试委员会。

11月3日　上海市高等教育自学考试委员会举行第一次全体会议。确定当年开始试行的主考学校和专业是:华东师范大学中国语言文学(本科)、上海外国语学院英语(本科)、上海财经学院会计学(专科)、华东政法学院法律(专科)、上海教育学院中国语言文学(师范类本、专科)、英语(师范类专科)。

12月　华东师范大学决定由业余教育处成立成人高等教育研究室,该研究室是国内最早设立的成人高等教育专门研究机构。

1982 年

5月25日　中共上海市委、市人民政府颁发《关于进一步搞好职工教育的决定》,对提高认识、加强领导,制订规划,改善办学条件,改进教育制度、劳动制度、干部制度、充实干部、健全机构等方面做了规定。

5月　经市人民政府批准,建立上海市职工高等教育研究室,同期还批准建立上海市成人教育研究室,主要任务是进行成人教育的科学研究。

8月　市政府批准同意在市高等教育自学考试委员会下设中等专业教育自学考试办公室。

11月7日　上海市首次高等教育自学考试举行。

1983 年

3月19日　市政府批转市教育局依据教育部《关于举办职工中等专业学校的试行办法》制订《上海市职工中等专业学校审批试行办法》。

5月　市政府决定统一全市区办成人高校校名,10所区办成人高校分别定名为:卢湾区业余大学、南市区业余大学、黄浦区业余大学、虹口区业余大学、静安区业余大学、杨浦区业余大学、长宁区业余大学、徐汇区业余大学、普陀区业余大学、闸北区业余大学。

10月　上海市成人教育研究会成立,成为中国成人教育协会、中国职工教育研究会以及上海市教育学会的团体会员。

1984 年

4 月 25 日　全市召开职工教育会议。副市长杨恺讲话,强调"职工教育必须根据经济形势的实际需要,开展工作";"坚持按需施教,学以致用的原则。坚持改革精神,克服单纯追求学历、文凭而不注重实效,脱离实际的现状";"要在继续贯彻调整、改革、整顿、提高的方针中,大力发展职工教育"。

4 月　市政府批准成立上海第二教育学院,上海市第二教育学院成为一所独立建制的成人高校。

5 月 14—24 日　由国际成人教育协会、中国成人教育协会主办,上海市成人教育研究会承办的国际成人教育讨论会召开。

7 月 25 日　同济大学举行全国首次函授大学生学士学位授予仪式。

7 月　中共上海市委老干部局决定试办上海市离休干部进修学校。

8 月　市政府批准同意举办上海市中等专业教育自学考试。

1985 年

2 月 9 日　经市政府批准同意,吴淞区业余大学正式成立。

5 月 2 日　经市高教局、市老龄委同意,市教育工会和市退休教师协会创办上海老年人进修学院。

5 月 8 日　市政府批准原上海市电视业余中学正式改为上海市电视中等专业学校。

6 月 16 日　上海市中专自考首次开考。首批开考的专业共有法律、建筑施工、工业会计、行政财务、工业统计、工业企业管理、商业会计、商业统计、商业企业管理、幼儿师范、普通师范等 11 个专业,报考者近 7 万人。

上半年　上海市成立隶属市高等教育自学考试委员会的中等专业自学考试办公室。

9 月　上海市离休干部进修学校改名为上海市离休干部进修学院。

10 月 28 日　上海市农业委员会、上海市工农教育委员会、上海市教育局、上海市劳动局、上海市农机工业局颁发《关于加强乡镇企业职工文化技术补课教育的通知》。

12 月 9 日　松江县大港乡成人学校成立,成为上海市第一所乡成校。

是年　上海市《乡(镇)成人文化技术学校管理条例》颁发,郊区各县纷纷建立乡(镇)成人文化技术学校。

1986 年

3 月 13 日　市高教局发布《上海市成人高等院校设置专业的暂行规定》。

7 月　上海老年人进修学院改名为上海老年大学。

8 月 21 日　上海市老干部大学揭牌。

9 月　由普陀区 37 个政府机关、社会团体、企业单位组成的"真如中学社会教育委员会"正式成立。

是年　市总工会、市退休职工管理委员会决定筹建上海市退休职工大学。

同年　上海市终身教育研究会成立。

1987 年

3月20日　市政府办公厅发文,将上海市工农教育委员会改名为上海市成人教育委员会。

8月26日　市成人教育工作会议召开,通过《改革和发展上海市成人教育的意见》和《上海市成人教育"七五"规划纲要》。

9月　市农委、市成教委、市教育局联合召开农村成人教育工作会议,同年12月,根据这次会议精神印发《关于进一步发展上海郊县成人教育的几点意见》,要求各乡镇建立成人中等文化技术学校。

11月17日　市政府批转市成人教育委员会《关于改革和发展上海市成人教育的意见》,提出把岗位培训作为成人教育的重点。

12月　《上海市开展岗位培训工作的试行意见》下发,对上海开展岗位培训提出各项规定性的意见。

是年　市政府批转市高教局《关于调整上海市职工大学的意见》,提出学校调整必须适应经济体制改革,优化职工大学总体结构,实行"一局一校"联合办学。

同年　市教育局工农教育处改名为成人教育处。

1988 年

1月9日　市人大常委会通过《上海市职工教育条例》,7月1日起施行。

3月21日　闸北区成立街道社区教育委员会。

3月　市教育、农业、人事、劳动、财政、科技等行政管理部门联合印发了《上海市实施"燎原计划"的方案》,并于5月31日确定"七五"期间实施燎原计划的示范乡12个,示范学校24所。示范学校中有杜行、蔡路、泥城、奉城、五里塘、白鹤、大新等7所成人中等文化技术学校。

4月26日　上海市农机工业局(后改为郊县工业局)、上海市教育局联合发文,决定对郊县工业系统经济类管理人员进行中专教育,试行岗位证书、专业证书、毕业证书三种证书相结合的中专教育制度。

4月　中共上海市委组织部、市人事局、市高教局、市教育局发布《贯彻国家教委、人事部〈关于成人高等教育试行专业证书制度的若干规定〉的几点意见》,对试行专业证书制度的目的和意义、学习对象、文化考试和办班要求、专业设置与教学计划、证书的颁发、申报日期做了具体规定。

6月　吴淞区业余大学同时更名为宝山区业余大学。

1989 年

1月11日　市高教局发布《关于加强对上海市普通高校、成人高校举办非学历教育管理的若干规定》。文件就各类教育班的备案、招生广告、教学管理、收费标准等方面做出规定。

6月10日　国务院学位委员会批准上海第二工业大学为成人高等教育学士学位授予单位。除示范型成人高等学校外,该校是全国第一所有权授予学士学位的独立建制的成人高校。

6月 上海市农村成人教育工作会议召开。

7月23日 市政府制定《上海市社会力量办学管理办法》。

7月 市教育行政部门对全市社会力量办学组织视导检查,并重新办理审核备案手续,颁发《社会力量办学许可证》。

10月4日 市成人教育委员会发布《关于加强郊县电视大学分校建设的意见》,对郊县电视大学分校的办学方向、教育质量、领导管理、经费与教师待遇、学校评估等方面提出了意见。

是年 经市政府批准,冶金、化工、轻工、仪表通信四个工业局系统的职工大学,分别按系统联合,调整为四所职工大学:原上海冶金职工大学、上海第一钢铁厂职工大学、上海第三钢铁厂职工大学联合组建为上海冶金联合职工大学;原上海市塑料公司职工大学和上海市橡胶公司职工大学联合组建为上海化学工业职工大学;原上海市轻工业局职工大学、上海市造纸公司职工大学、上海市钟表公司职工大学联合组建为上海市轻工业职工大学;原上海市仪表电讯工业局职工大学和上海市仪器仪表公司职工大学联合组建为上海市仪表电子工业职工大学;原上海市自行车公司职工大学调整为上海市自行车公司培训中心。

1990 年

5月10日 市成人教育委员会、市教育局颁布《上海市扫除文盲工作的意见》,规定上海市按高标准扫除文盲,凡具备接受扫盲教育能力的 15—45 周岁的男性和 15—40 周岁的女性公民中,非文盲率达到 95％以上,要求农村和城市于 1991 年底前完成扫除剩余文盲的任务。

9月5日 市成人教育委员会和市教育局联合召开扫盲工作会议。

11月7日 市成人教育委员会、市教育局颁发《关于对扫除剩余文盲工作进行验收的意见》,明确上海高标准扫盲的标准。

12月 市成人教育委员会会同市农委、市妇联、团市委、市教育局对市郊各县扫盲工作检查验收。经查,各县文盲已从 1988 年应扫盲数的 4.7％下降到 1.4％,还有剩余文盲 31 616 人,市郊各县的扫盲工作达到预期要求。

是年 全国第一家高等教育自学考试命题中心"上海高等教育自学考试命题中心"正式成立,中心设在上海市高等教育自学考试办公室内。

同年 上海成人教育研究室改名为上海成人教育研究所。

1991 年

5月18日 上海市诞生第一所中外合作办学机构——上海法语培训中心。

11月 市成人教育协会成立。前身分别是 1983 年 10 月成立的上海市成人教育研究会和 1986 年 1 月成立的上海市职工教育研究会。

是年 市郊 200 多所乡镇成人中等文化技术学校开始按照国家教委要求,普遍参与实施"燎原计划"活动。

同年 高等教育自学考试委员会办公室与市高等学校招生委员会办公室、上海教育考试中心办公室合并,组建为上海市教育招生考试中心。

1992 年

4月　普陀区真如镇兴办真如镇社区教育学校。

5月11日　市级机关工委同意建立上海老龄大学,市级机关老干部大学增挂"上海老龄大学"牌子,实行一套班子、两块牌子。同年6月,中共中央总书记江泽民题写校名"上海老龄大学"。

10月21—24日　在上海第二教育学院召开"92上海国际成人教育理论研讨会"。

12月7日　市政府在友谊会堂召开上海市成人教育工作会议。会议由市政府副秘书长卢莹辉主持。市教卫办主任王生洪宣读市电视大学等一批学校被评为先进集体的名单。副市长谢丽娟作题为"解放思想,深化改革,使成人教育直接有效地为上海经济建设、社会发展服务"的工作报告。

12月11日　市高教局召开上海成人高教工作会议。会议由市教卫办主任、高教局局长王生洪主持,市高教局副局长魏润柏做题为"深化改革,迎接挑战,实现上海成人高校新飞跃"的主题报告。

1993 年

4月8日　市教育局下发《关于同意开设上海市电视高级中学》文件,上海市电视高级中学正式挂牌。

5月10日　市政府办公厅转发市政府教卫办、市成人教育委员会、市人事局《关于90年代上海紧缺人才培训工程实施计划》。

6月8日　市政府教卫办批转《上海市中等专业教育自学考试暂行规定》,要求各区、县政府"按照执行",为上海中专自考的进一步发展提供了制度保障。

10月29日　市老年教育协会成立大会在丁香花园举行,市委副书记、市老干部大学校长陈铁迪,市老龄委主任杨迪揭牌,陈铁迪任名誉会长,薛喜民任会长。

12月　中国成人教育协会成人中等专业委员会成立大会在上海召开。会议决定专业委员会秘书处设在上海,将成人中专教材建设协作活动交给专业委员会负责。市教育局副局长俞恭庆当选常务副会长兼秘书长,市教育局成教处副处长钱虎根当选常务副秘书长。

是年　经国务院学位委员会办公室批准,华东师范大学设立中国大陆第一个成人教育学专业硕士学位授予点,并于当年开始招生。

1994 年

1月9日　上海市计算机应用能力考核首次开考。

2月26日　上海教育电视台开播。

8月　市农委、市成人教委、市科委联合印发《关于上海市实施"绿色证书工程"的意见》。

9月1日　经市政府教育卫生办公室批准设立上海市震旦成人中等专业学校与上海燎原成人中等专业学校。

是年　市政府发布《关于上海成人教育改革与发展的若干意见》。

同年　上海市社区教育协会成立。

同年　市政府批准在金山区试办全市第一个社区学院。上海石油化工总厂职工大学改建为金山社区学院。

1995 年

2 月　中共上海市委批准撤销市人民政府教育卫生办公室、市教育局、市高教局,成立上海市教育委员会。上海市教育委员会设成人教育办公室,管理全市成人教育工作。

4 月 13 日　市政府召开市成人教育工作会议,研究部署上海成人教育改革与发展目标与任务。

6 月 15 日　上海市教育科学研究院和上海市教育考试院正式挂牌成立。

9 月 21 日　上海市首批成人教育科研招标课题优秀成果颁奖大会暨 1995 年成人教育招标课题信息发布会举行。《面向二十一世纪的浦东新区成人教育模式》等 8 个课题分获一、二、三等奖。

11 月 22 日　上海教育电视台 26 频道"空中老年人大学"栏目的第一门课程"老年卫生保健"开播。

是年　国家教育委员会《关于同意上海市进行国家学历文凭考试试点的批复》,同意上海市对社会力量举办的高等教育进行国家学历文凭考试的试点。

1996 年

1 月　市经委在初步总结试点单位的基础上,提出《关于探索建立现代企业培训制度的若干试行意见》,对建立现代企业教育培训制度的指导思想、目标任务、基本特征等问题提出意见。

6 月　市政府办公厅转发市教委《关于大力发展上海市成人教育的意见》。

7 月　上海电视大学开始试办高等专科"注册视听生"。

是年　长宁区社区学院成立。

同年　市教委、市农委、市农业局联合发出《关于在回乡初高中毕业生中实施"绿色证书工程"培训的通知》。

同年　闸北区社区教育委员会协调区教育局,从学校抽调干部、教师到街道参加社区教育工作,并制定《闸北区学校派到街道社区专职干部工作职责》和《社区教育专职考核标准》。

1997 年

5 月 21 日　上海市第一次全市性的高等教育自学考试工作会议召开。会议表彰了全国和上海市高教自学考试工作先进集体和先进个人,宣布新一届上海市高教自学考试委员会组成成员名单。

6 月 25 日　市教委颁发《关于继续扫除剩余文盲和巩固扩大扫盲成果的通知》。

7 月 11 日　市教委、市成教委、市人事局联合召开上海实施《90 年代紧缺人才培训工程》工作会议。会议要求进一步开拓适应经济发展新形势需要的紧缺人才考核岗位,加强十大紧缺人才培训中心建设。

1998 年

8 月 19 日　市教委《上海市自学考试改革与发展的意见(1998—2000)》,提出,要积极慎重地把中专自考部分工作落实到有条件的区、县。

11月24日　市教委颁发《上海市老年教育机构设置的暂行规定》的通知,要求街镇老年学校承上启下,接受区老年大学业务指导,对村、居老年教育学习点进行业务指导。

是年　上海电气(集团)总公司教育中心挂牌成立。

同年　上海电视大学成为教育部批准的全国电视大学系统中唯一一所进行"注册视听生"金融专业专科升本科试点的学校。

同年　市教委制定并下发《关于推进上海市社区学院建设的意见》,对社区学院建设提出了明确的要求、标准及审批程序。

1999 年

1月22日　市政府召开上海市成人教育工作会议。会议提出21世纪初上海成人教育发展的指导思想是:高举邓小平理论伟大旗帜,坚持教育要面向现代化、面向世界、面向未来的战略方针,遵循建设有中国特色社会主义教育体系的目标,继续改革和发展成人教育,逐步建成与一流城市、一流教育相匹配的比较发达的现代成人教育,为提高全体市民素质和提高城市文明程度服务,为上海经济全面发展和社会全面进步提供坚实的人力资源和智力支持。

5月25日　市成人教育委员会提出《关于上海市推进现代企业教育制度建设的意见》。

6月16日　闸北区社区学院举行揭牌仪式。

10月　上海市成人教育研究所与上海职业技术教育研究所合并,正式成立上海市教育科学研究院职业教育与成人教育研究所。

同月　市教委通过专家组评估,命名金山区山阳镇成人中等文化技术学校等8所学校为上海市示范性乡(镇)成人学校。

10月15日　上海"网上老年大学"开通。

12月8日　市教委成教办召开成人中专教育研讨会。市教委副主任薛喜民作题为"成人中等专业学校面临的形势和任务"的主题报告。提出"解放思想、找准位置、提高质量、办出特色"4项具体要求。

2000 年

1月19日　市政府批准在上海电视大学、上海教育电视台、上海市电化教育馆、上海市电视中等专业学校的基础上组建上海远程教育集团。24日,上海远程教育集团挂牌。

3月31日　市成人教育委员会颁发《关于上海市推进企业(行业)教育培训中心建设的意见》。

4月27日　教育部职成司发布《关于在部分地区开展社区教育实验工作的通知》,决定在全国确定8个城区开展社区教育实验工作,其中上海市为闸北区。

上半年　市教委成人教育办公室和职业技术教育办公室合并为职业教育与成人教育处。

11月　闸北区社区教育实验工作领导小组成立,由区长任组长,43家委办局、企事业单位为成员,办公室设在区教育局,教育局局长担任办公室主任。

是年　闵行区成立学习型城区创建领导小组。

2001 年

4 月 16 日　市成人教育委员会会同市有关部门下发《关于上海市开展现代企业教育制度试点和现代企业教育培训中心试点的通知》，确定宝钢集团公司、上海石化股份有限公司等 28 家企业为上海市现代企业教育制度建设试点单位。

4 月　经市政府批准，闸北区业余大学转型为上海行健职业学院。

5 月　上海市推进现代企业教育工作会议召开，部署市现代企业教育制度和现代企业教育培训中心试点工作，全面推进现代企业教育制度建设。

11 月 7—9 日　教育部召开全国社区教育实验工作经验交流会议，会议宣布 28 个全国社区教育实验区名单并授牌，其中上海市闸北区、嘉定区、浦东新区被确定为第一批全国社区教育实验区。

是年　市教委、市文明办、市民政局印发《上海市社区学校设置暂行规定》。

同年　普陀区委、区政府成立由 16 个委办局和街道（镇）组成的区社区学校工作联席会议，并由区委、区政府分管领导担任联席会议组长、副组长。同年，普陀区成立推进学习型社会建设指导委员会，办公室设在区教育局。

2002 年

4 月　闸北区社区学院成立闸北区社区教育研究中心和市民学习指导中心。

同月　嘉定区委、区政府成立嘉定区学习型社区建设工作领导小组，下设办公室。

5 月　浦东新区成立社区教育推进委员会，区委副书记任主任，办公室设在社发局，社发局下设社区教育科。

是年　华东师大成人高等教育研究所和职业教育研究所合并为职业教育与成人教育研究所。

2003 年

2 月 9 日　市教委、市老龄委在上海展览中心召开第一次上海市老年教育工作会议。

3 月 24 日　《上海市教育委员会、上海市经济委员会、上海市劳动和社会保障局关于进一步发挥行业、企业在职业教育和培训作用中的意见》颁发。

11 月 21 日　上海远程教育集团撤销电视大学教学节目制作中心，成立上海教育电视台教学部。

11 月　上海、江苏、浙江三地的省级教育部门共同发起召开长三角社区教育发展论坛。

12 月 10 日　教育部确定静安区、徐汇区等 33 个城区（市）为第二批全国社区教育实验区。

12 月　百联集团教育培训中心成立，由原一百集团、华联集团、友谊集团和物资集团的教育培训机构重组而成。

2004 年

3 月　根据市教委职业与成人教育处对成人中专学校布局调整的要求，上海市电视中专即日起停止招收未满十八周岁的初中毕业生。

4月12日 市教委主任办公会议决定,上海市老年教育工作小组办公室设在上海老年大学,由俞恭庆任负责人,办公室日常经费列入老年大学专项。6月22日,市教委明确俞恭庆分管上海老年大学。

4月23日 市教委下发《上海市郊农村劳动力转移培训计划》,要求充分利用职业教育、成人教育资源,多渠道、多层次、多形式地开展农村劳动力转移的职前培训、职后培训和转岗培训。

6月 撤销"90年代上海紧缺人才培训工程联席会议"及其办公室,成立"上海紧缺人才培训办公室"(非常设机构),成立"上海紧缺人才培训事务服务中心"作为"上海紧缺人才培训办公室"的常设办事机构。

11月5日 "创建学习型社区国际论坛"在上海市闸北区举行,中共上海市委副秘书长姜樑、国家教育部职成司助理巡视员张昭文、中共党校《学习时报》副总编钟国兴、市文明办副主任陈振民等出席开幕式。

12月15—16日 由中国国家教育发展研究中心、上海浦东新区政府等单位主办的,浦东新区社会发展局承办的"建设终身学习体系与学习型社会"国际论坛在上海市国际会议中心举行。

12月 华东师范大学正式获批成立全国首个成人教育学专业博士学位授予点。

是年 《开放教育研究》被南京大学中国社会科学研究评价中心确定为"中文社会科学引文索引"(CSSCI)来源期刊,成为全国入选CSSCI的第一本远程教育期刊。

2005 年

2月25日 市政府召开上海郊区劳动力职业教育三年行动计划推进会。

8月 松江区社区学院成立。

10月 市总工会召开"创建学习型组织,争做知识型职工"活动十佳工作法推进表彰会。

是年 郊区"专业农民"实用技术培训项目开始实施,培育专业农民。

同年 市教委公布的上海教育五项实事之一,即以远程教育集团为市级远教中心,建立19个区县级学习点,再延伸到100个街道、镇以至里弄居委会的远程教育(包括计算机网络、电视)框架,实施远程教育管理和组成网络结构。

2006 年

1月 《中共上海市委、上海市人民政府关于推进学习型社会建设的指导意见》颁发。

6月9日 市教委印发《关于做好上海市高等教育学历文凭考试结束阶段工作的通知》,重申从2008年起,不再安排学历文凭考试。

7月16日 教育部确定普陀区、长宁区、黄浦区等全国20个城区(市)为第三批全国社区教育实验区。

11月2日 "上海市企业教育合作联盟"成立。

12月25日 上海远程老年大学揭牌暨上海老年人学习网开通仪式在青松城举行,"上海空中老年大学""上海网上老年大学"正式合并为"上海远程老年大学",并开通了"上海老年人学习网"。

12月 浦东新区区委、区政府决定将"社区教育推进委员会"更名为"推进学习型社会建设委员会",设在区社区学院内。

是年　宝山区成立由区文明委领导、区有关部门组成的宝山区推进学习型城区建设指导委员会,负责学习型城区建设的规划制定和统筹决策工作。

同年　上海推出培养百名创业农民计划,市农委在郊区的农业园区、农民专业合作社、农业龙头企业、种养大户中遴选百名生产经营带头人或管理能手,开展创业农民培训。

同年　长宁区成立推进学习型城区建设指导委员会,负责规划制定、统筹决策,下设社区、老年、职业和继续教育四个专业委员会。

2007 年

1月18日　市教委决定成立上海市社区教育实验项目指导小组,作为指导小组的日常工作机构,办公室设在上海市教育科学研究院社区教育研究中心。

3月29日　市机构编制委员会批复同意市教委增设终身教育处。

4月24日　上海市学习型社会建设推进大会在上海展览中心举行。市委常委、市人大常委会副主任周禹鹏,市政协副主席宋仪侨出席会议。会议由副市长杨定华主持。市委副书记殷一璀做重要讲话。

4月　由市编办正式批准,在市教委内增设终身教育处,对外为上海市推进学习型社会建设指导委员会办公室。

5月9日　上海市学习型社会建设服务指导中心(筹)办公室(简称"市学指办")正式组建并开始运作。

6月7日　市教委印发《关于进一步加强上海市高等学校成人高等教育和继续教育管理的通知》。

7月20日　市教育科学研究院、市社区教育协会主办的"2007海峡两岸社区教育学术研讨会"召开。

8月31日　松江区推进学习型社会建设指导委员会成立。

9月　奉贤区建立由奉贤区委、区政府领导挂帅、相关职能部门领导组成的区推进学习型社会建设与终身教育指导委员会(简称"学推委"),并设立由区文明办主任、教育局局长为主任的"学习办",配备专职人员负责日常工作。

9月15日　宝钢人才开发院揭牌。

10月17日　教育部确定全国33个城区(市)为第四批全国社区教育实验区,上海市青浦区、杨浦区榜上有名。

11月7日　市机构编制委员会发文同意利用上海电视中专编制成立上海市学习型社会建设服务指导中心,行政上隶属上海市教委领导,设在上海远程教育集团。

12月25日　市教委、市老龄办联合召开第二次上海市老年教育工作会议。

12月　闵行区委、区政府批准成立闵行区社区学院。

同月　市教委、市文明办颁发《关于推进上海市社区学院建设的指导意见》。

是年　徐汇区成立推进学习型社会建设指导委员会,区委书记、区长共同担任委员会主任,区委常委任常务副主任。

2008 年

1月　青浦区社区学院成立。

2月13日　教育部发布《关于确定全国社区教育示范区的通知》,确定上海闸北区、徐汇区、浦东新区、嘉定区等34个单位为全国社区教育示范区。

9月1日　虹口区社区学院成立。

12月1日　首届"长三角"创建学习型组织研讨会在上海市杨浦区新凤城迎宾馆隆重召开。此次研讨会的主题是发展学习型组织的实践和探索。

12月7日　上海市推进学习型社会建设指导委员会在上海展览中心友谊会堂召开"上海市学习型企业建设大会"。

12月20日　《关于进一步推进镇(乡)成人中等文化技术学校标准化建设的意见》颁发。

是年　静安区委、区政府制定《静安区推进学习型城区建设行动纲要》,并成立静安区推进学习型城区建设指导委员会。

同年　金山区成立学习型社会建设与终身教育促进委员会,在区社区学院成立区学习型社会建设与终身教育工作指导中心。

同年　市教委制订《关于上海市开展"学分银行"试点工作的指导意见》,在部分学校开展试点工作。

2009 年

4月14日　由上海市学习型社会建设与终身教育促进委员会、上海市教育委员会主管,上海远程教育集团、上海电视大学承建的上海终身学习网(www. shlll. net)正式开通。

8月2日　教育部发布《关于重新公布全国社区教育实验区名单的通知》,对全国社区教育实验区做出调整,调整后的全国社区教育实验区有98个城区(市),上海市有静安区、普陀区、长宁区、黄浦区、青浦区、杨浦区、宝山区、卢湾区、闵行区等9个区。

11月　市总工会发出《关于新形势下深入开展"创建学习型组织,争做知识型职工"活动的实施意见》。

12月　市学习型企业建设推进大会召开,市委副书记殷一璀讲话。

2010 年

5月19—21日　上海国际终身学习论坛举行。联合国教科文组织与上海市人民政府、中国教育发展战略学会、中国教科文组织全国委员会共同主办本次论坛。

6月　"上海市成人教育委员会"更名为"上海市学习型社会建设与终身教育促进委员会",与上海市推进学习型社会建设指导委员会实行"两块牌子、一套班子",对上海市推进学习型社会建设工作进行规划决策和统筹指导协调。委员会办公室设在市教委。

7月23日　市政府批准成立上海开放大学。

11月26日　上海市学习型社区建设推进大会在上海展览中心友谊会堂举行。

11月26—28日　由中国成人教育协会和上海外国语大学共同主办、上海外国语大学继续教育学院承办、上海市成人教育协会和上海市终身教育研究会协办的"学习型社会建设国际研讨会暨中日韩首届终身学习论坛"在上海举行。

11月29日　虹口区学习型社会建设与终身教育促进委员会和虹口区学习型社会建设与终身

教育促进委员会办公室成立。

  同日 教育部发布《关于确定第二批全国社区教育示范区的通知》,确定北京市东城区等34个区(市)为全国社区教育示范区。上海市长宁区、普陀区、静安区、杨浦区4个区被评为全国社区教育示范区。

  11月 上海启动了社区教育课程联合教研室工作,"联合教研室"是由市学指办组织建设的市级层面的社区教育业务工作合作机构。

  是年 崇明县根据市委、市政府推进学习型社会建设的要求,建立由县党委、县政府领导负责,由县级各部门参与的县学习型社会建设与终身教育促进委员会,统一协调指导全县的成人教育与社区教育工作。

第一篇

社区教育

20 世纪 80 年代中期,上海闵行区吴泾地区和普陀区真如中学开展学校和社区双向支持双向服务,上海市教育局及时总结并推广这一做法。90 年代初期上海市教育局又会同市精神文明办、民政局、文化局、团市委等进一步探索社区教育的改革和发展,促进了青少年校外教育和社区的建设。其成果在全国产生较大的影响。1999 年,国务院办公厅批转的教育部《面向 21 世纪教育振兴行动计划》指出,要"开展社区教育的实验工作,逐步建立和完善终身教育体系,努力提高全民素质"。2000 年起,上海积极参加教育部开展的社区教育实验工作,积极申报全国社区教育实验区,创建全国社区教育示范区、示范街镇和上海市学习型社区,并以社区教育实验项目为引领,全面推动上海社区教育的开展。2006 年,上海市委、市政府印发《关于推进学习型社会建设的指导意见》,明确提出"完善终身教育体系,奠定学习型社会的基础",建成"人人皆学、时时能学、处处可学"的学习型社会框架,其中提到的五项教育中,第一项就提出要"完善社区教育"。2007 年 4 月市教委内增设终身教育处,对外为上海市推进学习型社会建设指导委员会办公室(简称"市学习办")。2007 年 11 月,上海市人民政府依托上海远程教育集团组建上海市学习型社会建设服务指导中心及其办公室,面向全市承担相关的业务指导和组织工作。同时,各区也逐步建立起相应的管理机构和业务指导机构,并完善了以社区学院为龙头、社区学校的骨干、村居教学点为基础的社区教育三级网络,到 2010 年,上海的社区教育系统建设已经形成了"1 个市级指导中心＋18 个区县社区学院＋200 余所街镇乡社区学校＋5 000 余个居村委学习点"的、覆盖全市的三级网络体系;全市社区教育居村委教学点共 5 072 个,居村委教学点课程数 30 345 个,居村委教学点学员总数 3 024 224 个。

第一章　组　织　机　构

第一节　市级管理指导机构

一、上海市推进学习型社会建设指导委员会及办公室

20 世纪 80 年代,上海的社区教育是以青少年校外教育形式出现的。1987 年 9 月 16 日上海市青少年保护委员会成立,下设全市青少年保护委员会办公室(简称"青保办"),在市教育局办公。1995 年 2 月市教委成立后,设立一个职能处室——青保处,与市青少年保护委员会办公室合署办公,市教委、市公安局、共青团上海市委派员参加联合办公。

20 世纪 90 年代,全国社区教育研讨会提出要把社区教育与社区发展结合,把学校教育与社区各方参与互动相结合。

2006 年 1 月,中共上海市委、市政府印发的《关于推进学习型社会建设的指导意见》提出"完善终身教育体系,奠定学习型社会的基础",其中提到的五种教育中第一位就是"完善社区教育"。市层面成立上海市推进学习型社会建设指导委员会(简称"市学习委"),负责学习型社会建设的规划制定、统筹决策、指导督察等工作。具体工作机构由市精神文明办和市教委联合组建,办公室设在市教委。

2007 年 4 月 24 日,市委、市政府召开"上海市推进学习型社会建设大会"。市委副书记殷一璀、副市长沈晓明等出席。殷一璀提出,要突出重点,按照"共建共享"的要求全面推进学习型社会建设,主要做好六方面工作:(1) 发展学习型组织,夯实学习型社会建设的基础。(2) 打造学习活动品牌,吸引更多市民参与学习。要继续办好"振兴中华读书活动""百万家庭学礼仪""上海书展""科技节""东方讲坛"等群众性学习活动,要充分利用好中国上海国际艺术节、中国上海艺术博览会、上海之春音乐节等文化交流活动。(3) 发挥各方作用,提供丰富的终身学习服务。所有媒体特别是主流媒体要发挥知识信息传播的优势,承担起为市民终身学习服务的责任。鼓励引导社会力量举办各类教育培训,开发学习项目。(4) 围绕社区学院建设,整合学习教育资源,构建覆盖全市、面向市民的市、区县(行业)、街镇三级构架的终身教育系统。(5) 依托现代信息网络技术,搭建市民公共学习平台。(6) 突破"学分互认"等瓶颈,创新终身教育的制度建设。探索建立上海市"市民终身学习卡"制度,建立"学分银行"等。

二、上海市教育委员会终身教育处

1972 年,市教育局革命委员会设立工农教育组,负责全市工农教育。1987 年市教育局"工农教育处"改为"成人教育处"。1995 年,市教委设成人教育办公室,管理全市的成人教育工作。2000 年上半年,市教委内的成人教育办公室和职业技术教育办公室合并为职成教处,兼具原成人教育处和职教处的功能。

2007 年 4 月,由市编办正式批准,在市教委内增设终身教育处,并承担市学习办的职能。王宏为市教委终身教育处处长,庄俭、帅良余、程培元为副处长。

2007 年 9 月 20 日,市教委印发的《上海市教育委员会关于增设终身教育处的通知》,规定终身教育处的职能是:宏观管理和指导推进学习型社会建设工作;制定推进学习型社会建设规划和有关政策、协调解决推进学习型社会建设中的重大问题,并建立例会制度和议定事项落实机制;管理各类非学历教育的专业设置、教学质量监控等工作;指导扫盲工作,宏观管理和指导企业教育、农村成人教育、老年教育、社区教育等工作。

三、上海市学习型社会建设指导中心及办公室

【市学习型社会建设服务指导中心】

2006 年 1 月,中共上海市委、市人民政府印发的《关于推进学习型社会建设的指导意见》提出上海要基本形成学习型社会框架,其中社区教育的发展定位为:"完善终身教育体系的基础建设"。2007 年 11 月,上海市人民政府正式发文批准,依托上海远程教育集团组建上海市学习型社会建设服务指导中心(简称"市学指中心")。

2008 年 4 月,市教委发文明确市学指中心的工作职能:负责对全市社区教育系统的业务工作进行指导、协调和服务,规范管理社区学院教育教学工作和活动;组织开发上海市终身教育教学资源,建设、运行和维护上海终身教育资源库;承担全市终身教育网络大平台的建设、运行和维护工作,构建终身教育学习服务保障体系;协助市教委有关职能部门研究制订学习型社会建设评估指标体系和终身教育评价指标,协助对社区学院的教育教学工作进行检查、评估、督导,并组织和承担终身教育工作队伍的建设和培训工作;协助市教委有关职能部门组织开展学习成果认定办法和学分互认办法的研究、制定及实施管理等工作;组织开展建设学习型社会和构建终身教育体系的调研及理论研究工作,做好信息收集、汇总、分析等工作,为市政府和上级主管部门提供决策依据。

【市学习型社会建设服务指导中心办公室】

2007 年 5 月 9 日,市学习型社会建设服务指导中心(筹)办公室正式组建并开始运作(简称"市学指办"),主任为杨平。市学指办内部的机构设置有:综合管理部、系统建设部、资源建设部、理论研究部、网络平台管理部。集团批准第一期可用编制数为 15 个,实有各类用工性质人员 13 人,具有学历高、年纪轻的特点。上海市终身教育研究会秘书处也设在市学指办,市学指办主任兼任该研究会秘书长。上海市成人教育协会推进学习化社区工作委员会的职能也由市学指办承担。市学指办主任兼任委员会的主任,市学指办副主任兼任委员会的副主任和总干事。

市学指办作为市学指中心常设的专门工作机构,核心业务是指导全市社区教育发展。上海的社区教育系统建设已形成"1 个市级指导中心＋18 个区县社区学院＋200 余所街镇乡社区学校＋5 000 余个居村委学习点"的全覆盖网络体系,简称"1＋3"全市社区教育工作系统,"1"指市服务指导中心,"3"指以社区学院、社区学校、学习点为基础的社区教育三级网络。

第二节　区级管理指导机构

一、浦东新区推进学习型社会建设委员会及其办公室

2002 年 5 月,浦东成立社区教育推进委员会,区委副书记任主任,各部委办局主要领导担任委

员。下设办公室在社发局。2007年制订并发布《中共浦东新区委员会　浦东新区人民政府关于推进学习型社会建设的意见》，成立浦东新区推进学习型社会建设指导委员会及其工作机构。委员会由区文明委领导，成员由区委组织部（区人事局）、区委宣传部（区文广局）、区文明办、区发改委、区科委、区劳动保障局（区民政局）、区社发局以及区总工会、团区委、区妇联等单位组成。浦东新区推进学习型社会建设指导委员会下设办公室在新区社区学院，人员由区社工委内部调剂安排，经费在社区教育业务经费中统筹解决。

2007年，南汇区（2009年已经并入浦东新区）制定并发布中共南汇区委员会《关于推进学习型社会建设的实施意见》，为社区教育发展指明方向。

（注：2012年，浦东新区推进学习型社会建设指导委员会更名为浦东新区学习型社会建设与终身教育促进委员会。2015年，浦东新区成立浦东新区教育局学习型社会建设与终身教育促进委员会，承担原学促委职能。）

二、徐汇区推进学习型社会建设指导委员会及其办公室

2005年，徐汇区人民政府制定《徐汇区深入推进社区教育发展的实施意见》。同年，徐汇区社区教育委员会成立，主任由区长担任，副主任由分管区委副书记和副区长担任，区政府办公室、委办局和相关区域单位负责人为成员。2007年，徐汇区成立推进学习型社会建设指导委员会，区委书记、区长共同担任委员会主任，区委常委任常务副主任，两位副区长和三位区域内大学副校长任副主任，区文明委所有成员均为委员会委员。区社区教育委员会和区推进学习型社会建设指导委员会办公室均设在教育局，由教育局局长任办公室主任，牵头负责协调全区社区教育和学习型城区建设的推进工作。下设社区教育管理办公室具体落实社区教育日常工作。

三、长宁区推进学习型城区建设指导委员会及其办公室

1988年，长宁区成立了区一级社区教育委员会和11个街道（镇）的社区教育委员会，区委、区府、区人大、区政协主要负责人担任正副主任，制定了《长宁区社区教育委员会章程》，区内各系统各部门共同参与教育和管理，从而形成了区、街道两级社区教育网络。2006年，长宁区成立区终身教育推进委员会；同年成立长宁终身教育指导服务中心作为实体化办事机构。2007年11月，长宁区推进学习型城区建设指导委员会（简称"区学习委"）成立，同时撤销区终身教育推进委员会。区学习委由区委书记任主任、区长任第一副主任，下设办公室（简称"区学习办"），由教育工作党委书记任主任。2008年1月，长宁区委发布《长宁区关于推进学习型城区建设的实施意见》。

四、普陀区推进学习型社会建设指导委员会及其办公室

1986年9月，普陀区成立"真如中学社会教育委员会"（简称"社教委"）。社教委由37个政府机关、社会团体、企业单位组成的，以学校为主，采取理事会的形式，为社会与学校沟通、调节搭建平台，为社会机构参与社区教育提供了模式。2001年，普陀区社区学校工作联席会议成立，由16个委办局和街道（镇）组成。2006年，成立由区文明委领导的普陀区推进学习型社会建设指导委员会

(简称"区指导委")。2007年,区文明办和区教育局在区社区学校工作联席会议办公室的基础上,充实了工作人员,建立了区学习型社会推进委员会办公室(简称"区学习办")。

(注:2012年,普陀区推进学习型社会建设指导委员会及其办公室更名为普陀区学习型社会建设与终身教育促进委员会及其办公室。)

五、闸北区社区教育实验工作领导小组及其办公室

1989年,闸北区社区教育委员会正式成立,社区教育委员会协调区教育局,从学校抽调干部、教师到街道参加社区教育工作,通过制定工作职责和考核标准管理社区教育师资队伍。2000年11月,闸北区委成立社区教育实验工作领导小组,闸北区社区教育实验工作领导小组与闸北区社区教育委员会实行"两块牌子,一套班子",由区长任组长,43家委办局、企事业单位为成员,在区教育局下设办公室,教育局局长担任社区教育实验工作办公室主任。2002年4月,闸北区社区教育委员会成立闸北区社区教育研究中心和市民学习指导中心,两中心设在上海行健职业学院(闸北区社区学院)内,接受闸北区社区教育实验工作办公室和上海行健职业学院(闸北区社区学院)的双重领导,主要承担开展各项社区教育工作。

六、虹口区学习型社会建设与终身教育促进委员会及其办公室

1990年5月,虹口区社区教育委员会成立,由区长任主任,下设社区教育办公室与青保办合署办公。成立各街道教育小区,通过学校与企业单位合作等形式提供了发展平台,实现了社区教育与青保工作同步发展的工作模式。2010年11月,成立虹口区学习型社会建设与终身教育促进委员会(简称"区学促委"),成员单位由区纪委、区委组织部、区文明办、区人保局等27个委办局、各街道(社区)组成,下设虹口区学习型社会建设与终身教育促进委员会办公室(简称"区学促办"),办公室设在区教育局,发挥规划制定、统筹决策、指导监察的整体功能。

七、杨浦区创建学习型城区推进指导委员会及其办公室

2006年7月,杨浦区成立"杨浦区创建学习型城区推进指导委员会"(简称"区学推委"),由区委副书记任主任,区委常委、宣传部部长为常务副主任,全区有关部门、单位负责人作为学推委委员,共同参与、共同规划、统筹、指导学习型城区创建工作。区学推委每年举行两次全体会议,商议、规划、统筹全区的社区教育工作。区学推委下设办公室(简称"区学推办")作为日常工作机构,人员由区文明办、教育局、科委等派员组成,教育局党委书记任办公室主任。同时,依托学习型社会建设工作联席会议,增强全区社区教育工作的针对性和实效性。

(注:2011年,杨浦区创建学习型城区推进指导委员会及其办公室更名为杨浦区学习型社会建设与终身教育促进委员会及其办公室。)

八、黄浦区推进学习型社会建设指导委员会及其办公室

1990年,黄浦区成立社区教育委员会,由区委分管副书记负责,下设办公室,街道和学校也分

别成立了相应机构。1994年区、街道社委会分别制定工作职责、建立例会制度。

1989年9月，南市区（2000年已经并入黄浦区）社区教育委员会成立，设社区教育办公室为日常办事机构。

2006年3月，黄浦区推进学习型社会建设指导委员会成立。委员会由区属各有关部、委、办、局共同组成。指导委员会下设办公室，由区文明办和区教育局联合组建，机构设在教育局，办公室具体落实规划制定、统筹决策、指导督察的推进工作。同时成立社区推进学习型社区建设领导小组，由区教育党工委书记担任组长。

（注：2012年，黄浦区推进学习型社会建设指导委员会及其办公室更名为黄浦区学习型社会建设与终身教育促进委员会办公室及其办公室。）

九、卢湾区推进学习型社会建设指导委员会及其办公室

1989年，卢湾区各街道相继成立社区教育委员会。区教育局配备14名教师参与街道社区教育工作，形成了早期队伍建设的模式。1990年3月，卢湾区成立了区社区教育委员会，以区长为主任、各局和企事业共42家单位为委员。

2006年，卢湾区委、区政府发布了《关于建立卢湾区推进学习型社会建设指导委员会的通知》，成立了卢湾区推进学习型社会建设指导委员会（简称"区学习委"），成员由区委组织部、区委宣传部、区文明办、区教育局、区文化局等17个委办局以及各街道（社区）组成，下设卢湾区推进学习型社会建设指导委员会办公室（简称"区学习办"），设在教育局，由区教育局、区文明办主要领导分别担任区学习办正副主任。

十、静安区推进学习型城区建设指导委员会及其办公室

2004年静安区制订《完善终身教育体系，创建学习型城区行动方案》，成立学习型城区创建工作领导小组，明确各委办局的分工职责，教育、科技、文化、卫生、体育、司法、劳动社保、民政等部门相继制定"十进社区"的工作制度。2008年，静安区委、区政府制定《静安区推进学习型城区建设行动纲要》，并成立静安区推进学习型城区建设指导委员会（简称"区学习委"）。成员单位由区委组织部、区文明办、区人保局等26个委办局、各街道（社区）组成，下设办公室（简称"区学习办"）在教育局，发挥政府制定规划、组织推进、统筹协调、指导服务的作用。

十一、宝山区推进学习型城区建设指导委员会及其办公室

2006年，宝山区成立由区文明委领导，区有关部门组成的宝山区推进学习型城区建设指导委员会，由区委副书记担任主任，宣传部部长、分管教育的副区长担任副主任，明确了委员会各成员单位具体负责人，负责学习型城区建设的规划制定和统筹决策工作。下设办公室，由区文明办、区教育局联合组建，设在区教育局，作为日常工作机构。

（注：2011年，宝山区推进学习型城区建设指导委员会及其办公室更名为宝山区学习型社会建设与终身教育促进委员会及其办公室。）

十二、闵行区学习型城区创建领导小组

2000年,闵行区成立区学习型城区创建领导小组,由区委副书记任组长,明确各委办局的分工职责。设立闵行区学习型城区领导小组办公室(区委宣传部),统筹指导区域学习型居村委、街镇、学习型机关、学习型企业创建工作。出台《闵行区"354"学习型社区建设指导意见》等文件指导学习型组织建设。

2007年,闵行区学习型城区领导小组办公室与闵行区总工会联合委托闵行区成人教育协会以学习型企业、学习型社区等创建工作为抓手,推进社区教育。闵行区成人教育委员会具体负责社区教育推进工作,统筹协调全区学习型社会建设和终身教育工作。

(注:2011年,闵行区成人教育委员会更名为闵行区学习型社会建设与终身教育促进委员会。)

十三、嘉定区学习型社区建设工作领导小组及其办公室

2002年4月,嘉定区政府成立区学习型社区建设工作领导小组,下设办公室(简称"区学习办")在教育局,有专人负责社区教育工作。成员单位由区文明办、教育局、科委、人事局、法院、公安局等28家委办局组成,明确各自职责。街镇、居村企业设有相应的领导机构,形成了区级学习型社区建设工作领导小组、街镇学习型社区建设指导小组和居村企业的社区教育管理办公室相互协调、紧密配合的社区教育三级管理网络。各级部门制定健全的工作制度,做到分层管理,责任到人。2008年区学习办发文成立嘉定区学习型社会建设(社区教育)服务指导中心,深入开展社区教育实验,促进学习型社会建设。

十四、金山区学习型社会建设与终身教育促进委员会

2007年12月,金山区召开了学习型社会建设推进大会,成立金山区推进学习型社会建设指导委员会,委员会由区委组织部、区文明办、区教育局、区人保局等20个单位组成,负责学习型社会建设的规划、部署、检查和表彰;指导委员会办公室由区精神文明建设委员会办公室和区教育局联合组成,设在区教育局。2008年金山区委、区政府出台《关于贯彻〈中共上海市委、上海市人民政府关于推进学习型社会建设的指导意见〉的实施意见》,明确了金山区建设学习型社会的总体目标和学习型组织"五创"建设工作。

(注:2012年,金山区推进学习型社会建设指导委员会更名为金山区学习型社会建设与终身教育促进委员。)

十五、松江区推进学习型社会建设指导委员会

2008年,松江区出台《松江区推进学习型城区建设三年行动计划(2008—2010)》,成立了"松江区推进学习型社会建设指导委员会"(简称"区推学委"),由区委副书记担任主任,分管副区长、区委宣传部部长担任副主任,共有区组织部、宣传部、文明办、教育局等23个成员单位,统筹领导全区学习型社会建设。推学委下设办公室(简称"区推学办"),设在区文明办。全区各镇政府、街道办事处

相继建立了学习型社区建设指导委员会或社区教育委员会等机构。2009年5月,在区推学委领导下,松江区社区教育服务指导中心成立,指导中心设在上海开放大学松江分校(松江区社区学院),作为学习型社会建设业务管理机构。

十六、青浦区推进学习型社会建设指导委员会

2003年,青浦区委、区政府发文《关于加强青浦区社区教育工作的意见》,建立青浦区推进社区教育工作委员会,由区委分管领导任主任,区政府分管领导任副主任,成员由20多家委办局和下设机构部门领导组成,实现了从单一部门的社区教育推进模式到全面整合区域的社区教育推进力量。2008年,青浦区委、区政府制定《中共上海市青浦区委、上海市青浦区人民政府关于推进学习型社会建设的指导意见》,成立青浦区推进学习型城区建设指导委员会(简称"区学习委")。由区精神文明建设委员会领导,进一步明确了由18个部门及11个镇、街道组成成员单位。指导委员会办公室(简称"区学习办")由区文明办和区教育局联合组建,设在区教育局。

十七、奉贤区推进学习型社会建设与终身教育指导委员会及其办公室

2007年9月,奉贤区学习型社会建设指导委员会(简称"区指导委")成立。"区指导委"由区委、区政府有关领导任主任、副主任,由学习型建设推进工作相关委办局单位主要领导组成。"区指导委"在区教育局设立奉贤区推进学习型社会建设工作办公室,负责"区指导委"的日常工作。其人员由区文明办和区教育局负责落实。各镇(开发区)、社区、机关和企事业单位建立创建学习型社会工作机构,负责动员本地区、本单位人员以及社会各方面力量参与和支持学习型社会建设工作,根据"区指导委"的总体要求和部署,制订创建学习型社会活动计划,确定和落实学习内容和活动方案。

(注:2012年,奉贤区学习型社会建设指导委员会及奉贤区推进学习型社会建设工作办公室更名为奉贤区推进学习型社会建设与终身教育指导委员会及其办公室。)

十八、崇明县学习型社会建设与终身教育促进委员会

1996年,崇明县社区教育委员会成立,并制定《崇明县社区教育委员会工作暂行规定》。2010年,县委下发了《关于成立崇明县推进学习型社会建设指导委员会的通知》,建立由县委、县政府领导负责、由县级各部门参与的县学习型社会建设指导委员会,成员单位由县委宣传部、组织部、文明办等20个部门组成。统一组织协调指导全县的成人教育与社区教育工作。委员会下设办公室(简称"县学促办")在教育局,负责日常工作。

(注:2012年10月,崇明县推进学习型社会建设指导委员会及其办公室更名为崇明县学习型社会建设与终身教育促进委员会及其办公室。)

第二章 办 学 网 络

第一节 三 级 网 络

2004年12月教育部下发《关于推进社区教育工作的若干意见》提出"形成以区(县)社区教育学院或社区教育中心为龙头,以街道(乡镇)社区教育学校为骨干,以居委会(村)社区教育教学点等为基础的社区教育网络。"这里的"三级网络"是指社区教育在推进基础建设中的办学体系和服务网络。

一、区县社区学院

【沿革】

上海市各区县社区学院的产生与发展大致经历四个阶段:

第一阶段是20世纪90年代初。1993年,上海市成人高校工作会议提出"筹建社区学院"的任务。1994年,经市政府批准,上海石油化工总厂职工大学改建为金山社区学院;1996年,长宁区社区学院成立;1997年7月,宝山区社区学院成立;1999年,静安区社区学院成立。第二阶段是20世纪90年代后期。1998年的市成人教育工作会议上,市教委制定并下发《关于印发〈关于推进上海市社区学院建设的意见〉、〈上海市社区学院设置暂行办法〉的通知》,对社区学院建设提出了明确的要求、标准及审批程序。到2000年,市政府又先后批准南市大同学院(南市区社区学院,后更名为上海大同学院)、闸北行健学院(闸北区社区学院)、宝山行知学院(宝山区社区学院后更名为上海行知学院,其办学功能性质不变)、杨浦同济学院、静安区社区学院、普陀区社区学院等6所社区学院。第三阶段是2004年后。2006年1月《中共上海市委、上海市人民政府关于推进学习型社会建设的指导意见》下发后,徐汇、卢湾、奉贤、浦东、松江、嘉定等6个区相继由区政府批准成立社区学院。第四阶段是2007年下半年全市推进学习型社会建设大会后。市教委、市精神文明办联合下发的《关于推进上海市社区学院建设的指导意见》提出"社区学院原则上应在整合本地区业余大学、电视大学分校、成人教育中心、成人中等教育机构以及职业教育培训机构等基础上组建,实行'数块牌子、一套班子'的管理体制",闵行区、虹口区、南汇区、崇明(县)相继成立社区学院,金山成立金山区社区教育指导中心。

【组建模式】

已建立的社区学院有以下模式:

一是依托区业余大学或高职院校、电视大学分校组建社区学院。如长宁、静安、普陀、徐汇、闸北、宝山、松江等区,与业余大学或高职校是"两块牌子、一套班子",社区学院本身不具备独立法人资格。

二是以独立设置的成人教育机构为基础组建社区学院(即撤销原独立设置的成人教育机构)。如1994年上海石油化工总厂职工大学改建为金山社区学院。2008年在金山区成人教育学校挂牌成立金山区社区教育指导中心；奉贤、嘉定由区成人教育中心改建为社区学院。

三是建立新的事业单位。如杨浦区与同济大学合作建立杨浦同济学院；原南市区政府与同济大学组建南市大同学院，现为黄浦区社区学院，卢湾区社区学院独立建校，浦东新区社区学院独立建校并有独立校舍。

【主要功能】

市教委1998年下发的《关于推进上海市社区学院建设的意见》中规定，社区学院应有以下功能：（1）面向社区的多层次多类型教育服务功能。主要有：各类大专层次学历教育和本科后继续教育；转岗与下岗再就业培训，面向行业的企业教育与培训、跨企业培训、多种证书教育、社会教育；附设职前或职后的高中阶段教育等。（2）参与社区经济建设的功能。社区学院可以依托高校，充分发挥人才优势、科技优势、网络优势，承担社区科技开发、咨询、研究，推动社区经济发展。（3）参与社区文化建设与精神文明建设的功能。作为社区教育的龙头，发挥社区学习中心的作用，承担社区教育教师的培训、管理，开展社区教育的理论研究、教材编写、教学资源的开发、信息管理等。

市教委、市文明办2007年下发的《关于推进上海市社区学院建设的指导意见》指出社区学院的主要功能是：充分发挥现有教育资源的功能，积极开展各类成人教育，继续办好业余大学、电视大学分校、自学考试助学辅导，以及成人高中、中专等教育机构，使之成为区域内成人中高等学历教育的重要载体；开展职业技能培训、岗位证书培训，承办各部门、行业委托的培训项目，使之成为区域内职业技能培训的整合平台；开展社区教育，组织各类以提高市民素质为目标、能够满足市民多样化的学习需求的休闲文化教育，使之成为区域内社区教育的主要场所；开展市民终身学习的指导工作，指导和服务街镇（乡）社区学校及各类办学点开展教育教学活动，对基层学习型社会建设工作进行指导，使之成为区域内市民终身学习的指导中心。

【主要成绩】

2000年以前，形成了社区学院的建设路径。1993年，在经济迅猛发展，高等教育需求旺盛的背景下，上海市成人高校工作会议上提出了"筹建社区学院"的战略任务。1994年，在市政府的批准下，上海石油化工总厂职工大学改建为金山社区学院，成为上海市及全国第一所社区学院。在此之后，市政府先后批准了长宁（1997年）、静安（1999年）、南市（现属黄浦，1999年）等社区学院。社区学院组建后，各区县普遍将社区学院建设作为区域发展战略的组成部分，通过成立董事会和加强同区域内普通高等学校合作，盘活区域内的教育资源，初步形成了社区学院的建设路径。

2000—2006年，积累了社区学院建设经验。2000年我国社区教育实验工作启动，2001年教育部正式开展社区教育实验区工作，上海市闸北区、嘉定区、浦东新区作为第一批社区教育实验区入围，启动了社区教育实践探索工作。2006年1月上海市委颁发了《中共上海市委上海市人民政府关于推进学习型社会建设的指导意见》，强调了社区学院在社区教育中的重要作用，基于此，徐汇、卢湾、奉贤、浦东、松江、嘉定6个区相继成立了社区学院，开始依托社区学院开展社区教育的各项工作，在这一时期积累了大量社区学院建设经验。

2006—2008年，明确了社区学院功能定位。2006年，针对社区学院存在定位不清、职责不明、缺乏指导和服务不到位等问题，上海启动了对社区学院建设的专题调研，以厘清社区教育目前存在的问题。2007年下半年，在全国推进学习型社会建设大会之后，按照市委2号文件的要求，市教委、市精神文明办联合下发了《关于推进上海市社区学院建设的指导意见》对社区学院提出了新的组建要求,之后闵行、青浦、虹口、南汇(现为浦东)、崇明(县)相继成立社区学院。至此,所有区县都成立了社区学院,明确了社区学院的功能定位,在社区学院内设立"社区教育指导中心""社区教育部"等机构,并配备了专门的人员,负责社区教育的指导与推进工作。

2008—2010年,提升了社区学院指导能力。在教育部的指导支持下,在上海市各级政府的重视下,通过实验和探索,各区社区学院得到了长足发展。2008年,上海市闸北区等四个区被教育部确定为全国社区教育示范区,占全国34个示范区的12%。在教育部设立全国社区教育实验区的基础上,2008年3月,上海市开展了社区教育示范街道(乡镇)评选工作,共确定了24个街镇为上海市社区教育示范街道(乡镇),其中22个街镇被评为全国社区教育示范街镇。在此过程中,上海市各社区学院的指导能力进一步提升,通过加强对社区教育工作者、各系统志愿者的培训和管理,开展社区教育需求的调查,提升课程的设计,开展多样化的社区教育活动,为市民提供高质量的社区教育服务。

二、街镇社区学校

街镇层面的社区学校作为上海市社区教育三级网络的骨干力量,是各街道办事处或乡镇人民政府组建的、面向社区全体公民的、以从事非营利性社区教育活动为主的教育机构,为社区所住各类人群提供社区教育服务。

1988年3月21日,闸北区成立街道的社区教育委员会。1990年底,全市11个区141个街道都成立社区教育委员会。2006年,全市各区县街镇层面的社区学校达到全覆盖,此后又推出社区学校和乡镇成人学校建设计划。在学校建制、经费投入、人员配置、校舍设施等方面按有关规定予以落实。这一计划列入《上海教育事业发展"十一五"规划纲要》,由市政府批准执行。到2010年底,全市每个街镇乡都有一所社区学校,已有49所乡镇成人学校和社区学校得到了市教委的资助和奖励,占全市街镇数的23%。

各区县的社区学校的性质属性、产权归属、经费来源、领导编制等有所不同。在已建成事业单位的108家社区学校中,郊区有98家,占90.7%,多在郊区成人学校或成人教师进修学校基础上挂牌成立,只有嘉定、奉贤、闵行区社区学校按照事业单位建制的社区学校全部建成事业单位建制,其余仍有部分社区学校为民办非企业或非法人单位。中心城区的社区学校到2010年底只有普陀区全部建成事业单位。民办非企属性的社区学校全市有27家,其中15家经费来源于街镇,12家由街镇和教育局共同拨款。非法人单位属性的社区学校全市有75家,占35.2%。上海各社区学校已全部拥有校舍,有开展相关教育活动的场地和设施,59.1%社区学校校舍属于街道,说明街道是社区学校建设的主体。各区县社区教育经费投入差距较大。其中,社区学校日常经费来源于街道的有120家,占56.3%,来自区县教育局的有36家,占16.9%,区县教育局和街道都有投入的56家,占26.3%,可见联合出资、共建共享的特点。校长人事关系在街道的共128个,占60.1%,在教育局的84个,占39.4%。常务副校长人事关系在街道的44个,占20.7%,在教育局的114个,占53.5%,其他的占25.8%。

20世纪90年代至2006年,各区县社区学校大致有以下几种运行模式:(1)统筹型。闸北区、普陀区、嘉定区、浦东新区、静安区、徐汇区等建立区政府统筹社区教育的领导机构,后在街道、镇一级也有相应的统筹、协调的机构。(2)综合型。1997年长宁区新泾镇社区学校与新泾镇成人文化技术学校合署办公,两块牌子,一套班子,是办学历、非学历教育的综合型学校。开办的班级有老年人休闲娱乐型的,有为下岗、协保人员进行再就业培训的,有为普通居民开的和为青少年活动基地开办的培训班。(3)共享型。新华街道社区学校由于开的班级多,所需教师多,他们与区域内中小学进行资源共享。华阳街道也与辖区内大学、研究所结对,和开元中学、长宁教育学院附中等签订协议,以充分利用人才资源和教学场地。(4)社会型。江苏路街道社区学校积极探寻市场化、社会化的运作方式。街道办事处与上海东方老年文化交流中心联合成立社区文化所,由街道出资,社区文化指导中心设计制订项目,并由上海东方老年文化交流中心派人实施社区学校的管理。

三、居村教学(学习)点

居村教学(学习)点是社区教育三级网络的基础,是教育活动得以展开和获得支撑的基本场所。

各区县推进居村教学点建设的方式大体可分为自办为主和联办为主两类:自办为主的教学点指主要依靠本街道社区的力量办学,如2005年嘉定区出台了居村教学(学习)点标准化建设评估达标指标;闸北的芷江西路街道“连锁超市”式的教学点;静安区静安寺街道愚谷村将离退休的老人组织起来,邀请老科协退休教授任教,形成“相约星期五”楼组学习组;浦东新区川沙镇新德居委教室小、设备差,但他们依靠党员、楼组长、退休教师组成三支骨干队伍,推出集聚式、选择式、外延式、内在式、休闲式、辐射式、间隙式、结对式等带动小区内的家庭学习;徐汇区各居委开展多样化团队学习,如武康居委的科普学习,延庆居委的“星光教育计划”,东湖居委利用军嫂多,成立双拥合唱队;居村委设有社区教育学习点,有场地、有人员,能正常开展教学活动。联办为主的教学点是充分挖掘各方教和学的资源,共建共享,如:黄浦区的南京东路街道,各居民区利用辖区内外的学习资源,包括机关、团体、部队、企事业单位、学校和名人等,2000年他们就在居民小区建立市民学校的分校,并与联建单位合作办学,如与上师大合办“假日爱心学校”,与工商银行建立“社区金融学校”,与部队建立“军营文化分校”,与肯德基乐乐辰餐厅建立“青苹果艺术学校”,并开办相应的学习班级等。

2010年,上海市70%的居村委设有社区教育学习点,即有场地、有人员,能正常开展教学活动。全市参加社区学习的学员超过300万人次。

表1-2-1　2010年度上海市社区教育居村委教学点统计表

区县名称	居村委教学点个数(个)	居村委教学点课程数(个)	居村委教学点总学时数(学时)	居村委教学点学员总数(人)
浦东新区	1 080	4 975	12 591 633	418 037
徐汇区	306	3 036	3 503 545	83 551
长宁区	181	1 868	1 539 733	52 465
普陀区	215	1 013	4 403 578	59 612
闸北区	185	726	1 239 432	20 442
虹口区	226	496	655 831	16 899
杨浦区	270	643	677 970	26 350

（续表）

区县名称	居村委教学点个数(个)	居村委教学点课程数(个)	居村委教学点总学时数(学时)	居村委教学点学员总数(人)
黄浦区	116	301	441 240	17 783
卢湾区	72	658	439 600	14 896
静安区	69	767	895 658	17 072
宝山区	366	3 342	42 995 114	515 174
闵行区	463	2 060	3 654 988	72 759
嘉定区	245	4 775	26 522 802	746 390
金山区	210	703	3 218 650	122 816
松江区	246	1 597	14 067 029	316 001
青浦区	259	883	2 209 710	216 755
奉贤区	224	468	4 046 283	104 806
崇明县	339	2 034	2 682 243	202 416
合　计	5 072	30 345	125 785 039	3 024 224

第二节　办学队伍

一、管理队伍

社区教育管理队伍主要分为行政管理队伍和业务指导队伍。行政管理与业务管理的两张网络覆盖全市,形成全市共同建设学习型社会的合力。上海市教育委员会在原来成人教育工作者队伍的基础上,充实、调整、加强社区教育工作者的队伍。到2010年,全市所有区县的社区学院都设有社区教育工作部,有专人负责推进社区教育,所有街道、乡镇都有专人负责此项工作。其中街道为1—5人,乡镇按人口的万分之一点五配备,全市负责社区教育推进工作的人员达1 400人左右。

在行政管理上,2006年,成立了由上海市精神文明委员会领导,市委宣传部、市委组织部、市精神文明办、市教委等13个单位组成的上海市推进学习型社会建设指导委员会,负责学习型社会建设的规划制定、统筹决策、指导督察等工作,办公室在市教委。2010年,又将"上海市成人教育委员会"更名为"上海市学习型社会建设与终身教育促进委员会",由市委分管副书记任委员会主任,市委常委、市委宣传部部长和市政府分管副市长任委员会副主任,20位市委、市政府相关委办局领导为委员会委员,委员会对上海市推进学习型社会建设工作进行规划决策和统筹指导协调。委员会办公室设在市教委,市教委分管领导是办公室主任。人员由市教委和市文明办共同组成。所有促进委的成员单位、各区县的管理机构都明确一个部门负责此项工作,并明确一人为联络员。促进办可通过联络员做到信息的上通下达。

各区县也都相应建立由区县主要领导挂帅的领导协调机构,成立了由区委、区政府领导任组长,各有关部门分管领导参加的社区教育领导小组(或社区教育工作推进委员会),其办事机构基本都设在教育局,人员也是由区教育局和文明办共同组成,负责协调和管理全区范围内的社区教育工作。村和居委的村民学校、居委教学点的办学干部,则由村、居委分管的书记、主任和其他分管领导或专职人员所组成。从上到下,各级社区教育基地已经初步建立,形成了网络。

在业务指导上,市教委依托上海远程教育集团,2007年建立"上海市学习型社会建设服务指导中心",利用远程教育集团所有资源,加强对学习型社会建设的业务指导。

由本地区业余大学、电视大学分校、成人教育中心、成人中等教育机构以及职业教育培训机构等的基础上整合构建的区县社区学院内部设立了"社区教育指导中心""社区教育部"等类似机构,配备了专门的人员,负责社区教育的指导与推进工作。

2000年,闸北区在全市范围内率先从教育系统选拔45名校级领导和教师,担任专职社区教育辅导员,遍及全区所有的街道、镇,成为开展社区教育实验工作的生力军。普陀区社区学院内部设立了"一室四中心"即研究室、督导评估中心、师资培训中心、课程开发中心、信息技术中心,配备了专门的人员,负责社区教育的指导与推进工作,具体包括人员培训、资源建设、数据统计、信息发布、理论研究、活动策划等。上海电视大学青浦分校、成人教师进修学院、成人中等教育机构以及青浦区职业学校等基础上整合构建的区县社区学院,内部设立了"社区教育指导中心",配备了专门的人员,负责社区教育的服务、指导与推进工作。嘉定区社区学院设立了科研室等机构,配备了专门的人员,负责社区教育的指导与推进工作。

二、教师队伍

为满足社区居民就近学习需求,上海市本着"教育进社区,学习到家门"的终身学习普及理念,至2010年逐渐形成了以社区学院为龙头,街道乡镇社区学校为骨干,社区内中小学校、居民小区办学点、居村委学习点为基础的社区教育"17+214+5 152"的三级网络,建立了一支由近4万人组成、专兼结合的社区教育教师队伍,覆盖全市所有区县、街道、乡镇。据统计,2009年有5 404名教师在社区学院、社区学校从事社区教育面授课程教授。其中专职教师占14%,兼职教师占86%。郊区的专职教师比市区的多。但许多任课教师没有职称或职称较低。从事教学的教师中,中级职称占34.99%,高级职称只占11.07%,没有职称的教师占42.94%;本科学历41.65%,大专学历占31.96%,硕士占1.96%,博士占0.19%。

2009年华东师范大学社区教育研究中心面向上海市18个区县,社区教育专职教师的全面调查。全市共有18所区(县)社区学院、200多所街(镇)社区学校,下设1 100多所分校和3 200多个教学点。社区学院的专职教师总数为248人,社区学校专职教师总数为1 014人,合计1 262名。无论是社区学院还是社区学校,上海市社区教育专职教师队伍中有3/4左右的专职教师转岗自普教系统,其中社区学院专职教师来源于中教和高教机构为多,两者相加逾66%;社区学校专职教师来源于幼教、小教和中教为多,三者相加为75%左右。还有20%左右的社区学院的专职教师来源于新录用的应届高校毕业生,但社区学校的这一比例很低,不足5%,其余的专职教师主要通过社会招聘渠道进入这支队伍。

为了提高社区教育工作者的业务水平,保证社区教育的健康发展,各区加强了对社区教育工作者、志愿者的培训和管理,聘请社区教育专家、高等学校教师等开展专题培训。如徐汇区率先探索"教育行业背景+社会工作资格"的社区教育专职队伍,开展特色化双师型培训,建立了包括岗前、岗位、全员、骨干、专题等五大模式组成的培训体系。嘉定区根据街镇人口比例,街镇社区学校建编人员有3—10名专职教师。2007年,卢湾区社区学院对社区学校社区工作者进行多媒体制作中级培训,20多位教师拿到多媒体中级证书。2010年青浦区制定了《社区教育专职教师培训计划》,对教师进行实验项目专题系列、信息化资源应用专题、文明观博培训专题、环保知识培训专题、课程资源建设专题等系列培训。

围绕专职教师数量不足的问题,上海多措并举,完善兼职队伍建设。各区建立了由专职教师、讲师团、志愿者组成的社区教育师资队伍。

三、志愿者队伍

20世纪80年代后期,建立志愿者队伍的初衷是基于德育工作的需要,将工作由学校延伸至全社会。德育由学校、家庭、社会三方面共同建构。在建立居(村)委社会教育领导小组和社会实践基地领导小组的基础上建立校外辅导员队伍,构成社会德育网络。21世纪初,随着社区教育的深入发展,志愿者逐步成为社区教育的生力军。

静安、闸北、普陀、黄浦等一些区教育局向街道派出了一定数量的专职教师,街道聘用一批兼职教师,并开发社区内的人才资源,组建志愿者讲师队伍,一般有数十人至200多人。参加志愿者讲师队伍的有优秀党务工作者、院士、专家、学者、演员、退休教师、能工巧匠等。在管理上,主要有以下方式:

(1)完善注册登记制度。对社区教学点教师进行注册登记,建立社区教育志愿者资源信息库把分散在各居委注册登记的志愿者名单筛选整理,根据服务意向进行分类,采用多功能定位的模式。彭浦新村街道多渠道选聘专兼职教师,把分散在各居民区注册登记的志愿者按服务意向进行整理、筛选、分类,并按层面建立了街道社区学校、居委教学点、辖区中小学校志愿者、社区志愿者教师师资库,实现资源共享。

(2)建立招募制度。在对有意愿参与社区教育的志愿者进行筛选的过程中,严格志愿者招募计划、细则,组织面试、试讲,综合志愿者的专业、以往经验、课堂表现等做出最后的录用决定,一经录用发放正式的录用证书,并签订志愿者服务协议。长宁区程家桥社区学校通过多种媒介发布志愿者服务项目,定向、不定向广泛招募志愿者。普陀区在全区9个街道(镇)社区学校建立"终身学习推进员工作站",以自主、自治为目标,以宣传、推介、组织终身学习为内容,建立了稳定的志愿者队伍。2003年组建嘉定区网上师资库,2008年嘉定被确立为全国社区教育示范区后,各街镇聘任终身学习推进员,成立推进员办公室,进一步加强了志愿者队伍的建设。

(3)制订规章制度。为加强教学点有序管理,规范教师的教育行为,很多社区学校制订了"教师守则""教师岗位职责""教师评价制度""聘辞教师规划管理规定"等规章制度。如浦东新区新场镇制定了《新场镇关于建立"居村委终身学习推进员队伍"的实施意见》《新场镇居村委终身学习推进员学习制度》等。彭浦新村街道制定了《彭浦新村街道社区教学点教师守则》《彭浦新村街道社区教学点教师岗位职责》《彭浦新村街道社区教学点聘辞教师管理规定》《彭浦新村街道社区教学点教师评价制度》等规章。

(4)建立培训制度。第一,制定培训计划,明确培训时间、培训地点、培训师资、培训内容;第二,培训形式采用讲座、研讨会、参观访问等多样化的形式;第三,发放志愿者权利、义务和工作职责等学习资料,学习志愿者的权利和义务,明确工作职责。

(5)建立志愿者考核评价体系。闸北区主要是通过建立社区教学点教师个人档案;开展课堂教学问卷调查;教师工作达标记录;优秀课程评选;优秀教师介绍;评选优秀教师以及学期教学成果。浦东新区社区教育志愿者各分队负责人都建立了严格的考勤制度和请假制度,并且定期进行检查。社区教育服务者的服务活动按服务日期、服务内容、服务时间分别登记在服务记录卡上,并按记录卡上服务时间的累计数对志愿者实行星级评定,同时结合不同的活动项目开展一些评比活动。

第三节　课　程　资　源

一、市级社区教育课程

社区教育课程是实施社区教育,提高居民素质的核心内容和基本依据。1995 年老年卫生保健(上、下)教材发行了约 244 册,此后截至 2007 年的 12 年,上海远程老年教育根据老年人的学习需求先后开设了 16 门老年电视教育课程,共计有 344 节课,约 12 200 多分钟的电视课程,发行教材累计 43.4 万册。

2006 年,上海市委、市政府在《关于推进上海学习型社会建设的指导意见》中指出"要通过提供多样化的教育服务,满足社区居民的学习需求",强调要"加强社区学校课程和教材建设,开发一批适应居民需求的课程教材",社区教育课程建设在全市大力推进。自 2008 年开始,市层面逐年在全市范围内轮流开展了社区教育优秀资源征集和特色课程评比。《上海市社区教育教学资源分类体系》下发,提出社区教育主要包括学历教育、职业技能证书培训、非正规教育以及社区学院(校)开展的各种社区教育活动,"体系"中所指的社区教育教学资源仅指非正规教育概念下的社区教育。上海社区教育教学资源分类体系根据终身学习目的和市民学习需求纵向分为 3 大系列 15 类,横向分为课程和活动两种形式。2009 年起,市学指办具体组织部分区县编写社区教育课程指导性大纲,2011 年由李惠康主编的《上海社区教育课程指导性大纲》正式出版,是全国第一本省市级正式出版的社区教育课程指导性大纲。

2009 年 4 月 14 日,上海终身教育平台——上海终身学习网正式开通,在线建设"上海社区学习地图",发挥居民导学功能,将全市所有社区学院、社区学校开设的课程收集并编入数据库,居民可以在网上以课程、地点、时间等关键词进行课程搜索。

2010 年 11 月,上海市启动了社区教育课程联合教研室工作,"联合教研室"是由市学指办组织建设的市级层面的社区教育业务工作合作机构。

2011 年 2 月 24 日,上海社区教育课程联合教研室正式授牌成立,首批确立"理财有道"等 10 个专题。市学指办通过组建联合教研室的方式,有效整合了全市现有社区教育课程和资源,并且联合开发与建设了一批高标准、高质量、受市民欢迎的课程。

二、区级社区教育课程

课程建设作为社区教育内涵发展的主要抓手,一直是区县社区学院、街镇社区学校重点工作之一,总体而言,区级社区教育课程建设重视课程建设和教学研究,深化社区教育发展的内涵水平;建立配送渠道,建设完善课程配送机制;社区学院优质课程领衔建设,社区学校教师参与建设,体现社区学院对社区学校的服务指导力。2009 年,市学指办开展了上海街镇社区教育调研并形成调研报告。调研显示:上海全市社区学校开设的课程达近万门,形成了一批特色教材和资源,如:宝山区、长宁区、闵行区、崇明区、闸北区等都编写了本土化的社区教育特色教材。长宁、静安、黄浦、长宁、徐汇、卢湾、闸北等区社区学院都编写了编制社区教育导学手册。调研还提出上海区级社区教育课程建设还处于起步阶段，课程的内容、形式、实施方式等还远不能满足居民学习的需求。

徐汇区社区学院以制度化的方式来规范教育部门主管（资助）的各类社区教育学校的课程建设，开展优秀课程评选，建立统一的课程体系，规范课程，强化分类指导；编印《徐汇社区教育课程手册》，提高社区教育知晓度和参与度；2008 年起以课程内涵建设为主题，深化社区优秀课程评选，首创社区教育教研活动，推进专职教师专项培训，持续开发区本系列教材，开展社区教育科研项目。依托"徐汇社区教育网"平台及"徐汇终身学习卡"系统，构建起区域内的社区教育课程网络申报、审批制度，实现课程数字化管理；建立评选优秀的激励机制，汇集全区社区教育之力，课程建设上体现资源优势整合力度。

普陀区重视课程和资源的建设与引领，社区学院开设的课程大多是社区学校无法开设的高端课程，聘请的老师都是相关领域的专家，让社区居民感受到最优秀的社区教育课程在社区学院，对街镇课程也起到了引领作用。

宝山区社区学院课程建设呈现出由浅及深、由粗至精的特色化、精品化发展态势。社区学院牵头组建编委会，建设课程；指导社区学校自主建设特色课程；社区学院尝试与科委等其他部门合作建设教材，配送到社区学校。

长宁区社区学院探索课程"一体化发展"，制定《长宁区社区教育课程建设管理办法（试行稿）》《长宁区社区教育课程建设标准（试行稿）》，组织开展了社区教育课程大纲制定、教材编写、多媒体课件制作等建设工作。

杨浦区自 2007 年成立了"社区学校系列教材编审委员会"，同年出版了 8 本基础课程教材，2009 年初，编审委对各社区学校的 60 多门课程进行梳理，在此基础上，确定了 12 门特色课程，编写了特色课程教材。

卢湾区社区学院编写了《卢湾区社区教育学习指南》。

闸北区社区学院探索课程"一体化发展"，制定《闸北区社区教育课程建设管理办法（试行稿）》《闸北区社区教育课程建设标准（试行稿）》，组织开展了社区教育课程大纲制定、教材编写、多媒体课件制作等建设工作。

浦东新区自 2007 年成立"社区学校系列教材编审委员会"，同年出版 8 本基础课程教材，2009 年初，编审委对各社区学校的 60 多门课程进行梳理，在此基础上，确定了 12 门特色课程，编写了特色课程教材。

金山区以地域传统文化资源为着力点，将传统民俗文化融入社区教育之中，打造社区教育特色课程，建成社区教育课程 20 多个，市民可以通过上海市终身教育网"社区市民学习地图"检索。廊下的《打莲湘》被评为市级优秀社区教育特色课程二等奖，优秀教育资源二等奖，课程大纲被收入《上海社区教育课程指导性大纲》中。

2008 年，嘉定区安亭镇的《汽车文化》、南翔镇的《爱我南翔》获首届上海市社区教育教学资源征集评选一等奖，嘉定区学习型社会建设服务指导中心获优秀组织奖。安亭的《汽车文化》、徐行的《徐行草编》被评为全国特色课程，嘉定镇街道的《嘉定竹刻》社区教育课程被评为上海市特色课程。由区社区学院统筹规划、街镇社区学校及社会多方积极参与编写的"新农民、新市民、新嘉定人"三大区本系列教材，在 2009—2010 年度上海市社区教育教学资源征集评比中获单一载体教学资源类一等奖。2010 年市学习型社会建设服务指导中心组建了十个社区教育联合研究室，嘉定区负责"科学生活"专题联合研究室，开发了《绿色生活，我们一起行动》等社区教育教学资源。2010 年 9

月,在市学习型社会建设服务指导中心办公室组织的社区教育专职教师专题培训活动大会上,嘉定作交流发言。闵行区主编的《生态文明　走近百姓》获上海社区教育首届课程资源一等奖,《科普知识—新材料》《沈氏保健绝招》和《陈行歌谣谚语》《厨艺交流》《心理健康与咨询》和《历史故事会》等25本上海市、区级优秀通用教材。其中由闵行区社区学院主编的《生态文明走近百姓》获上海社区教育首届课程资源一等奖。

表1-2-2　青浦区社区教育课程一览表

序号	课 程 名 称	课 程 类 别	课程配套资源	共 建 单 位
1	现代蔬菜园艺	职业与技能系列(职业发展类)	印刷教材、教学辅助材料、网络课件	白鹤镇社区学校
2	商铺英语实用口语	职业与技能系列(职业发展类)	印刷教材、网络课件	朱家角镇社区学校
3	精彩老年生活	生活与休闲系列(生活保健类)	印刷教材、网络课件	重固镇社区学校
4	书法知识	生活与休闲系列(休闲技艺类)	印刷教材、网络课件	盈浦街道社区学校
5	社区居民防灾减灾常识	生活与休闲系列(家庭安全类)	印刷教材、网络课件	香花桥街道社区学校
6	中国山水画技法	生活与休闲系列(休闲技艺类)	印刷教材	徐泾镇社区学校
7	写意花卉画技法	生活与休闲系列(休闲技艺类)	印刷教材	徐泾镇社区学校

表1-2-3　青浦区市民系列读本一览表

序 号	读 本 名 称	资 源 类 别	共 建 单 位
1	社区教育基础知识	文化与素养系列(文化涵养类)	区社区学院
2	科学普及	文化与素养系列(科学素养类)	区科委
3	就业与社会保障	文化与素养系列(公民意识类)	区人保局
4	特色文化集锦	文化与素养系列(文化涵养类)	区文广局

三、课程资源评比

为推进社区教育课程资源建设,自2008年起,市学习办逐年举办资源评比和特色课程评选。2008年3月,市学习办组织开展了首届社区教育教学资源征集活动。截至2010年,全市两批共征集社区教育资源近699件,获奖140件,包括印刷教材、多媒体课件、网页、录音录像、多种媒体一体化资源等。2009年市学习办开展首届上海市社区教育特色课程评比活动。经各区县推荐,共收到申报课程148门。最后评出特色课程53门。在此基础上,上海选拔出的特色课程,参与了全国社区教育特色课程评比,2009年获奖47门,2011年获奖65门,获奖比例在全国名列前茅(详见下表)。

表1-2-4　2008—2010年上海市社区教育特色课程和教学资源评比情况统计表

评 比 活 动	申报数量	获 奖 数	获 奖 率
2008年上海市社区教育优秀教学资源评比	368	69	18.8%
2009年上海市社区教育特色课程评比	148	53	35.8%
2010年上海市社区教育优秀教学资源评比	331	71	21.5%

表1-2-5　上海在2009—2010年全国社区教育特色课程评比中的获奖情况统计表

评 比 活 动	上海申报数	上海获奖数	全国总奖数	占全国获奖比例
2009年全国社区教育特色课程评比	53	47	234	20.1%
2011年全国社区教育特色课程评比	97	65	324	20.1%

随着课程及资源评估工作的开展,市层面先后下发了《2009年度上海社区教育特色课程评审指标及内涵》《2010—2011年度上海社区教育特色课程内容要求》,对课程建设做出了具体的指导和规定。《2010—2011年度上海社区教育特色课程评审标准》,设课程价值、课程目标、课程内容、课程实施、效果和特色、政策资金6个一级指标,20个二级指标,并对每个指标做出释义。

第四节　学习方式

一、课堂学习

进入20世纪90年代,一些学校开始向社会开放,通过文化共建、学生社会实践、教师智力输出等形式为社区提供服务。2000年1月,中共上海市委、上海市人民政府明确要求广泛开展社区教育,在区、县政府统筹下,以各级各类成人学校为主要载体,联合社会各种办学力量,为市民普及科学常识、法制常识和社区文化建设提供教育服务。2001年4月9日,市教委、市精神文明建设委员会办公室、市民政局指出社区教育机构应开展多规格、多层次、多内容、多形式的教育培训活动。2007年,《上海市教育委员会、上海市精神文明建设委员会办公室关于推进上海市社区学院建设的指导意见》指出,社区学院要开展社区教育,组织各类以提高市民素质为目标、能够满足市民多样化学习需求的休闲文化教育,使之成为区域内社区教育的主要场所。

嘉定区坚持开展专职教师"三个一"教学活动和市民自选课堂学习活动。嘉定的成人教育、社区教育专职教师"三个一"(一堂公开课、一份教案和一次教学点评)教学评优活动始于20世纪90年代在镇成人学校中开展的教学评比活动,至今已坚持近二十年了。自2002年起每年举办一届。2009年12月23日,上海市社区教育教学研讨暨嘉定社区教育"三个一"教学展示活动在江桥镇社区学校举行。市学习型社会建设服务指导中心办公室领导、各区县社区学院分管院长参加了活动。"市民自选课堂"学习活动,则每年由区学习型社会建设服务指导中心从开发的社区教育课程资源中挑选出近百门课程,组成自选课堂菜单,供全区各村居学习点、百姓学习中心户等基层根据自身需要选择课程,实现送教上门,为区域内市民打造了更为方便、快捷、优质的"家门口10分钟学习圈"。

青浦区社区教育课堂学习主要集中在11所街镇成校和200多个居村委学习点。课堂学习的内容主要包括文化休闲类,也有公民素养等方面的课程,课堂学习的教师主要是以兼职教师为主体,专职教师承担部分课程。

闵行区建成文字类及视频类学习课件达3 000多学时,课程视频资源3 000多门,涵盖文化与修养、生活与休闲、职业与技能等3大类17小类,丰富多彩的课程和课堂教学资源,基本满足了社区居民多样化的学习需要。

二、团队学习

随着社区教育的不断发展,上海各社区孕育了大量的学习团队,成为社区教育中一支极其活跃的力量。上海市各区的学习团队在学习内容、学习目标、活动方式等方面呈现多元化的特点。上海市针对准入类、发展类、成熟类、辐射类、示范类5种不同层次的学习团队建设,分别从思想意识、团队学习目标、学习内容、学习计划、负责人、成立时间、学习成果展示等方面出发制定了详细的建设标准。根据2010年上海社区教育统计,截至2010年,上海市18个区县共有各类社区教育学习团队7 096个。上海社区学习团队具有多元、多样、和谐的特点。

(1)按组织形式分类:自发组织型、资金支持型

1996年,长宁区仙霞新村街道图书馆为顺应社区居民的需求,组建了仙霞社区第一个群众性自发的读书组织——"晚晴"读书会。读书会成员以社区离退休老党员、老干部、老知识分子为主体,开展读书学习活动。

闵行区则根据不同人群的特点,确立团队特色,对开展活动较好的团队给予适当资金支持,有针对性地重点培育,开展"社区学习型沙龙的形成与发展机制"区级实验项目,使这一团队形式健康地发展。

(2)按团队成员分类:普通市民型、弱势群体型

截至2006年底,浦东新区洋泾街道社区共有各类文体团队236个,由社区居民组成的成员7 000多人。学习团队的学习内容非常丰富,团队中中老年多,年轻人少,居民参与团队活动的热情高。

1994年3月,静安区成立芷江西路街道"无声沙龙",沙龙以提高聋哑居民基本素质为切入点,探索适应聋哑人特点的学习形式,他们以社区图书馆为基础,以"文化茶座"的活动方式,组织读书班、电脑培训班、旅游参观等多种方式的学习,吸引了社区内百名聋哑居民参与。2000年,长宁区华阳路街道成立了残疾人读书会,关注在弱势群体中组织开展团队学习,逐步培育了适合残障人士的各种学习形式,还制定了《华阳街道残疾人学习型团队评估标准》。

(3)按推动机制分类:项目引领型、主题凝聚型、班级带动型

2006年,宝山区淞南镇开展引领文化团队创建学习型组织建设,推进学习型城区建设的实验项目探索,以社区中的117支文化学习团队为对象,开展学习团队的培训,引导团队成员自主学习,培育一居一品特色团队,形成良好的学习团队风气。2009年,虹口区嘉兴路街道开展学习型楼组建设的实验,通过努力社区范围内创成科普楼、绿化环保楼、健身保健楼等各类学习型楼组490个,覆盖率达76%,以此为基础形成180支学习型文化团队。

青浦区社区教育注重团队主题学习,每个街镇都以学习团队为抓手,通过主题学习团队,引领带动社区居民参与学习。为有效培育社区团队,青浦区还采用优秀学习团队评选、展示等方式,给

团队学习营造良好的学习氛围,进一步扩大团队学习的影响力。

闸北区临汾路街道作为闸北区学习团队的典型代表,大力宣传"以班育团、以团带班"的双赢思想,将班级建设和团队建设融为一体,实现优势互补、优化组合,培育社区学习团队,使班级学习和团队活动健康发展。在临汾路街道的带领下,闸北区学习团队遍地开花,为社区教育和市民学习提供了多样化选择。

三、数字化学习

1995年,由市老龄委、上海老年大学、上海电视大学在上海教育电视台联合创办"空中老年大学"栏目,有组织的集体收视(主要由各社区组织收视)每年有10多万人。1999年10月又开办"网上老年大学"。2001年9月,市教委的"职成教育在线"正式开通,芷江西路、大宁等街道也建设了终身教育网。2009年1月,上海市开展"迎世博,书香社区行"学习积极分子评比活动。2009年4月14日,上海终身学习网正式开通,首批整合完成3 000小时的在线课件供市民免费学习,该网站具有居民导学功能,建设上海社区学习地图,供市民进行课程搜索。

2001年,徐汇区漕河泾街道就开办老年电脑教育课程,成为上海市"老小孩"网站的首个培训点、上海市"扶老上网"工程的第一个教学点。2004年6月,闸北区社区教育网站开通,到2007年,网站规模逐步扩大,功能日益增强。应时开设社区教育专题20多个。2007年,杨浦区在全市首次将远程教育卫星网教育资源成功接入五角场、五角场镇、殷行、四平等4个社区的东方社区信息苑,"杨浦学习型城区建设网"也已初步建成。2007年12月,"第一届上海市市民网上读书学习活动"开展。2008年,杨浦区搭建了有线电视、卫星网络、互联网终身学习和交流互动的平台,鼓励居民使用"上海教育资源库"资源卡上网学习,拓宽了居民学习的途径。到2008年12月,上海已有静安、长宁、徐汇三个区的市民通过各自的社区教育网进行免费网络学习。2009年杨浦区开通"杨浦区家庭学习课堂",新建并开通了"杨浦区家庭学习课堂",与市级"上海终身学习网"联通。杨浦区学习办设计了6 000份"杨浦区家庭学习课堂"上网用户卡,下发至各街道(镇),方便居民实名登录上网。2009年,长宁区仙霞路街道开展社区网络学习与互动平台建设,街道居民仅参与"学在数字长宁"市民网上学习活动的注册人数就达到3 400人次;街道"书香网"功能升级后也取得了良好效果。抓住世博培训的机会,长宁区积极开展世博网上培训,吸引广大市民参与世博各类数字化学习与培训,到2010年,"学在数字长宁"网站点击量超过450万,日最高点击率接近1万人次。2010年,上海市举办"社区学习网上行"暨第四届市民、学生网上读书论书活动,活动奖励网上学习积极分子1 000名、网上学习优秀学员30名、网上学习优秀组织者50名,网上学习活动优秀网络工作者50名。

2009—2010年,金山区先后有廊下、石化、张堰、枫泾四所学校列为上海市社区教育信息化资源应用试点学校。

2009年,闸北区建成"数字化市民学习港"为核心的数字化学习服务平台,涵盖数字化资源制作中心、数字化学习港管理中心、数字化资源开放中心和数字化学习指导中心四个平台,提供量大质优的社区教育网络学习资源,探索"以市级平台为依托,以整合共享为主体,以自主建设为特色、以对外采购为辅助"的社区教育网络学习资源建设模式,建设内容丰富的、适合市民终身学习需求的社区教育网络学习资源。自2010年起,平台学习者以每年不少于一万人的注册量逐步递增,至少服务超过七万人次。借世博培训之机,闸北区积极开展世博网上培训,吸引广大市民参与世博各类数字化学习与培训,到 2010 年,"学在数字闸北"网站点击量超过 450 万,日最高点击率接近了 1 万人次。

2009 年起,嘉定区共投入 650 多万,购买了 515 台电脑,为全区各街镇每一个村居建设了数字化学习教室,为市民融入智慧城市建设搭建了数字化学习平台。2009 年,"嘉定终身学习网"开通。网络平台开设了生活类、修养类、工作类、区域特色、农村和城市等六大专栏。有数百近千门课程,其中自建课程每年都在充实。"嘉定终身学习网"开通以来,吸引了嘉定市民踊跃注册参与访问学习。2010 年,嘉定区荣获"全国数字化学习社区先行区"的荣誉称号。

闵行区开通"上海远程教育网"、建立"闵行区终身学习网""街镇社区学习网",形成数字化社区教育网络体系。社区教育"个人学习账户"在梅陇、古美、虹桥开展试点,深受社区居民的欢迎。

2010 年,青浦区政府及各机关工作网站、网上办事和咨询服务等办公系统全部向市民开放;"青浦市民学习网"集工作管理、信息发布与学习资源于一体,信息更新较为及时;每个街镇都设有东方信息苑,配有投影仪和多媒体教室;全区"村民信息化活动室"共有电脑 846 台,184 个涉农行政村建成"为农综合信息服务站",实现涉农行政村全覆盖;全区共敷设光缆 15 033 芯公里,实现光纤"村村通";工会职工书屋、妇联"万户家庭网上行"、图书馆数字资源、科学信息委、教育局校讯通等信息化工作系统运行良好,信息化网络基本构成,数字化学习蔚然成风。

四、专题培训

百万家庭网上行。2003 年 3 月,上海百万家庭"网上行"活动启动。培训对象以 35 岁到 60 岁的社区妇女为主。三年中,共有 130 多万市民通过参加了 100 多个各类网上实践应用活动;有 726 066 名市民获得了"网上行"考试合格证书。

百万家庭学礼仪。2006 年 1 月,上海市"百万家庭学礼仪"系列学习行动领导小组在全市开展"百万家庭学礼仪"系列学习活动,并以此为抓手,广泛开展"百万家庭学礼仪""百万职工学礼仪""百万外来建设者学礼仪""百万青少年学礼仪"活动。通过礼仪知识培训在 5 年内 100 万市民参加礼仪知识培训。

百万老人无障碍 ATM 导银行动。由市老年基金会、市老年学学会、市老年教育协会、上海银行共同实施,是上海市"科技助老"行动的首个项目,2007 年 6 月 11 日正式启动。计划针对老年人不会用、不敢用自助机的现象,采用银行现场指导、深入社区培训等方式,消除老年人对使用 ATM 机的心理障碍。通过与全市 14 个区的老年教育团体合作,在近千个居委社区开设以教学使用 ATM 为主、金融基础知识为辅的培训讲座,3 年中培训受众达 71 万人次。3 年时间里,在每月养老金领取高峰日 300 多名科技助老导银志愿者上岗提供导银服务,百万老年人亲自体验了刷卡取款的便利,其中 30 万老年人学会了自助取款。

迎世博,学双语。2007 年 8 月 5 日,上海市民"迎世博,学双语"百万职工学双语三年行动计划启动仪式举行。2008 年 9 月 5 日,上海"世博社区宣讲团"成立暨世博会读本首发仪式在上海远程教育集团举行。2010 年,上海市民"迎世博、学双语"新三年行动计划顺利结束,约 100 万市民经过考核达到"合格"标准。2009 年,上海市开展"迎世博,书香社区行"学习积极分子评比活动,评选出 100 名"借阅图书学习积极分子"、100 名"网上学习积极分子"。

市民普通话培训。2010 年起上海开展市民普通话培训工作,经申报在 12 个区开展市民普通话培训试点工作。2 月 25 日召开了"上海市民普通话培训工作启动会议"。

环保培训。2009年6月3日,"迎世博,创环保模范城市"百万市民环保知识培训活动在远程教育集团正式启动。2010年6月3日,在长宁区举行上海市百万市民环保培训环保知识竞赛决赛。

"千村万户"农村信息化培训。2009年12月,在上海市9个区县开展的农村信息化培训普及工程工作圆满完成,全市共完成培训34 727人,占计划数的116%;完成宣传普及315 299人,为计划数的105%。

"燎原计划"项目培训。嘉定各镇实施自20世纪90年代以来已坚持了近20年,先后共约200多个项目。"马陆葡萄"等一批培训项目被评为上海市优秀燎原项目,实施"燎原计划"项目培训也造福了一方百姓。嘉定围绕市有关部门提出的学习中心内容,广泛发动,组织开展专题培训活动。2005—2007年"上海市郊区劳动力职业教育三年行动计划"期间,积极开展职工教育培训、农村劳动力转移培训、外来务工人员培训,为市民提供多序列、多层次、多类型的知识学习、技能培训、闲暇教育等教育服务。2006年2月和3月,上海市副市长严隽琪和上海市委副书记殷一璀分别走访了嘉定区安亭成人学校,调研郊区劳动力职业教育实事工程实施情况。2009年8月,嘉定区社区学院被上海市精神文明建设委员会授予世博培训先进单位。2010年,嘉定区社区学院获上海市"百万市民环保培训"最佳组织奖。

五、其他形式学习

宅基学习。2010年6月,沪上郊区首家"宅基课堂"在南桥镇金港村挂牌成立,随后在全镇17个行政村逐步推广,一共建了369所。

睦邻学习。2007年,嘉定区嘉定镇街道有热心公益的居民自觉发起、志趣相投的居民自发参加,活动内容自行设计的"睦邻点"。至2010年7月,嘉定镇街道睦邻点增至167个,平均每天有1 000多人参加各"点"上的活动。

百姓学习中心户。2005年,嘉定工业区正式启动了百姓学习中心户建设项目。2006年,工业区领导小组联合社区学校、海伦小区管委会建设学习中心户,并从财力、人力上进行扶持。

乐龄讲坛。从2007年开始,静安区民政局会同区教育局和上海市老年学会推出了助学项目——静安乐龄讲坛。

社区学习中心。嘉定区马陆镇永盛小区组建的社区学习中心为外来务工人员搭建了学习活动的平台,有效促进入住员工的自主学习,自我教育和自主管理。

第三章　开展实验与创建示范

第一节　社区教育实验区和实验街镇

一、社区教育实验区

2000年4月27日,教育部职业教育与成人教育司发布《关于在部分地区开展社区教育实验工作的通知》,决定在全国确定8个城区开展社区教育实验工作,其中上海为闸北区。2001年11月5日,教育部发布《关于确定全国社区教育实验区名单的通知》,在原有的8个城区的基础上,又确定20个开展社区教育实验工作较好的大中城市的城区和部分农村市(县)作为全国社区教育实验区,7—9日,教育部召开全国社区教育实验工作经验交流会议,会议宣布了28个全国社区教育实验区名单并授牌。闸北区、嘉定区、浦东新区被确定为第一批全国社区教育实验区。2003年12月10日,教育部确定静安、徐汇区等33个城区(市)为第二批全国社区教育实验区。2006年7月16日,教育部又确定了普陀区、长宁、黄浦区等全国20个城区(市)为第三批全国社区教育实验区。2007年10月17日,教育部又确定全国33个城区(市)为第四批全国社区教育实验区。青浦区、杨浦区榜上有名。2009年8月2日,教育部发布《关于重新公布全国社区教育实验区名单的通知》,对全国社区教育实验区做出调整,调整后的全国社区教育实验区有98个城区(市),上海市有静安区、普陀区、长宁区、黄浦区、青浦区、杨浦区、宝山区、卢湾区、闵行区等9个区。

二、社区教育实验街镇

2006年3月23日,市教委发布《关于组织申报上海市社区教育实验街道(乡镇)及社区教育实验项目的通知》,决定设立一批上海市社区教育实验街道(乡镇)。申报范围是社区教育工作有一定基础,发展思路、目标明确,教育、经济与社会发展情况较好的街道(乡镇),并规定:教育部全国社区教育实验区可申报3～5个,其他区县可申报1～2个。申报条件是社区教育工作基础好,培训活动广泛开展,成绩显著,其经验做法在上海市、城区域内具有典型示范作用,有参与社区教育实验工作的积极性。7月14日,经各区县教育部门组织申报、市教育评估院组织专家评审,市教委发布《关于公布上海市社区教育实验街道(乡镇)及实验项目名单的通知》,决定设立56个上海市社区教育实验街道(乡镇)。

表1-3-1　第一轮上海市社区教育实验街道(乡镇)一览表(56个)

区　　县	实验街道(乡镇)名称
黄浦区	南京东路街道、董家渡街道、人民广场街道
静安区	静安寺街道、南京西路街道
卢湾区	淮海中路街道、打浦桥街道

（续表）

区　　县	实验街道（乡镇）名称
普陀区	长寿路街道、曹杨新村街道
闸北区	天目西路街道、宝山路街道、芷江西路街道、大宁路街道、彭浦新村街道、临汾路街道、彭浦镇
杨浦区	延吉新村街道、殷行街道
长宁区	新华街道、新泾镇街道、华阳街道
徐汇区	田林街道、漕河泾街道、康健街道、徐家汇街道、华泾镇、湖南街道
虹口区	曲阳街道、凉城街道
闵行区	莘庄镇
宝山区	友谊路街道、张庙街道、淞南镇
嘉定区	嘉定镇街道、真新新村街道、新成路街道、南翔镇、安亭镇、江桥镇
浦东新区	上钢新村街道、高桥镇、张江镇、潍坊新村街道、梅园新村街道、洋泾街道
原为南汇区	惠南镇、周浦镇
金山区	石化街道
松江区	方松街道、泗泾镇
青浦区	徐泾镇、重固镇
奉贤区	南桥镇、奉城镇
崇明县	陈家镇、堡镇

　　2009年2月11日，市教委发布《关于开展第二轮上海市社区教育实验街道（乡镇）申报工作的通知》，凡有一定社区教育工作基础，并将进一步开展社区教育实验工作的街道（乡镇）均可提出申报。4月16日，市教委发布《关于公布第二轮上海市社区教育实验街道（乡镇）名单的通知》，确定第二轮上海市社区教育实验街道（乡镇）为117个。

表1-3-2　第二轮上海市社区教育实验街道（乡镇）一览表（117个）

区　　县	实验街道（乡镇）名称
黄浦区	南京东路街道、半淞园路街道、小东门街道、外滩街道、老西门街道
静安区	南京西路街道、曹家渡街道、江宁路街道、石门二路街道、静安寺街道
卢湾区	五里桥街道、淮海中路街道、瑞金街道、打浦桥街道
普陀区	石泉路街道、真如镇、曹杨新村街道、长风新村街道、宜川路街道、甘泉路街道、长寿路街道、长征镇
闸北区	大宁路街道、共和新路街道、芷江西路街道、临汾路街道、宝山路街道、天目西路街道、彭浦新村街道、北站街道、彭浦镇
杨浦区	五角场街道、延吉新村街道、殷行街道、大桥街道、四平路街道、定海路街道、长白新村街道、控江路街道、平凉路街道、五角场镇、江浦路街道、新江湾城
长宁区	新华路街道、新泾镇、仙霞新村街道、周家桥街道、虹桥街道、华阳路街道、江苏路街道、天山路街道

（续表）

区　县	实验街道(乡镇)名称
徐汇区	漕河泾街道、田林街道、徐家汇街道、湖南街道、康健街道、华泾镇、龙华街道、斜土街道、凌云街道、虹梅街道、长桥街道
虹口区	凉城街道、曲阳街道、嘉兴街道、四川北路街道
闵行区	颛桥镇、七宝镇、梅陇镇、华漕镇、浦江镇、虹桥镇、江川路街道
宝山区	友谊路街道、庙行镇、淞南镇
嘉定区	安亭镇、华亭镇、黄渡镇、嘉定工业区、嘉定镇街道、江桥镇、菊园新区、马陆镇、南翔镇、外冈镇、新成路街道、徐行镇、真新街道
浦东新区	洋泾街道、潍坊新村街道、高桥镇、上钢新村街道、金杨新村街道、唐镇、东明路街道、周家渡街道
原南汇区	新场镇、芦潮港镇、康桥镇
金山区	枫泾镇
松江区	泗泾镇、岳阳街道、中山街道、小昆山镇
青浦区	重固镇、华新镇、赵巷镇、白鹤镇、练塘镇
奉贤区	南桥镇、四团镇、青村镇、奉城镇
崇明区	堡镇、陈家桥、港沿镇

第二节　社区教育示范区和示范街镇

一、社区教育示范区

2007年10月10日,教育部办公厅发布《关于推荐全国社区教育示范区的通知》,决定在全国确定一批社区教育示范区,闸北区、徐汇区、浦东新区、嘉定区、普陀区、静安区等6个国家级社区教育实验区提出申报。2008年2月13日,教育部发布《关于确定全国社区教育示范区的通知》,上海市有闸北区、徐汇区、浦东新区、嘉定区。

2010年9月16日,教育部发布《关于推荐全国社区教育示范区的通知》,决定在全国社区教育实验区范围中,再确定一批全国社区教育示范区。上海有7个全国社区教育实验区进行申报。10月22日,市教委发布《关于推荐长宁区等7个区为全国社区教育示范区的函》。11月29日,教育部发布《关于确定第二批全国社区教育示范区的通知》,上海市长宁区、普陀区、静安区、杨浦区4个区被评为第二批全国社区教育示范区。

二、社区教育示范街镇

2008年3月21日,市教委发布《关于开展上海市社区教育示范街道(乡镇)评选工作的通知》,决定在上海市社区教育实验街道(乡镇)中开展社区教育示范街道(乡镇)评选工作。各区县按照2006年所设立的上海市社区教育实验街道(乡镇)数的30%进行推荐,最多不超过2个。由街道

(乡镇)提出申请,经区县教育行政部门组织专家进行评估,并提出推荐意见后报市教委,市教委组织专家对上报材料进行评审,并在网上进行公示。该《通知》还公布了《上海市社区教育示范街道(乡镇)评估指标(试行)》。9月26日,市教委发布《关于公布上海市社区教育示范街道(乡镇)名单的通知》,确定黄浦区南京东路街道等24个单位(表3)为上海市社区教育示范街道(乡镇)。

表1－3－3　第一轮上海市社区教育示范街道(乡镇)一览表(24个)

区　　县	示范街道(乡镇)名称
黄浦区	南京东路街道
静安区	静安寺街道
卢湾区	打浦桥街道
普陀区	长寿路街道
闸北区	大宁路街道、芷江西路街道、天目西路街道
杨浦区	延吉新村街道
长宁区	华阳路街道
徐汇区	漕河泾街道、田林街道、徐家汇街道
闵行区	莘庄镇
宝山区	淞南镇
嘉定区	江桥镇、安亭镇、南翔镇
浦东新区	陆家嘴街道、张江镇、洋泾街道
原南汇区	周浦镇
松江区	泗泾镇
青浦区	重固镇
崇明县	陈家镇

2010年5月17日,市教委发布《关于开展第二轮上海市社区教育示范街道(乡镇)评选工作的通知》,决定在第二轮上海市社区教育实验街道(乡镇)中组织开展第二轮社区教育示范街道(乡镇)评选工作。评选范围是2009年设立的上海市社区教育实验街道(乡镇),各区县原则上可按照社区教育实验街道(乡镇)数的50%进行推荐,评选标准为《上海市社区教育示范街道(乡镇)评估指标(试行)》。10月20日,市教委发布《关于公布第二轮上海市社区教育示范街道(乡镇)名单的通知》,确定黄浦区老西门街道等51个单位为第二轮上海市社区教育示范街道(乡镇)。

表1－3－4　上海市第二轮社区教育示范街道(乡镇)一览表(51个)

区　　县	示范街道(乡镇)名称
黄浦区	老西门街道、小东门街道
静安区	南京西路街道、静安寺街道
卢湾区	五里桥街道
普陀区	长风新村街道、长寿路街道、真如镇、曹杨新村街道

区 县	示范街道(乡镇)名称
闸北区	大宁路街道、芷江西路街道、临汾路街道、彭浦镇
杨浦区	五角场街道、五角场镇、四平路街道、延吉新村街道
长宁区	天山路街道、仙霞新村街道、虹桥街道
徐汇区	田林街道、徐家汇街道、康健新村街道、湖南路街道、漕河泾街道
虹口区	曲阳路街道、凉城新村街道
闵行区	七宝镇、华漕镇、虹桥镇、颛桥镇
宝山区	友谊路街道、淞南镇
嘉定区	马陆镇、安亭镇、江桥镇、南翔镇、嘉定镇街道
浦东新区	上钢新村街道、金杨新村街道、潍坊新村街道,原南汇区芦潮港镇、康桥镇
金山区	枫泾镇
松江区	泗泾镇
青浦区	白鹤镇、重固镇
奉贤区	奉城镇、南桥镇
崇明县	陈家镇、堡镇

第三节　社区教育实验项目

一、管理与指导

2007年1月18日,市教委决定成立上海市社区教育实验项目指导小组,负责对全市社区教育实验项目的规划制定、指导督查、评审表彰等工作。指导小组下设办公室,作为日常工作机构,办公室设在市教育科学研究院社区教育研究中心,与该中心实行两块牌子一套班子。指导小组由市教委副主任李骏修任组长,成员由市教科院领导、市部分社区教育专家、市教委有关处室及市教科院社区教育研究中心的相关人员组成。1月29日,市教科院发布《关于落实〈上海市教育委员会关于成立上海市社区教育实验项目指导小组的通知〉的意见》,由市教科院党委书记、社区教育研究中心主任季国强任指导小组副组长,成员由楼一峰、杨应崧、叶忠海、黄云龙组成。

2007年11月21日,市社区教育实验项目指导小组办公室制定了《上海市社区教育实验项目管理办法》,加强对全市社区教育实验项目的管理,明确了开展社区教育实验项目管理的指导思想、组织机构及其职责,并对项目的申报、项目负责人责任制、区县联系人和办公室联系人制度、项目的信息沟通与交流机制、项目的中期检查、项目的变更和退出制度、项目的评估和验收、项目的成果展示、项目成果的表彰和激励等11个方面进行了明确要求。同时,市社区教育实验项目指导小组办公室发布《关于推进社区教育实验项目的指导性意见》,提出了6方面的意见,包括社区教育实验项目的目的和意义;社区教育实验目标;社区教育实验方法;社区教育实验项目的质量保障体系;社区教育实验项目工作队伍建设;社区教育实验项目的管理模式和运行机制。

2007年3月28日,市社区教育实验项目指导小组办公室发布《关于进一步做好社区教育实验项目设计的若干意见》,要求充分认识做好社区教育实验项目设计的意义,掌握社区教育实验项目设计的一般程序:要求确定实验对象、确定测量工具、选择和培训实验人员、形成研究假设;要根据实验计划严密控制实验过程,按照实验项目设计进行操作;要把实验的结果物化成为实验成果,对实验中得到的数据或文字进行整理加工,验证研究假设是否成立,并撰写实验报告。9月21日,为做好2006年度社区教育实验项目的验收工作,上海市社区教育实验项目指导小组办公室发布《关于做好社区教育实验项目验收工作的若干意见》,提出验收的目的、加强验收的组织和管理、准确把握验收的内容和重点、努力形成实验项目的评估方式与体系的科学化和专业化、选择合理的验收方式和步骤等方面的内容。12月24日,市社区教育实验项目指导小组办公室发布《关于做好社区教育招标(重点)实验项目设计论证工作的若干意见》,提出项目设计论证的意义,明确项目设计论证的主要任务,做好项目设计论证会的前期准备,组织开好项目设计论证会,修改项目实施方案,上报论证会情况等方面的要求。

2009年5月21日,市教委在浦东新区召开"上海市社区教育实验工作推进会",会上总结了2007—2009年上海社区教育实验工作,并对2008年社区教育示范和优秀实验项目进行了表彰。

二、设立

2006年3月23日,市教委发布《关于组织申报上海市社区教育实验街道(乡镇)及社区教育实验项目的通知》,决定在全市设立一批社区教育实验项目。申报范围:凡申报上海市社区教育实验的街道(乡镇),应同时至少申报1个社区教育实验项目,其他街道(乡镇)可根据自身情况申报实验项目。申报条件:项目须与社区教育有关联性;具有科学性;具有创新性;具有较强的操作性和可推广性。7月14日,市教委发布《关于公布上海市社区教育实验街道(乡镇)及实验项目名单的通知》,决定设立129个上海市社区教育实验项目。

2007年5月25日,市教委发布《关于组织申报2007年上海市社区教育实验项目的通知》,决定2007年在全市继续设立一批社区教育实验项目。实验项目类型包括招标项目和一般项目,各区(县)教育行政部门可组织街道(乡镇)等有关部门单独或合作申报实验项目。9月24日,市教委发布《关于公布2007年度上海市社区教育实验项目名单的通知》,决定设立127个上海市社区教育实验项目,其中招标(重点)项目31个、一般项目96个。

2009年2月23日,市教委发布《关于组织申报2009年上海市社区教育实验项目的通知》,决定2009年继续设立一批社区教育实验项目。招标项目由市教委确定牵头单位和参与单位;重点项目和一般项目由各单位根据自身实际和《2009年上海市社区教育重点(一般)项目指南》提出申报,重点项目由市社区教育实验项目指导小组办公室负责日常管理,一般项目由各区县教育行政部门或申报单位负责日常管理。市教委鼓励各申报单位之间加强合作、联合实验。4月30日,市教委发布《关于公布2009年度上海市社区教育实验项目名单的通知》,确定了10个招标项目,设立了37个重点项目、150个一般项目。

三、验收

2005年11月8日,市教委发布《关于对上海市社区教育实验项目开展评估的通知》,决定对全市社区教育实验项目开展评估。2006年3月2日,经市教育评估院组织专家通过集中评审和实地评估,市教委发布《关于公布上海市社区教育实验项目评估结果的通知》,认定上海市社区教育重点推荐实验项目7个,上海市社区教育推荐实验项目共29个。

2007年9月7日,市教委发布《关于做好上海市社区教育实验项目验收工作的通知》,要求各验收组织单位依据市社区教育实验项目指导小组办公室的《上海市社区教育实验项目验收方案》,规范、科学、公正地做好验收工作。验收范围为2006年经市教委公布的上海市社区教育实验项目(共129个)中已经按计划完成实验并取得实验研究成果的项目。验收依据包括市教委《上海市社区教育实验项目管理办法》《关于推进社区教育实验项目的指导性意见》和《上海市社区教育推荐实验项目评估指标体系(试行稿)》。12月5日,市教委委托市教育评估院组织专家对2006年设立并已基本完成实验目标的68个项目进行评审后,发布《关于公布上海市2006年设立的社区教育实验项目验收评估结果的通知》,认定12个项目为"上海市社区教育优秀推荐实验项目",认定27个项目为"上海市社区教育推荐实验项目"。

2008年11月11日,市教委发布《关于做好上海市社区教育实验项目验收工作的通知》,委托市社区教育实验项目指导小组办公室对2006年和2007年上海市社区教育实验项目开展验收,验收范围包括2006年经市教委公布立项、尚未参加验收的上海市社区教育实验项目和2007年经市教委公布立项的上海市社区教育实验招标(重点)项目(共28个)、一般项目(共95个),验收工作分为实验项目验收和复核评审两个阶段。2009年1月15日,市教委发布《关于公布上海市社区教育实验项目验收评估结果的通知》,认定"社区教育特色课程开发与研究"等11个项目为"上海市社区教育示范实验项目",认定"社区教育对特色文化资源的开发与利用"等23个项目为"上海市社区教育优秀实验项目"。

表1-3-5　2009年上海市社区教育示范实验项目一览表(11个)

区　县	承　担　单　位	项　目　名　称
静安区	静安区社区学院	社区教育特色课程开发研究
普陀区	普陀区社区学院	街道(镇)社区教育发展性评估指标体系的研究与实践
杨浦区	五角场街道党工委、办事处	以"三区联动"为抓手,推进社区教育全面发展
长宁区	长宁区教育局、长宁区社区学院	社区教育区本教材建设的实践和思考
徐汇区	徐汇区社区学院	社区学院功能定位与能力建设
徐汇区	徐家汇街道	徐家汇街道吸引社区单位参与社区教育的实验
闵行区	华漕镇社区学校	华漕镇社区学校教学点品牌课程建设
闵行区	梅陇镇社区学校	学校资源开放模式探索——梅陇"社校一卡通"项目的运用
嘉定区	马陆镇教育委员会、马陆镇社区学校	外来人口聚居区的社区学习中心建设
嘉定区	工业区成校	农民集中居住区"百姓学习中心户"建设
浦东新区	张江镇社区学校	发挥不同形态社区优势,共建共享教育资源的实验

表 1 - 3 - 6 2009 年上海市社区教育优秀实验项目一览表(23 个)

区　县	承　担　单　位	项　目　名　称
卢湾区	瑞金二路街道、社区教育工作站	依托文化资源,提升社区素质教育文化品位
	五里桥街道办事处	加强外来务工人员培训,提升社区人文素养
普陀区	长寿路街道社区学校	长寿社区建构终身学习认证制度的实验研究
	长寿路街道社区学校	社区学校办学点规范建设的实验研究
	宜川路街道办事处、宜川社区学校	戏曲文化促进学习型社区建设的实践与研究
杨浦区	定海路街道社区学校	对外来流动人口开展社区教育的实践与思考
长宁区	新华路街道	利用网络资源优势推进社区教育的实践
	虹桥街道	积极发展社区教育,增强"洋居民"归属感的实践研究
徐汇区	社区教育委员会办公室	社区教育的管理体制与运行机制的研究
闵行区	颛桥镇社区学校	来沪务工人员多元一体化教育培训模式的实验研究
宝山区	上海行知学院	政府补贴在社区教育中运作模式的探索
嘉定区	安亭镇人民政府	农民工技能培训与就业研究
	黄渡镇社区学校	以文化社团推进和谐社区建设
浦东新区	潍坊新村街道	关于开展特色科普教育活动的实验
	上钢新村街道社区学校	关于创建学习型团队的实验
	金杨街道社区学校	创建学习型小区的实验
	浦兴路街道社区学校	以规范化引领市民学校健康发展的实验
	浦东新区社区教育指导中心	和谐社会构建中村居社区教育开展的实验
	川沙新镇成人学校	农村新居民小区青少年校外教育的实施
原南汇区	航头镇社区教育工作领导小组	社区学校开展远程教育的实践与探索
	大团镇社区教育工作领导小组	社区人员学习成就认证的探索
	泥城镇社区教育领导小组	社区学校与村、居(委)教学点教育联动发展的实验
青浦区	练塘镇成人学校	开展妇女教育活动,提高农村妇女素质

　　2010 年 7 月 7 日,市教委发布《关于做好上海市社区教育实验项目验收工作的通知》。此次验收范围是 2009 年经市教委公布立项的社区教育实验项目,其中 10 个招标项目、37 个重点项目、150 个一般项目,由市教育评估院与市社区教育实验项目指导小组办公室负责组织验收招标项目和重点项目,由区县教育局组织验收一般项目,验收程序按材料初审、内容答辩、综合评分等步骤进行。12 月 7 日,市教委发布《关于公布上海市 2010 年社区教育实验项目验收评估结果的通知》,认定"区县社区学院功能建设的实验"等 15 个项目为 2010 年"上海市社区教育示范实验项目",认定"居村委社区教育教学点建设的实验"等 37 个项目为 2010 年"上海市社区教育优秀实验项目"。

表 1-3-7 2010 年上海市社区教育示范实验项目一览表(15 个)

项目承担单位	实验项目名称	项目类别
浦东新区社区学院	区县社区学院功能建设的实验	招标
长宁区社区学院	社区市民自主学习模式的实验	招标
上海市学习型社会建设服务指导中心办公室	社区教育统计工作的实验	招标
静安区学习型城区建设联合会	社会组织参与社区教育的实验(2)	招标
闸北区芷江西路街道办事处	社区居民终身学习模式的探索与实验	重点
徐汇区漕河泾街道办事处	社区教育"网上学习圈"建设的实验	重点
闵行区颛桥镇社区学校	外来务工人员多元一体化教育培训模式应用与推广的实验	重点
嘉定区马陆镇教委、社区学校	外来务工人员有效学习模式的开发与应用的实验	重点
嘉定区工业区成校	"百姓学习中心户"导学和激励体系建设的实验	重点
嘉定区安亭镇人民政府	农民工技能培训管理模式的实验	重点
浦东新区张江镇人民政府	构建"e"学习平台优化市民学习模式的实验	重点
浦东新区芦潮港镇推进学习型社会建设办公室	加强农民技能培训与服务体系建设的实验	重点
浦东新区原南汇社区学院	社区教育课程与教材开发与建设的实验	重点
松江区泗泾镇社区学校	社区学校扶持居村委办学点建设的实验	重点
长宁区总工会	推进区属事业单位学习型班组建设的实验	一般
金山区社区教育指导管理中心	新农村建设中社区学校的定位与功能拓展的实验	重点

表 1-3-8 2010 年上海市社区教育优秀实验项目一览表(37 个)

项目承担单位	实验项目名称	项目类别
嘉定区教育局	居村委社区教育教学点建设的实验	招标
徐汇区社区学院	社区教育网络学习资源建设的实验	招标
静安区教育局	建设社区白领学堂的实验	重点
卢湾区人口和计划生育委员会、卢湾区教育局	社区流动青少年青春健康教育的实验	重点
长宁区社区学院	社区市民网上学习模式探索的实验	重点
徐汇区社区学院	社区教育兼职教师队伍建设的实验	重点
徐汇区社区学院	网络环境下社区居民学习动力的引导与激励	重点
虹口区曲阳路街道办事处	社区教育志愿者队伍的组织与作用发挥的实验	重点
青浦区白鹤成校	以农场为基地推进农村社区教育的实验	重点
奉贤区社区学院	居村委社区教育教学点建设的实验	重点
黄浦区半淞园路街道办事处	居村委社区教育教学点建设的实验	一般
卢湾区教育局、卢湾区社区学院	抓住"迎世博"契机,展海派旗袍文化之魅力	一般

(续表)

项目承担单位	实验项目名称	项目类别
普陀区真如镇人民政府	城市副中心建设与社区教育课程开发的实验研究	一般
闸北区宝山路街道社区教育委员会	以独居老人为主的社区心理服务系统建设的实验	一般
杨浦区延吉新村街道办事处	构建社区教育网络学习长效运行模式	一般
长宁区天山路街道办事处长宁科技进修学院	加强社区闲散青少年就业指导与培训的实验	一般
徐汇区枫林街道社区教育委员会	弘扬"上海剪纸"艺术的社区教育实验	一般
徐汇区斜土路街道办事处	斜土社区0—3岁婴幼儿教育运作方式实验研究	一般
徐汇区长桥街道社区教育委员会	开展外来流动儿童教育　探索联动社区教育模式	一般
徐汇区康健新村街道社区教育委员会	以"三五工程"为抓手,加强社区教育资源共享的实验	一般
徐汇区龙华街道办事处	"龙华魂"系列教育	一般
闵行区梅陇镇社区学校	学校资源开放模式探索——梅陇镇"社校一卡通"激励机制实验	一般
嘉定区嘉定镇街道办事处	"睦邻点"拓展社区教育功能的实验	一般
嘉定区华亭镇教委	以"农家书屋"为载体,提高农民自主学习意识与能力的实验	一般
嘉定区菊园新区社区学校	分人群开发社区学习项目的实验	一般
嘉定区真新街道办事处	商贸市场外来从业人员教育培训途径的实验	一般
嘉定区南翔镇社区学校	建立社区学习支持服务系统的实验	一般
浦东新区浦兴路街道	探索社区老年学员自主学习模式　的实验	一般
浦东新区社区教育指导中心	居村委社区教育教学点建设的实验	一般
原南汇区新场镇推进学习型社会建设办公室	成人学校发挥社区教育功能的实验	一般
青浦区夏阳成校	依托社区教育资源,推进来沪人员学习型家庭建设的实验	一般
奉贤区青村成校	村民"受训记录卡"的开发利用的实验	一般
崇明县庙镇社区学校	乡镇林业人才滚动式培训的实验	一般
浦东新区洋泾街道办事处	街镇社区学校(成人学校)标准化建设的实验	招标

第四节　学习型社区

一、创建活动

2006年1月27日,中共上海市委、上海市人民政府发布《关于推进学习型社会建设的指导意见》(即二号文件),要求创建学习型社区(街镇)。

2007年5月17日,市学习办举行为期两天的上海市推进学习型社会建设第一期学习班。市教委副主任李骏修、市文明办副主任陈振民分别做了学习动员,市委研究室副局级巡视员傅爱明、市教科院党委书记季国强解读了上海市委、市政府《关于推进学习型社会建设的指导意见》。

2008年上半年,市学习办组织有关职能部门和专家确定浦东新区陆家嘴街道、杨浦区五角场街道、闸北区大宁路街道、徐汇区田林街道、普陀区长寿路街道、卢湾区五里桥街道、黄浦区南京东路街道、静安区曹家渡街道、长宁华阳街道、闵行区虹桥镇、嘉定区江桥镇、青浦区重固镇12个街镇为创建学习型社区(镇)试点单位。

2010年11月26日,"上海市学习型社区建设推进大会"在上海展览中心友谊会堂举行。会议由副市长沈晓明主持,市委常委、市委宣传部部长杨振武宣读"关于表彰2008—2009年度上海市学习型社区的决定",副市长胡延照宣读"关于表彰2008—2009年度上海市学习型社区建设优秀组织者的决定"。上海市委副书记殷一璀,市教卫党委书记李宣海,市教委主任薛明扬等出席大会。

二、评估工作

2008年10月22日,市学习办发布《关于开展上海市创建学习型社区试评估工作的通知》,对参加试点工作的12个街镇进行学习型社区试评估。评估工作在市学习办的领导下组织开展,成立专门的创建学习型社区试评估工作小组,参照《上海市创建学习型组织评估指标体系(试行)》,以现场访谈或实地考察为主,结合被评估街镇提供的材料,由评估工作组进行综合评定。

2009年4月10日,市学习办发布《关于开展2009年上海市学习型组织创建单位评估工作的通知》,市学习办会同有关职能部门,组织开展创建申报活动。在市学习委的领导下,市学习办负责上海市学习型组织创建工作的总体指导协调工作,各区县学习办具体实施相关的学习型社区创建工作的指导、协调、组织和管理工作。上海市学习型社会建设服务指导中心负责实施学习型组织创建的业务指导与服务工作,市教科院负责牵头实施学习型组织创建的理论探索与研究支持工作。上海市"学习型社区"的创建评估工作以《上海市学习型社区创建评估指标体系》作为创建标准和依据。

2010年9月26日,市学习办发布《关于组织开展2010年度上海市创建学习型社区评估工作的通知》,依据《上海市创建学习型社区(街镇)评估指标体系(2010年修订版)》,对全市近两年来在学习型社区创建工作中取得一定成绩的街镇(乡)社区开展创建评估工作。在各区县学习办的具体组织下,完成街镇(乡)学习型社区创建申报工作,有74个社区参加2010年度市级学习型社区的创建评估工作。

表1-3-9 上海市创建学习型社区(街道)评估指标体系(2010年修订版)一览表

一级指标	二级指标	三 级 指 标	分值	得分
组织管理28分	领导重视	1. 有创建工作理念和工作计划。有社区党、政领导牵头的创建工作领导小组。	5	
	组织机构	2. 有创建工作管理协调的工作机制,相关部门职责明确,责任落实,运作有效,有工作例会制度。	5	
	管理制度	3. 有必要的计划、检查、交流、总结、表彰等各项工作制度。	3	
		4. 重视创建工作的档案建设和管理。	3	

（续表）

一级 指标	二级指标	三　级　指　标	分值	得分
组织 管理 28分	队伍建设	5. 社区学校须有一名专职校长(或常务副校长),有两名或以上的专职管理人员和若干名兼职管理人员。居委会教学点须有一名或以上的兼职办学人员。	2	
		6. 有一支相对稳定的、能满足工作需求的专兼职相结合的社区学校教师队伍,比例不少于户籍人口的万分之一。	2	
		7. 建立由社区内各类专家、行家为骨干的,有一定数量、能满足学习型社区建设需要的志愿者队伍。培育一支有责任心的社区文化、艺术、体育健身团队活动的骨干队伍。	2	
		8. 积极组织社区教育工作人员每年参加相关的业务培训。	2	
	经费投入	9. 确立政府经费投入制度,满足不断发展的创建工作需求。	2	
		10. 多渠道筹集创建工作资金。其中,政府投入的日常运作经费每年人均不少于6元。	2	
载体 建设 20分	宣传载体 建设	11. 社区有固定的宣传阵地、宣传渠道、宣传人员。通过举办社区讲坛、专题讲座、培训、广场文化等活动,进行广泛持续的发动和宣传教育,形成推进学习型社区建设的氛围。	4	
	三级办学 网络建设	12. 社区学校主动接受区社区学院的业务指导,积极指导辖区内居民教学点的教学工作和学习团队活动,有一定的成效。	3	
		13. 社区学校使用面积超过700平方米,教育教学相关设施的利用率达到90%。每个居委会建有一个居民教学点,教学点教室使用面积不低于50平方米,利用率达到90%以上。	3	
	资源整合 利用	14. 区域内90%以上中小学校的学习场所和教育设施向社区开放。区域内企事业等单位的学习、运动场所或教育设施逐步向社区开放。	2	
		15. 充分利用社区文化中心、党员活动中心等教育资源以及区域内的文化馆、博物馆、图书馆、科普教育基地等公益性社会设施开展社区学习教育活动。	4	
	信息化 应用	16. 利用有线广播电视、东方信息苑、上海终身学习网及所在区县学习网站等各种手段、场所和网络资源开展远程学习活动。通过"终身学习卡"等形式注册学习的人数占社区总人数的5%以上。	4	
创建 活动 22分	分人群教育 培训	17. 定期为未入托的散居儿童开展早教活动。利用寒暑期和节假日组织社区内青少年开展各类素质教育活动。	2	
		18. 为失业人员进入职业市场开展职业技能培训。	2	
		19. 开办适合老年人需求的多种形式、多种类型的教育培训班、专场咨询会及讲座。	2	
		20. 针对不同类型的残障人员进行健康生活辅导教育和职业技能培训。	2	
		21. 对外来人员进行法制、健康卫生、安全防范的职业道德和劳动技能等方面的教育培训。	2	
		22. 为区域内的在职人员继续教育提供必要的支持与服务。	2	

一级指标	二级指标	三 级 指 标	分值	得分
创建活动 22分	群众性学习活动	23. 积极完成上级部门组织的各类市民教育培训活动任务。	4	
		24. 丰富学习教育载体,深入开展群众性文化学习活动。	3	
		25. 开展楼组文化、广场文化、社区文化建设,培育有影响力的群众性学习活动品牌。	3	
创建成效 30分	学习型组织创建	26. 街道党工委积极组织开展学习型政党、学习型机关的创建活动,并成为学习团队建设的示范。	4	
		27. 发挥民间社团作用,培育和发展社区文化、艺术、体育健身团队。积极引导活动团队发展为优质的学习团队,有典型范例,学习型团队建设有成效。	4	
		28. 为辖区内企事业单位开展学习型组织创建活动提供支持和服务。积极组织辖区内家庭开展学习型家庭创建评选活动。	3	
	知晓度参与率和满意度	29. 居民对社区提供的教育培训与文化学习活动比较了解,知晓度和参与率较高。	4	
		30. 参加过社区教育培训与文化学习活动的居民对活动内容与组织比较满意。	4	
	居民素质提高度	31. 社区治安稳定,各类案件发生率逐年下降。	2	
		32. 社区居民积极参与公益活动,文明程度、和谐程度显著提高。	2	
	实践成果与特色	33. 重视创建工作的理论研究和成果应用,经常开展专题研讨活动。承担过市级社区教育实验项目的研究工作,研究成果通过了市级验收。	2	
		34. 获得市级及以上的文明街镇、社区教育示范街镇等荣誉或专项奖励。	2	
		35. 学习型社区创建工作具有特色,形成了有影响力的学习活动品牌,并涌现出一批先进事迹和典型个案。	2	
其他特点		(创建工作的其他特色,请描述)	10	
总分				

表1-3-10 上海市创建学习型社区(乡镇)评估指标体系(2010年修订版)一览表

一级指标	二级指标	三 级 指 标	分值	得分
组织管理 28分	领导重视	1. 有创建工作理念和工作计划。有镇(乡)党、政领导牵头的创建工作领导小组。	5	
	组织机构	2. 有创建工作管理协调的工作机制,相关部门职责明确,责任落实,运作有效,有工作例会制度。	5	
	管理制度	3. 有必要的计划、检查、交流、总结、表彰等各项工作制度。	3	
		4. 重视创建工作的档案建设和管理。	3	

（续表）

一级指标	二级指标	三 级 指 标	分值	得分
组织管理 28分	队伍建设	5. 镇(乡)社区学校按户籍人口的万分之1.5配备专职管理干部和教师，有一定比例的兼职教师。	2	
		6. 村、居、单位教学点(市民学校、村民学校)须有一名或以上办学人员。	2	
		7. 建立由社区内各类专家、行家为骨干的，有一定数量、能满足学习型社区建设需要的志愿者队伍。培育一支有责任心的社区文化、艺术、体育健身团队活动的骨干队伍。	2	
		8. 积极组织社区教育工作人员每年参加相关的业务培训。	2	
	经费投入	9. 确立政府经费投入制度，满足不断发展的创建工作需求。	2	
		10. 多渠道筹集创建工作资金。其中，政府投入的日常运作经费每年人均不少于2元。	2	
载体建设 20分	宣传载体建设	11. 社区有固定的宣传阵地、宣传渠道、宣传人员。通过举办社区讲坛、专题讲座、培训、广场文化等活动，进行广泛持续的发动和宣传教育，形成推进学习型社区建设的氛围。	4	
	三级办学网络建设	12. 镇(乡)社区学校主动接受区社区学院的业务指导，积极指导辖区内村居委教学点的教学工作和学习团队活动，并有一定的成效。	3	
		13. 镇(乡)社区学校具有独立法人资格，学校建筑面积在2 000平方米以上［加挂在镇(乡)成人学校上］。70%村、居、单位教学点(市民学校、村民学校)拥有建筑面积100平方米以上的教学和活动用房。	3	
	资源整合利用	14. 区域内90%以上中小学校的学习场所和教育设施向社区开放。区域内企事业等单位的学习、运动场所或教育设施逐步向社区开放。	2	
		15. 充分利用社区文化中心、党员活动中心等教育资源以及区域内的文化馆、博物馆、图书馆、科普教育基地等公益性社会设施开展社区学习教育活动。	4	
	信息化应用	16. 利用有线广播电视、东方信息苑、上海终身学习网及所在区县学习网站等各种手段、场所和网络资源开展远程学习活动。通过"终身学习卡"等形式注册学习的人数占社区总人数的5%以上。	4	
创建活动 22分	分人群教育培训	17. 定期为未入托的散居儿童开展早教活动。利用寒暑期和节假日组织社区内青少年开展各类素质教育活动。	2	
		18. 积极为建设新农村服务，开展外来务工人员、农村劳动力转移培训、燎原计划、农科教结合项目和农村实用技术培训。	2	
		19. 开办适合老年人需求的多种形式、多种类型的教育培训班、专场咨询会及讲座。	2	
		20. 针对不同类型的残障人员进行健康生活辅导教育和职业技能培训。	2	
		21. 为失业人员进入职业市场开展职业技能培训。	2	
		22. 为区域内的在职人员继续教育提供必要的支持与服务。	2	
	群众性学习活动	23. 积极完成上级部门组织的各类市民教育培训活动任务。	4	

（续表）

一级指标	二级指标	三　级　指　标	分值	得分
创建活动22分	群众性学习活动	24. 丰富学习教育载体,深入开展群众性文化学习活动。	3	
		25. 开展楼组文化、广场文化、社区文化建设,培育有影响力的群众性学习活动品牌。	3	
创建成效30分	学习型组织创建	26. 镇(乡)党委积极组织开展学习型政党、学习型机关的创建活动,并成为学习团队建设的示范。	4	
		27. 发挥民间社团作用,培育和发展社区文化、艺术、体育健身团队。积极引导活动团队发展为优质的学习团队,有典型范例,学习型团队建设有成效。	4	
		28. 为辖区内企事业单位开展学习型组织创建活动提供支持和服务。积极组织辖区内家庭开展学习型家庭创建评选活动。	3	
	知晓度参与率和满意度	29. 居民对社区提供的教育培训与文化学习活动比较了解,知晓度和参与率较高。	4	
		30. 参加过社区教育培训与文化学习活动的居民对活动内容与组织比较满意。	4	
	居民素质提高度	31. 社区治安稳定,各类案件发生率逐年下降。	2	
		32. 社区居民积极参与公益活动,文明程度、和谐程度显著提高。	2	
	实践成果与特色	33. 重视创建工作的理论研究和成果应用,经常开展专题研讨活动。承担过市级社区教育实验项目的研究工作,研究成果通过了市级验收。	2	
		34. 获得市级及以上的文明街镇、社区教育示范街镇等荣誉或专项奖励。	2	
		35. 学习型社区创建工作具有特色,形成了有影响力的学习活动品牌,并涌现出一批先进事迹和典型个案。	2	
其他特点		(创建工作的其他特色,请描述)	10	
总分				

三、创建成果

2009 年 12 月 30 日,市学习办发布《关于公布 2009 年度上海市学习型组织创建单位名单的通知》。市学习办按照市委、市政府关于深化学习型组织创建工作的要求,会同各有关职能部门,在各单位自评自查的基础上,对上海市申报参评学习型组织的街镇进行了全面评估检查,确定 2009 年度上海市学习型社区创建单位 55 个。这有力推进社区内创建学习型机关、学习型企事业、学习型家庭等各类学习型组织创建工作发展。

表1-3-11　2009年度上海市学习型社区创建单位名单一览表(55个)

区　　县	单　位　名　称
浦东新区	潍坊新村街道办事处、洋泾街道办事处、上钢新村街道办事处、张江镇人民政府、高桥镇人民政府、原南汇区周浦镇人民政府
徐汇区	漕河泾街道办事处、徐家汇街道办事处、湖南路街道办事处、康健新村街道办事处、华泾镇人民政府
长宁区	新华路街道办事处、虹桥街道办事处、仙霞新村街道办事处
普陀区	甘泉路街道办事处、曹杨新村街道办事处、真如镇人民政府
闸北区	临汾路街道办事处、共和新路街道办事处、宝山路街道办事处、彭浦镇人民政府
虹口区	凉城新村街道办事处
杨浦区	延吉新村街道办事处、四平路街道办事处、大桥街道办事处、殷行街道办事处、五角场镇人民政府
黄浦区	小东门街道办事处、老西门街道办事处、外滩街道办事处
卢湾区	打浦桥街道办事处、淮海中路街道办事处、瑞金二路街道办事处
静安区	南京西路街道办事处、静安寺街道办事处、江宁路街道办事处
宝山区	淞南镇人民政府
闵行区	七宝镇人民政府、梅陇镇人民政府、颛桥镇人民政府
嘉定区	新成路街道办事处、嘉定镇街道办事处、安亭镇人民政府、南翔镇人民政府
金山区	枫泾镇人民政府、金山工业区管理委员会
松江区	岳阳街道办事处、中山街道办事处、泗泾镇人民政府
青浦区	夏阳街道办事处、赵巷镇人民政府、白鹤镇人民政府
奉贤区	奉城镇人民政府、庄行镇人民政府
崇明县	陈家镇人民政府

第二篇

老年教育

20 世纪 80 年代,上海先后创建了上海市老干部大学、上海老年大学、上海老龄大学和上海市退休职工大学 4 所市级老年大学。市级老年大学的创办推进了区县老年大学和高校老年大学的建立,并带动了社区老年教育的兴起和发展。随着信息技术的发展,老年远程教育也取得了长足的进展。由此上海市形成了老年学校教育、远程教育、社会教育三种办学模式和市、区县、街道乡镇、居村委四级办学网络。2003 年,上海市老年教育工作会议召开,颁发了多个文件,为发展上海市老年教育制定了一系列政策措施,逐步理顺了老年教育的管理体制,明确上海老年教育实行政府主管、分级管理、区县为主的管理体制,建立由市教委牵头、市老龄工作委员会办公室、市民政局等 15 个部门领导参加的市老年教育工作小组,统筹、规划、组织、协调、指导全市的老年教育工作。上海市老年教育协会等社会组织的成立,协助政府主管部门对老年教育进行指导和管理,开展了调查研究、理论探讨、经验交流、评估总结等工作,推进了上海老年教育的发展。2010 年参加全市老年学校教育的学员人数达到 54.044 9 万人(其中 60 岁以上 39.016 万人),老年远程教育收视学员人数达到 27.528 8 万人(其中 60 岁以上 21.756 5 万人)。

第一章　学校老年教育

第一节　市级老年学校

一、上海市老干部大学

1984年7月,中共上海市委老干部局决定试办上海市离休干部进修学校;翌年1月2日上海市离休干部进修学校开始招生,3月17日正式开学;9月,改名为上海市离休干部进修学院,校务委员会由市委老干部局局长张民诚任主任委员,李敏之、肖挺任副主任委员,学院在徐汇、黄浦两区和机电一局设立分校。

1986年8月20日,学院再改名为上海市老干部大学;9月,举行首届开学典礼,市委副书记吴邦国出席并讲话。1987年2月,上海市委书记江泽民为学校题写校名;21日,吴邦国为校牌揭牌。1989年1月19日,江泽民为全体学员作报告。1990年9月20日,吴邦国在《上海市老干部大学越办越好》一文上批示:"市老干部大学办了好几年,普遍反映不错,无论在老干部工作或老年教育上都积累了一些经验,应在原有基础上办得更好。"1994年,吴邦国为市老干部大学建校十周年题词"老年教育大有可为"。1997年11月9日,中共中央政治局常委、中央书记处书记胡锦涛视察即将落成于青松城的市老干部大学,殷切地勉励大家:一流的硬件设施,更要有一流的工作服务,让老同志满意。中央及市党政领导黄菊、曾庆红、徐匡迪、孟建柱、殷一璀等先后到市老干部大学视察。

上海市老干部大学以"探求健身之道,增长新鲜知识,丰富精神生活、陶冶高尚情操,保持光荣晚节,贡献革命余热"为办学宗旨,以"开拓、探索、创新"为办学方针,坚持"社会办校、民主办校、联合办校"的办学原则,力争把学校建成"党的创新理论的学习基地,当代新知识的传播基地,中华优秀文化的研修基地,老干部榜样表率作用的辐射基地"。学校设有政经、文学、史地、书画、文艺、科技、保健、计算机、外语等九大类课程。

学校坚持发挥思想政治教育功能:一是办好政治理论班。学校与市委党校、上海国际问题研究院建立了长期战略协作关系,从选题、师资上保证了政治理论班的教学质量稳中有升。为不断探索开展思想政治教育的方法和手段,学校在班内还成立了"思想政治教学研习社",定期组织学习、活动,研究学员的思想动态、社会热点问题和政治理论班的教学方法;二是每月举办一次时事报告会。报告会以选题的及时性、主讲人的权威性、报告内容的准确性受到校内外老同志的欢迎;三是将思想政治教育寓于教学实践中。学校强调在学科建设中要德育为先,把思想政治教育渗透到教学过程的每个细节,引导学员始终保持积极向上的精神状态;四是营造健康和谐的校园文化。学校在全体师生员工中开展校训征集活动,并把学员亲手书写的名人名言挂放在每个教室的醒目位置,互为勉励。

学校注重教学科研,每两年举办一届老年教育理论研讨会,一些理论研究成果荣获全国和上海市的优秀奖项。2006年学校组建了编研室,并在老年教育的基础理论和应用理论的研究以及科研成果的转化方面增加投入,以更好地为教学工作服务。2008年,学校联手华东师范大学职成教研究所的专家、学者,共同就增强发展活力、促进老干部大学可持续发展进行调研,并制定了《上海市老干部大学五年发展规划(2010—2015 年)》及阶段性实施目标,使学校工作向更新更高的目标迈进。

学校开展了多项国际交流活动,先后与日本、美国、奥地利等国的国际老年教育组织通过书画联展、互赠教材、签订意向书、参观座谈等多种形式进行合作交流,增进了中外老年朋友之间的友谊,促进了相互间的学习。2010 年,为迎接上海世博会的举办,学校东方艺术院的 50 位平均年龄超过 80 岁的老同志与大阪 50 位老年友人合作完成了百米长卷《百花迎世博》,作为庆祝世博胜利举办的贺礼。

截至 2010 年,学校共有 27 所系统校(见附表),并分为西、北、中三个片校,为交流工作、方便老同志就近就便参加学习发挥了积极的作用。学校承担着对系统校教学的指导、协调和服务工作,制订并完善了《系统校工作条例》,每年定期召开系统校工作会议,总结、交流办学经验,开展系统示范校的评比表彰等活动,有力地促进了系统内各校的协调发展。

2008—2010 年,学校获批上海市示范性老年大学和全国先进老年大学等荣誉称号,并多次被评为全国和上海市的老干部工作、老龄工作先进集体。

学校校址:东安路 8 号。历任校长:钟民(1985—1993),陈铁迪(1993—   )。

表 2 - 1 - 1   1985—2010 年上海市老干部大学系统校办学机构情况一览表

序号	单位	建校时间	校址
1	徐汇区老干部大学	1985 年 3 月	康平路 205 号
2	电气老干部大学	1985 年 3 月	辽阳路 411 号
3	黄浦区老干部大学	1985 年 9 月	天津路 399 号 4 楼
4	长宁区老干部大学	1986 年 3 月	定西路 1300 号 3 号楼
5	冶金老干部大学	1986 年 9 月	胶州路 522 号
6	轻工老干部大学	1986 年 9 月	广东路 119 号
7	静安区老干部大学	1986 年 10 月	胶州路 260 号
8	商委老干部大学	1987 年 4 月	肇嘉浜路 268 号 15 楼
9	普陀区老干部大学	1987 年 9 月	大渡河路 525 号
10	杨浦区老干部大学	1988 年 3 月	锦西路 69 号
11	仪电老干部大学	1988 年 3 月	石门一路 251 弄 18 号
12	梅山老干部大学	1988 年 4 月	南京上海梅山冶金公司文化路
13	卢湾区老干部大学	1988 年 9 月	斜土路 727 号
14	嘉定区老干部大学	1989 年 3 月	城中路 171 弄 4 号
15	闸北区老干部大学	1989 年 9 月	天目中路 749 弄 57 号甲
16	纺织老干部大学	1990 年 3 月	多伦路 215 号
17	宝钢老干部大学	1990 年 4 月	漠河路 101 号 3 号楼
18	南政院老干部大学	1990 年 4 月	四平路 2575 号院内

（续表）

序 号	单 位	建校时间	校 址
19	铁路老干部大学	1991年9月	民德路45号
20	浦东新区老干部大学	1993年9月	张杨路1458号
21	文广老干部大学	1994年3月	复兴中路1350弄11号
22	军休老干部大学	2002年3月	乌鲁木齐南路406号
23	虹口区老干部大学	2007年9月	临平北路28号二楼
24	公安老干部大学	2008年9月	永嘉路41号4楼
25	闵行区老干部大学	2010年9月	莘西路401号
26	松江区老干部大学	2010年10月	荣乐中路68号
27	宝山区老干部大学	2010年11月	永乐路737号

二、上海老年大学

1985年5月2日，经上海市高教局、市老龄委同意，市教育工会和市退休教师协会创办上海老年人进修学院。翌年7月，学校改名为上海老年大学。1987年起，受上海市成人教育委员会和上海市老龄委员会委托，学校承担了上海市地区老年教育中心的工作。1997年2月正式成为全市地区老年教育中心，对地区老年学校业务方面进行指导。2004年起，学校不再承担地区老年教育中心的任务。

学校走"质量立校、特色兴校、科研强校"的发展道路，力争把学校办成老年人满意的、具有鲜明办学特色的、在国内国际有一定影响的综合性老年大学。

学校确立"以人为本、终身教育和自主教育"的理念，强调学员在教育教学中的主体地位，重视对学员自主学习与自主精神的培养；大力倡导"长者风范"，全面实施素质教育，努力把学校办成"长者的精神家园"。

学校坚持教学改革，在课程开发上，一是对传统课程赋予新的内涵，充实内容，形成系列。如书画课程，除山水画、花鸟画、楷书、行书、草书、隶书、篆书等传统学科外，还增设了现代山水、素描、水彩画、水粉画等课程，并开设了梅兰竹菊专修班和牡丹专修班。二是加大课程开发力度，开设适应现代社会发展需要的课程。如计算机系列，除计算机初级、纵横码汉字输入法等基础学科外，还增设网络、图像处理、影视动画制作、数码相片编辑等较为前卫的课程。三是尽可能开设满足老年人追求高品位文化、高雅艺术需要的课程。如开设中国古典文学赏析、音乐欣赏、中外名著选读等课程。在教学途径上，学校坚持走"三个课堂"协调发展之路：在第一课堂（课堂教学、学校教育），采用了"教师启动—师生互动—学员自动"的教学模式，与老年学员特点相适应。在第二课堂（课外活动、社团活动），积极支持学员开展社团活动，成立了社团工作办公室，组建上海老年大学艺术团和多个社团组织及志愿者服务队。在第三课堂（社区课堂、社会课堂），让学员到社区、福利院开展各类活动。在师资队伍建设上，学校强调师德建设，弘扬奉献精神，坚持开展以系为主的教研活动，围绕如何根据老年人特点搞好课堂教学进行定期研讨，以提高教学质量。学校加强教学大纲建设和教材建设：多次对教学大纲进行修订，鼓励教师自编教材，全校所有课程都有专用教材，其中自编教材、讲义占58%。一些自编教材正式出版后，深受老年朋友欢迎。

学校重视教育教学科研，在"自主教育理论研究"中，先后发表了《试论老年学校教育中的自主教育》《再论老年学校教育中的自主教育》等多篇论文，提出的"培养老年学员自主精神、自学能力、自我教育、自我完善"理念在国内老年教育界引起较大反响。学校还与华东师大职成教研究所合作，开展"建设和谐社会进程中的老年教育"课题研究，其研究成果《和谐社会与老年教育》已由上海教育出版社出版。由市老年教育协会主办、四所市级老年大学承办的《上海老年教育研究》于2004年创刊。学校被中国老年大学协会确立为"全国老年教育理论研究基地"。

学校立足本校，服务全市，发挥示范、辐射、引领作用。学校陆续在上海高校开设分校，截至2010年底，共设立了上海师范大学等9所分校（见附表），并先后与亲和源股份有限公司合作成立"上海老年大学国际部"，与华谊集团联手成立"上海老年大学华谊教学部"。学校是上海空中老年大学、上海网上老年大学的创办单位之一。在这两所学校合并成立上海远程老年大学后，学校作为校务委员会成员单位，仍承担课程开发、教材编写和"上海老年人学习网"编辑等任务。

学校是国际、国内老年教育交流的窗口，也是上海老龄工作和老年教育对外宣传的窗口之一。2003年以来，先后接待来自美国、日本、新加坡、韩国、德国、法国、越南、瑞典、澳大利亚等20多个国家的外宾。2010年学校被市旅游局授予"上海国际银发旅游示范基地"。

2006年以来，学校六次被评为上海市开拓老龄事业先进单位，两次被评为上海市老年教育先进集体和卢湾区文明单位；2008年被评为首批"上海市示范性老年大学"；2009年被评为"全国先进老年大学"。

学校曾六易其址：1985年5月至1988年2月，富民路50号爱华中学；1988年2月至1991年7月，嘉善路177号嘉善中学；1991年7月至1994年8月，岳阳路1号上海教育会堂；1994年8月至1996年6月，新闸路1220号上海大学静安校区；1996年6月至1999年10月，胶州路601号静安区业余大学；1999年10月至今，南塘浜路117号。

历任校长：韩中岳（1985.5—1986.7），舒文（1986.7—1991.5），刘克（1991.5—2004.1），郑令德（2004.1—　　）。

表 2‑1‑2　1997—2009 年上海老年大学分校办学机构情况表

序　号	单　　位	建校时间	校　　址
1	上海师范大学分校	1997 年 6 月	桂林路 100 号香樟苑 312 室
2	华东理工大学分校	1999 年 4 月	梅陇路 130 号
3	上海财经大学分校	1999 年 12 月	中山北一路 369 号
4	东华大学分校	1999 年 12 月	延安西路 1882 号
5	华东师范大学分校	1999 年 12 月	中山北路 3671 弄 153 号
6	上海大学分校	1999 年 12 月	延长路 149 号
7	同济大学分校（前铁道大学分校）	2000 年 1 月	彰武路同济新村 900 号
8	上海交通大学分校	2000 年 5 月	华山路 1954 号铁生馆 304 室
9	绿地分校	2009 年 9 月	江苏省昆山市花桥镇

三、上海老龄大学

1989年2月,上海市直属机关党委创办了"上海市老干部大学市直机关分校",为市级机关离退休老干部提供了学习场所。1991年6月8日,市编制委员会批准市级机关老干部大学(即上海市老干部大学市直机关分校)为独立建制的事业单位。为了满足机关中一些退休干部的入学要求和便于对外开放,1992年5月11日,市级机关工委同意建立上海老龄大学,市级机关老干部大学增挂"上海老龄大学"牌子,实行"一套班子、两块牌子"。同年6月,中共中央总书记江泽民题写校名"上海老龄大学"。1993年3月由市委老领导胡立教、夏征农担任学校名誉校长,杨堤任顾问。1993年9月,市级机关工委批复,同意将"上海市老干部大学市直机关分校"改名为"上海市市级机关老干部大学"。2009年,学校设上海市人民检察院分校。

学校根据老年人的学习需求,坚持从实际出发,加强课程建设,从初始几门课程发展到150门。为了保证开设课程的质量,学校加强教材建设。编辑出版的文字教材和视听教材涵盖了书法、绘画、医疗保健、声乐和家政等各大类。学校招生较为灵活,只要学员有需求,教室有空,就随时招生,额满即开班,还开设了晚间班、周六班。学校坚持"文化强校"的思路,注重校园文化建设,从环境文化建设和精神文化建设两个层面进行推进。2007年由上海市老年教育协会和上海老龄大学合作创办的《老年文艺》是全市唯一的雅俗共赏的老年人文化艺术类的刊物,为老年学员提供了一个以文会友的平台。学校十分重视老年教育理论研究,1993年,设立了"老年教育研究室",还成立了由教师、学员和办学人员共30人组成的"理论研究小组"。校领导带头撰写论文,历任校领导都在有关报刊上发表过论文。学校编印的两年一集的《探索与思考》,是对学校两年来办学理念、老年教育理论与实践探索、师生教与学经验和感悟的一个总结。

针对学员结业后有进一步提高并回报社会的愿望,学校相继成立了老年人学习团队(社团组织或兴趣小组)。学习团队成员能者为师,自己组织学习交流,技艺不断提高,有效地延伸了课堂教学。学校有近百名学员先后加入了市书法家协会及老年书法专业委员会、上海诗词学会、市摄影家协会老年分会、中国民俗摄影协会等专业团体。学员们的书法、绘画、摄影、诗词、散文作品以及文艺演出,在全国和上海举办的各种大赛中,先后荣获500多个奖项,许多书画作品被海内外人士收藏。大批学有所成的学员,纷纷在社区学校担任英语、声乐、书法、国画、诗词、摄影、钢琴和手工编织等课程的老师,为创建学习型社会发挥了积极作用。

学校屡次荣获"上海市离休干部先进集体""上海市开拓老年事业先进集体""上海市老年教育先进集体"和"上海市市级机关先进单位"等荣誉称号。2008年2月,被评为首批"上海市示范性老年大学"。

学校校址:延安西路300号。历任校长:崔沂(1989.3—1999.8),仇泽群(1999.9—　　　　)。

四、上海市退休职工大学

1986年,上海市总工会、上海市退休职工管理委员会决定筹建上海市退休职工大学,1987年3月学校开学。学校的办学宗旨是:"老有所学、增长知识、磨炼思维;老有所为、余热生辉、服务社会;老有所乐、丰富生活、促进健康、欢度晚年。"市总工会主席江荣兼任校长,黄任远任副校长,万梅玲任教务长。上海市工人文化宫作为学校的协办单位,提供办学场地。

为了尽可能满足"老有所学"的社会需求,根据市总工会、市退管会领导关于"东西南北中,建立市退休职大分校"和"要把退休职大办到退休职工身边,让更多的退休职工就近入学"的要求,学校注意借助社会力量,尤其是工会系统的教育资源,采用不同合作形式,设立了复旦、沪东、浦东、沪西、静安等5所分校。5所分校分布在上海的东西南北中,方便了老年人就近入学。同时,市退职大还积极设立众多教学点和分部,教学点和分部的学员总数已经超过总校。学校以总校为核心,加强与各分校教学点、分部之间的联系,并发挥指导、辐射作用,每年召开几次定期或不定期的联席会议,形成了一个老年教学集合体,缩小了分校与总校之间办学的差距,让就近入学的老年人都能享受到优质的教育。

学校根据老年人的生理特点,设置了保健类学科;根据老年人"美化生活,丰富人生"的需要,设置了舞操、书画类学科;根据老年人希望跟上时代、更新知识的需要,设置了知识、技能、实用类学科。保健类学科课程等已成为学校的特色课程。特色课程推动了教材建设,学校已编写了一套较为完整的实用自我保健教科书,《实用自我保健》《简易穴位按摩》《全息疗法》《激发潜能祛病健身》等教材已先后出版。

学校注重把已结业或者学了多年的学员组织起来,建立各种联谊团队,开展第二、第三课堂活动。联谊团队有玉兰书画社、第二春艺术团、自我保健研究会、交谊舞爱好者联谊会、绒线沙龙、摄影协会等。团队实行"自我管理,自我服务",学校给予鼓励和支持。

学校依靠学员办学,成立了"学员民主管理委员会",经常听取民管会对学校教学的意见,尤其是对新开设课程的意见,从而推进了教学质量的提高。

学校于2003年、2007年两度荣获"上海市老年教育先进集体"荣誉称号。2008年2月,被评为首批"上海市示范性老年大学"。

学校校址:北京西路1068号。

表2-1-3 1986—2010年上海市退休职工大学校长任职情况表

序　号	姓　　名	任　职　时　间
1	江　荣	1986年6月4日—1994年3月29日
2	包信宝	1994年3月29日—1998年7月13日
3	汪　泓	1998年7月13日—2000年8月28日
4	汪兰洁	2000年8月28日—2003年6月30日
5	谢　峰	2003年6月30日—2005年11月1日
6	侯其彬	2005年11月1日—2010年4月26日
7	杜仁伟	2010年4月26日—

表2-1-4 1994—2003年上海市退休职工大学分校办学情况表

序　号	单　　位	建　校　时　间	校　　址
1	复旦分校	1994年1月	国权路579号
2	沪东分校	2001年6月	平凉路1500号
3	浦东分校	2001年7月	峨山路613号

序 号	单 位	建校时间	校 址
4	沪西分校	2002 年 3 月	武宁路 225 号
5	静安分校	2003 年 8 月	常德路 940 号

五、其他市级老年学校

【东方老年大学】

2008 年 9 月 1 日,为满足浦东地区老年人日益增长的精神文化需求,提高他们的科学文化素质和生活质量,由上海市老年教育协会和上海市高校浦东继续教育中心在浦东地区联合创办的上海东方老年大学正式开学。学校为非独立设置的公益性老年教育机构,实行校务委员会领导下的校长负责制。市老年教育协会会长俞恭庆担任学校校长,朱小红担任副校长并主持学校日常工作,校址在东方路 121 号。学校注意引进优秀课程,开设了钢琴伴奏、书法研修、国画研修、声乐高级、声乐进修、声乐研修等教学班。学校承办了"2008 年上海市老年教育艺术节——钢琴演奏交流会"。学校以养生文化班学员为主,积极开展为民服务咨询活动,推出推拿保健、耳穴保健、量血压、养生咨询和教学服务介绍等六个项目,得到社区工作者和老年朋友们的称赞。

【上海市老年文化艺术大学】

2004 年 4 月,由上海市群众艺术馆创办的上海市老年文化艺术大学成立,校址在中山西路 1551 号上海市群众艺术馆内,校长由上海市群众艺术馆馆长张坚兼任。学校以"陶冶情操、增长知识、以人为本、服务社会"为办学宗旨,以文化艺术为主要特色。5 月 19 日学校试点班开学,推出民族民间基础舞和民族民间成品舞 2 个特色科目,共招收学员 120 名,学期为 2 个月。9 月 8 日学校正式开学。在开设民族民间基础舞和民族民间成品舞 2 个专业的基础上增加了艺术歌曲演唱专业。来自全市十几个区县 150 多名学员分成 5 个班学习。9 月初,为促进群众舞蹈的发展,为社区培养舞蹈骨干,学校成立了东方白玉兰艺术团。

2005 年 3 月初,上海英联食品饮料有限公司为回报社会,出资与学校合作,推出以"轻盈体态、轻松心态"为主题的"福"乐口福中老年公益性艺术课程。有 200 名中老年学员参加了为期一个学期的培训。2006 年,学校增开了"诗歌朗诵"专业。这一年共培训学员近 400 人次。2007 年,学校因上海市群众艺术馆修建而停课,直到 2010 年仍未恢复。

第二节 区县老年大学

一、沿革

1985 年 5 月起,上海老年人进修学院的静安、黄浦、虹口、南市、普陀等区的教学点陆续开设,上海市离休干部进修学校徐汇分校、吴淞区老年学校相继成立。1986 年,卢湾区老年大学、上海老年人进修学院静安区分院(后更名为上海老年大学静安分校)、上海老年大学徐汇分校、南市区老年学校正式成立。1987年9月,上海老年大学虹口分校成立。1988年,黄浦、闸北教学点分别更名为上海老年大学黄浦分校、闸北分校,上海老年大学杨浦分校成立。1990年,成立于1986年的上海老年大学长宁教学点改名为上海老年大学长宁分校。1992年3月,由吴淞区老年学校发展而来的宝山区老年大学成立,9月,学校更名为上海老年大学宝山分校。1993年3月,南市区老年学校更名为南市区老年大学。1995年,闵行老年大学成立,次年成为上海老年大学闵行分校。1996年6月,金山县老年学校成立。

1986—1996年,区县老年学校名称有老年大学、老年学校、兴趣班、进修班等;办学主体有教育局管辖的退休教师协会、教育工会,也有区老干部局、区老龄委、区总工会等;设置审批的部门有的是街道,有的是老龄办,有的是教育局,各不相同。这些老年教育办学机构,初创时期在办学场所、师资、经费等方面都存在一定困难,办学规模较小,学员人数十分有限,仅数十至百余人。区县办学机构因为一般不具备独立法人资格,有很多具体问题,如办学主体、注册资金、办学场所、收费收据等都无法解决,故挂靠在上海老年大学,成为上海老年大学的分校。这就出现了区县老年大学与上海老年大学时分时合的现象。

2003年起,在市老年教育工作会议和市政府办公厅转发的市教委等五部门《关于进一步加强上海市老年教育工作的若干意见》推动下,区县老年教育发展进入规范化时期,未建立老年大学的区县陆续建立,原挂靠在上海老年大学的十几所区县分校陆续与母校脱钩,成为独立的办学单位。截至2010年底,各区县老年大学共有21所。

表 2-1-5　2010年上海市区县老年大学办学机构情况统计表　　　　单位:所

单　　位	区县老年大学数
黄浦区	1
卢湾区	1
徐汇区	2
长宁区	1
静安区	2
普陀区	1
闸北区	1
虹口区	1
杨浦区	2
宝山区	1
浦东新区	2
闵行区	1
嘉定区	1
松江区	1
青浦区	1
金山区	0

（续表）

单　　　位	区县老年大学数
奉贤区	1
崇明县	1
合　　计	21

二、办学特色

区县老年大学呈现三个特点：一是注重为本区（县）的老年人参加学习提供方便。为此许多学校采取了"一校多点"的办学方式，如长宁区老年（老干部）大学共设有四所分校，宝山区老年大学设立了两个教学点和四所分校。二是负责指导各街道（乡镇）老年学校开展老年教育工作。如闵行老年大学除了发挥自身的示范作用外，还承担了对街道（乡镇）老年学校的指导任务，老年大学校长兼任区老年教育工作小组办公室常务副主任，负责定期召开街道（乡镇）老年学校有关人员的各种会议，指导工作、组织交流、开展培训和各种活动。三是根据自身优势，在发展特色课程方面进行积极探索。如宝山区老年大学的"瓷绘工艺"课程受到老年学员的普遍欢迎，编写的《瓷绘工艺》（高等教育出版社出版），被列为上海市新世纪老年课堂教材，还开办"瓷绘工艺"课程教师培训班，把任教老师组成教研组开展活动，并建立了"瓷绘俱乐部"。

第三节　街道乡镇老年学校

一、沿革

1985 年，杨浦区四平街道四平老年大学成立，卢湾区吉安街道、淮海街道及静安区武定街道也相继创办了老年学校。1986 年下半年，静安区 10 个街道都建立了老年学校。1992 年 3 月，徐汇区龙华乡、闵行区华漕镇老年学校先后成立。1998 年，闵行区北桥、马桥、梅陇、颛桥、纪王、虹桥、诸翟、七宝、曹行、塘湾等镇也分别建立老年学校。龙柏、碧江、古美街道的老年学校依托上海老年大学闵行分校建立老年大学分部，莘庄镇则依托上海老年大学闵行分校办班。原浦东地区的鲁汇、陈行、杜行在三镇合并为浦江镇后开办了老年学校。2010 年，全市街道乡镇老年学校实现了全覆盖。

表 2 - 1 - 6　2010 年上海市街道（乡镇）老年学校办学机构情况统计表　　单位：所

单　　　位	街道乡镇工业园区数	老年学校数	百分比%
黄浦区	6	6	100
卢湾区	4	4	100
徐汇区	13	13	100
长宁区	10	10	100
静安区	5	5	100

（续表）

单　　位	街道乡镇工业园区数	老年学校数	百分比%
普陀区	9	9	100
闸北区	9	9	100
虹口区	8	8	100
杨浦区	12	12	100
宝山区	12	12	100
浦东新区	38	38	100
闵行区	13	13	100
嘉定区	12	12	100
松江区	15	15	100
青浦区	11	11	100
金山区	11	11	100
奉贤区	8	8	100
崇明县	18	18	100
合　　计	214	214	100

二、管理和教学

　　根据《关于进一步加强上海市老年教育工作的若干意见》精神,各街道(乡镇)相继建立了老年教育工作小组。工作小组由该街道(乡镇)分管老年教育的领导担任组长,社区老年学校校长和老龄办主任担任副组长,妇联、工会、文化站、老年体协等有关领导参加。

　　街道(乡镇)老年学校的教学活动呈现以下特点:一是办班适合老年人特点。如金山区山阳镇老年学校教学活动安排灵活宽松,学制一年,年初开班,年终结业,次年重新报名组班,严冬酷暑安排活动少一点,春秋两季多一点;活动形式是讲座与各种活动相结合,全班集体活动与兴趣小组分散活动相结合;课堂教学采取座谈会方式。每当开班、结业和"元宵"、"五一"、"七一"、敬老节、"十一"等节日都会开展联欢活动。活动内容有猜灯谜,知识问答,乒乓、象棋比赛,花卉、书画展评,自演自唱等。静安区南京西路街道老年学校每学期结束,都要组织学员进行学习成果汇报展示,为学员搭建才艺展示、作品交流的平台,让学员体验学习的快乐和成功的喜悦。二是教学内容贴近社区老年人的需求。街道(乡镇)老年学校开办初期,较多开设的是文艺娱乐类的课程,发展到一定阶段后,文化学习、技能培训类课程比例逐渐上升。如徐汇区田林社区老年学校每学期征询老年学员意见,据此调整课程设置,开设了基础性、技能型、特色型三大板块课程,构建起传统文化、养身保健、家庭建设、高雅艺术、信息技术、文化知识等六大系列和50多个品种的课程体系。

　　街道(乡镇)老年学校除了开展教学活动外,还承担了对居村委老年教育工作的指导任务,学校建立联络员制度,对办学点的招生、编班、考勤、聘请师资、制订教学计划、设立班级日志、成果展示等进行指导,并为办学点培训骨干,解决师资和课程方面的困难。

第四节　街道乡镇老年学校办学点

20世纪90年代,区、县老年教育领导开始注意居村委老年人教育的需求。在居村委开展了老年教育工作。在文件《关于进一步加强上海市老年教育工作的若干意见》中将居村委老年教育机构称之为"街道(乡镇)老年学校分校"或"街道(乡镇)老年学校办学点"。办学点由居村委主要领导挂帅,日常工作由居村委老龄干部负责,街道(乡镇)年学校负责业务指导。2010年,全市共有4 090个街道乡镇老年学校办学点,占全市所有居村委数的76%。

办学点一般以文体、休闲、保健类的教学内容为主,教学形式多为讲座或团队活动。随着老年远程教育的推进,办学点普遍设立了上海老年远程教育的收视点,采用集中收视与分散收视相结合、大课集中与小课分散相结合、课上收看与辅导员讲解相结合、远程教育与社会教育相结合的形式。远程教育的课程如健康养生、中医保健、法律保障、老年心理等贴近老年居民生活,深受社区老年人欢迎。一些办学点根据当地实际,开展了多种教学活动。闵行区马桥镇在办学点开展"一点一特"的特色课程建设,如金星村的远程收视、华银坊的红歌合唱、元祥村的太极拳、旗忠村的江南丝竹等。与此同时,还在办学点搭建"文化天天乐""老年祝寿会""村民周周会"等富有地方特色的老年教育平台。"文化天天乐"要求每个村、居民区每天都组织居民开展学习活动,使居民天天都能找到属于自己的快乐。"老年祝寿会"有"领导祝寿""村情汇报""健康讲座""汇报演出"等内容。"村民周周会"利用每周一次收视上海远程老年大学课程前的10分钟时间,组织村民开展村情、时事政治、文明素养等方面的学习。

第二章　远程老年教育

20世纪50年代至80年代,农村有线广播对上海农村老年社会教育初期阶段的发展影响极大,农村老年人在收听广播中接受了有关法律、老年人的健康保健和科普等知识。远程教育包括函授教育、广播教育、电视教育和计算机网络教育等多种形式。第一代远程教育是函授教育,采用邮寄印刷品进行教学。1978年以前上海已开展函授教育,当时上海老年教育尚未兴起。第二代远程教育是广播和电视教育,始于20世纪70年代末,运用广播和电视录像等模拟信号实施教学。上海东方电台曾于2001年3月至2002年底,播出金色频率(FM92.4)"老年学堂",内容包括养生保健、诗歌欣赏、阿拉学英语、法律课堂等。第三代远程教育是计算机网络教育,始于20世纪90年代末,运用计算机互联网和多媒体数字技术进行教学,网络教育教学资源丰富、能满足老年人的不同需求。1995年11月22日,"空中老年人大学"第一门课程开播,1999年10月15日上海开通"网上老年大学",2006年12月25日改版更名为"上海老年人学习网",2006年12月25日,"空中老年大学"和"网上老年大学"合并为"上海远程老年大学"。

第一节　上海空中老年大学

一、沿革

1985年全国老龄工作经验交流会和全国老年大学经验交流会召开,1986年1月14日,上海市老龄问题委员会向市政府报送《关于进一步开展老年教育的意见》,建议在重点办好两所进修学院的基础上创办一所电视大学老年人进修班。(注:两校为上海市离休干部进修学院和上海老年人进修学院,两校后分别更名为上海市老干部大学和上海老年大学。)3月13日,上海市第一次老年教育联席会议召开,会后印发的《老年教育联席会议第一次会议纪要》提到:"大家意见可办老年生活讲座,由地区组织收看、辅导。有关播出频道、时间等具体问题,请广播电视局会同有关部门研究。播出费用请广播电视局大力支持,予以减免"。5月14日,第二次老年教育联席会议召开,会后印发的《老年教育联席会议第二次会议纪要》指出:"关于开展老年电视教育问题,会上商定,拍摄老年教育艺术系列片,由市老龄问题委员会、老干部局、电视台、电视大学、上海老年报联合主办。"1987年8月,上海市成人教育工作会议召开。会议文件《上海市老年教育情况及今后工作的意见》提出:要开展函授、电视、广播等多种形式的老年教育,使更多的老人受到教育,市老年大学要举办函授学校,也要逐步发展老年电视广播教育。10月,上海老年大学与上海电视大学联合创办电视书法班,用电视讲课形式对老年人进行书法艺术教育。1989年9月23日,上海市老干部大学制作的教学录像片《写意山水花鸟技法》首发式在丁香花园举行。1990年2月19日,上海老年大学与上海电视大学合作试播电视"现代家政教育讲座",由上海老年大学分校和街道老年学校组织动员老年人收看。1992年4月1日,市成教委、市老龄委联合发布《关于进一步发展上海市老年教育的意见》,正式要求上海电视大学和上海老年大学联合举办电视教育,各区(县)街道、乡镇要有计划地做好组织发动和辅导工作,以提高收视质量。

1994 年,上海市教育工作会议通过了上海市《关于中国教育改革和发展纲要的实施意见》。《意见》提出:到 2000 年参加学习的老年人占老年人总数要从 4％提升到 8％。老年教育没有正常的经费渠道,办学经费难以落实。要实现入学人数翻一番,需要采用电视授课,基层组织老年人学习辅导的方式,上海老年大学受上海市成教委和老龄委的委托,承担了"市地区老年教育中心"的任务。1994 年 5 月开始由上海老年大学、上海电视大学、上海市老龄委三个单位合办电视老年教育,在上海教育电视台开设"空中老年大学"栏目。三个单位分管领导组成领导小组,下设工作小组,上海老年大学主持日常工作。1995 年 3 月初,上海老年大学与上海电视大学协商合作老年电视教育,双方达成合作意向,经费先由电视大学垫付,解决了老年教育办学经费、师资、教材缺乏等困难。双方还邀请市老龄委参加联办事宜。市老龄委明确表示支持办电视老年教育,可以通过老龄工作系统发动和组织老人收看。1995 年 7 月 18 日,市老龄委、上海老年大学、上海电视大学三方召开会议,筹备"空中老年大学"的具体工作。会议决定由三方共同筹办"空中老年大学"。同年 8 月 1 日,上海电视大学、市老龄委、上海老年大学的有关领导进一步商议筹建"空中老年大学"的具体事宜,并起草三方联合办学的协议《关于创办"空中老年人大学"的几点意见》。会后,该协议由三方领导审阅同意并盖章,于 9 月 1 日正式分发给各单位,并报送市教委和市成教委备案。《意见》明确了空中老年大学的办学宗旨、三方管理职责、首门课程制作、今后开课计划等问题。为抓好课程设计和组织收视这两个方面的工作,先后还召开了市区与郊县有关组织收视电视课程的工作会议。10 月 6 日,上海老年大学与郊区老龄委在上海老年大学召开郊县老龄委、成教办负责老年教育人员会议,讨论修改《"空中老年大学"收视条例(草案)》。会议要求各县将组织收视"空中老年大学"栏目作为一项重要工作来抓,要普遍发动、重点组织,集体收视要有辅导。会上还向大家征求在农村播放课程的最佳时间段,以利于基层组织收视。11 月 20 日,"空中老年人大学"开播仪式在上海电视大学演播厅举行,副市长谢丽娟出席。开播仪式由上海电视大学党委书记郭伯农主持,市老龄委副主任石涛、上海老年大学校长刘克、上海电视大学校长黄清云分别讲话,上海老年大学常务副校长桂荣安介绍了"空中老年人大学"筹备经过及办学宗旨。最后,谢丽娟讲话做动员,鼓励广大干部和老年人积极投入电视老年教育。

1995 年 11 月 22 日上午 9 时 40 分,上海教育电视台 26 频道"空中老年人大学"栏目的第一门课程"老年卫生保健(上)"开播。1996 年 1 月 10 日,"老年卫生保健(上)"八讲播完。据统计,全市共建立"老年卫生保健(上)"电视收视班或集中收视点 2 137 个,集体收看学员 70 721 人,有组织个人收看 93 535 人,两项合计 164 256 人。1995 年上海 60 岁及以上老年人口 211.19 万人,参加"老年卫生保健(上)"课程学习的老年人数占 7.78％,已接近 8％的目标。"空中老年人大学"与老年大学(学校)两者学员人数相加(1995 年老年学员总人数为 21.17 万)约占是年全市老年人口总数的 10％。

二、教学

"老年卫生保健"是不同年龄段、不同文化层次的老年人都十分关心的课题,这门课程为"空中老年人大学"打响了第一炮。1995 年 5 月,上海市老龄委、上海老年大学和上海电视大学三方举行会议,初步确定第一门电视课程为"老年卫生保健",邀华东医院副院长朱汉民主讲并编写教材。8 月 11 日召开"老年卫生保健"文字和声像教材编写制作工作会议,确定工作计划,要求开播前一定要预先制作好 4 周的课程内容,以后边播出边制作。9 月 1 日,上海市老龄委、市教委、市卫生局、上海电视大学在上海电视大学召开"老年卫生保健"课程医学专家座谈会,对"老年卫生保健"教学提出:一是学员对象定位于"具有初中文化水平的老年人";二是课程定位于"科普性",要讲究"三性",即科学性、趣味性(通俗易懂)和实用性(可操作);三是教学内容要突出一个"老"字,紧扣老年人的常见病防治。会上具体分配了教学与教材编写任务,"老年卫生保健"计划播出24讲,分两个学期教学,主讲(编)的专家有22位。9月4日,上海市老龄委、上海老年大学和上海电视大学联合发出《关于街道乡镇老年学校及其分校收看电视老年教育课程的几点意见》,《意见》通报了"老年卫生保健"开播情况,还就组织老年人收看"老年卫生保健"课程,向全市各老年大学、街道(乡镇)老年学校及其分校提出了具体要求:要求街道、乡镇、居委、村委要大力宣传,动员老年人参加学习,落实收看地点、电视机及参加收视的学员,以班级为单位组织收看,坚持点名制度,确保收视率。11月11日,上海市老龄委、上海老年大学和上海电视大学再次下发《通知》:由市老龄委、上海老年大学、上海电视大学共同创办的"空中老年人大学"栏目决定于1995年11月22日上午在上海教育电视台(26频道)开播,首播时间定为上午9时40分至10时30分,主要是针对市区的老年人。22日上午9时40分,由华东医院副院长朱汉民主讲的"老年卫生保健"课程准时开播。在各方的努力与配合下,"空中老年人大学"第一门课程的播出十分顺利。《老年卫生保健(上)》教材于1996年1月由复旦大学出版社出版,首印5万册。

1996年3月6日至6月26日间播出"老年卫生保健(下)"共16讲。7月11日,上海市老龄委、上海老年大学和上海电视大学召开各区县老龄委有关负责人会议,会上通过并下达了开展"老年卫生保健"课程知识竞赛活动,由各区县组织以街道为单位组织初赛,选出一支代表队参加全市复赛。10月11日,在上海老年大学举行决赛。"空中老年人大学"第一门课程"老年卫生保健"的影响不限于上海,也辐射到邻近省市,国内不少"空中老年人大学"先后都引进、播放过这门课程。上海电视大学还应香港老年大学的要求,把48集(2 400分钟)的"老年卫生保健"电视课程译成粤语,在香港地区播放。

1998年上海电视大学制作电视专题片祝贺"空中老年人大学"开播三周年。1999年10月15日上海开通"网上老年大学",延续"空中老年人大学"管理体制。

第二节　上海网上老年大学

一、诞生

20世纪末,随着家用电脑的普及,利用互联网进行老年教育教学,不再受"集中收视、定时收视"的限制,网上老年教育逐渐成为一些老人的期盼。举办"上海网上老年大学"被提上了议事日程。

1999年初,上海市老龄委、上海老年大学和上海电视大学决定创办"上海网上老年大学",筹备工作由三方合作进行,启动时间在1999年2月。4月29日上海市老龄委、上海老年大学和上海电视大学召开会议,确定"上海网上老年大学"首门课程为"老年卫生保健",在"空中老年人大学"播出的同名课程的基础上作适当调整。要求网上课程内容少而精,要有原理,包含实例,要配附照片或图表。还规定了6月底撰稿结束,7月底统稿及网页设计,8月底网页制作。

1999年上半年,上海老年大学做好"网上老年大学"开通前的宣传发动和联络工作,在没有专职工作人员,也没有充足经费的条件下,组织本校电脑班学员参与网页制作。地区办也向各区、县

表 2－2－1　1999—2010 年网上老年大学改版情况表

版本	网上老年大学初版 (1999—2001 年)			网上老年大学改版 (2002—2006 年)						上海老年人学习网 (2006—2010 年)		
页面主要内容	第一部分 网上课堂(6 门):邀请著名的专家、学者进行讲课,课程有:老年卫生保健、老年社会心理、柔情编织、孙辈教育、怎样欣赏唐诗宋词、老年营养与食疗	第二部分 信息交流:有关全市老年教育与国内外交流活动的信息	第三部分 优秀作品选:优秀老年学员作品选:有书画、摄影、家政编织、电脑网页等,供老年人学习欣赏之用。	第一部分 网上老年大学主页:最新的教育新闻、招生动态新闻及主要内容的链接	第二部分 老年风采:倡导老有所乐,老有所为,展现当代老年人的风尚、老年人的风采	第三部分 老年教育信息	第四部分 老年咨询室:老年保健、老年心理、老年法律、孙辈教育等	第五部分 网上课堂(11 门):视频课程:老年卫生保健、老年社会心理、文字讲义:柔情编织、孙辈教育、怎样欣赏唐诗宋词、老年营养与食疗、老年中医道德、老年公民保健、六种老年病的防治	建设中:足部按摩、银色盾牌	新闻时事信息:今日新闻:大新闻、社区信息、通信,老年大信息、老年信息,学办学信息等	老友学习广场:老有所教:视频课堂、教材讲义、老有所学:医学保健、文化艺术、金融理财科学普及、老有所为:老年风采、摄影沙龙、电脑作品展示、老有所乐:老歌回放、影视天欣赏、游戏天地、舞蹈拳操、游戏笔记	老年 BBS 社区:书写人生、老牛客、安博客、老年风采、摄影沙龙

老龄委发了"网上老年大学"网址的通知,希望发动有条件的老人上网访问。

1999年10月15日,上海老年大学新校舍启用的同时,"上海网上老年大学"正式开通。市委老领导杨堤为"网上老年大学"题名,副市长冯国勤发来贺信,原市人大常委会副主任舒文、市教卫党委书记王荣华为"网大"揭牌。

二、管理

1999年11月26日,上海老年大学、市地区老年教育中心发出的《关于〈上海网上老年大学〉开通的通知》称:"由上海电视大学信息技术中心设计网页,由上海老年大学网络班学员制作网上课程。""上海网上老年大学"首门课程"老年卫生保健"的教学网页是由上海老年大学学员社团"电脑苑"的学员承担设计与制作。上海老年大学还承担"上海网上老年大学"的宣传发动、组织联络等工作。

"上海网上老年大学"延续了"空中老年人大学"的管理体制。2001年5月,上海市老龄委、上海老年大学和上海电视大学召开领导小组会议,会议对"网上老年大学"开播一年多来的工作做了充分的肯定,认为"网大"已经成为上海老年教育又一新的形式。会议进一步明确了三方职责:市老龄事业发展中心承担网上课堂教学资源的制作费;上海老年大学负责网上课堂教学的策划、组织编写等工作;上海电视大学负责"网大"的网站管理、网页挂放、网页维护等工作及相关费用。

"网大"是开放式的网站,初期由"上海热线"发布,向老年人免费开放。1999年11月26日,上海老年大学、市地区老年教育中心向全市各区、县老龄委及老年大学分校发出《关于〈上海网上老年大学〉开通的通知》告知老年人并发动他们上网。

浏览"上海热线"主页(www.online.sh.cn)→学校与教育机构→上海网上老年大学,也可直接访问"上海网上老年大学"(www.jkb.online.sh.cn/laonian)。宽带普及后可直接进入:http://201.121.80.14/laonian,或从上海电视大学主页(www.shtvu.edu.cn)进入。"网大"的页面有初版与改版之分,1999—2001年为初版阶段,2002年进行改版。2006年"空中老年大学"和"网上老年大学"合并为"上海远程老年大学"。"网上老年大学"再次改版并更名为"上海老年人学习网"(www.e60sh.com)。

第三节　上海远程老年大学

一、沿革

2005年5月20日,上海空中老年大学校务委员会成立。市教委、市老年教育工作小组办公室、上海老年大学、上海电视大学和上海市老龄事业发展中心的有关领导组成校务委员会。上海远程教育集团党委副书记李惠康任主任,上海老年大学常务副校长江晨清和市老龄事业发展中心主任施焕新任副主任。

2006年9月27日,上海远程教育集团向市教委呈送《关于"空中老年大学""网上老年大学"更名为"上海远程老年大学"的报告》提出:经集团党政领导班子讨论决定,同意上海空中老年大学校务委员会第二次校务委员会会议意见,把原来的"空中老年大学""网上老年大学"名称合一,更名为"上海远程老年大学"。更名后的"上海远程老年大学"与原来上海老年大学、上海老龄事业发展中心、上海电视大学的三家合作关系不变,工作性质、任务分工、人员组成、经费来源均保持不变。12月25日,经上海市教委批准,上海市老年教育工作小组办公室、上海远程老年大学在青松城举办"上海远程老年大学揭牌暨上海老年人学习网开通"仪式。市教委副主任李骏修在会上做了《新的起点,新的发展》的发言,并与市老龄工作委员会办公室副主任沈振新一起为"上海远程老年大学"揭牌。

"上海远程老年大学"的管理主要依靠良好的教育服务系统。上海远程教育集团是"上海远程老年大学"校务委员会主任单位,负责定期召开校务委员会会议、制定监督课程规划、核定预算、协调与督促办学,上海老年大学负责聘请专家、编写教材、编辑网站、策划学习活动,上海电视大学负责拍摄、制作电视教学片、网站管理、网站维护等工作,上海老龄事业发展中心负责组织基层做好收视点工作。

二、教学

2006年,"上海远程老年大学"成立以后,主要有两方面工作:一是在"空中老年人大学"基础上,深化老年教育课程改革,不断开拓新课程和提高教学质量,进一步扩大收视覆盖面,吸引更多的老年人参加远程老年教育。二是在"网大"基础上,加快网站的开发,强化网站的管理,将"老年人学习网"建设成"学习型、互动型、参与型"的平台。

1995—2010年,"上海远程老年大学"课程设置主要分"空中老年大学"与"远程老年大学"两个阶段。16年间开设的课程有五大门类。课程设置要针对老年人特点,适应广大老年人需要,注意收视对象的广泛性。同时,课程内容突出"知识性、科学性、实用性、通俗性"。

表 2-2-2 1995—2010年"空中老年大学"课程内容

课 程 大 类	课 程 名 称
保健类课程	如:老年卫生保健、足部反射区保健法与老年常见病(简称"足健法")、老年营养与食疗、老年人科学健身、老年中医保健、老年实用保健、耳穴保健按摩、祛病延年百岁圆梦
法律、德育类课程	如:老年人权益的法律保障、银色盾牌、老年公民道德
心理类课程	如:老年社会心理、孙辈教育、让心灵充满阳光
家政类课程	如:老年家政、家庭养花
休闲类课程	如:健康生活、旅游文化赏析、老年生活情趣

1995—2010年,"上海远程老年大学"针对老年人的特点,自主开发了一批具有知识性、科学性、实用性且富有老年教育特色的电视教材。上海远程老年教育的电视教材产生了很好的示范和辐射作用。

表 2-2-3 1995—2010年"上海远程老年大学"电视教材

教 材 类 型	教 材 名 称
出版教材	如:《老年卫生保健》(上、下册)、《老年社会心理》、《老年人权益的法律保障》《足部反射区健康法与老年常见病》、《孙辈教育》、《老年营养与食疗》《老年公民道德》、《耳穴保健按摩》(附光盘)

（续表）

教材类型	教材名称
自编讲义	如:《银色盾牌——学习〈上海市老年人权益保障条例〉》、《老年家政》(一至四册)、《老年人科学健身》、《老年中医保健》(上、下册)、《老年实用保健》(一至四册)、《老年生活情趣》、《祛病延年 百岁圆梦》和《让心灵充满阳光》
引进教材	如:《家庭养花》、《健康生活》、《旅游文化赏析》(上、下册)

"上海远程老年大学"没有专职教师,聘请了各专业领域的专家、学者为电视课程担任主讲教师与教材主编,这些主讲教师不少是上海拔尖人物、领军人物,以确保教学质量。

表 2－2－4 1995—2010 年"上海远程老年大学"主讲教师

课 程	主讲人	职务/职称
老年卫生保健	朱汉民(兼教材主编)	华东医院副院长、上海老年学学会老年医学专业委员会主任
老年社会心理	张钟汝(兼教材编著)	上海大学文学院社会学系副主任、上海市老龄科学研究中心老年社会学研究所所长、副教授
	范明林	上海大学社会学系副教授
老年人权益的法律保障	李志一(兼教材主编)	华东政法学院教授
足部反射区健康法与老年常见病	杭雄文(兼教材主编)	中国足部反射区健康法研究会理事长、教授
孙辈教育	高志芳(兼教材主编)	全国幼教研究会常务理事、上海幼教研究会会长、上海心理学会常务理事、上海幼儿师范专科学校原校长、高级讲师
老年营养与食疗	柳启沛(兼教材主编)	复旦大学医学院卫生系主任、上海营养学会会长、教授
银色盾牌	王振华(兼讲义编著)	市老龄工作委员会办公室老龄工作处副处长、市老年保护办公室调研员、上海老年学学会理事
	范 军	上海电视大学法律系主任助理、讲师
老年家政	张国年(兼讲义编著)	新亚集团特级厨师
	林唯舟	《新闻晨报》记者
	毛丽娟	华东医院高级护理师
	周晓容	上海科学园林研究所高级工程师
老年人科学健身	徐本力(兼讲义主编)	上海体育学院教授
老年中医保健	陈德兴(兼讲义主编)	上海中医药大学教授
老年公民道德	余玉花(兼教材主编)	华东师范大学法学院教授
老年实用保健	王世豪(兼讲义主编)	上海原安中医馆研究员
耳穴保健按摩	王世豪(兼教材主编)	上海原安中医馆研究员
健康生活	丁平权	浙江省人才开发协会人才健康与保健分会副秘书长
家庭养花	钮志东	

（续表）

课　　程	主　讲　人	职务/职称
旅游文化赏析	黄祥康（兼教材主编）	上海师范大学继续教育学院教授
老年生活情趣	商友敬（兼教材主编）	语文教育专家
祛病延年　百岁圆梦	史奎雄（兼教材主编）	上海交通大学医学院营养学教授
让心灵充满阳光	刘素珍（兼教材编著）	博士，八五医院心理科主任、上海心理学会社区心理健康与发展专业委员会主任

　　远程老年教育的师资包括两部分：除了各门课程的主讲人外，还有一支庞大的辅导员队伍。1995 年 9 月 4 日，"空中老年人大学"首门课程"老年卫生保健"开播前，上海市老龄委、上海老年大学、上海电视大学在《关于街道乡镇老年学校及其分校收看电视老年教育课程的几点意见》中要求"各校可根据学员收视反映，组织一些辅导和教学咨询活动，帮助学员消化，解释问题"。到了第三门课程"老年人权益的法律保障"播出时，为了搞好教学，在开播前举办了两期干部培训班，辅导员队伍的建设得到进一步重视。

　　1997 年 4 月 11 日，上海市老龄委、市地区老年教育中心在南市区召开地区老年教育工作会议要求："要按照课程教学要求，开展多样性辅导活动，如有的开展知识竞赛，有的组织答疑或咨询，以提高教学质量。"9 月 15 日，"空中老年人大学"第四门课程"足部反射区健康法与老年常见病"开播前，上海市老龄委、上海老年大学、上海电视大学提出："集体收视班（点）要配备班长、辅导员，要按照课程教学要求，辅导学员进行课堂练习，进行模仿按摩。"

　　为提高"空中老年人大学"的收视率和收视效果，许多社区都建立了辅导员制度，辅导员培训有三种途径：市级培训、区县级培训以及社区街道级培训。

三、上海远程老年教育收视点

　　1995—2000 年间，上海电视老年教育课程的平均收视率为 11.23％，超额完成了 1994 年市教育工作会议提出"到 2000 年，参加老年教育的人数占老年人总数的 8％以上"的任务。1995—2010 年间，电视老年教育课程的平均收视率高达 10.31％。

　　2002 年 3 月 8 日，上海老年大学、上海市老年教育协会在《上海远程老年教育情况汇报提纲》提到："空中老年人大学"收视点的组织管理办法，"空中老年人大学"的收视工作均列为区（县）、街道（镇）老年教育任务之一，大部分街道（镇）老年学校、居（村）委分校均把"空大"的集体收视班作为学校常设班一起管理。

　　2003 年前，上海老年教育工作由市老龄委主管。收视点的建设，主要依托市老龄委老年工作组织网络，一直延伸到居（村）委分管老龄工作的干部或老龄协会的负责人。通过他们宣传发动，把老年人组织起来，创造良好的收视环境或提供教学信息，让老年人自行收视。在远程老年教育收视点的建设上，市老龄委先是将老年教育纳入各级老龄组织的年度工作计划中，并逐渐细化，落实到半年乃至季度、月度，然后，将老年教育列入各级老龄组织的工作职责，最后纳入各级老龄组织的考核体系指标。2004 年，老年教育归口市教委，全市远程老年教育收视点的格局已经形成，"上海远程老年大学"继续要做的工作，一是把收视点推广至全覆盖，二是进一步提高收视点的管理水平。

在收视点的管理上,提出"四有",即有学员花名册,上课有考勤,有专人负责;有辅导活动,每学期至少要安排一至两次。后来又增加一个"有",即有档案。有了这五个"有",逐步发展、形成一套制度,收视点工作的正常开展就有了保证。

2006年,评选出卢湾区五里桥街道瞿中居委等13个示范收视点,黄浦区外滩街道中山居委等500个合格收视点。2007年2月,市老年教育工作小组办公室发出《关于创建示范收视点的通知》要求每两年开展一次在全市街道、居村委、养老机构中开展创建示范收视点活动。经各区县评选推荐、上海远程老年大学校务委员会评议,考察验收,评选"示范收视点"和"合格收视点"。2008年,评选出徐汇区斜土街道日晖六村第一居委会等15个示范收视点,小东门街道天灯居委会等352个合格收视点。2010年,评选出徐汇区湖南街道武康居委收视点等20个示范收视点,半淞园街道耀江居委等387个合格收视点。据《上海市老年教育统计汇编》,截至2010年底,全市共有远程老年教育收视点4 268个,收视学员总数(包括集体收视与有组织的分散收视)为27.53万人。

2008年,各区(县)收视点配置数据库优盘,方便各区、县进行核对、修正,完善收视点数据库工作,提高准确性。2009年3月31日,"上海远程老年大学"召开第十次校务委员会会议,提出要抓好组织建设、收视点管理规范、队伍建设、课程建设、网站管理等工作,远程老年教育收视点的管理应作为年度重点工作列入计划。"上海远程老年大学"收视点数据库培训班每年举办一次,规定各区、县老年教育通信员以及分管收视点数据库的相关操作人员必须参加学习。12月10日,上海远程老年大学召开2009年度表彰大会,101名同志受到表彰,被授予"收视点优秀工作者"称号。

第三章　社会老年教育

第一节　社会办社会老年教育

一、社团办学

1996 年 10 月,上海市老科技工作者协会成立了科普讲师团,开展的科普教育在服务会员的同时大量走向社会。讲师团成员宣讲的内容包括信息技术、生物、纺织、环保、能源、航天、航空、航海、医学、营养保健、生活美化等方方面面。在深入基层开展各类群众性的科普活动的同时,市老科协还积极编写、出版科普书籍。在老年科普教育中,市老科技工作者协会已形成了一批特色品牌,主要有医学保健讲座、高新科技知识普及班、居民科普班、"中医之光照社区科普基地"等。

二、广播电视开设老年教育栏目

20 世纪 50 年代至 80 年代,农村有线广播对上海农村老年社会教育初期阶段的发展影响极大,农村老年人在收听广播中接受了有关法律维权、老年人的健康保健和科普等知识。后来,随着居民家庭电视机的普及,电视教育在老年社会教育中发挥了越来越大的作用。如中央电视台科教频道《百家讲坛》《探索·发现》《走近科学》《讲述》《人物》等栏目,上海教育电视台的《老年心理保健讲座》《常青树》《走近科学》等栏目,向老年人介绍了科学的饮食、营养和健康等内容,传递了最新的科学知识。有线广播逐渐淡出,但在一些街道(乡镇)仍然以专题广播的形式发挥着信息传递和教育的作用。

2001 年 3 月,上海东方广播电台开设了一档以老年听众为对象的杂志性栏目《老年学堂》,在金色频率(FM92.4)开播。播出内容有"养生保健""诗歌欣赏""阿拉学英语""法律课堂""金色导游""当家理财""养心亭"等。另外,该台播出的《常青树》《老唱机》节目,上海电台戏剧曲艺广播的《南北东西,随时听戏》,上海故事广播的《缤纷故事,闪亮生活》等节目都深受老年人欢迎。

三、"上海老年人学习网"

1999 年 10 月 15 日,上海"网上老年大学"在上海热线和上海电视大学校园网中开通。2006 年更名为"上海老年人学习网",由上海远程老年大学负责并进行全新改版,于同年 12 月 26 日开通,网址为 www.e60.sh.com。该网主要栏目有《新闻》《信息》《老友广场》《专家咨询》《老年活动》《教育论坛》等。

四、《上海老年报》教育栏目

1986 年 1 月创刊的《上海老年报》是以老年人为服务主体的专业媒体,该报注重宣传党和政府有关养老福利和老龄工作的政策法规,反映老年人的呼声和建议,切实维护老年人的合法权益,帮助老年人科学养生、健康长寿,开设的栏目有《新闻》《退休广场》《社会法律》《健康养生》《科普》《旅游休闲》《文史往事》《生活理财》《读者之声》等。

五、养老机构开展老年教育

20世纪90年代中期,市民政局要求养老机构都要开展兴趣小组活动,得到了养老机构的积极响应。1998年,徐汇、杨浦区的社会福利院老年学校相继成立,开始了在养老机构中开展老年教育的探索。2004年,市社会福利行业协会建立。2005年开始,市社会福利行业协会会同市老龄事业发展中心、市老年教育协会,每年联合召开全市养老机构老年教育工作推进会,推动了养老机构老年教育工作的新发展,养老机构的老年教育活动从简单组织老人读书读报、报告时事政治、讲解健康卫生知识到举办兴趣小组活动,如歌唱、手工、书画等,再发展到创办老年学校或教学班。2007年底,养老机构中的老年远程教育收视班由2005年上半年的几十个发展到313个;同时,养老机构的老年教育与学习活动也得到了蓬勃发展,全市有2/3养老机构开展了兴趣小组活动,部分区、县养老机构实现了学习活动的全覆盖。截至2010年底,全市养老机构中有老年学校(或老年学校办学点)的已有178个,占全市养老机构总数的29%。

养老机构老年教育由地区的老龄工作部门和区县老年教育工作小组办公室齐抓共管;在运作上充分发挥养老机构的积极性和创造性;教育形式丰富多样,不少养老机构把开展老年教育与本机构的心理和精神护理工作有机地结合起来;师资来源渠道多元,既有机构员工、社区老年学校教师,也有来自大中小学和社会的志愿者;在学制上,可长可短,灵活安排。远程教育则参照上海远程老年大学的统一规定安排进行,同时增加新的内容。如杨浦区社会福利院在教学内容上注重融入时代气息,增强老年人的好奇心,培养老年人的学习兴趣,先后设置了"网上冲浪""画意创想""俏夕阳""DIY""英语BAR""运动氧吧""音乐之声""老顽童""郭老师练字坊""象棋世界杯""流金岁月""童年游戏""动手动脚""园艺乐淘淘""茶文化沙龙"等活动。闵行区开展"送师资、送课程、送资源、送活动、送信息、送志愿者"进养老机构的"六送"服务,建立养教结合服务新模式。

第二节　老年学习团队活动

老年学习团队是由老年人因各种需求和兴趣爱好而自愿组织起来的,以社团、沙龙等团队形式进行学习的群体。学习的内容分为时政类、书画类、文史类、外语类、保健类、文体类、器乐类、戏曲类、园艺类等。学习团队有三种类型:一类是自愿组建型团队,它以共同的学习需求和兴趣爱好为纽带、由群众自发形成的团队,如1997年6月,崇明县城桥镇南门社区一些体弱多病的老人自发组成的开展时政学习、健身锻炼、文体活动的老年教育活动队;一类是组织引导型团队,是由老年教育机构或相关部门将具有相同学习意愿的老年群众组织起来而形成的团队,如黄浦区老年大学于2006年1月成立的"古玩鉴赏沙龙"学习团队,将经常聚在一起交流古玩收藏和鉴赏心得的老年人组织起来定期开展活动,由专业教师进行指导;还有一类是学校教育延伸型团队,团队由一些经常有联系的老年学校结业学员为主体组成,如1994年上海市老干部大学将经过多年书法学习的离休老同志组织起来成立的东方艺术院书法社等。学习团队的主要特征是自愿组合、自主管理、自主选择学习内容、互教互学。

　　老年学习团队一般具有以下特征：首先是实行自我管理。团队都有专人负责,并制订了各项规章制度和队员守则,有的还建立了队员档案。其次是明确学习目标。如徐汇区长桥社区学校书画艺术队确定了三项学习目标：知识性目标,技能性目标和情感性目标,让队员获得欣赏书画作品的知识,学习书画创作的经验,提高书画技艺,并能领会书画所反映的中国传统人文思想。第三是拥有和谐氛围。除了聘请专业教师之外,团队还通过队员间互帮互学来进行学习,创造一个让老年人获得尊重、获得友谊的学习环境。第四是主动服务辐射。团队主动向社区居民传授技艺,服务社会,实现"老有所为"。第五是活动经费,一般以自筹为主。

第四章 管 理

第一节 重 要 会 议

一、专题会议

1986年1月,上海市老龄问题委员会向市政府报送《关于进一步开展老年教育的意见》,首次提出"老年教育"之后,上海市召开了老年教育联席会议、老年教育表彰大会、老年教育协会成立大会、老年教育理论研讨会等各类专题的老年教育工作会议,为全市老年教育在组织管理、办学机制、经费投入奠定了基础。

1986年3月13日,由市工农教育委员会副主任夏明芳主持召开全市第一次老年教育联席会议。参加会议的有市老龄委副主任李德鸿和秘书长张志昂、市委老干部局副局长李敏之等。会上传达了全国老年大学经验交流会精神,讨论了上海市开展老年教育的有关问题。会后,市工农教育委员会和市老龄委印发《老年教育联席会议第一次会议纪要》。

1986年5月14日,上海市老年教育联席会议召开第二次会议,由市工农教育委员会副主任夏明芳主持。会上,市老龄问题委员会秘书长张志昂汇报了上海市老年教育发展情况,讨论了上海老年人进修学院改名为上海老年大学事宜,由市老龄问题委员会向市政府办公厅报告备案,同时提出上海老年大学要逐步发挥上海市地区老年教育中心的作用。5月20日,印发《老年教育联席会议第二次会议纪要》。

1989年12月22日,市成教委、市老龄委在静安区少年宫召开社区老年教育表彰大会,各区县成人教育委员会、老龄委负责人和受表彰的先进集体代表和先进个人以及市教育局、市人事局、市老干部局、市总工会、市退管会等单位负责人共600余人参加。会议由市老龄问题委员会秘书长张志昂主持。会议表彰了先进单位14个,先进个人50名。市老龄委名誉主任宋日昌,老领导钟民、舒文出席并讲话。

1991年11月18日,在全市老龄工作会议上,原市委老领导杨堤受市委、市政府委托,作《提高认识,加强领导,把上海老龄工作提高到一个新的水平》的报告指出要继续办好市、区老年大学,各区要建立老年教育中心,对街道(乡镇)老年学校发挥指导作用;同时,提倡大专院校、企事业单位、机关团体根据自己的条件创办老年大学(学校),也可以与地区联合办学;各地区、各部门要继续举办各种老年讲座和老年读书会,多形式开展老年教育。市委副书记陈铁迪参加会议并讲话。

1993年10月29日,上海市老年教育协会成立大会在丁香花园举行。市委副书记、市老干部大学校长陈铁迪、市老龄委主任杨堤到会揭牌。协会名誉会长由陈铁迪担任,薛喜民任会长,沈治任常务副会长,韩中岳、崔沂、刘行策任副会长,郭晓燕任秘书长。

1993年8月17日,中共中央政治局委员、上海市委书记吴邦国主持召开市委书记办公会,讨论老龄工作。市老龄委主任杨堤、副主任石涛分别汇报了市老龄工作的主要情况,提请市委帮助解决老年教育方面的校舍和经费困难。

1995年10月17日,上海市老年学学会老年教育专业委员会召开"95年地区老年教育理论研讨会",收到论文 29 篇。1997 年 1 月 13 日,上海老年大学、上海市老年学学会及老年教育专业委员会在静安区业余大学礼堂召开"地区老年教育现状及发展思考"理论研讨会,收到论文 23 篇。市教委领导俞恭庆、市老龄办主任冯贵山讲话,专委会副主任桂荣安做工作小结。1998 年 3 月 3 日,上海市老年教育协会在市老干部大学举行第二届理事大会,会议选举俞恭庆为会长,桂荣安为常务副会长,沈诒、崔沂、王遐、朱小红等为副会长。

1999 年 1 月 14 日晚,市教委在上海教育会堂召开会议,听取上海老年大学校舍装修改造方案。市教委领导薛沛建、俞恭庆,市老龄委领导沈振新,上海老年大学领导刘克、桂荣安、朱根富,以及上海高教设计院的有关人员参加。

2001 年 10 月,上海市老龄工作会议召开。会议明确老年教育是老龄工作的重要组成部分,是全面实施素质教育的重要组成部分,是构建终身教育体系的重要组成部分,是建设学习化城市的重要组成部分。会议明确要求,全市老年教育工作由市教委牵头,在适当时候,召开上海市老年教育工作会议。为了贯彻落实这次会议的精神,市教委在 2002 年年初召开的第一次主任办公会议上,把做好老年教育工作列为第一项议程,并要求在 2002 年下半年召开市老年教育工作会议。此后,上海市老年教育工作会议定期召开,以保障与指导上海市老年教育工作顺利开展。

二、市老年教育工作会议

1993 年 12 月 16 日,由市成教委、市老龄委主办的上海市老年教育工作会议召开。参加会议的有市精神文明办、市委老干部局、市社会保障管理局、市总工会及各区县成教委、老龄委领导共 400 多人。会议由市老龄委主任杨堤主持,市成教委副主任郭伯农做工作报告,市老干部大学、南市区老年大学等单位领导作交流发言。副市长谢丽娟出席并讲话,提出老年教育经费按成人教育每人 1 元标准拨款。

2003 年 2 月 9 日,市教委、市老龄委在上海展览中心召开上海市老年教育工作会议。参加会议的有市老龄委组成成员单位负责人,各区县老龄委组成成员单位负责人,以及各委、办、局,各区县分管老龄工作的书记、区(县)长,分管教育的区(县)长,高校和街道乡镇分管领导,共计 900 多人。会议表彰了老年教育先进单位 58 个和先进工作者 150 名。市委常委、副市长冯国勤和副市长周慕尧在会上做了重要讲话。冯国勤要求重视老年教育工作,充分认识发展老年教育事业的重要性和紧迫性;关心老年教育工作,着力形成全社会关心支持老年教育工作的良好氛围,全面推进老年教育事业的发展;支持老年教育工作,坚持体制、机制、法制的创新,切实把发展老年教育的各项措施落到实处。会后,市政府办公厅转发了市教委、市民政局、市老龄办、市财政局、市文广局等 5 个部门联合签署的《关于进一步加强上海市老年教育工作的若干意见》,要求建立市老年教育工作小组,区县、街道(乡镇)建立相应工作小组,把老年教育纳入终身教育体系,编制老年教育事业的发展规划及年度计划,制定老年教育机构的设置标准和管理办法,进行老年教育的业务指导,组织教育督导与评估工作,负责老年教育基本信息的统计、分析和发布,建立分级负责的老年教育投入机制,从市社会福利彩票、体育彩票等收益中,每年安排适当比例的资金,用于支持老年教育事业,由政府部门举办的老年大学、老年学校的收费管理办法,享受国家规定的税收优惠政策,每四年举行一次全市性的老年教育评选和表彰会议,将老年教育的发展情况作为各级干部和文明单位的评比条件之一,积极筹建全市性的老年教育研究中心,健全、充实老年教育协会,协助政府主管部门对老年教育进行指导和管理,开展对老年教育调查研究、理论研究、经验交流、评估等工作。

2007 年 12 月 25 日,在上海市科学会堂国际会议厅,市教委、市老龄办联合召开上海市老年教育工作会议,市委副书记、市老龄委主任殷一璀,分管老龄工作的副市长周太彤以及杨定华等市领导出席会议。市委、市政府、各委办局的领导,区县分管教育和老龄工作的领导,区县、街道乡镇、各级各类老年教育机构的领导参加了会议。会议表彰了一批先进集体和个人。会后颁发了《上海市教委、市老龄委、市财政局关于全面推进上海市老年教育工作的若干意见》,提出到 2010 年上海老年教育的发展目标:一是参加老年学校学习的老年人数达到中低龄老年人总数的 10%;接受多种形式的远程老年教育的人数达到老年人总数的 20%;参加多种形式老年社会教育的老年人数达到老年人总数的 30%(简称"一、二、三"老年教育工作目标)。二是老年教育的重点在基层,"每个街道乡镇都有一所老年学校,老年学校的办学点延伸到每个居村委和养老机构,高等学校举办的老年大学向社区开放,扩大全市老年教育的覆盖面"。《意见》明确提出要完善老年教育管理体制,加强老年学校建设,强调要大力发展老年远程教育,重视远程老年教育的优质教育资源的开发和利用,鼓励老年人参加"上海老年人学习网"的学习。《意见》再次明确推进老年教育工作的主要措施:在继续实施分级投入机制的基础上加大老年教育经费投入,鼓励和支持高等院校举办老年大学、鼓励社会兴办老年教育,建设老年教育服务体系,发挥老年教育协会作用,加强老年教育的队伍建设、教材建设和理论研究,加强老年教育制度建设,健全统计制度、完善表彰制度,并进一步深化老年教育改革。

第二节 管 理 体 制

一、老年教育联席会议

1983 年 4 月,上海市劳动局根据国务院办公厅转发的《中国老龄问题全国委员会关于我国老龄工作中的几个问题的请示》的通知,向上海市人民政府请示成立上海市老龄问题委员会。11 月 25 日,上海市人民政府批复:同意成立上海市老龄问题委员会,由市劳动局牵头,会同各有关部门筹组。1984 年 2 月,由李德鸿、裔式娟、李敏之、缪士德、田光、林发雄等 22 人组成上海市老龄问题委员会,以政府部门为主体开展老龄工作。上海市老龄问题委员会成员有劳动、人事、民政、卫生、财政、计委、教育等各政府职能部门代表,也有市总工会、市妇联、团市委和科研单位等各方面的代表。在市老龄委推动下建立了区(县)、街道乡镇、居村委老龄工作机构,形成全市老龄工作的组织网络,老年教育被列入老龄事业。

1986 年 1 月,市老龄委向市人民政府报送《关于进一步发展老年教育的意见》提出:要建立老年教育联席会议制度。3 月 13 日,由市工农教育委员会副主任夏明芳主持召开全市第一次老年教育联席会议。参加会议的有市老龄委副主任李德鸿和秘书长张志昂、市委老干部局副局长李敏之等。会上传达了全国老年大学经验交流会精神,讨论了上海市开展老年教育的有关问题。会后,市工农教育委员会和市老龄委印发《老年教育联席会议第一次会议纪要》,确定了由市老龄委主持老年教育日常工作,由市高教局审批市一级部门和单位举办的老年院校,区县教育部门审批区县举办的老年学校。5 月 14 日,上海市老年教育联席会议召开第二次会议,由市工农教育委员会副主任夏明芳主持。会上,市老龄问题委员会秘书长张志昂汇报了上海市老年教育发展情况,讨论了上海老年人进修学院改名为上海老年大学事宜,由市老龄问题委员会向市政府办公厅报告备案,同时提出上海老年大学要逐步发挥全市地区老年教育中心的作用。5 月 20 日,印发《老年教育联席会议第二次会议纪要》，后因人事变动老年教育联席会议一度停止活动。

1993年11月，市老龄委请示市政府要求恢复老年教育联席会议制度，18个成员单位是市成教委、老龄委、市精神文明建设活动办公室、市农委、市高教局、市教育局、市民政局、市老干部局、市财政局、市社会保险管理局、市总工会、市教育工会、市退管会、市退休教协、市老干部大学、市老年大学、市退休职工大学、市老龄大学。市老龄委和市成教委负责人为召集人，办公室设在市老龄委。

1995年上海市教委成立后，老年教育管理体制发生改变，老年教育联席会议不再召开。

二、老年教育工作小组

1995年市教委成立后，进一步加强对老年教育的重视，在老年大学设立上海老年教育地区办公室负责老年教育的日常联络工作。1997年2月，市成教委、市老龄委委托上海老年大学为全市地区老年教育中心，负责老年教育的日常工作。2004年6月，地区老年教育中心撤销，所承担的工作由上海市老年教育小组办公室负责。

2001年10月21日，中共上海市委、市政府颁发《关于进一步加强上海市老龄工作的意见》，要求：市老龄工作委员会要建立老龄宣传、老年教育、维护老年人权益、老年人才开发、助老帮困、老年服务产业等专业工作小组，形成一方牵头、各方参加、定期沟通、互相协助的工作格局。2003年6月23日，市教委明确由俞恭庆分管老年教育，9月10日，市政府办公厅转发的市教委等5部门《关于进一步加强上海市老年教育工作若干意见》提出：实行政府主管、分级管理、区县为主的全市统一的老年教育工作管理体制，建立由市教委牵头，市老龄工作委员会办公室、市民政局、市文广影视局、市体育局、市委老干部局、市文明办、市财政局、市卫生局、市计委、市人事局、市科委、市司法局、市总工会、团市委、市妇联等单位领导参加的市老年教育工作小组，按照"一方牵头、各方参与、分工负责、协调发展"的原则，统筹、规划、组织、协调、指导全市的老年教育工作。2004年4月12日市教委主任办公会议议定，上海市老年教育工作小组办公室设在老年大学，由俞恭庆任负责人，办公室日常经费列入老年大学专项，网络老年大学、空中老年大学的经费列入上海电视大学专项，要求编制市老年教育发展规划，建立全市老年教育工作网络体系。6月22日，市教委明确俞恭庆分管上海老年大学。

2005年2月以后，市教委大幅增加上海老年大学和老年教育工作小组办公室的经费，加强老年大学的建设和老年教育的宏观管理。2007年9月，由市教委和市老龄办、市财政局联合颁发《关于全面推进上海市老年教育工作的若干意见》，再次强调：继续加强由市教委牵头，相关部门领导同志参加的上海市老年教育工作小组及办公室的工作，各区县、街道（乡镇）完善老年教育工作的管理体制。2011年11月，李骏修担任上海市老年教育工作小组办公室主任。

上海市老年教育工作小组按照市政府相关文件要求，履行统筹、规划、组织、协调、指导职责，协助市教委职能部门起草文件、筹备会议、评选先进、做好老年教育统计，协同老年教育协会组织老年教育艺术节、老年教育艺术作品的展示等。

三、老年教育办学体制

20世纪90年代至2011年，上海市老年教育形成多条线、多部门共同参与的管理格局，形成多形式、多样化的办学格局，建立了"各方参与、分工负责"的管理机制，形成了"多元主体共同参与办学"的局面。

1991年6月8日,上海市机构编制委员会发文"同意市级机关老干部大学为独立建制的事业单位"。1992年4月1日,市成教委、市老龄委下发《关于进一步发展上海市老年教育的意见》提出发展地区老年教育,举办老年广播、电视教育,各区(县)、街道、镇要有计划地做好组织发动和辅导工作,提高收视质量。1997年2月27日,市成人教育委员会、市老龄委印发《关于委托上海老年大学为地区老年教育中心的通知》,委托上海老年大学为全市地区老年教育中心,负责地区老年教育业务指导工作。1998年11月24日,市教委发布《关于下发〈上海市老年教育机构设置的暂行规定〉的通知》对老年教育机构作出规定,即"指市、区、县、乡镇、街道和居村委老年工作部门或居村委以及具有独立法人资格的社会团体、企事业单位举办的以老年人为招生对象的非学历教育机构。"第一次对老年教育机构设置做了明确的规定,提出了老年教育机构申请程序,"领导班子、办学章程、专兼职教师和办学管理人员、教学用房和设备以及经费"五条老年教育机构设置标准。并指出,老年教育机构设置要充分利用现有教育资源,做到统筹规划。市、区、县教育行政部门按照分级管理、分级负责的原则对老年教育机构履行管理工作。

2003年间,上海市机构编制委员会先后发文明确上海老年大学和上海市退休职工大学为事业单位。9月10日,上海市人民政府办公厅转发的市教委等5部门《关于进一步加强上海市老年教育工作的若干意见》,指出:"十五"期间做到每个区县都有老年大学,全市所有街道乡镇都建立老年学校,市区所有街道的居委都建立老年学校分校(办学点),郊区60%的村要建立老年学校分校(办学点)。文件提出:建立政府主导、社会参与的办学体制。机关、企事业单位、社会团体、社会组织要积极为老年人创造学习条件,形成政府办学与社会力量办学共同发展的格局。2004年2月,老年教育被列入政府重点扶持的实事项目,上海市人民政府办公厅下发《关于印发2004年市政府要完成的与人民生活密切相关的实事的通知》提出了"改善社区老年教育条件,兴办10所、完善80所老年学校"任务。民政局调整福利彩票预算投入1 000万元,区(县)、街道乡镇承担其余经费。11月26日,市教委、市民政局、市老龄办联合下发《关于开展市政府老年教育实事项目验收工作的通知》,市老年教育工作小组办公室根据各区县的老年教育实事项目数量和配套资金的投入情况,核定了对每个区县的补贴金额,并将补贴核拨到区县,由区县根据各自的实际情况,分配到每个项目。

2006年下发的《中共上海市委、上海市人民政府关于推进学习型社会建设的指导意见》指出:办好市级老年大学、区县老年大学和街道乡镇老年学校、居村委会老年学校办学点,进一步完善老年教育网络,依托社区学院、社区学校和成人学校发展覆盖城乡的老年教育,鼓励社会各界开展老年教育。2007年,由市教委和市老龄办、市财政局联合颁发《关于全面推进上海市老年教育工作的若干意见》提出:要加强老年学校建设,进一步改善老年学校的办学条件,规范老年学校办学,为老年人提供形式多样、安全可靠的适应老年教育要求的教育设施和师资力量,创建示范性老年学校以点带面,提高全市老年学校办学水平。

截至2010年,上海市老年教育机构的办学主体既有区县、街道乡镇、高校、企业,也有民政、教育、老干部、机关工委、总工会等部门,部分社会团体和个人也积极参与办学。与此同时,四级老年教育办学机构逐步完善,各级各类老年教育机构277所。其中:市级老年大学4所,远程老年大学1所,市级老年大学分校、系统校、区县老年大学58所,街道乡镇、工业园区老年学校214所,居村委会教学点4 144个,覆盖全市77%的居村委,每年约40万人次参与学习。

第三节　政　策　措　施

　　1986 年 1 月,上海市老龄委颁布《关于进一步开展老年教育的意见》,首次提出老年教育,从此,老年教育的政策措施逐步落实并完善,在教育目标、经费投入、评选表彰、统计制度、队伍和教材建设、整合社会资源方面为老年教育工作提供了政策保障,推进了上海市老年教育事业的发展。

一、政策法规

　　随着老龄事业和终身教育的发展,老年教育被列入《上海市老年人权益保障条例》,被纳入成人教育和终身教育规划。“九五”“十五”时期老龄事业发展计划中均明确提出老年教育发展目标,《关于进一步加强上海市老年教育工作若干意见》等老年教育指导性文件也对各阶段老年教育提出了具体目标。

　　1997 年,市计委、市民政局、市社保局、市人事局、市教委、市财政局、市老龄委等联合颁发的《关于印发上海市老年事业发展“九五”计划和 2010 年远景目标的通知》提出:一是到 2000 年,参加学习的人数要达到老年人总数的 8%(约 20 万人);二是大力发展老年电视教学,到 2010 年,要开设 10 门以上老年教育课程;三是到 2010 年,四所市级老年大学要办成具有一定办学条件和较高教学质量的老年教育基地;各区县老年大学及 1—2 所街道乡镇的老年学校要重点提高教学质量,办成示范性学校;居村委要办好一批(居委 20%、村委 10%以上)教学效果好、入学率较高(80%以上)的规范化的老年学校分校。1998 年 8 月 18 日,老年教育被列入《上海市老年人权益保障条例》。《条例》指出:对老年人实现老有所养、老有所医、老有所为、老有所学、老有所乐。政府应当将老年教育列入教育发展规划,鼓励社会办好各类老年学校。该条例于 2016 年 5 月 1 日废止。

　　2001 年 10 月 27 日,上海市人民政府颁发《上海市老龄事业发展第十个五年计划纲要》指出:将老年教育纳入成人教育和终身教育规划,“十五”期间参加各级各类老年学校学习的人数占老年人总数的 14%。认真办好各级各类老年学校,完善办学体制,改善教学设施,提高教学质量。坚持规范办学,加强区、县级老年大学和各区县的街道乡镇老年学校的教学管理,提高办学层次,到 2005 年全市所有的街道以及 80%的乡镇都要建立老年学校。利用广播、电视、计算机网络等现代化教育手段发展老年教育,到 2005 年上海空中老年大学要开设多门课程供老年人选择收视。建立老年教育信息库,逐步实现老年学校之间信息联网,实现老年教育资源共享。

　　2003 年,上海市人民政府办公厅转发的市教委等 5 部门《关于进一步加强上海市老年教育工作的若干意见》,提出老年教育事业发展的主要目标:(1) 老年教育的覆盖面有较大的发展。“十五”期末,老年人参加各级各类老年学校学习的人数达到老年人总数的 14%,力争达到 15%;60%以上的老年人参加多种形式的文化、体育等活动。(2) 老年教育办学网络进一步健全。“十五”期间,做到每个区县都有老年大学,全市所有街道乡镇都建立老年学校,市区所有街道的居委都建立老年学校分校,郊区 60%的村要建立老年学校分校。市、区县的群艺馆、文化馆都要建立老年大学或老年学校;有条件的街道乡镇文化站要开办特色老年教育项目。(3) 运用现代化传媒手段开展老年教育有较大突破。充分利用广播、电视、互联网等现代传媒积极开展老年教育,基本形成覆盖城乡的、有较强的课程开发能力的远程老年教育体系,大力提高老年教育的现代化水平。(4) 在老年学校的规范化建设上有较大进步。各级各类老年学校要有基本的办学条件,适合老年人学习的教育内容,健全的管理制度,做到有领导、有经费、有阵地、有队伍、有效益。(5)在老年教育理论研究和科学实验上有较大提高。要针对老年教育工作中出现的新情况、新特点、新问题,开展基础理论和应用性研究,"十五"期间,产生一批在上海乃至全国有一定影响的老年教育研究成果。

2006年1月27日,中共上海市委、市政府颁发了《关于推进学习型社会建设的指导意见》,文件提出:促进老年教育是加强继续教育的五项重要目标之一。在上海市教委增设终身教育处后,老年教育被列入终身教育处的重要职能范围。2007年9月26日,市教委、市老龄委办公室、市财政局联合颁发《关于全面推进上海市老年教育工作的若干意见》,提出:到2010年上海老年教育发展目标为参加老年学校学习的老年人数达到中低龄老年人总数的10%,接受多种形式的远程老年教育的人数达到老年人总数的20%,参加多种形式老年社会教育的老年人数达到老年人总数的30%,简称"一、二、三"老年教育工作目标。

截至2010年,上海市有各级各类老年教育机构277所。其中,市级老年大学4所,远程老年大学1所;市级老年大学分校、系统校、区县老年大学58所;街道乡镇、工业园区老年学校214所。居村委会教学点4 144个,占全市居村委总数的77%。每年参加学习的老年人约40万人次。在"网上老年大学"和"空中老年大学"的基础上建立上海远程老年大学,以网络、电视等多媒体形式提供电视课程20门,网络视频课程105门,收视点有4 213个,遍布全市18个区县,占全市居村委的75%,学员总数超过了100万人次。

二、经费投入机制

老年教育的经费投入在许多老年教育文件中都有涉及,这些文件对老年教育经费的筹集、学员学费报销标准、收费标准等问题做出相关规定。

1986年1月14日,市老龄委《关于进一步开展老年教育的意见》,提出加强对全市老年教育的领导和办学经费问题。1987年11月19日,上海市成人教育委员会(原市工农教育委员会)、上海市老龄问题委员会在《上海市老年教育情况及今后工作意见》中提出老年教育的办学经费,要求区(县)财政补助一点。1993年12月16日,上海市成教委、市老龄委主办上海市老年教育工作会议,副市长谢丽娟出席并讲话,提出老年教育经费按成人教育每人1元标准拨款。1994年1月14日,上海市成教委、市老龄委印发《适应改革开放需要,进一步发展上海市老年教育事业的意见》,提出"市、区、县教育部门应关心老年教育事业,鼓励和支持老年学校办学,协助解决办学中的困难,加强管理,促进上海市老年教育健康发展",老年教育经费按"三个一点"的原则筹集,即国家补贴一点、社会资助一点、学校积累一点。

2000年8月31日,上海市人事局下发《关于调整上海市机关事业单位退休人员学费报销标准的通知》,《通知》指出:将退休人员上老年大学的学费报销标准由原来的30元调整为40元,具体仍按每人每学期报销一门学费掌握,调整标准增加的费用仍在原单位提取的退休人员管理活动经费中列支。

2003年,上海市人民政府办公厅转发的市教委等五部门《关于进一步加强上海市老年教育工作的若干意见》中指出:一是要建立分级负责的老年教育投入机制。二是要鼓励企事业单位、社会团体、社会组织及公民个人捐资助学,开办多种形式的老年教育机构,支持发展老年教育事业,从市社会福利彩票、体育彩票等收益中,每年安排适当比例的资金,用于支持老年教育事业。三是要规范社区学校、老年大学、老年学校收费。

2003年,上海市机构编制委员会先后发文,明确上海老年大学和上海市退休职工大学为事业单位,明确市有关部门办的老年大学的办学经费,由市财政局会同举办部门共同负责落实,对于区(县)、街道举办的老年大学和老年学校,按分级管理、分级负责的原则,分别列入预算。2007年,市教委、市老龄委办公室、市财政局联合颁发《关于全面推进上海市老年教育工作的若干意见》指出:加大老年教育经费投入,老年教育的经费以政府财政投入为主,并随着老年人口的增长和财政收入的增长而逐步增长;区县财政在成人教育经费和社区教育经费中安排老年教育专项经费。

三、评选表彰机制

1989年12月22日,上海市成教委、市老龄委在静安区少年宫召开社区(老年)教育表彰大会,市教育局、市人事局、市老干部局、市总工会、市退管会等单位负责人、各区县成人教育委员会、老龄委负责人、先进集体代表、先进个人600多人参加会议。会议由市老龄委秘书长张志昂主持,会上表彰了老年教育先进单位14个,先进个人50名。

2003年,《关于进一步加强上海市老年教育工作若干意见》中提出:建立定期表彰老年教育先进集体和先进个人的制度。从2003年起,每隔4年举行一次评选和表彰老年教育先进集体和先进个人活动,对在发展老年教育事业中作出突出贡献的投资者、办学者、教育人员与管理人员及其他单位给予奖励。

2005年,上海老年教育工作小组办公室与市老年教育协会开展百位"我心中的好老师"活动,经自下而上发动、社会层层推荐,评出了108位老年教育"我心中的好老师"。9月6日,举行上海老年教育系统庆祝第21届教师节暨"我心中的好老师"表彰大会,商友仁、邵秀英等获奖教师做了交流发言。同年上海老年教育工作小组办公室与市老年教育协会还组织开展"优秀课程和教材的评选"活动,各老年大学和老年学校共推荐100多门课程,经专家评选,"市特色课程奖"10门、"特色课程提名奖"20门、入围奖47门、优秀组织奖2个,组织奖6个。11月10日,召开上海老年教育特色课程展示交流暨颁奖大会。

2007年,由市教委和市老龄办、市财政局联合颁发《关于全面推进上海市老年教育工作的若干意见》,提出了完善老年教育表彰制度。每四年召开一次全市老年教育工作会议,总结交流全市老年教育工作经验,表彰为老年教育工作出贡献的单位、部门和个人。

四、统计制度

2003年,上海市人民政府办公厅转发的市教委等五部门《关于进一步加强上海市老年教育工作的若干意见》中,将上海老年教育发展情况纳入上海教育统计序列。每年进行一次老年教育统计。由市教委会同市统计局拟定统计标准及要求。街道乡镇、居村委的老年教育发展情况,应作为有关干部考核和文明单位评比的条件之一。

2007年,由市教委和市老龄办联合颁发的《关于全面推进上海市老年教育工作的若干意见》提出:各区县要会同统计部门建立健全老年教育基本统计制度,将老年教育的发展状况引入老龄工作和教育工作的统计手册,并向社会定期公布老年教育的成果。要建立老年教育的档案制度,积累有价值的文字、图片和音像资料,记录真实的历史。制定市和区县两级老年教育工作的检查评估办法和评估指标体系。

五、队伍和教材建设

2007年,由市教委和市老龄办、市财政局联合颁发《关于全面推进上海市老年教育工作的若干意见》提出:加强老年教育的队伍建设,各区县要确定专人负责老年教育工作,承担组织、管理、业务指导,工作人员数应按老年教育人数合理配备,确保从事老年教育的干部和教师在职务晋升或职称评定时应享受同类人员的同等待遇。各区县要建立老年教育师资库,吸纳热爱老年教育、有专长的人才进入专兼职师资队伍,建立老年教育讲师团巡回讲学,市、区县要组织老年学校的办学干部、教师进行培训和教学研讨活动,交流教学经验,探讨教育规律。《意见》还提出要加强老年教育教材建设,市老年教育教材建设中心,要在5年内分期、分批编写通用性强,具有特色的老年教育优秀教材。积极鼓励老年学校编写和整理有特色的教材,由市老年教育教材建设中心择优推荐。2007年以来,上海老年大学(学校)累计公开出版、内部编印各类老年教育教材200多种。

六、社会资源整合

2003年,上海市人民政府办公厅转发的市教委等五部门《关于进一步加强上海市老年教育工作的若干意见》中提到:健全、充实市老年教育协会,协助政府主管部门对老年教育进行指导和管理,积极开展对老年教育调查研究、理论研究、经验交流、评估等工作。充分发挥高等院校在发展老年教育事业中的作用。鼓励高校采取多种形式举办面向地区的老年教育。有条件的高校,可开展老年高等学历教育,培养从事老龄工作的专门人才。积极鼓励和支持高等院校举办老年大学。充分利用高校的教学资源,发挥其在教学示范、教材编写、师资培训、科研指导的作用,并对社区老年教育的发展和提高提供服务。有条件的高校可开设培养老年教育专门人才的专业,或者有关专业增设老年教育的课程。

2007年,由市教委和市老龄办、市财政局联合颁发《关于全面推进上海市老年教育工作的若干意见》提出:积极开展老年社会教育。各居村委会办学点要结合本地老年人的实际需求,积极开展各种类型的讲座,积极培育各种类型的学习组织,积极组织各种类型的文化团队、活动沙龙,吸引更多老年人参加。鼓励社会兴办老年教育。积极鼓励企事业、行业兴办老年学校,各办学单位要根据各自特点和自身条件办出特色,为本地区、本系统老年人服务,并积极为社区老年人服务。各主管单位在改善老年学校办学条件、增加经费投入的同时,要加强管理,提升办学的整体水平。

第三篇

企业教育

中共十一届三中全会后,上海职工教育恢复。改革开放初期,上海的企业教育主要是指企业的职工双补教育、岗位培训。1981年中共中央、国务院颁布《关于加强职工教育工作的决定》,明确职工教育的地位、作用,提出方针、任务、目标、政策以及各种措施。上海以职工教育为主,推动企业教育的改革与发展。这一过程大体经历三个阶段:第一阶段,职工双补教育,以文化与技术补课为主。至1985年,上海市参加"双补"的青壮年职工和干部达216万人,127万人获得了文化补课合格证,完成技术补课的工人达86万人。其间,文化补课推动了"成人教育学历热";技术补课则推动了技术等级工的升级培训。第二阶段,岗位培训。1987年6月国务院批转《国家教育委员会关于改革和发展成人教育的决定》,第一次明确成人教育的重点是从业人员的岗位培训。岗位培训找到了企业教育与经济发展的结合点,引导企业教育在实践中贴近企业经济,为企业发展服务。从1987年到1989年累计参加各类岗位培训的职工干部达300万人次,1992年全市职工参加各级各类岗位培训达150万人次。第三阶段,建立和推进现代企业教育制度。1989年,国家教委在全国102家国有企业开展"企业教育综合改革实验点"为起点。这项试点明确企业教育的改革必须走"综合"的道路,这是企业教育改革的一个突破。上海37家国有企业参加国家或上海市的综合改革实验。1999年中央提出"力争到本世纪末大多数国有大中型企业初步建立现代企业制度"。企业教育从综合改革发展到制度建设,建立和完善现代企业教育制度。由于政府大力推动,各试点单位和大中型企业坚持不懈,共同探索,经过各个方面的协同努力,构建了现代企业教育制度的基本框架,形成政府宏观指导,行业、企业自主管理,社会多元参与,能覆盖所有企业的新体制,面向全体员工开展多层次、多规格、多内容、多形式的教育培训。随着终身教育的推进、学习型社会建设的深化,实践中的企业教育已逐步发展成为以岗位为主体的职业培训、成人继续教育,以工作场所为载体的教学相长的终身学习,以企业知识为主干的员工技术创新活动。

第一章　职工双补教育

第一节　机 构 机 制

一、领导机构

上海成人教育管理机构自1977年起逐步恢复和重建,市教育局恢复了工农教育处。1978年起全市各区教育局恢复职工业余教育科,各县教育局恢复业余教育股。市政府所属各委、办、局同时恢复或增设教育处或宣教处,行政性公司多数恢复或建立教育科,大、中型企业的教育科也迅速恢复,小型企业也有专人负责教育管理工作。

为了加强成人教育工作的领导和管理,市教育局于1978年10月4日向市革命委员会提出《关于建立和健全工农教育委员会及其办事机构的报告》,建议由市革命委员会教育卫生办公室和工、农、财贸等委办,市委组织部、宣传部、工、青、妇等人民团体以及市教育行政部门共同组成市工农教育委员会。1979年2月22日,市革命委员会批准市工农教育委员会成立。

1981年2月,中共中央、国务院颁布《关于加强职工教育工作的决定》。12月,市委召开市职工教育工作会,并调整市工农教育委员会,设立专职副主任,将市工农教育委员会办公室设在市政府,配备专职编制,充实干部力量,加强工农教育的专职机构。市各部、委、办、教育局、高教局、劳动局、人事局等充实有关部门的人员。明确市工农教育委员会、市高教局、市教育局、市劳动局、市人事局、市委组织部、市委宣传部、市总工会、团市委等各部门在"加强领导、统一管理、分工负责、通力协作"中的职责,适应工农教育发展的需要。

1982年5月,中共上海市委、上海市人民政府颁发《关于进一步搞好职工教育的决定》。《决定》指出,目前全市264万青壮年职工中,实际上文化水平没有达到初中毕业的有180万人;全市技工的技术等级平均不到3级,技术力量青黄不接;26.3万科技人员中,75%以上是初级技术人员;37万多干部中(不含科技干部)初中文化程度的有16.5万人,小学文化程度的有2.3万人。这些情况说明,尽快地改变干部、职工队伍科学文化技术水平低的状况是当务之急,是一项紧迫的战略任务。

《决定》提出,上海市职工教育的任务是:力争在第六个五年计划期间,有计划、有步骤地对职工普遍训练一次,有效地提高职工的政治思想、科学文化、业务技术和经营管理水平。职工教育的基本内容包括政治思想、文化科学知识和生产技能三个方面。近两、三年内,职工教育的重点是抓好两头:干部的培训,180万初中毕业以下文化程度的青壮年职工的政治思想教育和文化技术补课。要求切实地,有计划地改善办学条件。各企事业单位,应按职工总数千分之三到千分之五的比例,配备好专职教师;各主管部门都要制订切实的实施计划,逐步做到区、县、局、公司和大、中型企业都有职工教育基地或建立培训中心。应以工资总额的1.5%作为职工教育的经常费用,职工教育经费不能移作他用,并提出要努力改进教育制度、劳动制度和干部制度。

《决定》明确,市工农教育委员会领导、管理全市工农教育工作。市工农教育委员会下设办公室(编制20名),负责工农教育的日常工作,任务是:进行调查研究,提出搞好工农教育的措施、办法,统筹规划,检查督促,做好协调工作,切实解决办学、教学中的各种实际问题,努力做到思想落实,计划落实,措施落实,组织落实。各区县局、部委办要切实加强对本地区、本系统职工教育工作的领导,现有的工农教育工作的专职人员不得减少。为加强各区、县的工农教育工作,将中央增加给上海的 105 名编制分配给区 46 名,郊县 20 名。各级组织、各企业事业单位要有一位领导同志分管职工教育工作,工会、共青团要共同配合办好这件事。大中型企业要设职工教育的专职机构,小企业要有专人负责。要尽力支持群众的学习要求,努力创造较好的学习条件。

1982 年 8 月,市长办公会议决定在下半年对全市职工教育工作组织一次检查评比,进一步贯彻落实中共中央、国务院《决定》和市委、市政府《关于进一步搞好职工教育的决定》的各项要求,总结推广职工教育的先进经验。从 10 月中旬到 12 月上旬,由市工农教育委员会、市总工会、团市委、教育局、劳动局联合组成市职工教育检查评比办公室,组织全市性的大检查。通过检查评比,比较全面地掌握全市职工教育开展的基本情况,发现先进,找出薄弱环节和存在的问题。

为了更好地发挥管理职能,1982 年起,20 世纪 70 年代建立的上海市工农教师进修学校加强领导班子建设,充实师资力量,改组为上海教育学院分院,设机械、电子、数学、物理、化学等专业,使该院逐步发展成一所成人高等师范性质的上海第二教育学院,成为全市职工中等教育的教学研究中心、图书资料中心、教学实验中心,开办本科班和承担职工教育干部的培训任务,加强上海工农教育教师业务进修的工作。同时,在各区、县逐步恢复或建立成人教育教师进修学校,使各级各类成人学校的教师获得业务进修的机会。同年,根据市委和市政府的决定,建立上海市成人教育研究室,由市教育局和上海教育学院分院共同领导;建立上海市职工高等教育研究室,由市高教局和市业余工业大学共同领导。机构的加强保证了从上到下的成人教育行政工作体系、教学业务体系的渠道得以畅通。

1985 年 12 月,市政府办公厅转发市工农教育委员会等部门制订的《上海市奖励干部、工人业余学习试行办法的通知》,鼓励广大职工参加大中专学历教育和市高等、中专自学考试。办法规定,获得大学本科毕业证书者,奖励 600 元;获得大学专科毕业证书者,奖励 450 元;获得中专毕业证书者,奖励 300 元;并对获得中专以上自学考试单科合格证书分别实施每门 15—20 元的奖励,以提高在职干部、工人的科学文化和技术水平。

1987 年 3 月 20 日,上海市人民政府办公厅颁文,上海市工农教育委员会改名为上海市成人教育委员会。

二、职工学校

各类职工教育学校随之恢复和发展,至 1978 年,地区性职工业余中学恢复 25 所,在学人数42.23 万人。成人中等专业学校和成人技术培训班办学单位恢复到 109 个,在学人数有 3.7 万人。工业企业和商业系统有 293 个企业单位恢复或新办了职工业余中学。全市 10 所区业余大学的规模已超过"文化大革命"前的水平,联合招生报考人数在三天内即达 2.3 万人,占市成人高等学校报考人数的 30%。同年 4 月,上海电视大学正式复校,设数学、物理、化学和医学四个专业,入学人数2.86 万人。上海市函授高等教育也逐步恢复,6 月上海师范大学成立业余教育处,恢复中文专业的函授教育;同济大学恢复函授部,招收建筑专业函授生。

成人教育专职教师逐步回归和增加,据 1977 年上半年的统计,仅有 1 578 人。经市、区、县教育局和各有关部门及企事业单位为曾在"文化大革命"期间受过冲击的教师落实政策,平反冤假错案,动员和鼓励已调离的原成人教育专职干部和专职教师归队。同时,将一些已改办为普通学校的原职工业余学校恢复为职工学校,教师连同学校一起归队。特别是 1978 年 10 月国家教育部、国家劳动总局、全国总工会联合发出通知,继续执行《关于企业职工业余学校专职人员配备的暂行规定》。《规定》明确企业单独举办或联合举办的职工业余初等和中等学校,其专职教师应按企业职工总数千分之三配备。举办大专院校(班),可按学员 30 人左右配一名专任教师的比例另行配备。这些措施促进师资力量的调配,至 1978 年底,专职教师增加到 6 317 人,其中半数以上为长期从事成人教育的老教师,为各级各类职工学校的恢复和发展给予一定的保证。

为了满足广大职工提高文化水平的迫切要求,市工农教育委员会提出迅速发展职工业余中等教育,要求有条件办学的大、中型企业单独举办职工业余中学,中小型企业可以联合办学或单独举办文化补习班,各个地区的教育部门要积极发展地区性职工业余中学,并在校舍、师资等方面积极支持职工业余教育的发展。

1979 年底,地区性职工业余中学 58 所,其中初中 46 所,高中 12 所,在学职工 4.3 万人。市教育局和市广播事业管理局联合建立上海市电视业余中学,为广大职工补习文化拓宽了学路,受到职工人数不多的小型企业欢迎,9 月正式开学时报名入学的人数达到 17 万人。市手工业局所属工厂组织了 520 个教学班,报名入学的职工达 2.1 万人。至 1980 年,工交、财贸系统的企业单位举办 564 所职工业余中学,部分业余中学附设高小班和扫盲班,参加文化学习的职工从 1978 年的 21 万人增加到 40.5 万人。

1985 年,各类职工学校 1 231 所,专职教师 13 598 人,管理干部 8 327 人,有专用校舍 49.75 万平方米。经过整顿,职工高校 109 所,职工中专学校(班)157 所。参加学习人数为 1 390 163 人,占统计总数的 33.9%。其中参加各级各类学校(不包括党校)学习的职工有 825 857 人,毕结业人数为 409 210 人;参加工人技术培训 558 893 人。参加高等学校学习 126 596 人,中专学校学习 91 205 人,中小学教育 608 056 人。参加高级技术培训 1 901 人,中级技术培训 162 217 人,初级技术培训 393 476 人。

三、市职工教育会议

1980 年 1 月,召开市职工教育工作会议,市委、市政府各有关委、办和各区、县、局的负责人参加会议,通过《关于加强职工教育工作的几点意见》,市委和市政府领导作总结。会议明确,对职工特别是对"文化大革命"以来参加工作的青年职工和文化程度不到初中毕业的车间主任以上的青壮年干部进行文化补课教育的重要意义。会议指出,政治教育,技术教育和文化教育三个方面是相互联系,相辅相成的,要把文化教育作为重点,文化基础教育抓好了,就可以有力地推动政治教育,推动科技业务教育。会议对职工教育做了规划,提出要争取在 1985 年前使"文化大革命"以后参加工作的青年工人和干部普及初中的文化教育。

1981 年 12 月 5—18 日,市委召开市职工教育工作会议。会议传达中共中央、国务院《关于加强职工教育的决定》,学习、领会中央文件和全国职工教育工作会议的精神,联系上海的实际情况,研究如何贯彻落实,进一步搞好全市的职工教育工作。会议要求,继续深入学习中央八号文件,进一步提高对职工教育重要性的认识;明确职工教育的任务和重点,制订好职工教育规划;进一步办好各级各类职工学校,不断提高职工教育的质量;不断改善办学条件;制订、颁发鼓励职工学习,调动办学、教学积极性的规定;各级党委要加强领导,各级行政要把职工教育切实摆到自己的领导职责和日常的议事日程上来。会议分为召开大会和按系统分组讨论,参会的局级以上领导有 104 人。

1983年2月，市政府召开市职工教育先进集体、先进个人表彰大会，对在贯彻落实中共中央、国务院《决定》和市委、市政府《关于进一步搞好职工教育的决定》的先进集体和先进个人进行表彰，总结推广职工教育的先进经验。有102个集体和250名个人分别获得市政府颁发的先进集体奖状和先进工作者证书。

1984年4月，市委、市政府召开市职工教育工作会议。会议回顾了1983年上海职工教育的基本情况。会议认为，职工教育取得了较大的进展：青壮年职工文化、技术补课均累计完成40％，文化补课比1982年增长15％，技术补课增长25％，其中机电一局、机电二局、邮电局、上海石化总厂、高桥石油化工公司均完成60％；职工高中在校人数16.2万；职工中专进行了验收审批，在校人数1.2万人；职工高校在校人数4.9万人。会议指出，整个职工教育出现了普及和提高、工人教育和干部教育、思想政治教育和文化技术（业务）教育并举的局面。我们的工作已经有了一个较好的基础。会议要求，树立职工教育为经济建设和社会发展服务、为两个文明建设服务的思想。把职工教育真正看成既是教育工作的一部分，又是经济工作的一部分。会议强调，职工教育必须根据经济形势的实际需要开展工作，坚持按需施教、学以致用的原则。坚持改革精神，克服单纯追求学历、文凭而不注重实效、脱离实际的现状；要在继续贯彻调整、改革、整顿、提高的方针中，大力发展职工教育。

1985年4月，市政府召开上海市职工教育先进集体、先进个人表彰大会，表彰113个先进集体和282个先进个人。会议指出，从1984年大会以来，全市的职工教育工作有了新的进展。青壮年职工文化、技术补课均已完成60％，达到中央八号文件规定的低限要求。高教自学考试已有338名大专毕业生，今年将开始中等专业自学考试。中、高级技工的培训工作已摆上了议事日程，干部教育已由过去的短训转入厂长经理国家统考。会议强调，改造、振兴上海的战略任务对职工教育提出了更高的要求，要虚心地向先进单位学习，提高认识，扎扎实实地搞好职工教育，推动职工教育的改革和发展，努力去攀登新的高峰。

四、《上海市职工教育条例》

1985年10月30日，制定《上海市职工教育条例》列入市人大常委会的议程。1987年5月，市政府向市人大提交《上海市职工教育暂行条例（草案）》，1988年1月9日，市人大八届常委会第三十四次会议通过，定名为《上海市职工教育条例》，1988年7月1日起施行。

《条例》以法规形式集中了党和政府对开展职工教育的指导方针与有关政策以及职工教育的实践经验，对职工教育的性质、任务、途径、管理、职工学习的权利和义务、企事业单位的职责、办学原则、师资、经费、设施等作出明确的规定，成为上海市和全国首次制定和施行的地方性职工教育法规，共有8章33条。主要内容是：

职工教育是指对企业事业单位在职人员和重新就业人员所实施的政治、文化、科学、技术、业务等方面的教育和培训。职工教育应结合实际需要，讲求实效，以短期、业余、自学为主，按照岗位规范的要求，实行定向培训，逐步做到先培训后上岗。

市、区、县及各部门的成人教育机构负责领导、管理本地区、本部门的职工教育工作，并负责本条例的实施。

职工有按照生产、工作需要，参加政治、文化、科学、技术、业务学习和培训的权利。规定职工按照本单位需要连续脱产或者半脱产学习一年以上的，应与本单位订立书面协议；规定职工学习毕业或者结业后为本单位服务一定年限的义务，以及违反协议所应承担的责任等条款。

职工教育必须建立一支专职教师和兼职教师相结合、以专职教师为骨干、适应教学需要的教师队伍。企业事业单位职工教育的教师,除职工高等院校的教师外,应配备不少于职工总数千分之三的专职教师。

职工教育经费解决的渠道:每年的国民教育经费中应保证有一定的比例用于教育部门办的职工教育事业;区(县)业余教育经费的一部分;企业单位的职工教育经费为核定工资总额的1.5％;工会经费中应当用于职工教育的部分;单位、集体集资和团体、个人自愿捐赠的款项。并规定企业事业单位用于职工教育的校舍,应逐步达到在职职工人均0.3平方米的标准。

对在职工教育工作中取得显著成绩的单位和个人,各级成人教育机构或者上级主管部门应给予表彰、奖励。对根据本职工作需要参加各类学习并获得优异成绩的职工和自学成才的职工,所在单位应给予奖励。

在附则中,还明确上海市乡(镇)企业,香港、澳门、台湾以及外国的公司、企业和其他经济组织,或者个人在上海市投资的企业,可参照本条例执行。

《条例》公布后,市成人教育委员会印发了10万份《条例》到区县和委办局进行广泛宣传。1989年初,市成人教育委员会对《条例》的施行情况进行执法检查。在各区、县、局、大专院校、局级研究所自查的基础上,会同市人大教科文卫委员会、市政协教育委员会对上海各县、两个区和五个局进行了重点抽查。5月中旬,各单位进一步检查,检查的重点是职工教育是否列入所属单位负责人的任期目标,办学条件是否改善以及自查中所暴露的问题。7月,市成人教育委员会召开实施《条例》的经验交流会,在市庆祝教师节大会上和市总工会联合表扬实施《条例》的先进个人306名和先进集体110个。12月,市人大教科文卫委员会组织上海市教育界、企业界部分市人大代表对《条例》的贯彻执行进行视察,督促《条例》的施行。

法规施行后,增强"以法治教"观念,落实开展职工教育的责任制,推动了职工教育的开展。在《条例》下发的一年里,全市有14万名班组长完成班组管理知识的培训,14万名职工接受职业道德电视教育,10万名技术工人完成中高级技术培训,大中型骨干企业厂长(经理)统考基本完成,车间主任、工段长岗位培训逐步开展。当年,参加有明确的岗位知识能力规范培训和技术业务培训的有66.04万人,占接受培训职工总数的79.2％。全市校舍总面积为1 390 499.47平方米,人均为0.27平方米,接近《条例》规定的人均0.3平方米的要求,比1987年的人均0.22平方米增加了0.05平方米。大多数企事业单位的教师在工资调整、职称评定、住房分配等方面,基本上做到与工程技术人员同等待遇,有的还参照普通学校的有关规定,给予教龄津贴。

第二节　文化技术补课

一、文化水平调查

1979年春,市教育行政部门会同各区、县教育部门和有关方面对全市青壮年劳动者的实际文化水平进行调查,主要采取知识测验的方式对各种类型的劳动者进行文化统测。

据调查,在400多万上海职工中,1968年后陆续就业者达220万人,其中除从普通学校毕业后直接参加工作外,1977年到1979年从外省插队落户或从农场返沪就业者约占24％。据各区、县和有关部门对1968年以后就业的9.6万青年职工的测试,文盲和半文盲占10.5％;高小程度的占33.5％,仅具有初步的读、写能力和小学程度数学知识和运算能力;初中程度的占41％,大多数仅有略高于小学的文化水平,在结构上存在较多的缺陷,能达到初中毕业应有水平的属于少数。虹口区6所职工业余中学对1.62万名青工进行测验,结果有1.2万人初中语文、数学、物理、化学知识水平成绩在40分以下,占总人数的70％。70年代末,江南造船厂全厂9193名生产工人中,1968年以后进厂的有5027名,这些工人文化基础差,技术上没经过系统培训,很难适应企业生产发展的需要。通过对企业干部文化水平的调查,发现干部文化素质在"文化大革命"期间也逐步降低。据对上钢二厂等企业调查后的测算,企业干部中的64％仅有初中或初中以下的文化水平,全市工业交通系统具有或相当于中专以上水平的工程技术人员还不到职工总数的5％,低于"文化大革命"前所占的比例。

为此,1980年市职工教育工作会议提出对"文化大革命"以来参加工作的青年职工和文化程度不到初中毕业的车间主任以上的青壮年干部进行文化补课教育。1981年市职工教育工作会议明确重点任务是抓紧青工的文化、技术补课;限期扫除青壮年职工中的文盲、半文盲。

二、政策措施

根据国务院各部委具体部署和上海市《关于进一步搞好职工教育的决定》,1982年2月,市教育局发出《关于贯彻执行教育部〈关于职工初中文化补课工作若干问题的通知〉的几点意见》;3月,市工农教育委员会、市教育局、市高教局、市劳动局、市总工会、共青团上海市委《转发〈关于切实搞好青壮年职工文化、技术补课工作的联合通知〉的通知》;5月,市教育局发出《关于职工初中文化补课工作若干问题的说明》,结合上海的实际,做了具体部署,明确了补课的对象、目标、内容、方法、步骤和政策规定。

明确职工文化补课的对象范围和总体要求:凡1968—1980年初、高中毕业而实际文化水平达不到初中毕业程度的职工,未经专业技术培训的3级工(含三级工)以下的职工,均应补课。对技术工种和关键岗位的青壮年职工要优先安排补课,1985年前必须达到《决定》80％的高限要求。其他熟练工种的青壮年职工的补课,也要达到60％的低限要求。补课的科目为语文、数学二种,不分行业和工种,必须一律补习;物理、化学或生物、历史、地理等科目,可以根据行业、工种不同有所区别,补习其中的一门或二门。补课的教材可选用教育部编写的工农业余初等、中等学校文化课本,课本内容的增删,应以市教育局制订的课本使用意见为依据,按照市教育局制订的语文、数学、物理、化学各门课程的教学大纲试行方案进行教学。补课根据不同对象提出不同的要求,干部和技术性强的工种工人是补课的重点对象,要求初中毕业(四门课合格);而一般技工按其工种、等级的"应知应会"所需,在语文、数学两门及格后,再学一门有关的课程,如物理或化学,要求三门课合格;对普通工、辅助工则按其工作所需可暂补语文、数学两门,要求两门课合格。初中文化补课根据不同对象区分为毕业与合格两种标准,考核工作由市教育部门或企业主管部门负责组织进行。凡参加初中文化统考(语文、数学、物理、化学)四门科目成绩合格者发给由市教育局统一印制的"上海市职工中等学校毕业证书"。

明确职工技术补课的对象范围和要求:凡1968年至1980年进入企事业单位,属于三级工(含三级工)以下的技术工种工人和在关键岗位上操作的工人,未经专业技术培训的,均应列入初级技术补课范围。熟练工种的青壮年工人技术补课的范围,由各部门、各地区根据生产和工作的实际需要酌定。补课的内容为学习初级技术理论和实际操作技术的训练。初级技术理论补课,由国务院有关部门按工种或行业制订教学计划、教学大纲;通用工种的教学计划、教学大纲由有关的主管部门制定。实际操作技术,应通过各种灵活形式着重进行本等级基本功的训练。补课教材、学习课程由各业务部门自定,可以先选用现有教材,对于专业性强的短缺教材,请国务院有关部门组织力量编写。补课的要求是按工种岗位应知应会的需要进行三级工补课。主要是通过学习技术理论和开展岗位练兵,达到工人技术等级标准规定的三级工应知应会水平。补课结业由业务部门严格考试,合格者发给合格证书。通过自学完成专业技术学习的青壮年职工,允许其参加业务部门的考试,考试合格的同样发给合格证书。

要求补课工作一般先从抓文化补课入手,但考虑到文化学习周期较长,也要照顾当前生产的迫切需要,可以把文化补课同技术补课相结合。

在总结各省市经验的基础上,上海在 1982 年全国"双补"座谈会提出"从实际出发、区别对待、学以致用、讲究质量、统筹安排、突出重点"的二十五字"双补"指导思想,全市青壮年职工的文化、技术补课全面展开,迅速发展。

在实际工作中依靠了三方面的力量,一是依靠企业单位,实行局、公司、企业三级办学,全市两千多所职工学校绝大多数是企事业单位举办的;二是依靠教育部门办学。除由地方举办单独建制的 13 所职工高校、41 所业余中学外,还发动全日制学校,实行一校变"两校"的办法。全日制高校恢复和发展函授、夜大学 22 所,全日制大学和中专发展业余中专 21 所,全日制中学恢复和发展业余中学 62 所。三是依靠群众团体和民主党派办学。如市科协所属 105 个学会、协会、研究会,有 7 万多会员,利用学会的力量,对工程技术人员开办各种专修班。工会、青年团利用市、区的文化宫、青年宫对工人和青工中的积极分子、新长征突击手、劳动模范、先进生产者、三八红旗手等进行文化技术培训。民主党派利用自己的师资条件,举办各种职工学校和职业学校。三个方面发挥各自的优势,在师资、教室和实验等方面实行互相支持,大力协同,取长补短,共同发展。此外,还有自学考试,考试规模较大的是后方基地局、农场局、纺织局、仪表局,建委下属的有关局、单位等。

为了保证初中文化补课的质量标准,坚持初中文化补课根据不同对象区分为毕业与合格两种标准和全市统一考试制度。据 1986 年的统计,经过全市统一考试,达到初中补课四门课程考试及格,取得毕业证书的共有 42.6 万人,占全市青壮年职工补课合格人数的 31.4%。

在贯彻中央部委办相关政策的同时,全市不少单位结合实际情况,又做了补充。一是"六个不准",职工子女顶替后的上岗、新工人上岗、学徒工转正、工人升级、提干以及评选先进,均须把完成文化、技术补课任务的好坏作为重要条件,不符合要求的,均不批准。二是"两个调离",在技术工种和关键岗位的青壮年职工,文化、技术不合格的,要限期补上,到期仍不合格的要调离岗位。三是"三种奖励",业余自学考试取得合格证者,要给予奖励;对参加脱产学习者实行奖学金制度;对技术工种的工人,经等级考核定级后的等级差,一些单位实行浮动工资的差额补贴。四是"三个同等",对各类职工高校、中专毕业生(包括自学考试)和普通高校、中专毕业生实行同等学力、同等待遇、同等使用,根据需要可当干部,也可当工人。

市有关部门还对部分职工采取特殊的教育措施。一是市总工会从 1983 年起开办市工人中等文化学校,吸收市劳动模范,区、局先进工作者入学,至 1987 年 351 名劳动模范通过学习达到高中毕业水平,其中 301 名升入成人高等学校学习,250 人从复旦、交大、同济、上海工业大学、华东政法学院所办的夜大学毕业,大多数已成为某一专业的行家,或成为各级业务部门的优秀干部。二是对一些人员分散,流动性大的企业在培训时间上采取"忙时少学,闲时多学",在培训形式上采取自学与辅导相结合,收看电视教学与辅导结合。三是上海残疾人协会在市民政局的支持下建立聋哑职工业余中学,聘请懂哑语的人员担任教师,进行初中教育,在全市聋哑职工中引起很大的反响,许多聋哑职工要求入学。

三、双补评价

1983 至 1985 年上海形成了持续 3 年的青壮年职工文化补课的高潮。据 1981 年统计,上海市有 446 万职工,其中青壮年职工文化补课对象 186 万,青壮年职工技术补课对象 118 万。3 年中参加初中文化补课的有 216 万人,至 1985 年全市已有 127 万文化补课合格,占应补对象的 68.4%。至 1986 年,全市青壮年职工、干部中有 186 万进行初中文化补课,取得合格证书的有 138.83 万人,占应补课人数的 75%。市属技术工种、关键岗位的干部编制的青壮年职工,通过补课有 88% 达到合格要求。青壮年技术工人累计完成技术补课任务的人数达 90 万人,占应补课对象的 75%。

1991 年,上海社会科学院出版社出版《上海成人教育史》(1949—1989 年);1998 年,由市委党史研究室、市教育卫生工作委员会编写、上海人民出版社出版《上海改革开放二十年》系列丛书(教卫卷),指出,大批青壮年职工、干部在进行双补的过程中,继续学习的需求促进了多种层次的成人学历教育和成人非学历教育,并推进了职工的学习活动。

促进成人学历教育。第一,促进职工高中教育发展。上海成人高中自 1980 年起持续发展,至 1986 年有 42 万名职工、干部等接受了高中教育。经过全市统一考试,取得高中毕业证书的有 12.62 万人;取得高中 2 门至 4 门单科结业证书的有 30 万人左右。第二,促进成人中等专业教育发展。1978 年市教育局、机电一局批准上海机床厂首次试办机械制造专业职工中专班,招收 20 名学员。这是上海市职工中专教育经历"文化大革命"后恢复发展起来的第一批学员。至 1984 年已经批准的各类职工中专校(班)有 89 所,正在审批的有 30 多所,在校人数为 1.2 万人。促进财政、物资统计、劳动等部门,全日制中专、职工大学举办职工中专校(班)班。电视中专、函授中专和自学考试也发展起来。第三,促进上海职工高等教育发展。1983 年起历届成人高等学校招生中,被录取的学员中有 70% 左右都经过成人高中的教育。按照市高教会议的要求,争取 1990 年职工高等教育发展总规模在 1980 年的基础上翻一番半。招生 3 万人,在校生达 11 万人。

推动在职工人技术等级培训。经过"双补",技术工人的平均等级提高了半级,对技术等级的升级培训有较强需求。第一,发展了中级技工培训。1984 年全市参加中级技工理论培训班的技术工人近 2 万人,至 1986 年底已达 12 万。第二,举办高级技工培训班。据 1982 年的调查,全市技术工人中达到高级技工应知应会标准的高级工仅占技工总数的 3% 左右,而且多数年龄偏高,即将退休。1984 年上半年,上海汽车拖拉机公司职工大学首先试办高级技工培训班,结束了长时期来高级技工靠自然成长的历史。至 1985 年底,市机电工业等系统已举办高级技工培训班 25 个,接受培训的人数近千名。1986 年,全市参加培训的有 4 800 人。经国家有关部门同意,通过考评,评定了技师 316 名。形成、畅通了技术工人从初级工、中级工、高级工、工人技师这一技术工人的成才道路。

推进企业干部的专业培训。第一,对企业领导干部,根据国务院对企业厂长(经理)进行国家统考的决定,以考促学,高质量地完成培训任务。现有领导干部中年龄较轻,文化程度不足高中的优先安排学习高中文化。第二,对企业管理人员,围绕企业管理的改进和提高,进行短训培训和系统专业理论培训。结合执行全面计划管理、全面质量管理、全面经济核算、全面劳动人事管理,开办各种短训班,以提高管理知识。结合现代科学管理知识进行系统学习,推行价值工程、系统工程、网络技术等。对计划、统计、财务会计、劳动、物资、安全等专业管理干部进行系统专业理论培训,采取各种形式,按照实际需要,使他们逐步地分别达到大专或中专水平。第三,对企业工程技术人员,围绕技术进步,进行知识补缺和更新。1983年4月,市经委提出对全市企业工程技术人员进行继续教育,学习外语、新理论、新技术,普及电子计算机应用知识。

促进职工读书活动。1979年以后有不少职工自发地组成读书小组,阅读政治、历史、文化和科技书籍。1982年,由市总工会、团市委、解放日报社和出版局联合发起"振兴中华读书活动",当年就有23万人参加。轻工、冶金、机电等系统举办书评征文,把读书、评书、用书联系起来,推动读书活动。1983年的读书知识竞赛有900多个基层单位组成1 300个代表队,4 000名职工参赛。1984年,《解放日报》《工人日报》分别发起的读书知识竞赛,有20余万职工参加。1984年起,读书活动逐步发展成为学政治、学经济、学管理、学科学、学技术、学文化具有广泛群众性和多种社会效益的自我教育活动。1985年上海职工在学人数由1981年40多万上升到140多万,参加职工读书活动的人数由1983年20万上升到130万,增加5.5倍。从1982到1986年,上海的读书活动始终受到党中央的关怀,中央领导同志先后五次接见上海的读书积极分子,并赞扬读书活动是上海工人阶级的创造。

第二章 企业岗位培训

第一节 沿 革

1982年1月,中共中央、国务院《关于国营工业企业进行整顿的决定》第四条提出"整顿劳动组织要同建立岗位责任制结合起来进行"。

1983年10月,国家经委批转经济管理干部国家考试指导委员会考委一号文件,提出贯彻国务院关于对企业经理厂(矿)长进行国家考试决定的实施方案。上海市经济管理干部考试领导小组确定上海市参加1984年8月第一批统考对象,领导班子调整好的大中型骨干企业和部分相当县团级或党委建制企业、年龄在55岁以下的正副经理厂长参加考试。如正职超龄,由第一副经理、副厂长参加。

1984年12月,教育部成人教改座谈会提出了按岗位要求进行培训和岗位合格证书问题。

1985年1月,市委组织部在上海第一医科大学召开干部教育发展研讨会。提出,今后干部教育要从以学历教育为主转到以岗位培训为主,从注重培训数量转到注重培训质量和效益。8月,上海开始举办大中型企业厂长"三总师"和党委书记五种岗位职务培训试点班。

1986年3月,全国职工教育管理委员会主任袁宝华在全国职工教育工作会议工作报告中正式提出,按照岗位职务的需要,实行定向培训,是带有方向性的改革。4月,市委组织部和市人事局联合召开干部岗位职务培训研讨会,以加深对岗位培训的性质、地位、特点和培训方法的认识。6月,国家教委组织的中央十三个部委成人教育调查汇报会上提出,成人教育要按照岗位职务需要,实行定向培训。同年6月,市委召开干部培训工作会议。市委副书记吴邦国讲话。会议交流经验,表彰先进,提出"关于开展干部岗位职务培训的意见"征求意见草案,布置干部岗位培训工作,下半年起开展岗位培训的试点工作。8月,国家经委在大中型企业领导干部培训工作会议指出,要适时地将大中型企业领导干部的培训从普及性轮训转到岗位专业培训上来。并且将大中型企业领导干部培训及企业班组长培训作为岗位职务培训的两个试点来抓。

1987年6月,国务院批转《国家教育委员会关于改革和发展成人教育的决定》。《决定》指出,把开展岗位培训作为成人教育的重点。把提高从业人员本岗位需要的工作能力和生产技能作为重点,广泛地开展岗位培训,这是成人教育的一项重大改革,也是提高劳动生产率和工作效率的重要手段。主要岗位的培训必须逐步规范化、制度化。

同年8月,市政府召开市成人教育工作会议,全市各区、县、局的负责干部,市政府各委、办负责人和全市各级各类成人学校和培训机构的代表1300余人参加会议。会议传达全国成人教育会议精神,提出《贯彻实施〈决定〉,改革和发展上海成人教育的意见》。会议要求,各区、县、局根据《决定》的精神,并根据本系统、本部门、本地区的发展对人才的实际需求,对原订的"七五规划"进行必要的修订。要根据从实际出发,区别对待,统筹安排,突出重点的原则,全面反映成人教育的各项主要任务,把开展岗位培训作为成人教育的重点。会议明确,各部门、各单位在新形势下,积极开展改革的试点工作,重视总结、推广先进经验。要求各有关部门积极支持正在进行的成人教育改革,包括市委组织部、市人事局部署的干部岗位培训、市经委和市总工会等部门组织进行的生产班组长培训、市劳动局会同有关部门和单位开展的在工人中考评技师等试点。通过试点总结先进经验,对改革中出现的新情况、新问题在实践和理论上进行探索。

1987年1月,全国职教委、国家经委联合发出《一九八七年职工教育工作安排意见》。文件提出:"积极稳妥地进行岗位职务培训试点。按照企业不同岗位职务的需要,进行有针对性的培训,是职工教育带有方向性的改革,也是职工教育的重点"。

根据《决定》的要求,市成人教育委员会和市干部教育领导小组在总结部分单位岗位培训试点工作经验的基础上制订《上海市开展岗位培训工作的试行意见》,于1987年12月下发,对上海开展岗位培训提出各项规定性的意见,主要是:

明确岗位培训的对象。凡是没有达到岗位规范的从业人员。各类从业人员走上岗位以前,都要按岗位要求进行培训;走上岗位以后和转换岗位时,还要根据生产和工作中提出的新要求,经常地培训提高。主要任务是对没有达到岗位规范要求的从业人员进行岗位培训,使他们在一定时期内达到岗位规范要求。重点是干部(尤其是领导干部)与班组长、生产骨干和关键岗位工人。技术工人的岗位培训,可按岗位要求与技术等级培训结合起来进行,按照岗位的实际需要,调整、改革、开展技术等级培训。

明确岗位规范的制定。发安全操作证的特种作业人员的指导性岗位规范由市劳动局制定。主要行业的主体工种、关键技术工种指导性的岗位规范,由企业主管局制定。其他工种工人岗位规范由企业制定,报企业主管部门备案。

明确岗位培训的考核与发证。岗位培训的考核、发证的具体办法,一般由制定岗位规范的单位(部门)决定。为适应科学技术进步的要求,对某些重要岗位的人员,还应定期复核。

《试行意见》的颁布推动岗位培训工作在全市范围内开展,至1988年全市从业人员中有97万人参加岗位培训,1989年达180万人。但是,岗位培训工作还存在一些问题,各单位发展也不平衡。期间,国家经济委员会、国家教育委员会、劳动人事部发布《关于引导企业职工立足本职学习技术(业务)的意见》。《意见》建议,把在职人员的岗位培训和智力开发纳入厂长(经理)任期目标,作为考核厂长和企业工作的重要内容;厂长(经理)要统筹生产经营与教育规划,使教育与生产经营形成互相促进的良性循环,克服"两张皮"的弊端,克服"短期行为"。

为了进一步推动岗位培训工作,根据国家教委、劳动部、人事部、国家体改委、全国总工会《关于开展岗位培训若干问题的意见》的精神,在《试行意见》的基础上,结合市的实际情况,1991年5月,市成人教育委员会、市劳动局、市人事局、市经济体制改革办公室、市总工会印发《关于进一步开展岗位培训工作的意见》的通知。

《意见》指出,岗位培训应当按照以行业为主、以企业事业单位为主的原则进行。岗位培训主要包括按照岗位规范要求取得上岗(在岗)、转岗、晋升等资格的培训和根据本岗位生产(工作)发展需要而进行的各种适应性专项培训。岗位培训应该从实际出发,面向生产、工作,强调针对性、实用性,注重实效,要学用结合,按需办学,突出能力培养。岗位培训的重点对象仍然是企业事业单位的领导干部、专业技术人员、管理人员、班组长和技术工人。当前,要有计划有步骤地推动规范化岗位培训,大规模地开展各种适应技术改造、革新、引进等需要的适应性培训。力争在1995年底前,使企业事业单位的关键岗位、主体工种人员的岗位培训制度化、规范化。

《意见》明确,要把职工通过岗位培训达到岗位规范的比例和成效作为考核企业事业单位教育工作的主要指标,列入企业事业单位负责人的任期目标。企业事业单位主管部门应定期组织考核。要认真贯彻"先培训后上岗"的原则,逐步建立、健全在职人员培训、考核制度。岗位培训的考核成绩应列入本人档案,作为上岗(在岗)、转岗和晋升的依据之一,在优化劳动组合中,要实行培训考核上岗制度。

《意见》还明确岗位培训的宏观管理和分工。市成人教育委员会领导、管理全市成人教育工作,指导和推动全市的岗位培训,会同有关部门制定岗位培训的总体规划、工作方针、政策和规定,会同有关部门组织关键岗位人员的岗位培训,会同有关部门对系统、行业的岗位培训工作进行检查评估,解决岗位培训工作中的涉及全局性的重大问题。明确市有关委、办、市人事局、市劳动局在各自管理范围内的具体职责。

两个文件的实施以及市委组织部、市人事局《关于开展干部岗位职务培训的意见》市成人教委等《关于进一步搞好上海市班组长管理知识和能力培训考核工作的补充意见》市干部教育领导小组、市经委、市成人教委《上海市工业系统车间主任岗位培训工作的意见》市经委《关于开展工人岗位培训的若干意见》等文件的发布,市建委、市外经贸委、市统计局、市物价局、市财政局、市旅游局等根据国家部委的要求制订有关专业岗位的培训、考核、发证的政策或具体规定,推动了岗位培训在企业层面的逐步开展。

1986年10月,市经济委员会提出了关于企业建立培训中心的试行意见,对培训对象、培训形式、培训内容、培训层次、考核发证以及管理等作出了明确的规定,推动企业建立培训机构,推动企业及培训中心根据企业当前生产和长远发展需要,统筹规划,集中管理,组织安排职工学政治、学文化、学业务、学技术、学管理,开展各类人员按照岗位职务需要的定向培训。

1987年下半起,全市工业、交通、财贸、建设、教卫、金融等部门和有关单位进行各类从业人员岗位规范的制订工作,至1989年已制订出2 300多个岗位的岗位规范。市经委组织编写《工人岗位能力知识规范参考手册》,市智力开发研究所编订《各类干部岗位知识能力规范参考手册》和《各类工人岗位知识能力规范参考手册》,市建委组织制订《上海市建设系统部分干部岗位规范汇编》。提出企业单位的领导干部、职能部门的负责人、车间主任、工段长、班组长是关键岗位,要按照岗位规范要求进行在岗(上岗)、转岗、晋升等资格的培训。明确关键岗位的职工是90年代规范化岗位培训的重点,要求1989年底前任职的大中型企业领导干部在1992年底前轮训一遍,1993年起持证上岗;车间主任(工段长)在1992年底前轮训一遍,1993年起持证上岗;班组长班组管理知识、能力培训、考核在1991年完成,1992年持证上岗。其他重要岗位在"八五"期间或更长一段时间内建立岗位培训制度。1991年在106个关键岗位开展规范化培训、实行持证上岗。

市各业务主管部门在中央有关部门指导下,组织制订指导性的培训计划、教学大纲,编写教材。各行业、企业在制订培训计划中突出能力培训。在技工培训中,突出了应会;对机械和电工类的高级工培训,规定应知和应会的时间比例为1∶1。专门编写《班组长能力培训的考核经验成果介绍》,进行案例教育。上海第六制药厂运用现场考核培训,考核中发现问题立即培训,边考边培提高了工人技术能力。上海第三钢铁厂采用模拟场景培训考核,提高干部的实务能力。上海自来水公司选择水泵运行工、净水工、抄表工等六个关键岗位,制作规范化操作电化教育录像片进行培训。鼓励企业编写"土教材",从实际需要出发编写修改教材,强调对上级编写或企业自编的教材必须从实际出发,不断地予以增删、修改。编写教材时注重能力培训和提高的内容。上海外轮修理厂、上海求新造船厂编写班组长适用的岗位培训教材;高化公司至1990年已组织技术人员编写200多本教材、讲义和技术问答。岗位培训的音像教材发展迅速,如《录像机维修》《导游规范》《〈安全〉生命之友——桥式起重机的规范操作》《钢丝绳生产》《外汇流动资金贷款》《天平操作》《男衬衫生产工艺》等。这些大纲、教材具有针对性、实效性强的特点,受企业欢迎。

按照"先培训后上岗"的原则,逐步建立、健全在职人员培训、考核制度。岗位培训的考核成绩列入本人档案,作为上岗(在岗)、转岗和晋升的依据之一,在优化劳动组合中,实行培训考核上岗制度。把职工通过岗位培训达到岗位规范的比例和成效作为考核企业单位教育工作的主要指标,列入企业单位负责人的任期目标。企业单位主管部门定期组织考核,对培训任务完成好的表彰奖励;对没有认真完成培训任务,追究单位负责人的责任。企业可在上级主管部门核定或允许提取的工资总额内,运用企业内部分配机制,建立培训、考核、使用与待遇相结合的以岗位技能工资为主体的多种形式的企业工资分配制度,并实行岗位津贴。

岗位培训使企业教育发生了很大的变化,把提高从业人员本岗位需要的工作能力和生产技能作为重点,提高了企业的劳动生产率和工作效率,提高了职工参与企业教育培训的积极性。据统计,从1990年到1997年,企业内部参加各类教育培训的人数均呈上升趋势:参加各类培训的人数从占全体员工的30.78%上升到37.53%;干部参加培训的人数,从占干部总数的30.3%上升为51.87%;企业管理干部参加培训的人数,从占管理干部总数的39.69%上升为47.55%。职工教育经费始终保持在工资总额的1.6%以上,其中有3年超过2%。1999年1月市成人教育工作会议指出,每年职工岗位培训在140万人次左右,约占职工总人数的三分之一。岗位培训有效提高了企业干部、职工的素质和技能,为上海的经济发展提供了智力支持和人才保证。

随着国家经济体制、教育体制、企业体制改革的深入,由政府主导、大规模、集中性的岗位培训渐进为企业自主对职工进行教育培训的一项经常性工作。

第二节　主　要　培　训

一、干部岗位培训

1982年,市经济委员会为了使年龄在45岁以上无学历的干部能适应四化建设的需要,提出按专业岗位实行专业岗位合格证书的制度,1983年起进行试点工作。1985年以来两次发文推动此项工作,为开展干部专业岗位培训创造了条件。至1987年,累计2677名学员结业颁发证书。1987年4月,市政府批复同意把专业证书教育纳入成人高等教育。市委组织部、市委宣传部、市人事局、市教育局联合颁文,把中专专业证书纳入职工中专教育。

1987年2月,市委组织部、市人事局印发《关于开展干部岗位职务培训的意见》,指出干部的岗位职务培训是根据工作岗位的性质、任务、职责和岗位工作需要,对有一定文化基础的干部进行岗位专业知识和实际技能的培训。要求各单位有领导、有计划、有步骤开展干部岗位职务培训工作,提高干部的素质和能力,并逐步试行《岗位职务培训证书》制度。同年,对大中型企业的厂长、"三总师"和党委书记五种职务的领导干部全面进行岗位职务培训。7月,国家经委在复旦大学召开了国内首批大中型企业总经济师岗位培训授证大会,有228名厂长经理获得大中型企业总经济师岗位职务培训合格证书,其中157名是上海各企业单位的总经济师,占68.9%。学制是四个半月。学习课程十三门,有市场学、企业领导学、社会主义经济理论、经济法、计算机在企业管理中的应用,专利法、财政金融等。

在大中型企业厂长经理培训和统考已经取得成效的基础上,1987年开展了对小型企业工厂厂长进行培训和全市统考工作,有2300余名厂长参加了统考,合格率达到90%以上。

在抓好厂长、经理、党委书记培训重点的同时,开展对企业中层管理干部及有关专业干部的培训。此类培训多数是把培训班办到企业,以方便干部的学习,受到了企业欢迎。对企业的财会、审计等专业干部,通过集中办班进行培训,提高其能力,适应新的管理制度,使工业系统各企业的干部在改革中较快进入角色,促进改革措施在工业系统的贯彻。

1987年,市经委系统组织近万名企业的专业管理干部进行专业培训,组织7 000余名工程技术人员和管理人员进行计算机普及知识培训。市仪表电讯工业系统开展了企业中层干部岗位培训。市仪表电讯工业局根据对所属工厂163个中层干部业务技术岗位的分析,将中层干部的岗位归并为20个大类。通过一年半培训,中层干部的专业知识、业务能力都有不同程度的提高。

为适应外向型经济发展的需要,部分行业自1987年以来大力开展对外销员、外贸会计和统计人员、外贸秘书、储运人员以及分管外贸工作的企业领导人员的岗位培训,至1989年累计已有3 600余人。

市建委、市经委、市农委、市财贸办和交通办联合颁发"关于转发建设部关于基层施工技术员(工长)培训和颁发岗位证书的通知"等三个文件,推动培训开展,使一大批基层技术管理干部队伍,适应确保工程质量、推动技术进步和全面提高企业素质的要求。

为了实现企业领导干部队伍的年轻化、知识化,在开展企业领导干部岗位培训同时开展岗前培训。挑选具有大专以上文化程度,政治素质好,并有较丰富实践经验,45岁以下的大中型企业中层以上负责干部,进行脱产培训。到1994年底,培训1 121名企业后备干部,其中60%已走上企业主管岗位。

二、班组长培训

1986年3月,市工农教育委员会、市经委、市劳动局和市总工会联合签发国家经济委员会、劳动人事部、全国职工教育管理委员会、全国总工会《关于加强企业班组长培训工作的意见》,决定在117个企业开展班组长培训试点工作。

同年7月,市工农教育委员会、市劳动局、市总工会,市经委、市企业管理协会共同拟定,供试点用的《上海市工业企业制订生产班组长岗位标准的基本要求》和《关于开展班组管理基础知识系统培训和能力考核工作的意见》。培训采用市企管协会和市总工会共同编制的《上海市工业企业班组长〈班组管理〉教学大纲》市企管协会和市总工会共同编写的《班组管理知识》教材。培训的重点,不仅要系统地提高班组长的班组管理知识水平,更要提高班组长的实际工作能力。整个培训分为三个阶段:理论教学阶段,60—70学时;调研取经阶段,3—4天;能力考核阶段,三个月。凡是理论考核和能力考核均合格者,由市劳动局、市总工会、市企协等单位颁发《上海市班组长〈班组管理〉培训合格证》。

1987年3月,市工农教育委员会、市经委,市劳动局和市总工会联合召开上海班组长岗位培训动员大会,开展班组长管理基础知识系统培训和能力考核的试点工作。培训1 199个企业的4 000余名教师,在22个局135个企业进行班组长管理基础知识培训。

1988年3月,全市班组长培训工作会议召开,总结介绍试点单位的先进经验,部署在全市开展班组长培训工作。4月起,市经委、市劳动局、市成人教委、市总工会、市企业管理协会和上海电视台二台合办"班组管理知识"电视讲座。通过各局、委和企业举办培训班或参加电视教育,并经能力考核,至1989年12月,全市工业、交通、建设等系统约34万名班组长累计已有21万名取得班组管理知识培训合格证书。班组长培训是岗位培训的突破口,通过班组长培训,推动了车间主任、工段长等岗位培训。

三、工人岗位培训

1986年12月,市经委在金山石化总厂召开工业系统技术工人岗位培训研讨会,着重研讨技术工人岗位培训与等级培训的关系,提出15个关于工人岗位培训的研讨课题。

1987年4月,在上海电子计算机厂黄度培训中心召开工人岗位培训研讨会。会议传达全国岗位职务培训研讨班精神,交流9个单位岗位培训试点工作经验,讨论市经委教育处和劳动人事处提出的《关于开展工人岗位培训试点工作的意见》(讨论稿),向各工业局布置开展工人岗位培训试点工作要求。

同年5月,市经委下发《关于开展工人岗位培训试点工作的意见》。《意见》指出,工人岗位培训的目的在于提高职工素质和本职生产技能,以满足生产实际和发展需要。本着"做什么,学什么,缺什么,补什么"的精神对各类工人进行培训。工人岗位规范标准一般由企业自主制定,并报上级主管部门备案。工人岗位培训考核和发证工作,除特殊工种上级主管部门负责外,一般都由企业自己负责进行。《意见》对"技术工",明确岗位培训中技术理论和操作技术培训的较多内容要与技术等级标准相应等级的基本要求相符或相通。

1987年起,技术工人技术等级培训作为工人岗位培训规范要求组成部分后,中级和高级技工培训工作的进展更加迅速。在1987年至1989年的三年中,技术工人中通过培训后达到中级技工水平的累计有28万,使全市中高级技工总数达到42万人。全市各企业单位通过培训,有2.8万名技术工人达到了高级技工的水平。通过开展考评工作,至1989年底,在高级技工中评聘工人技师5 100人,在工人技师中首次评聘高级技师38人。

四、专项培训

1987年以来,市各个行业除对从业人员按岗位规范进行培训外,为适应生产、工作的急需,还大力开展一事一训和应急培训等针对性强、内容集中、短期灵活的适应性专项培训。不少工厂通过适应性专项培训解决产品质量存在的问题,提高工人对元器件性能作用和工艺图纸的识别能力,明确各种材料的使用和节约材料的措施,提高生产效率和经济效益。至1988年全市参加适应性专项培训的职工有65万人,至1989年已达76万人。

1989年12月,市成人教育委员会召开市职工适应性专项培训经验交流会议,市外经贸委、市纺织局、市邮电局、市商业二局、上海隧道工程公司、上海航空公司、上海无线电二厂和十八厂等单位交流了经验。在治理整顿、深化改革中,上海部分企业单位中出现了部分职工生产性停工的情况,不少企业单位抓住这一时机,开展对待工职工的适应性培训。上海无线电二厂在产品积压、产品质量下降、销售滑坡的情况下,实行生产性停工后,由厂长负责,成立了由劳动人事科、培训中心、质量科、设计科、工艺科和车间负责人组成的培训领导小组,组织职工进行适应性培训,着重加强职工质量管理意识和工艺纪律,提高技术操作能力。此类培训提高了职工素质,为生产增添后劲,同时稳定了职工的情绪。

第三节　紧缺人才培训

1992年底启动，1993年初成立"90年代上海紧缺人才培训工程"课题组，提出上海应通过成人教育提高从业人员素质，提高市民的文化技术结构，以适应外向型经济发展和社会主义市场经济体制建立的需要。市政府教育卫生办公室、市成人教育委员会、市人事局在1993年联合向市人民政府提出《关于90年代上海紧缺人才培训工程实施计划》(简称"90培训工程"，下同)。5月10日，市政府沪府办发文颁发"关于90年代上海紧缺人才培训工程实施计划"。

"90培训工程"针对上海经济建设要求和人才紧缺的矛盾，力争用2～3年的时间，培养出近万名金融保险、房地产开发经营、城建工程项目、涉外商务、涉外法律、高级财会、旅游、专业外语以及企业家后备力量等9类紧缺专业人才。同时，普遍提高从业人员和市民的外语水平与计算机应用能力，培养和造就一大批适应90年代上海经济发展的高层次、复合型、外向型人才，有4个主体项目：

(1)建立十个紧缺人才培训中心。以行业为依托，市政府委托有关委、办、局负责组建、领导和管理承担培养适应上海经济发展急需的高层次、复合型、外向型人才的教育机构。其主要职责是：在了解本行业人才需求的基础上，提出培训的规格、层次和标准，制定考核大纲、教学计划，编写或指定教材及辅导材料，组织考核，建立培训网络，力争用若干年的时间，培养出数万名金融保险、房地产开发经营、涉外商务、涉外法律等岗位的紧缺专业人才。

(2)筹建"上海教育电视台"。在市现有20频道(部分时间)和26教育频道的基础上，抓紧筹建"上海教育电视台"。上海教育电视台成立后，要在继续开展大中专学历教育的同时，增加培训紧缺人才通用课程的播出时间，开辟紧缺人才培训专题，并接受各紧缺人才培训中心委托的教学任务。

(3)建立上海市民通用外语水平等级考试制与计算机应用能力考核制。通用外语水平等级考试试行初、中、高等三级。由市政府教卫办、市成教委与市人事局组织安排，委托上海外国语学院与"上海市干部培训中心"协助组织实施，采用电视教学与社会各界办班教学的形式，实行统一考试，统一发证。计算机应用能力考核分初、中等二级。由市政府教卫办、市成教委与市人事局组织安排，委托上海电视大学协助实施，采用电视教学与社会各界办班教学的形式，实行统一考试，统一发证。获取初级合格证书的，可作为从事相关岗位的职业资格证书；获取中级合格证书的，输入由市人事局主管的外语人才和计算机应用人才储存库。

(4)编辑、出版一批适应社会需要的培训教材。组织市有关高校、教育培训机构会同有关部门共同编写一套上海紧缺专业人才系列教材，其中包括市场学、股份制学、商品经济学、国际财会、国际经济法、国际贸易法、国际税法、金融、保险、涉外商务、房地产开发经营、涉外城建等。教材要充分体现成人教育的特点，偏重实务与操作。

为了有组织、大规模地推进上海紧缺人才培训工作，1993年，经市政府同意，成立由市委组织部、市人事局、市教委、市成教委分管领导组成"上海紧缺人才培训工程联席会议"，由分管市长任联席会议召集人，谢丽娟、龚学平、周慕尧等副市长先后担任联席会议召集人，研究解决工程实施过程中的一些重大问题。下设非常设机构"90年代上海紧缺人才培训工程联席会议办公室"。由市教委、市成教委、市委组织部、市人事局有关职能部门负责人组成，负责处理工程实施的日常工作。

同年5月，市政府教卫办、市成教委、市人事局成立上海市民通用外语水平等级考试专家组和上海市民计算机应用能力考核专家组。6月，市政府教卫办、市成教委、市委组织部、市人事局成立上海市通用外语水平等级考试办公室和上海市计算机应用能力考核办公室。7月,下发《关于紧缺人才培训中心建设的若干意见》。11月,市委组织部、市人事局、市职称改革领导小组办公室、市成教委发出《关于组织上海市广大干部参加外语和计算机培训、考核的通知》。上海教育发展基金会设立了总额为1 000万元人民币的"上海市紧缺人才培训专项基金",每年动用其增值部分的100万元,这些举措对加快"90培训工程"的实施起到了推动作用。

"90培训工程"从提出到全面实施仅用了不到一年的时间就取得了成果:1994年1月,举行计算机和外语第一次全市统一考试。2月27日,上海教育电视台建立并正式开播。全天播出16小时,设10多个专栏。上半年,上海市企业管理培训中心、建设人才培训中心、外经贸教育培训中心、财贸人才培训中心、涉外法律人才培训中心等十大紧缺人才培训中心组建完成,分别承担现代企业高级经理、现代企业高级营销经理、房地产开发、涉外商务、涉外法律等26类岗位的紧缺人才培训考核,后又增补国际财务与会计、物业管理、办公自动化3个紧缺人才培训项目。组织编写了"90年代上海紧缺人才培训系列丛书"。同年,国家教委、中组部和国家人事部在上海召开"普及计算机知识、开展社会化培训现场会",总结和推广了上海的经验。

"90培训工程"的实施推进了各行各业紧缺人才的培养,到2000年,经有关主体项目培训、考核的从业人员、市民达400多万,其中,参加计算机应用能力考核300多万人,经考核合格160多万人;参加通用外语水平等级考试55万人,经考试合格37万人。参加紧缺人才培训的达10余万人,经考核合格取得《上海市岗位资格证书》有3万多人;参加"国际财务与会计"培训的达6.5万人次,有近4万人次获单科证书,5 000余人获《国际财务与会计》证书。"90年代上海紧缺人才培训工程"系列丛书正式出版130种(类),仅计算机应用能力考核和通用外语水平等级考试的教材印数就分别达239万册和51万册。《现代企业高级经理》《房地产政策法规通览》《饭店营销学》《高级英语口译》等一批考核大纲、教材,不仅受到学员的欢迎,而且受到国内外教育机构和同行专家的好评,以及国家有关部委的赞誉,部分岗位证书在人才市场上也广受欢迎。虽然教育电视台成立时间不长,但在市教委领导下,发展很快,无论质量、品种、影响都在全市处于领先地位。

1997年7月,市教委、市成教委、市委组织部、市人事局联合召开实施"90培训工程"工作会议,会议的目的是总结经验,提高认识,明确任务,完善机制,落实措施,开创实施"90培训工程"新局面。市委副书记龚学平讲话。会议肯定了实施"90培训工程"4年多来取得的成效,总结了立足为上海实现宏伟战略目标服务,努力适应上海经济发展的形势和建设社会主义市场经济的需要;坚持改革,探索建立成人教育管理、办学的新体制、新机制;执行"考教分离"的原则,确保培训质量;政策配套,育人和用人结合4条基本经验。提出今后实施"90培训工程"指导思想是深化认识,突出重点,完善机制,落实措施,努力开创实施90年代上海紧缺人才培训的新局面。

根据工作会议精神,1998年委托上海人力资源开发研究所进行专题调查研究,并形成课题报告。调查是按照典型随机抽样的方法,调查了9个委系统下属的546个单位(从业人员114.86万人)258个专业岗位。从调查汇总的结果看,有163个仍然处于紧缺或很紧缺状态,占到了被调查岗位类别的63.2%。提出面向21世纪上海新一轮跨世纪紧缺人才培训工程应以各类综合型高级管理人才、各类综合性高级专业人才、从事资产与资本的投资、经营、运作的专门战略性人才、各类高新技术与高新产业领域的创新型人才等10类人才为开发重心。

进入21世纪后,经市委组织部、市人事局、市教委领导同意,"90年代上海紧缺人才培训工程"更名为"上海紧缺人才培训工程"。2002年,成立"上海紧缺人才培训事务服务中心"(企业法人),作为常设办事机构。紧缺人才培训是一个动态性较强的教育项目,随着形势任务的变化,社会化培训已形成共识,2004年6月,"90年代上海紧缺人才培训工程联席会议"办公室更名为"上海紧缺人才培训办公室"(非常设机构);上海紧缺人才培训事务服务中心作为"上海紧缺人才培训办公室"的常设办事机构,以增强对推动干部培训市场化、社会化工作的研究与探索。上海外国语学院、上海电视大学等教育机构由原来的委托协助实施,进入学校自主举办、独立运行阶段。

第三章　现代企业教育培训

第一节　制度试点

　　1989年9月,国家教育委员会发出《关于在一百个企业进行教育综合改革实验的通知》,决定在全国102家国有企业进行教育综合改革实验。这次确定的企业,是全国较先进的大、中型骨干企业,设备条件、生产能力、管理水平、经济效益以及职工教育培训等都比较好;有的还积累一定的教育培训经验。试点要求进一步提高企业领导对企业教育地位和作用的认识,明确企业教育的指导思想、办学模式、工作重点,优化企业教育结构;强调理顺企业教育领导和实施体制,探索和建立行之有效的提高企业教育质量和办学效益的规律和制度,为发展、提高全国的企业教育起示范作用。

　　上海有上海市自来水厂、上海自行车三厂、上海石化总厂、第六制药厂、亚明灯泡厂、上海五金机械公司、上海港、上海市市内电话局、上海手表厂、上海电线电缆集团(公司)等12家国有大中型企业作为国家教委的试点单位。市成人教育委员会与有关部门又分批选择市百一店、华联商厦、江南造船厂、沪东造船厂等25家国有大中型企业作为上海的试点单位。上海先后有37家国有企业参加了国家或上海市的企业教育综合改革试点,取得了一系列的成果。主要是与企业的用工、分配制度的改革结合起来;与企业的生产、经营、技改、新品开发等工作结合起来;在企业领导的统筹指挥下,通过企业各部门的通力协作来推进整个企业教育的各项改革,从单一、局部的改革发展到系统、综合的改革。

　　1993年2月,中共中央、国务院颁发《中国教育改革和发展纲要》。次年7月,国务院关于《中国教育改革和发展纲要》实施意见指出,要建立和完善现代企业教育制度。1995年4月,市政府召开市成人教育工作会议。指出,推动试点单位积极探索建立现代企业教育制度,使企业教育的发展与企业劳动、人事、工资制度的改革有机结合。各行业、系统要深入企业,注重调查,借鉴和引进国内外企业教育的先进制度和模式,帮助和推进企业建立现代企业教育制度。同年6月,市政府办公厅转发市教委《关于大力发展上海市成人教育的意见》,指出市成人教育发展的一个主要任务是抓住建立现代企业教育制度的契机,按照社会主义市场经济的客观要求和企业教育的内在规律,建立和健全现代企业教育制度,把培养人才和合理使用人才结合起来,促进教育和经济的协调发展。按照市政府要求,市教委会同经济、劳动、人事等部门多次召开建立现代企业教育制度研讨会,总结试点单位的成功经验,深入探讨制约建立现代企业教育制度的内外部因素,在完善体制、健全机制上提出新对策,形成指导性文件,推动试点企业在内部条件和外部环境发生重大变化的新形势下,抓住机遇,借鉴国内外先进经验,深化企业教育改革。

　　1996年1月,市经委在初步总结试点单位的基础上,提出《关于探索建立现代企业教育培训制度的若干试行意见》,对建立现代企业教育培训制度的指导思想、目标任务、基本特征等问题提出意见。同年6月,市教委成教办召开市企业教育综合改革试点单位工作研讨会。上海石化、宝钢等14个单位发言。会议认为,根据建立现代企业制度、技术进步和企业的实际需要,有所侧重地进行改革,不同程度地取得了进展。主要表现在建立主动适应企业当前生产经营目标和长期发展战略需要的办学体制,提高职工本岗位的工作能力和生产技能,分层次地开展继续教育,构建技术工人合理的等级结构,培养复合型人才。以人力资源开发为中心,完善企业教育的运行机制;不断完善岗位培训与持证上岗制度,坚持实行培训、考核、使用、待遇相结合的制度。改善企业教育培训和管理的物质条件,建设关键工种生产技能培训基地,配置先进的电化教育设施和计算机管理网络。会议要求,试点企业确定试点项目的超前性、实用性、推广性,重视企业精神的培育,在完善体制、健全机制上提供新经验,提出新对策,推动面上工作。

1997年,宝钢、石化、五金机械公司、上海港、市自来水公司、市电话局、市糖烟酒公司等单位从企业教育管理体制、办学体制、运行机制、培训模式等方面初步总结现代企业教育制度试点经验,并推动企业教育改革继续深化。1998年,工业系统以强化企业高级管理人员、高层次专业技术人员、高级技术工人培训为主线开展系统内继续教育,有60%的大中型企业领导干部参加了工商管理培训。建设系统实施继续教育向高层次深化、高职教育向特色方面深化、企业教育向综合改革深化,岗位培训向资格培训延伸、劳务培训向技能鉴定延伸、系统培训向行业培训延伸。商业系统进一步完善全系统持证上岗制度,15万名营业员经培训考核"持证上岗",超市理货员、餐饮客房服务员等12个窗口行业主体工程"持证上岗"。

1999年1月,市成人教育工作会议提出,上海应按《中国教育改革和发展纲要》要求,率先建设现代企业教育制度。同年5月,市成人教育委员会在调查研究的基础上,根据企业教育综合改革试点以来积累的经验,结合上海市企业的实际情况,颁发《关于上海市推进现代企业教育制度建设的意见》。《意见》共14条,指出建设与现代企业制度相配套的现代企业教育制度,全面提高员工素质,成为企业教育综合改革的方向和目标。建设现代企业教育制度的核心是企业真正拥有教育的自主权。建立和完善现代企业教育的管理体制,建立和完善以岗位培训、继续教育为重点的教育培训体系。明确提出建设现代企业教育制度的重点是国有大中型企业。

2000年3月,提出《关于推进企业(行业)教育培训中心建设的意见》。2001年4月,发出《关于上海市开展现代企业教育制度试点和现代企业教育培训中心试点的通知》,确定宝钢集团公司、上海石化股份有限公司等28家企业为上海市现代企业教育制度建设试点单位。同年5月,召开市推进现代企业教育工作会议,部署市现代企业教育制度和现代企业教育培训中心试点工作,全面推进现代企业教育制度建设。市有关委办教育处长、各区县成教办负责人和试点单位负责人120多人参加会议。会议要求,进一步探索适应现代企业的企业教育管理体制、办学体制、运行机制、教育培训模式;进一步探索创建学习型企业,构筑企业终身教育(终身学习)体系的办法和途径;进一步推进行业和现代企业教育培训中心建设;为提高职工素质和企业发展提供坚实基础和有力保证。

建设现代企业教育制度在多层面、多方位展开,推进岗位培训和继续教育制度建设。市工业党委、市经委制订《上海工业"十五"教育培训规划》,开展《国有大中型企业建立现代企业制度和加强管理的基本规范》与世界贸易组织基本规则的培训;举办9期《21世纪国际企业家上海论坛》,请世界500强的企业总裁或首席执行官讲课;上海友谊(集团)有限公司,锦江(集团)有限公司等企业邀请国外的企业家或学校合作开展培训。"企业发展,教育优先"成为许多企业经营和管理的一个重要策略和指导思想。上海航空股份有限公司按《上航管理手册》开展全员培训,促进各部门的协调,提高了航班的准点率。一百集团、上海隧道分别实施"提高商业职工素质工程"和培养高级技师的"登高计划"。上海市第一建筑有限公司为适应市场竞争,开展总承包管理新知识培训,推行ISO9000贯标认证,3 000多人次接受培训,在上海建筑行业中率先通过贯标认证。

一些行业、企业探索建立企业教育培训的保障制度。对企业经营管理者建立调训制度和述学制度,将参加教育培训和理论学习的情况作为考核的重要内容和选拔任用的重要依据。对专业技术人员建立继续教育制度,规定每个高中级专业技术人员每年接受继续教育的培训时间为72学时,每个初级专业技术人员为42学时。专业技术人员的培训平均达到90%。把专业技术人员参加继续教育的情况,作为专业技术职务晋升、聘用的必要条件。对刻苦钻研、在岗位上做出突出成绩的技术工人,采取破格提升、特殊津贴、授予荣誉称号等激励、奖励措施。对评出的技术能手,给予特殊津贴。建立教育经费预算制度,结合企业年度培训计划和培训设施建设计划,确保教育培训经费的合理使用,提高使用效果。建立企业培训师制度,建设一支视野开阔、有一定专门知识与管理技能、掌握培训规律的培训师队伍,成为企业人才资源开发的参谋和助手。

2002年,市教育行政部门根据试点单位实践,总结了企业教育新理念、重点培训和全员培训相结合、改革培训内容和标准、建立企业教育保障制度四条经验,召开市现代企业教育制度和现代企业培训中心试点单位经验交流会,得到教育部职业教育与成人教育司的肯定,在全国推广。

2003年2月,市政府颁布《关于大力推进上海市职业教育改革与发展的决定》,把现代企业教育制度和现代企业教育培训中心建设工程,作为实施职业教育八大工程之一。3月,市教育委员会、市经济委员会、市劳动和社会保障局发出《关于进一步发挥行业、企业在职业教育和培训中作用的意见》明确企业是职业培训的主体、企业经营管理者是主要责任人。2004年5月,市人大颁发《上海市职业教育条例》,用条例的形式明确了企业自主办学权。这些市级层面的文件、条例推动了试点工作持续深化。同年,市教育行政部门召开会议,要求点上深化,坚持创新,加快建设现代企业教育制度,创建学习型企业;面上扩展,积极实施现代企业教育制度和现代企业教育培训中心建设工程。

2004年,在总结现代企业教育制度试点工作的基础上,市教育委员会职业教育与成人教育处、市成人教育协会企业教育专业委员会编辑、出版《上海建立现代企业教育制度的实践》,总结、介绍试点单位在教育体制、运作机制、培训模式、教育内容、教学方法等方面的有益探索。

2008年,市推进学习型社会建设指导委员会编辑、出版《上海现代企业教育理论与实践》,以及以后由上海市学习型社会建设与终身教育促进委员会办公室组编的上海企业教育研究丛书对建设现代企业教育制度进行多角度的研究与阐述,指出上海企业教育在改革发展中取得阶段性的重要成果,主要表现在:

一是上海企业教育的自主性地位基本确立。建立现代企业教育制度的核心是企业真正地拥有教育的自主权,企业可根据市场发展的需要,企业自身发展的需要,以及职业岗位发展的需要,制定和实施企业的人才培训计划,基本建立现代企业教育制度和多样化的运作模式,改变了计划经济时代政府下达计划,企业实施培训的传统模式,发挥了企业的主导作用。紧密结合企业实际自主地开展培训成为企业教育的一个鲜明特征。

二是形成了现代企业教育制度的基本框架。它们是:与政企分开相适应的企业自主办学制度,与现代企业法人治理结构相适应的企业教育管理制度,与市场经济要求相适应的开放式的企业办学制度,与企业人力资源开发相适应的教育培训运行机制,与现代企业竞争机制相适应的企业教育激励和约束机制,与企业发展及教育现代化需要相适应的保障机制。其核心是企业自主,体制多元,机制灵活,管理科学。

三是大教育大培训的格局初步形成。从管理角度上,是在市委、市政府领导下由教育、劳动、人事部门按线条管理发展到以全民学习、终身学习为主导的综合性管理;成立市学习委,作为市委、市政府宏观领导的机构;成立市学习办、市教委终身教育处,"两块牌子、一套班子",作为市委、市政府的工作机构。从办学的角度,是以国有大中型企业教育培训中心为主导,由各高校及其继续教育学院、各中高等职业学院(校)、各科研单位、社会力量共同参与的产学研相结合的大培训格局。随着经济体制、教育体制改革的深化,依托社会教育资源进行的市场化培训成为可能。这个格局体现了政府宏观指导,行业、企业自主管理,社会多元参与,能覆盖所有企业的特点。

四是面向全体从业者,不断提高劳动者的综合素质和职业技能。企业从实际出发,普遍把经营管理者、优秀年轻人才、支柱产业和高新技术企业的专业技术人员、高级技术工人的培训作为教育培训工作的重点,把突出重点和全员培训相结合,开展面向全员的教育培训。从市国资委系统三年抽样调查企业职工教育培训情况来看,2005年参加学历教育和各类培训355 354人,全员培训率为60.89%;2006年参加学历教育和各类培训365 814人(913 676人次),全员培训率为63.39%;2007年参加学历教育和各类培训384 341人(1 008 878人次),全员培训率为66.83%;连续三年全员培训率均超过60%。

企业在改革发展的过程中形成了不同的用工制度,现代企业教育培训面对新的变化,在强化经营管理人员高端培训、专业技术人员的继续教育、高技能人员的技能培训的基础上,向下岗分流人员、外来务工人员特别是农民工延伸。用"政府购买培训成果"的机制推动了这种延伸,有近500个不同类型的培训机构参与这种培训,有150万人接受适应再就业需要的技能培训。培训正在向全体从业者覆盖。

第二节　机构建设

一、措施

在进行职工双补和开展岗位培训的过程中,市经委提出建立企业培训中心作为加强企业职工教育的一项重要措施。在企业教育综合改革过程中,鼓励和支持行业、系统、企业单位办学,提倡企业集中教育资源组建培训中心,企业教育培训机构得到了发展。

2000年3月,市成人教育委员会按照市成人教育工作会议提出上海要率先建立现代企业教育制度、建设一批具有现代水平的行业、企业教育培训中心的要求,发布《关于推进企业(行业)教育培训中心建设的意见》。意见共12条,从重要性、培养目标、管理体制、工作重点、基础设施、经费筹措、教育评估等方面做了具体部署。指出围绕建设现代企业制度和现代企业教育制度,借鉴国际人才资源开发的有益经验,通过理顺和规范本企业(行业)教育管理体系,盘活教育资源存量,发挥教育集约优势等方法,推进企业(行业)教育培训中心建设。建设的重点是国有大型企业和各大行业教育培训中心。明确企业(行业)教育培训中心是既具有参与全员培训职能,又有实施教育与训练条件和能力的教育培训实体。其主要职责是,根据企业发展规划,决定教育培训运行机制,制定教育培训计划,并组织实施;制定教育培训的规章制度,确定教育培训模式、教学大纲、教学计划、教育对象、教学内容、教学时间、教学形式、教学方法、教学手段和教材、选配教师;组织考核,颁发在企业(行业)范围内有效的教育培训考核合格证书;管理教育经费等。强调,企业(行业)教育培训中心实行开放式的办学。以岗位培训和继续教育作为工作重点,逐步建立适应企业(行业)需要、结构合理、覆盖整个企业(行业)的员工教育培训体系,努力提供教育培训服务。加强职工创新精神和创新能力的培养,全面提高劳动者素质,为培育企业新的经济增长点服务,满足职工自我开发和终身学习的需要。

2001年4月,市教育委员会、市成人教育委员会发出试点的通知,确定宝钢集团公司教育培训中心、上海航天局教育中心、上海汽车工业(集团)总公司汽车工业培训中心等32家企业教育培训中心为上海市现代企业教育培训中心的试点单位。同年5月,召开市推进现代企业教育工作会议,要求制定行业、企业教育培训中心推进计划,重点抓好32所设施条件好、办学管理严、培训质量高的具有示范性的行业、企业教育培训中心,形成不同行业、不同所有制形式企业的现代企业教育制度的典型。2002年,召开了市现代企业教育制度和现代企业培训中心试点单位经验交流会。试点单位总结了新思路、新办法、新经验,推动全市现代企业教育制度和现代企业教育培训中心的建设。

二、建设

由于企业(行业)原有基础、所处环境、面临任务各不相同,企业及其教育培训机构在推进现代企业教育制度的同时,又根据各自面临的新情况做了新的探索,形成了不同的建设发展路径,个性化特征愈益凸显。

【宝钢人才开发院】

1978年3月,宝钢工程指挥部成立教育培训处,专门负责职工教育培训工作。1979年12月,上海宝山钢铁总厂建立教育培训中心,负责实施宝钢总厂的教育培训工作。1980年7月决定建立教育培训中心党委,9月明确教育培训中心为宝钢总厂下属独立单位。教育培训中心先后开展岗前培训(含文化补课)、岗位培训和继续工程教育。

1998年11月,上海地区钢铁企业联合重组后,由教育培训中心对集团范围内的教育培训工作实现全覆盖,形成管理人员、技术业务人员、操作维护人员的分类分层培训体系,并以宝钢等级外语考试制度为基础开展国际化人才培养。

为了支撑其跨越式发展战略,实现宝钢2007—2012年进入钢铁主业综合竞争力全球前三强的战略发展目标,2007年8月将培训中心更名为宝钢人才开发院,定位为教育培训、管理研究、创新活动三个基地,在运作中实现培训地域、培训对象、培训层次、培训内容和培训运作五个跨越。至2010年底,人才开发院拥有一支专业门类较全的175人的专职队伍,其中80%以上具有本科以上学历,20%以上具有研究生以上学历。高级职称59人,中级职称70人。兼职教师715位,其中94位兼职教授,宝钢内部兼职教授72位。2007—2010年,宝钢人才开发院累计完成培训项目3220个,551384人次。其中管理类506个项目,95258人次;工程技术类603个项目,30870人次;技术等级类912个项目,34572人次;岗位培训类61个项目,8593人次;计算机、外语类148个项目,11633人次;特种作业安全类84个,99058人次。

【上海电气(集团)总公司教育中心党校】

1978年5月,中共上海市第一机电工业局委员会党校正式成立,1986年2月更名为上海市机电工业管理局党校,1997年3月更名为上海电气(集团)总公司党校。1996年10月,上海机电控股(集团)公司教育中心成立,1997年4月更名为上海电气(集团)总公司教育中心,1998年10月,与上海电气(集团)总公司党校实行“两块牌子、一套班子”运作,承担上海电气(集团)总公司培训管理与培训实施等职能,是上海电气培训基地日常运作与管理单位。从1978年至2010年,教育中心、党校举办各类培训班近200种类型,1600多个班次,培训学员约142500名;1990年以来,举办专题讲座与下基层讲课1200余场(次),听讲人数达15万余人次。

【上海汽车工业(集团)总公司培训中心】

1990年,上海汽车拖拉机工业联营公司培训中心改名为上海汽车工业培训中心。2002年12月更名为上海汽车工业(集团)总公司汽车工业培训中心,实行培训中心、职工大学、职工中专、总公司党校、团校"多块牌子,一套班子"。2003年4月,撤销职工大学建制,培训中心与党校两块牌子一套班子。

2007年5月,培训中心更名为上海汽车工业(集团)总公司培训中心。它既是上汽集团教育培训工作管理机构,又是上汽集团三支队伍(高级经营管理人才、高级专业技术和企业管理人才、高级技能人才)和党群干部、党员培训基地。多年来,逐步形成了一支以自有专职培训师为主导,行业内各级领导、专家以及社会兼职培训师为主体的师资队伍,建立了包括汽车整车、发动机、变速器、汽车底盘、汽车电子、安全技术等一批专业实训室,以及质量与制造、安全、经营管理;领导力、党建与企业文化,汽车技术、数控技术、机电等学科教研室。被国家劳动和社会保障部确定为国家高技能人才培训基地(机电项目),被上海市人力资源和社会保障局认定为上海汽车工程师研修基地。

【中国石化上海石油化工股份有限公司培训中心】

1993年7月,上海石油化工总厂改制为中国石化上海石油化工股份有限公司,1999年12月公司教育中心和党校重组成立培训中心,"一套班子、两块牌子"。2005年12月,与中国石化上海培训中心合署办公,2010年2月,整合职能和资源,实施一体化管理。整合后的培训中心负责员工培训需求调研、计划制定和组织实施,承担集团公司相关培训任务和石化行业工种技能鉴定,负责中石化集团公司和上海石化公司下达的培训计划与职业技能鉴定计划的实施工作。2010年底,培训中心占地7.62万平方米,校舍建筑面积4.11万平方米。有化工仪表运行维护、化工设备运行维护、化工电气运行维护、计算机仿真培训等实训基地,可进行公司各装置化工仪表运行及维修、机泵维修、运行电工以及炼油、化工、塑料、锅炉等19个相关工种的培训与考核。

【江南造船集团公司教育培训中心】

1995年11月,江南造船厂转制为江南造船(集团)有限责任公司。1996年将原厂教育处和江南造船厂技工学校合并,成立了公司培训部。1999年公司人事部和培训部合并,建立人力资源部。培训部改名为教育培训中心,隶属于公司人力资源部。江南造船集团公司教育培训中心,其运行模式是"两块牌子、一套班子"。对公司内部是教培中心,对社会外部是江南造船集团职业技术学校(国家重点技工学校、上海市中等职业教育改革发展特色示范校建设单位),实行职前教育与职后培训一体化、教学培训管理实行大教务模式。2002年被国家社会和劳动保障部确定为全国首批国家高技能人才培训基地。

【上海港教育培训中心】

1996年6月,上海港务局将局教育卫生处的教育行政管理职能与局职工大学、技工学校合并组建为"上海港教育培训中心",对外仍保留职工大学、党校、团校、技工学校、工人技术业务考核总站的牌子,几块牌子一套班子。2001年4月,市政府审核批准,由上海海港职工大学和上海交运(集团)职工大学合并转型,组建上海交通职业技术学院。上海港教育培训中心主要承担上港集团的职工教育培训和考核功能,同时也是上海交通职业技术学院的东校区。

【百联集团教育培训中心】

2003年3月,由上海原一百集团、华联集团、友谊集团和物资集团组建成百联集团有限公司。12月,在原四大集团教育培训机构基础上成立百联集团教育培训中心。2007年12月,百联集团教育培训中心与物资党校进行"管教合一"。"管教合一"后的百联集团教育培训中心(党校)既是百联集团教育培训工作的管理职能部门,又是承担集团各级党政领导人员、管理人员、各级技能人才和一线员工培训的办学实体。2008年9月,注册成立上海百联商贸进修学院,作为集团教育培训中心开展企业培训的办学机构,主要承担百联集团各级各类经营管理人员培训和上海市人社局各类资质、资格培训。百联集团教育培训中心和成员企业培训机构共同承担集团系统职工教育培训,年培训规模达到50万人次。

【沪东中华造船集团培训中心】

2002年6月,沪东中华造船集团所属的企业教育部门在企业改制改革中,成立了具有独立经济核算、独立劳动关系的"上海东华教育投资管理有限公司",在服务好企业主课堂的基础上,面向社会大课堂。2006年教育培训近万人,教育产值达970万元。在转轨改制中走向市场后,投资管理有限公司的职工教育部成为沪东中华造船集团培训中心。

期间,还成立了以全国劳动模范李斌、徐小平为命名的企业教育培训机构,主要培养产业发展急需的高技能人才。

【上海电气李斌技师学院】

2003年8月,由"李斌学校"升级为现名,上海电气(集团)总公司和上海市机电工会共同举办,依托上海电机学院专门从事职业技能培训,是全国第一家以工人名字命名的学院,是国家劳动和社会保障部确定的国家高技能人才培训基地。学院弘扬"敬业、创新、钻研、奉献"的李斌精神,按照"工学交替、校企合作、系统培养、动态管理、突出技能、强化素质"的办学原则,七年来承办了上海电气"3+3+3"技术工人培训,为企业及社会13 000多人提供各类技能岗位培训。2007年学院荣获全国"五一劳动奖状"。

【上汽徐小平技术服务培训中心】

2005年成立,培训中心主要有培养高技能人才、服务和咨询、高技能人才评价三项职能。自2005年至2007年4月,已为各企业开展培训项目216项,培训各级各类技术工人8 575人,其中各工种高级工以上培训人数1 279人,培训课程包括冲压、焊装、涂装、数控机床、维修电工、铸造、锻造、冷加工等约20多个职业工种。

三、评价

2008年,市推进学习型社会建设指导委员会编辑、出版《上海现代企业教育理论与实践》,以及以后由上海市学习型社会建设与终身教育促进委员会办公室组编的上海企业教育研究丛书对现代企业教育培训中心的试点工作进行研究与阐述,指出上海现代企业教育培训中心的试点工作取得了阶段性的重要成果。

建成一批现代化、骨干型的企业教育培训中心。试点的现代企业教育培训中心形成与现代企业教育制度相匹配的管理制度、培训体系和课程体系;形成与其主要任务相适应的专兼职师资队伍;开发具有企业特点的体现新知识、新技能、新工艺、新方法的培训项目与培训教材,编制带有企业绝活的多媒体课件和操作工艺电化教学片;建设了与其规模层次要求相应的教学设施;宝钢、上汽、百联、浦发银行、上海外经贸、上海航空等企业(行业)教育培训中心是其中的代表。现代企业教育培训中心成为构建终身教育体系中的一支不可或缺的重要力量。

形成自身的培训特色和模式。现代企业教育培训中心在实践中形成一批有上海特色、行业特点的培训项目。如上汽培训中心的上海汽车工程师继续教育,上海隧道培训中心盾构系列培训,上海外经贸教育培训中心国际贸易单证、国际货运代理培训考证项目,百联教育培训中心大卖场店长培训项目等。形成了以战略人才开发体系为主的宝钢培训、服务企业发展战略的上汽培训、支撑企业愿景的上海港培训、以提升综合素质为导向的上海石化培训、培养国际商务紧缺人才的上海外贸培训,机制创新引领的浦发银行培训、集产、学、研三位于一体的上海电力培训、管教合一的百联培训、点面结合的江南造船培训、模块教学+专业实训的上铁职工培训等不同的企业教育模式。

形式多样,面向全体劳动者。现代企业教育培训中心形成有企业特点的经营管理人才的高端培训、专业技术人员的继续教育、高技能人才的提高培训、弱势群体的农民工培训特别是安全培训,提高员工的综合素质和岗位技能,提升企业的核心竞争力。按照“学有所教”基本要求,不断适应变化了的情况,增强培训的针对性和有效性。引进与培育企业培训师,按照市场发展、企业发展和岗位发展的需要,与职工的职业发展生涯紧密相结合,实行在校学习、送教上门和远程教育(含网络教育)三管齐下,模块式教学、订单式教学、研讨式教学、案例式教学、个性化教学等应运而生,在线学习、拓展训练正在崭露头角,受到职工的欢迎。根据企业战略发展需要,与国外著名高校著名企业“搭对设点”,在海外设立常年培训基地,进行短期或中期的培训与实习,多渠道、多方式拓宽国际培训之路。增强了企业教育的吸引力和有效性。

形成专业的合作组织。随着政府机构的职能的转变,1997年4月,市教育委员会批复同意成立市成人教育协会企业教育专业委员会。企业教育专业委员会的成立适应社会主义市场经济和建立现代企业制度的需要,加强了企业与企业之间、企业与政府之间的联系和交流。1999年10月,市成人教育协会课题组经过几年的努力,完成《现代企业教育模式探索》课题报告。2006年11月,由16家大、中型骨干企业教育培训中心发起,在市教委终身教育处支持下,成立“上海市企业教育合作联盟”。根据市教委领导“加强合作,互通有无,增进友谊,促进发展”的指示,按照会员的共同需求,提出“搭建上海企业教育平台,创建上海企业教育品牌”工作宗旨,开展系列活动。2007年11月4日,在上海电视大学举办主题为“培训助发展,创新育人才”第一届上海企业教育论坛。论坛有11家企业或教育培训机构的领导作交流发言,有20家大、中型骨干企业教育培训中心展示企业教育培训成果。中国成人教育协会会长朱新均、教育部局级巡视员张昭文、市成人教育协会会长俞恭庆、副会长郭伯农等领导参加了论坛。朱新均高度评价上海市企业教育合作联盟,称它是一个创新之举。

据市教委终身教育处对国资委系统职工教育培训情况调查统计,2010年参加学历教育和各类培训共410 370人(1 244 795人次)全员培训率为71.83%。参加学历教育共50 243人。参加各类培训的共360 127人(1 194 552人次),其中管理人员71 946人,专业技术人员65 835人,工人222 346人。全员职工教育培训总经费实际支出45 691.18万元,占工资总额的1.29%。职工教育培训机构1 386个,其中高等职业教育98个,中等职业教育60个,培训机构1 208个。职工教育专职管理人员1 166人,专职教师1 780人。

据市成人教育协会企业教育专业委员会对92家企业的调查统计,有26家培训机构,占

28.3％。企业培训机构总人数1 419人,占培训机构所在企业总人数(237 529)的0.6％。其中,班子成员64人,管理人员596人,专职教师350人。兼职教师522人。企业培训师总数481人,其中,高级企业培训师68人,中级企业培训师301人。培训机构占地面积309亩,校舍面积132 491平方米。其中,教室480间,39 233平方米;实训实验场地65间,15 303平方米。对外服务的公共实训基地或设施3个。培训机构在现有教育培训中,有122个较稳定的培训项目或工种,自行开发培训课程938门,制作音像教材4 560教时,编写培训教材97门,其中正式出版9本。"十一五"期间,由培训机构自行完成和组织完成的培训人数1 033 091;其中2006年完成161 223人次,2007年完成179 564人次,2008年完成212 860人次,2009年完成234 820人次,2010年完成254 980人次。经计算,十一五期间由培训机构自行完成和组织培训完成的培训量,与调查企业培训总人数相比占了61％。

第三节　创建学习型企业

一、组织推进

20世纪90年代中期,学习型组织作为一种组织管理理论传入中国,上海企业相继开展一系列的学习、研究工作。宝钢集团、信谊药厂等企业提出建设"学习型企业"。

1995年5月,国家教委在企业教育中,首次提出"学习型企业"的理念,并把"学习型企业"内容列入了"人力资源开发理论与实践"课程。1999年9月,市委、市政府提出要让市民在不同的人生阶段都能获得相应的学习机会,努力把上海建成适应新时代的"学习型城市"的目标。同年,教育部在湖北宜昌举办企业教育改革研讨会,总结推广葛洲坝集团公司等企业深化企业教育综合改革、创建学习型企业的经验。各试点单位在推进现代企业教育制度建设同时,上海汽车工业(集团)总公司、上海铁路局、上海新世界集团等一批企业开展创建活动。

2000年3月,市成人教育工作会议的主题报告是"认真贯彻落实市教育工作会议精神,为把上海建成学习型城市而努力"。会议指出,企业教育综合改革力度加大,建设学习型企业已成为企业教育改革和发展的目标。

2006年1月,市委、市政府颁发《关于推进学习型社会建设的指导意见》。《指导意见》明确,到2010年初步建成"人人皆学、时时能学、处处可学"的学习型社会框架。指出,创建学习型企事业单位是增强企事业单位创新发展能力的根本要求。要按照现代企事业管理的要求,以提高员工职业素质、革新能力、团队精神为目标,在广大员工中倡导终身学习理念,形成工作学习化、学习工作化的氛围。结合企事业单位技术革新、效能提高等要求,立足班组、科室,普遍开展岗位培训、技能竞赛、学术沙龙、读书会等学习活动,调动广大员工更新知识、提高技能、大胆革新的积极性,激励岗位成才、自学成才。

2007年4月,市推进学习型社会建设大会召开。上海汽车工业(集团)公司作"推进学习型企业建设,提高上汽核心竞争力"经验介绍。上汽集团在推进学习型企业建设中,做到创建学习型企业工作与集团"十一五"发展规划同步考虑,与建立学习型企业的组织体系同步实施;加强学习培训制度和培训工作程序建设,加强集团和基层企业两级培训基地建设;注重高级经营管理人才、高级专业技术人才、高级技能人才"三支队伍"的培养;全面推进课程体系、师资队伍、培训资源、教学数据库"四项建设"。提高了上汽核心竞争力,取得积极的成效。年产量从80年代的20多万辆发展到

2006年的134万辆,销售收入从60多亿元人民币发展到140多亿美元。

2009年12月7日,市推进学习型社会建设指导委员会召开"上海市学习型企业建设推进大会"。会议表彰了100家"上海市学习型企业单位""上海市学习型企事业优秀单位"和"上海市学习型企事业标兵单位",总结交流了近年来上海市学习型企业建设的主要经验,明确了进一步推进学习型企业建设的目标和任务。市委副书记殷一璀参加会议并讲话,指出学习型企事业单位建设要注重实效,必须适应学习主体需要,适应企业发展、产业发展、社会发展的需要,要不断创新。一是创新学习载体。强化团队学习,关键是要形成有组织的学习,把生产(工作)与学习有机地结合起来,构建职工互动、共学、共享的组织学习体系。二是创新学习组织。学习组织是可变的,柔性的,按照干部职工的实际需求组成。要建立扁平化、开放化、互动化的学习机制,取长补短,实现全体成员共同提高。三是创新学习工具。现代信息技术发展很快,互联网、电子书、手机等学习工具不断翻新,进入了学习的各个领域。要把网络等变成知识共享的学习载体,提高学习效率。四是创新评估体系。要激励学习热情,形成长效机制,就要有一套科学的评估指标体系,形成导向。五是创新保障机制。推进学习型企事业单位建设,在保障机制上要更加实在管用。市人大常委会副主任、市总工会主席陈豪、副市长沈晓明出席会议。上海市有关委办局、各区县局的分管领导,各区县(产业)工会负责人、文明办、学习办负责人等近400人参加会议。

二、创建活动

2001年6月,上海工会在全面推进职工素质工程的进程中,正式启动"创建学习型组织,争做知识型职工"活动。

2003年3月,上海市总工会关于进一步深化"争创学习型组织,争当知识型职工"活动,全面推进职工素质工程上新台阶的意见指出,按照中央"创争"活动的工作要求,不断巩固和完善市委领导,市学习型社会建设指导委员会办公室指导,市总工会牵头,市文明办、市教委、市发改委、市科委、市人事局、市劳动和社会保障局、市国资委、市工商联等各成员单位互相协同,各有侧重地推进"创争"活动的工作格局。发挥各成员单位在"创争"活动评选先进、宣传典型、整合资源、齐抓共管等方面的领导和指导作用。

2004年1月,全国总工会、中央文明办、国家发展和改革委员会、教育部、科技部、人事部、劳动和社会保障部等9部门印发《关于开展全国"创建学习型组织,争做知识型职工"活动的实施意见》的通知,明确了"学习型组织"和"知识型职工"的基本条件。同年,为贯彻《2003—2007年教育振兴行动计划》,落实全国总工会、教育部等9部门《实施意见》,促进创建学习型企业活动的深入开展。教育部决定在继续抓好114个创建学习型企业成绩突出单位的基础上,确定31个企业作为教育部职成司的联系单位。宝钢集团、上海汽车工业(集团)公司、上海建工(集团)总公司、上海新世界(集团)有限公司、上海市电信公司、上海铁路局被教育部确定为创建学习型企业成绩突出的单位。宝钢集团、上海汽车工业(集团)公司、上海建工(集团)总公司被列为教育部职成司联系单位。市教育行政部门召开市创建学习型企业经验交流会。会议提出,点上深化,坚持创新,加快建设现代企业教育制度,创建学习型企业。

2005年10月,市总工会召开市"创建学习型组织,争做知识型职工"活动十佳工作法推进表彰会。上海宝钢股份有限公司宝钢分公司的"雁式团队工作法"、复旦光华信息科技有限公司的"建章立制法"、上海市一建公司的"五要素推进法"等获市"创争"活动十佳工作法;上海市电信有限公司的"企业文化熏法"、上海锅炉厂有限公司的"夯实基础法"等16个工作法获市"创争"活动优秀工作法称号。在十佳工作法和优秀工作法的经验材料中,有大中型国有企业建立创争活动目标机制、督导机制、评估机制和共享机制的基本做法,有创争活动分类分层指导的突破,有新经济组织创建学习型企业的新鲜经验和学习型组织本土化建设的范例。企业从实际出发,把"创争"活动融入上海城市和企业发展战略中去,开始形成自己的特色。

2006年2月,市总工会根据市委、市政府《关于推进学习型社会建设的指导意见》,制定下发《"十一五"期间上海职工素质工程发展规划》,明确提出建设学习型社会背景下职工素质工程深入开展的指导思想、总体目标、主要任务和保障措施。围绕经济社会发展目标,当年开展"百万职工劳动竞赛活动",有123万职工参加11 600多项劳动竞赛;举办首届职工科技节,吸引60多万职工参与,开展经济技术创新活动5 100多项,技术革新、技术发明、技术攻关等14 800多项;实施"百万职工技能登高计划",形成"培训、练兵、比武、晋级"四位一体技能升级模式,有125.7万职工参加各类技术培训,73.7万人次参加职业技能培训,其中1.9万人取得高级以上职业资格。全年职工提出合理化建议55.8万条,实施37.7万条,创造了可观的经济效益。

2006年起,市学习办、市总工会从上海企业的实际出发,先后三次修订学习型企事业的评估标准。在调研的基础上,认真总结历年来的实践经验,吸取国内外有关理论研究成果,征求各方意见,形成以组织管理、机制载体、创建基础、创建成效四大类为主要内容的学习型企事业创建评估指标体系,并在部分企业开展试点评估工作。试点工作表明,评估指标体系有操作性、有效果,但仍需在实践中进一步完善、健全分类型、分层次、分人群的学习型企事业单位评估标准,进一步明确推动学习的核心指标,尤其要突出导向性和激励性,逐步使它更加符合各类企事业单位的实际,更有效地推进学习型企业建设,促进企业核心竞争力和职工素质的提升。

2009年11月,市总工会发出《关于新形势下深入开展"创建学习型组织,争做知识型职工"活动的实施意见》,指出加强对"创争"活动的领导,加强"创争"活动联席会议制度建设,完善党委领导、行政支持、工会牵头运作、职工积极参与的学习型企事业单位创建工作模式。要建立长效机制,为推进学习型企事业建设提供制度保障。一是建立健全教育培训机制,推动企业制订职工教育培训计划和各项保障措施,并督促检查落实;二是建立健全监督和保障机制,推动和监督企业严格按照法律法规的要求,足额提取职工教育培训经费并合理使用,保证职工参加学习培训权利的落实;三是建立健全激励与表彰机制,坚持精神奖励与物质奖励相结合的原则,对在推进学习型企事业建设中涌现出来的先进典型进行表彰和奖励;四是建立健全资源共享机制,充分利用各种社会教育资源和手段,不断开辟职工教育培训工作的新渠道;五是建立健全经费投入机制,加大对职工教育培训经费的投入,加强职工教育培训阵地建设,为推进学习型企事业建设夯实基础。

"创争"活动以提高职工的学习能力、竞争能力、发展能力、创新能力等核心能力为主要目标,提高企业竞争力和职工队伍综合素质,得到了上海企业积极响应。2004年,上海宝钢集团公司被评为全国"创争"活动示范单位;2006年,上海宝钢股份有限公司宝钢分公司获全国学习型组织标兵单位称号并被授予全国五一劳动奖状,上海液压泵厂工人李斌、上海航天800所工人唐建平获全国知识型职工标兵称号并被授予全国五一劳动奖章,上海锅炉厂有限公司获全国学习型组织优秀单位称号,复旦光华信息科技有限公司获全国学习型组织先进单位称号。至2009年12月,已有70%的区县局(产业)工会和15 000多个企事业单位开展了学习型组织的创建活动,有500多个企事业单位获得市总工会颁发的学习型企事业的创建奖,参加各类文化技术学习培训的职工突破400多万人次。

同时,市总工会与市文明办等 10 家委办联合开展上海农民工基本素质教育培训工程,以普及世博知识和文明行为规范为重点,引导广大农民工了解世博基本知识,懂得基本法律法规,遵守基本文明规范,保障基本生命安全,掌握基本生活常识,不断提高自身素质。至 2010 年 5 月,全市共培训农民工 200 余万人。并把推进初级工商管理(EBA)培训与"创争"活动结合起来,至 2010 年 8 月举办 17 期,培训学员 7.1 万人,其中 2.2 万接读电视大学工商管理专业学员毕业,提高文化技能素质和现代管理能力。同年 10 月,推出新生代进城务工人员初级工商管理(EBA)培训新项目,以新生代进城务工人员中的班组长、先进人物、业务骨干等为主要对象,开辟"绿色通道"。按照"统一组织、统一教材、统一教学、统一管理、统一考核"的原则,市总工会开展宣传、动员、招生等工作,上海电视大学做好培训的日常管理工作,市慈善基金会为培训学员提供 50% 的经费资助,三方合力推进。来自全市各区县、产业的造船、电子、机械、服装、城建、绿化、运输、餐饮等企业近千名学员参加首期培训。经过三个月的培训,近 900 名学员参加考试,合格率为 89.1%,其中 203 人续读上海电视大学工商管理大专。

三、基层实践

现代企业教育培训的发展推进学习型企业的建设,形成丰富多彩的企业创建实践。

二纺机股份有限公司坚持以树立正确学习观作为"创争"活动的首发工程,重点引导职工确立"不学习,必淘汰""工人阶级有知识才能有力量""为了明天的生活学习两小时"等八大理念,学以致用,学以增智,学以增资,学以增值,取得了显著的成果。

上海电信于 2003 年推出《上海电信员工全面发展白皮书》。通过营造企业亲和环境,通过对员工人格的尊重、情感上的沟通、管理中的参与、制度上的规范、学习发展上的服务和员工利益上的关心等方面,描绘了在上海电信全面发展的前提下,上海电信员工全面发展的蓝图。将个人的价值同企业的价值相结合,实现企业和员工的共同发展,并在团队目标实现过程中实现个人的自我超越。

市政一公司建立"理念导入、愿景导航、团队学习、行为改善、管理融合、文化重塑"的运作模式,以"白龙港工程的执行团队""青草沙工程的亮剑团队""优秀摊铺先锋学习团队"三大典型引路,在团队学习和文化重塑上下功夫,掘进公司荣获"全国工人先锋号"。道机公司的"优秀摊铺先锋"学习团队,在安哥拉工程中进行技术创新,提高工程质量,赢得了安哥拉总统的首肯,为公司争得荣耀。

上海市自来水闵行有限公司以打造一流供水企业为目标,紧紧围绕"勤于学习,勇于创新,敢于争先,乐于奉献"的"四于"企业精神,分层次推进学习文化建设,营造心齐气顺、团结奋进的企业氛围,把团队学习与破解企业发展难题结合起来,提高学习研究的针对性和适用性,致力于提升学习文化"软实力",以文化凝聚职工,塑造公司进取、文明的形象。

恒源祥集团技术中心以提升科研人员综合素质和品牌能力为重点,确立与集团发展共进步的使命感和价值观,通过搭建品牌传播和知识分享的平台,开发恒源祥经营品牌能力平台,完成《世界极细羊毛及其制品的工业化生产》等一批达到国际国内先进水平的科研项目,申请技术专利 129 项,其中发明专利 16 项,提升了恒源祥品牌的核心竞争力和市场占有率。

新世界股份有限公司在创建学习型企业过程中,形成学习保障、育人培训、标兵示范、全员参与四大机制,推进全员学习。在迎世博过程中,编撰《售后服务 100 例——迎世博营业员培训教材》,开展"礼仪迎世博·微笑新世界"全员大行动。2009 年荣获全国实施卓越绩效模式先进企业、全国质量奖鼓励奖等荣誉称号。

　　上海航天汽车机电股份有限公司以弘扬"用心创造未来"的企业文化为核心,以"十二五"规划和共同愿景为切入点,以学习者为中心,创办网络学院,每年按工资总额的 2.5% 足额提取培训费用,2010 年,854 人次参加了 68 项培训,人均培训 18 课时,培训覆盖面达到 80%,形成了人人学习、个个提高的良好氛围。启航航天机电"二次创业",促跨越式发展。

第四篇

农村成人教育

1978年12月党的十一届三中全会以后,国家转向以经济建设为中心,实行改革开放策略,教育得到健康发展。1987年6月国务院批转国家教育委员会《关于改革和发展成人教育的决定》明确成人教育是教育体系的重要组成部分,"决定"把成人教育推向规范、有序发展。1987年1月国家教育委员会、农牧渔业部、财政部联合颁发《乡(镇)农民文化技术学校暂行规定》,成人学校应运而生。1999年国务院批转教育部《面向21世纪教育振兴行动计划》开启了社区教育的新进程。2006年1月上海市委、市政府颁发《关于推进学习型社会建设的指导意见》,把上海社区教育、建设学习型社会推向纵深。

　　中国成人教育在1987年前,一般称为工农教育、业余教育,1987年后称为成人教育,2010年又改称继续教育、成人继续教育。

　　上海农村成人教育事业改革发展。从1980年郊区基本完成扫盲后,转向识字学文化与学技术相结合,1985—1987年在农村青年中普及初中文化补课和在乡镇企业中开展文化技术补课即"双补"。随着农村的发展,产业结构的调整,从20世纪80年代中期开始,上海农村成人教育发展开展以岗位培训和实用技术培训为重点,大力开展等级工培训。1988年后,农村成人教育主管部门和乡镇成人学校与农业部门、科技部门合作,积极实施"燎原计划"、积极开展实用技术培训和"绿色证书"等培训,不仅为农村培养了一批"有文化、懂经营、善管理"的农业人才,同时为上海培育了一批都市农业品牌。进入21世纪,各成人学校积极参与《上海市郊农村劳动力转移培训计划》(2004年)和2005年开始的"上海郊区劳动力职业教育三年行动计划",对接农业部门积极开展专业农民、创业农民和新型农民的培育。2001年起,各乡(镇)成人学校加挂社区学校牌子后,全面开展社区教育,开始转型发展。2003年9月上海市政府办公厅转发市教育委员会等五部门《关于进一步加强老年教育工作若干意见》,各乡镇成人学校又加挂老年学校牌子。上海市成人教育、社区教育、老年教育的市、区、镇(街)、居(村)四级网络逐步形成。

　　上海市农村乡镇成校历经起步、发展、标准化建设,在国务院转批的《关于改革和发展成人教育的决定》和国家教委三部委的《关于乡(镇)农民文化技术学校暂行规定》后,郊区乡(镇)陆续成立成人文化中等技术学校。到1990年,全市232个乡(镇)都建立了成人学校,校均校舍建筑面积412平方米,平均在成校学习者近2000人次。随着成人教育事业发展及转型开展社区教育,2010年市郊成校校舍建筑面积逾2000平方米,各类人群在成校学习者校均高达36811人次。乡(镇)成校的发展,历经20世纪90年代的乡(镇)成校"视导",即巡视与督导。1997年开展的"上海市示范性乡(镇)成校"评估。2008年开始的"上海市标准化镇(乡)成人中等文化技术学校"达标评估,上海郊区始终坚持"一镇一校"格局不变,实现全覆盖,并逐渐形成"三合一",即集成人学校、社区学校、老年学校于一体,成为市郊农村成人教育、社区教育和老年教育的重要载体。

第一章 扫 盲

第一节 20世纪70年代扫盲工作

1978年11月6日,国务院发出《关于扫除文盲的指示》,要求1980年、1982年或稍长一些时间内,基本扫除少年、青年、壮年文盲,努力做到"一堵、二扫、三提高"。"一堵"是抓好普及小学教育,堵住新文盲的产生;"二扫"就是把12岁~45岁的少年、青年、壮年文盲基本扫除(使非文盲人数达到85%以上);"三提高"就是对已脱盲的,要采取多种形式继续组织学习,进一步巩固和提高。

1978年11月,上海市教育局根据国务院《关于扫除文盲的指示》,部署全市的扫盲工作,限期扫除全市少年、青年、壮年中的文盲。至1979年,川沙县首先完成了扫盲任务。1980年初,经公社、县、市三级验收,南汇、奉贤、上海、嘉定、金山、崇明等县也完成了扫盲任务。16岁~45岁青壮年中的非文盲率已达到91%,松江、金山、青浦三个县青壮年中非文盲率已达到80%以上。党员、生产队长以上干部和青年的非文盲率超过95%,超过了国务院规定的"基本扫除剩余文盲"的标准。

1981年1月28日,市政府在川沙县召开现场会,市委副书记王一平在会上宣布上海郊区已基本完成扫除文盲的任务。

第二节 20世纪80年代扫盲工作

一、扫除剩余文盲标准

1988年2月,国务院颁布了《扫除文盲工作条例》。《条例》规定基本扫除文盲的标准是:15—40周岁人口中的非文盲人数,在农村达到85%以上,在企业、事业单位和城镇达到90%以上;组织脱盲人员继续学习提高,防止出现复盲现象,农村的乡(镇)、城市的街道还必须同时符合基本普及初等义务教育的要求。基本扫除文盲单位要继续扫除文盲,使15—40周岁人口中的非文盲人数,达到95%以上。

二、主要举措

1987年10月7日,由上海市成人教育委员会颁发的《上海市成人教育"七五"规划纲要》的通知指出:"七五"期间,上海市成人教育的目标是:一方面全面通过现有干部、工人、农民单位的政治、文化、技术、业务素质,努力在原有基础上提高一个层次,使之成为合格的当班人,另一方面从干部、工人、农民中培养和造就一大批技术和管理专门人才,初步形成三支队伍,即一支数量上能够基本满足需要,质量上能够掌握现代化科学技术和经营管理知识、年龄结构比较合力、专业配套、知识结构构成比例的干部和专业技术人员队伍;一支以中级工为主体,高级技工为骨干,技术结构比较合理,具有较高政治、文化、技术素质的工人队伍;以及一支能够适应农村改革和经济发展需要的、具有较高政治、文化技术素质的农民队伍。从而基本上改变上海市干部、职工、农民队伍"三低一少"

(文化水平低、技术水平低、管理水平低、技术人员少)的状况。

"七五"期间,上海市成人教育的主要任务之一是继续普及包括文化、技术、业务在内的各种基础教育。在贯彻九年制义务教育法的基础上,对35岁以下的务工劳力和青年农民进行普及初中、初级技术教育或实用技术培训。40岁以下的从业人员要扫除文盲。

【组织文盲状况复查】

1988年2月国务院发布《扫除文盲工作条例》以后,各区县有关部门对农村文化状况做了全面调查,对文盲状况组织了复查。根据调查汇总的数据,郊县(区)15周岁～45周岁有男性文盲、半文盲25957人,女性文盲、半文盲77094人,共约10.3万人。妇女文盲、半文盲占总数的75%。此年龄段非文盲率达95.21%。15周岁～35周岁青年文盲、半文盲1.48万人。经排查分析,郊县还有26个乡镇非文盲率尚未超过95%,占乡镇总数11.1%;1185个村和乡办企业非文盲率未超过95%,占总数20.1%。这些是高标准扫除剩余文盲工作的重点。

【落实扫盲经费】

为保证扫盲工作顺利开展,上海市人民政府颁发《上海市人民政府批转市成人教育委员会关于改革和发展上海市成人教育的意见的通知》要求:切实解决成人教育经费和投资问题。《通知》明确提出:农村教育事业费附加中应有一定比例用于农民教育,一般可掌握在20%左右,具体有各乡根据实际情况确定。郊县教育部门的教育经费不低于20%用于农民教育,主要用于扫盲、师资培训、教材编写、经验交流、表彰奖励等。

【落实《扫除文盲工作条例》】

统一思想认识 1988年11月,市教育局与市农委、市成教委联合召开各县分管县长会议,传达了全国扫盲工作会议精神。将国务院《扫除文盲工作条例》发至各县、乡、镇。1989年上半年,市农委、市成教委、教育局联合转发了川沙县政府扫盲工作意见,供各县参考。1989年6月,召开市农村成人教育工作会议,要求各县将扫盲工作作为一项重要工作认真抓好。1990年4月,市成教委、市教育局、市妇联在金山县召开了上海市扫盲工作现场交流会,金山县和松江县做了大会交流。

进行调查摸底 为扫除剩余文盲,市教育局做再次组织调查摸底。1989年5月开始,每县以一个乡作为试点,6月份,九县一区全面展开调查。经过几次核实,掌握了比较准确的数据。据统计:15周岁～45周岁的男性,15周岁～40周岁的女性文盲、半文盲共10.6万,占该年龄段总人数的4.79%。其中15周岁～30周岁青年文盲为1.4万人,该年龄段数占总人数的0.2%。26个乡、镇和1185个村、企业还没有达到新的要求。通过调查表明:上海市郊区及宝山区文盲比例虽然不高,但文盲绝对数不少,应引起重视。1989年8月,在副市长谢丽娟主持下,认真研究、部署扫盲工作。

抓好扫盲试点 川沙县扫盲工作抓得较早,他们在文盲比率最高的施湾乡进行了试点,在乡政府的重视下,经过努力,1987年7月份已有800多人参加脱盲考试,脱盲率较高。于是,市教育局要求各县试点,在试点的基础上,总结经验,逐步推开。在一年时间里,各县做了大量的工作,取得了一定的成绩。金山县、松江县以及青浦县赵屯乡、嘉定县徐行乡、奉贤县塘外乡、上海县莘庄乡的扫盲工作都取得了一定成绩。

抓好扫盲教材建设 1989年市教育局组织力量对以黄浦区、川沙县为主编写的两种扫盲教材进行了论证、修改、审定,并由出版社及时出版,使扫盲工作有了统一的教材。紧接着,由各县(区)

成人教师进修学校培训骨干教师,编写配套的教学参考书或教案。市成人教育教研室还组织、编写了《扫盲工作手册》。

为做好已脱盲学员的巩固提高工作,市成人教育教研室牵头编写了成人高小语文、数学教材,由上海教育出版社出版。另外,市、县还陆续编写了以实用技术为主要内容的巩固读物,出书17种。

三、扫盲成果

按照上海市人民政府扫除剩余文盲的标准规定:到1991年底,以村(企业)为单位的15周岁~40周岁的女性和15周岁~45周岁的男性非文盲率要达到95％以上。

经过几年努力,全市的扫盲工作有了新进展。1991年10月份,上海市成人教育委员会、上海市农业委员会、上海市教育局、上海市妇联、团市委受上海市人民政府委托,联合组成扫盲工作检查验收小组,对郊县及宝山区的扫盲工作进行了检查验收。验收结果表明:扫盲工作达到了预期要求,参加扫盲学习的有34 563人,其中考核合格脱盲的学员有31 344人。剩余文盲还有31 616人,15岁~45岁年龄段文盲率从1988年的4.79％下降到1.42％。扫盲巩固合格率为95.9％。

第三节　20世纪90年代扫盲工作

一、高标准扫盲标准

上海市成人教育委员会、上海市教育局1990年11月7日颁发《关于对扫除剩余文盲工作进行验收的意见》,明确上海高标准扫盲的标准:县(区)高标准扫除剩余文盲的标准。十五周岁至四十五周岁的男性和十五周岁至四十周岁的女性中非文盲人数达到95％以上。每个乡镇或同级企业、事业单位和每个街道办事处或同级企业、事业单位都达到高标准扫除剩余文盲的标准,这个县(区)才算达到高标准扫除剩余文盲单位要求。乡(镇)、街道高标准扫除剩余文盲的标准。十五周岁至四十五周岁的男性和十五周岁至四十周岁的女性中非文盲人数达到95％以上。每个村、企业和每个里委都达到高标准扫除剩余文盲的标准,这个乡(镇)街道才算达到高标准扫除剩余文盲单位要求。脱盲学员的标准:农民识1 500个汉字。企业和事业单位职工、城镇居民识2 000个汉字。能够看懂浅易通俗的报刊,能够写简单的应用文,能进行简单的加减乘除运算。

高标准扫盲主要在四个方面:

(1)年龄段。即提高扫盲年龄的上限,上海市将扫除男性文盲的年龄上限提高到45岁,扫盲年龄上限比《扫除文盲工作条例》所规定的标准提高了5岁。各地区和单位可根据实际需要提高扫盲年龄上限,不强求一律。川沙县政府规定,扫盲对象年龄上限男女均延长至50周岁。

(2)统计单位。高标准扫除文盲,城市以街道办事处或同级企事业单位,农村以行政村或同级企事业单位,列为检查验收的基本统计单位,要求他们都达到扫除文盲单位的标准。

(3)质量。扫除文盲工作注意与义务教育、实用技术教育统一实施,推广“功能扫盲”。扫除实用文盲以利于堵住新文盲产生,提高扫盲工作的质量。

(4)时间。全国要求在20世纪末基本上完成扫盲任务。上海市规定在1991年底高标准地扫除剩余文盲。

二、主要举措

【颁布《上海市扫除剩余文盲工作的意见》】

1990年5月10日,上海市成人教育委员会、上海市教育局颁布《上海市扫除文盲工作的意见》。《意见》重申扫盲意义认识:扫除文盲不仅是一项教育任务,也是一项文化、经济和政治任务。《意见》提出了扫盲主要措施是:城乡基层单位的扫除文盲工作,在当地人民政府的领导下,由单位行政领导负责扫盲工作,由各级成人教委统一管理,各方面协调。区县教育主管部门做具体的组织、管理工作。在当地人民政府、教育行政部门的统筹安排下,各类成人初、中等学校要认真做好扫盲的教学工作,还要动员和组织普通学校的师生参加扫盲工作,并把它作为学生参加社会实践的任务之一,鼓励社会上有扫盲能力的人员参与扫除文盲教学活动。扫除文盲所需经费以节约为原则采取多渠道办法解决。企、事业单位,在职工教育经费中列支。农村教育事业费附加,在三年内应安排一部分专项经费用于扫盲。扫盲教师和工作人员的培训,扫盲教材、读物编写,开展扫盲教研活动等所需费用,在各级教育事业费中列支。为把扫盲工作真正落到实处,由市成教委牵头,市农委、教育局、共青团、妇联等有关单位参加,对区、县、局扫盲工作进行检查。认真做好脱盲考试、验收、发证工作。文盲、半文盲学员经过课堂教学、包教保学、自学辅导等形式,完成学业,经过考试合格,由主考学校负责发给"脱盲证"。

【召开上海市扫盲工作会议】

1990年9月5日上海市成人教育委员会和教育局联合召开扫盲工作会议。市教育局副局长俞恭庆总结了前阶段上海扫盲工作情况,传达了全国扫盲会议精神。市成教委副主任芮兴宝作讲话。会议目的是进一步贯彻落实国务院《扫除文盲工作条例》和《上海市扫除剩余文盲工作的意见》,会议要求根据市成人教委、市教育局联合下发的《上海市扫除文盲工作的意见》文件中提出的领导任期目标、落实扫盲经费、组织扫盲检查等六条措施,予以逐条落实,保证扫盲工作的顺利进行。

【提出表彰扫盲先进条件】

上海市成人教育委员会,上海市教育局1990年10月22日发《关于申请扫除文盲工作先进集体和先进个人表彰大会的函》。《函》提出的先进集体的评选条件是:领导重视,组织落实,扫盲规划切合实际,扫盲措施有力,扫盲经费保证。去冬以来,扫盲工作扎实,任务落实,开展面广,重点突出,成绩显著。认真贯彻"一堵、二扫、三提高"的方针,新文盲基本堵住,并继续抓好扫盲后教育。

先进个人的评选条件是:坚持四项基本原则,密切联系群众,工作作风踏实。坚持不懈地开展扫盲和扫盲巩固工作,勤奋刻苦,不断探索,成绩突出。

评选范围是:(1)先进集体:扫除文盲工作成绩突出的区、县、乡(镇)、街道、村、企业,在扫除文盲和扫盲后教育中作出突出贡献的成人学校和普通学校。(2)先进个人:积极从事、参与扫盲和扫盲后教育的教育行政部门、学校、基层单位的干部、教师和群众。

评选办法为:各区、县按照上述要求认真进行评选,填写申请表,由各区、县人民政府成人教育部门签署意见,并附先进集体或先进个人事迹材料。报市扫除文盲工作先进集体和先进个人评选办公室审批。

【颁发《关于继续扫除剩余文盲和巩固扩大扫盲成果的通知》】

1997 年 6 月 25 日,市教委颁发《关于继续扫除剩余文盲和巩固扩大扫盲成果的通知》。《通知》根据 1993 年 9 月国务院修改后的《扫除文盲工作条例》和国家教委召开的一片地区(已经国家教委验收的省市)扫盲工作座谈会精神,对上海市进一步开展扫盲工作作出部署。一要认清形势,进一步提高对扫盲工作的认识。二要认真制订扫除剩余文盲规划。已经达到国家教委提出的目标的区,要制订更高的标准。三要加强外来流动人口中的扫盲工作。四要落实扫除文盲教育经费。五要做好扫盲后的巩固提高工作。六要建立扫盲复查评估制度。七要建立扫盲档案制度。

【呈报扫盲工作进展情况报告】

2003 年 3 月 11 日,市教委向国家教育部呈报《市教委关于上海市扫盲工作进展情况的报告》。《报告》回顾 90 年代上海扫盲工作的进展情况:1993 年 10 月,国家教育督导司对上海进行"两基"达标评估验收,1994 年又进行复验。1995 年公布上海市扫盲工作验收合格。为了巩固扫盲工作已经取得的成绩,进一步扩大扫盲成果,1997 年 6 月下发《关于继续扫除剩余文盲和巩固扩大扫盲工作成果的通知》,对扫盲后继续教育工作做了部署。从上海的实际出发,以妇女、外来人口为扫盲主要对象。《中共中央办公厅国务院办公厅关于转发教育部等 12 部门〈关于"十五"期间扫除文盲工作的意见〉的通知》颁发以后,认真进行了研究,进一步摸清了底数。根据全国第五次人口普查资料,上海市 15 周岁～50 周岁人口总数为 9 660 187 人,文盲为 133 205 人,非文盲率为 98.62％。如扣除该年龄段中,外来人口 3 101 192 人,文盲数 106 576 人,则上海市 15 周岁～50 周岁的人口为 6 558 995 人,文盲数为 26 629 人,非文盲率为 99.59％;上海市 15 周岁～24 周岁人口数为 2 471 317,文盲数为 8 194 人,非文盲率为 99.67％,如扣除该年龄段中外来人口 968 556 人,文盲 6 216 人,则上海市 15 周岁～24 周岁人口数为 1 502 761 人,文盲 1 978 人,非文盲率为 99.87％。之后主要做法是:继续把妇女文盲和外来人口文盲作为扫盲的主要对象。为老年人提供接受扫盲教育的机会。根据"鼓励 50 周岁以上的文盲接受扫盲教育"的要求,利用社区学校和老年学校开展扫盲教育。加强对罪犯的扫盲教育。开展功能性扫盲工作。

三、扫盲验收

【颁布《关于对扫除剩余文盲工作进行验收的意见》】

1990 年 11 月 7 日上海市成人教育委员会,上海市教育局颁发《关于对扫除剩余文盲工作进行验收的意见》。《意见》就高标准扫盲的验收范围、验收标准、验收方法、验收要求、发证及验收程序作出明确规定。规定对凡已高标准扫除剩余文盲,申请领取《扫除文盲单位证书》的单位和经过扫盲学习已经脱盲,申请领取《脱盲证》的脱盲学员均属验收范围。还规定了各行政单位的高标准扫盲的验收标准,即在县区,15 周岁至 45 周岁的男性和 15 周岁至 40 周岁的女性中非文盲人数达到 95％以上。每个乡镇或同级企业、事业单位和每个街道办事处或同级企业、事业单位都达到高标准扫除剩余文盲的标准,这个县(区)才算达到高标准扫除剩余文盲单位要求,在乡镇、街道,15 周岁至 45 周岁的男性和 15 周岁至 40 周岁的女性中非文盲人数达到 95％以上。每个村、企业和每个里委都达到高标准扫除剩余文盲的标准,这个乡(镇)街道才算达到高标准扫除剩余文盲单位要求。而脱盲学员的标准则为农民识 1 500 个汉字;企业和事业单位职工、城镇居民识 2 000 个汉字,能够看懂浅易通俗的报刊的应用文,能进行简单的加减乘除运算。郊县凡达到扫除文盲标准的村、企业向乡(镇)人民政府申报验收。对于此次扫盲验收要求为:抽考脱盲学员如不及格比例达实考人数的20%以上,则验收不予通过。被验收单位如不能出示文、半盲花名册、学员教材、作业本、本单位组织考试试卷的资料,则不予承认,脱盲学员经过考试合格,由区、县教育局委托的主考学校负责发给《脱盲证》。单位经验收合格,由区、县人民政府发给《扫除文盲单位证书》。《扫除文盲单位证书》《脱盲证》由市教育局统一印制。

【三次检查验收】

1990年10月,上海市成人教育委员会、上海市教育局制定了《关于对扫除剩余文盲工作进行验收的意见》,明确了验收范围、验收标准、验收方法、验收要求、验收程序。1990年12月,受上海市人民政府委托,市农业委员会、市成人教育委员会、市教育局联合组成三个检查组,对各区、县人民政府的扫盲工作进行检查,并进行随机抽样考核。检查结果:川沙县、金山县的乡、村(企业)非文盲率均超过95%的标准,其他县(区)还有个别村(企业)非文盲率未达到95%。1991年10月,由市农业委员会、市成人教育委员会、市教育局、市妇联、团市委组成扫盲工作验收小组对各区、县进行第二次检查、验收。验收结果是各区、县,各乡、镇,各村(企业)非文盲率均达到95%以上。

1993年2—7月,上海市教育督导室组织普及九年义务教育及扫除青壮年文盲评估验收组先后赴川沙、嘉定、宝山、南汇、松江、金山、奉贤、青浦等8个区县,进行为期3~4天的评估验收。并出具评估验收报告。扫除青壮年文盲达标情况是:1990年第四次人口普查时,15周岁~50周岁年龄段的非文盲率达96.72%,15周岁~16周岁人口中非文盲率为99.37%,经工作后,至1991年9月统计15周岁~50周岁年龄段的非文盲率99.09%。

1990—1993年间,上海对扫除文盲工作边检查验收,边继续扫除剩余文盲,全市参加扫盲学习的有50 658人,脱盲学员37 323人。剩余文盲50 027人,其中非上海市户口的常住流动人口10 344人,丧失学习能力的5 799人。

1990—1993年高标准扫盲工作中,川沙县、金山县、松江县被评为全国扫盲先进单位,有7位个人先后被评为全国扫盲先进工作者或获"巾帼教育奖"。3个区、2个县被评为上海市扫盲先进单位,58个单位被评为上海市扫盲先进集体,101人被评为上海市扫盲先进个人。1994年5月,崇明县也通过了市级的扫盲验收。

【国家教委抽查组对上海扫除青壮年文盲评估验收】

1993年10月22日,国家教委赴上海市抽查试点组发布对上海市普及九年义务教育和扫除青壮年文盲评估验收工作的抽查。此次抽查按点面结合的办法,重点考查了金山、宝山两个县、区,同时对静安和虹口两区的情况也进行了解。抽查情况如下:各级领导对"两基"评估验收工作非常重视,指导思想十分明确,指标要求严格、适当,工作抓得认真扎实,而且突出了边查边改精神,对九年义务教育的实施起到了积极推动作用。上海市除崇明县外,其余8县12区均已经过评估验收。这20个区、县都较好的普及了九年义务教育,扫除了青壮年文盲。扫盲情况如下:20个区、县15周岁~40周岁人口中,识字率平均为99%。其中一个郊县为97%以上,5个郊县为98%以上,其余12个市区和2个郊县都在99%以上。

第二章 文化基础教育

第一节 青年农民文化补课

一、业余教育

1977年7月,上海市召开工农教育座谈会,区、县、局200多人参加。中央教育部副部长雍文涛、市委副书记陈锦华出席会议。会议要求拨乱反正,加强领导,全党办学,迅速把工农教育搞上去。并提出在1977年冬、1978年春,基本扫除干部、青年中的13万文盲、半文盲,二年内基本扫除壮年中的文盲、半文盲,三年扫尾,逐步形成四级技术教育网。二年内,每个县、社办好1所农业技术学校。三年内基本普及各种农业技术教育,同时积极开展电视、函授等各类业余教育。

1979年4月27日,市教卫办召开农民业余教育工作会议。会议听取松江县新桥、南汇县周浦和川沙、嘉定县业教办公室介绍业余教育工作经验,并表彰了青浦县朱家角公社业教干部的先进事迹。会议要求从全党工作重点转移这个大背景出发,认识农民业余教育工作的重要性。农民业余教育要以干部、青年和农业技术人员为重点对象,通过短期轮训、定期讲座、举办农民夜校等多种形式,组织干部、青年和技术人员学习政治、文化、农业技术,以推动群众性的业余学习活动。

根据1980年上海市农民教育工作会议精神,在扫盲任务基本完成后,郊县农民教育工作重点转向发展初、中等文化技术教育。主要办学形式有:

(1) 社、镇办业余中学。这类学校一般具有3个班以上,教师来自全日制中小学,社业教干部直接抓教学班,有的还兼课,做到专职专用。

(2) 生产大队办业余小学。这类学校便于学员就近学习,利于招生,成为当时农村业余教育的主要办学形式。奉贤县的18个公社200个大队,有178个大队办学,占大队总数的89%。松江县新桥公社跃进大队团支部办学,形式多样。

(3) 生产队举办业余小学教学班。奉贤县有24个生产队办业余小学教学班,占农村业余小学班的30%;生产队办的业余中等教育班只有6个,占农村业余中学班3%。

根据1980年上半年统计,郊区10个县参加各类农民业余学校学习的总人数为100 314人,比1979年同期的81 531人,增加23%。其中业余小学428班,学员10 055人;业余中学765班,学员28 556人。川沙县办业余小学62班,占郊区总数的14.5%;业余中学136班,占郊区总数的17.8%。业余中小学教学班纳入公社(镇)农民业余文化技术学校管理,办班点延伸到大队。

1980年9月26日,上海市教育局在嘉定县召开郊区业教干部工作会议。会议认为,近年来郊区农民教育事业已逐步恢复且有新进展。扫盲任务基本结束,办学重点向初、中等文化技术教育转移,但必须贯彻"积极办学、加强管理、提高质量、稳步前进"的十六字方针,防止一哄而上,盲目发展。许多单位开始有计划地培养师资、开展教研活动,以提高教学质量。

到1980年底,参加农民业余文化学习的人数已达10万人,比1979年增加30%,学习内容多数是初、中等文化课。南汇县很多农村业余学校安排三分之二文化课,三分之一为生产、生活方面的技术知识课。

为探索经验带动全局,各县都有1～2个公社作为开展农民教育工作的点,大部分公社有重点教学班。如崇明县竖河、川沙县蔡路、南汇县泥城、奉贤县平安、上海县颛桥、嘉定县桃浦、宝山县大场、松江县新桥、金山县山阳、青浦县朱家角。全市有175个公社(镇)办起中心业余文化技术学校,占社(镇)总数的75%。1980年,市教育局将山阳公社、蔡路公社、桃浦公社的农民教育事业计划和教学计划印发给市郊各公社(镇),以推动面上的工作。

1981年1月28日,上海市教育局在川沙县召开现场会议。会上正式宣布,上海市郊10个县都已基本完成扫除文盲的任务。市委副书记王一平、市农委主任万景亮、市教育局副局长杭苇到会讲话。会议要求今后不折不扣地把工作重点转移到业余初、中等教育方面,要着重培训社、队领导干部,对青壮年要加强文化和技术教育。

1984年7月24日,上海市教育局颁发《关于在郊县农村青年中普及初中教育的若干问题的意见(试行)》的通知。

《意见》提出:随着经济结构多样化的发展和劳动力结构的变化以及实行对外开放,对农村教育提出了更新更高的要求。郊县农村已经普及小学教育,但初中教育普及水平还较低,16周岁～18周岁年龄段的初中教育普及率仅占50%左右,18岁以上农村青年的政治普及率更低,这同两个文明建设的需要很不适应。为此,必须抓紧在农村青年中普及初中教育。《意见》提出了"为农业现代化服务,为农民勤劳致富、科学致富服务"的办学目标,抓好没有读完初中的16至18岁(1965年生)青年和动员15周岁以下的、没有读完初中的流生到全日制中小学复学两个重点,《意见》还就农村青年初中教学班的必修课程(语文、数学)和选修课程[政治、生物(农知)或物理(化学)、技术基础知识或理化常识、史地常识],课程设置三种选择、教材使用、学习年限(两年)、总课时(500教时)、师资选用、组织考核与发证、经费来源、教学业务与行政管理等方面做出了具体规定。

市教育局于1984年7月24日发出《关于在郊县农村青年中普及初中教育的若干意见(试行)》后,郊区青年农民文化补课普遍开展。

由于农村全日制中小学师资、设备不足,第一步组织没有读完初中的16岁～18岁青年农民到各业余学校或夜校的初中教学班学习。两年时间学完4门课,其中语文、数学为必修课。文化课考试由县教育局统一组织命题,由各业余学校组织阅卷评分,毕结业证书由县教育局统一印制。同年9月起,上海县首先组织11 000名16岁～18岁的青年农民补习从小学到初中的文化基础知识,其中8 000人在业余中学学习,3 000人在业余小学学习。

从1985年起,对青年农民普遍开展初中、小学的文化补课教育。到1987年,郊区10个县基本上完成了这批青年农民的初中文化基础课补习任务。

"六五"计划后期,上海市农委、成教委、教育局进行调查研究,总结经验,进一步明确农村成人教育的指导思想、方针和任务。1985年,共同制定《上海郊区1985年和七五期间人才培养规划》,对郊县成人教育工作进行宏观调控,以保证其健康地发展。1986年3月,市农委、成教委、教育局联合召开上海市农村成人教育工作会议。回顾1985年工作,围绕"七五人才规划",展望今后农村成人教育前景。明确农村成人教育的指导方针是:"坚持以职业技术教育为重点,以相应的文化教育为基础,以提高农民的文化科学水平和培养农村需要的各种人才为目的,实行多门类、多层次、多规格、多形式办学,为农民致富服务,为农业现代化和发展商品生产服务,为农村社会主义物质文明和精神文明建设服务,为努力实现'七五'人才培养规划提出的奋斗目标作出贡献。"

1987年9月,市农委、成教委、教育局再次联合召开农村成人教育工作会议,同年12月根据这次会议精神印发《关于进一步发展上海郊县成人教育的几点意见》。这次会议进一步明确"七五"计划期间郊区成人教育的方针、任务为:"坚持以文化教育为基础,专业技术教育为重点的指导思想,全面提高劳动者素质","有计划、有步骤地开展岗位培训,继续进行文化基础教育,对 35 岁以下的务工劳力和青年农民进行普及初中、初级技术教育和实用技术培训,其中初级技术教育要按岗位要求开展;开展中等或高等的文化和专业教育;对中级职称以上人员进行继续教育,并开展社会文化和生活教育"。"七五"计划期间,"在各县实现九年制义务教育的基础上,把劳动者平均受教育年限从现阶段的 5.5 年提高到 1990 年的 7 年左右;在技术岗位上的乡镇企业职工,要求 60% 达到三级工,10% 达到中级工,还有少量高级工;培训中专以上专门人才 73 000 余人,(大学本科、专科为 18 250 人,中专为 54 750 人)其中 53 010 人依靠成人教育途径完成"。

二、成人教师进修学校

1979 年,农村"双补"教育中师资紧缺的矛盾十分突出,为此市郊各县相继建立工农教师进修学校。初建时,条件差,规模小,除松江、川沙、崇明、宝山、南汇县的 5 所有独立的教学基地外,其他 5 所均与电视大学或业余中学合用校舍。1985 年后学校改名成人教师进修学校。

经过 10 年建设,各县的成人教师进修学校已初具规模。全市 10 所学校办学条件比初创时期有明显改善,据 1989 年的统计有教职工 440 人,专职教师 304 人,高、中级教师 156 人,占教师人数的 51%。10 所学校均有独立的校舍,总面积达 17 850 平方米。5 所学校建立了计算机房,有计算机 54 台。10 校共有电视机 120 台、录像机 53 台、录音机 76 台、录音磁带 2 388 盘,录像磁带 2 680 盘,藏书 5 万余册。

【管理与领导】

1985 年,市教育局针对县工农教师进修学校在前进中遇到的问题及困难,在总结前五年经验教训的基础上,于 11 月 19 日颁布《郊县工农教师进修学校的暂行办法》。该暂行办法进一步推动了各县成人教师进修学校的发展。该办法明确规定,县工农教师进修学校是郊县培养提高成人教育教师和办学人员文化业务水平,开展成人教育教学研究和业务辅导,提高成人教育质量的重要基地,并对学校的任务、教师队伍、教学基地、经费等作出明确规定:县工农教师进修学校是由县教育局主办的综合性成人中等师范学校。县工农教师进修学校主要任务是:组织乡、镇、局成人教育教师和办学人员培训进修;开展教学研究和业务辅导;编写教学参考资料和补充教材;调查总结成人教育经验,积累资料,进行成人教育科学研究。并规定县工农教师进修学校要有一支专职教师队伍。教师以县总人口万分之一的比例和事业发展的速度,逐步配齐。骨干教师数量不少于 15 名,各主要学科教师要配齐。县工农教师进修学校必须建立独立的教学基地,教学用房不少于 600 平方米,其中,实验室 120 平方米,并配有资料室、生活等辅助用房,以保证学校工作正常开展。县工农教师进修学校的日常费用要列入教育事业费中,学校基建所需要的经费由县财政解决。县工农教师进修学校按中等师范学校建制必须履行审批手续。

为检查各县成人教师进修学校贯彻《郊县工农教师进修学校的暂行办法》的情况,市教育局于 1989 年开始对成人教师进修学校进行视导。同年 10 月 16 日,市教育局成人教育处对崇明县成人教师进修学校进行视导试点,稍后又对其他 9 所学校进行视导。视导内容分为八部分,即行政领导班子建设、学校基本建设、经费、师资队伍建设、学校管理、办学情况、办学效果、办学特色。根据评分及实际办学效果评定:松江县成人教师进修学校获先进单位奖,川沙、奉贤县成人教师进修学校获成绩显著单位奖。宝山区成人教师进修学校的辐射教育、南汇县成人教师进修学校的科技支农、崇明县成人教师进修学校的咨询服务获单项奖。

1990年11月7—10日,市教育局组织对郊县(区)10所成人教师进修学校教研室和教学服务工作进行视导。视导内容有七项:教研室组建;教研员的学历、资历、专业技术职称;教研室的规划、规章制度;教研科研;教学服务;村、企业办学干部培训;教研、办学特色。经过视导评比,松江、宝山、南汇县三所成人师校成绩突出,获得"成绩显著"奖励。

《郊县工农教师进修学校的暂行办法》的颁布,使成人教师进修学校的管理工作得到加强,各校还相继建立岗位责任制,完善和健全了学校其他各项规章制度,使成人教师进修学校走上规范化、制度化的发展道路。松江县成人教师进修学校被评为县文明单位,1991年被国家教委评为全国农村先进成人学校。

【师资培训】

据1988年统计,成人教师进修学校自建立以来,共举办了115期专任教师及办学干部培训班,受训人数达4943人次。1996年,共培训村、企业办学干部3090名,占办学干部总数6583名的45.4%。

在郊县职工与青年农民文化补课时,各县成人教师进修学校为解决师资不足与水平不一的矛盾,以文化课为主要培训内容,如奉贤县成人教师进修学校,先后举办5期业余中学文化课教师培训班,培训达262人次。

当成人教育重点转入岗位培训后,成人教师进修学校师资培训增加了专业技术的内容。1987年上半年,松江县开办机械类初级工师资培训班,教授机械制图、金工、车工、钳工等基础理论知识,为各乡镇开展岗位培训提供合格师资。1988年,崇明县为文化型教师开办了机械制图、识图、金属材料热处理、电工常识、机械传动、量具公差等课程的培训班,先后有150人次参加学习。

南汇、奉贤、松江、宝山等县(区)成人教师进修学校与第二教育学院等成人高校联合办班,对学历未达标的教师和干部进行培训。南汇县成人教师进修学校1983年与第二教育学院联办中文大专班。松江县成人教师进修学校与静安区业余大学联办高等教育专业证书班,开设行政管理与文秘两个专业,学员173人。1985年,宝山区成人教师进修学校与第二教育学院联合举办"管理概论""哲学"等五门课程的培训班。奉贤县成人教师进修学校于1987年5月至1989年7月,与第二教育学院联合举办政教、管理大专专业证书班。

【教学研究与业务辅导】

10所成人教师进修学校均有教研室,配置专职教研员3—5人。10所学校共有专职教研员39人,兼职85人。教研室下设若干个文化课和技术教育课教研组。如松江县成人教师进修学校在教研室下设文化课、机械、化工、电子四个教研组。据1989年统计,开展教研活动124次,组织公开教学32次,受益面累计达到3200人次。

南汇县成人教师进修学校7门学科设有中心教研组,1986年活动66次,1989年活动60次。1989年3名教研员下乡听课14次,专题调查21次,组织公开课3次。松江县成人教师进修学校会同上海市机电专科学校编写机械类初级工基础教材上下册,收集乡、镇、局编写的技术补充教材20种。并为每种教材使用作书面说明,提供乡(镇)成人学校使用。崇明县设立科学养猪、葡萄栽培等跨行业教研组,既有教师又有专业人员参加,把教育与推广实用技术、技术攻关结合起来。

　　1991年市教育局教研室(成人教育)开展成人教育备好一份教案、上好一堂公开课、写好一篇教研论文"三个一"活动。至1994年为止,有市区县级公开课257次,编写乡土教材36册(本),撰写论文专著377篇(本),开展市区县级学科竞赛432次。

【咨询服务】

　　乡镇成人学校教师少、设备差,需要成人教师进修学校帮助。金山县成人教师进修学校10年间先后派出16位教师为7个乡、6个厂的成人学校上课达1040节。崇明县成人教师进修学校1980年成立了咨询室,帮助乡镇企业和农民解决实用技术中的疑难杂症和提供新技术信息,据1988年统计,有1240人次上门咨询。他们推广的新民乡快速养猪法,使2000农户受益,1988年净增利20多万元。1986年,川沙县组织力量调查全县专业技术人才及能工巧匠,将其中250人的资料汇编成册,形成小有规模的人才信息库,为人才的使用和交流提供了便利。

【多形式文化、技术教育】

　　1979—1989年为止,成人教师进修学校举办了初、高中文化补习班或辅导班,参加学习的郊县职工和农民,通过全市文化统考,初中毕(结)业21653人次,高中毕(结)业20341人次。举办各种技术培训班,初等2958人次,中等1011人次,三、四级等级工培训合格1440人。由于各县(区)成人教师进修学校办学条件优于其他成人中等学校,市电视中专、中专自学考试办公室也都选择它们作为二级管理机构,将辅导站、工作站设在各县的成人教师进修学校内。据1989年统计,在各县成人教师进修学校电视中专辅导站毕业的中专生2263人,中专自学考试单科结业54833人次。川沙县乡、镇、局领导通过培训、进修使原未达标的全部达到高中毕业学历,其中80%以上是县成人教师进修学校培训的。

三、农业广播电视学校

【概况】

　　为了加速对广大农村知识青年、农村干部和国营农场干部的教育和农业技术培训,提高他们的农业科学知识水平,以适应社会主义农业现代化的需要,国家农委、教育部、农业部、农垦部等10个单位于1980年12月联合举办中央农业广播学校,并成立领导机构。

　　1981年3月,由上海市农业委员会、工农教育委员会、教育局、农业局等14家单位的有关负责人组成第一届中央农业广播学校上海市领导小组,下设中央农业广播学校上海市办公室。

　　上海市10个郊县人民政府相继组成县农业广播学校领导小组并设立工作站。各县、局情况不一,其主管单位也各不相同:宝山县、南汇县、松江县由农业局主管;川沙县、奉贤县、金山县、青浦县由教育局主管;上海县、嘉定县、崇明县由科委主管;市农场局、劳改局和农业科学院由科教处或教育科主管。中央农业广播学校上海市办公室于1981年成立后即组织各县工作站招收第一期学员,同年7月13日开学,入学人数4000余名,开设农学专业。全市10个县共设教学班210个,聘请辅导教师300多名。

　　1983年8月24日,教育部《关于中央农业广播学校毕业生学历问题的复函》指出:原则同意给予中专学历,但在办学方面要有一个符合中等农业学校要求的教学计划;切实把好质量关,特别是入学考试和毕业考试要严格把关;进一步加强对办学的组织管理;明确公布毕业生哪里来,哪里去,国家不负责分配工作。

1987年,农牧渔业部通知将中央农业广播学校更名为中央农业广播电视学校。1987年7月11日,上海市教育局向市人民政府递交《关于建立成人中专性质的上海农业广播电视学校的请示》一文。1988年4月14日,上海市人民政府教卫办同意在原中央农业广播电视学校上海市办公室基础上筹建成人中专性质的上海市农业广播电视学校,同年8月正式成立。

1988年10月28日,国家教育委员会、农业部联合发出《关于改革农业广播电视学校管理体制及有关问题的意见》,提出中央农业广播电视学校在各省、自治区、直辖市、地(市)、县所设分校一般由农业部门主办和管理(原由其他部门主办和管理的学校,仍可由原部门继续主办和管理),接受地方政府的领导和教育行政部门的指导、管理和监督。在教学业务上接受中央农业广播电视学校的指导。1988年,接受农业部财务司委托,举办农村财务会计人员一年制岗位培训,共有2 539名学员取得岗位培训结业证书。

到1990年底,全市10个郊县和农业科学院上海市农业广播电视学校工作站在校学员5 300余人,已毕业4 649人,专修班结业学员373名。

【领导、办事机构与县工作站、教学点】

学校领导机构为上海市农业广播电视学校领导小组。上海市农业广播电视学校设正副校长,下设行政管理科、教务教材管理科、教研室等办事机构。学校主办和管理单位为上海市农业局。

根据1990年统计:全市10个县农业广播电视学校工作站和一个直属办学单位(市农业科学院)共设67个教学点,156个教学班,遍及各县、乡、镇。

根据中央农业广播电视学校的专业设置,选开适合上海需要的专业和适合市郊农村需要的各类岗位培训和技术短训班。1981年设农学专业(含园艺、果树),招收第一期学员。随着中央农业广播电视学校不断增设专业,到1990年底,上海市相继开设农学、畜牧、淡水养鱼、财务会计、农业经济管理、乡镇企业管理和农副产品贮藏加工等7个专业,学制均为3年,开设101门课程。

第二节 乡镇企业职工文化技术补课

一、上海青壮年劳动者文化水平调查

为了切实有效地进行成人文化教育,市教育行政部门于1979年春会同各区、县教育部门和有关方面对全市青壮年劳动者的实际文化水平进行了比较广泛的调查。由于1966年到1978年,普通中小学在校学生的学习不能正常进行,很多毕业生有文凭,无水平,踏上工作岗位后又缺乏补习文化的机会,实际文化水平偏低,文化调查主要采取知识测验的方式对各种类型的劳动者进行文化统测,不以被调查者的学历为依据。

据调查,上海职工总数400多万人中,1968年后陆续就业者达220万余人,其中除普通学校毕业后直接参加工作者外,1977年到1979年从外省插队落户或从农场返沪就业者约占24%。据各区、县和有关部门对1968年以后就业的青年职工9.6万人的测试,所取得的数据是:文盲和半文盲占10.5%,其中多数是在近郊征地后转为企业职工的青壮年农民,以及交通运输、手工业和服务行业的青年职工;高小程度的约占 38.5%,他们仅具有初步的读、写能力和小学程度的数学知识和运算能力;初中程度的占 41%,但他们所掌握的初中基础知识,在结构上存在较多的缺陷,能达到初中毕业应有水平的属于少数,大多数仅有略高于小学的文化水平。

上海农村劳动力的文化素质比市区更低。据调查,农村劳动力平均年龄为 34 岁左右,其文化程度的构成是文盲半文盲占 19%,小学程度占 58%,初中程度占 20%,高中程度占 2.5%,中专以上的占 0.5%。在农村干部中,初中和初中以下文化程度的占 83%,专业人才仅占 2.4%,多数单位都是小学生当家,按当时农副工业生产的要求,约有 60% 以上劳动力的文化、技术素质不能适应需要。

通过对青壮年劳动者文化水平的调查,明确了上海成人教育在成人文化基础教育方面面临的任务是:抓紧时间迅速开展对全市劳动力中占 50% 以上的青年劳动者进行以普及初中文化教育为目标的文化补课教育;适时地对已具有初中毕业水平的劳动者进行业务、技术培训或高中文化教育,同时积极地开展扫盲教育,及早扫除青壮年劳动者中的文盲。

二、乡镇企业职工文化技术补课

【农民文化技术教育】

党的十一届三中全会后,市、县教育部门对郊区各县的农民教育的实际情况进行了调查,并根据教育部、农业部、共青团中央、中国科协于 1979 年 11 月 28 日联合召开的全国农民教育工作会议提出的要求,积极和稳妥地发展了农民教育,使上海农民教育工作进一步恢复,并有了新的进展。

1980 年 4 月 20—25 日,召开了"五七"大学座谈会,会议要求整顿县办"五七"农业大学。根据"五七"大学座谈会所确定的原则和整顿办法,上海市各县十所由教育部门举办的"五七"农业大学,按照各县不同情况分别进行了整顿和改组,一部分学校改成农业技术学校,另一部分学校则改办成农村干部的培训基地。

1980 年春,上海市工农教育委员会召开郊区各县和部分公社会议,推广山阳公社开展成人教育的经验。山阳公社主要经验是:成人教育要持之以恒,循序渐进;发展成人教育要坚持群众路线,同时要有专门的管理机构;成人教育要适应本地本单位生产、工作需要,并考虑到办学条件的可能;成人教育既要成为促进生产发展的动力,又要成为推动社会文明进步的动力;成人教育与社会教育要密切结合等。山阳的经验作为联合国教科文组织征集的各国成人教育情况介绍的内容,参加了国际交流。

据 1982 年调查,上海郊区 70 多万务工社员中年龄在 35 岁以下占 60% 左右,对这些务工社员的教育,各县都参照中共中央、国务院《关于加强职工教育工作的决定》的精神进行文化、技术教育。

对务工社员的文化、技术培训从 1983 年开始,1984 年在全市各县全面开展。据当年统计,全市乡村企业务工社员中尚未达到初中毕业程度的共有 27 万人,为了有计划地开展培训,各县在调查研究的基础上,制定了规划,落实了措施。南汇县工农教育委员会、社队工业局、教育局、团县委、县妇联于 1984 年 1 月发出了《切实搞好社队企业青壮年职工文化、技术补课工作的联合通知》。《通知》要求 1954 年 1 月 1 日以后出生的务工社员和 1949 年 1 月 1 日以后出生的车间主任以上的干部,实际文化程度不到初中毕业和未经专业技术培训的三级工以下的务工社员都应补课。对技术工种和关键岗位的务工社员要优先安排补课,补课合格率要在 1987 年前达到 80% 的高限要求,其他工种的务工社员也要达到 60％的低限要求。《通知》还规定文化、技术补课考核成绩要列入务工社员档案,作为评选先进、考工、晋级、提干的依据之一。同时规定从 1984 年起,社队企业招工要进行文化考试,按考试成绩、择优安排。《通知》发布后,南汇县社队企业的文化、技术教育普遍开展。

【《关于加强乡镇企业职工文化技术补课教育的通知》】

1985 年 10 月 28 日,上海市农业委员会、上海市工农教育委员会、上海市教育局、上海市劳动局、上海市农机工业局颁发《关于加强乡镇企业职工文化技术补课教育的通知》。《通知》指出:乡(镇)村企业崛起、科技进步、经济发展必须依靠人才,而解决人才问题的关键在于教育。乡(镇)企业职工"双补"教育工作是农村成人教育工作的重要组成部分,是开发智力、培养人才的基础。为了切实加强这方面的工作,《通知》对乡(镇)村企业职工文化技术补课作出了明确规定。补课对象为:(1) 1953 年 1 月 1 日以后出生的,文化程度未达到初中毕业、技术上未经专业培训的职工;(2) 45 岁以内的乡(镇)工业公司经理、企业正副厂长、支部书记;(3) 68 届～80 届初、高中毕业而实际文化程度没有达到初中毕业水平的职工。"双补"标准为:(1) 乡工业公司领导、技术工种和关键岗位的工人必须达到初中毕业程度(即语、数、理、化或语、数、史、地四科及格);(2) 普通工人要达到语、数双科及格。技术补课的标准为:应补对象要达到本工种三级工应知应会的要求。

双补应完成指标为:1987 年年底之前,郊县乡(镇)企业都必须基本完成"双补"任务,使年龄组中职工的"双补"合格率达到 60％以上,技术工种、关键岗位和干部的合格率达到 80％以上。

【乡镇企业职工文化补课教育】

据 1985 年统计,郊县务工社员已达 100 万人,年龄在 35 岁以下,需要进行文化补课的有 27 万人。《通知》发布后,各县在调查研究的基础上制订了相应的规划和措施,乡镇企业职工文化补课广泛开展。至 1986 年全郊区已有 13.6 万人达到补课合格的要求。

1987 年,上海县全县 18 个乡镇,村企业干部职工的初中文化补课三项指标全部达到要求。相关年龄的职工 38 782 人,初中毕结业 27 576 人,占 71.7％;乡镇工业公司正副经理、企业正副厂长、支部书记应补课年龄组干部总数 1 304 人,其中毕结业 1 122 人,占 86％;全县乡镇、村两级企业 488 个,文化补课合格率达 60％以上的企业 429 个,占企业总数的 87.9％。

【《关于做好乡镇企业职工文化教育工作总结的通知》】

1987 年 7 月 15 日,上海市农业委员会、上海市成人教育委员会、上海市教育局、上海市农机工业局联合颁发《关于做好乡镇企业职工文化教育总结的通知》。根据《通知》精神,到 1987 年年底,郊县必须基本完成乡(镇)企业职工文化补课任务的要求。《通知》要求总结工作应在县政府领导下,由县工农(成人)教育委员会、教育局和乡镇工业局等部门具体协商,加强领导;总结工作必须坚持实事求是,采取切实有效的方式进行自我评估;通过总结,摸清情况,提供可靠的数据;乡(镇)企业职工文化补课合格的标准应坚持标准,对尚未达标的乡(镇)要提出要求,限期完成;根据成人教育一要改革二要发展的方针,以岗位培训为重点,继续抓紧、抓好乡(镇)村企业职工文化技术教育和培训、农村青年实用技术培训和其他各类教育培训。

【乡镇企业职工文化补课教育统计】

　　1987年底,根据市教育局的要求,郊区各县对本县的文化补课情况进行总结、评估、验收。据各县汇总统计,全市乡镇企业职工总数 1 107 647 人,其中列入补课年龄组的 424 156 人,年龄组中初中或初中以上文化课已合格者 86 262 人,经补课合格者 195 444 人,两项合计 282 036 人,占该年龄组职工总数的 66.5%。

第三章 实用技术培训

第一节 农民实用技术培训

一、农业、副业、工业实用技术培训

1980年1月上海市教育局、农业局、科协等联合召开上海市农民教育工作会议,会上提出要将农民业余技术教育由单一的农业技术向多门类、多学科方面发展,并且提出了凡是有条件的公社、生产大队都要举办农民文化技术学校,实施对农民的技术培训。会后,市郊175个公社、镇建立起文化技术学校,占公社(镇)总数的3/4。这类学校不仅举办农作物栽培、植物保护、畜牧兽医等课程,还举办起了农业机械、工业制图、财务会计、家用电器、化工等专业技术教育。1980年,川沙县28个公社中有19个公社举办业余技术学校,16个公社举办干部技术班。公社的业余技术学校(班)结合农业生产和群众生活需要,安排学习内容,除开设作物栽培、植物保护、农业机械、畜牧兽医等农业课外,还开设工业制图、财会、医疗卫生等课程。川沙县蔡路公社根据群众需要开设缝纫裁剪、家用电器、法律常识、优生优育等课程或讲座,为群众生活服务。针对农村实行联产承包责任制后群众渴望学习科学技术知识的现象,崇明县委和县政府因势利导发展技术教育。1984年,全县形成县、公社、生产大队三级办学网,公社、大队举办业余文化技术学校68所,开办农业班84个,工副业班70个、文化班130个,学员总数1万余人。经济发展起步较慢的城桥乡在1985年向银行贷款13万元,新建了一所有600多平方米的教学楼和200多平方米辅助用房的乡成人文化技术学校,两年内为全乡80个乡镇企业培养了近百名"永久牌"会计、供销员、车工、制图员等,还义务对全乡400多名回乡中学毕业生进行各种技术培训。1986—1987年间,川沙县由各级团组织配合有关部门举办缺门实用技术培训班,先后办班1 238个,培训了3.71万多名有用人才。

"七五"计划期间,大多数区、县政府颁发了《关于回乡初高中毕业生进行职业技术培训的若干意见》的文件,根据"先培训后上岗"的原则,各乡、镇成人中等文化技术学校积极组织培训,回乡初高中毕业生参加培训的达63%。通过培训,他们掌握了一定的农、副、工业生产技能,从而改善了农村劳动力结构,促进了科技兴农。

20世纪90年代初,在开展农民实用技术培训的过程中,教育部门逐渐和农业、科技部门形成了合作关系,培训取得的效果更加明显。南汇县新场乡科学技术协会、农业公司和成人教育部门为推广水稻直播、小苗抛秧等轻型栽培新技术,集合农业、科技、教育等方面的专、兼职教师,实施全方位多层次的技术培训,1993年全乡共举办各种类型的技术培训班36期(次),受训1 200多人次。崇明县成人学校与农业、科技等部门密切合作,拍摄《大棚蔬菜生产技术》《水稻轻型栽培技术》《养蟹技术》等三大项目的录像教材,各乡镇成人学校教师携带录像机深入农村巡回放映,深受农民的欢迎。养蟹、蔬菜、水稻这三项生产成为覆盖全县的规模最大的生产项目,从事这三项生产的6万多农民都受到了不同程度的培训。

20世纪90年代中后期,市郊农民广泛开展了"学知识、学科学、学技术"活动。1996年初,市委宣传部向郊县203个乡镇赠送了"科技三分钟"录像带,市农村党委组织科技能手到各县巡回演讲。

奉贤县新寺乡北宅村专门建造了科普活动室,请市、县农业专家来进行各类科技讲座。青浦县沈巷镇还创办了以提供家庭科技致富信息为主的《庭院经济导报》,3年内共举办79期实用技术培训班,受训人数达3 180人次。全镇有60名种养业技术骨干通过自学获得专业技术职称,占全镇技术骨干的63%。

进入21世纪,针对现代农业发展的实际情况,上海郊区开始了现代农业实用技术的培训。2004年上海市农业委员会作出广泛开展特种蔬菜、特种经济动物、特种水果、特种水产等的种植、养殖、加工、销售等现代农业实用技术培训的部署。奉贤区青村镇各村民学校围绕各村的特色产业发展和农民实际需要制定培训计划,开展培训活动。例如湾张村开设锦绣黄桃种植课程,以室内教学与田间教学为依托,向村民传授黄桃的种植技术。工农村的花卉种植课程,南星村的大葱种植课程等都取得了很好的经济和社会效益。

21世纪初,为了切实推进"城乡一体化、农村城市化、农业现代化、农民市民化"的郊区新一轮发展,全面提高郊区农民的科学水平、文化素质、就业和创业能力,市农委、市教委、市信息化委员会、市妇联、市农林局在实施郊区各类职业教育和成人教育的基础上,整合利用各种教育资源,构建上海郊区农民现代远程教育体系,使广大农民不出镇就能接受各种类型的培训。到2010年,上海已建立由1个市远程教育中心、10个区县远程教育分中心、105个乡镇教学点组成的远程教育网络,9万多郊区农民通过现代化手段接受了各类专业培训。

二、农村信息化技术培训

为贯彻落实中央和上海市关于推进社会主义新农村建设,着力提高农村居民的信息化素养和能力,从2008年起,由市信息委牵头,市教委、市农委、市妇联在上海市10个郊区县全面实施"千村万户"农村信息化培训普及工程,计划用三年时间基本覆盖1 800多个行政村,完成6万人的培训和60万人的宣传普及工作。培训普及工程主要开展两方面工作:一是农村信息化培训。主要面向郊区的农村基层管理者、农村致富带头人、有积极性的普通农民等人群,按照"统一组织、统一教材、统一培训点认定、统一考核、统一发证"的要求开展信息化应用技能培训,组织专家编写了入门篇、提高篇以及简易材料等多本符合农村教育特点、简单实用的培训教材,制作宣传短片"信息生活在农家"和普及读本《让生活更加轻松、方便——我们身边的信息化》,在全市认定"千村万户"农村信息化培训点109个,并组织109个培训点的教师进行师资培训。二是农村信息化宣传普及。主要面向农村居民,以"观看宣传短片、参加体验活动、阅读普及读本"为主要形式,引导他们认识互联网,感受信息化。2008年,"千村万户"农村信息化培训普及工程全面开展,全市开办培训班494期,22 927人参加培训并通过考核,占全年计划数的114.64%。"信息大篷车""信息小篷车"共出动828次,深入500多个村、30多个工厂,完成宣传普及101 842人,占全年计划数的101.84%。2009年,"千村万户"农村信息化培训普及工程继续开展,全市共完成培训34 727人,占计划数的116%;完成宣传普及315 299人,占计划数的105%。

2010年,"千村万户"农村信息化培训普及工程的各项任务圆满完成。累计完成信息化培训7.6万人,为计划数的127%;信息化宣传普及71.2万人,为计划数的119%;建设行政村网页1 561个;树立村信息化带头人1 577名。截至2010年12月1日,闵行区各社区学校完成"千村万户"农村信息化培训普及2 843人,占三年全部计划数的145%;完成宣传普及54 603人,占三年全部计划数的121%。在2008—2010年度"千村万户"农村信息化培训普及工程先进区、县和优秀培训点评选中,青浦区、奉贤区、金山区、浦东新区被评为先进区县,宝山区、闵行区被评为培训工作优秀区县,崇明县、嘉定区、松江区被评为宣传工作优秀区县,浦东新区金桥镇成人中等文化技术学校等20个培训机构被评为优秀培训点。

第二节　乡镇企业职工教育

一、岗位技能培训

"六五"计划期间,上海市乡镇工业的产值占郊县工农业总产值的35%以上,但是乡镇企业的工程技术人员只占郊县工业专门人才数的9%左右,职工文化程度大多数是初中、小学,高中及高中以上仅占10.2%。从农业转到乡镇企业的60万劳动力,大都没有受过专门训练。绝大多数乡镇企业的管理人员缺乏现代企业经营管理的知识,不善用经济手段办企业,造成产品积压多、报废损失多、生产事故多的现象。因此,对乡镇企业职工的岗位培训成了农民技术培训的重点之一。乡镇企业在招工或上岗前举办专业对口培训班,对农转工的人员实行边上岗边训练边考核,以提高务工农民的技术水平。各县、乡镇举办汽车驾驶、电器维修、打字、服装裁剪、木工、厨师等各种培训班,使农村回乡青年和富余劳动力掌握一技之长,成为公社和村办企业的合格职工。通过成人中专教育培养财务会计、统计人员,提高公社和村办企业的管理水平。

1982年,奉贤县钱桥、胡桥、庄行、头桥等公社和工业公司自筹资金40多万元,办起8所技术学校。至1983年10月全县已办起技术学校12所,共18个班,学员595人。学校开设机械、财会、化工等专业。胡桥公社的技术学校拥有一个10台车床、2台牛头刨床等设备的实习工厂,从各农业大队及社队企业招收112名农民及务工社员,开办机械、农技、财会等3个班,学制两年,培养社队企业需要的技术工人及初、中级技术员、会计员。有些公社因社队企业急需人才,学制半年到一年。松江县新桥乡跃进机电厂是一个村办厂,400多名职工全部是刚刚"放下铁镚柄,捏起摇手柄"的青壮年农民。该厂组织职工学习文化技术,从中培养出了200多名熟练工人,其中95人已达到三级工水平。工厂依靠这批技术力量,自己开发设计了洗衣机内胆、节能热水器、砂轮机风叶等十多项新产品。

1987年市郊乡镇企业干部、职工的初中文化补课全部达标,于是将教育重心转向技术工人的等级工培训,以增加等级工比重。1989年市郊10个县乡镇企业职工参加初级工培训的有26 000人,参加中级工培训的有4 600人。上海县乡镇企业等级工在技术工人中的比例已达到17.39%,其中初级工14.7%,中级工2.5%,高级工0.19%。市郊乡、村工业和农业、建筑、商业等行业已有大专毕业生4 532人,有中专和高中毕业生145 610人,初步改变"七五"初期人才集中在科教文卫系统的状况,乡镇企业职工队伍已开始由体力型向技术型转变。1990年6月,国家劳动部发布《工人考核条例》。为了让市郊乡镇企业职工的素质能适应经济建设的发展,各区县积极宣传和认真贯彻《工人考核条例》,探索岗位培训、考核工作的新途径,使乡镇企业的岗位培训工作发生了深刻的变化。青浦县各局、各部门大都成立了培训管理机构,配备了专职干部。各乡、镇、局还陆续建立了一批各具特色的培训基地,结合生产实际,广泛地开展了车工、钳工、电工、汽车修理工、汽车驾驶员、泥工、木工、营业员等技术等级的培训考核,同时还开展了各行业的上岗培训、待业青年的就业前培训及个体业主的从业技术职业道德培训。培训考核工作的实施,为青浦县乡镇企业劳动就业制度和劳动工资制度的改革创造了条件。

1991 年郊县乡镇企业职工参加长年班等级技工培训的有 7 万多人,参加各类短训与讲座的达 64 万人次,还有 15 万人次参加常年 150 教时以上的学习。郊县乡镇企业的初级工占技工总数 60％左右,中级工占 15％以上。

20 世纪 90 年代开始,包括乡镇企业在内的上海郊区工业向园区集中,工业园区的发展,对乡镇企业职工教育提出了新要求。进入 21 世纪,随着工业园区的扩大,乡镇企业职工培训的层次有了很大提高。嘉定工业区是上海市级试点工业园区,总面积 78 平方公里。园区内设六个国家级园区,先后有来自世界 40 多个国家和地区的 2 000 多家实体型企业落户,还吸引"百度""京东""凡客诚品""国美在线"等近千家电子商务企业入驻,成为一座名副其实的"电商之城"。但电商业务的企业面临大量电商人才需求的缺口难题,因此,成人教育部门通过电子商务实践基地建设,逐步形成以服务电商产业,培养创新人才为特点的培养模式;通过岗位实践试点,形成电商专业人才蓄水池,为园区电子商务企业输送人才,满足企业发展需求,推动企业和产业的双升级。

21 世纪的第一个十年,随着上海产业战略的发展,乡镇企业职工培训的内容也在发展。嘉定区安亭镇国际汽车城建设带动了乡镇企业发展,安亭镇成人学校根据国际汽车城建设及乡镇企业发展的需要,举办了叉车工培训。南汇区芦潮港镇临海城建设带动了当地相关乡镇企业,成人学校根据需要,举办了仓储员培训。

二、职业技术培训和安全生产培训

2003 年,国务院办公厅转发农业部等部门《2003—2010 年全国农民工培训规划的通知》,2004 年 9 月 4 日,上海市农业委员会提出落实国务院办公厅文件的实施意见,开始重视外来务工人员培训。2006 年 6 月 18 日,上海第二工业大学和新希望进修学校合办"外来务工者(嘉定)培训中心"在嘉定马陆镇揭牌,第一课"城市文化与市民素养"吸引了 300 多外来务工者前来听课。

2007 年,上海进一步完善和落实国家对农民工的政策,努力开展外来务工人员培训,建立和完善对外来务工人员培训的长效机制,在完善外来务工人员培训的经费筹措和补贴办法等方面作出了积极探索与实践。

奉贤区 39 万工会会员中,有 19.5 万名是外来务工人员,其中又以 80 后、90 后新生代农民工居多。为了帮助他们融入城市生活,实现人生价值,2010 年区总工会的组织下,全区各镇、开发区、委局、工贸集团、大型社区建立职工学校 46 所,教学点 1 003 个,其中百人以上企业建立"教学点",百人以下企业建立"流动教学点"和"联合教学点",部分规模企业建立班组课堂,形成了以院为引领、校为枢纽、点和堂为基础的职工教育全覆盖办学网络。职工学校建立了"5＋X"职工素质教育培训模式:5 为必修课,涉及职业道德、法律法规、劳动卫生安全、文化科普、文明礼仪 5 个方面课目;X 为选修课,由各企事业单位教学点按需培训。职工年度接受教育培训不少于 20 个课时,每个课时不少于 45 分钟,计 20 个学分。奉贤区的职工培训为乡镇企业外来务工人员提升职业技能和融入当地社会发挥了重要作用。

2007 年,农民工安全生产培训列为市政府实事项目之一。松江区随着经济的快速发展,外来从业人员大量涌入,他们进入了建筑、危化等高风险、重体力的行业和领域。松江区安监局经过调查研究,组织有关专家专程编写了《松江区从业人员安全生产读本》,并依托区安全生产协会,在全区全面启动了从业人员安全知识培训活动,其中主要是针对农民工的安全培训。他们采用"送教上门"方式,常常利用双休日和晚上进行培训,有效解决了企业的工学矛盾,受到了企业的欢迎。

自 2007 年农民工安全生产培训工作被列入市政府实事项目以来,在市各有关部门的关心支持下,在各区县有关责任部门的合力推动以及各培训机构的共同努力下,截至 2010 年底,累计培训农民工 199 万人次。农民工生产安全死亡人数呈逐年下降态势。

第三节 "燎原计划"与绿色证书工程

一、燎原计划

1988 年 11 月 18 日,国家教育委员会印发《国务院批复国家教委关于组织实施"燎原计划"的请示》。同年 3 月 20 日,市教育、农业、人事、劳动、财政、科技等 15 个部门联合印发《上海市实施"燎原计划"方案》,把实施"燎原计划"纳入当地经济和社会发展的整体规划当中,统筹规划教育、科技、经济,统筹管理基础教育、职业技术教育和成人教育,并促使"燎原计划"与"星火计划""丰收计划"和"菜篮子工程"协调发展。1989 年 5 月 31 日,上海市确定"七五"期间实施"燎原计划",以嘉定、青浦为示范县,另外确定 12 个示范乡、24 所示范学校。示范学校中有杜行、蔡路、泥城、奉城、五里塘、白鹤、大新等 7 所乡成人中等文化技术学校。选定以农副业为主的 39 个"燎原项目",建立人才培训、技术推广、试验示范、信息服务等 51 个生产、教育基地。

青浦县赵屯乡成人文化技术学校除开展各类文化学历教育、农副业实用技术教育及管理专业教育外,还建立一个面积 6.5 亩的实验农场,种植优良品种。学校和农户挂钩种植特种稻,和农业公司、科协一起联办"吨粮田百亩丰产方"。学校运用这些基地对职业技术班学生和农民进行新技术培训。学校在水果、蔬菜、粮食方面引进的优良品种,经试验获得成功,并将科技成果推广到千家万户。1988 年起从上海农学院引进的"汝峰""丰香""明宝""丽红""宝交"等无毒优良草莓,利用实验农场 1 080 平方米大棚种植,使成熟期提前 4~5 个月。南汇县周浦乡是首批实施"燎原计划"的示范乡之一,1990 年全乡已初步形成农、科、教统筹联合机制,建立普职成三教统筹的管理实体,进行"燎原"项目的实施和推广,得到比较明显的效果。农业部门在试种"沪棉 204""中棉 12"的过程中,乡成人学校帮助编写《棉花实用栽培管理技术》乡土教材,并在全乡进行宣传、培训、指导,受益农民达 2 484 人,丰产方皮棉亩产名列全县前茅,产值超历史最高水平。宝山区江湾乡根据实施"燎原计划"的要求,对回乡初高中毕业生进行工农业生产基础知识和实用技术培训,职前培训率达 100%,凭两证上岗已形成制度。1989 年和 1990 年两年中,全乡从业人员受训率分别为 44.7% 和 64.8%。以农科站为基础,组织学员学习种子加工生产技术,推广使用除草技术,节省开支 14 万元。江湾乡按示范乡的目标进行改革,受到国家教委的表彰。

1991 年起,市郊 200 多所乡镇成人中等文化技术学校按照国家教委要求,普遍参与实施"燎原计划"活动,一批乡镇在实施"燎原计划"中发挥了示范作用。嘉定和青浦在县(区)乡(镇)政府统筹下,自 1989—1994 年底,教育部门参与经济开发项目 119 个,结合项目培训了 228 650 人次。1995 年 10 月,上海市教委与市农委联合召开"实施'燎原计划',促进科教兴农经验交流会",市郊各区县人民政府与教育行政部门、科委以及实施"燎原计划"的示范实验乡、镇的领导 150 多人出席会议。嘉定区徐行镇农副公司、区成人文化技术学校的"水稻直播栽培技术推广",青浦县赵屯镇成人文化技术学校的"草莓同年生产技术推广"等 11 个优秀"燎原计划"项目及实施单位受到表彰。

1996 年"燎原计划"开展"十百千"工程,即在百个乡镇、千个村(企业),推广数十项农村实用技术和科技成果。选择一批实用性强、生产效益高、推广价值大的实用技术和科技成果,以职业学校、乡镇成人文化技术学校等为培训基地,广泛开展技术培训、生产示范、信息服务等推广科技成果,运用电视教育、课堂教育、各种讲座、现场指导等形式对 71 万人次进行了培训。至 1996 年底示范实验乡镇增至 72 个,开展项目培训的村(企业)已达 600 多个。至 1997 年底,燎原计划示范实验乡镇已达 100 个,参加燎原计划的乡镇达 132 个,当年实施燎原计划项目达 330 个,结合项目培训 176 771 人次,发放专项贷款 495 万元。1997 年,崇明县加强了创建燎原计划示范实验乡镇的指导工作,全县范实验乡镇已发展到 16 个,占乡镇总数的 64%。建立了 3 个在全县范围内实施的大型燎原项目,一是充分发挥崇明水净、土净、空气净的环境优势,为菜篮子服务的大棚蔬菜系列技术培训项目;二是充分发挥崇明悠久生产历史优势,为米袋子服务的水稻现代农艺技术培训项目;三是充分发挥崇明独特的资源优势,为群众的钱袋子服务的长绒毛蟹养殖技术培训项目。水稻和蔬菜种植、长绒毛蟹养殖已成为崇明农民主要的生产内容。1998 年 10 月 27 日—29 日,市教委在崇明县召开"上海市实施燎原计划,推进科教兴农现场会",郊区县教育局分管局长和 100 个燎原计划示范乡镇的分管乡镇长参加会议。会议总结了上海市实施"燎原计划"十年来取得的成绩和基本经验。据 1998 年底统计,上海市实施"燎原计划"的示范、实验乡镇有 100 个,参与实施"燎原计划十、百、千工程"的乡镇有 161 个,村和企业有 1 336 个,地处农村的乡镇成人学校普遍参与了实施"燎原计划"。1995 年至 1998 年底实用技术培训 1 605 万人次,结合项目培训达 46.8 万人次,增强了农村吸收、消化、运用、转化科技成果的能力,促进了农村经济发展,农民增加收入。

1999 年,上海市实施"燎原计划"的规模又有扩大,其中示范实验乡镇有 114 个,比 1998 年增加 14 个;参与实施"燎原计划十、百、千工程"的乡镇有 176 个,同比增加 15 个。全年实施"燎原项目" 377 个,其中新增项目 108 个。结合项目培训 8.41 万人次,比 1998 年增加 0.85 万人次。借实施"燎原计划"10 周年之机,组织实施"燎原计划"先进乡镇、学校和个人评选表彰活动。共表彰了 61 个上海市实施"燎原计划"先进单位,30 名上海市实施"燎原计划"先进工作者和 2 名上海市实施"燎原计划"标兵;编辑了《燎原火正红》,反映实施"燎原计划"促进当地经济发展、致富农民的先进典型,使实施"燎原计划"的影响进一步扩大。

2001 年以后,郊区实施燎原计划成为常态化工作。2008 年,结合科技成果推广的"燎原计划"项目培训和"绿色证书"培训等活动,完成农村实用技术培训 47.3 万人次。2010 年,郊区设立"燎原计划"项目 152 个,参加实用技术人数为 101 万人次。2010 年浦东新区共开设 51 个燎原教育项目,受培训人数达 8 520 人,为农民增收增效带来成效。

二、"绿色证书工程"

"绿色证书"是一种农民技术资格证书,是标志农村劳动者达到从事某项工作规范要求的岗位合格证书,它类似于工人的技术证、上岗证。把农民从业的技术资格要求、培训、考核、发证,通过行政法规规定下来,并制定配套政策,使持有"绿色证书"成为农民从业和培训的规范,确保其业务素质,这就是"绿色证书工程"。上海市的"绿色证书工程"于 1990 年起步,先在川沙县、金山县试点,由点到面逐步扩展。1994 年全市获得"绿色证书"的有 6 300 人。

1994 年 3 月,国务院办公厅转发农业部关于实施"绿色证书工程"的意见,1994 年 8 月,上海市农委、市成人教委、市科委联合印发《关于上海市实施"绿色证书工程"的意见》。《意见》明确提出,要力争达到并超过农业部提出的"到 2000 年平均每 20 户农户有一名获得'绿色证书'农民的要求",在上海市"要形成一支 7 万农民技术骨干队伍"。为加强对"绿色证书工程"的领导,市农委牵头协调,组成由市科委、成人教委、农业局、教育局、财政局、市农行、市农口有关业务部门及部分分管县长参加的联席会议。联席会议下设办公室,办公室设在市农业局科教处内,负责实施"绿色证书工程"的日常管理工作。

"绿色证书工程"培训的主要对象为农副业管理人员、农业技术人员、专业大户(包括外地来的承包大户)、村示范户、农副产品加工业人员及回乡初、高中毕业、结业生。在培训中,乡镇成人中等文化技术学校和农业技术推广培训中心发挥了重要作用。为了促进"绿色证书工程",部分区、县制定了优惠政策,对农村基层干部和农民技术人员的录用,要优先从取得"绿色证书"的农民中选拔。培训做到四结合:与农业科技人员再教育相结合;与妇联开展的"双学双比"活动相结合;与村级团干部培训相结合;与学员的培养、使用相结合。

1996年,市教委、市农委、市农业局联合发出了《关于在回乡初高中毕业生中实施"绿色证书工程"培训的通知》。《通知》明确了"绿色证书工程"培训对象从农民转向回乡初高中毕业生,《通知》还提出"绿色证书工程"要"组织落实、部门合作"。此后不少区、县成立了"绿色证书工程"领导小组,积极培训师资,提高培训质量。南汇县对所有承担"绿色证书工程"培训任务的教师,实行先培训后上岗。市里组织力量编写了培训教材4套,各区县自编乡土教材39种。各区、县还认真解决"绿色证书工程"所需经费,奉贤、金山等县把"绿色证书工程"开展培训所需经费列入财政专项预算,有力地保证了"绿色证书工程"的开展。

金山县是1993年被国家农业部列为首批全国"绿色证书工程"50个试点县之一。到1996年,共组织"绿色证书"培训20期36个班,参加培训的学员1 389名,取得"绿色证"和上岗证的学员1 203名,并对200余名初高中回乡知青开展了"绿色证书"的培训工作。通过培训,获证学员把学到的知识用于生产实践,取得一定成效,在县科学进步奖中,获证学员得到一等奖2项、二等奖1项、三等奖6项。1995年9月13日中央电视台"星火科技"节目,介绍了金山县开展"绿色证书"工作的有关情况。

1998年,郊区回乡初高中生参加"绿色证书"培训并获得"绿色证书"的有6 667人,农民获得"绿色证书"的有2 452人。至此,上海市郊区已有70 360人获得"绿色证书",提前两年完成了《上海市农口系统人才培养划》中提出的"绿色证书"培训任务,同时提前两年达到了农业部提出的到2000年平均20户左右有一名获得"绿色证书"农民的规定。1998年底,市教委、农委、农林局联合召开"绿色证书"培训工作总结表彰会,南汇、崇明教育局被评为实施"绿色证书工程"先进单位;青浦、奉贤、松江、嘉定教育局被评为实施"绿色证书工程"成绩显著单位。

"绿色证书工程"完成以后,市郊"绿色证书"培训工作继续进行,仅2005年,就有1万多名郊区农民通过远程教育获得了"绿色证书"。

第四章　职业技能培训

第一节　农村劳动力转移培训

一、目标任务

2004年4月23日,市教委发出《上海市郊农村劳动力转移培训计划》,要求充分利用职业教育、成人教育资源,多渠道、多层次、多形式地开展农村劳动力转移的职前培训、职后培训和转岗培训,大力提高农村劳动力的就业能力和创业能力,加快农村劳动力有序、稳定地向非农产业和城镇转移的步伐,为农民增收服务,为市郊"三个集中"服务。任务是自2004年至2010年,市郊中等职业学校、乡镇成人中等文化技术学校和其他培训机构每年开展农村劳动力转移培训的规模应达3万人次;根据农村实际情况,在农村劳动力中大力开展高中阶段教育,提高农村劳动力的素质和能力,接受高中阶段教育每年2万人次。

2004年9月4日,上海市农业委员会颁布关于贯彻《国务院办公厅转发农业部等部门2003—2010年全国农民工培训规划》的实施意见,提出农村富余劳动力转移培训分为引导性培训和职业技能培训。引导性培训的任务是对广大农村劳动力开展政策法规知识、信息化知识、城市生活常识和就业岗位选择、基本权益保护等方面基本知识的培训,增强其遵纪守法和依法维护权益的意识,树立新的就业观念。职业技能培训的任务是在对农村劳动力引导性培训的基础上,以适应岗位技能要求为目的,以职业技能为主的培训,主要对象为中青年农民,主要培训内容是加工制造业、服务业、现代农业等行业岗位的基本知识和技能。市郊农村富余劳动力转移培训坚持以就地培训转移为主、异地培训转移为辅的原则,实行教育与农业部门的绿色证书(即农民技术资格证书)培训和劳动保障部门的职业技能培训,以及农村的各类实用技术培训等各种培训相互沟通、相互衔接。

二、培训组织

为了推进农村富余劳动力转移培训,市农委、市劳动和社会保障局、市教委等8个部门建立上海郊区农民工培训工作联席会议制度,职责是编制培训规划,落实扶持政策,解决重点、难点问题,指导、协调农民工培训工作。各区县政府建立和完善相关机构,在区县政府的统一领导下,由区县劳动和社会保障、农业、教育等部门积极配合,实行条块结合、以块为主的原则,编制本区县的培训计划,并制定相应的措施,落实到位。农村富余劳动力转移培训经费实行政府、用人单位和农民工个人共同分担的投入机制。

2004年,全市126所乡镇成人学校中有105所参与农村富余劳动力转移培训,占学校总数的83.3%。对农民开展引导性培训共11万人,技能培训共6.7万人。浦东新区针对村民获取就业信息滞后,不了解就业形势和政策,缺乏面试机会,参加培训的积极性不高等情况,充分发挥区就业促进中心、镇劳动保障事务所、村(居)委会就业援助员三级就业服务网络的作用,在各村(居)委会开通了上海市公共招聘网,村民足不出户即可查询全市的招聘信息。同时,区、镇职业指导员、职业指导专家还定期进村宣传相关政策,分析就业形势,传授求职技巧,进行择业观念教育。新区公益性就业服务机构与开发区积极开展合作,及时向村民发布近2—3年内的用工信息。这些措施提高了农村富余劳动力接受相关培训的积极性,提前做好技能储备。对于有一定规模需求量的岗位,该区定期与企业沟通,组织农村劳动力参加定向培训,帮助他们获得实用的技能,尽早推荐就业、稳定就业。青浦区政府为了推进农村劳动力转移培训,加大投资力度。在成人教育方面,区财政把按全区人口每人每年1元的成人教育经费定额调整为每人每年2元,又要求各镇级财政按人均2元作为专项经费。这些措施提升了职业教育和成人教育在农村劳动力转移培训方面的服务能力。为了确保劳动力转移培训的质量,青浦区加强了成人学校和职业学校的师资队伍建设,吸纳年轻的大学毕业生到各镇成人学校任教,同时,在调查研究的基础上,加强了教师的文化技能培训,使他们成为既具备宽厚的基础知识,又具备某一方面专业知识和技能的专职教师,为开展农村劳动力转移培训工作做好充分的准备。

第二节 "三年行动计划"

2005年开始,农村劳动力转移培训被列入上海市政府实事工程项目,称为上海郊区劳动力职业教育三年行动计划。"三年行动计划"的培训对象主要为农村45周岁以下的富余劳动力,每年的培训任务是5万人。以提升农村劳动力的技能水平,增强农村劳动力在岗和就业竞争能力为出发点,以与现代制造业、现代服务业相适应的培训项目为重点进行职业技能培训。大致划分为三个层次:对25周岁以下的农村劳动力主要进行按获取职业资格证书的要求开展职业技能培训;对25—35周岁的农村劳动力按照获取上岗证书的要求,如进行"万人就业项目"的培训;对35—45周岁的农村劳动力根据本地区实际进行职业技能培训,使他们获得一技之长。培训一般在90课时以上,发给由市统一印制的培训合格证书。

市和各区、县市建立三年行动计划办公室,具体负责"三年行动计划"的管理。"三年行动计划"培训项目由培训机构(学校)向区(县)行动计划办公室申报,申报内容要有培训项目的教学计划、培训课程、培训教材、培训课时、培训师资、培训设备、培训管理和培训考核等;区(县)行动计划办公室认定;市行动计划办公室备案。经上海职成教育在线网《上海郊区劳动力职业教育三年行动计划专栏》登载的培训项目为可以实施的培训项目。进行"合格证书"班培训并经区县行动计划办公室验收合格的,由培训机构(学校)向区县行动计划办公室提出申请,区县行动计划办公室进行审核,并由区县汇总人数后在年终报市行动计划办公室审批,提供培训补贴经费。由劳动部门颁发职业资格证书和上岗证书的培训班,其培训经费由劳动部门补贴,市、区县行动计划办公室视情况给予一定的奖励经费。

2005年2月25日,市政府召开上海郊区劳动力职业教育三年行动计划推进会,市教委、市农委、市劳动和社会保障局、市经委负责人,各区县政府分管领导,区县教育局、农委、劳动和社会保障局、经委等有关负责人及培训机构(学校)代表出席会议。副市长严隽琪做重要讲话,市教委副主任瞿钧就行动计划的内容及实施要求做了讲话,会上松江区政府、嘉定区教育局、崇明县堡镇成人学校三个代表发言,上海郊区劳动力职业教育三年行动计划工作正式拉开序幕。市建立上海郊区劳动力职业教育三年行动计划办公室,由市教委、农委、经委、劳动与社会保障局派员参加,3月10日召开第一次会议。各区、县也相继成立郊区劳动力职业教育三年行动计划办公室,各项工作有序展开。浦东新区、南汇区、崇明县、奉贤区、闵行区分别召开郊区劳动力职业教育三年行动计划推进会,进行宣传动员和具体步骤;嘉定区、青浦区、金山区召开各相关部门联席会议,明确各部门的职责和分工;宝山区、金山区召开有关镇的座谈会,进行重点突破,推动面上工作。各区、县把培训任务分解到各镇、乡政府,制定相应的培训计划和落实措施,确保培训任务落到实处。3 月 29 日上午,严隽琪在青浦调研并召开座谈会,了解郊区劳动力职业教育三年行动计划实施情况,青浦区、松江区、金山区、嘉定区、南汇区政府领导交流了实施郊区劳动力职业教育三年行动计划情况、体会和以后的设想。至 5 月 27 日,郊区参加职业技能培训的人数超过 2 万,其中各区、县成人学校培训人数约占 70%,职业学校培训人数占 10%,其他培训机构培训人数占 20%左右;开设的培训项目基本做到与当地的经济和产业结构紧密结合,有较强的应用性和操作性。至 8 月 24 日,已达到了 5 万人的培训目标,提前完成了 2005 年的培训任务。奉贤区、嘉定区、南汇区、崇明县、松江区超额完成了任务。全市开设的郊区劳动力培训项目共分为 14 个大类,80 多个小类,涉及 200 多个职业岗位,其中参加职业资格证书培训 12 818 人,占总培训人数的 25.5%;上岗证书和行业证书培训 10 986 人,占 22%;培训合格证书的 26 150 人,占总数的 52.5%。通过培训,就业人数共 15 800 人,占培训总数的 31%,2005 年底,上海市政府实事项目"郊区劳动力职业教育三年行动计划"共吸引 162 家培训机构参与,建设了 10 个开放实训中心,开设培训项目 80 多个,共有 64 505 人参加培训。2005 年青浦区有 17 家培训机构实施了培训任务,共开设了 176 个培训班,培训项目主要涉及计算机、现代服务业、先进制造业等各个领域,满足群众的需求。通过实施郊区劳动力职业教育三年行动计划,2005 年全区接受培训人数 7 086 人,经培训后就业人数达 5 220 人,就业率为 73.67%,位于全市之首。

2006 年,市郊共有 253 所学校与培训机构参与对郊区劳动力的职业技能培训工作,其中职业学校 12 所,成人学校 106 所。其他培训机构(含社会力量办学)135 所。至 2006 年 10 月 31 日,全市共培训 68 354 人。其中获得职业资格证书 10 425 人,占 15.25%;获得上岗行业证书的 22 449 人,占 32.84%;获得培训合格证的 27 922 人,占 40.85%。

2007 年是郊区劳动力职业教育三年行动计划实施第三年,103 所成人学校、8 所中等职业学校及 21 所社会培训机构共培训 66 953 人次,其中获得职业资格证书的人数为 26 455 人,占 39.51%;获得上岗、行业证书的人数为 9 709 人,占 14.50%;获得培训合格证书的人数为 29 685 人,占 44.33%;就业人数 26 417 人,就业率为 63.97%。

第三节　专业农民培训

一、培训对象与内容

为了培养一大批有文化、懂技术、会经营的新型农民,提高农业综合生产能力,促进农民增收,上海市自 2005 年起实施郊区"专业农民"实用技术培训项目,培育专业农民。各区县作为专业农民培训项目的责任主体,按照项目的要求,严把人员选定关,以镇为单位摸清本地农民的基本情况、经营品种和规模等信息,落实培训对象,重点选择有一定文化基础、生产规模和专业基础,能起到辐射带动作用的农民,而后在村里公示,确定后建立了专业农民培训档案。

2005 年,各区、县结合当地农业生产实际和产业结构调整趋势,紧密围绕本地主导产业、主推技术和特色品种确定专业,设计培训项目,以各具特色的培训内容吸引农民参与,力求将特色产业做足,强势产业做大,提高本地农产品的市场竞争力。郊区有 14 个培训单位开展培训,开设了粮食、蔬菜、花卉林果、水产、农机、经营管理、畜禽等 7 大类涉及水稻种植、蔬菜栽培、水产养殖等 13 个专业的培训班,共培训"专业农民"11 672 名,每个专业农民都接受了 60 课时左右的培训和现场指导,还辐射带动了周边的 10 户农户,使项目受益农户达 10 多万户。2006 年,各区、县充分运用专业农民培训平台,不断拓展培训的辐射面和扩大培训的效果。南汇区农委把专业农民培训列入年度重点工作,依据本区农业的种养特点,确定了 8 个专业共计 1 818 名专业农民的培训任务,其中,西甜瓜专业 314 名,水稻专业 350 名,水蜜桃专业 302 名,蔬菜专业 235 名,畜禽专业 272 名,农机专业 237 名,食用菌专业 51 名,水产专业 57 名。在对 1 818 名专业农民培训的过程中,通过分发技术资料(1+10)份的办法,辐射带动周边农户 1.6 万余户,进一步拓展和延伸了培训的工作成效。

2007 年以后,市郊扎实推进专业农民培训,以稳定从事粮食、蔬菜、水产、畜禽、农机等生产经营规模较大、有一定文化程度、年龄在 60 周岁以下农民为重点,由区、县按产业(产品)特点和当年实际需求(如扩大面积、推广新品种、普及新技术等),形成针对性课件和教案并组织实施。2007 年郊区培训专业农民 11 855 名,接受培训指导的专业农民辐射带动了周边 10 户农户,项目受益农户达 10 万户。2008 年,郊区共培训 10 690 名专业农民。2010 年,郊区共培训 14 864 名专业农民。

二、培训方法

2005 年,市农业广播电视学校和市及区、县各级各类农技和管理服务部门组织编写了《优质蔬菜栽培》《西甜瓜栽培》《果树栽培》3 本近 20 万字的实用技术培训教材,组织开发了"农业产业化经营者"等 5 个工种 14 个等级的农业职业技能项目,为专业农民培训提供了条件。专业农民培训形成了课堂教学+入户指导+远程教育的培训方式和现场参观+会议研讨+典型示范的辅助培训方式。2006 年,各区、县充分运用专业农民培训平台,不断拓展培训的辐射面和扩大培训的效果。一是以专业农民为依托发挥"1+10"的辐射功能。专业农民通过培训将所学知识和技能传授给周边农户,起到学一人、带一片、富一方的示范带头作用。二是以有关媒体为载体扩大培训覆盖面。各区、县充分利用电台、报刊、网络等媒体,加强对专业农民培训的宣传。2008 年 12 月 24 日,金山区成立上海首个专业农民协会,490 名农民成为首批会员,协会的职责之一是开展专业农民培训。松江区在培训过程中组织学员考察华西、参观现代旅游农业基地,开拓了农民视野,增长了农民的见识。奉贤区将培训课堂放在田埂、果园、鸡舍,大大加深了学员对技术的理解和掌握。

第四节　创业农民培训

一、培训对象与目标

2006 年,上海市推出培养百名创业农民计划,市农委在郊区的农业园区、农民专业合作社、农业龙头企业、种养大户中遴选百名生产经营带头人或管理能手,开展创业农民培训。全年培训创业农民 146 人,其中 95 人取得农业产业化经营者(中级)资格证书。2007 年,市农委加强培训各环节的管理,全年共培训创业农民培训 319 人。

2008年7月，上海市农业委员会发出《关于实施上海郊区创业农民千人培训计划的通知》，培训对象主要为各类农民专业合作社领办人、家庭农场经营者、种养业大户、农业龙头企业骨干，包括原村级组织基层干部以及有志务农创业的大中专毕业生。采取自愿报名、行业推荐、区县农委认定的形式遴选培训对象。基本条件为：遵纪守法、诚信经营，初中以上文化程度，年龄18至50周岁；创业意愿强，具有与创业相适应的产业技术、营销基础，并能发挥示范带动作用。培训目标为通过培训考察，使学员树立创业理念、增强创业意识、掌握创业技巧、提高创业能力。通过跟踪扶植，激发农民领办经济合作组织、创办农业企业，使之成为带领农民走市场的人、引导农民致富的人、组织农民建设现代农业的人。为了促进创业农民培训，由市农委社发处牵头，各区、县农委分管领导及各培训院校负责人联合成立市创业农民培训工作指导小组，确立"指导与督导相结合，管理与服务相结合，统筹与分工相结合"的工作原则，明确了工作目标及分工职责。指导小组通过阶段性工作例会确保培训实施中的问题及时得到解决。为了确保培训质量，研究和探讨农民创业培训的模式、内容和手段，由市农广校牵头成立农民创业培训教研组。教研组负责制订培训计划，对任课教师实行分段培训，对每门课程，每个讲座作出了具体指导。为了整合培训资源，优化师资配置，创业培训指导小组在全市范围内物色师资和专家，除了三所涉农高校的师资，还充分利用社会资源，在市劳动局和各行业办专家队伍中精心挑选，逐个落实，确保培训的最优师资配置。

二、培训内容与方法

2008年，上海市探索创业农民"高水平"培训项目，市农民培训项目推进小组遴选了214名创业型农民（其中合作组织带头人占45%、种养业大户占40%、农产品加工占3%、服务组织负责人占3%、其他占9%），分成4个培训班，分别委托上海交大、上海海洋大学、上海农林学院以及上海市农技推广服务中心实施培训。整个培训分为集中培训、创业设计、实地考察、政策扶持和跟踪服务五个环节。

集中培训安排在农闲季节，根据生产周期分阶段进行，培训内容有以下四个方面：（1）激发学员创业意愿，主要讲授萌发创业理念、如何创办企业等内容，并聘请有创业经验的农业企业家现身说法。（2）围绕提高创业能力，主要讲授创业技巧、营销、管理等相关技术。（3）围绕创业项目，对学员进行分类指导和咨询，帮助学员选择有发展前景、切合实际的创业项目。（4）围绕扶植创业，讲解创业扶持政策，以及如何享受这些政策，组织有关部门与学员就创业中有关政策问题进行对话。创业设计由学员在创业指导老师指导下，制定本人的创业计划，包括已有和发展项目。有关专家和全体学员对每位学员的创业项目进行论证。实地考察主要了解成功企业发展历程、成功关节点，以及管理和运作状况，并安排指导老师进行现场点评。政策扶植是学员在接受创业知识和技能培训后，区、县和行业办及创业辅导专家做好政策扶持和技术服务，为农民创业提供良好环境，引导和支持农民创业。跟踪服务是市、区组成创业农民培训工作指导小组，对学员进行为期2—3年的创业跟踪服务。定期或不定期聘请辅导专家对学员创办的企业或生产经营实体进行诊断，建立学员与创业辅导专家长期互动关系，指导其健康发展。截至2008年底，完成了集中培训、创业设计、实地考察三个培训阶段。2008年，在214名创业农民培训学员中选派15名有创业基础，有一定文化水准，有创业意念的中青年农民赴美国培训，实地感悟国外农业新技术和经营新模式。

2009年各区县创新创业农民培训方法，把政策扶持和跟踪服务结合起来，并且采用点上对象跟踪服务与面上对象渗透式服务两种不同方法，从而扩大培训面。点上跟踪服务对象为正在创业阶段的学员,以创业项目扶持为途径,落实专家与学员结对子,实施跟随式帮助服务。主要服务内容是项目方案完善指导、经营策划、技术和管理指导、发展诊断和评估等方面。并通过专家衔接导入行业、政策、社会和市场相关专业服务和沟通等等。利用地方专门扶持政策,通过面对面跟随服务帮助其实施创业项目。面上渗透式服务对象为准备创业的学员,组成由行业分管责任者、社会相关部门专家和院校导师责任者三合一的服务团队,实施巡回式的定期上门服务,主要服务内容是创业方案的完善和实施,政策指导应用,解决技术和经营管理相关问题。沟通社会化专业服务(含市场、信息、工商、信贷、税务、保险、技术、物资供应、产品营销、财务管理等方面),开展经营诊断等,促进与专家、行业主管、市场以及产业链相关环节的对接关系,通过服务团队的渗透服务,帮助其分步实施创业方案,逐步提高自我创业能力和实效。各区、县还开展创业农民培训专题讲座暨现场咨询活动,邀请区、县农委高级经济师讲解农产品营销和创艺农业发展新思路,为农产品的生产和销售指出了新方向。同时,邀请农业政策、粮油、蔬菜、经济作物、植保、水产养殖、畜牧养殖和工商企业管理专业等方面专家现场受理咨询。参加咨询的创业农民,在事先认真准备的基础上,充分利用现场机会,向专家们展开一系列的积极咨询。

2009 年,崇明县开业指导服务中心在有关乡、镇保障事务所的积极配合与支持下,组织举办了5 场创业组织发展期讲座活动。来自崇明各地的 500 多名创业人员和意向创业人员参加了活动,其中 100 多名是农民专业合作社负责人。根据大学生"村官"学历高、知识广博、信息灵和思路活等优势,崇明县开业指导服务中心为了帮助他们带头创业、带领农民创业、实现创业致富,积极开展对这些大学生"村官"自主创业的培训活动,对大学生"村官"的创业计划作个性化指导。崇明县还组织开业指导专家与创业农民结对子,为这些创业者提供农业技术、经营、物流、政策等多方面指导服务。

2010 年是创业农民培训的第三年,为更好地推动农民创业,金山区农广校组织了 61 名创业农民学员进行了为期四天的培训和考察活动。学校安排了负责人来给创业农民学员讲课,内容以农业产业化为主题,以银龙公司的发展模式为重点案例,又引入了许多国内外的成功案例,深入浅出地向学员讲述了农业产业化这个课题,使学员有了比较系统的认识。又组织考察了位于江苏太仓陆渡、浏河两镇交汇区的太仓现代设施农业示范区,实地参观了农副产品配送中心的生产情况,并详细了解了他们"一头连结市场、一头连结农户,实行公司+合作社+基地+农户"的合作经营模式,为这些农民拓宽了创业思路。

第五节　新型农民培训

一、培训对象与内容

2005 年 12 月 31 日,《中共中央国务院关于推进社会主义新农村建设的若干意见》提出:"大规模开展农村劳动力技能培训。提高农民整体素质,培养造就有文化、懂技术、会经营的新型农民,是建设社会主义新农村的迫切需要。"2006 年上海市农委把培养百名创业农民、千名农业职业资格农民、万名农业实用技术专业农民作为培养新型农民的具体抓手,全年培训创业农民 146 人,培训农业职业资格农民 5 447 名,培训农业实用技术专业农民 11 855 名。2007 年,市农委把培养新型农民工作的重点放在培训各环节的管理和培训效果上,采取"五个强化"工作措施,即强化培训对象选择、强化师资队伍建设、强化教材统编、强化过程监管、强化部门职责,全年共培训创业农民 319 人,职业技能农民 6 339 人,专业实用技术农民 10 008 人。开展农业短期引导性培训 5 万多人次。2008 年,围绕粮食、蔬菜、瓜果、食用菌、畜牧、水产等主导和特色产业,郊区开设260 多个培训班,共培训农业实用技术专业农民 10 690 人;围绕蔬菜栽培工、瓜果栽培工、农业产业化经营者等农业职业工种,培训农业职业资格农民 7 000 多人,开展植保、防疫、农产品质量安全培训,新品种、新技术普及培训,乡村医生、合作社财务人员农村信息化培训,以及来上海务农人员蔬菜、畜牧、水产生产质量安全知识普及培训,累计达 8 万多人次,促进了上海新型农民整体素质的提高。2008 年,闵行区围绕本区农业发展的实际需求设置培训班级和内容,对从事蔬菜、粮食生产务农人员进行质量安全知识普及、实用技术推广等方面的培训共计 834 人次,通过集中授课、实地参观、远程教学等形式,提高了农民学科技、用科技、依靠科技致富的积极性。接受了北京奥运会上海赛区的供菜任务后,2008 年闵行区开设了供菜基地安全监管、安全生产、安全用药专项知识培训班,使 100 批次、62 个蔬菜品种、总量达 34 496.7 公斤的供奥运蔬菜检测合格率达到了 100%。闵行区还高规格地举办了一期合作社领导参加的合作社相关政策、法规等内容的培训班,高薪聘请了市高校有关专家对合作社的相关人员开展了税法、经济合同法、现代企业管理等知识的培训,学员们收获颇丰。

2009 开始,上海郊区新型农民培训的对象和内容有了很大发展。以家庭农场、示范合作社、特色农产品基地、粮食丰产示范基地、蔬菜供应基地为重点,加大创业农民培训、合作社干部轮训、新品种新技术培训和新生农民培训。实施农民合作社干部轮训时,以各区、县骨干合作社理事长、经理(包括财务、销售)、生产主管为重点,依托市农广校等开发适合现阶段合作社干部培训的课件,实施一周轮训。在已开发的农业职业技能工种范围内,由市、区县组织开展初、中、高等级农业职业技能资格证书培训和鉴定。以从事粮食、蔬菜、水产、畜禽、农机等生产经营规模较大、有一定文化程度、年龄在 60 周岁以下农民为重点,推进农业实用技术培训。围绕农业生产,以加强农产品质量安全,提高防病抗灾能力为重点,围绕新农村建设,以拓展村级服务性岗位为重点,开展农业生产单项知识和技能、农村信息化、村级公共服务中心岗位人员等培训。2009 年,郊区开始进行新生代农民试点培训,以近年来新进农业领域的院、校毕业生、新一代创业农民、投身新农村建设的有志青年等为重点,委托涉农院校开展"三农"基础知识和经营管理知识培训。通过培训,让新生农民全面了解"三农",熟悉新农村建设政策法规,掌握农业生产基本知识和技能。2010 年,郊区新型农民培训进一步突出合作社高级管理人员、青年农民、"三支一扶"大学生等培训。以各区、县示范合作社理事长、经理、财务人员、销售人员、生产主管为重点,分行业、分区域,实现市、区联动。依托市级涉农院校和科研推广部门等开发适合专业合作社干部培训的课件,实施一周轮训。共培训合作社理事长 512 名,合作社财会人员 469 名,合作社营销人员 289 名。继续推进专业农民农业实用技术培训,共培训 14 864 名专业农民。以开展农产品质量安全和动植物疫病防治为重点,以知识普及、辅导讲座、远程教育、现场技术指导等为主,有 71 713 人次接受农村单项实用知识培训。配合市人力资源和社会保障局,组织开展初、中、高等级农业职业技能资格证书培训和鉴定,共培训 3 313 名。另外,有 382 名新生代青年农民接受了培训。

2010 年,崇明县根据建设国际型生态岛,全岛范围内大规模绿化,需要大批林业养护工人的实际,在实施新型农民培训中开设林木养护工培训,全县 28 家培训机构中有 12 家开设林木养护工培训,共培训学员 2 028 人。闵行区根据 2010 年中央 1 号文件关于"积极发展休闲农业、乡村旅游、森林旅游和农村服务业,拓展农村非农就业空间"的精神,对世博园区周边的"申竹"农家乐及"海鲨"农家乐合作社员工进行培训,聘请了上海市餐饮行业协会的专家等进行上课,对所有员工开展了职业道德、礼貌礼节等方面的培训,对前厅服务人员开展了托盘、折花、铺台、世博英语等方面的培训,对厨房人员开展了烹饪基础知识、地方菜肴特点等方面的培训。

二、培训管理

为了提高新型农民培训的质量,2006 年、2007 年各区县强化了对培训过程的监管。一是健全监督制度。通过健全"第一节课"制度、每月例会制度和月报制度、培训档案管理制度、培训台账制度、资金合理分配使用制度、年终考核评比制度等,对培训工作的组织单位、实施单位、培训老师、指导老师等在培训的全过程都进行监督和管理,确保每个环节正常运转。二是完善监督方式。在培训过程中,通过电话、网上调查、问卷调查、走访农户、召开座谈会等方式及时了解培训的进展情况,发现问题,及时纠正。2008 年 3 月,上海市农业委员会印发《关于进一步规范上海郊区新型农民培训项目管理的实施意见》,新型农民培训工作的管理更加规范。承接农民培训项目的培训机构需具有独立法人资格,具备办学资质和承担农民培训必需的师资、教学设施设备,熟悉农民教育培训特点,有组织进村办班的能力并能随时为学员提供服务。2010 年,市农委进一步推进市郊新型农民培训规范管理,通过各区县农委、各行业办和有关单位的推荐申报,经过专家评审,认定了首批 24 个上海市现代农业技术培训基地,制定下发了《上海市现代农业技术培训基地管理办法(试行)》和《上海市农民培训补贴项目实施指导意见》,明确了培训基地认定的条件、管理职责、教学管理以及后续检查评估,明确了培训资金的补助对象及范围、资金申报及拨付以及资金管理与责任。通过一年的实践,促进了新型农民培训工作规范有序开展。

第五章　乡(镇)成人中等文化技术学校

第一节　乡(镇)成人学校建设

中共十一届三中全会后,上海农村农民业余技术教育由单一的农村教育向多门类、多学科方向发展,以适应农村经济改革和农民致富的需要。

1980年1月,上海市教育局、农业局、科协等单位联合召开上海市农民教育工作会议。各公社、生产大队纷纷举办业余中小学教学班,175个公社(镇)建立起文化技术学校,占全市公社(镇)总数的3/4。

1985年,上海市《乡(镇)成人文化技术学校管理条例》颁发后,郊区各县纷纷建立乡(镇)成人文化技术学校。1987年1月,国家教育委员会、农牧渔业部、财政部联合颁发《乡(镇)农民文化技术学校暂行规定》;同年上海市农业委员会、上海市成人教育委员会、上海市教育局联合颁发《关于进一步发展郊县成人教育的几点意见》,要求各乡镇建立成人中等文化技术学校。校名中加了"中等"二字,乡(镇)成校可开展中等及以上的各类成人教育(包括联办),"同时,也规定了其与乡镇中心小学、初级中学的同等级别"。1988年底,10郊县232个乡(镇)都建立了乡(镇)成人中等文化技术学校,大部分成校有独立校舍,校均校舍面积412平方米,到成校学习者达44.1万多人次,平均每校近2 000人次。

在乡镇成校建校初期,市教育局对乡镇成校进行视察、监督、考核,即"教育视导"。

在1988—1996年间,全市有174所乡(镇)成校接受了视导,占全部成校数的83.1%,其中66所成校评为"办学先进单位",101所成校评为"成绩显著单位",还有7所成校评为"不合格学校"。

1991年6月,为贯彻"科技、教育兴农"的战略方针,广泛开展农村成人教育,国家教育委员会提出《关于大力发展乡(镇)、村农民文化技术学校的意见》。

国家教委在加快乡(镇)成人学校基地建设的基础上,不断提高教育质量和培训效益,有计划地按经济发达不同地区,建立一批高标准、高质量的示范性乡(镇)成人文化技术学校,于1995年8月1日印发《示范性乡(镇)成人文化技术学校规程》的通知。按照国家教委关于示范性乡(镇)成校规程的通知,上海市教委制定了"上海市示范性乡(镇)成人学校建设标准",并在1997年7月5日正式发出通知,在上海市开展示范性乡(镇)成人学校评估工作,整个评估工作设有领导小组,领导小组组长由市教委副主任薛喜民担任,副局级巡视员俞恭庆任副组长;评估专家组组长由市成教协会会长芮兴宝担任,中国成教协会理事顾耕麟任副组长,专家组由8名副高职以上一线专家组成。

1997年10月10日开始对浦东新区蔡路镇成人学校进行为期两天的评估。评估专家组分别以听取汇报、查看现场、听课访谈、查证档案等形式进行评估,就办学条件、办学水平和办学效益、办学特色(加分)等分别给以打分。1997—2001年经市教委评估后命名公布的上海市示范乡镇成人中等文化技术学校:浦东新区蔡路镇成校、钦洋镇成校;嘉定区安亭镇成校、南翔镇成校、封浜镇成校、方泰镇成校、江桥镇成校;奉贤区奉城镇成校、江海镇成校、庄行镇成校、洪庙镇成校;南汇县新场镇成校、周浦镇第一成校、老港镇成校;闵行区杜行镇成校;金山区山阳镇成校、朱行镇成校;青浦县徐泾成校、练塘成校;崇明县堡镇镇成校等20所。

20 所上海市示范性乡镇成人学校，占市郊 201 各乡镇成校总数的 10％，基本达到了国家教委提出的"到 2000 年各省、自治区、直辖市有 10％左右的乡（镇）成人学校达到示范学校标准"的要求。

上海市教委根据上海市委、市政府《关于推进学习型社会建设的指导意见》提出"每个乡（镇）都要建设好一所符合标准的成人学校"的要求和《上海市教育发展"十一五"规划》中关于实施镇（乡）成人学校标准化建设的要求，为促进成人学校更好为地方经济建设发展和社会进步服务，在 2008 年 12 月 20 日颁发《关于进一步推进镇（乡）成人中等文化技术学校标准化建设的意见》。从 2009 年起，建立镇（乡）成人学校标准化建设评估制度。受市教委终身教育处委托，上海市教育评估院会同上海市成人教育协会，开展镇（乡）成人学校标准化建设评估。分别由市成人教育协会原副会长顾根华，市成人教育协会副会长俞勇彪为组长的评估专家组，对各区县申报"标准化成校"进行评估，专家组从组织领导、师资队伍、校舍设施、经费保障、学校管理、成果效益等 6 大块标准，分别听取汇报、个别访谈、查看现场、核定档案材料等方式逐项进行评估。

从 2008 年（试评估）起，历时 4 年，进行"上海市镇（乡）成人学校标准化建设评估"。全市 9 区县共有奉贤区奉城镇成校、嘉定区江桥镇成校、松江区泗泾镇成校、浦东新区周浦镇成校、崇明县陈家镇成校、闵行七宝镇成校、金山区张堰镇成校、青浦区重固成校和宝山区张庙成校等 77 所成校通过标准化建设评估，占全市 125 所成校总数的 61％。标准化达标成校校均校舍面积超过 3 000 平方米，校均拥有实训场所 2 个以上，校均专职教师配备超过户籍人口的万分之 1.8，区（县）、镇（街）、自筹投入经费校均超过 250 万元；校均年联办学历班 13 个，学员 6 800 人，年在校学员平均为 1 万 7 千人次；年在居、村委学习点学习者近 7 万人次。通过评估，各区县成校按标准建设、规范建设，得以可持续发展。

第二节　乡镇成人学校多元办学

一、乡镇成人继续教育

乡镇成人继续教育，主要是农民教育。从 20 世纪 80 年代开始，本着提高农民思想道德素质和文化技术素质，在公社文化技术学校和乡（镇）成校，对他们开展各种实用技术培训和政治、文化、专业教育。1978—1981 年，上海市郊基本完成扫除文盲任务，仅 1981 年市郊 2/3 的人民公社开展农民继续教育，参加学习者有 4.9 万人次。1981 年 4 月，联合国教科文组织向各国发表上海市金山县扫盲等农民继续教育的成果：《山阳公社的业余教育》一文；1985 年对农村青年文化未达到初中毕业、未经专业培训的乡镇企业的普通职工进行文化、技术"双补"，经近三年的"双补"，共有 282 036 名青工合格，占应"双补"青工总数 424 156 人的 66.5％；1991 年 6 月，上海市成人教育委员会召开上海市岗位培训工作会议，并会同市劳动局、市人事局、市经济体制改革办公室、市总工会联合颁发了《关于进一步开展岗位培训工作的意见》，随后，在市郊对乡镇企业厂长、经理，在岗工人，乡村医生等进行大量岗位培训；农民"绿色证书"培训和燎原计划项目培训等继续教育。2005 年"上海市郊区劳动力职业教育三年行动计划"列入市政府实事工程，各乡（镇）成人学校为主，组织农村富余劳动力的职业技能培训，共培训 66 953 人，培训后推荐就业者有 26 417 人，就业率达 63.97％。据 2010 年统计，上海市郊乡（镇）成校继续教育培训总人数达 379 万，其中学历类 6.1 万人、技能类 28.3 万人、生活类 242.6 万人、老年类 45.5 万人、外来人口类 31.4 万人。可见乡（镇）成校进行的多元继续教育直接有效。

二、乡镇社区教育

1998 年 12 月，教育部颁布《面向 21 世纪教育振兴行动计划》，首次提出"开展社区教育实验，逐步建立和完善终身教育体系，努力提高全民素质"。2001 年上海市教委、上海市文明办、上海市民政局印发《上海市社区学校设置暂行规定》指出："镇（乡）成人中等文化技术学校在拓展办学功能的基础上，经区（县）教育行政部门批准，可加挂××镇（乡）社区学校的牌子"。上海市金山区，曾因减少事业编制而把乡镇成校给地方中学托管，后在社区教育推动下，建立社区学校。2004 年 12 月 1 日，教育部下发《关于推进社区教育工作的若干意见》。在部、市教育部门的推动下，上海市的镇（乡）成人学校，从农民继续教育拓展到全民，进行社区全民教育，社区教育是"全员、全程、全面"的区域教育活动。其侧重在社区居民亟需而正规教育覆盖不到且不能很好解决的教育培训上，社区教育成为镇（乡）成校新的增长点，现在的上海乡镇成人学校教育是最典型的社区教育。

上海市乡镇成人学校建设为开展农村社区教育打下良好的基础，各镇（乡）社区学校普遍以参与上海市、全国的有关于社区教育实验项目起步，以项目实验推进社区教育；加强村、居委学习点建设、完善社区教育网络，远程教育网延伸到学习点、家庭。镇（乡）成校，村、居学习点成为百姓家门口的学校；各镇（乡）成人学校在开展社区教育中创新社区教育载体建设：如奉贤区的"宅基课堂"、闵行区的"村民周周会"、嘉定区的"百姓学习中心户""客堂汇"等家门口学堂，有力调动广大农民学习的积极性；文化是社区教育的基础和重要内容，成校在注重校园文化建设和对市民广泛开展文化教育的同时，各镇（乡）成校传承传统文化时还弘扬现代先进文化。不少镇（乡）社区学校还成为全国或市的非物质文化遗产传承培训基地，嘉定区徐行镇成校的"黄草编织"、奉贤区的"滚灯"、宝山区罗店镇成校的"罗店彩灯""划龙船"、松江区新浜镇成校"花篮马灯舞"、金山区廊下镇成校的"莲湘"，培训后，传统项目后继有人。松江区泗泾镇成校针对农村城市化进程加快，在传承"孝"文化的同时推出"新二十四孝"，开展"心系老人，孝感泗泾"的主题教育活动，促进了和睦家庭、和谐社会的建设。

各镇（乡）社区学校和开展各种教育活动是推进社区教育的重要载体，在开展教育的同时注重课程开发和教材建设、加强师资队伍建设、逐步扩大社区教育受众面和教育质量。社区教育是乡（镇）成人学校转型发展的有力抓手。

三、乡镇老年教育

上海市早在 1979 年在全国率先进入老龄社会，现在的上海已进入深度老龄化。上海市老年教育开展较早，老年教育自 1985 年起步，经过 20 世纪 90 年代的推进，特别是进入 21 世纪以来开始全面发展，现在的老年教育已成为上海市终身教育体系重要组成部分。

1996 年国家颁布施行的《中华人民共和国老年人权益保障法》第三十一条规定"国家发展老年教育、鼓励社会办好各类老年学校"。1998 年 11 月 24 日，市教委发布《上海市老年教育机构设置的暂行规定》要求街镇老年学校承上启下，接受区老年大学业务指导，对村、居老年教育学习点进行业务指导。2003 年 2 月，在上海市老年教育工作会议上，市领导明确提出："上海老年教育工作不仅要纳入上海老龄工作的范围，而且要纳入上海整个教育事业的发展规划。"同年 9 月，市政府办公厅转发市教委等五部门《关于进一步加强老年教育工作若干意见的通知》，有力推动着上海城乡老年教

育的发展。据 2004 年统计,街道、镇(乡)老年学校(办在成人学校内)212 所,老年村、居学习点
2 436 个,参与老年教育和各类老年教育活动的达到 58.7 万人次,其中以街(镇)、居村为单位,集体
收视空中老年大学课程就有 11.1 万人。上海市各乡(镇)老年教育已初步形成老年学校教育、老年
远程教育、老年社会教育为主要形式的老年教育格局;老年教育基地都已落实、盘活了社会资源;老
年教育管理体制、三级网络以及规章制度基本建立;老年教育专兼职师资队伍基本形成、同时建设
了一批针对老年人的课程和教材。同时,创新了老年教育载体建设,以老年人学习团队为抓手推进
老年教育发展。广大老年人接受各类教育,分享改革开放成果,在学习中养老,有效促进了健康老
龄化向学习型老龄化方向提升。至 2010 年,参加乡(镇)、村居老年学校、学习点学习的学员就有
455 385 人。上海农村以办"让老年人满意的教育"理念,基本形成了"就近、便捷、快乐"为上海特色
的老年教育,让老人们在学习中养老。上海乡(镇)成校所在街、镇地域不同,社会经济发展各异,故
有的乡(镇)成校还在校内办起了职工学校、妇女学校、团校等,办学多元明显。

第三节　多功能乡镇成人学校

1987 年 1 月 1 日国家教育委员会、农牧渔业部、财政部颁发的《乡(镇)农民文化技术学校暂行
规定》就明确:乡(镇)农民文化技术学校是农村教育事业的重要组成部分,是以文化技术教育为主
题的综合性、多功能的农村成人教育基地;1991 年 6 月 6 日国家教育委员会《关于大力发展乡(镇)、
村农民文化技术学校的意见》又强调,要使乡(镇)、村农民文化技术学校成为人才培训、生产示范、
技术推广和咨询服务的综合性、多功能的成人教育培训中心,成为当地农科教结合的综合服务组织
的一个部分。

乡(镇)成人学校不仅对农民进行初、中等文化教育,还根据需要对农民、企业职工进行岗位培
训和实用技术教育,时事政治、法制等丰富多彩的社会、文化生活教育。乡(镇)成校建校后前 15—
20 年,主要发挥三大功能:第一,坚持以经济建设为中心,发挥成校的组织培训功能,为当地产业结
构调整和外向型经济发展服务,开展多层次多规格的人才培训,取得了明显的人才培养效果;第二,
坚持科技第一生产力和科教兴农方向,利用大城市科技信息资源丰富的优势,发挥乡(镇)成校科技
信息辐射功能,为科技成果转化和实用技术推广服务。积极参与燎原计划项目的实施开发都市农
业项目,取得明显的经济效益。"马陆葡萄""南汇水蜜桃"等品牌形成,均有成校的贡献;第三,坚持
精神文明建设的方向,充分利用当地教育、科技、文化资源,发挥乡(镇)成校的思想文化功能,积极
开展法制教育、人口教育、环保教育,取得明显社会效益。

乡(镇)成人学校是其他学校无法替代的学校,它发挥的功能是动态的,而且有着明显的地域
性,随着社会经济的发展而拓展。进入 21 世纪,上海经济步入新常态发展阶段,围绕学习型社会建
设、新型城镇化建设、社会治理和人口深度老龄化,乡(镇)成校在不断拓展功能。

新型城镇化推进,许多农民变市民,部分进城务工成员落户成新市民,他们的法治意识、思想观
念、行为习惯等难以适应城市发展之需要,乡(镇)成校是他们教化,培养成新市民的主阵地。

乡(镇)成校一直是农民培训的主战场,从"绿色证书"、"燎原计划"、"千家万户"农村信息化、
"三年行动计划"农村劳动力转移等项目的实施与完成,培养了一大批有文化、懂技术、会经营的新
型农民和新型职业农民。

"完善终身教育体系,建设学习型社会"是全面建设小康社会重大战略任务的根本,乡(镇)成校
及其村、居学习点,扎根广大农村,在建设学习型社会中为广大市民搭建学习平台,培育学习团队和

居民学习圈,全面提升人口素质,提升人的生活幸福指数。

上海郊区,特别是进入 21 世纪,产业结构调整,城镇化加快,社会矛盾交织、家庭矛盾上升。社区教育服务于社会治理明显,嘉定区安亭镇组织"百姓宣讲团"、闵行区马桥镇举办"村民周周会",把群众吸引到听讲、学习中来,这样把国家政策和地方性法规很快传达到普通市民,政府与市民互动,许多问题形成共识而得以解决,从而形成社区治理的良性互动。道德滑坡、崇德教育缺失使城镇化过程中不和谐现象、家庭矛盾时有发生。松江区泗泾成人学校在学习型社区建设中推出"心系老人,孝感泗泾"为主题的孝德教育,以构建和睦家庭、和谐社会,为树立良好的社会风尚作出了努力和贡献。

上海郊区有着许多全国或上海市的非遗项目,但其文化传承的保护不力和传承乏人。而乡(镇)成人学校运用社区教育的手段,成为非物质文化遗产传承人培育基地,嘉定区的"嘉定竹刻""徐行草编",奉贤区的"奉贤滚灯",宝山区的"罗店彩灯"等都编撰了教材,传承人培训进了成校。上海乡(镇)成校在社区教育中探索了一条非物质文化遗产的发展新路,非遗文化绝技传新人。

上海市是中国最早步入老龄化的城市,也是最早开展老年教育的城市之一。各乡(镇)成人学校,同时是本乡(镇)的老年学校,硬件设施优良,学校开设的养生健体、书画、音乐舞蹈、电脑等课程深受老年学员欢迎,广大老年人认识到学习是他们最好的养生,上海老人在快乐学习中养老。随着社会的进步,中国梦的实现,上海乡(镇)成人学校的功能还会不断拓展、深化。上海乡镇学校成立、发展、转型、功能拓展,都在中央、市不同的方针政策下进行,并通过视导、示范性成校评估、标准化成校评估,乡(镇)成人学校成为上海市成人教育的品牌。

第六章　教育教学管理与师资队伍

第一节　教育教学管理

20世纪80年代初至1995年,上海市农村成人教育,由市农委、市成人教育委员会和市教育局有关处室共同管理,教学业务由市成人教育教研室管理指导。期间多部门共管力度大,为市郊成人教育发展打好了基础。1995年至2005年由市教育委员会成人教育处管理,成人教育教学业务由市成人教育教研室指导管理。2007年起由市教育委员会终身教育处统筹管理,教学业务由上海市教委教学研究室管理指导,这期间上海转型发展,开展以成人教育为主的社区教育,创建学习型社会。

从工农教育处、成人教育处到终身教育处,对农村成人教育管理职责是:根据上级有关方针、政策,结合上海市郊区具体情况,提出贯彻执行意见;拟定或参与上海市农村成人教育计划、规划;拟订和颁发有关管理办法、制度;组织调查研究,提出农村成人教育改革发展、创新的意见、建议供领导决策参考;组织对乡(镇)成人学校检查、评估与指导;组织开展农村成人教育教研室和干部、师资培训;统筹协调国内外互访交流、学术探讨;扶持支持社会团队参与农村成人教育有关评估认定等管理。

一、教育管理

1987年12月8日,由市农委、市成教委、市教育局在《关于进一步发展上海郊县成人教育的几点意见》中称:"县、乡(镇)人民政府要切实加强对成人教育的具体领导和管理。"

20世纪八九十年代,各县均有成人教育委员会及其办公室与县教育局业余教育股(后为职成教科)会署办公,是领导和管理全县成人教育的职能部门,职责是:(1)加强县级及乡(镇)成人教育的管理;(2)严格成人学校和培训机构的学校管理制度和考核、发证制度;(3)组建县级成人教育教研室统筹教科研,提高成人教学质量;(4)县教育局与乡(镇)政府协商,任命乡(镇)成人学校校长;(5)县乡镇积极为成人教育事业发展筹措经费。

1980年9月,市教育局在嘉定县召开业教干部工作会议,主题是办学与管理并举,并具体为十六字方针"积极办学、加强管理、提高质量、稳步前进"。到1980年底,郊区参加初、中等文化学习的人数已达10万人。

根据1987年1月1日国家教育委员会、农牧渔业部、财政部颁发《乡(镇)农民文化技术学校暂行规定》明确"乡(镇)成校"是由乡(镇)政府举办和管理的以文化技术教育为主体的综合性、多功能的农村成人教育基地。上海乡(镇)成校办学经费逐渐形成三种模式,即区(县)教育局拨款、乡(镇、街道)拨款和教育局与乡(镇)共同拨款。乡(镇)政府教育委员会或社会发展科成为管理成人教育的职能部门。

二、学校管理

乡(镇)成人学校,在当地党政组织领导下,由教育、农业、科技、共青团、妇联等有关部门领导和成校校长组成校务委员会,其职责是协助政府制订当地人才培训规划和办学计划;协调有关部门分工协作,对口办学;筹措经费、改善办学等实际问题。

乡(镇)成校校长,由区(县)教育局与当地政府协商由教育局任命;校长聘任成校中层干部;乡(镇)成校业务接受教育局职成教科综合管理;教学业务接受区(县)成人教育教研室和区(县)学习型社会建设指导服务中心办公室指导和管理;乡(镇)成校对当地村委、居委学习点进行指导服务。

乡(镇)成人学校根据教育法规,制订章程,并建立行政、教学、财务、档案资料、检查考核等管理制度,同时建立检查评估奖励制度,实行岗位责任制,努力提高教育质量和办学效益。上海乡(镇)成校,30年由小到大,平稳有序推进,成效显著。

第二节　师　资　队　伍

一、专职教师

乡(镇)成人学校建校初期,根据国家教育委员会、农牧渔业部、财政部颁发《乡(镇)农民文化技术学校暂行规定》,乡(镇)成校聘用专职教师和兼职教师。后在1991年根据国家教育委员会《关于大力发展乡(镇)、村农民文化技术学校的意见》明确,建立专、兼职结合的师资队伍。乡(镇)成校一般应配备1—3名专职教师。上海市教委《上海市示范性乡(镇)成校评估细则(试行)》规定:示范性乡(镇)成校专职教师以当地总人口的万分之二配备;市教委《关于推进镇(乡)成人中等文化技术学校标准化建设的意见》强调以乡(镇)总人口的万分之1.5—2配备专职教师,对成校专职教师在职务评聘、专业技术考核、福利保障、评选先进应与基础教育教师同等对待。乡(镇)成人学校教师是一支会管理、善教学和从事教科研的专职队伍。2010年底统计,上海市郊九区乡(镇)成校共有专职教师790人,校均平均6.3人。

由于乡(镇)成人学校是社区学校、老年学校"三合一"的学校,其从事终身教育工作的专职教师,在业务进修、专业技术考核方面与相应的专业技术人员享有同等权利;其职务评聘、职称评定(晋升),在中小学教师职务系列的基础上可设置社区教育学科组,参照国家教师职务评聘的相关制度执行。

二、兼职教师

乡(镇)成人学校教育对象面广、量大、层次不同、地域状况不同,故成校除配备少量专职教师外,还需聘用一定的具有大专以上学历或中级技术职称的企事业单位热心教育事业的同志或社会上的能工巧匠为成校兼职教师,学校给予兼职教师一定报酬,兼职教师队伍一般较稳定,也根据不同教学需求而变化。如非遗项目培训,那么非遗传承人就成为该项目的兼职教师。

上海乡(镇)成人学校建设发展30年,校舍面积不断扩大,1987年,市农委、市成人教育委员会、市教育局《关于进一步发展上海郊县成人教育的几点意见》要求成校有300平方米的校舍,2008年12月20日,《关于推进镇(乡)成人中等文化技术学校标准化建设的意见》要求成校校舍在1500平方米以上。事实到2010年上海乡(镇)成校平均校舍面积已达2155平方米。在专职教师方面,1991年国家教委《关于大力发展乡(镇)村农民文化技术学校的意见》要求乡(镇)成校配备1—3名专职教师,2008年《关于推进镇(乡)成人中等文化技术学校标准化建设的意见》要求按当地户籍人口的万分之1.5配备专职教师,2010年,上海乡(镇)成校共有专职教师790名,近一半成校按标准配足了。2010年上海市125所乡(镇)成人学校管理(软硬件)统计看出,上海乡(镇)成校建制基本"合规",校舍面积够用,经费满足需求。其短板就是一半以上成校专职教师数量不足,尚缺680人,质量有待提高。

表4-6-1　2010年上海市125所乡(镇)成人学校管理(软硬件)统计情况表

建制(同当地初级中学建制)

独立、全民所有制全额拨款法人事业单位	独立、镇集体所有制、镇拨事业法人单位	其他
89所	13所	23所

校舍(市平均校使用面积2 155 m²)

独立校舍	与文化中心共享	其他
70所	44所	11所

经费(成人教育、社区教育、老年教育1.7亿元)

区教育局拨款	镇拨款	局镇共拨	其他
32所	30所	45所	18所

师资(专职教师790人)

按户籍人口万分之1.5配	未按户籍人口万分之1.5配	无专职教师
53所	68所	4所

第五篇

成人高等教育

上海国际终身学习论坛

Shanghai International Forum on Lifelong Learning

Forum international de Shanghai sur l'apprentissage tout au long de la vie

2010年5月19日-21日
19-21 May 2010
19-21 mai 2010

1978 年,教育部直属高校率先恢复函授和夜大学的招生,此后上海中医药大学、上海师范大学等市属高校也开始逐步恢复办学;区办业余大学在整合了区内部分"七二一"大学后,通过联合招生等形式开始恢复举办成人高等教育,并于 1983 年统一更名为区业余大学,这一名称沿用至今。经过对"七二一"大学的整顿和验收,行业在 80 年代初开始恢复办学,并陆续新建了"上海市财贸管理干部学院"等一批管理干部学院和上海金融职大、上海航天职大等一批职工大学。

成人高等教育的办学类型进一步丰富。1981 年,上海市试办高等教育自学考试,并于 1982 年 1 月率先开考。1987 年,国务院批转《国家教育委员会关于改革和发展成人教育的决定》,高校开始大力发展非学历培训。1999 年起,复旦大学等教育部直属高校和上海电视大学正式获批开展现代远程教育试点。

成人高等教育办学规模不断扩大。在开始实行统一招生考试初期,每年招生规模保持在 3 万人左右,2003—2010 年间,每年录取人数已经稳定保持在 6 万人以上。

随着办学规模的增长,高校对办学内涵和质量不断重视。师资队伍的数量和结构持续优化、新的教学和科研成果不断出现,联合办学等新的人才培养模式越来越发挥出优势和特色。

为了确保办学质量,教育行政部门也不断加强监管力度,通过办学评估、教学检查和校外教学点检查等手段,定期持续对高校办学过程进行监管,对办学结果进行评价,推动成人高等教育规范、有序发展。

第一章 普通高等院校
成人高等教育

1966—1976 年期间,普通高校的成人教育一度停办,后又经历无序的扩张、整顿、恢复等阶段。1978 年 6 月,恢复同济大学和华东师范大学函授教育。20 世纪 80 年代上海经济建设的发展和改革开放的深入,成人高等教育有了新的发展,学校增多,规模扩大。20 世纪 90 年代,上海成人高等教育进行布局结构调整,普通高校的夜大学、成人教育学院等在发展成人学历教育同时开展大学后继续教育。进入 21 世纪后,普通高校的函授、夜大学、自学考试、网络教育、非学历教育取得长足的发展。

第一节 概 况

1977 年后,上海成人高等教育通过拨乱反正,恢复之前分级管理的体制。上海市人民政府对成人高等教育的领导管理是通过上海市高等教育局、上海市教育局等各级教育行政机构来实现的。

1978 年,中共十一届三中全会召开,党和国家工作重点转移到经济建设上来,急需一支坚持社会主义道路、具有专业知识和能力的干部队伍。6 月,恢复同济大学和华东师范大学函授教育。

1979 年 2 月,上海市工农教育委员会成立,进一步加强市业余教育的管理,落实工农教育规划。上海市高等教育局设立职工教育处,上海市教育局设立工农教育处,分别管理所属的成人高等学校。市总工会配合教育行政部门,参与管理。

1980 年 7 月,上海市人民政府决定,要"大力开展职工教育,组织广大干部和职工学政治、学技术、学管理"。同时,市高等教育局和劳动局决定凡参加职工高等学校脱产、半脱产学习的学生,成绩优秀者,发给奖学金。

1981 年 2 月,中共中央、国务院发布《关于加强职工教育工作的决定》,上海成人高等教育按照"加强领导,统一管理,分工负责,通力协作"的原则,实行政府统一领导,分级管理的体制。但是,由于上海成人高等教育涉及面广,办学渠道多,因此,成人高等教育领导管理体制按其办学渠道不同又各有差异。根据国务院指示精神,1981 年 6 月,市人民政府决定上海试办高等教育自学考试制度。1981 年 9 月,上海市人民政府批准成立上海市高等教育自学考试委员会。上海市高等教育自学考试受市人民政府领导,日常工作由上海市高等教育自学考试委员会管理,委员会的办公室设在上海市高等教育局内。首次考试于 1982 年 1 月举行。在全国,上海是最早按专业开考的试点单位。上海普通高校积极参与自学考试事业。

1983 年 3 月,上海市人民政府转发了市人事局等单位的意见,成人高等学校毕业生的学历、使用和待遇,可以和普通高等学校毕业生同等对待。

1984 年 3 月 12 日,中共上海市委批转市委组织部《关于大力开展干部培训工作的试行方案》,提出"要给 50 岁以下的各级领导干部'做什么、学什么','缺什么、补什么'的培训",上海普通高校举办干部专修科的达 29 所。在第六个五年计划期间,全市成人高等学历教育的在校人数,平均以19%的速度递增。到 1985 年,达到 9.07 万人,比 1980 年 3.8 万人增长 1.4 倍,为 1965 年 2.96 万人的 3 倍。

随着经济体制改革的深入,上海成人高等教育办学模式单一的结构性矛盾日益突出。在七五期间,确定了"调整结构、转移重点、确保质量、提高效益"的方针。

1985 年前,学校设置的审批权属于上海市人民政府;自 1986 年起,改属国家教育委员会。各地区、各企业事业单位和其他业务部门要设置或停办成人高校时,必须经其主管部门会同市高教局审查,报市人民政府同意,再报国家教育委员会批准。国务院各部委在上海开办或停办学校时,须由国务院主管部门会同上海市高教局审查,征得上海市人民政府同意后,报国家教委批准。普通高校举办本科、专科函授教育的夜大学时,须由学校提出申请,按其隶属关系分别经国务院有关部委、上海市高教局审核同意,报国家教委批准。各类成人高校按其隶属关系,在人、财、物等方面接受主管部门的行政领导,而在学校及专业设置、招生计划、办学形式、教学实施和规划制定等方面,接受上海市高教局的指导。上海市高教局在市人民政府和国家教委的领导下,根据上海市经济和社会发展需要及办学条件,合理布局成人高等学校,并随时按照上海市情况的变化调整成人高等学校的布局。1985 年,全市成人高校招生达 33 647 人。1986 年开始逐年减少。5 年内平均每年递减 16%,到 1990 年,招生 13 496 人(包括生源不足等因素)。

1987 年 2 月,国家教委发布《关于改革和发展成人教育的决定》,要求"把开展岗位培训作为成人教育的重点,积极开展大学后继续教育和专业培训、实践培训"。这年开始,各类进修班、短训班和单科班有较大发展。全市成人高校的在校生结构开始发生变化,非学历教育的人数逐步超过学历教育的人数。1986 年,在校生中,学历教育达 10 万余人,非学历教育仅 4 万人,到 1990 年,学历教育 6 万余人,非学历教育达 20 万人,后者为前者的 3.3 倍。上海自学考试到 1990 年主考学校已从当初的 5 所增加到 17 所;专业从 6 个发展到 34 个;累计参考者达 56.7 万人次,已经毕业的专科生近 1.6 万人,本科生有 455 人。

20 世纪 90 年代,上海成人高等教育进行布局结构调整,行业性成人高校按一局一校要求进行调整,开始发展高等职业教育,地区性业余大学调整为社区学院,普通高校的夜大学、成人教育学院等在发展成人学历教育同时开展大学后继续教育。分别于 1992 年、1995 年、1999 年召开了上海市成人教育工作会议。继续改革和发展成人教育,逐步建成与一流城市、一流教育相匹配的比较发达的现代成人教育,为提高全体市民素质和提高城市文明程度服务,为上海经济全面发展和社会全面进步提供坚实的人力资源和智力支持。1993 年,为提高成人教育科学研究的学术水平,促进成人教育科研的发展和成果的推广应用,上海市教育局成立了成人教育科学研究指导委员会,并拨出专项科研经费 20 万元,用以推动成人教育科研活动的开展。成人教育科研指导委员会的职责包括:审议成人教育科研规划;审议成人教育科研课题招标工作的章程、招标课题目录;决定中标者;评审招标课题研究成果;评选优秀科研成果等。

1995 年 2 月,中共上海市委批准撤销市人民政府教育卫生办公室、市教育局、市高教局,成立上海市教育委员会。市教委设成人教育办公室,管理全市的成人教育工作。制定并实施《上海市普通高等学校、成人高等学校举办非学历教育管理的暂行规定》。

1995—1997 年,上海市教委组织专家对 21 所全日制高校的函授、夜大学教育和 43 所独立设置成人高校进行了评估,同济大学、复旦大学等 9 所全日制大学被评为优良。1996 年 3 月底,市教委成人教育服务中心经市教委批准正式成立。"中心"属具有独立法人资格的事业单位,接受市教委成人教育办公室的业务领导、管理和指导。"中心"面向上海市各类成人学校,面向社会,提供成人教育服务。主要职责任务是:接受市教委成人教育办公室委托,承担成人学校督导评估的有关组织工作,学校管理干部与师资培训的组织工作,成人教学研究、考试等有关事务工作,有关教材、教学参考资料、学历与非学历证书等印刷发放业务,毕业证书验印等事务,组织教育培训、技术开发与咨询服务以及其他与成人教育有关的服务工作。"中心"主任由市教委成人教育办公室主任兼任。普通高等学校举办的函授教育、夜大学由所属的高等学校领导,其业务受上海市高等教育局指导。后由市教委指导。1997年5月,上海市高等教育自学考试委员会办公室设在市教育考试院内。中央各部在上海举办的成人高等学校,由各部直接领导,教学业务受上海市高等教育局指导。

1998年9月,市教委印发《上海市各类成人高校校外教学点设置的若干规定》,规定了成人高校(下称"主办学校")的学历教育班在校外设置教学点的原则;校外教学点申报与审批的要求;主办学校、区县(行业)教育行政部门等管理职责的分工。《规定》强调指出"校外教学点的设置和管理应接受当地(区县、行业)教育行政主管部门指导和监督。学校设置校外教学点和教学点开设新的专业,必须征得当地教育行政部门(建立在企事业单位教育培训中心,面向系统内招生的校外教学点须经其业务主管部门)的同意,并签署意见。"目的是使学校教育与地区和行业的经济、事业发展有机结合起来,促进教学质量的进一步提高。1998年的成人高校校外教学点审批工作就是按此《规定》实施并顺利完成。1998年上海市参加高等教育自学考试20所主考高校开考了53个本、专科专业(不计重复),全年累计参加自学考试有290 804人次。1999年5月成人高校统一招生考试,全市有54 404人报名参加各类成人高校统一招生考试,成人招生计划数比上年计划增加了4 444人,增长幅度为19.67%,是历年来上海市增长幅度最大的一年。

1999年1月22日,市政府召开上海市成人教育工作会议。会议规划了21世纪前期上海市成人教育的发展蓝图,明确了本世纪末和下世纪初的工作目标:促进完善具有终身教育特征的现代化教育体系;完善分级管理分级负责的管理体制和多种证书教育的制度;建立现代企业教育制度、社区成人教育制度、农村成人教育制度;实施市民精神文明教育工程、紧缺人才培训工程、从业人员高中阶段教育普及工程、远距离教育工程。

1999年5月19日,市教委为贯彻教育部《面向21世纪教育振兴行动计划》,落实上海市成人教育工作会议精神,召开会议总结和交流上海市成人学校,尤其是成人高校工作的经验,进一步提高对成人教育和终身教育的认识,加快成人教育的法制建设,坚持以岗位培训和继续教育作为成人高等教育的重点,坚持以提高质量和效益作为成人高等教育工作的中心,使上海成人高等教育在各类教育中协调发展,使成人教育制度和终身教育体系在上海的建立和完善。截至1999年,上海共有成人高校74所,其中普通高校举办函授、夜大学、自考共34所,独立设置成人高校39所,本专科在校生9.82万人。

进入21世纪,随着成人高等学历教育的招生计划增加,为了方便全市考生就近入学,各普通高校按照《上海市各类成人高校校外教学点设置的若干规定》要求,在全市各区县合理布局各成人高等教育夜大学教学点。同时一些高校在全国各省市自治区设立函授站点,服务当地民众就地入学。与此同时,市教委对外省市自治区普通高校来沪举办函授教育,进行审批管理,对符合条件的普通高校准予在上海举办函授站教育。以充实上海成人高等教育的各类专业需求。2000年2月,市教委成教办发布了《2000年上海市成人教育工作要点》。3月,市教委召开上海市成人教育工作会议。会议指出,要把素质教育放在首位;要充分利用上海的教育资源和现代化教学手段,努力把上海建成适应时代要求的"学习型城市"。实施《上海市远程教育发展规划》,提高现代教育技术水平;2001年上海高考总录取人数26 312人,2002年录取的总人数为62 869人,随后几年上海成人录取总数都在6万人以上。2003年国内一些地区出现非典型肺炎疫情的特殊情况,为保护广大考生和相关工作人员的身体健康,维护社会稳定,教育部决定 2003 年成人高校招生全国统一入学考试推迟到下半年进行。2004 年 2 月,市教委印发《关于启动成人高校精品课程建设及开展"市级精品课程"评选工作的通知》。成人高等教育新专业设置实行备案审批。2007 年《教育部关于加强成人高等教育招生和办学秩序管理的通知》;2007 年 6 月 7 日,市教委印发《关于进一步加强上海市高等学校成人高等教育和继续教育管理的通知》。上海市各部门和普通高等学校切实加强对校外合作办学点、函授站、自学考试社会助学班等的监管,从 2008 年起,普通高等学校停止招收成人脱产班。对上海市高等学校和行政区域内各类校外办学点举办的成人高等教育进行全面督查,特别是对招生计划、办学形式以及招生宣传等进行严格审查。及时发现问题,及时进行整顿,切实维护成人高等教育和谐稳定的大局。2008 年 8 月,市教委印发《中共上海市科技教育工作委员会 上海市教育委员会关于重申教育部和上海市的相关规定强化上海市高校办学规范管理的通知》,进一步规范普通高校举办的成人高等教育、继续教育和非学历教育培训。2010 年 5 月,市教委印发《关于印发上海市普通高校开展继续教育工作若干指导意见的通知》,并制订了《关于上海市普通高校进一步完善继续教育归口管理制度的指导意见》《关于上海市普通高校加强"校外教学场所"管理的指导意见》和《关于上海市普通高校加强与校外机构开展合作办学管理的指导意见》。

第二节　成人高等学历教育

一、夜大学与函授教育

【概况】

1978 年,上海交通大学夜大学、同济大学和华东师范大学函授教育首先恢复招生。1979 年,上海财经学院和上海第二医学院夜大学、上海体育学院函授教育相继恢复招生,华东师范大学增设了夜大学。1980 年,华东纺织工学院、上海外国语学院、上海中医学院恢复夜大学,上海音乐学院新建了夜大学。1980 年 4 月,中央教育部召开夜大学、函授教育工作会议,9 月,国务院批准了教育部《关于大力发展高等学校函授教育和夜大学的意见》。上海市高教局要求各高校贯彻中央教育部指示,把举办函授教育、夜大学纳入高等学校总体规划。1984 年,同济大学举行国内首次授予函授大学生学士学位仪式,64 名毕业生领到了学位证书,成为国内首批函授工学学士。市政协主席、同济大学名誉校长李国豪在会上讲话,向毕业生们表示祝贺。教育部也发来了贺电。1981—1985 年,高校函授教育、夜大学发展迅速,共恢复和新建 23 所。到 1990 年,上海高等学校中有 31 所高等学校举办夜大学、函授教育。其中,举办函授教育和夜大学的 11 所,单独举办函授教育的 3 所,举办夜大学的 17 所。到 2000 年,上海普通高校开展函授教育的有 16 所,开展夜大学教育有 32 所,开展成人脱产班教育有 14 所。

2005 年 4 月 11 日,市教委印发《关于开展高等函授教育辅导站清理工作的通知》。旨在加强上海成人高等教育的规范管理,强化主办高校对高等函授教育辅导站的管理责任。2008 年,上海普通高校开展函授教育的有 13 所,开展夜大学教育有 45 所,开展成人脱产班教育有 22 所。

从 2008 年起,教育部通知规定普通高等学校停止招收成人脱产班。上海市教委严格执行教育部规定。2010 年上海普通高校开展函授教育的有 11 所,开展夜大学教育的有 48 所。

【招生考试】

从1978年开始，全市"七二一"大学经过整顿，从原来的2 111所减少到1978年的174所。为保证招生质量，1979年，建立全市"七二一"大学统一招生考试制度，由市高教局统一命题，统一考期，统一评分标准和最低录取分数线，而考试组织及考卷评阅工作由各主管部门负责。

1980年起，上海成人高等教育招生制度改变"文化大革命"前各校单独招生的制度，将上海市业余工业大学、电视大学、职工大学、区业余大学和全日制高等学校办的夜大学等成人高等学校的招生考试，先后纳入市教育行政部门统一组织的轨道。

1984年，经市人民政府教卫办同意，在上海市高等学校招生委员会办公室设立成人招生科，专职负责全市各类成人高等学校招生工作。各类成人高等学校实行全市统一招生考试制度，全市统一命题，统一考试，统一录取分数线。1986年起，上海成人高等学校的招生考试又纳入国家统一招生考试制度，每年一次，由国家教育委员会和上海市高等教育局领导，由市高等学校招生办公室具体组织。

改革开放以来，上海成人高等学校招生考试工作采取了一系列的改革措施。1983年起，为适应社会主义现代化建设的需要，有计划地培养和提高各类干部和生产骨干的科学文化水平，上海第二工业大学和各区业余大学开始举办"预科班"，学制一年，招收工矿企业、事业单位、机关中科级以上干部、企事业基层单位的区县局先进生产（工作）者和市劳动模范，以及参加市成人高等学校统一招生考试的成绩略低于录取分数线的一般在职职工。学员经过一年预科班的学习，成绩合格者可直升所在学校大专班学习。1987年，上海成人高校招生改变过去由主管部门按本部门需要测算招生人数而造成招生计划与社会需要脱节的做法，实行按社会需要制定招生计划的办法。先从企事业需求的人才培养计划和学校办学能力两方面测算预报数，经市综合平衡后于考试前公布初步的招生计划，再通过考试后掌握的生源确切数量和质量情况对计划进行调整落实，最后公布正式的计划，考生据此填写志愿。

1987年，为了改变多年来成人高校招生考试"一卷定终身"的现象，充分体现成人高等教育特点，鼓励广大有实践经验的在职职工报考成人高等学校，上海市高教局和招生机构决定在上海第二工业大学率先实行"能力考核"的招生考试改革。考生除参加市组织的统一文化考试外，还参加由学校组织的能力考核。学校按专业对口的原则，制订一套侧重于考生所在岗位的业务知识测试题，全面考核考生的实际工作能力，最后将考生的文化考试成绩和能力考核情况结合起来确定是否录取，改变过去单纯以文化课的书面考试成绩作为录取考生唯一标准的模式。1991年7月8日，上海市计划委员会、上海市高等教育局颁布《上海市成人高等教育招生计划管理暂行办法》。

1992年，为了完善能力考核办法，成立了成人高校入学能力考试协调小组、专家组、命题组，先后在4所成人高校的18个专业进行了文化考试与能力考试相结合的招生办法，深受学员欢迎。1987年开始，上海成人高校录取工作采取二次志愿的办法，符合最低录取分数线的考生，根据本科与专科的档次、用人部门的要求、脱产或业余可能以及就近入学的条件，选择填写自己就读的学校和专业，如填报的专业招生名额已满，而其他相应的专业尚有余额的话，可再征求一次志愿进行录取。采用这种办法，既可使全市各校招生人数达到平衡，又可使生源较好且条件许可的学校扩大招生计划。

1993年，为了配合成人中等学校优秀学生直升成人高校，批准第二教育学院为培养师资而选拔成人中专优秀毕业生直升该校专科班。1993年，上海成人高校招生计划的管理采取了由计划部门参与录取工作，对学校和专业的招生人数及时进行调剂的办法。招生计划数不分学校和专业，只分学校大类和理工文类及本专科的计划总数,具体学校和各专业的招生数根据考生上线人数在招生过程中再运作。

1998年上海市各类成人高校受理53 700余名考生报名,创上海市近15年来成人高校报考的最高纪录。这次报考有三大特点:(1)高职班报名人数骤增。高职班受到中专、职校、技校毕业生和有一定专业知识的在职考生的欢迎。1998年报名人数达2 973人,比1997年增加59%。(2)名牌效应持续升温。复旦大学、交通大学、华东师范大学、上海财经大学等大学的夜大学,报考人数均在2 000人以上,有的甚至在4 000人以上,上海电视大学报考人数也在4 000人以上。(3)报考外省市院校人数增加,达到791人,超过了招生计划数,是近年来报考人数最多的一年。

1999年,成人高等学校开始从中专、技校、中职校(简称"三校")和高中应届毕业生中招生。当年共录取应届"三校"毕业生1 078人,完成计划的120%;应届高中毕业生1 305人,完成计划的127%;成人本、专科及职后高职生27 812人,完成计划的103%。

2001年,上海高考总录取人数26 312人,2002年录取的总人数为62 869人,随后几年上海成人录取总数都在6万人以上。2003年国内一些地区出现非典型肺炎疫情的特殊情况,为保护广大考生和相关工作人员的身体健康,维护社会的稳定,教育部决定从2003年成人高校招生全国统一入学考试改为下半年10月底进行。

2002年,成人高校招生实行网上录取。参加本科招生的全市24所普通高校夜大学全部实行远程网录取,占本批录取新生的97%以上。专科层次远程网录取新生占该批录取新生的66%以上,暂不具备条件的业大、职大和外省市部分高校采用局域网录取。

2006年10月31日,市教委、市教育考试院联合召开会议,纪念全国成人高校招生统考20周年。市教育考试院负责人回顾成人高校统考20年取得的卓越成就。全市成人高校共招生63.7万余人。

2008年8月29日,市教委关于转发《教育部关于做好2008年全国成人高校招生工作的通知》的通知,严格把关,严格审核。按照《通知》中关于从2008年起,普通高等学校举办的成人高等学历教育一律停止招收脱产学生,严格程序,严肃纪律。上海市各成人高校要规范成人高校招生的各项程序,尤其是政策加分办理程序。

表 5-1-1 2004—2010年普通高校成人学历教育基本情况统计表

年　　份	学　校　数	毕业生数(万人)	招生数(万人)	在校生数(万人)
2004年	68	4.28	6.08	12.58
2005年	76	4.93	5.60	12.63
2006年	79	1.26	5.84	16.85
2007年	81	4.56	6.33	18.02
2008年	80	4.90	6.47	18.96
2009年	76	5.16	6.24	19.21
2010年	77	6.11	6.03	18.45

数据来源:2004—2010年上海教育统计手册。

【督导与质量评估】

20世纪90年代,市高教局和市教育局为了提高成人高校办学质量推进规范化建设,1992年,市高教局完成了对 34 所独立设置的成人高校的评估验收。市教育局完成了对 7 所地区成人高校办学质量的评估验收。

1994 年,市高教局组织普通高校函授、夜大学认真学习了国家教委《普通高等学校函授教育评估基本内容和准则》等有关评估的配套文件,要求各校在贯彻这些文件的过程中,认真总结经验,找出差距,用一年时间限期改正,以不断提高教学质量和管理水平。

1995 年市教委成立后,又开展了对 25 所普通高校函授、夜大学教学评估的组织工作,组织专家对同济大学函授与继续教育学院进行了试评估。

1996 年,市教委根据国家教委的统一部署,在认真总结、推广前一年对同济大学函授、夜大学教育评估试点经验的基础上,聘请成人教育专家分别对复旦大学、交通大学、华东师范大学、上海外国语大学、上海师范大学、华东理工大学、立信会计专科学校、上海大学、第二医科大学、上海电力学院、上海中医学院、等 19 所全日制高校夜大学和 6 所全日制高校函授教育进行了评估,检查了复旦大学等五所全日制高校设在合肥、济南、福州、嘉兴的函授站工作,接受了国家有关部委委托对华东政法学院、上海音乐学院、华东工业大学等 12 所全日制高校函授、夜大学教育的评估。根据专家组评估意见,市教委全日制高校函授、夜大学教育评估领导小组讨论决定评估等第,1997 年初通过新闻媒介向社会公布。

1997 年初,总结了 25 所全日制高校函授、夜大学教育评估工作,然后集中两个月组织 4 个专家组完成了对 43 所独立设置成人高校的评估工作,并先后向社会公布了全日制高校函授、夜大学教育和独立设置成人高校评估结果,成人高校教育评估坚持"以评促改、以评促建、以评促发展"的方针,评估专家组随堂听课 220 门,召开座谈会 457 个,接受调查 5 094 人次,检查校外教学点 114 个。同济大学、上海第二医科大学、上海第二工业大学、上海电视大学、闸北区业余大学被评为国家级优秀院校,同济大学、电力学院等 3 所函授学院和复旦大学、上海交通大学、华东师范大学、上海外国语大学等 6 所夜大学及上海经济管理学院、虹口区业余大学、上海纺织职工大学等 12 所独立设置成人高校被评为市级优秀院校。

除了教委系统对学校组织评估,1999 年市政府督导室对各区县包括成人教育在内的各类教育进行督导,检查和督促区县政府及其职能部门切实执行有关教育法律法规的同时,重在推进普教领域探索和实施素质教育,推进各区县统筹规划和发展普、职、成各类教育。这次"督政"纳入教育统筹发展的内容,是教育督导工作的一次有益的尝试。

2002 年,市教委印发《关于开展 2002 年上海市普通高校成人高等教育工作检查调研的通知》,旨在为全面提升上海成人高等教育的整体水平,提高成人高等教育的教学质量,适应市民对继续教育、终身教育的需要,促进上海学习型城市的建立。同年,市教委关于印发《上海市社会力量举办学校(非学历教育)办学水平分等定级评估工作操作规程》的通知,推进政府职能的转换,促进社会力量举办学校的科学化、规范化、制度化的管理,提高办学水平和教育质量。

2007 年,上海市教委严格《教育部关于加强成人高等教育招生和办学秩序管理的通知》,上海市各部门和普通高等学校切实加强对校外合作办学点、函授站、自学考试社会助学班等的监管。对上海市高等学校和行政区域内各类校外办学点举办的成人高等教育进行全面督查。

2008 年 3 月 25 日,市教委《关于开展 2008 年上海市成人高等教育教学工作检查的通知》,进一步提升上海成人高等教育的整体水平和教学质量,推进上海学习型社会的建设。

2008 年 8 月,市教委印发《中共上海市科技教育工作委员会　上海市教育委员会关于重申教育部和上海市的相关规定强化上海市高校办学规范管理的通知》,进一步规范普通高校举办的成人高等教育、继续教育和非学历教育培训。

2010年4月26日,市教委印发《关于开展2010年上海成人高等教育校外教学点检查工作的通知》,为进一步加强上海市成人高等教育管理,规范办学行为,确保上海成人高等教育事业健康、有序发展,决定对上海成人高等教育校外教学点进行全面检查。5月6日,市教委下达《关于印发上海市普通高校开展继续教育工作若干指导意见的通知》。为进一步促进和规范上海市普通高校继续教育工作,市教委在调研总结各高校继续教育规范管理经验的基础上,制订了《关于上海市普通高校进一步完善继续教育归口管理制度的指导意见》《关于上海市普通高校加强"校外教学场所"管理的指导意见》和《关于上海市普通高校加强与校外机构开展合作办学管理的指导意见》。

二、高等网络教育

1999年11月,教育部复函上海市人民政府,同意"将上海列为国家远程教育定点城市,并在若干所高校建立远程教育点"。此前,教育部已批准上海交通大学、同济大学为国家远程教育试点高校,为上海市发展远程教育提供了宽松的环境和广阔的舞台。

2000年1月19日,上海市人民政府批准在上海电视大学、上海教育电视台、上海市电化教育馆、上海市电视中等专业学校的基础上组建上海远程教育集团。

2002年1月7日教育部办公厅关于印发《关于现代远程教育校外学习中心(点)建设和管理的原则意见(试行)》的通知,为了做好现代远程教育校外学习中心(点)的建设和管理工作,促进现代远程教育试点工作健康发展。11月13日,市教委印发《关于对上海现代远程教育试点高校网络教育学院办学情况进行检查的通知》,为了规范教育部批准的上海现代远程教育试点高校网络教育学院的办学行为,加强对网络教育的质量监控,推动现代远程教育试点工作的健康发展,经研究,决定对试点高校网络教育学院的办学情况进行检查。并附有《上海市2002年度现代远程教育试点学校网络教育学院自我检查要点》。

2003年3月10日,教育部办公厅印发《现代远程教育校外学习中心(点)暂行管理办法》的通知,为了加强现代远程教育校外学习中心(点)的管理,进一步规范现代远程教育教学支持服务活动。

2007年10月19日,市教委印发《关于对上海现代远程教育校外学习中心开展2006年度、2007年度年报年检工作的通知》,加强和完善对现代远程教育校外学习中心规范管理、质量保证、学习支持服务等各项工作的监控,提高人才培养质量,保证上海现代远程教育试点工作健康、有序、稳步地发展。

三、高等教育自学考试

【概况】

1981年6月6日,市政府根据《国务院批转教育部关于高等教育自学考试试行办法的报告》和教育部《高等教育自学考试试行办法》,结合上海市实际情况批准了《上海市高等教育自学考试暂行办法》,并成立了市高等教育自学考试委员会。1982年11月,第一次上海市高等教育自学考试举行,共有5所主考学校,开设6个专业,6 850名考生。8月,市政府批准同意举办。并同意在市高等教育自学考试委员会下设中等专业教育自学考试办公室。高等教育学历文凭考试始自20世纪90年代。1995年国家教委批准上海市进行学历文凭的试点工作,其中由市教委负责试点工作的行政管理,由市自考委负责试点工作中的考试工作,同时负责毕业证书的审核、发放等工作。首次批准试点的高等教育学历文凭考试有 6 所民办学校,开设了 10 个专业,当年招收 1 236 名学生。1997年,市教委和市高等教育自学考试委员会为规范自学考试的社会助学活动,依据国家教委考试中心《关于印发〈关于高等教育自学考试助学工作的意见〉》,制定了《上海市自学考试社会助学管理暂行规定》,并通过严格的资格审查,先后向社会公布了两批共 150 所自学考试社会助学单位的名单。

上海市高等教育自学考试自 1982 年首次开考到 2010 年共计 29 年 57 次考试,经历了初创期、高峰期、稳定期。主考学校从最初的 6 所到最高峰 19 所,虽然有进有出,但 2010 年还保持 19 所主考学校;报考人次数从 1982 年首次开考的 6 850 多人,到 2010 年一年有 201 002 人次,最高峰 2001年一年就有 476 316 报考人次;毕业生从 1984 年有首届 338 人,到 2010 年累计毕业生 186 652人次。

【主考学校】

1981 年 6 月 6 日,市政府批准市高教局制订的《上海市高等教育自学考试暂行办法》,同意从1981 年 9 月起,先在华东师范大学、同济大学、上海财经学院、上海外国语学院、上海教育学院、上海市业余工业大学和上海电视大学等 7 所学校试办高等教育自学考试,考试的门类、系和专业,与计划、人事等部门商量确定。11 月,市自考委公布华东师范大学、上海外国语学院(现上海外国语大学)、上海财经学院(现上海财经大学)、华东政法学院、上海教育学院(现并入华东师范大学)等 5 所主考学校开设的中文、英语、会计、法律以及师范类中文、英语等 6 个专业,并宣布首次考试于 1982年 11 月举行。主考学校由上海市高等教育自学考试委员会遴选专业师资力量较强的全日制普通高等学校担任。主考学校在高等教育自学考试工作上接受上海市自考委的领导,参与命题和评卷,负责有关实践性学习环节的考核,在毕业证书上副署,办理市自考委交办的其他有关工作。上海正式开始实行高等教育自学考试制度。

上海市高等教育自学考试的主考学校从最初的 5 所,逐渐发展到 2010 年的 19 所。期间有些主考学校因为高校合并或者专业停考而不再成为市主考学校。上海教育学院已并入华东师范大学,上海第一医科大学已并入复旦大学,上海旅游专科学校现已并入上海师范大学,上海第二医科大学唯一的临床医学专业在 2005 年根据全国考办的要求停考后未再开设其他自考专业,该校也已并入上海交通大学。

第三节　非学历教育

一、概况

1979 年,在吸取国外继续教育的经验基础上,科技和教育部门提出要对科技人员进行继续教育。1981 年 2 月 24 日,上海市人民政府科技干部局提出:"全面培训、突出重点、统筹规划、分段负责、积极开展、量力而行、形式多样、讲究实效"的继续教育方针。1983 年 4 月,上海市经济委员会对全市工厂企业提出工程技术人员进行继续教育的要求。1984 年 3 月 12 日,中共上海市委批转的市委组织部《关于大力开展干部培训工作的试行方案》中提出要给 50 岁以下的各级领导干部"做什么、学什么、缺什么、补什么"的培训。1984 年 4 月召开的上海职工教育会议提出:"围绕技术进步,积极组织工程技术人员进行知识补缺更新","围绕企业管理的改进和提高,积极组织管理人员学习",并要求各个单位落实"助理研究员、工程师、讲师以上的科技骨干和相当于这一级的科技人员的进修,一般每三年给以三个月至半年的进修期"。1986年10月,市经济委员会和市科技干部局发布了《关于改进和加强工程技术人员继续教育的若干意见(试行)》,推动了上海市经济委员会系统的继续教育,在全市处于领先地位。1987年12月10日,市经济委员会、市科技干部局和市科学技术协会转发了国家经济委员会、国家科学技术委员会和中国科学技术协会制订的《企业科技人员继续教育暂行规定》(1987年10月27日发布);1987年12月15日,国家教委等又发布了《关于开展大学后继续教育的暂行规定》。这些规定,进一步明确了继续教育的地位、作用和任务,使上海市继续教育有了新的发展。1990年10月30日,市经济委员会和市人事局发出通知,在上海经济委员会系统试行"专业人员继续教育登记制度"。

非学历各类培训班学员人数,1986年为15 790人,1990年达91 300人。高层次、复合型专业人才的培训也有了进展,各企业与上海交大、上海工大、华东化工学院和上海第二工业大学等协作,举办了厂长、经理培训班,总工程师培训班和工程师培训班等。1988年开始,市委组织部委托复旦大学、上海交通大学、同济大学、华东师范大学举办的科学学和科学管理专业、工业(企业)管理工程专业、工业(建设)管理工程专业、文化学专业和辩证唯物主义和历史唯物主义专业5个上海市高级管理人员在职研究生班。

1987年,市人民政府同意"全市的继续教育工作由市人事局、科技干部局、高教局负责,会同有关方面做好统筹协调工作,并纳入成人教育计划。"市人事局和科技干部局合并后,上海市继续教育的实际工作,由市人事局牵头。1988年4月25日,市人民政府教卫办批文,"同意上海交通大学、同济大学、华东化工学院、华东纺织学院和市第二工业大学成立继续教育协作中心,并希望市高教局及时总结经验,推动上海市继续教育的发展"。1989年市人民政府研究室和成人教育委员会提出《加强高层次、复合型经济管理干部的继续教育》的调查研究报告,12月,召开了专题研讨会,副市长谢丽娟出席研讨会并讲话,指出:"一般情况下,上海市继续教育对象是具有大专以上学历或中级以上技术职务的在职管理人员和专业技术人员,继续教育的重点应该是企业中青年骨干和领导干部,当前尤其要抓好高层次、复合型经济管理干部的培养。"

1991年6月7日,上海市高等教育局印发《关于上海市普通高等学校、成人高等学校举办非学历教育管理的暂行规定》。

1995年11月,市教委制订并颁发了《关于加强上海市高等学校非学历教育管理的若干意见》,规定高等学校必须在完成国家下达的学历教育计划的前提下,有领导、有组织、有计划地举办各种类型的短期职业技术教育班、岗位培训班、继续教育进修班及各种形式的单科培训辅导班(不含以获得高等教育自学考试毕业证书为目的的自学辅班)等。高等学校不得举办以在校中小学生为对象的文化补课和复习的各种辅导班。学校申请举办跨省市的非学历教育,申报材料须经市教育委员会审核同意,报国家教委批准后,方可招生。高等学校举办非学历教育,办班地点设在校外的(不含分校)在申报时应先征得所在区、县教育局的同意,方能上报市教育委员会审批。

1997年9月正式公布了第一批30门次继续教育进修课程,并由中标单位负责教学工作。还建立了华东师范大学、上海第二工业大学等7个培训基地,建立市、区、县与学校三级管理网络。

2001年3月教育部在上海召开2001年度全国职业教育与成人教育工作会议,会上指出推行学历证书与职业资格并重的制度和劳动准入制度,开展各种形式的职业培训和岗位培训,为城乡新增劳动力和在职人员转岗、下岗提供接受各种层次、多种形式职业培训的机会。

2008年8月,市教委印发《中共上海市科技教育工作委员会 上海市教育委员会关于重申教育部和上海市的相关规定强化上海市高校办学规范管理的通知》中指出建立健全高校校内非学历教育归口管理制度。高校在校内举办的各类非学历教育培训一律由高校负责,由"学校非学历教育归口管理职能部门"统一归口管理,并有一名校领导具体分管负责。

高校在校外举办的各类非学历教育培训必须按国家相关规定向办学所在地的区县政府教育行政部门申请办学许可,由区县政府教育行政部门按相关法律法规和政府规章,进行属地审批和管理。凡以大学名义申请办学,须经过高校法人同意,并出具公函。

2010年,市教委《关于印发上海市普通高校开展继续教育工作若干指导意见的通知》中明确指出高校在校园外开展各类非学历继续教育办学活动(包括在高校校园外与其他办学机构或单位的合作办学),应按国家相关规定向办学所在地的区县政府教育行政部门申请办学许可。高校发布各类非学历继续教育《招生简章》和宣传广告,应由学校归口管理部门负责会同承办院系共同编制,报高校主管校长审核批准,并备案编号存档。

二、岗位培训与企业教育

中共十一届三中全会以后,广大干部迫切要求提高专业知识水平。各高等学校接受业务部门的委托,举办各种干部短训班。上海外贸学院于1978年成立干部培训机构,举办业务、外销、货源、财会等培训班,还为市委组织部、市出国办公室、大型工厂企业培训外经贸业务和外语人才。上海海运学院自1983年以来,先后举办了船长、轮机长、通用电机员等各类考证班45个,航海轮机英语、油轮安全、轮机自动化等各种培训班86个,参加学员达5 270人。经过培训的学员,参加全国海船船员八类船长和八类轮机长的统考中,合格率名列前茅。上海铁道学院与世界银行经济发展学院合作培训铁道系统的财务、计划、工程技术及从事世界银行贷款人员,还为国家计委、经委、财政部、铁道部、交通部、民航总局领导干部办"综合交通运输高级研讨班""铁道运输成本研讨班"。铁道学院在1980—1991年共培训各级干部2 054人。

1987年,全市实施"专业证书"教育后,各高校根据委托部门需要,举办各种专业的"专业证书"班。上海交通大学从1987—1990年办了工业造型设计、电子衡器、电力系统及自动化等16个专业,31个"专业证书"班,参加学员达1 585人。华东政法学院接受江苏、浙江委托办"专业证书"班,参加学员870人,到1990年,结业844人,在册学员976人。

岗位培训作为成人教育的重点后,各高等学校加强了大学后继续教育,着重培训高层次管理干部和科技人员。中共上海市委组织部、市人事局为适应改革开放后对高层次管理人才和科技人才的迫切需求,于1986年委托复旦大学开办"上海市第一期高级管理人员硕士课程研修班",参加人员为具有大学毕业、年龄在45岁以下的现职局级干部和有培养前途的优秀现职处级干部。通过2.5年的半脱产学习,达到具有较高的马列主义理论水平、现代科学知识和先进管理方法、较强宏观领导能力的高级管理人才。上海第二医科大学于1987年对327名区、县级医院主治医师做了"更新知识、扩展知识面"的状况调查,发现没有一个人经过系统进修,决定创办全脱产2年的高级医师进修班,招收工作3年以上的区、县级主治医师。中国纺织大学于1988—1989年,举办总工程师岗位培训、财务知识更新、满负荷工作法研讨、环锭纺纱新技术、现代化管理等35个班级,参加者1 229人次。

1989年上海高等学历教育的发展规模得到控制,在学人数降低到30万人;以提高本职工作能力为目的的岗位培训、技工培训各种业务技术培训大量发展,在学人数达到97万人。成人中专与成人高校在结构上的比例失调状况已基本扭转。

1991年全市各级各类干部、专业技术人员接受各类继续教育达40万人次。900多家大中型骨干企业的6 000余名厂长、经理已有45％参加了较高层次的继续教育。金融保险、外经、外贸、涉外法律、涉外财会、旅游、城市建设等已成为继续教育的重要内容。

1992年3月,上海市职业技术教育工作会议召开,明确"八五"发展指导思想,提出了"坚持方向,优化结构。深化改革,改善条件,提高效益"的目标和任务。12月,顺利召开了五年一度的上海市成人教育工作会议,确立了上海成人教育工作会议,确立了上海成人教育必须直接有效地为上海经济建设、社会发展服务的发展目标,明确了发展和壮大成人教育是经济和社会发展高度文明标志的战略思想,并颁发了《上海市专业技术人员继续教育暂行规定》。1992年成人教育中的岗位培训突出了围绕企业走向市场的需要,主动开发项目与内容,坚持持证上岗,积极培训下岗、转岗、待岗人员的特点。全市参加各级各类岗位培训职工达150万人次,其中参加规范性岗位培训的达35万人,参加技术等级培训的达21万人,参加适应性专项培训的达82.5万人。经过培训,1992年市属企业又评聘技师1 000余人,高级技师69人。

1996年,市教委制定了《关于上海市成人中等学校干部、教师岗位培训和继续教育的补充规定》和《关于成人中等学校干部、教师岗位培训和继续教育的实施意见》,确定华东师范大学、上海第二工业大学、上海电视大学、上海第二教育学院为成人中等学校教师继续教育基地。1997年,全市乡镇成人学校干部岗位培训,共有605人参加,有343人取得了《干部岗位培训证书》;社会力量办学院校长培训,参加培训的共有824人,有357人取得了《社会力量办学校(院)长岗位证书》;教师学历达标进修,共录取了319名"专升本"学员;教师进修培训,共有502人报名参加英语、国际财会(ACCA)等专业的进修培训。

《九十年代上海紧缺人才培训工程》的实施在行业、地区产生良好的连锁反应。市财贸系统继续教育出现新高潮,市财贸党委、市财贸办加快实施《千人培训工程》,市供销合作总社提出《740高新人才培训工程》,市百货公司、市油脂公司、杨浦区财办、宝山区商委拟定了《百人培训工程》《千人培训工程》《双百人才培训工程》等。黄浦区、松江县结合本地区经济发展和社会进步对人才的需求,酝酿组织人才培训工程。

1999年,上海市加大改革力度,进一步深化企业教育综合改革。(1)制订《关于上海市推进现代企业教育制度建设的意见》。(2)形成政府宏观指导,行业具体指导,企业自主办学的企业教育格局。企业的各有关部门通力协作,配合企业教育部门实施人才资源开发规划,开展教育培训工作。(3)一些企业建立系统的培训流程、培训需求分析和不同层次的培训计划、培训执行、培训评估、培训激励制度。(4)企业教育综合改革从"人、劳、教"结合,发展到"科、经、教"结合。愈来愈多的企业提出了"学习型企业"的口号,企业教育已自觉地为企业的发展战略服务,自觉地跻身于企业为提高其竞争能力的整体行为之中。

1999年1月22日,市政府召开上海市成人教育工作会议。会议指出,上海经济社会的发展对成人教育提出了前所未有的挑战,必须进一步发展继续教育,加快培养高层次和复合型人才;大力提高企业经营管理人才的素质;抓紧知识工人队伍的培养;加强转岗培训,促进再就业工程的实施;切实加强农村成人教育,为发展都市型农业提供人才支持。

三、自学考试助学

建立、健全自学考试社会助学组织工作制度,是保障社会助学活动健康发展、保证自学考试教育质量以及满足广大应考者接受教育需要的重要措施。国家鼓励企业、事业单位和其他社会力量，根据高等教育自学考试的专业考试计划和课程自学考试大纲的要求，通过电视、广播、函授、面授等多种形式开展助学活动。各种形式的社会助学活动，应当接受高等教育自学考试机构的指导和教育行政部门的管理。上海市高等教育自学考试社会助学组织分普通高校、成人高校、民办高校、民办非学历机构、其他等5种形式，各级领导非常重视社会助学活动的指导、监督工作。2007年3月上海市高等教育自学考试委员会办公室荣获全国高等教育指导委员会颁发的"全国高等教育自学考试社会助学工作优秀奖"。

2010年，市教委、教育考试院关于《高等教育自学考试社会助学管理工作实施细则》再次强调进行社会助学活动的教育机构应将办学资质和条件、开设专业、学习时限、辅导方式、教师来源等由市、区教育行政部门及自学考试办公室进行评估和注册登记的规定。为了进一步落实高等教育自学考试社会助学工作要，上海市高等教育自学考试委员会办公室提出了上海市高等教育自学考试社会助学组织登记注册及年度备案制，按照上海市高等教育自学考试社会助学组织登记注册及年度备案告知承诺书的要求，市自考办将各自考助学单位的登记注册及年度审核中所需资质、材料、年度备案时间等分别以书面形式告知，同时要求各助学单位就自身义务作出相应承诺。

表5-1-2　2008—2010年上海高教自考社会助学组织分类统计情况表

社会助学组织分类	2008 年		2009 年		2010	
		%		%		%
普通高校（所）	21	19.4	9	20.5	12	21.8
普通高校（人）	10 017	19	4 006	21.9	8 262	30.5
成人高校（所）	1	0.9	1	2	1	1.8
成人高校（人）	4 583	8.8	588	3.2	1 457	5.4
民办高校（所）	8	7.5	5	11.5	7	12.8
民办高校（人）	5 155	9.9	489	2.7	2 377	8.8
民办非学历机构（所）	62	57.4	28	64	34	61.8
民办非学历机构（人）	24 459	46.8	13 091	71.5	14 884	54.9
其他（所）	16	14.8	1	2	1	1.8
其他（人）	8 087	15.5	135	0.7	102	0.4
合计（所）	108	100	44	100	55	100
合计（人）	52 301	100	18 309	100	27 082	100

第四节　教育国际化

1990年11月5—8日，与英国文化委员会联合主办了"中英继续工程教育研讨会"（由上海市业余科技学院与英国诺丁汉理工学院共同承办）。

1992年，市有关委办局已先后组织了数十期各类高级研修班，有数百名高层次专业人员接受境内培训、境外考察学习，举办了"1992上海国际成人教育理论研讨会"，来自美国、日本、新西兰、瑞典和中国香港、台湾地区及全国部分省市的成人教育专家60多人就"经济发展、社会进步与成人教育"的专题进行了研讨。

由上海第二教育学院和美国北伊利诺伊大学主办、上海市川沙县成人教育委员会参加的"92上海国际成人教育理论研讨会"于1992年10月21日至24日在上海第二教育学院召开,来自美国、日本、新西兰、瑞典和中国香港、台湾地区以及全国部分省、市、县教委、成人高校、成人教育研究所、成人教育杂志编辑部、大中型企业培训中心等60余人参加了会议。

这次国际成人教育理论研讨会的主题是"经济发展、社会进步与成人教育"。会上共宣读国内外论文32篇。国内的论文涉及企业教育、岗位培训、成人高等教育、继续教育、农村成人教育、老年教育、扫盲等问题,国外与港台地区的论文相对集中地对经济发展与人力资源开发、现场培训与技能的形成、教育技术的应用等问题进行了论述。国内外学者对共同关注的问题进行了热烈的、充分的讨论。与会代表还考察了宝山钢铁总厂的职工教育和上海市川沙县的农村成人教育。

上海市教育委员会成立后,按照市政府《上海市境外机构和个人在沪合作办学管理办法》和国家教委《中外合作办学暂行规定》的要求,规范了中外合作办学的审批程序,实行了一套既归口管理又分工协作的审批程序,并加强了管理。在市教委国际交流处的统一协调下,对由原市高教局、教育局、教卫办审批的中外合作办学机构进行了认真的复审,确定属于成教系统管理的、从事非学历教育的中外合作办学机构达14所。按照国家教委的要求,在对其合作办学申请书、章程、可行性论证报告、合作协议、资信证明等进行严格审查的前提下,审批了上海第二工业大学国际商务学院、上海大学犹他科技学院11所中外合作办学机构。到1995年底,属于非学历教育的中外合作办学机构已达到了24所,其中中日合作上海外国语进修学院、中港合作东亚学院等7所中外合作办学机构为浦东继续教育中心的两级学院。积极参与上海中外合作办学的机构主要来自美国、法国、荷兰、澳大利亚、日本、新加坡和中国香港、台湾地区。所办学校以非学历的继续教育为主,主要专业有外语、工商管理、金融证券、计算机应用、美容美发等。

到1996年底,经市教委审批的非学历教育的中外合作办学机构已达到38所。其中1996年度批准建立的中外合作办学机构为14所,全市中外合作举办院校在校生有2万人。参与上海中外合作办学的机构主要来自日本、美国、澳大利亚、爱尔兰、新加坡、韩国、瑞典等国家和中国香港地区。所办专业除已有的外语类、美发美容类外,还有工商管理、计算机软件开发与应用等较高层次的专业,和音乐、舞蹈等艺术类专业。与此同时,一些高校也积极与境外单位合作,引进国外的教材、教学方法、师资等联合举办各类培训班。1996年共批准中外合作举办培训班6个。中外合作办学引进了国外资金,改善了办学条件,进一步打通了教育与国际联系的渠道,为上海的经济建设培养了一批社会需要的各类人才。在当前国家进一步改革开放,加速经济发展的形势下,举办国际性的成人教育理论研讨会,开展国际学术交流,对于开发人力资源,促进不同国家、不同地区的经济发展、社会进步有着十分积极的意义。会议的召开将有利于在世界范围内促进成人教育理论研究的繁荣与发展。

1999年,上海市中外合作举办非学历教育新增4所学院和3个合作办班项目,办学机构(班)81个,就学人数达8万多人。新增的学院有:中法合作同济大学巴黎工程和管理学院、中加合作华东师范大学国际银行学院、中新合作上海英华美精文专修学院、中美合作上海通用进修学院;上海电视大学与澳大利亚南十字大学、上海交通大学与澳大利亚阳光海岸大学合作举办的两个工商管理研修班,以及上海电视大学与香港公开大学举办的工商管理高级课程班。主要开设工商管理研修、土木工程、信息工程、环境工程、交通工程、汽车工程、高级金融管理、计算机工程、秘书、行政管理、工业自动化、汽车检测与维修等专业课程和培训项目。

2005年4月7—9日,主题为"社会变革与成人教育发展""终身学习与学习型社会建设""学习型社会建设与大学变革""理论创新与专业人才培养"的成人教育创新和学习型社会建设国际论坛由华东师范大学教育科学研究院职业教育与成人教育研究所,这是华东师范大学成立大陆首个成人教育学专业博士学位授予点后承办的第一次大型国际会议。来自德国、加拿大、新西兰、丹麦以及中国大陆、中国台湾、中国澳门等国家和地区共80余名学者出席会议。会议主要分享了中国、丹麦、新西兰等国家和地区创建学习型社会的经验。

2010年5月21—26日,非洲国家高级教育官员研修班在上海电视大学国顺路校区开班,参加活动有来自佛得角、埃塞俄比亚、肯尼亚等10个非洲国家的12名高级教育官员、大学校长,联合国教科文组织、非洲教育发展协会、非洲远程教育理事会、全球法语大学联盟等国际组织官员代表,以及法国、俄罗斯、加拿大、爱尔兰、美国、泰国和中国教育信息通信技术领域的专家学者。活动主题是"开放远程学习与信息通信技术:全民教育新动力",此次研修班是上海电视大学积极响应2009世界高等教育大会号召支持非洲教育事业发展而采取的切实行动。

2010年11月26—28日,学习型社会建设国际研讨会暨中日韩首届终身学习论坛由上海外国语大学、中国成人教育协会主办,上海外国语大学继续教育学院、中国成人教育协会学术委员会承办会议主要研讨了学习型社会、终身学习、社区教育、学分银行、构建学分互换立交桥等议题。出席此次会议的中、日、韩三国专家学者共百余名。会议签署了《中日韩终身学习学术交流协议书》,就以下四方面达成一致意见:第一,中、日、韩的"终身学习论坛",是"三国"加强学术和工作、交流和研讨的有效平台,应持续举办下去,由有关学者和工作者参加,两年举办一次,每届论坛的规模,由举办方决定。第二,"终身学习论坛"由三方轮流举办,每届论坛组委会及其领导人,由举办方组织确定。第三,为了持续办好"终身学习论坛",由中国成人教育协会、日本东亚社会教育研究交流委员会、韩国平生教育总联合会各派两名代表,组成该论坛的"组织联络小组"。该小组原则上每年举行一次会议,交流商讨有关论坛事项。第四,第二届"终身学习论坛"将于2012年暂定由韩国举办,论坛的日期、地点由举办方确定。

第二章　独立设置成人高校

第一节　区办成人高校

一、沿革

"文化大革命"后,上海市卢湾区业余工业专科学校、南市区业余工业专科学校、黄浦区职工业余工业专科学校、静安区业余工业专科学校、杨浦区业余工业专科学校、普陀区业余工业专科学校、长宁区业余工业专科学校、徐汇区业余工业专科学校、虹口区业余学校、闸北区"七二一"大学等10所区办成人高校迅速进行整顿和恢复工作。

1978年2月,静安区业余工业专科学校与静安区"七二一"大学合并成立静安区职工业余大学。3月,卢湾区业余工业专科学校更名为卢湾区业余工学院。7月与原卢湾区业余教师进修学校合并成立卢湾区业余大学。8月,黄浦区职工业余工业专科学校更名为黄浦区职工业余大学。同月,虹口区业余学校更名为虹口区工人业余大学,次年8月又更名为虹口区业余大学。1978年秋,杨浦区业余工业专科学校更名为杨浦区业余工学院。同年,闸北区"七二一"大学改称闸北区职工业余大学。普陀区业余工业专科学校更名为普陀区业余大学。1979年起,各区办成人高校按照国家关于高等学校审批规定,履行审批手续,经市、区有关部门二次验收合格后,于1980年5月由上海市人民政府批准立案。1981年,吴淞区人民政府积极筹办业余大学,先采取与虹口区业余大学挂钩,设立虹口区业余大学吴淞区分校的做法。"虹口区业余大学吴淞分部"正式在泰和路389号(原培新中学,现海滨小学)挂牌。

1983年5月,上海市人民政府决定统一全市区办成人高校校名,从此,10所区办成人高校分别定名为:卢湾区业余大学、南市区业余大学、黄浦区业余大学、虹口区业余大学、静安区业余大学、杨浦区业余大学、长宁区业余大学、徐汇区业余大学、普陀区业余大学、闸北区业余大学。

1985年2月9日,上海市人民政府批准同意吴淞区业余大学正式成立。1988年6月,吴淞区、宝山县同时撤销建立宝山区,吴淞区业余大学同时更名为宝山区业余大学。1997年,市教委发文,同意在长宁区业余大学基础上成立长宁区社区学院。2001年4月,经上海市人民政府批准闸北区业余大学转型为上海行健职业学院,成为全日制高等职业学院,学院设立成人高等教育中心。鉴于闸北区业余大学长期参与区办成人高校的联合办学活动,上海行健职业学院的成人高等教育中心,继续参加区办成人高校的联合办学活动。2006年,上海市行政区划更改,南市区并入黄浦区,南市区业余大学并入黄浦区业余大学。2009年,上海行健职业学院成人高等教育中心更名为上海行健职业学院下辖的二级学院成人教育学院。

2010年,上海市有长宁区业余大学、卢湾区业余大学、虹口区业余大学、杨浦区业余大学、宝山区业余大学、徐汇区业余大学、黄浦区业余大学、普陀区业余大学、静安区业余大学9所区办成人高校。上海行健职业学院成人教育学院继续参加区办成人高校联合办学活动。

二、联合办学

【联合办学组织】

区办成人高校的联合办学缘起于"上海市区业余大学教学成果展览会"的举办。1982年,在上海市教育局的领导下,区办成人高校举办了"教学成果展览会"。展览会成立了由各校派员参加的编辑组。展览会的整个准备阶段在区办成人高校之间沟通了信息,交流了经验,展示了成果,也显现了联合办学的必要性、可能性和可行性。在上海市教育局的领导下,区办成人高校的联合办学活动由此开启。

1985年,区办成人高校的联合办学开始运行。区办成人高校联合办学组织框架为:上海市区办成人高校校长联席会、教学校长联席会、教务主任联席会。各联席会分别协商产生以各校校长、教学校长、教务主任担任的负责人,负责人不定期根据实际情况换届。从1985年秋开始,专设了"区办成人高校联合教务办公室"。

校长联席会由各校校长组成。其主要职责是:对区办成人高校建设和发展中的重大问题进行交流、研讨、协调、决策、实施;对各校发展规划的制定进行交流,相互学习;对各校在体制改革、组织机构改革、人事制度改革、教育教学改革中的重大问题进行交流、协商、研究;对于区办高校发展与改革中具有方向性的重大问题与市教育行政部门乃至教育部反映情况、沟通信息,争取支持;与市教育行政部门建立经常性的工作联系、积极争取领导帮助;与外省市建立协作关系;领导教学校长联席会和教务主任联席会的工作;具体研究制定落实每学期联合办学计划并付诸实施。

教学校长联席会由各校分管教学工作的副校长组成。主要职责是:交流各校教学管理、教学改革的信息,每次会议由在教学管理中有规范举措和在教学改革中具有创新思路的学校作重点发言,各校交流信息,讨论采取进一步措施的意见;协调各校具有全市性统一要求的教学活动,如教学日程的安排;交流成人高校专业开发和改革的经验;组织专业教学计划和课程教学大纲的编写和修订;总结特色专业和精品课程的创建成果;组织每年的全市性的招生宣传工作和大型咨询活动;组织全市性的教学研究课、多媒体课件的评比活动;组织全市的抽查考试和统一阅卷工作;指导区办成人高校学科中心组、专业协作组的活动;指导区办成人高校教务主任联席会的工作;协助校长组织并主持每学期举行的教学工作会议;协助各校做好迎接市教委组织的教育评估活动的准备工作。

教务主任联席会主要负责区办成人高校教学、教务、招生等方面操作层面的具体工作:有关区办成人高校教学工作具体实施,将"教学校长联席会"商定的每学期教学工作具体落实。重点工作有:新专业的开设、课程设置的调整,课程内容的改变,新教材的使用、毕业设计、毕业作业的规范,实践性教学环节的落实等。

教务主任联席会还承担有关区办成人高校教务工作的具体实施。重点工作为:学籍管理、学员跨校选读、学分互认;有关抽考、联考工作的具体安排,各校互派监考教师的安排;毕业生登记、毕业证书颁发等。还承担有关区办高校招生工作的具体实施。

联合教务办公室是常设的联合办学的教学、教务工作机构。联合教务办公自成立之初一直到2010年,办公室设在卢湾区业余大学。

联合教务办公室的主要工作是联合办学的教学教务工作,包括:制定统一完整的专业教学计划;制定统一的学科教学大纲;具体协调安排各校学员的跨校选课,学分互认;每学期组织部分学科的期终抽考或联考;组织命题,提供部分考试卷,由各校选择;组织策划联合招生宣传工作、录取工作、总结工作;组织成人高考加试科目"能力考试"的命题、印卷、考务、阅卷、评分、资料上报工作。组织大型的教学教务管理工作交流研讨会;定期组织专业协作组和学科中心组活动;制定有关教学教务管理的统一文件;制定有关"毕业论文、毕业设计规范"的文件;组织统一使用的教材编写出版;在主编和编委会的领导下组织编辑《求索——上海市区办高校中青年教师论文集》;协助搞好区办成人高校各类教学教务竞赛活动的组织工作;定期组织评选"优秀教务员""招生工作先进"。

2003年,区办成人高校成立了"联合招生办公室"。"联合招生办公室"和"联合教务办公室"两块牌子,一套班子。"联合招生办公室"是一个常设的区办成人高校联合招生的工作机构。

"联合招生办公室"的主要工作为:组织区办成人高校招生统一宣传工作。组织参与上海市成人高考的现场咨询、现场宣传活动,联系有关部门、有关单位,设摊布展、安排工作人员、发放宣传资料,为考生答疑解惑。组织每年成人高考加试科目"能力考试"工作。2005年,"联合招生办公室"荣获上海市教育考试院、上海市高招办组织评选的"上海市成人高校招生工作先进集体"。

【联合办学活动】

1985年7月,联合办学的第一个项目启动实施。黄浦、虹口、静安、长宁、杨浦、卢湾、南市等区办成人高校联合筹建机械工程专业学分制大专班。制定了《机械工程专业单科学分累计制(即学分制)教学计划》,由七校联办,学制3~6年。打破了传统的单一的学年制形式,并实行大口进,小口出的新的专业设置。机械工程专业学分制大专班设"机械制造工艺与设备""机械自动化""轻工机械设计"和"模具设计"四个专业。1986年8月,七校又制定了《应用文科专业教学计划》,联办"应用文科(学分制)"专业,学制3~5年。下设"汉语言文学""行政管理""文秘档案"三个专业。联合办学,方便学员,学员可在各校自由选读,相同专业、相同学科其成绩与学分各校相互承认。9月,随着区办成人高校联合学分制办学活动的开展,各校相同学科的教师建立学科中心教研组,聘请资深教师担任学科中心教研组组长。

1988年9月,静安业大、黄浦业大、南市业大、虹口业大、杨浦业大在光明电影院召开庆祝五校建校三十周年大会。1989年,聘任第三届区业余大学学科中心教研组组长。

1997年10月10日,区办业余大学联合教务办公室发布《上海市区办业余大学学科中心组操作流程(试行稿)》。10月,区办业大联合教务办公室发出《关于"兼职教师聘用"及"学科教材选用"的几点意见》的文件。11月,上海市区办业余大学发布《上海市区办业余大学考试管理工作要求及操作规范》。

2002年4月10日,在普陀业大召开了教学校长会议,同意自2002级起,凡学年制的专业均改为学分制。

2003年10月,根据各校的要求,区办成人高校在已有八届学科中心组的基础上开始组建"专业协作组"。专业协作组建立初期,仅有"电子商务""物流管理"二个组。到2006年又增加了"行政管理""信息化建设""会计""艺术专业"四个专业协作组;到2009年又增加了"计算机应用""工商企业管理""商务英语"三个专业协作组,至2010年总共组建了9个专业协作组。2003年,上海市教育考试院颁发的《2003年上海市各类成人高等学校招生工作规定》中"第七条"明确指出:"从2003年起,上海市成人高校招生考试中,将能力考试作为学校的一门选考科目,其成绩可供学校录取时参考,也可计入录取时总分。"根据这一规定的有关精神,区办成人高校校长联席会向上海市教育考试院高招办提出在区办高校实施"能力考试"的申请,即获批准。区办成人高校随即成立"能力考试"领导小组和工作小组。

2003年，区办成人高校校长联席会决定编辑出版《上海市区办高校中青年教师论文集》。《论文集》每年编辑出版发行一本，逐年持续。《论文集》取名为《求索——上海市区办高校中青年教师论文集之一》。从2003年《求索》第一集至2010年《求索》第八集，各校上报的论文共有439篇，正式发表的有325篇，占上报论文的74％。《求索》论文集每一集都成为上海图书馆的藏书。

2004年，开展多媒体课件制作竞赛活动。竞赛由上海市区办成人高校校长联席会主办，美国福特基金会协办。课件可作为上海市成人高校精品课程评选的重要参考。2006年4月25日，由上海市区办高校联合教务处主持的"上海市区办高校信息工作交流会议"在杨浦业大召开，观摩该校独具特色的网上课堂。2010年3月17日，在普陀业大举行区办高校第十二届学科中心组、专业协作组成立大会。12月16日，区办高校教务教学信息化管理工作交流会在长宁业大5楼演播厅召开，交流会主要通过介绍该校的教学平台，就各自学校的教务教学信息化管理情况进行交流讨论。

【庆祝建校活动】

2008年7月25日上午，区办成人高校庆祝建校五十周年活动在上海图书馆展览厅举行。区办成人高校校长代表、校长联席会议负责人、黄浦区业余大学校长张德芳作主旨报告，全面回顾区办成人高校五十年的辉煌发展历程，介绍各区办成人高校的办学成果，展望区办成人高校发展前景。中共徐汇区区委常委、宣传部部长，静安区教育局党工委书记分别致祝贺词。虹口业大教师、杨浦业大07级机电专业学生分别作为教师代表和学生代表发言。北京、天津地区成人高校代表也到会祝贺。最后市教委高教处副处长代表市教委副主任讲话，对会议的成功召开表示祝贺，对区办成人高校的改革和发展提出了新的要求。与会教师和学员代表约500余人，与会者会前观看各区办成人高校建校以来改革发展录像、会后，区办成人高校"艺术、设计"展览会开幕，与会代表参观了展览会。

【京津沪协作会】

区办成人高校的联合办学活动还突破区域的限制走向全国。

1984年冬，上海市普陀区业余大学童汉章校长与南市区业余大学中文系主任程镇飞访问北京、天津，倡议京津沪三市成人高校在中文专业建设上进行合作。这一倡议得到京津同行响应，同时也得到北京市成人教育局高教处与天津市第二教育局高教处赞同与支持。1985年5月，北京市宣武区红旗业余大学校长张文登与东城区职工大学教务长廖萃川专程赴上海，就召开京津沪地区成人高校中文专业教研会之事进行回访，并共同商定会议于10月份在北京举行。1985年10月6—12日，京津沪成人高校中文专业教学研讨会(后成为第一届京津沪地区成人高校协作会)在北京举行。会议决定：(1)起草中文专业新的教学计划与五门学科新的教学大纲。(2)将合作层面从中文专业建设层面提高到学校层面。(3)第二届协作会定于1986年10月在上海举行，定名为京津沪地区成人高校协作会。

京津沪地区成人高校协作会在全国成人高教界影响很大。20世纪末和21世纪初，全国各地成人高校都纷纷要求参加本协作会会议，先后有广州、贵阳、哈尔滨、包头、乌鲁木齐、重庆、杭州、桂林、武汉等地18所成人高校参加过协作会会议。

协作会做的主要工作有：1987年，国家教育行政部门起草了《深化教育体制改革和发展教育事业若干问题的思路》(简称"《思路》")。《思路》指出："逐步将成人高等教育所承担的学历教育任务，转由普通教育系列承担。"面对这情况，1988年10月在北京市京丰宾馆召开第四届协作会上将其作为重大议题,以会议的名义写出事实充足、根据有力、逻辑科学、结构严谨的《对成人高等学历任务转移的几点认识》,与会 42 位校长集体签名上报。

1990 年,由于存在以"治理整顿"为名,限制成人高校的存在和发展,提出成人高校应"关、停、并、转"的情况,所以当年 10 月在天津召开第六届协作会,又起草与上报《关于地区成人高校在治理整顿中几个问题的初步思考》(简称"《思考》"),《思路》与《思考》引起国家教育行政部门领导重视与全国成人教育界关注。最后,出于邓小平南方谈话,解决了成人高校"红旗能打多久"问题。

1992 年,国家教委评选"全国成人高等教育先进学校",借助协作会的影响,天津市河北区职工大学、上海市闸北区业余大学分别当选。两校又分别在 2001 年和 2004 年转型为全日制高等职业学院。以转型后天津市城市职业学院为引领,组建了天津城市职业学院职教集团,进一步深化了天津市会员单位协作。

三、专业建设

【基础型、应用型专业建设】

1978 年至 1984 年,区办成人高校专业开设主要集中于以中文、物理、化学学科为基础的实用型专业。

长宁业大 1984 年 4 月向区人民政府提交《关于开设法律专业的报告》。

杨浦业大 1978 年开设机械、自动控制专业;1983 年开设机械制造工业及设备、电子自动化专业、工业电气专业。

宝山业大 1980 年开设机械专业。

闸北业大 1978 年开设自控专业;1979 年开设企业管理专业;1982 年开设电子自动化专业;1983 年开设企业管理专业、会计专业、马列主义基础理论、统计及电脑信息管理专业。

虹口业大 1978 年开设机械、化学工程、自控、化学分析、中文专业;1980 年开设环境化学分析专业;1981 年开设电子专业;1982 年开设工业与民用建筑专业;1983 年开设电子、计算机、机械自动化、电子自动化专业。

南市业大 1980 年开设机械制造、电子自动控制、中文和电镀专业;1981 年开设机械制造、自动控制、中文专业;1983 年开设电镀工艺电气化专业。

徐汇业大 1978 年开设电子自动控制、机械专业、英语专业;1980 年开设中文专业;1982 年开设电子自动控制、电气自动化专业;1983 年开设法律、中文干部专修班。

黄浦业大 1978 年开设自动控制、模具、中国语言文学、工业企业管理专业、模具专业;1980 年开设机械制造工艺及设备、化学工程、分析化学、环境分析化学;1982 年开设行政管理专业。为加强专业建设,积极探索开展毕业设计工作,于 1982 年 9 月向上海市教育局递交《关于毕业设计试点的请示报告》。报告指出:自 84 届起毕业班均要进行毕业设计,为了及早做好准备工作,学校拟在 83(春)毕业班中,抽调 6—8 名有条件的学生进行毕业设计的试点工作。其目的是摸索经验,培养师资,为今后全面开展毕业设计做好充分准备。1983 年 3 月 14 日向上海市教育局递交《关于筹建商业企业管理专业的请示报告》,又于 4 月 5 日向上海市教育局递交《为继续设置〈模具设计与制造〉专业的请示报告》。

普陀业大 1982 年开设科技英语专业。1983 年在中文专业内开设干部专修班。

静安业大 1983 年 5 月开设微机应用专业。同年 8 月开设了大专专业预科班,招收学员 100

名。同年 9 月开设中文专业附设干部班。

【市场型、管理型专业建设】

1985—1995 年，专业建设表现为新增了一大批与改革开放密切相关的新专业，在办学形式上，推行学分制、全业余学习，并且开展了第二专科的教学活动。

长宁业大 1986 年 5 月 10 日，向长宁区教育局提交了新设《摄影艺术》专业大专班的请示报告。同年，上海市教育局同意该校试办"摄影艺术专业"。1988 年新开设现代文秘、机电、宾馆管理专业。1990 年，开设企业管理专业财会管理专门化。1991 年 3 月 9 日，上海市教育局向长宁业大下发了题为"关于同意长宁区业余大学将'工业电气自动化'及'计算机应用'和'企业管理'及'企业管理财务管理专门化'等专业，分别改招'电子电气'专业（联合学分制）及'经济管理'专业（联合学分制）的批复"的文件。1994 年长宁业大新设电子通信工程、装潢美术专业。1995 年长宁业大试行设置涉外经济贸易专业。1996 年，长宁业大设置新专业：涉外经济贸易；高职专业：实用摄影美术、计算机技术与应用、文秘与办公自动化、烹饪、商业计算机管理专业。

杨浦业大 1986 年开设劳动人事专业。1988 年申报财务会计专业。1994 年，杨浦业大招收机械制造工艺及设备、机械自动化、轻工机械设计、模具设计、机电一体化、财务会计、企业管理专业、劳动人事管理、计算机应用、电气自动化、仪表自动化、应用电器、汉语言文学、行政管理、文秘档案、涉外秘书等专业。1995 年，杨浦业大开设计算机应用、经营管理专业（第二专科）。

宝山业大 1994 年新开设金融、计算机信息管理专业及经济贸易专业（第二专科）。

徐汇业大 1985 年设置了实用美术专业。1986 年 9 月，在 86 级应用文科专业（含汉语言文学、行政管理、文秘档案三个专业）正式启动学分制改革。1986 年，徐汇业大开设法律（脱产）、电气自动化、中国语言文学、法律、英语、实用美术专业。1987 年，上海市教育局批准 2 名聋人学生在徐汇业大插班就读实用美术专业大专班，徐汇业大聋人特殊教育拉开了序幕。1988 年 9 月，徐汇业大经上海市教育局批准，国家教委备案，通过成人高等教育统一考试，在上海地区招收首届聋人实用美术大专班（12 人），上海市人民广播电台誉之为"特教园地里的一朵奇葩"。1988 年新设日用日语专业。1990 年新设财会专业。1992 年将电气自动化专业改为计算机应用专业。1994 年 6 月设立室内艺术设计专业，实用美术专业招收第二专科。1995 年英语、财会专业开始招收第二专科学生。1996 年 6 月，徐汇业大计算机专业招收第二专科学生。

闸北业大 1985 年开设经济法专业。1987 年新开设了公共关系学专业；1988 年新开设了"应用文科"和"机电一体化"专业；1989 年，上海市教育局同意闸北业大开设应用电器专业。同意闸北业大与闸北工商职校于 2000 年试办六年一贯制高等职业技术教育，试办专业为计算机技术与应用、商贸经营管理、应用艺术设计专业。同意闸北区社区学院更名为"上海行健学院"。

虹口业大 1985 年开设经济法专业。1988 年新设书法篆刻专业。1990 年上海市教育局发文《关于同意虹口区业余大学工业与民用建筑专业改名为城乡建设专业的批复》。1991 年新设电脑应用专业。1992 年新设应用文科专业。1993 年新设国际金融、计算机（二专科）专业。1994 年虹口业大新设计算机应用（第二专科）、实用美术专业。1996 年虹口业大设置机械（数控自动化）专业、国际金融（二专科）。

南市业大于 1986 年 4 月 7 日向市教育局工农教育处及区教育局递交《关于将 85 级机械制造工艺及设备专业全业余班学制由五年改为四年》的报告；1990 年 1 月 31 日，上海市教育局发出《关于同意南市区业余大学开设合资企业营销专业》的批复。

黄浦业大于1985年5月向上海市教育局提出《关于设置经济管理(财务成本管理)专业的报告》,同年12月11日向市教育局工农教育处提出《关于我校中文专业教学改革的请示报告》。12月12日提出《为开设旅游经济管理专业(大专)的请示》。

1987年11月14日,黄浦区业大向上海市教育局、黄浦区人民政府提交《关于开设信息与经营管理专业的请示》,同时提出,自控系原设的"仪表自动化"专业更名为"电子工程"专业。

1988年11月15日,黄浦业大向上海市教育局提出《关于设置应用电器专业的请示》。

1990年1月,上海市教育局发出《关于同意卢湾区业余大学、黄浦区业余大学联办"电子电气工程专业"实行学分制的批复通知》。1991年向上海市教育局提交《关于经济管理类大专专业班实行学分制形式》的请示。黄浦业大于1992年2月28日向上海市高等教育局职教处提交《关于申办商业经营管理高级职业班》的请示;6月15日提交《关于1993年开设"金融与贸易大专专业"》的请示;9月25日提交《关于申办第二专业"市场信息与经营管理"第二专业"计算机应用"》的请示。

黄浦业大于1993年5月28日向上海市教育局成教处提交《关于我校设置"涉外文秘专业"》的报告。6月25日向上海市高等教育局职教处提交《关于"商业营销管理专业高职班考试办法"》的请示,提出:考试采用文化考核和能力考试相结合的方法。1994年9月10日向上海市高等教育局职教处提交《关于申办金融专业(第二专业)》的请示。

普陀业大1985年制订了中文专业教学改革方案,拟从86级起试行,拟将85级的学制由四年改为三年,在工业自动化和中文专业开设全业余班,在中文专业下设置文秘专修科,在原有工业自动化专业的基础上开设计算机控制专门化。1986年,开设"数理统计与管理专业""系统工程与现代化管理专业"和"环境保护及治理专业"。1987年,申报开设市场信息与经营管理专业。1988年新设"档案管理专业"。拟开设"产品造型及包装设计专业",在1989年起招生,同时拟在进行"市场信息与经营管理专业"大专学历教育的同时,举办该专业的《专业考试合格证书》教育班。1989年上海市教育局同意普陀业大开设工业产品造型设计专业,并于该年秋季招收新生。1994年普陀业大开设市场经营与信息、计算机应用第二专科及金融(文史类、专科)专业。同年,上海市高等教育局同意普陀区业余大学开设第二专科招生专业有:市场经营与信息、计算机应用、秘书(办公自动化)、会计电算化、质量管理与计算机应用专业。

静安业大1985年9月开设学分制机械专业,该专业下设机械自动化、轻工机械和模具设计三个专门化方向。1987年9月,开设学分制应用文科专业,该专业下设中国语言文学、行政管理和文秘档案三个专门化方向。1988年9月,开设装潢美术、电视摄录制作和动画艺术三个专业。1992年新开设金融专业、现代会计专业(第二专科)和室内外装潢设计专业,又新开出了商业计算机管理和烹饪两个高职专业。1994年静安业大与上海交通局职大联办了"商业电脑管理"高职班。1996年设置烹饪专业这一新专业。同时市教委批准静安业大1996年开设的"金融"第二专科。

【技术型、技能型专业建设】

随着经济建设的迅猛发展,对技术型、技能型的具有职业性特征的人才的需求出现了新的态势。在这样的形势下,1996年开始,在部分部委、行业、区域举办的独立设置的成人高校中开展了设立高等职业教育的试点。

长宁业大1996—2001年的招生专业主要有五个:财务会计、企业管理、涉外经济贸易、艺术摄影、计算机应用(信息管理)。2002年增加行政管理专业,2003年增加物流管理、经济信息管理、电子商务专业。到2005年,招生专业达到17个,包括行政管理、物流管理、会计学、国际经济贸易、工商企业管理、电子商务、经济信息管理、物业管理、旅游管理、饭店管理、摄影摄像技术、形象设计、服装设计、广告设计与制作、动漫设计与制作、计算机应用专业。其中,摄影专业是品牌专业,培养了大批摄影人才。旅游管理专业、形象设计专业成为新的特色专业。

杨浦业大 1998 年开设财务会计、贸易经济、计算机应用(信息管理)、计算机应用与维护、金融、物业管理、会计电算化专业。1999 年招收财务会计(兼招会计电算化和二大专)、金融、贸易经济、物业管理专业,计算机应用招收信息管理、系统维护和计算机网络三个专业(兼招二大专和电脑美术设计专业)。2000 年新设置专业商务管理、电脑美术设计高职专业。2001 年新设置计算机经济信息管理、旅游英语、商务英语、汽车运用技术专业(全日制高职)。2002 年新设置行政管理、证券与期货专业。2003 年,杨浦业大招生专业有机电一体化、财务会计(会计、英语方面)、贸易经济、计算机应用(网络管理)、涉外秘书、物流管理、行政管理、物业管理、金融、证券期货、社会工作与管理、计算机经济信息管理、现代文员、商务管理、电脑美术设计(广告设计、室内设计方向)。

宝山业大 1997 年设立计算机应用、信息管理、企业管理和金融 4 个专业,1999 年招收商务英语、计算机应用(网络)、会计、法律专业。

闸北业大 2001 年转型为高等职业学校,校名全称为"上海行健职业学院",同时停用"上海市闸北区业余大学"和"上海行健学院"校名,学院属独立设置的高等职业学院,专科层次,学制 3 年。

虹口业大 1997 年开设装潢艺术设计、财务会计专业。1998 年,开设机械(数控自动化)、计算机应用(二专科)专业。1999 年,新开设"行政管理"专业。2000 年开设数控技术(高职)、计算机应用技术(应用软件、高职)、行政管理(二专科)专业,2000 年,新设计算机网络技术、数控技术高职专业。虹口业大 2001 年开设计算机应用(网络管理)、装潢艺术设计、财务会计、金融、电子商务专业,2002 年 9 月,市教委同意虹口业大机械(数控)、智能化楼宇及设施管理、摄影摄像技术、装潢艺术设计、数控技术(高职)实行学分制。2003 年,开设物流管理、汽车技术、办公室管理与办公自动化专业。2004 年,开设汽车检测与营销、商务英语专业。

徐汇业大于 1997 年 1 月设立物业管理专业。2000 年 1 月,设立社会工作与管理专业,3 月建立"多媒体教室""多媒体语音室""寻呼员计算机房"。2001 年 5 月,招收普通高等教育高职学生,设景观设计、装潢艺术设计、电子商务三个专业。2001 年 12 月,设置计算机技术与应用(楼宇管理)、工商管理 2 个成人高等职业教育专业。2002 年 3 月,开设信息管理与信息系统、计算机技术、工商管理 3 个高职专业。2003 年 12 月,开设应用艺术设计(会展)、社会工作与管理(社会矫治)、市场营销专业。市教委专家组对学校进行教育教学检查调研。2004 年 1 月,徐汇业大开设物流管理、行政管理、装潢艺术设计(会展方向)、装潢艺术设计(聋哑人全日制)专业。

黄浦业大 1996 年到 2005 年期间,相继推出广告电脑制作、会计电算化、商务管理、计算机应用技术、电子商务、电脑美术设计、通信技术、物流管理、市场营销(经纪)、应用艺术设计、投资理财、商务英语等多个社会急需专业,使学校办学跟上时代的脚步。这些专业一经推出受到了学员和用人单位的欢迎,其中电子商务、物流管理、市场营销、应用艺术设计等专业招生情况火爆,成为特色专业。

普陀业大市场营销专业于 2000 年 12 月 21 日申报上海市高职教学改试点专业。2001 年 3 月 21 日,普陀业大列入普通高校高职招生行列,首次招收应届高中及三校毕业生。2001 年,普陀业大市场营销专业申报国家级高职教学改革试点专业,6 月 12 日,教育部专家组来校实地评审,高度评价学校开展的教改实践。2002 年 5 月 30 日,上海市教委高职高专教学检查调研专家组莅临普陀业大检查全日制高职班的教学情况。2002 年 6 月 19 日,上海市区办高校实践教学展示交流研讨活动在普陀业大举行。普陀业大以市场营销专业产学研结合为特色的实践教学模式受到了广泛好评。2004年10月10日,普陀业大举行"报关与国际货运""投资经济管理"两专业专家认证会。

静安业大1996年新开设烹饪、金融(二专科)、室内艺术设计、装潢艺术设计。1997年新开设计算机应用、商业计算机管理、行政管理、企业管理、财务会计。1999年新开设会计、商业计算机管理(脱产)、装潢设计(脱产)。2001年新开设电子商务、商务英语、商务英语(脱产)。2002年新开设餐饮管理。2003年新开设物流管理、广告艺术设计。2004年新开设工商管理、商务管理、形象设计、会展。

【社区型、服务型专业建设】

2006年,上海市各区在区办业余大学的基础上建立的社区学院全部成立、挂牌。业余大学作为独立设置成人高校的办学主体地位和颁发国家承认的大专学历文凭的资质并未改变。至此,地区成人高校跨上了以优化多元发展为特征,以社区学院实质运作为标志的新的开拓转型的历史阶段。在保证高等学历教育的前提下,向社区教育、老年教育的渗透。

杨浦业大2006年新设酒店管理专业。宝山业大2009年计算机系在月浦设立机电专业实训基地。虹口业大2006年新设物流管理专业。2007年新设机电一体化、汽车技术服务与营销专业。徐汇业大2009年1月,开设商务经纪与代理专业;9月,开设行政管理(保育员)专业和动漫设计与制作专业。

【普陀业大市场营销专业】

1988年,普陀业大在全市率先举办市场经营与信息大专专业(后改名市场营销专业),1997年举办市场营销高职专业。学校于1992年举办市场营销专业教学实训基地——市场研究中心,对外称上海海信市场研究公司。开始以"产、学、研"结合为特色的教学改革模式的实践探索。2001年12月13日,该专业被评为全国成人高校中唯一的国家级高职高专教学改革试点专业。

【徐汇业大聋人特殊教育】

1987年,上海市教育局批准2名聋人学生在徐汇业大插班就读实用美术专业大专班,学校聋人特殊教育拉开了序幕。

1992年9月,经市高教局批准,国家教委备案,学校面向全国招生13名聋人,学生来自香港、新疆等9个省、市、自治区。

2006年11月4日庆祝徐汇区业余大学聋人特殊教育20年暨聋人校友会成立大会举行。市委副书记殷一璀请教委转告,对于学校所从事的聋人教育事业表示赞赏和感谢。

四、管理制度

【管理体制】

关于区办成人高校的管理体制,上海市教育局于1980年11月10日转发市人民政府批复同意《关于对区办职工业余高等学校实行市、区双重领导的请示报告》指出:"对区办职工业余高等学校实行市教育局和区人民政府双重领导,以区为重,学校是区人民政府的直属单位,相当于区属局一级,日常工作可由区教育局代管。"

上海市高等教育局1991年8月发出《关于印发〈（成人高等学校设置的暂行规定）的实施细则〉的通知》规定："上海市各类成人高等学校,包括国务院有关部委在上海市设置的成人高等学校时,按照隶属关系,在人、财、物方面接受主管部门的行政领导。在学校布局、专业设置、招生、办学形式、教学、制订长远规划和年度专科或本科招生计划等方面接受上海市高教局的领导;成人高等学校应根据成人工作、学习的需要和办学条件的可能,确定办学形式。"11月,上海市高等教育局发文《关于进一步理顺上海部分成人高校学历教育管理体制的请求》指出,"鉴于历史原因及情况,理顺11所区办业余大学的管理体制,目前可分两步进行:第一步,由市教育局管理过渡到市高教局与市教育局共同管理;第二步,在两局加强共同管理基础上,过渡到归属高教局管理。按国家教委要求,1992年9月治理整顿工作结束时,完成第一步工作。1993年9月完成第二步工作"。

【管理改革】

随着经济体制改革的深入发展,区办成人高校的教育教学管理改革也开拓了新的局面,其中师资队伍管理的改革成为突破口。

1980年,黄浦业大突破了教师不能外出兼课的局限,率先制定关于教师外出兼课试行办法。1982年4月制定《关于教学人员进修及职工业余文化学习的暂行规定》。1983年普陀业大制订教师工作量规定。1984年,南市业大制定教师规范,对开展成人教育法研究有成绩的和有科研成果的教工,都规定给予一定的精神鼓励和物质奖励,并记录存档,作为今后评级提薪的依据之一。9月,静安业大首次发布了《管理制度实行草案》,草案详细规范了教师教学工作、教师工作量、班主任工作、教师考核办法及超课时薪酬发放,教学服务和科技服务收益分配办法。1986年,南市业大制定了行政体制结构改革方案,方案对行政体制结构设置、中层干部配备与编制做了规定。

1993年,静安业大实行"三定"(定编、定员、定工作量)"二包"(人员工资总额包干、教育经费综合定额包干)"五制"(党总支领导下的校长负责制、教职员工聘任制、岗位责任制、结构工资制、考核奖惩制)的综合体制改革。1995年,静安业大被列为静安区教育系统95年全员聘用合同制试点单位。1999年,长宁区社区学院高教分院(长宁区业余大学)制定聘用合同制方案和教职员工岗位设置初步方案。

【学校管理】

区办成人高校高度重视学校管理,对学校的发展、教育教学的诸多方面建章立制,保证了学校的有序运行和持续发展。部分学校如下。

长宁业大　1983年根据教育部关于印发《职工大学、职工业余大学学生学籍管理暂行规定（草案）》的通知和1982年5月上海市教育局工农教育处关于《上海市区办业余大学学生守则》《上海市区办业余大学学籍管理暂行规定》的要求,重新修订了教务处、教学人员工作职责、学籍管理暂行规定等相关规章制度。1985年,制定教职员工守则、党支部责任制、人事工作岗位责任制、教学研究室岗位责任制、教职工考勤制度暂行办法、班主任职责、教师工作量试行办法、教师工作规范。1991年,长宁业大第四届二次教代会制定了"关于学校教职工考勤的若干规定(讨论稿)"内容包括:对教师的考勤要求、对行政人员的要求、对有关情况的处理办法以及学校教职工请假制度规定。1997年,制定《长宁区社区学院发展规划(1997年—2000年)》。2002年,长宁业大进一步加强学院干部队伍建设,制定后备干部制度、干部培训制度、干部任期制度、干部选聘与公示制度。2003年4月

25日,长宁业大(长宁社区学院)第一届教代会在水城路院区召开,会议通过了:(1)根据《上海市教育师德规范》制定的《长宁区教师师德规范要求》《长宁区社区学院关于加强师德建设的若干意见》;(2)《长宁区社区学院教师教学工作管理条例》;(3)《结构工资分配方案》;(4)《关于实行市统考合格率奖励办法的规定》;(5)《财务收支审批制度》;(6)班级工作日志表格;(7)教研活动开展情况记录表格;(8)行政人员工作日程表。2005年,长宁业大制定《关于加强班主任队伍建设的若干意见》。2010年4月8日上午,长宁业大(长宁社区学院)在水城路院区428学术报告厅召开学校第二届教代会第九次会议,通过《长宁区社区学院2010—2012年度三年发展规划》。

杨浦业大　2000年9月,制定《关于统考学科奖励及加强学籍管理制度的意见》。

南市业大　1983年9月27日制定《班主任工作职责范围》。1986年4月,制定《教务处职责范围》。

徐汇业大　1983年制订学校《规章制度》和《岗位职责》。制订《教师工作量试行办法》,在全校实行工作量制度。制订《教师业务进修和学术研究活动的费用使用办法(试行)》,决定从学校预算外收益中划出一定的金额,作为业务进修和学术研究活动经费。1985年,制订了《班主任工作职责》。1986年,制订了《外聘兼职教师聘请办法》和《学习积极分子评选办法》。1991年,召开第二届教代会第一次会议,对学校制订学校《规章制度》和《岗位职责》进行了修订、补充和完善。1997年制定"1997—2000年改革和发展规划"。2006年4月,制定"2006—2010年改革发展规划"。2009年,徐汇业大制定《教学管理规定》,特别对实践教学进行规范,提出教师应根据课程教学大纲对实验提出的要求,选用适合成人教育特点的实验教材或自编实验讲义。2010年,制定《学校教育教学管理制度》,经过实践,学校修订、制定了一系列规章。

黄浦业大　1979年制定三年规划。提出采取有效措施大力提高教学质量。学校同时制定关于专业(教研)组工作的几点要求(试行稿)。1983年,制定《升留级和毕业、结业制度》《成绩考核制度》《关于考试命题的若干暂行规定》《关于兼课工作的几点要求》。1988年,制定三年规划提出,"坚持立足本区、面向社会、深化改革、按需办学"的办学思想。实行校长负责制,做到自主办学、决策科学、引进竞争机制,增强学校管理的效率。同年,黄浦业大制定"关于进一步加强学校教学管理的决定",提出建立日常教学管理工作责任制、建立专业管理责任制、建立学生思想工作责任制、建立学校毕业设计(毕业论文)工作责任制、建立校外兼职教师管理责任制。1991年,制定"八五"期间人才培训初步规划。1997年,制定《关于教师教学任务安排及教学工作量的若干补充规定》,对教师任课数量,聘任办法,作出明确规定。1998年,黄浦业大制定教育、教学管理办法。学校实行校考核、奖惩制度。建立教师、职工考核领导小组。2005年,学校制定"2006—2010年五年发展规划"。2008年,黄浦业大通过《关于建立上海市黄浦区业余大学"教学工作委员会"的决定》。

普陀业大　1988年完善教务管理制度,对学员办理成绩证明提出规范程序。2001年2月制定《关于加强学籍管理的几条意见》。

【教育检查】

市教育行政部门高度重视区办成人高校的办学质量,采取多种形式,定期或不定期地对学校进行教育教学检查,促进了各校的教育教学质量的不断提高。

1983年12月,市教育局组织各区办业大干部、教师组成区业余大学质量检查组到各校检查各专业教学计划、教学大纲实施情况、师资队伍建设情况、学校管理情况、学校领导为提高教学质量采取的措施和后勤工作等,有力地促进了学校管理水平和教学水平的提高。

1984 年 11 月,市教育局发出《关于改进区业余大学专业班基础课、专业基础课考试办法的通知》。1988 年,市教育局对宝山业大微机应用专业进行质量检查,学校获教学质量和教务管理两项单项奖。1989 年,国家教委委托市教育局组织专家组对各校进行教育评估。

1990 年 12 月,市教育局给各区教育局发出《关于对各区办业余大学分批进行教育质量评估工作的通知》。1991 年 10 月 4 日、5 日、7 日,上海市教育局于对杨浦业大进行了验收评估。1992 年 8 月 20 日,发出评估意见。对学校的领导班子及管理情况、师资队伍建设、专业建设、教务管理、办学条件、办学效益作出高度评价。1992 年 2 月 26—28 日,市教育局组织专家组对宝山区业余大学进行评估验收。5 月 10 日至 14 日,虹口业大接受市教育局评估。5 月 20—23 日,上海市教育局对徐汇业大进行了检查评估。1993 年 12 月,国家教育委员会办公厅发文《关于印发〈成人高等学校评估的基本内容和准则〉的通知》。文件指出“总要求:学校应达到国家教委颁发的《成人高等学校设置暂行规定》和《成人高等学校设置补充规定》的各项标准”。1993 年,国家教委发出《印发〈关于各类成人高等学校评估工作的意见〉的通知》。1994 年 4 月,上海市高等教育局对各成人高等学校发出《关于转发国家教委〈成人高等学校评估的基本内容和准则〉的通知》。同时发文《关于转发国家教委〈关于各类成人高等学校评估工作的意见〉的通知》。

1997 年 4 月 21—23 日,上海市独立设置成人高校评估组对徐汇业大进行检查评估。1997 年,长宁业大向上海市教委上报教育评估整改措施,学校建立三级教学管理机制、校内教学监控机制、教学科研激励机制、强化教学管理、提高师资队伍整体素质、抓好图书资料建设、改进行政后勤管理。1997 年 4 月 4 日至 4 月 6 日,上海市教委独立设置成人高校教育评估专家组对杨浦业大进行了评估。11 月 28 日公布评估等第为优良。

2001 年 6 月,徐汇业大设立教学质量评估委员会和学生科。2003 年,市教委专家组对虹口业大进行教育教学检查调研。2003 年,市教委教育教学检查专家组对徐汇业大提出初步反馈意见。2003 年 12 月 19 日,市教委组织专家组对杨浦业大 2001 年和 2002 年的教育教学工作进行全面检查和调研。2008 年 4 月 18 日,上海市教委专家组对虹口业大进行检查。4 月 14 日,对普陀业大教学工作进行检查。4 月 21 日,对杨浦业大近 5 年的教育教学情况进行全面检查。4 月 22 日,长宁区社区学院(长宁业大)接受上海市教委专家组对学校教育教学工作的检查,得到好评。4 月,市教委专家组对徐汇业大进行教育教学工作检查。18 日提出反馈意见。2010 年 5 月 28 日,上海市教育督导专家组对长宁业大(长宁区社区学院)督政。专家们对学院近年来的发展,尤其是在社区教育方面所取得的成绩表示肯定。

【招生管理】

区办成人高校的招生工作是学校生存和发展的生命线。各校都把招生工作列为学校工作的重中之重,在教育行政部门的领导下,建立了一整套报名、考试、录取制度和管理方法,使招生工作有序开展。

1982 年 4 月,黄浦职工业余大学制定《黄浦区职工业余大学招生考试试场规则》。

1983 年 8 月,区办业大、局、公司办的职大举行统一入学考试,由市教育局会同市高教局统一命题,统一考试日期,统一评分标准,考试结束后,市教育局组织区办业大统一阅卷并按照统一录取分数线进行录取。

1984 年 8 月,全市成人高校由市高招办统一招生,统一考期,统一命题,统一阅卷,统一评分标准,统一录取分数线。

上海市高教局 1992 年 2 月对各有关成人高校发文《关于进一步扩大 1993 年成人高考能力考试试点工作的通知》。文件指出:"在部分专业设置成熟时,能力考核可操作性强的专业试行能力考试。"文件指出,虹口业大机械类、电类(含机电一体化)作为能力考试学校。

1992 年 3 月,市高校招生委员会办公室发文《关于〈一九九二年成人高校学历教育试行能力考试的若干规定〉的通知》。1992 年 11 月,上海市高等教育局职教处、上海市高等学校招生委员会办公室发文《关于扩大能力考试改革试点工作有关事项的通知》。市教委 1999 年 6 月 15 日发文《关于印发〈上海市 1999 年秋季成人高等教育毕业证书发放办法〉的通知》。

2000 年 2 月 15 日,市高招办发文《2000 年上海市成人高校学历教育招生能力考核的若干规定》。2000 年 2 月 25 日,市高招办发文《2000 年上海市各类成人高校艺术类专业招生考试实施办法》。2001 年 10 月,教育部高校学生司发文《关于做好 2002 年成人高校招生网上录取工作的通知》。2001 年 11 月,市教委发文《关于转发教育部高校学生司〈关于做好 2002 年成人高校招生网上录取工作的通知〉的通知》。2004 年 2 月 20 日,市教委发文《关于转发教育部〈关于从 2004 年起全国成人高校招生实行"秋季考试、第二年春季入学"的通知〉的通知》。

五、师资队伍

【师资培训】

区办成人高校高度重视师资队伍的培训,制定规章制度推进师资队伍整体素质的提高,保障了教育教学质量的提升。

1980—1983 年,徐汇业大共有 16 名教师参加各类进修培训,学校制订《教师业务进修和学术研究活动的费用使用办法(试行)》,决定从学校预算外收益中划出一定的金额,作为业务进修和学术研究活动经费。1988 年,徐汇业大制订"中青年教师和专业人员进修计划"。计划将教师进修所需费用列入学校预算计划之内,并逐年有计划安排进修费用。

1989 年,南市业大提出师资队伍建设的目标任务:根据改革开放、南市区工商业单位多的特点,学校师资队伍建设方向应是建立一支既懂专业又懂管理掌握专业理论知识和应用的复合型、应用型的成人高等专科教育师资队伍。1991—1992 年,普陀业大提出,进一步健全教师业务档案制度,坚持在每一学期结束前把每一位教师的教学工作量、教学效果、科研情况、班主任工作等,如实记入业务档案,作为教师队伍建设的基本材料。1995 年,宝山业大校务会议通过了《关于在部分教师中实行津贴暂行办法》和《培训部 1995 年工作目标管理方案》。20 世纪 90 年代中期,静安业大采用引进、外联等措施,加强与全日制高校合作的机制,聘请客座教授来校指导教学系的建设。选派青年骨干教师到重点大学访学深造。

1997 年,宝山业大四届二次教代会召开。通过《教师出课费方案》《科研条例》等 4 个方案。黄浦业大制定"1997—2001 年师资培训规划",提出教师队伍在数量上,学历学位上达到国家教委对独立设置成人高等学校教师队伍的要求。徐汇业大制定"师资队伍建设规划(1997—2000 年)"。提出教师应具有较强的适应成人教育特点的教育教学能力、研究能力、再现能力、自学能力、信息能力、创造能力、审美能力、对社会发展和科技发展敏锐的感受力。1998 年,宝山业大聘请上海财经大学金融系主任为经管教研室客座教授。1999 年,长宁业大制定"1999—2001 年师资培训规划"。提出大力开展师资培训工作;抓好骨干教师、学科带头人培养;抓好中青年教师的培养;开展我校教师计算机应用能力、外语专业实践能力和现代化教育技术应用能力的培训;加强新教师的培养。黄浦业大制定"青年教工拜师活动条例"。提出由党政工牵头,搭台子,压担子,引路子,安排优秀中、老年教师、职工与青年教师结成一对一对子,开展互帮互学、共同促进的实践活动,促其尽快成才。

2000 年 6 月 20 日,黄浦业大向上海市教委师资处递交的《关于教师队伍状况的报告》。报告提出,根据教育部"关于加强高职高专教育人才培养工作的意见"的通知精神,学校要千方百计地培养具有"双师型"的"高职教师",以适应社区性高职教育的急需。2001 年 12 月 26 日,徐汇业大聘请普陀业大岑詠霆教授等 12 位专家担任兼职教授。2004 年,徐汇业大制定"青年教师带教条例"。指出,0～3 年教龄青年教师必须聘请或由学校指定一位有资格任带教导师的教师为带教导师,其带教年限分别为 1～3 年。带教导师须具备讲师、副教授和教授及相当职级、有较高专业水平和教学经验的教师。2004 年,杨浦业大制定《关于加强师资培训和教学科研的若干意见》,规定,凡年龄在 45 周岁以下的教师,必须每两年参加一次业务进修。进修的学科应与本人所授专业课程相关,两年内修完 60～80 学时。是否参加进修、进修成绩均作为年度考核的重要依据之一。

2006 年,杨浦业大青年教师讲课大赛于 5 月 29 日、6 月 4 日分两场进行。2006 年,卢湾业大制定"教师培训规定"。2007 年,徐汇业大开展青年教师教学研究课评比活动。2008 年,徐汇业大徐汇社区学院制定"十一五师资队伍建设推进计划"。

2008 年,杨浦业大启动"青年教师培养工程"。为了促进学校青年教师的科研工作以及专业发展,教学工作委员会会同校人事室进行了专项调查。分别于 9 月 11 日下午召开青年教师座谈会,9 月 18 日下午召开副教授以上及资深讲师的座谈会;发放调查问卷;统计青年教师近五年来的科研成果;与个别青年教师进行深入访谈。在 2009 年 1 月召开的八届五次教代会上正式通过了《杨浦区业余大学教职员工培养、锻炼、任用的实施方案》,加强了学校对中青年教师的人才培养。2009 年 10 月 27 日,普陀区业余大学召开青年教师教学研究课评比总结研讨会。会上获奖教师代表作教学经验交流。这次活动评出一等奖三名、二等四名、鼓励奖六名。

2010 年 11 月,徐汇业大举行第三届青年教师研究课评比暨网上教育资源建设研讨会。12 月 18 日,虹口业大召开教育教学工作研讨会,学校专业部以上干部及长期在学校任教的外聘教师都参加了本次研讨会。会议指出,要加强教学规范和外请兼课教师队伍建设,在教师之间推广好的教学经验和管理方法,使教学质量和管理水平在新的一年里再上一个台阶;同时要促进学校和外请兼课教师之间的相互沟通,建立一支相对稳定的外请兼课教师队伍。

【教师评聘】

区办成人高校在教育行政部门的领导下,认真做好教师职务的评聘工作,有力地推动了教师队伍的建设。

1987 年 12 月,国家教委改职称评定为职务评聘,静安业大先后评出副教授 7 名,讲师 28 名,经济师 3 名,实验室 2 名,馆员 2 名。长宁业大评出副教授 3 人;讲师 46 人;助教 16 人;未定职务 6 人。旁系:工程师 4 人;实验师 4 人;助理实验师 3 人;助理会计师 2 人;助理馆员 2 人;职员中未定职务 15 人。1989 年 12 月,上海市高等教育局发出《关于对市属高校贯彻〈中级专业技术职务任职资格评审的若干规定〉的具体意见》。上海市教育局发出《关于 1989 学年度区业余大学、区教育学院和成人中专校教师职务任职资格评审工作的通知》。文件对评审对象、关于评审材料、外语考试做了规定。

1990 年,徐汇业大制订《教师职务聘任制试行办法》,逐步建立起教师管理制度,调动教师的积极性,加强教学第一线,促进人才流动实现师资队伍合理结构。制订《奖惩经济制度》《预算外奖金与工作量挂钩实施细则》《关于预算外办班收入分成的试行办法》《高校教师教学工作考核表》,规定每位教师的工作量,超工作量有奖,实行多劳多得,充分调动广大教师的工作积极性。1990 年,长宁业大建立学校职称改革领导小组,实行专业技术职务聘任制度评审工作验收合格。1992 年,普陀业大制订《普陀区业余大学专业技术岗位设置的意见》。本次岗位设置保证重点兼顾全面并且结合考虑首次评聘人员分布的实际情况制订。方案经普陀区教育局审批通过。1994 年 10 月,上海市教育局对各区教育局、各区业余大学、各区教育学院发出《关于上海市地区成人高校一九九五年开展高校教师职务评聘工作的补充通知》。文件指出:"我局具有高校教师、实验师系列的中级职务审定权,并由我局组建上海市教育局系统地区成人高校教师职务中评委(以下简称"中评委")负责上海市各区业余大学和各区教育学院的高校教师、实验师系列的中级职务的评议审定和高级职务的评议推荐工作。根据实际情况,中评委不设学科评议组,对申报高级职务的评审对象的学科评议工作请各校在上报材料前委托有关全日制高校的相应学科评议组代为评议。"

1996 年,为了贯彻《教育法》和《教师法》,静安业大等 8 所区办成人高校,在市教委领导下,开展上海市的教师资格认定试点工作。

1990 年代中期,静安业大采取一系列措施加强师资队伍建设,调整了 16 名不适应教学的教师,从外省市和外区引进了 22 名骨干教师,聘请了 4 名重点大学名教授任客座教授,有计划地组织 65 名教师参加了 90 次进修,创造条件使 16 名教师晋升中级职称、5 名教师晋升副高职称、1 名副教授晋升教授。

2000 年,虹口业大制订专业技术职务聘任办法,对聘任的对象和岗位、聘任工作程序、聘任步骤都做了规定。

表 5-2-1　2010 年区办高校教师结构情况统计表

学　校	教　师	教　授	副教授	讲　师	助　教	其　他
长　宁	54	0	6	17	9	22
卢　湾	31	0	8	14	9	0
宝　山	60	0	7	48	5	0
杨　浦	40	1	8	27	3	1
虹　口	52	0	9	23	19	1
徐　汇	49	1	9	22	6	11
黄　浦	63	1	4	45	5	8
普　陀	60	2	11	29	10	8
静　安	73	0	4	43	23	3
合　计	482	5	66	268	89	54

六、科研工作

【科研制度】

区办成人高校高度重视科研工作,把科研和教学视为学校发展的双翼,设置了管理机构,制定了制度,推进了工作。

1980 年,虹口业大为了促进学校科研工作,造成良好的学术气氛,建立学术委员会。

1985 年 10 月,普陀业大建立教学与科研年会制度,每年召开一次教学与科研年会,出版一集《教学与科研年会论文集》。截至 2010 年,连续举行年会 26 届。出版论文集 26 期。这一制度成为学校推进教学与科研工作的巨大动力,促进了教育教学改革与管理,推进了师资队伍建设,提高了教育教学质量,成为学校建设的一个品牌。受到领导和同行的广泛好评。

1994 年,徐汇业大制定《教师科研奖励条例》,规定：根据学校及社会的需要,从事跟学科发展有密切关系的科学研究,或编写与之相关的教材、讲义、资料等,可向学校申请立项,学校除了计算其工作量之外,还视其成果给予一定的奖励。

1996 年,宝山业大重启科研论文交流工作。戴宏图等 6 名教师在全校科研论文交流会上做了发言。宝山业大《科研工作条例》正式实施。2009 年,卢湾业大制定《编写教材及发表论文奖励规定》。2010 年,徐汇业大(社区学院)制定《科研工作管理办法(试行)》。指出,科学研究工作应坚持为学校教育改革发展服务,突出实践性、针对性,努力为学校提供可持续发展的科学保证。课题要紧密围绕学校的发展,可在学历教育、社区教育、教育教学管理、职业培训、党建工作、工会工作、共青团工作、思想政治工作等方面思考、研究。课题面向全校,突出重点,公平竞争,择优立项,确保质量。学校鼓励教职工积极参加科学研究,不断改善科研条件,最大限度地保护和发挥教职工的科研积极性。

【科研活动】

区办成人高校密切结合区域特点和办学实际积极开展富有成人高等教育特色的科研活动。

1984 年 12 月,静安业大建立科技开发公司。1985 年 1 月 10 日,学术刊物《教学与研究》创刊。至 1991 年,举行了 3 次学术论文交流会,出版 7 期《教学与研究》,共收集静安业大教职工的学术论文、教学研究和教学心得、体会文章 85 篇,收集静安业大教职工论文目录 43 篇。

1988 年,徐汇业大为加强区的环境保护工作,发挥区业余大学优势,促使其教学、科研、生产共发展的要求,成立"徐汇区环境保护研究所"。

1992 年,普陀业大建立市场研究中心(对外称上海海信市场研究公司)。中心以教师为主导、学生为主体,参与理论及实践教学为特色。实现专业与公司一体、教师和研究人员一体、教学实训和公司项目一体。多年来完成项目 440 余项,已为 60 余家国内外著名企业提供各类服务。

1994 年 4 月,虹口业大申请成为市成人高等教育研究会团体会员。1996 年,虹口业大加盟"上海教育科研"理事会。

2003 年,普陀业大举行第 19 届教学与科研年会。学校出版第 19 届年会论文集。

2004 年,杨浦业大学制定《关于加强师资培训和教学科研的若干意见》,规定学校鼓励教师进行教学科研,每位教师每年必须撰写科研著作或教学论文,数量不少于 1 篇。除公开发表外,以经由学校教学工作委员会审定编入学校论文集为准。没有科研著作或教学论文的,当年的校长奖励基金不予发放。对发表的科研著作或论文,按学校分配方案给予奖励。

2005 年 12 月 22 日,普陀区业余大学召开第廿一届教学与科研年会。会议还宣布获校级精品课程获奖人员名单和颁发荣誉证书。2006 年 12 月 21 日,普陀业大举行第二十二届教学与科研年会,并出版了论文集。

2007 年 10 月 18—20 日,由亚太质量组织、中国质量协会主办、上海质量协会承办的第十三届亚太质量组织国际会议暨第六届上海国际质量研讨会在上海贵都大饭店隆重举行。上海市市长韩正发来贺信,上海市副市长周太彤做大会发言。普陀业大校长及校研究所所长出席会议,并在大会作论文交流发言。学校有三篇论文在论文集发表。

2007年12月20日,普陀业大举行"第廿三届教学与科研年会"。

2009年6月2日下午,长宁区社区学院成功举办了张东平院长的《区域成人高校"一训三风"建设的实践与探索》一书的首发仪式。8月8日上午杨浦区社区学院、杨浦区业余大学、上海电视大学杨浦分校"首届学术研讨会"在学校207室隆重举行。

2009年,宝山业大邀请华东师范大学商学院博士生导师袁毅教授为教职工作《学术论文的写作与投稿》辅导报告。3月31日,普陀业大举行2009年立项课题汇报会。立项课题有16项。《外来务工人员教育培训需求与对策措施的研究》《供应链管理的模糊集合论方法研究》《金融交易网上模拟操作系统》等课题在会上做了汇报交流发言。12月11日,普陀业大召开由普陀区教育局党工委立项课题"学习型教师团队,建设实践探索"全校推进大会。对学校第一阶段的学习进行了规划交流及实践活动总结研讨。12月25日,普陀业大召开第25届教学与科研年会。

2010年1月4日下午,杨浦业大召开学术报告会,邀请专家介绍成人高校科研工作的经验。3月23日,普陀业大召开了2010年课题立项会议,学校共收到了立项课题21项。4月9日,普陀业大以教育局党工委的立项课题学校组建"学习型教师团队建设"课题学习小组,共建立了8个小组,各小组在大会上进行了实践性学习交流。4月30日下午,杨浦业大在207室召开了第二届学术年会。大会对第一届学术年会的9个科研课题和3篇个人论文进行了表彰,并发放《成果汇编》。同时,大会对2010年的科研课题立项工作进行了动员,确立了以学校、个人在"十二五"期间如何发展的主题。6月30日,普陀业大召开庆祝中国共产党建党89周年大会暨"学习型教师团队建设的实践探索"课题——实践交流会,对在这次"学习型教师团体队建设"中读一本好书写心得体会优秀的同志进行了表彰,并颁发荣誉证书。10月28日上午,"长宁区社区学院2010年科研课题立项评审会"在水城路校区510多功能厅举行。此次会议特邀市教科院研究员、华东师大博士生导师作为评审专家。院长为专家们颁发聘书,并衷心希望专家们能以导师的身份对各项课题给予长期指导。11月24日,普陀业大"第二十六届教学与科研年会"在七楼多功能厅举行。虹口业大第四届多媒体课件制作竞赛暨首届教学科研课题结题汇报会隆重召开。

【科研成果】

区办成人高校取得的部分主要成果如下。

1978—1990年,徐汇业大李良华《中国文学名著译析》等240余篇文章刊吉隆坡《星洲日报》,《清代女戏曲家王筠》等180余篇文章刊槟城《光华日报》等。

1982年,长宁区职工业余大学教师王文培和上海师范学院教师蒋伟成合作完成全国系统理论第二次学术研讨会论文《计算机在中风预报上的应用》以及该论文在上海邮电医院中的两个临床应用报告。应用报告"电子计算机用于中风预报和门诊统计"刊登在《邮电医院科技动态》第27期,应用报告"应用电子计算辅助中风预报(中风危险因素的筛选与中风预报方程的临床应用)"刊登在《邮电医院科技动态》第29期。作者应用"电子计算机中风预报预报系统"对42例中风住院患者和178例中风易患者共220例患者进行应用,正确判断率达85.3%。

1985年,徐汇业大韩正之发表《What cah he done for lirear systems hy feedback?》[91 IFAF (国际控制联盟)匈牙利],发表《The descript ion of propenties of decemtralised systems by(A,B)charaterisric subspare》[Tlh MTNS(国际数学会控制与国际理论)瑞典],发表《分散系统的局部反

馈和分散固定模》(《控制理论与应用》)。李良华出版《元代散曲珍品译析》(古典文学出版社)。

1989年,徐汇业大钱怡发表《Ge Films Contact With RF Sputiered Y-Ba-Cu-O Supeconductor Films》(北京高温超导国际会议);发表《An Lnnovation Of The Nonalloyed and Solid State Epitaxial Ohmic Contact System》(第二届半导体和集成电路技术国际会议)。李良华发表《陆士谔与冯婉贞》等160余篇文章。

1990年,徐汇业大王振发表《信息反馈在业余高校课堂教学中的应用》(在纽约学术会议上宣读)。

1993年,宝山业大戴宏图老师出席全国职教会第三届年会并在会上做了《高阶行列式的对角线法则》的学术报告。

1992—1996年,静安业大有51位教师公开发表、出版教学和科研论文、完成项目257项,其中省市级以上达128项。学校编制印刷的《科研成果目录汇编(1992—1996)》和《科研论文选(1992—1996)》业已出版。

2004年,普陀业大岑詠霆教授发表如下论著:"6 Sigma Quality Level Analysis of fuzzy Quality"(《质量科学学报》2004年6月);《学习型城市结构剖析和成人教育功能定位》(《教育发展研究》2004年2月);《顾客忠诚度测评模型》(《数学实践与认识》2004年11月)等。

2005年,普陀业大岑詠霆教授发表如下论著:《质量管理教程》(复旦大学出版社2005年7月);《联合分析方法——多因素交叉影响决策的分析方法》[《工业工程与管理》(核心)2005年4月];《降低仪表板面褶皱缺陷率的模糊集合论方法》[《模糊系统与数学》(核心)2005年第4期];《模糊集方法分析包装损伤》[《工业工程与管理》(核心)2005年第6期]等。

2006年,普陀业大岑詠霆教授发表如下论著:《广告运作技术》(上海财经大学出版社2006年9月);《市场调查技术(第二版)》(高等教育出版社2006年7月);《市场营销策划》(高等教育出版社2006年7月);《模糊最优归类模型在物业服务质量评价中的应用》(《上海现代服务质量国际论坛论文集》2006年6月);《服务质量差距环式模型》(《上海现代服务质量国际论坛论文集》2006年6月)。

2007年,普陀业大岑詠霆教授发表如下论著:《模糊最优归类模型在门诊服务质量评价中的应用》[《工业工程与管理》(核心)2007年第1期];《服务接触质量测评的模糊估算方法》[《工业工程与管理》(核心)2007年第12期]等。

2008年10月28日,长宁区社区学院举行了以院长张东平为课题组长的学院院级科研课题《区域成人高校"一训三风"建设的实践与探索》的总课题结题专家评审会。

2008年,普陀业大岑詠霆教授发表如下论著:《〈卓越绩效评价准则〉实施的数量化方法研究》[市教委立项课题(课题编号:06SZ002)上海科技教育出版社2008年8月];《模糊最优归类模型在服务过程质量评价中的应用》[《数学的实践与认识》(核心)2008年4月]等。

2009年,长宁业大张东平等出版专著《区域成人高校"一训三风"建设的实践与探索》(上海科学技术文献出版社)。

2009年,普陀业大岑詠霆教授发表如下论著:《排序决策的模糊三角数方法》[《工业工程与管理》(核心)2009年1月];《营销策划实训》(中国人民大学出版社2009年9月);《决策实施的直觉模糊集方法》(《工业工程与管理》2009年5月)等。

2001—2010年,徐汇业大科研成果:学校教师在全国省市部委刊物上发表论文、论著(作品)126篇(件),在区县局刊物上发表论文(作品)101篇(件)。完成课题35个。学校集体获科研成果奖 26 项,个人获科研成果奖 30 奖项。

2010 年,普陀业大岑詠霆教授发表如下论著:《质量管理教程》(第二版)(普通高等教育"十一五"国家级规划教材复旦大学出版社 2010 年 2 月);《制造商零售商系统在模糊需求环境下的订货决策研究》[《模糊系统与数学》(核心)2010 年 2 月],等等。

七、办学成果

【教学成果奖】

2009 年,普陀业大获上海市教学成果奖。获奖成果:"市场调查技术"以实践性教学改革为特色的课程建设;获奖者:岑詠霆、金德琅、魏子华、周雪梅、唐毓;完成单位:上海市普陀区业余大学;获奖等级:三等奖;证书编号:2009397;颁奖单位:上海市人力资源和社会保障局、上海市教育委员会、上海市公务员局;日期:2009 年 12 月。

2009 年,徐汇业大获上海市教学成果奖。获奖成果:成人特殊高等教育人才培养模式研究;获奖者:张社、李根宝、林鹄、朱晓林、马自宝;完成单位:上海市徐汇区业余大学;获奖等级:三等奖;证书编号:2009398;颁奖单位:上海市人力资源和社会保障局、上海市教育委员会、上海市公务员局;日期:2009 年 12 月。

【精品课程】

2004 年,上海市教委发文,在上海市成人高校中开展精品课程建设评比活动。普陀业大由岑詠霆、魏子华、周雪梅、唐毓为主讲的《市场调查技术》课程,以最佳的专家组评价荣登上海市成人高校精品课程榜首。该课程以"十大亮点、铸就精品"为主线,总结了十个方面经验:国家级高职高专教改试点专业主干课程;体现"实际、实用、实践"特征的教学内容;教授领衔、梯队结构的双师型师资队伍;市教委组编、负责教师主编、正式出版的教材;"四实"有机组合的教学方法;与国际接轨的教学设施和手段;受到社会及师生广泛好评的教学效果;受到领导、专家、同行一致赞誉的鲜明特色;与时俱进的发展规划;初步成型、内容齐全的网络资源目录。学校召开会议进行表彰。岑詠霆、徐金发制作的《产品调查技术》课件获教育部多媒体课件比赛优秀奖。

2004 年 11 月,市教委给各有关高校发出《关于公布 2004 年度上海市成人高校精品课程名单的通知》,虹口业大《诗词基础》课程被评为上海市成人高校精品课程。

2006 年,静安业大《网络操作系统高级管理》课程评为上海市成人高校精品课程。

2008 年,宝山业大副教授叶佰英、普陀业大副教授余敏的《经济数学》课程评为上海市成人高校精品课程。

第二节　行业成人高校

行业成人高校包括中央部属在沪职大、地方行业办职大和行业办的管理干部学院。在 1985 年前,包括行业成人高校在内的上海成人高等学校的设置的审批权属于上海市人民政府;自 1986 年起,改属国家教育委员会。上海市高教局在市人民政府和国家教委的领导下,根据上海市经济和社会发展需要及办学条件,合理布局成人高等学校,并随时按照上海市情况的变化调整成人高等学校的布局。上海市行业成人高校紧贴上海社会经济发展,实施多元办学。

一、沿革

1978年3月20日,国务院批转教育部《关于办好"七二一"大学的几点意见》,批示中指出:现有"七二一"大学要加强领导,认真整顿、提高教育质量,有办学条件的应积极发展。《意见》规定:"七二一"大学的任务是为本单位、本系统培养相当于大专水平的技术人才,招收具有相当于高中毕业文化程度,有实践经验的优秀职工。

1979年3月25日,上海市革命委员会转发市高教局《关于贯彻执行〈国务院批转教育部关于"七二一"大学的几点意见〉的意见》,要求在整顿后,各校要有一定数量和质量的专职教师,有一个具有大专水平的教学计划和教学大纲,有必要的特定条件和规章制度。要各主管局组织力量,切实整顿好本系统的"七二一"大学,并逐个检查验收,全市整顿工作要求在1980年底前完成。

为了保证"七二一"大学的招生质量,市高教局决定1979年"七二一"大学实行统一招生,由市高教局统一命题、统一考试日期、统一评分标准、统一最低录取分数线。

1977—1979年,按照办成人高校的要求,上海各行业又新成立少数"七二一"大学。

经过1977—1979年的整顿,从1977年上海有"七二一"大学1 215所,到1978年时减少到176所,1979年减至119所,其中工业部门及工厂企业举办的106所。

为了对"七二一"大学1979年、1980年两届毕业生负责,经市政府教卫办和工业交通办公室批准,市机电一局和市高教局在上海锅炉厂对该厂"七二一"大学第四届机制专业毕业生开展毕业考试试点工作。参加考核的38名学生,达到或基本达到大学毕业标准的27人,发给毕业证书。根据试点经验,在全市"七二一"大学的79、80两届学生中(未经文化考试入学、学制2年以上),按大专水平的教学计划进行教学,学满2 000学时,对专业有关的基础理论进行必要的补课后,分别进行毕业考核。毕业考核内容,有本专业有关的3～5门主要理论基础课考试,并进行毕业设计和毕业答辩。经考核有2 200人获得毕业证书,经教育部批准,国家承认其大专学历。

20世纪70年代末,经过对"七二一"大学的整顿和验收,20世纪80年代初,上海各行业开始建设职工大学,经上海市人民政府和国家有关部委批准,1980年成立42所,1981年增加到52所,其中,厂办的职大12所,公司办的职大25所,局办的职大15所,厂、公司、局办的职大都是各自独立的成人高校。除少数大型企业外,多数厂、公司独办的职工高校都规模小、经济效益差。1982年增至58所。在校学生由1980年的6 600人增加到1982年的8 142人。

1980年,上海行业性职工高校,在整顿验收合格的基础上,市政府和国家有关部批准了42所职工大学。

1980—1983年,市科协系统先后办起上海市科技干部进修学院(1985年改名为上海科技干部管理学院)、中国科学院上海分院科技干部进修学院和上海市业余科技进修学校(1985年改名为上海市业余科技学院),这3所学校的主要任务,是对已经具备大专以上学历的科技人员和科技管理干部进行继续教育。为加强管理干部的培训,从1983年起,上海市财贸管理干部学院、上海经济管理干部学院、上海市政治管理干部学院、上海市工会管理干部学院等相继成立。上海建筑工程职大、上海市供销职大、上海金融职大、上海财税职大、上海航天职大等也在1983—1985年相继成立。

1983—1985年,财贸、政法、工会、青年团系统先后办起了4所干部管理学院。

1983—1985年,上海行业性成人高校发展较快,学校数有增加,学生数大量上升,上海行业职工高校已出现招生规模过大现象。

上海市行业性成人高校数、在校生和专职教师数，1985年2月与1980年相比，发生了很大变化。1980年，全市42所行业性成人高校在校生6600人，专职教师1633人；1985年2月，全市行业性成人高校发展到57所，全科班学生11152人，单科生32000人，专职教师2601人。

1986年冬，上海的行政性公司纷纷撤销，因此，从1987年起职大走向合并，形成一局一校的格局。

1987年5月5日，上海市政府批准上海市机电工业管理局所属3所职大，联合组建成上海机电工业职工大学。原电器公司职大、冶矿公司职大、石通公司职大、机电一局职大为一、二、三、四（于1988年底撤销）分校，总校设在原轻工机械公司职大，加上电机、线缆公司职大等6校建成机电工业职工大学，人、财、物和教育工作全部由总校领导，分校实施总校下达的任务。轴承公司职大、机床公司职大与机电工业职大松散联合，教学属上海机电职大管理，财、物仍归原所属公司。同年，上海医药工业公司职工大学与医疗器械工业公司职工大学合并，成立上海医药职工大学。

1989年，上海纺织局职大与原10所公司职大联合组建成上海纺织工业职工大学。

为了贯彻国家教委关于《成人高等学校设置的暂行规定》，进一步优化上海市成人高等教育的总体结构，经上海市人民政府批准和国家教委审定备案，1990年冶金、化工、轻工、电讯等四个工业局系统的11所职工大学正式联合调整为4所职工大学：原上海冶金职工大学、上海第一钢铁厂职工大学、上海第三钢铁厂职工大学联合组建为上海冶金联合职工大学；原上海市塑料公司职工大学和上海市橡胶公司职工大学联合组建为上海市化学工业职工大学；原上海市轻工业局职工大学、上海市造纸公司职工大学、上海市钟表公司职工大学联合组建为上海市轻工业职工大学；原上海市仪表电讯工业局职工大学和上海市仪器仪表公司职工大学联合组建为上海市仪表电子工业职工大学；原上海市自行车公司职工大学调整为市自行车公司培训中心。至此，上海市职工大学的学校数已从1985年的62所调整为37所；5所面向各类管理干部的管理干部学院。

1990年，上海仪表局、纺织局等也先后办成一局一校，有的在公司设立分校，各分校的人、财、物隶属关系不变，总校仅统管学历教育中的教学业务工作。

上海行业性职大联合有三种形式：松散型联合，由局组建总校，原公司（企业）职大为分校，各分校的人、财、物隶属关系不变，总校仅统管学历教育中的教学业务工作；紧密联合型，由局组建的总校成为实体，统管下设的分校，专业设置、教学管理、实验设备和教学物资等均由总校统管；合并型，各系统原有职大合并建成1所职工大学。

1995年，为了更好地适应上海市经济发展和社会发展的需要，进一步优化上海市独立设置成人高校的总体结构，合理布局，在学校自愿、主管部同意的情况下，市高教局制订了调整布局的实施方案，并经市人民政府批准实施。上海市建委系统率先将原土木建筑学院、建工局职工大学、市政局职工大学和公用事业局电视大学分校、建工局电视大学分校、建材局电视大学工作站、环境卫生局电视大学分校和房地局电视大学分校等8个单位联合调整组建为上海市建设职工大学，承担起建设系统的成人学历教育、继续教育等培训任务。

市财贸委系统的原财贸管理干部学院、商业一局职工大学、供销职工大学、粮食局职工大学等4所学校联合调整组建成一所上海市商业高等职业技术学校，开设市场营销、金融与证券、现代商务文秘、广告与商场设计等具有特色的专业，以适应大市场、大流通、大商业新格局的需要。

一年来，在调整布局，优化成人教育结构和教育资源上有实质性的突破，使原来的一局一校朝着每一委办、一地区或一特大型企业办一所成人高校的方向发展。有利于学校扬长避短，优势互补，充分发挥现有成人教育资源，办出特色，提高成人高校的办学效益，为社会培养各种层次、规格的实用人才。

1995 年后,市教委会同有关部门实施成人学校布局调整的方案。在布局调整上,明确行业性成人高等学校按一局一校的要求调整为职工大学或教育培训中心,有的院校发展成高等职业技术学院,市化工局与市医药局合并成立华谊集团,在原化工系统所属 2 所职工大学、3 所成人中专、1 所普通中专、1 个培训中心的基础上组建化工教育培训中心,同时积极发展高等职业技术教育;经过长时间的研究、筹划,批准成立东沪高等职业技术学校和交通高等职业技术学校。

1997 年,上海市商业高等职业技术学校改建为上海市商业职业技术学院。

1992 年 8 月在北京召开的首次全国成人高等教育工作会议上,国家教委表彰了一批先进成人高等和中专学校。上海市 8 所高校榜上有名。其中,上海市邮电工业职工大学荣获全国成人高等教育先进学校称号。

1998 年,上海成人教育系统共评出 22 名"全国优秀教师"和"上海市优秀教育工作者"。上海轻工业职工大学周裕新、上海职工医学院解军 2 人获"全国优秀教师"称号。

进入 21 世纪,市政府召开上海市成人教育工作会议,提出 21 世纪前期上海市成人教育的发展蓝图,明确了包含促进完善具有终身教育特征的现代化教育体系、完善分级管理、分级负责的管理体制和多种证书教育的制度、建立现代企业教育制度、实施紧缺人才培训工程和从业人员高中阶段教育普及工程等方面的工作目标。市教委也相继召开上海市成人教育工作会议,指出上海的成人教育要贴近、贴紧、贴实社会和经济发展,与之相联系、相结合、相融化;要规范管理,提高办学水平和质量;要深化管理体制改革、机制改革和投资改革;要把素质教育放在首位;要充分利用上海的教育资源和现代化教学手段,努力把上海建成适应时代要求的"学习型城市"。在此大背景下,企业进行现代企业教育制度建设,行业成人高校把开展岗位培训、继续教育作为一项重要任务。随着行业主管局管理体制的变化和机构的调整,行业成人高校逐步改建为教育培训中心,合并、停办或升格为高等职业技术学院。到 2010 年,行业成人高校已由 1999 年的 39 所调整为17 所。

表 5-2-2　1990 年上海市行业成人高校统计情况表　　　　　单位:人

1990 年	学校数(所)	教 职 工	在 校 生
职工大学	44	7 240	7 627
管理干部学院	5	729	809

表 5-2-3　1991 年上海市行业成人高校统计情况表　　　　　单位:人

1991 年	学校数(所)	教 职 工	在 校 生
职工大学	37	6 402	占成人高校学生数 0.6%
管理干部学院	1	699	占成人高校学生数 0.7%

表 5-2-4　1992—1993 学年初上海市行业成人高校统计情况表　　　　　单位:人

1992—1993 学年初	学校数(所)	招 生	在校生	毕业生	教职工	专任教师
职工大学	37	2 662	6 535	1 819	6 123	2 333
管理干部学院	5	457	828	222	812	273

表5-2-5　1993—1994学年初上海市行业成人高校统计情况表　　　　单位：人

1993—1994学年初	学校数（所）	本专科学生			教职工数	
		毕业生	招生	在校生	计	其中：专任教师
职工大学	37	1 653	3 146	8 011	5 628	2 191
管理干部学院	5	163	984	1 658	822	319

表5-2-6　1994—1995学年初上海市行业成人高校统计情况表　　　　单位：人

1994—1995学年初	学校数（所）	本专科学生数			教职工数	
		毕业生	招生	在校生	计	其中：专任教师
职工大学	36	1 644	2 932	8 590	5 706	2 216
管理干部学院	5	312	1 084	2 341	827	337

表5-2-7　1996年上海市行业成人高校统计情况表　　　　单位：人

1996年	学校数（所）	毕业生数	招生数	在校学生数	毕业班学生数	教职工数	
						计	其中：专任教师
职工高等学校	48	4 248	4 436	16 449	5 633	7 900	3 387
管理干部学院	5	453	1 025	2 531	655	798	324

表5-2-8　1997年上海市行业成人高校统计情况表　　　　单位：人

1997年	学校数（所）	毕业生数	招生数	在校学生数	毕业班学生数	教职工数	
						计	其中：专任教师
职工高等学校	47	4 912	4 965	16 220	6 043	7 454	2 994
管理干部学院	5	625	895	2 765	984	1 223	427

表5-2-9　1998年上海市行业成人高校统计情况表　　　　单位：人

1998年	学校数（所）	毕业生数	招生数	在校学生数	毕业班学生数	教职工数	
						计	其中：专任教师
职工高等学校	46	5 182	5 854	16 374	5 214	7 374	2 844
管理干部学院	5	924	917	2 705	951	1 106	429

表5-2-10　1999年上海市行业成人高校统计情况表　　　　单位：人

1999年	学校数（所）	毕业生数	招生数	在校学生数	教职工数	
					计	其中：专任教师
职工高等学校	35	4 373	4 729	15 937	6 158	2 334
管理干部学院	4	766	802	2 082	924	371

表 5-2-11　2000 年上海市行业成人高校统计情况表　　　　　单位：人

2000 年	学校数（所）	毕业生数	招生数	在校学生数	教职工数	
					计	其中：专任教师
职工高等学校	34	3 952	7 911	19 621	6 474	2 865
管理干部学院	4	632	1 202	2 634	868	350

表 5-2-12　2001 年上海市行业成人高校统计情况表　　　　　单位：人

2001 年	学校数（所）	毕业生数	招生数	在校学生数	教职工数	
					计	其中：专任教师
职工高等学校	32	4 710	6 117	16 894	5 426	2 576
管理干部学院	4	722	1 230	2 889	858	349

表 5-2-13　2002 年上海市行业成人高校统计情况表　　　　　单位：人

2002 年	学校数（所）	毕业生数	招生数	在校学生数	教职工数	
					计	其中：专任教师
职工高等学校	25	3 315	5 686	15 942	4 148	2 008
管理干部学院	5	793	1 249	3 315	807	306

表 5-2-14　2003 年上海市行业成人高校统计情况表　　　　　单位：人

2003 年	学校数（所）	毕业生数	招生数	在校学生数	教职工数	
					计	其中：专任教师
职工高等学校	24	3 702	8 139	19 866	3 711	1 800
管理干部学院	5	988	1 335	3 677	800	338

表 5-2-15　2004 年行业成人高校统计情况表　　　　　单位：人

2004 年	学校数（所）	毕业生数	招生数	在校学生数	教职工数	
					计	其中：专任教师
职工高等学校	20	4 302	9 869	23 743	3 155	1 578
管理干部学院	6	1 430	1 728	4 415	999	467

表 5‑2‑16　2005—2010 年上海市行业成人高校统计情况表　　　　单位：万人

2005 年	学校数（所）	毕业生数	招生数	在校学生数	教职工数	
					计	其中：专任教师
职工高等学校	16	0.46	0.99	1.84	0.25	0.13
管理干部学院	5	0.12	0.14	0.23	0.07	0.04

2006 年	学校数（所）	毕业生数	招生数	在校学生数	教职工数	
					计	其中：专任教师
职工高等学校	16	0.58	0.79	1.85	0.24	0.12
管理干部学院	4	0.08	0.11	0.22	0.05	0.02

2007 年	学校数（所）	毕业生数	招生数	在校学生数	教职工数	
					计	其中：专任教师
职工高等学校	16	0.20	0.83	2.30	0.24	0.12
管理干部学院	4	0.02	0.11	0.29	0.07	0.02

2008 年	学校数（所）	毕业生数	招生数	在校学生数	教职工数	
					计	其中：专任教师
职工高等学校	16	0.53	0.79	2.33	0.23	0.12
管理干部学院	4	0.09	0.14	0.33	0.04	0.02

2009 年	学校数（所）	毕业生数	招生数	在校学生数	教职工数	
					计	其中：专任教师
职工高等学校	13	0.67	0.66	2.08	0.16	0.09
管理干部学院	4	0.11	0.12	0.34	0.04	0.02

2010 年	学校数（所）	毕业生数	招生数	在校学生数	教职工数	
					计	其中：专任教师
职工高等学校	13	0.70	0.60	1.78	0.16	0.09
管理干部学院	4	0.10	0.11	0.34	0.04	0.02

表 5‑2‑17　1990 年上海市行业成人高校统计表

学 校 名 称	主管部门	在校学历教育学生数(人)	教职员工数(人)		兼任教师数(人)
			总数	专任教师数	
一、中央部委所属职工大学					
上海电业职工大学	能源部	70	119	26	0

（续表一）

学　校　名　称	主管部门	在校学历教育学生数(人)	教职员工数(人)		兼任教师数(人)
上海高桥石油化工公司职工大学	石化总公司	59	66	35	0
上海石油化工总厂职工大学	石化总公司	218	—	—	—
上海造船工业公司职工大学	船舶总公司	18	72	29	0
上海邮电局职工大学	邮电部	191	109	44	10
上海海港职工大学	交通部	48	163	69	0
上海化工研究院职工大学	化工部	132	68	34	5
中国人民解放军海军舰船维修第二职工大学	东海舰队	93	72	18	0
上海航天工业局职工大学	航天部	161	153	49	18
上海宝山钢铁总厂职工大学	冶金工业部	106	111	59	4
二、市属职工大学					
上海汽车拖拉机联营公司职工大学	机电工业局	56	149	61	0
上海机电工业职工大学	机电工业局	718	669	310	4
上海业余土木建筑学院	市建委	419	97	49	18
上海纺织工业职工大学	市纺织局	713	869	377	24
上海冶金联合职工大学	市冶金局	153	177	118	20
上海轻工业职工大学	市轻工局	625	390	192	4
上海化学工业职工大学	市化工局	112	76	50	4
上海交通运输局职工大学	市交运局	58	84	46	0
梅山职工大学	梅山冶金公司	91	128	55	0
上海市粮食局职工大学	市粮食局	156	120	50	0
5703厂职工大学	市航空公司	29	25	17	0
上海市新闻出版局职工大学	市出版局	68	76	30	0
上海海运职工大学	市海运局	—	346	134	0
上海市政工程管理局职工大学	市政管理局	20	88	27	0
上海仪表电子工业职工大学	市仪表局	379	181	82	0
上海医药工业职工大学	市医管局	400	173	75	0
上海对外经济贸易职工大学	市外经贸委	171	223	101	6
上海市第一商业局职工大学	市商业一局	252	49	34	5
上海财政税务职工大学	市财政局	249	72	35	0
上海市第二轻工业局职工大学	市二轻局	367	118	68	12
上海职工医学院	市卫生局	299	203	96	0

(续表二)

学 校 名 称	主管部门	在校学历教育学生数(人)	教职员工数(人)		兼任教师数(人)
上海体育运动技术学院	市体委	170	1 522	46	0
上海市建工局职工大学	市建工局	123	144	34	0
上海供销职工大学	市供销社	76	101	45	19
上海金融职工大学	市工商银行	322	110	33	7
三、市属管理干部学院					
上海财贸管理干部学院	市财贸办	185	182	57	0
上海政法管理干部学院	市政法委员会	12	—	—	
上海经济管理干部学院	市经委	220	343	116	0
上海工会管理干部学院	市总工会	216	108	45	10
上海青年管理干部学院	团市委	176	96	43	3
四、其他社会力量办学					
上海业余科技学院	市科协	173	43	24	101
上海工商学院	市民建、工商联	332	33	4	58

表 5-2-18　1999 年上海市行业成人高校统计表(一)　　　　单位：人

学 校	本专科学生数			教职工总数	专任教师数						占地面积(万平方米)	校舍面积(万平方米)
	毕业生数	招生数	在校生数		计	正高级	副高级	中级	初级	无职称		
总　计	6 470	6 898	21 963	7 427	2 791	47	507	1 753	375	109	86.48	71.27
一、中央所属学校	216	443	1 433	981	331		70	196	52	13	20.21	10.57
上海电业职工大学	19	37	79	207	49		10	36	3		1.33	1.61
高桥石化职工大学	31		161	59	35		8	24	3		1.32	0.81
石化总厂职工大学	9	208	352	89	42		7	19	10	6	7.13	1.07
上海市邮电职工大学	39	75	243	97	54		13	17	19	5	4.67	1.66
上海海运职工大学	118	123	385	429	123		22	86	13	2	4.83	4.41
上海航天职工大学			213	100	28		10	14	4		0.93	1.01

（续表）

学　校	本专科学生数			教职工总数	专任教师数						占地面积（万平方米）	校舍面积（万平方米）
	毕业生数	招生数	在校生数		计	正高级	副高级	中级	初级	无职称		
二、地方所属学校	6 254	6 455	20 530	6 446	2 460	47	437	1 557	323	96	66.27	60.70
上海科技职工大学	81	145	275	131	47	1	11	21	13	1	1.13	1.22

表 5 - 2 - 19　1999 年上海市行业成人高校统计表（二）　　　　　　　　单位：人

学校名称	本专科学生数			教职工总数	专任教师数						占地面积（万平方米）	校舍面积（万平方米）
	毕业生数	招生数	在校生数		计	正高级	副高级	中级	初级	无职称		
上海机电工业职工大学	140	28	221	372	129		8	96	25		1.32	1.75
上海市建设职工大学	161	204	566	164	61		12	43	4	2	1.19	1.42
上海纺织工业职工大学	163	156	362	311	94		7	79	7	1	2.90	2.94
上海冶金联合职工大学	42	13	155	217	83		14	50	13	6	1.79	3.39
上海市轻工业职工大学	17		149	83	31	1	1	29			0.46	0.93
上海化学工业职工大学	19											
上海交运（集团）职工大学	24											
梅山职工大学	42	15	80	101	55		15	23	17		5.11	2.00
上海新闻出版局职工大学	15											
上海海港职工大学	26	37	108	150	58		6	49	3		4.31	3.59
上海市仪表电子职工大学	39	169	623	194	69		18	44	4	3	0.33	1.00
上海医药职工大学	103	126	363	102	35		2	31	2		0.41	0.85
上海对外贸易职工大学	18											

(续表)

学校名称	本专科学生数			教职工总数	专任教师数						占地面积(万平方米)	校舍面积(万平方米)
	毕业生数	招生数	在校生数		计	正高级	副高级	中级	初级	无职称		
上海财政税务职工大学	136	114	476	76	22		4	8	8	2	2.00	1.89
上海汽车拖拉机联合职工大学	22	71	290	182	46		13	27	4	2	0.92	1.38
上海市第二轻工业职工大学	64	77	179	88	48		3	37	4	4	0.52	0.47
上海职工医学院	51	327	1 484	205	100	3	28	52	13	4	2.25	2.46
上海体育运动技术学院	78	151	365	571	37		5	27	4	1	10.20	5.42
上海工商学院	270	301	886	104	65	6	32	25	2		0.27	0.27
上海金融职工大学	108		176	170	59		10	41	8		0.46	0.77

表 5 - 2 - 20 1999 年上海市行业成人高校统计表(三) 单位:人

学校名称	本专科学生数			教职工总数	专任教师数						占地面积(万平方米)	校舍面积(万平方米)
	毕业生数	招生数	在校生数		计	正高级	副高级	中级	初级	无职称		
上海市政法管理干部学院	114	154	317	386	128	10	27	70	10	11	15.32	5.23
上海市经济管理干部学院	329	250	679	307	122	6	14	74	27	1	2.56	3.63
上海市工会管理干部学院	69	114	327	111	60	1	16	34	3	6	0.90	1.80
上海青年管理干部学院	254	284	759	120	61	1	15	35	10		1.18	1.41

二、多元办学

【大专学历教育】

行业成人高校学历教育专业设置是动态的,根据本行业生产技术发展和职工的需要设置专业的。

表 5-2-21 1990 年上海行业性成人高校专业设置情况表

校 名	专 业 设 置
上海机电工业职工大学	机械设计、机制工艺、轻工机械设计与制造、轴承、电器设计与制造、工业电气自动化、日用电器、锅炉、制冷、铸造、锻压、焊接、工业企业管理、劳动定额、数控机床、电线电缆、电子计算机应用、模具设计与制造、塑料成型工艺等 20 多种
上海纺织工业职工大学	企业管理、财会、外贸、棉纺织、染整、机械制造与设计、电气自动化、毛纺织、机织工艺、针织、丝织工艺、色织、服装等 30 个专业
上海仪表电讯工业局职工大学	仪器仪表、无线电技术、机械自动化、计算机应用、工业外贸、机械制造、工业企业管理
上海冶金职工大学	冶炼、压力加工、金属材料、电力拖动、环境保护、冶金机械、能源、企业管理
上海轻工业职工大学	轻工机械设计、冲挤工艺及模具设计、工业安全技术、工业电气自动化、包装机械、化工机械、电镀、精细加工、钟表机械设计、制浆造纸工艺、工业企业管理、工业会计、工业统计、工业经济
上海新闻出版局职工大学	平凸印刷、制版、印刷技术、印刷管理、应用中文编辑,附设电视大学班的专业有:电子、机械、经济管理、党政干部管理、法律、审计等
上海海运职工大学	海船驾驶、船舶轮机管理、船舶无线电通信、船舶电气设备
上海海港职工大学	港口管理、港口机械、电子、外语、起重运输机械、港口经营管理、港口电气、政工等
上海建筑工程职工大学	工业与民用建筑,附设电视大学班的专业有:医药基础知识、工业企业管理、马列主义专修科、法律等
上海医药职工大学	有机化学制药、药学、制药设备、医电设备调试维修、药用分析、医用电子仪器、机械制造设计、工业企业管理
上海供销职工大学	供销合作企业管理、供销合作企业经营与管理、供销合作财务会计
上海石化总厂职工大学	有机合成、化学纤维、石油化工、化工机械、仪表及自动化、石油化工企业经济、政工管理、外事秘书
上海宝山钢铁总厂职工大学	冶金机械、电气自动化、计算机应用、冶金工艺、企业管理、工业会计、工业民用建筑、仪表自动化
上海化学工业职工大学	橡胶机械、工业自动化、橡胶工艺、橡胶质量管理、化工仪表自动化、有机化学工艺
上海粮食局职工大学	电子和酿造、企业管理、粮食机械自动化、粮油加工工艺及设备
上海业余土木建筑学院	工民建、卫生工程、道路与桥梁、河川结构与水电站、城市规划(以上 5 个专业为 6 年制本科),建筑工程(后分为建筑结构、建筑设计)、市政工程(后改给排水)、建筑工程与管理、建筑经营与管理、房产经营管理、建筑施工
上海金融职工大学	银行管理、金融(包括农业金融)
上海工商学院	对外经济贸易、工业企业管理、财务会计、金融与保险、旅馆管理
上海对外贸易职工大学	外贸业务、外贸英语、外贸财会、外贸经济管理、国际贸易运输业务、国际贸易运输英语
上海造船职工大学	机械制造、自动控制、电子计算机、工厂自动化、船舶动力机械、船舶制造、船舶电气,还附设电视大学班有关专业
上海一商局职工大学	五金、纺织、交电、商业经营管理,还附设电视大学班有关专业
梅山职工大学	电气自动化、电子机械、冶炼、采选矿、计算机、土木工程
上海职工医学院	护理、卫生管理、医疗、公共卫生

(续表)

校 名	专 业 设 置
上海汽拖职工大学	工业电气自动化、汽车拖拉机制造工艺、机械工业计算机操作应用
化工研究院职工大学	化学工程、政治学、化工科技档案
上海高桥石化职大	炼油工艺、石油化工、化工机械
上海二轻局职大	专用机械设计、工业电气自动化、模具设计、服装设计、工业企业管理、阿拉伯语、工业财会、洗衣机设计与制造、工业合作经济、冰箱设计与制造、钢琴制作、工艺美术设计
上海邮电职大	通信技术、邮电企业管理、电信工程、邮电经济管理、邮电通信管理、邮电机械
5703厂职大	机械制造工艺及设备、数控设备、电子自动化控制、工业企业管理
上海电业职大	电厂热能动力、发电厂及电厂系统,附设电视大学班专业有机械、工业管理、审计、统计、物资
上海交运局职大	交通运输企业管理、汽车运行技术,汽运工程(本科函授)
上海科技管理干部学院	科技管理、工业企业管理、国际工业贸易、英语、日语
上海市业余科技学院	机械、电子技术、计算机应用、环保、能源、企管、多种语文外语专业
上海经济管理干部学院	企业管理、财务会计
海军舰船维修第二职大	动力机械、机械制造、企业管理
上海财贸管理干部学院	政工、旅馆饭店管理
上海体育运动技术学院	足球、篮球、排球、田径、游泳、乒乓、羽毛球、网球、跳水、水球、体操、武术、技巧、击剑、艺术体操、举重、手球、棒球、自行车、国际式摔跤、柔道、花样游泳、现代五项
上海市政法管理干部学院	法律
上海财政税务职大	财政、税务
上海工会管理干部学院	工会学、群众文化管理、劳动法学、劳动经济
上海青年管理干部学院	青年思想教育、少年思想教育、经济管理、中学团队工作
上海航天职大	精密机械制造工艺与设备、电子技术、模具设计与制造
上海自行车公司职大	机械制造工艺及设备、冲压及模具设计、电镀工艺
上海造纸公司职大	制浆造纸工业电气自动化、制浆造纸工艺、企业管理

行业成人高校推进大专学历教育招生的改革,探索根据成人的特点进行招生制度改革,注重成人的能力和技能,1992年,上海职工医学院试行改革,由原先的考语文、政治、数学、物理、化学5门改为语文、政治、数学、生理、人体解剖学新5门,优先考虑郊县在职医卫考生,并从1993年起推广到除中医专业以外的所有医科类院校(1995年起全面放开),逐步形成日后的"3+2"(3门基础课、2门专业课)招生考试改革方案,直到1998年已有32个专业实行"3+2"招生考试。

【第二专科学历教育】

1990年,高等教育为适应社会主义经济建设和改革开放对人才培养的要求,在调查研究的基础上,提出了深化教育改革,试办第二专科学历教育的改革方案,经市人民政府教育卫生办公室批准后,开始进行试点工作。

第二专科教育是对具有大专以上学历的在职业务骨干进行本职工作所必需的与原所学专业知识形成复合型结构的高等教育。对按教学计划完成全部学业者,发给由市高教局统一印制并验印的第二专科学历证书。

为确保试点工作能够达到预期的目的,市高教局对承办学校的资格、试点专业的条件、教学计划的制订原则以及入学考试与学籍管理等方面均做了明确的规定。试点工作首先在上海纺织工业职工大学和上海市政法管理干部学院中进行。试点工作首先在上海纺织工业职工大学和上海市政法管理干部学院中进行。

1991年,试行第二专科成人学历教育的行业成人高校有:上海经济管理干部学院、上海政治管理干部学院、上海金融职工大学、上海对外贸易职工大学、上海冶金职工大学、上海纺织工业职工大学院。

1992年,为满足社会对复合型人才的需求,15所成人高校试行双专科和第二专科教育,共计招生1 600多人,为培养复合型人才创造了条件。

1994年,总结了职工大学联合学分制的工作。为进一步满足上海经济建设对复合型人才的大量需求,进一步推进第二专科实施学分制教学,经批准,进行第二专科教育的成人高校从原来的39所增加到51所。从适应产业、产品结构调整为出发点,年内,成人高等教育新设置30多个专业,新开设的专业基本都是经济建设紧缺专业。年内,市高教局提出要抓好第二专科教学改革,坚持以专业、课程、教材、考试、学籍管理等方面的学科体系建设为突破口,以建设规范化的教学模式为重点,以进一步提高教育、教学质量为主体,努力使成人高校的教学改革和管理再上新台阶,并继续对成人高等学历教育课程教学质量进行监控,共抽考了26门课,学员达2 500余人。当年还召开了成人高等教育教学改革研讨会和深化第二专科教学改革研讨会,并遵照国家教委的规定加强了毕业证书验印与发放工作的管理。

【高等职业教育】

在改革开放和生产技术发展的过程中,各类企业的第一线急需一批智能和技能结合型的人才。为使职工大学适应上海市各行业提高在职人员科学文化水平和培养专门人才的需要,从1985年开始,职工大学进行了多种改革和试验。

1985年秋,经市政府批准,市商业一局职工大学试招一个高级职业技术班,对中等职业学校毕业生经市命题招生考试入学,学习商业经营管理专业。1986年、1987年、1988年,该校这个专业各招1个班。上海二轻局职工大学也从1985年起举办高职班。1985年办服装设计专业,招收在职职工;1986年、1987年,办洗衣机专业,招收应届高中毕业生;1988年办冰箱专业;1989年办钢琴制造专业,都招收应届高中毕业生;1990年办工艺美术专业,招收在职职工。

1985年,手工业局职工大学也办服装设计高职班,招在职职工,考试入学。高职班按行业需要,"对口"培养中高级生产工艺、设备维修、经营管理第一线应用型人才。

1986年,经市人民政府先后同意,在仪表局等18所职工大学试办高等职业技术教育班。至1989年招收了近1 000名应届高中毕业生、中等专业学校毕业生和职业高中毕业生入学。到1990年,开设过30个专业。其中,工科类24个(占80%),即玻璃器皿模具制造、制浆造纸工艺技术、洗衣机制造、电冰箱制造、钢琴制造、纺织品外贸业务、计算机应用操作、仪表电子设备维修、船舶轮机操作管理、海洋船舶驾驶、海洋船舶报务、粮油食品加工设备维修、数控机床操作维修、塑料成型工艺、冷冻机调试与维修、临床营养、酿造、工艺美术设计、建筑施工、冶金机械、医用仪器调试与维修、炼钢及现场管理、轧钢及现场管理、通信设备维修及现场管理、企业管理类专业6个(占20%)。

1991年,上海冶金联合职工大学试办成人职业专科班。开设3个专业:炼钢及现场管理、轧钢及现场管理和冶金设备维修及现场管理。共计招收73名学员。为达到成人职业专科班培养目标六级操作技能的规定要求,入学对象从具备四级工应知会的技术工人中选拔。首批招生实行由冶金系统企业单位推荐,入学考试增加技能考试项目,入学录取分数线由成人高考文化绩的80%,加技能考试成绩的20%构成。使一批具有实践经验的优秀工人进入高级职业技术大专班深造。

1992年有13所职工大学试办高职班。

1997年,随着高等职业技术教育的兴起和发展,高职教育的专业设置成为新注意点。为了配合高等职业技术教育的发展,需要配套的高职教材,1997年各高职校完成高等职业教育教材编写申报,还举办了高等职业技术教育教材展示会。

1998年,有19所职工大学办高职班,共20个专业,学生超过1 000人。1998年建立高等职业技术教育教材建设组织机构和办事机构。召开上海市高等职业技术教育教材编写研讨会,全面启动经济、管理、机电、建筑类30门教材的编写,主持教材编写的是高职教材建设领导小组和专家指导委员会。领导小组积极引导和指导广大教师和专业技术人员参与高职教材的编写工作,接受106个编写项目的申报,正式确定与启动编写项目23个。1999年审定了19本高等职业教育教材。

1999年统计,为重点发展社会急需的职业技术教育类专业,高等职业教育专业进行调整,开设了49个专业。各举办高等职业教育的成人高校在深入研究高等职业教育的定位、特点,探索产学研结合的人才培养机制,加强课程改革的力度,建设实训基地,改善师资队伍结构的基础上,开展教学评估。全市评审出19个特色专业,举办高等职业教育的成人高校达18所,其中职工大学14所。

上海行业高等职业技术教育按职业岗位知识能力结构、素质要求、组成课程组,形成技术训练、行动规范训练系列。上海各职工大学的高职班的教学计划有以下特点:根据培养目标,强调理论与实践的整体优化,提高实践环节的比重,理论教学与实践环节之比为6∶4或5∶5;课程设置突破传统的"三段"模式,改为职业技术基础课、职业技术专业课和实践技能课三大块;基础课按培养规格的知能结构要求,保证掌握专门技术和形成基本自学能力、基本素质所必需的内容;专业课结合岗位实践,有条件的则结合技改、技术引进项目进行;技能训练形成系列,实行规范化训练,有的专业还和技术等级考核、考证相结合。如上海仪表电子工业职工大学在举办职后高职教育大专班("3+2")的试点中,贯彻一张学历,多种证书的原则,即学生毕业后,在获得毕业文凭同时,在不同学习时期还能获得相应工种的技术等级证书、市或国家外语相应等级水平证书、计算机应用能力等级证书、英文打字C级以上等级证书、计算机维修工等级证书等。

表5-2-22　1990年上海行业性成人高校高职班专业设置情况表

校　　名	专　业　名　称	备　　注
上海海运职大	海洋船舶驾驶、轮机操作和管理	
上海外贸职大	外贸会计、外贸综合业务(单证)、外贸英语秘书	
上海粮食局职大	粮油加工工艺与设备维修	
上海汽拖职大	计算机应用操作、工厂财务会计	
上海二轻职大	服装、洗衣机、冰箱、钢琴制造、工艺美术	有职前、职后班

（续表）

校　名	专　业　名　称	备　注
上海供销职大	供销合作财务会计	
上海海港职大	港口国际集装箱管理	
梅山职大	冶金机械	
上海一商局职大	商业经营管理	
上海机电职大一分校	工厂动力电气技术	
上海机电职大二分校	财务会计	
上海机电职大机床分校	数控机床	
上海机电职大线缆分校	计算机应用	
上海轻工机械职大	食品包装机械	
上海纺织局职大	工业会计、计划统计、服装设计	前2个专业为职前
上海第一织布公司职大	纺织外贸管理	
上海仪表局职大	电子精密机械维修	
上海仪表公司职大	智能化仪器仪表调试与维修	
上海钟表公司职大	钟表外观工艺	
金山石化职大	实用英语、实用日语	
上钢二厂职大	物资供应管理	

【多功能办学】

20世纪80年代，上海行业成人高校逐步做到学历教育与非学历教育并举，多功能办学，普遍开展各类非学历教育，包括对各级各类干部的岗位培训，专业合格证书教育，并广泛开展工程技术人员和管理人员的外语和计算机应用的培训等。

上海市经委所属成人高校，1983年开始举办"专业合格证书"培训班，解决尚未达到大专毕业的中年以上在职干部的上岗资格问题。后来上海海港职工大学、新闻出版局职工大学、科技管理干部学院、建筑工程职工大学等相继举办专业合格证书班。

1984年，上海市成人教委、劳动局、机电一局联合在上海汽拖职工大学试办高级技工训练班。以后机电局职工大学、交运局职工大学、造船职工大学、航天职工大学等都举办高级技工培训班。

行业性职工大学80年代也普遍开展各类非学历教育，包括对各级各类干部的岗位培训、专业合格证书教育、外语教学和计算机应用培训等。上海冶金职工大学等举办厂矿经理国家统考前培训，迎接国务院对厂长经理的统考。根据市工业党委、市经委关于在部分干部中实行《专业考试合格证书》的意见，部分职大和干部管理院校从1984—1986年办了工业企业管理、工业财会、物资管理、对外经济贸易、教育管理、政工干部和电机制造等10个专业，50个教育班，有近7 000名干部参加学习。1988，1989两年，上海医管、海运、仪表、有色金属、轻工业、冶金、交运、化工、纺织、机电、航天等行业，培训车间主任2 000余人。

控制学历教育规模，发展短期专业培训，1986年秋，职工大学招生7 129人，比上年减少29％，以后逐年减少,到1990年,学历教育的招生人数为1 448人。在这期间内,学校的重点转移到非学历教育,普遍开展了干部岗位培训和专业证书教育;并根据自身条件开展对科技人员和管理人员的继续教育;有的学校还开展对高级技工的培训。到1990年,行业性成人高校学历教育在校学生8 436人,非学历教育的人数已超过学历教育人数。

表5-2-23 1990年行业性成人高校实行多功能办学简况情况表

校　　名	办 学 简 况
上海市邮电职工大学	邮电职大、邮电党校、邮电培训中心三合一,亚太电信组织培训点,附设职工中专
上海市交运局职工大学	职大、党校二合一,还承担各类岗位培训、技术培训
上海石化总厂职工大学	职大、上海石化专科学校二合一,有电视大学班和非学历教育
上海汽拖职工大学	职大、培训中心二合一,有电视大学班,职工中专和高级技工培训
上海高桥石化职工大学	职大、党校二合一,有电视大学班和岗位培训,还和市九三学社、华东政法学院、市工业党校等联合办班
上海化工研究院职工大学	职大、院教育科二合一
上海纺织工业职工大学	职大、局干校二合一
上海冶金职工大学	职大、局党校、第二冶金专科学校三合一,有电视大学班和培训部
上海市财贸管理干部学院	学院、财贸党校二合一
上海市政法管理干部学院	学院、上海法律专科学校二合一,各类岗位培训及继续教育
上海建筑工程职工大学	职大、党校、建筑管理学校三合一,兼办岗位培训、继续教育
上海财政税务职工大学	学历教育有大专、中专,兼办专业证书教育及岗位培养
上海机电工业职工大学	职大、局干部培训中心(北部)、局高级技工培养中心三合一,设电视大学工作部
上海医药职工大学	职大、局教育教训中心二合一
上海对外贸易职工大学	大专、电视大学辅导班、中专、单科班、外国人汉语培训
上海一商局职工大学	职大、上海商业会计学校二合一,设有大中专班、进行岗位培训
上海市业余土木建筑学院	大专班、大专层次专业证书班
上海化工职工大学	大专班、外语班、高级工班
梅山职工大学	大专,另有专修、进修、轮训等班
上海职工医学院	大专,还有单科及专业证书班
上海市二轻局职工大学	大专、专业证书班、岗位培训
上海新闻出版局职工大学	大专、专业证书班、印刷职工技训班
上海电业职工大学	大专,附设中专班
5703厂职工大学	大专,电视大学辅导班
上海海港职工大学	大专,电视大学辅导班,各类专业证书及港口应用型短期培训
上海科技管理干部学院	学历教育、岗位培训、继续教育
上海市业余科技学院	以继续教育为主,兼顾学历教育和培训工作
上海轻工业职工大学	大专,专业证书教育、干部岗位培训、继续教育

校　　名	办　学　简　况
上海经济管理干部学院	以大专学历教育为基础，兼办岗位培训和继续教育
上海宝山钢铁总厂职工大学	大专学历教育、岗位培训、专业证书班
海军舰船维修第二职工大学	大专，专业证书班、岗位培训
上海市供销职工大学	大专，专业证书班、岗位培训
上海工商学院	大专，各种短期培训
上海工会管理干部学院	大专，专业证书班、《工会学》自学考试
上海青年管理干部学院	大专，兼管团队干部轮训
上海金融职工大学	大专并附设1所干部中专，2所银行职业学校，干部岗位职务培养
上海航天职工大学	大专，专业证书班、岗位培训、继续教育、高级技工培训
上海仪表电子职工大学	大专，专业证书班、岗位培训
上海造船职工大学	集职工大学、公司党校和教育处于一体，附设电视大学辅导站，有大专学历教育、干部教育、技工培训、继续教育
上海造纸职工大学	大专，附设中专班、技工培训
上海体育运动技术学院	大专，预科
上海海运职工大学	职大、上海海运学校二合一，大专、中专、岗位培训等
上海市粮食局职工大学	局党校、干部、职大三合一，学历教育有大专、电视大学、函授辅导，短期有专业证书班、岗位培训等

三、协作办学

【校际协作】

1979年，上海行业性成人高校在整顿期间，成立工科类基础教学协作组。

20世纪80年代，上海各行业职工大学边发展、边改革。职工大学刚成立时存在小型、分散，每个学校势单力薄的弱点。1980年，上海机电行业职工高校在原研究组的基础上成立职工高校协作会议。当时该行业有局办、公司办、大厂办三类职工高校。协作会议除组织协作、交流、探讨外，还专门召开交流研究论文的教师大会。协作会议除寒暑假期间外，每月召开1次。同年，上海26个业务局的35所职工高校加强横向联系，组成4个局职工高校校长协作会议或协作委员会，主要任务：一是协作，教务、师资、实验设备、图书资料等方面互通有无，互给优惠；二是交流，教学、科研、行政管理、思想政治工作等情况互相交流；三是探讨，对职工高等教育办学的共性问题，如办学规律、教学方法、能力培养等进行探讨。1980年底，全市已建立机电、冶金、纺织、轻手工、化工医药、交运海运、造船仪表等7个协作块、80多个学科协作组以及班主任、实验设备、图书资料、教务等19个协作组。

1983年7月8日，在市高教局、教育局的指导下，全市职工业余大学（包括市、区业余高等学校）

筹建了机械类、电类、化工类、土建类、企业管理经济类 5 个专业组。其主要任务是：协助教育行政部门审议各校的专业教学计划；研究专业教学计划中各教学环节的教学设施；根据专业特点和实施中存在的问题，开展工作研究和学术理论探讨，组织教学管理人员进修，以及进行其他有关教学的咨询、服务工作。专业组成员由职工大学、职工业余大学熟悉专业的校长、教务主任及技术基础课、专业课的教师组成。

机械类专业组参加了上述活动，还组织教师相互进行教学质量检查和参加毕业设计答辩。各学科之间还按大行业分成 7 大块进行横向活动。参加机械类专业课和技术基础课的教师有 495 人。专业组有 6 位领导成员，每人联系两门学科。12 门学科各有正副组长，每门学科每学期活动 2～3 次。

电类专业组除组织上述活动外，还组织编写职工高校电专业的《电工学》(上下册)、《电工实验指导书》、《模拟电子技术基础》、《数字电子技术基础》、《自动调节理论基础》等教材。

1985 年 5 月 8 日，成立上海市职工高校校长协作委员会(以下简称职校协)，按"职校协"章程，在市高教局指导下开展活动，为市高教局职能部门提供咨询和建议。"职校协"还专门成立评估组，草拟了《职工大学评估体系及实施办法(讨论稿)》。评估体系主要分办学条件、办学水平、社会效益和管理水平四个方面，整个体系满分为 100。上海市职工高校校长协作委员会先后共两届。1989 年 11 月 16 日，召开第二届"职校协"第 3 次例会。根据例会决定，同年 11 月 23 日在机电工业职工大学召开了全市职大、管理干部学院校院长会议，到会的有 45 所职大和管理干部学院的校院长。市高教局在会上传达有关会议的精神，仪表局职大介绍在办学中背靠行业、办出特色、适应企业需要的经验，邮电职大校长代表"职校协"主持会议。

1985 年，上海 8 所行业性职工大学创办联合学分制，首设文科财务会计和企业管理 2 个专业。

1986 年起工科文科都设联合学分制，工科有：机械制造、冶金机械、电子技术、电气自动化、无线电技术、仪器仪表、医用电子仪器、邮电通信技术、计算机应用、机械自动化、纺机设计与制造等 10 多个专业，都是通用专业；文科有工业统计、企管、财会、应用中文、工业外贸等专业。参加联合学分制的职工大学已增加到 19 所。

根据各行业不同的专业要求，在课程安排上，做了灵活处理。《1986 年度联合学分制机械设计与制造专业教学计划》的课程设置中，各校统一设置的必修科有：哲学、高等数学、普通物理、英语、制图、算法语言、应用文写作等公共基础课，以及理论力学、材料力学、机械原理、机械零件、金属工艺学、金属材料与热处理、电工学、公差与技术测量等专业基础课和专业课，学时数占理论教学总时数的 72%。此外，根据轻工、纺织、冶金、造纸、橡胶等行业的不同需要，由学校确定一部分专业基础课和专业必修课，占理论教学总学时的 16%，另外，还开设一批任意选修课。

为协调各校的关系，加强管理，顺利推进联合学分制工作，成立了校长联席会议和联合教务组。

校长联席会议设正副主席和常务校长，聘请一校级领导担任常务校长主持日常工作。任期一年。联席会议正副主席和常务校长 3 人组成常务会，常务会每周 1 次。校长联席会议每月 1 次，闭会期间由常务会行使职权。联席会议要听取联合教务组汇报，审议并决定联合教务组的建议，协调各校有关的重大活动。督促各校贯彻校长联席会议的决定。

联合教务组聘请少量退休人员和各单位委派人员组成，人数协商确定。联合教务组的任务是处理日常教学管理及协调检查、督促教学计划的完成。

联合学分制招生基数大，可供选修的课程多，学生可选择适合自己的时间和课程量就读，又可就近入学。学生们大都选择业余时间学习，减少了学习与企业生产工作的矛盾。参加联合学分制的学校在相互承认学分的基础上,发挥各校的专业优势。对相同课程实行统一教学大纲、统一教材、统一教学进度、统一组织考试。这种职大间的联合办学实践,受到各校、工厂和学生的欢迎。

1994年总结了职工大学、地区业余大学联合学分制的工作,进一步推进第二专科实施学分制教学。

【系统整合】

在20世纪80年代,各职工大学除横向联合外,在本系统先后办成多层次、多功能的教学单位。金山石化职工大学、冶金职工大学等与全日制普通专科学校结合,汽拖职工大学等与培训中心结合办班。汽拖职工大学、航天职工大学等校还举办高级技工培训班。各职工大学普遍开展干部岗位培训、"专业合格证书"教学、中层以上干部培训、外语教学和计算机培训。

1986年后,各行业为提高办学效益,将各类成人教育机构,陆续并入职工大学,实行统一领导,联合办学。一部分高等职业技术教育专业班和工厂紧密联系,实行联合办学。如第二轻工业局职工大学(原名手工业局职工大学)是第一批试点单位之一,该校1986年和上海洗衣机总厂联合办洗衣机制造专业班,1987年和上海合作经济研究所联合办集体经济管理专业班,1988年和上海电冰箱厂、上菱电冰箱总厂联合办冰箱制造高职班,1989年与上海钢琴公司联合办乐器设计制造专业(钢琴制造)高职班。为保证专业培养目标的实现,建立了厂校联合的专业委员会,由厂长、总工程师、厂教育科长、校长、教师和学校教务科长等人组成。教学计划实施中,学生管理、基础理论课和专业基础课,由学校负责,专业课和实践环节由厂方负责。

据1990年对40所行业性成人高等学校(包括35所职工大学和5所管理干部学院)的调查,学校和本行业各种专业培训机构联合,广泛开展岗位培训、专业证书教育等非学历教育的,约占3/4;设有电视大学工作站和函授、自学考试辅导站的约占1/3,和党校联办的9所,和中专校联办(含附设中专)的8所,还有和行业的教育管理机构合并的。上海拖汽公司职工大学等已和行业培训中心合二为一,成为行业的干部和技术人员的培训基地。

1983年还与江苏省部分职大建立了松散的学科协作关系,在编写职工大学教材和有关辅导材料方面进行协作。

第六篇

成人中等教育

成人中等教育作为成人教育的重要组成部分,在"文化大革命"期间遭到破坏。1977年以后职工、农民、干部业余学校逐步复校。1979年9月,全国职工教育工作会议后,上海在职工队伍中开展大规模的文化与技术补课。1987年6月9日,国务院批转国家教育委员会《关于改革和发展成人教育的决定》,提出成人教育"一要改革、二要发展"的方针,成人中等教育迅速发展。成人中等教育的发展为社会主义现代化建设培养了大批建设人才,也为成人高等教育的发展提供了生源基础。1990年以后,上海成人中等教育致力于发展成人高中与成人中专教育。成人中等教育根据社会发展与经济建设需要,改革教育教学,修订了各科教学大纲与各专业教学计划,新编写了一批更加切合实际需要的教材,同时加强了学员职业道德教育。2000年以后,上海市的高中升学率稳步提升。2006年普通高中录取率已达97.79%。上海户籍人口中的新职工受教育年限普遍提高,成人中等教育的生源减少,成人高中与成人中专办学规模逐渐缩减。同期,外来务工人员与随迁子女就读成人学校的人数增加。

第一章　成人中专教育

　　上海的成人中等专业教育起步于1958年,到1963年共有业余中等专业学校83所。"文化大革命"开始后,业余中等专业学校被迫停办。1977年后,成人中等专业学校(简称成人中专学校)和成人技术培训班逐步恢复。1982年9月9日,国务院批转教育部《关于举办职工中等专业学校的试行办法》(以下简称"《试行办法》")颁发,职工中等专业学校(简称职工中专学校)进入规范发展的时期。1987年6月9日,国务院批转国家教育委员会《关于改革和发展成人教育的决定》,上海成人中专学校贯彻"一要改革、二要发展"的方针,实行多种规格、多种形式办学。1990年后,经济体制改革深入、撤销行政性公司,促进了成人中专学校的结构与布局的调整:大企业举办的职工中专学校逐步改办为企业教育培训中心,行业举办的职工中专学校有的改为行业教育培训中心,有的将原来由各公司举办的职工中专学校按各系统实行资源整合,形成一局办一所职工中专学校的格局。

　　2000年后成人中专教育生源减少,成人中专学校的调整加速。至2010年经市教委批准列入招生计划的仅有包括电视中专学校在内的16所各类成人中专学校,招收新生4352人,其中7所学校每校仅招7—15人。

第一节　学校建设

一、沿革

　　1977年后成人中等专业教育(简称成人中专教育,时称职工中专教育)陆续恢复。至1982年,是恢复且发展较快的时期,也是职工中等专业学校(班)办学水平参差不齐的阶段。当时,不少学校对成人中专的培养目标、课程设置、所需要的教学时数和学习年限,以及举办中等专业学校所必须具备的条件缺乏认识,有些学校混淆了中等专业学校教育与技工培训班的差异,把某些工种的技术培训称为中等专业教育,有些学校将专业技术的短期训练班也命名为中等专业学校。

　　1982年9月9日,国务院批转教育部《关于举办职工中等专业学校的试行办法》(以下简称"《试行办法》"),提出:开办职工中等专业学校(简称"职工中专学校")应有一定的规模,学校布局和专业设置要根据专业的发展需要和实际条件,按系统按地区统筹规划,合理安排。职工中专学校以业务部门管理为主,教育部门要在业务上进行指导,全日制中等专业学校(以下简称"普通中专学校")要尽量予以支持。1983年3月19日,上海市人民政府批转了市教育局依据教育部《试行办法》制订的《上海市职工中等专业学校审批试行办法》(以下简称"《审批试行办法》")。该文件除了重申《试行办法》所作的各项规定外,还根据上海的实际情况对教学计划、课程设置等提出了教学计划应按照不同专业,脱产、半脱产、全业余不同学习方式确定不同的总学时数与学习年限。规定教学计划除了总课时,还具体规定所设普通课、专业基础课、专业课的比例,还要求设计选修课以及专题讲座、毕业设计的具体课时。

　　在《试行办法》与《审批试行办法》指导下,上海市教育局对已有各类职工中专学校(班)进行整顿，到1983年底，全市有37所学校在培养目标、课程设置、教学计划、师资条件和其他各项办学条件方面都符合职工中专学校应具备的条件，验收后36所学校由市教育局报经市人民政府批准正式建校。此后，上海的职工中专学校严格按照《试行办法》与《审批试行办法》进行规范管理，到1990年，全市经市人民政府批准的各类成人中专学校共有121所，大专院校和普通中专校附设职工中专班97个。此外，还有上海市电视中专学校、中央农业广播学校上海市办公室和上海市中专自学考试办公室。

上海成人中专教育认真贯彻国务院批转国家教委《关于改革和发展成人教育的决定》，遵照"一要改革，二要发展"的方针，改革招生制度，改革教学内容，编写适合成人学习的新教材，设置适合经济社会发展和有地方特色的专业。1990年全市成人中专学校共有195个专业。这些专业中有些专业譬如：烹饪、服装工艺、工艺美术设计（含玉牙雕、地毯图案设计）等，国内外闻名；有些专业譬如：航政管理、危险品管理、航标测量管理、航空维修、运营调度、渔政、渔港管理，全国少有；还有一些专业开设旨在适应上海市改革开放以及与国际接轨的需要。如：涉外会计、生化工程、外贸、办公室自动化、电脑应用、装潢美术等专业。在积极发展成人中专教育的同时，市教育行政部门不断规范各项管理制度，加强教学质量管理，注重实践教学，1987年起开展办学水平评估，提高了办学水平和质量效益。"七五"计划期间，上海成人中专教育取得新发展，各类成人中专学校（班）共培养中专毕业生133 117人。各类成人中专校还组织了上千种短训班和岗位培训班以及高层次的继续教育。

20世纪90年代，上海成人中专教育从注重规模数量的发展转向既重视规模数量的发展又重视内涵发展的方向，表现在：深入开展办学水平评估；开展示范性成人中专学校建设；规范学校建设；注重学校多功能的发挥。同一时期，经济体制改革促使成人中专教育布局与结构的调整。早在1987年3月，市工农教委、市经委、市编委、市财政局、市高教局和市教育局等单位的有关部门进行了磋商，取得了一致意见：首先，行政性公司原有职工大学、职工中专、职业学校在行政性公司撤销后，其经费原渠道不变；其次，各类学校如进行联合应尽可能依靠企业；还有，按局系统联合的职工大学，其名称可改为"××职工大学"等。按照这个意见，行政性公司举办成人中专学校较多的上海市供销合作总社、机电一局、轻工业局、第二轻工业局、化工局等行业，原先大量由各公司举办的职工中专学校，在行政性公司撤销后逐步整合成一所局办职工中专学校。上海市供销合作社系统，有总社举办的上海市供销职工中专学校与物资回收利用公司、上海县供销社等8单位举办了职工中专学校。1991年6月，经上海市人民政府教育卫生办公室批准，"上海市供销职工中等专业学校改名为上海市供销合作总社职工中等专业学校（即总校）并将上海县供销职工中等专业学校等8所学校改名为分校"。

上海成人中专布局结构调整贯穿整个90年代。1997年，市教委提出：以轻工控股集团公司、华谊集团等单位为试点，优化教育资源，组建覆盖全行业的具有行业特点的成人中等专业学校或教育培训中心。1998年，市教委进一步提出：争取通过三年努力，使现有的成人中等专业学校从128所调整到70所左右，校均在校生达1 100人。2000年，市教委还提出：加大调整成人中等专业学校布局调整的力度。要依托行业、地区，打破职后与职前教育的界限，进行中等和高等教育的联动，采用多种形式的教育资源培植方式，加快对成人中等专业学校布局调整的步伐。

在这一时期，教育行政部门加强成人中专教育的管理改革。1997年，市教委决定采取7项主要措施：实行两级管理，发挥区、县、行业的管理和办学积极性；合理调整学校布局，优化教育资源配置；加强成人中专校专业改造和结构的调整，适应产业结构调整的需要；深化教育教学改革，不断提高教育质量；发挥广播电视教育优势，推进农村成人中等教育；开展评估，提高学校办学能力和管理水平;加强成人中等教育的研究工作。同年,市教委还命名了6所学校为上海市首批示范性成人中等专业学校。

　　进入21世纪以后,社会上要求接受成人中专教育的人数减缩,学校随之减少。

图 6-1-1　成人中专教育历年学校数示意图

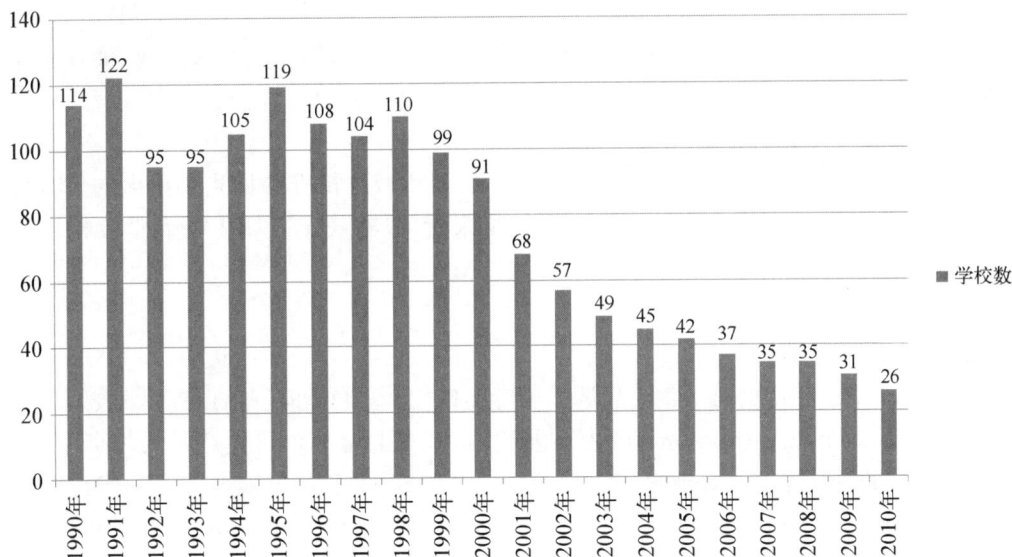

二、多元办学

　　上海成人中专学校的办学主体,既有政府部门办学,也有大型企业、行业办学,还有各种社会力量办学。

【地区性职工中专学校】

　　由区教育局主办的地区性职工中专学校,最早见于1964年普陀区第一职工业余中学开设的职工中专班,设置机械专业,课程内容参照全日制中专。1966年,因"文化大革命"停办。1974年虹口区第四职工业余中学试办业余中专班。这类学校发展到1984年1月7日,经市人民政府批准建立了10所,分别是南市、卢湾、徐汇、长宁、静安、普陀、闸北、虹口、杨浦、黄浦职工中专学校。1985年7月,市政府批准新建吴淞区职工中专学校与卢湾区第二职工中专学校。吴淞区职工中专学校后改名为宝山区成人中专学校。1989年9月,卢湾区第二职工中专学校与卢湾区职工中专校合并。到1990年,全市独立建制的地区性职工中专学校共有11所。

　　各校在初创时期,校舍、教学设施都较简陋。经过10年发展,各校都有了独立校舍。据1990年统计:11所地区中专校建筑面积共有32 712.2平方米,校均建筑面积为2 979平方米,有标准教室200余间,校均18间;除办公室、大小会议室和生活用房外,根据专业需要配有实验室、图书室、电脑房、录像室、图画室、琴房、电化室、舞蹈房、打字机房、实习工场等教学场所,基本上能满足教学需要。11所地区性职工中专校有教职工726人,其中专任教师398人。专任教师中具有大学本科学历的226人,高级职称32人,中级职称235人。

　　11所地区性职工中专学校在全市成人中专教育中占有重要地位,它们服务本区,面向全市,所设专业通用性强,规模大,在校学生人数都在千人以上。仅"七五"计划期间共培养中专毕业生10 579人,占全部面授职工中专(包括121所独立建制职工中专校和所有90多个附设职工中专班)毕业生的1/6。

期间,上海市地区性职工中专校的专业设置,随着地区经济和社会发展,门类日益增多。1990年时,工科类有机械制造、电气、模具设计与制造、制冷、电子技术、建筑施工、工业与民用建筑、装潢美术、计算机应用、机械自动化等专业;文科有财务会计、工业会计、工商行政管理、商业企业管理、工业企业管理、行政事业会计、统计、文书、经营销售、幼师、劳动保护、办公自动化、政法、外贸经济、旅馆管理、环境保护与法律等专业。

地区成人中专进入21世纪以后逐步缩减,2010年经市教委批准参加当年招生的仅有长宁、宝山、卢湾、徐汇4所地区职工中专学校。从招生结果来看,只有长宁区职工中专学校招了77名新生,其他3所学校一共只招到17名新生。

【企业办职工中专学校】

企业办职工中专经批准的有上钢三厂职工中专学校、上海自行车厂职工中专学校等10所。这类学校都是大型工业企业主办,经费来源由企业拨款,基本上为本企业生产需要培训中等专业人才,有的也少量招收外厂学员。企业办职工中专校集中在20世纪70年代末至80年代初。有的学校创办较早,上钢三厂职工中专校前身是上钢三厂业余中等技术学校,创办于1957年。上海自行车厂职工中专学校前身是上海自行车厂红专学校,创办于1959年。两校都因"文化大革命"停办,到20世纪70年代末才恢复。

企业办职工中专都有独立的校舍,并按专业设置配备一定的教学设施。有的厂校投入教育资金较多。由于专业设置和培训内容贴近工厂生产和工作实际需要,受到工厂领导重视和用人部门的欢迎。不过,各厂发展不平衡,有的学校因企业本身规模有限,生源日益枯竭,到1990年时就已无生源可招。如上海化工机械一厂、上海机床厂的职工中专校等。

【行业办职工中专学校】

行业办的成人中专校于20世纪70年代末至80年代初兴办,大多是在各种培训班、干部轮训班、职工业余学校、"七二一"大学、校外职工中专班、农业技术培训学校等基础上演变而来,有的学校前身有较长历史,如川沙县农民中专学校前身为1960年建立的川沙县农业学校,1983年在川沙县农业技术培训学校(即川沙农业学校)基础上筹建川沙县农民中等专业学校,1984年1月7日经市人民政府批准建校。1990年,经批准有上海市化学工业职工中专学校等78所。这类学校一般是职工大学、职工中专、党校、培训中心、技校等合署办学,几块牌子一套班子,主管部门为市、区的委、办或公司、局,经费来源多样,有的学校人员工资福利由财政拨款,专项经费向行业申请,奖金自筹;有的学校人员工资福利由原借调出的单位支付,主管部门下拨教育经费给学校后,再向该单位反馈,奖金由学校发给;有的学校经费全部由主管行业下拨。学校根据行业需要设置专业,在行业内招生,为行业服务。

【社会力量办成人中专学校】

社会力量举办的成人中专学校,1995年时全市共有8所,至2010年仅剩中华职工中专学校继续办学。其中立信会计职工中等专业学校的前身是立信会计补习学校,创立于1928年,1956年春停办。1981年春,立信会计专科学校和立信会计学校恢复办学。1984年,市政府正式批准由立信会计专科学校主办的立信会计职工中等专业学校。上海工商职工中等专业学校是中国民主建国会上海市委员会和上海工商业联合会所办,前身是上海工商专业进修学校,建成于1981年。中华职工中等专业学校由中华职业教育社上海分社主办,建于1983年。上海市中华职业工商中等专业学校由中国民主建国会上海市委员会和长宁区工商业联合会主办,建于1983年。浦江业余会计学校由民盟黄浦区委、民盟上海市财政局支部主办,建于1985年。杨浦区节能职工中等专业学校由杨浦区节能协会主办,建于1985年。这6所学校多数有一定的规模和社会影响。"七五"计划期间,共培养了6 199名中专毕业生。

此外,还有2所民办成人中专学校。1994年9月1日,经市政府教育卫生办公室批准设立上海市震旦成人中等专业学校与上海燎原成人中等专业学校。其中,震旦成人中专学校的前身是1984年创办的上海市集体企业职工中专学校卢湾分校。1999年3月8日,经卢湾区教育局同意报请上海市教委批准,震旦成人中专学校转为民办普通中专学校。2001年该校通过"ISO9001：2000"国际质量体系标准认证,2003年成为上海市百所中等职业学校重点建设验收合格单位。学校也是上海市教委命名的艺术特色学校、中央教科所的艺术教育实验学校、上海市中等职业教育系统行为规范示范学校、全国艺术教育先进单位。

【中央部委办职工中专学校】

中央部委所属在沪单位举办的职工中专学校是上海成人中专教育的重要组成部分。至1990年,有交通部第三航务工程局职工中专学校等16所。这类学校主管部门凭借上海地区人才、技术优势,为适应自身企业人才需要,先后建立了所属学校,以培训中等专门人才。这类学校建校时间大多比较晚,只有少数在70年代筹建,多数在80年代兴办。上海铁路成人中专学校1970年在职工学校基础上筹建。中国工商银行上海干部中专专业学校始建于1979年,原来名称是中国人民银行上海市分行职工业余银行学校。上海钢铁冶金建设公司职工中专学校,到1988年才批准建校。这类学校主管部门资金投入较多,校舍宽敞,教学设施齐备,师资力量较强。上海铁路职工中专学校的校舍面积11 745平方米,运动场1 872平方米,另有4个标准篮球场,有通信、信号、机械等专业实验室7间,技术基础课实验室8间,理化实验室1间,阶梯教室1间,配备了16毫米电影放映机室1间,有大屏幕投影电视机等教学设备近百台件,大小机动车5辆。有教职员工130人,其中专职教师76人。

【大专院校和全日制普通中专以及党校举办职工中专班】

大专院校、全日制普通中专学校、市委办局与区县党校师资力量较强,办学条件较好,且具有较丰富的教育教学经验,从1984年起,根据行业与地区培养中等专业技术人才的需要,参与职工中专教育,为成人中专的改革与发展做出了贡献。1990年的统计资料表明,有同济大学等33所大专院校、上海电机制造学校等65所普通中专学校、上海海运局以及金山县等20所党校,举办了职工中专班。

三、多种形式

成人中等专业教育除了职工中专学校、农民中专学校、干部中专学校等实施面授教学外,还有电视广播学校教育、中专自学考试。

【上海电视中等专业学校】

1985年1月25日,市教育局向市政府报告提出：为了进一步扩大成人中等专业教育的规模,适应社会需要,并照顾到缺乏接受面授教学条件的干部、职工能参加系统学习,建立上海市电视中等专业学校(简称电视中专)。运用电视教育手段,进行远距离中专教育。1985年5月8日,市政府批准原上海市电视业余中学正式改为上海市电视中等专业学校,先开设行政管理和政工两个专业。

上海市电视中专实行校部、辅导站(联办站)、教学班三级管理制度,校部设置教学、教务、电教、总务、办公室等职能机构;各区、县设立辅导站,在专业局、大型企事业单位设联办站。积极参与初中毕业生的分流,招收初中毕业生举办全日制中专教育。电视中专校从单一的学历教育发展到岗位证书、专业证书、毕业证书等多种证书相结合的教育,从单一的职后教育发展到职前职后教育相结合。

2004年3月,根据市教委职业教育与成人教育处对成人中专学校布局调整的要求,上海市电视中专停止招收未满18周岁的初中毕业生。

【上海市农业广播电视学校】

1980年12月,国家农委、教育部、农业部、农垦部等10个单位联合举办中央农业广播学校,并成立领导机构。

1981年3月,由上海市农业委员会、工农教育委员会、教育局、农业局等14家单位的有关负责人组成第一届中央农业广播学校上海市领导小组,下设中央农业广播学校上海市办公室。办公室成立后即组织各县工作站招收第一期学员,同年7月13日开学,入学人数4 000余名,开设农学专业。上海市10个郊县人民政府相继组成县农业广播学校领导小组并设立工作站。全市10个县共设教学班210个,聘请辅导教师300多名。1983年8月24日,教育部原则同意给予中专学历,毕业生那里来,那里去,国家不负责分配工作。

1987年,农牧渔业部通知将中央农业广播学校更名为中央农业广播电视学校。1987年7月11日,上海市教育局向市人民政府递交《关于建立成人中专性质的上海农业广播电视学校的请示》。1988年4月14日,上海市人民政府教卫办同意在原中央农业广播电视学校上海市办公室基础上筹建成人中专性质的上海市农业广播电视学校,同年8月正式成立。

到1990年底,全市10个郊县和农业科学院上海市农业广播电视学校工作站在校学员5 300余人,已毕业4 649人,专修班结业学员373名。

2004年学校获得全国职业教育先进单位的荣誉称号,2007年,经市有关部门批准,学校加挂了"上海市农民科技教育培训中心"的牌子。学校与近百个乡镇教学点组成了教育培训体系实施办学,至2008年培养了2万余名中等专业技术与经营管理人才,10万余名农村从业人员经过培训获得"绿色证书"与各类岗位证书。

【中等专业自学考试】

为鼓励广大群众特别是青壮年干部、职工和农村青年为实现社会主义现代化奋发自学,并通过自学的途径造就一批专门人才,上海市于1985年上半年成立了隶属市高等教育自学考试委员会的中等专业自学考试办公室。办公室的任务是：根据社会需要,决定和公布自学考试的专业和专业考试计划,确定并委托负责主考的学校;组织考试;颁发单科合格证书和毕业证书。

上海市中等专业教育自学考试每年在上半年和下半年进行两次考试。中专自学考试举行后,社会助学活动也普遍开展起来。全市各个区、县陆续成立了中专自学考试辅导站,部分全日制中等专业学校和高等学校也按自学考试的专业开办辅导班或进行其他形式的辅导活动,各有关社会团体也举办各种自学辅导、咨询活动。

四、多种证书制度

上海的成人中专学校,为加快人才培养,积极探索实行按需办学,发挥学校的多种办学功能,开展多种证书教育。

【中专专业证书制度】

为了有利于从工作需要出发对干部进行中专教育,加快干部队伍专业化进程,1986 年,中共中央组织部、中共中央宣传部和国家教育委员会颁发《关于加强干部中等专业教育的意见》,提出应在积极办好全科班、单科班的同时,举办干部中专专修班,实行中专专业证书制度。1987 年 6 月 2 日,中共上海市委组织部、中共上海市委宣传部、上海市人事局、上海市教育局联合制订了《关于举办干部中专专修班并实行中专专业证书制度的实施办法》,并确定自 1987 年秋起试办。当年,市教育局批准第二人民警察学校等 16 所成人中等专业学校试办干部专业证书班,招生 1 024 人,设置 27 个专业。后来经市教育局批准,更多成人中专学校以及电视中专学校、农业电视广播学校等都参与了中专专业证书教育。

【三种证书制度】

郊县工业系统三种证书教育　1988 年开始,为提高郊县工业系统经济管理人员的素质,进一步促进郊县城乡工业发展,上海市在郊县工业系统经济管理人员中进行中专教育,试行岗位、专业、毕业三种证书制度。首届共招生 1 880 人。岗位培训设工业企业管理、工业财会、对外贸易、供销经营、物资管理、安全管理、质量管理、劳动人事等 8 个专业。专业证书班、中专全科班设企业管理、工业财会、对外贸易、供销经营、劳动人事等 5 个专业。1988 年 4 月 26 日,上海市农机工业局(后改为郊县工业局)、上海市教育局联合发文决定对郊县工业系统经济类管理人员进行中专教育,试行岗位证书、专业证书、毕业证书三种证书相结合的中专教育制度。具体由上海电视中专和农机工业局教育处实施,农机工业局负责岗位培训办学和发证,电视中专负责专业教学和毕业发证,并由电视中专负责教学大纲及教材的编审,电视主讲教师的聘请,各阶段的教研指导、命题、阅卷、学籍管理、电视课的录制、翻录等工作。

统计干部三种证书教育　据统计,1982 年全市从事统计工作不具备中专以上学历的约有近万人,进行中等教育和岗位培训已成为统计部门的当务之急。根据“学以致用、学用结合”的原则,避免学员重复学习,在对统计干部进行中专教育时应把岗位培训和学历教育尽可能结合起来,上海试行联合举办统计干部中专教育,同时实行岗位证书、专业证书、毕业证书制度。1988 年 1 月 2 日上海市统计局与上海市教育局印发《关于对统计干部进行中专教育,实行岗位证书、专业证书、毕业证书制度的通知》(以下简称《通知》)。明确提出统计干部中专教育,自即日起筹备预备班,当年春季经入学考试录取后开学。为了贯彻《通知》,统一领导和管理统计干部中专教育各办学单位(校、班)

的教育、教学工作,市统计局与市教育局研究,决定成立"统计干部中专教育联合教务处"。联合教务处是管理具体业务工作的办事机构,由市教育局成人教育处、市统计干部培训中心直接领导。1988年,首批招生共录取3 408人,其中全科班742人,专修班734人,岗位培训班1 932人。

公安系统三种证书教育 在市公安局系统,对干警的教育中,在开展成人中专教育时,将中专专业证书教育与成人中专全科教育沟通。这类试点工作随着应接受中等专业教育的任务完成,于1994年基本结束。

【第二专业教育】

根据社会对复合型中等专业人才的需要,1993年上海开展成人中专教育第二专业的试点。市教育局要求第二专业应是与第一专业相关的专业,如工业企业管理专业毕业生可进入财会专业学习第二专业;建筑经济管理专业毕业生可进入房地产开发专业学习第二专业;商业财会专业毕业生可进入涉外会计专业学习第二专业。第二专业的总课时在800~1 000学时之间(不包括实践性教学时数),学制为1~1.5年。1993年,市教育局批准静安区职工中专学校、农场局职工中专学校等10所学校试办第二专业教育,共招收就读第二专业的学员482人,占当年招生总数的3.4%。同一年,经市教育局批准上海电视中专试办运用电视教育的第二专业教育。

【双学历教育】

为适应上海经济建设需要,深化教育改革,上海电视中专学校、燎原成人中专学校,从1993年起相继开展了以应届初中毕业生为招生对象的成人高中、成人中专双学历教育试点工作,为学生文化素质教育和成人中专技术教育有机地结合,做了有益的探索,并取得了一定的成绩。同时,一段时间的实践表明:该项试点尚需进一步规范管理,提高教学质量。为了深化成人高中阶段的教育改革,更好地满足经济建设对中专人才提出的既有一技之长,又具备相应的高中文化基础的要求。1996年,市教委要求这两所学校继续试行成人高中和成人中专双学历教育。同时还规定招生计划均须由市教委计划部门核准,纳入年度招生计划总数。

成人高中、成人中专双学历教育试行课程累计制学籍管理方式。凡是修完教学计划规定的全部课程且成绩合格者,可颁发上海市成人高中毕业证书及"高中起点"二年制成人中等专业毕业证书。这项工作随着2000年市教委将成人高中教育管理下放区县而无档案资料(没能继续进行)。

五、参与初中毕业生分流

上海市教育局为适应市郊各县对中等专门人才,特别是外向型经济发展的急需,同时给一部分不能升入高一级学校的初中应届毕业生有继续学习的机会,经研究决定上海市电视中专学校于1988年秋招收应届初中毕业生。

1992年根据社会的需要,电视中专扩大招收应届毕业生名额,当年招3 186名初中毕业生。1993年继续扩大招生计划,并准备春季招生。

在此期间,市教育局还批准了闸北区职工中专学校、杨浦区职工中专学校、静安区财贸职工中专学校等6所学校以及燎原成人中专学校等,也陆续参与初中毕业生的分流。

成人中专学校招收初中毕业生发展到1999年,全市共录取新生2.4万人,其中应届初中毕业生10 416人。2000年以后,成人中专学校招收初中毕业生、实行全日制中专教育的学生所占的比例不断上升,2006 年,成人中专招收新生 0.31 万名,其中全日制学生 0.17 万名,全日制学生超过当年招收新生的一半。2010 年成人中专在校生共有 1.72 万人,全日制学生 1.31 万人,占全部在校生的 76%。

第二节　教　育　教　学

一、学员思想政治工作

上海成人中专学校重视学员的思想政治教育。市教育局不断组织、推进学校的德育工作。在学员中开展"争做优秀学员"和"争创先进班级集体"的活动;制定和实施成人中专教育德育大纲;建立班主任工作制度等。以提高成人学员的思想政治觉悟,提高成人中专教育教学质量。

【"争优创先"活动】

1985 年 8 月,市教育局印发《关于上海市职工中专学校(班)开展"创三好"活动的意见》。1986 年年底前,在各校(班)、各区、县、主管局总结评比的基础上,市教育局组成评委会,评出 27 名"三好"学员,9 个"三好"先进集体。从 1985 年起至 1991 年间,全市共评选出 182 名"三好"学员、43 个"三好"先进集体。这项活动促进了各校思想政治工作,推进了各校树立良好的学风、校风。

1992 年 9 月,市教育局通知将"三好学员"改名为"优秀学员","三好先进集体"改名为"先进集体"。还制定了《上海市成人中等专业学校(班)评选优秀学员和先进集体的办法》,并对评选范围、条件、评选办法、奖励办法等做了具体规定,将"创三好"活动进一步加以规范,引导这一活动的持续发展。这项工作随着 1995 年初市级部门机构整合而不再进行。

【德育教育】

1990 年,市教育局成人教育处和市成人中专教育研究会联合起草《上海市成人中等专业学校德育大纲》,并在第 5 期暑期校长研修班上开展专题讨论,决定边试行边修订,逐步完善。1991 年市教育局对成人中专教育适时调整教学计划,新的教学计划要求必须加强德育,增设政治理论学科《哲学》《政治经济学》《马克思主义基础》《中国革命史》,还增设了职业道德课,而且要求思想政治教育渗透到日常的教学之中,切实做到教书育人。

为了加强学校的德育工作,各校普遍建立和健全班主任例会制、校班会制,建立班主任工作手册,健全共青团与学生会组织并发挥他们的作用,制定学生守则,规范学员行为等。

1992 年 2 月 25 日,上海市教育局成人教育处在普陀区职工中专学校召开全市成人中专校长会,出席会议的有 100 多位校长,会议总结交流加强成人中专学校的德育工作与职业道德教育、提高教学质量经验和做法,就新学期德育工作等事项做了具体部署。

1997 年 10 月,市教委为加强成人中专学校招收初中应届毕业生的全日制的德育工作,成立上海市成人中等专业学校全日制中专管理办公室,负责全日制学生德育工作,发挥组织、协调、沟通、咨询的作用。办公室成立后,编纂了《上海市成人中等学校德育工作经验汇编》,修订了《上海市成人中等专业学校全日制学生学籍管理暂行规定》,制定了《上海市成人中等学校全日制学生行为规范》,抓好全日制职前班学生的德育工作。各校加强对全日制职前班学生德育工作领导,建立和健全德育工作领导小组或派专人负责;有的学校建立了共青团和学生会组织,并与上级主管部门、主办单位或学校所在地党、团组织和学生会挂钩,形成德育工作齐抓共管的局面。

上海电视中专、闸北区职工中专、徐汇区职工中专、南市区职工中专等一批成人中专全日制职前班德育工作基本做到了规范化、制度化,初步树立了良好的校风、班风、学风。

同时期,成人中专学校各专业教育中普遍加强了职业道德教育。

【班主任工作】

1990年,市教育局拟订并印发《上海市成人中等学校班主任工作的规定》,共6章13条,分别对班主任的地位和作用、班主任的任务和职责、班主任工作的原则和方法、班主任的任职条件和任免、班主任的待遇和奖励、班主任工作的领域和管理等做了规定。此后,全市各成人中专学校全面建立了班主任制度,加强了对学员的教育管理。

1990年底,市教育局发出《关于表彰吴杏梅等96位上海市教育局1990年成人学校优秀班主任的通知》,其中成人中专学校有24位班主任受到表彰。

各成人中专学校在班主任的共同努力之下,德育工作呈现生动活泼的局面。各校采用各种形式开展爱国主义、社会公德、职业道德、民主法制、艰苦朴素等教育。结合悼念邓小平同志逝世、庆香港回归、迎第八届全国运动会和学习党的十五大精神等,组织座谈会、知识竞赛、文艺会演、专题报告等,对学生进行爱国主义、社会主义、集体主义的教育。不少成人中专学校还开展了国旗、国歌、党旗、团旗、团徽教育以及"送温暖、献爱心"等活动。

二、教学工作

不断提高成人中专学校的教学质量是实现办学目的、培养合格人才的基础,也是改革与发展成人中专教育的重要环节。1982年以后,市教育局组织研究制定各专业指导性教学计划,组织编写适合上海成人中专教育实际需要的教材,建立专业协作组和学科中心教研组,组织各科教师开展教学研究活动,不断提高教学质量。

【指导性教学计划】

1982年教育部的《试行办法》,原则规定职工中专学校的专业设置参照全日制普通中专的《专业目录》。因此,成人中专的教学计划和教材内容,基本照搬普通中专学校的;也有企业、行业主办的职工中专学校根据主办单位人才培养的实际需要,开设了具有行业特色的专业,就采用成人大专同类专业的教学计划。

1986年,全市已举办职工中等专业学校(或附设中专班)设有建筑、电气、热能动力设备、机械、机电仪表、化工、建工、金融、财会、企业管理、护士、煤气设备、气象等77个专业。这些专业大多数来源于普通中专教育的《专业目录》,实施与普通中专基本相同的教学计划与教材;有些专业是当时的《专业目录》中所没有的,学校经市教育局批准或借用同类专业成人大专的教学计划与教材,或由学校自行参照普通中专相近专业制订教学计划、自选教材。

1984年,市教育局组织编写了工交财会、工商企业、电子电气、建筑与施工、文书档案、化工制药、棉纺色织、农学农经、粮商物资、机械模具等10个教学计划。

1989年5月,国家教委成人教育司颁布了《关于制定成人中等专业学校教学计划的基本意见》,根据此文件,结合上海市实际以及成人教育自身特点,坚持少而精、学以致用的原则,上海市教育局在原有 10 个专业教学计划的基础上,组织力量编写了工交企业财务会计、工交企业管理、商业企业财务会计、商业企业经营与管理、工业统计、政工、机械制造、机电工业与民用建筑、工业企业电气化、化工药学、服装工艺、幼儿师范、文书档案等 15 种大类专业指导性教学计划。

是年 9 月,市教育局工农教育处汇编成《上海市成人中专教育教学管理资料选编(三)教学计划专辑》一书。在该书编者说明中要求各校可根据同类专业指导性教学计划制定实施性教学计划,实施性教学计划须报市教育局成人教育处批准后实施。

指导性教学计划的选设课占整个教学计划的 15%。这样就给学校更大的灵活性,允许学校在实施中可根据生产、工作实际需要与工厂设备、工艺的改进情况修改和调整一部分教学内容,使教学和生产实际相结合。

1996 年,市教委提出继续进行成人高等教育和成人中等教育的专业调查,并根据上海经济发展和产业结构调整的需要,提出专业结构优化调整的思路,成立上海市成人中、高等教育专业课程改革指导委员会,确定重点建设的主体和主干。

1997 年 5 月,市教委发布《关于上海市制订成人中等专业学校教学计划的若干意见》,进一步明确了培养目标和规格;制订教学计划的原则;教学计划的构成与要求;教学计划的审批。尤其是在成人中专教学计划中提出理论教学与实践教学 6∶4 或 5∶5 的比例,加强了实践教学与学员实践能力培养。

【编写教材】

1985 年开始,市教育局组织有关专家、教师编写具有成人教育特点的成人中专各专业文化基础课和专业基础课的统一教材,取得初步成果。1988 年,市教育局发起召开部分省市成人中专教材建设研讨会。研讨会于 5 月 26—29 日在上海第二师范学校举行。国家教委成教司领导以及北京、天津、江苏、安徽等 19 个省市的代表出席会议。会议达成了各省市协作编写成人中专企业管理、财会、机械、电子等 4 大类专业教材的意向,并明确协作编写的教材由高教出版社出版、向全国推荐使用,各省市就编写任务做了分工。会议还确定今后每年进行一次协作交流,选举北京、上海、江苏为协作组长单位。1991 年后,这一协作组织转变为全国成人中专教育联席会,在关注教材建设同时研究交流成人中专发展中的其他重大问题。1993 年 12 月,在上海召开中国成人教育协会成人中等专业委员会成立大会。会议决定专业委员会秘书处设在上海,将成人中专教材建设协作活动交给专业委员会负责。上海市教育局副局长俞恭庆当选常务副会长兼秘书长,上海市教育局成教处副处长钱虎根当选常务副秘书长。

1994 年底,上海完成了 1988 年成人中专教材建设研讨会分配给上海的《政治经济学》《会计原理》《公差配合与技术测量》等 10 种全国统编教材的编写任务,由高教出版社出版并向全国发行。在此期间,上海市自行编写的《语文》《数学》等 9 种文化基础课教材,由上海教育出版社出版,供上海市及周边省市使用,还编写了《经济法基础》等 15 种内部试用教材。同一时期,市教育局动员和鼓励有条件的学校组织力量编写具有行业特色的专业教材,据对华东电管局职工中专学校等 15 所学校的调查,共编写出版了 40 余种专业教材,这些教材均由专业出版社出版并在全国同行业成人中专学校中使用。如:华东电管局职工中专学校的《电力工业生产技术管理》等正式出版后,在全国电业系统广泛使用;灯具公司职工中专学校的《建筑灯具》由中国建筑工业出版社出版,供全国灯具行业使用。至 1994 年底,成人中专教材编写工作初步完成了成人中专各专业配套教材的编写。

1996 年,市教委启动《上海市成人中等教育"415"教材建设工程》,即在二三年内对成人中专的财会、机电一体化、市场营销、企业管理四大类的基础课、专业基础课、专业课教材进行修订或重新编写。

1998年市教委进一步要求加强成人中等专业教育的专业、课程改造和教材建设,适当增加有关第一、第二产业的专业比重。继续抓好成人中等教育"415"教材建设计划。组织编写成人中专部分基础专业课示范性教学大纲。经过一年多时间的努力,成人中专各专业协作组修订完成了11个专业的教学计划,其中包括6个工科专业,5个文科专业。

【专业协作组和中心教研组】

1984年3月,市教育局工农教育处为了推动职工中专教育的教学研究活动、提高教学质量,成立了职工中专学校(班)的专业协作组和基础学科中心教研组。专业协作组有工交财会、工商企业、电子电气、建筑与施工、文书档案、化工制药、棉纺色织、农学农经、粮商物资、机械模具等10个,每月活动1~2次。随后,增设了工科数学、物理、语文、化学、政治、文科数学等6个中心教研组。其主要职能是协调本专业的课程设置、教材使用、教学进程,组织有关学科的教研组进行分析教材、编写教学参考资料、统一教学和考查要求等教学研究活动。同年,市教育局工农教育处为了规范协作组的职责任务与行为,制订了专业协作组工作章程。原有10个专业协作组也做了相应调整。调整后的专业协作组的召集形式,由原来主要由普通中专学校的骨干教师牵头,改为从各成人中专学校中选拔部分领导和教学骨干担任专业协作组组长。1989年,市教育局对10个专业协作组进行调整,按照15个指导性教学计划,重组了15个专业协作组。

1996年市教委提出要进一步加强成人中等专业教育专业协作组和学科中心组的建设,充分发挥它们在指导学校深化教学改革中的积极作用。到2000年,市教委成人教育办公室与职业教育办公室合并成立职业教育与成人教育处以后,中等职业教育管理体系实行市与区县分级管理,全市协作活动逐步淡化,直到2007年市教委职业教育与成人教育处改为职业教育处,新建终身教育处。市教委对成人中等教育的管理分为两部分:成人中等学历教育由职业教育处管理,非学历教育由终身教育处管理。以后职业教育处不再设专人管理专业协作组建设,协作组活动停止。

三、毕业考试与发证

1982年开始,上海市教育局贯彻教育部《关于举办职工中等专业学校的试行办法》,规定在成人中专学校学员毕业前,要完成毕业设计或毕业论文的答辩,要参加毕业考试,答辩和考试合格才能颁发毕业证书。

【毕业作业】

1986年,市教育局在《关于办好成人中等专业学校的几点试行意见》中,对实践性教学环节提出具体要求,即:每一实践性教学环节,都必须有明确的教学大纲,每门课程都必须有教材或讲义,每一次实践性教学环节都必须有任务书、指导书和有关讲义。工科毕业实习与设计一般不少于8周,文科毕业实习与作业,一般不少于4周。工科毕业设计应组织相应的答辩,文科毕业作业可组织交流、讲评。

1987年,市教育局工农教育处组织各专业协作组、各成人中专校(班)讨论市教育局《关于成人中等专业学校毕业设计(实习)的暂行规定》(以下简称"《暂行规定》"),并决定在1988年春、秋两季毕业班试行。《暂行规定》中指出,毕业设计(工科类专业)、毕业实习(文科类专业)是教学过程最终阶段重要的实践性教学环节。学生在教师的指导下,依据所规定的设计(实习)任务收集资料、思考研究,综合运用所学理论知识和技能,独立地完成设计(实习)的选题。《暂行规定》对毕业设计(实习)的指导教师、毕业设计(实习)的组织工作和成绩的评定,都做了具体规定。其中第一部分是关于毕业作业的含义、任务和要求;第二部分是毕业作业的选题;第三部分是毕业作业指导教师;第四部分是毕业作业的组织工作;第五部分毕业作业的成绩评定。这些有关毕业作业的要求,促使各成人中专学校普遍重视学员的实践能力的培养,提高了学员解决实际问题的能力。

1997 年,市教委颁发的《关于关于上海市制订成人中等专业学校教学计划的若干意见管理暂行规定(试行)》,重申实践教学,指出:毕业作业(设计)是学生毕业前最后一次综合性的实践教学环节,应根据专业培养目标要求,紧密联系工作、生产实际选择课题。着重培养学生综合运用理论知识和技能、独立分析问题和解决问题的能力。学生均应进行毕业作业(设计)答辩或交流。根据学生在作业(设计)中的表现、质量及答辩、交流情况评定成绩。

【毕业考试】

1983 年底,市教育局印发《关于职工中等专业学校毕业生学历的审核和考试办法》(简称"《考试办法》"),规定 1977 年以后凡经过同意举办的上海市各区、县、局职工中专学校或职工中专班,在 1984 年 1 月底以前毕业的中专生,其学历应经过审核和考试才能予以承认。《考试办法》规定:按专业选定 5~6 门有本专业代表性的基础课、专业基础课和专业课进行统一考试。基础课由市教育局命题,专业基础课和专业课由区、县教育局或市主管局教育部门负责命题,并经市教育局审题后进行统考,统一考试于 1984 年 5 月份举行。

从 1984 学年度起,语文、数学、物理、化学、政治经济学等 5 门文化基础课,由市教育局工农教育处组织统考,考试时间安排在校历规定的每学期最后一周的上半周。部分专业基础课和专业课的统考,在市教育局工农教育处的领导和组织下,依靠专业协作组的力量进行。市教育局工农教育处在《关于职工中等专业学校搞好专业基础课、专业课统考工作的几点意见》中,对考试要求、考试办法(含命题、试卷印制、分封、保管、试场及监考、阅卷评分等工作)做了详细的规定,对考试日期(含补考日期)和经费也做了说明。各专业的统考学科(包括文化基础课、专业基础课和专业课)原则上定为 5~6 门。

从 1990 年开始,经市成人中专学校办学水平评估组检查评估认可的职工中专学校,可以不参加市统考,市教育局对这一类学校实行抽考。

【证书管理】

1990 年,市教育局制订《上海市成人中等专业学校学籍管理规定》,其中对成人中专学校学员的毕业、结业以及证书发放都做了详细的规定。规定了学员学完教学计划规定的全部课程(包括实验、实习、课程设计、毕业作业)考试合格和思想品德考核合格者,才能发给市教育局统一印制、统一验印的毕业证书、专业证书。未经验印,证书无效。学员学完教学计划规定的全部课程,经补考后有一门或二门课程(包括毕业作业)不及格者由学校发给市教育局统一印制的结业证书,结业后两年内,由本人提出申请,可给予补考,补考及格或参加中专同类专业课程的自学考试,市职工业余高中相同文化基础课的统一考试成绩及格者,由学校换发毕业证书,毕业期应以补考及格日期算起。学员学完两个学期以上(含两个学期)的课程,由于健康状况或其他原因不能坚持学完全部课程者,发给市教育局统一印制的肄业证书,被责令退学或开除学籍者,一律不发肄业证书。

第三节　学　校　管　理

一、学校审批

【检查验收】

1982 年,上海市各行各业和地方政府举办的成人中专学校已超百所。各办学单位对中专教育的培养目标、课程设置、所需的教学时数、学习年限,以及举办中专学校所具备的条件认识不一,教育行政部门尚没有建立统一标准。1982 年 9 月 9 日,国务院批转教育部《关于举办职工中等专业学校的试行办法》(简称《试行办法》),有了规范办学的标准和要求。1983 年 3 月 19 日,上海市人民政府批转市教育局根据教育部的《试行办法》拟订的《上海市职工中等专业学校审批试行办法》(简称《审批试行办法》),具体规定申请举办成人中专学校须由办学单位聘请专家进行论证,论证报告随同办学单位的书面申请报告送市教育局,报送时需要带上事先填好的市教育局统一印制的审批登记表,并需附上所设专业的教学计划和教职工名册。还明确规定各部门、各企事业单位举办职工中专学校,由市级主管业务部门审查同意,经市教育局复审后,报市人民政府审批;各区、县及所属单位举办职工中专学校,由区或县人民政府审查同意,经市教育局复审后,报市人民政府审批;社会团体举办职工中专学校,由该团体的市级组织审查并经办学单位所在区或县人民政府同意,由市教育局复审后,报市人民政府审批;国务院各部门所属单位在上海市举办职工中专学校,由国务院各主管部门审查,经市教育局同意并签署意见后方可办学。市教育局根据上述《试行办法》和《审批试行办法》,在 1982—1983 年,组织对全市各类职工中专学校(班)进行检查和验收。凡不符合中专办学条件的学校,改办其他性质和层次的学校或培训班;条件不够完善的学校要求在一定时间内充实、完善后再行验收。经这次检查验收,在百余所学校(班)中符合办学条件的仅有 37 所学校,其中 36 所经市政府批准成为首批正式建立的成人中专学校。

【成人中专学校建立】

贯彻实施 1982 年教育部的《试行办法》,以及 1987 年 4 月国家教育委员会《成人中等专业学校管理暂行条例》(简称《条例》)中提出的成人中专学校的办学指导思想和培养目标,学校设置、专业设置、办学规格的统一原则要求,建校条件与审批程序,成人中专教育是地方和国务院部委主管的教育事业,国务院部委主管的成人中专学校应同时接受学校所在直辖市教育行政部门的业务指导,贯彻按需施教、学用结合的原则,突破单一的培养规格,在办好成人中等学历教育的同时,积极为岗位培训、实用技术培训等提供教学服务,发挥多功能作用。到 1990 年,经市人民政府批准独立建制的成人中专学校有 121 所。其中,经上海同意在上海办学的国务院部委所属成人中专学校 16 所。

【成人中专学校审批】

1983—1986 年间由市人民政府审批。1987 年,市人民政府授权市政府教卫办审批。规定"地方学校由办学单位提出申请,报市教育局,由市教育局会同有关部门及主管业务局审核后,上报市政府教卫办批准(批准抄件送市政府办公厅);国务院各部、委所属学校,由办学单位提出申请在征得市教育局、市政府教卫办同意后,由各部、委审批"。

二、学籍管理

【招生录取】

1982年9月9日国务院批转教育部《关于举办职工中等专业学校的试行办法》规定:"职工中等专业学校的招生对象是具有初中毕业实际文化程度并具有两年工龄的正式职工,年龄一般不超过三十五岁(确有学习条件的,年龄不超过四十岁也可入学),报考一般要专业对口,在征得本单位同意后,经过严格的文化考试,德智体全面衡量择优录取。在同等条件下,对劳动模范、先进工作者应优先录取。""职工中等专业学校的新生入学考试,由地(市)以上主管业务部门会同教育行政部门统一组织,以保证新生入学水平。根据专业的不同,考试科目分别为:政治、语文、数学、物理、化学或政治、语文、数学、史地(历史、地理)。具体办法由各省、市、自治区有关业务部门和高教(教育)厅(局)商定。"

招生对象 1983年,上海市教育局拟订的《上海市职工中等专业学校审批试行办法》规定:职工中等专业学校招生对象必须是具有初中毕业的实际文化程度,并有两年以上工龄的正式职工。学员所学专业应经所在工作单位同意,并经市级主管业务部门和市教育局统一组织的入学考试,择优录取。同时规定"在符合报考条件的人员中,对荣立战功者、劳动模范、先进工作者以及具有丰富实践经验的业务骨干,各地要积极创造条件,作出相应的规定,尽量使这一部分人获得学习机会。"

招生考试命题 市教育局规定"命题范围目前可参考原教育部颁发的职工业余中等学校初中教学大纲或全日制初级中学课本的内容。命题应考虑成人的特点,记忆性的题量要少,应用性的题量要多,要侧重基本知识。不出偏题、怪题、难题。"

招生考试科目 上海市职工中专1983年秋季首次统一招生考试时的科目为:"理工农医类考政治、语文、数学、物理(或化学)";"文科类(含财经、政法)考政治、语文、数学、历史(或地理)。"政治科目考试时加试国内外时事常识。为减轻成人学员报考成人中专时的复习压力,同时又要确保新生质量,1987年以后,招生考试中实施了允许部分考生免试部分学科,规定1983年秋季后取得职工业余中学初中全市统考毕业证书者或同时间内普通中学初中毕业生报考理工科各专业可免试政治,报考文科各专业可免试历史(或地理)。还实施了部分考生允许申请免试入学的措施:规定1983年以后取得职工业余中学高中市统考毕业证书者,文科毕业生又具有理科高中数学市统考结业证书报考文科专业者,理科毕业生报考理科专业者,可申请免试入学。1988年秋,可申请免试入学的对象增加了技校毕业生和职业高中毕业生。

招生时间 上海市教育局决定1983年秋季,上海市职工中专学校首次举行统一招生和入学考试。此后,统一招生考试时间一般定在每年的6月中旬。自1989年起,市教育局"按照成人教育'一要改革、二要发展'的总方针,为了进一步增强成人中等专业学校办学的适应性,除了认真搞好每年的秋季招生外,根据需要和可能,组织部分学校(班)试行春季招生。"

招生考试管理改革 1982年,国务院批转教育部的《试行办法》规定"职工中等专业学校的新生入学考试,由地(市)以上主管业务部门会同教育行政部门统一组织,以保证新生入学水平"。1993年2月20日,国家教育委员会颁布《关于进一步改革成人中等专业学习招生工作的通知》,规定:"成人中等专业学校主要招收劳动者进行中等专业教育,可根据各地区、各部门(行业)实际需要招收应届初、高中毕业生,不包分配。学校可与用人单位签订合同,使招工、招生相结合。招收应届毕业生的比例由省、自治区、直辖市和国务院有关部委教育部门会同有关部门商定。""成人中等专业学校招收劳动者和毕业两年以上的知识青年的招生考试,实行由省、自治区、直辖市和国务院有关部委成人招生部门统一命题,统一划定录取分数线,采取分科认定水平考试(即复习一科考一科),学校由高分到低分录取的办法;也可采取一次性统考。对教学质量高、学籍管理严、评估合格的成人中专学校,经省、自治区、直辖市和国务院有关部委教育行政部门和招生部门同意后,可作试点,由学校单独命题组织入学考试。"

1995年市教委批准市中等学校招生办公室的《关于同意上海市中等学校招生办公室关于做好上海市成人中等专业学校一九九五年秋季招生工作的通知的请示》,提出:"为进一步发挥上海市成人教育资源潜力,今年继续在少数办学条件好的成人中等专业学校试行招收应届初、高中毕业生,并纳入上海市高中阶段统一招生计划。"

录取工作　上海市成人中专教育从1983年实施统一招生考试以后,市教育局就规定录取工作"要坚持德、智、体素质全面衡量的原则,各招生学校须在我局规定的最低的录取线(有免试科目的初中毕业的考生按三门学科比例确定最低录取分数线)以上,从高分到低分择优录取,并将新生名册及报名单报学校的上级主管部门审核盖章后,在规定时间内送市职工中专招生办公室审批,经批准后才能发录取通知"。"录取新生时除参照分数线外,还需视语文、数学两门主课的考分决定是否录取"。"在同等条件下,对荣立战功者、劳动模范、先进工作者应优先录取"。

上海成人中专招生考试制度与招生方法的改革举措实施,有助于成人中专教育的发展。在20世纪90年代,上海成人中专学校招收新生的规模稳定中有扩展。

表6-1-1　20世纪90年代部分年份成人中专招生人数统计表

年　份	1991年	1993年	1995年	1997年	1999年
招新生(人)	15 248	29 210	22 842	23 421	29 127

进入21世纪,社会上要求就读成人中专学校的人数持续减少,成人中专办学规模缩小,招收新生数减少。

表6-1-2　21世纪前10年部分年份成人中专招生人数统计表

年　份	2001年	2003年	2005年	2007年	2009年
招新生(万人)	0.97	0.50	0.37	0.31	0.81

【入学注册】

上海市教育局1984年起就明确规定成人中专学校学生必须进行入学注册。1990年进一步具体规定:凡"经统一入学考试,符合择优录取条件的全科班、专修班新生,须持录取通知书和有关证件,在规定日期内到校报到,并办理缴费注册手续。因故不能按期报到者须持有关证明在开学后两周内到校办理注册手续。逾期不报到者,取消入学资格。每学期开学时,老学员应按时回校注册,因故不能如期注册者,必须请假,否则以旷课论处"。"新生因特殊原因不能报到,在开学后两周内由本人提出申请,经学校批准,可保留入学资格一年"。"新生入学后,经复查不符合招生录取条件的,一经查实即应取消学籍"。"成人中专校经批准,统一入学考试后对成绩稍差的大龄业务骨干、劳动模范、先进工作者、荣获战功人员招生时给予适当照顾"。

【学籍管理】

上海市教育局作为上海市成人中专教育的业务主管部门,鉴于职工中专教育起步阶段各学校的学校管理与对学员的学籍管理不规范的实际情况,从 1983 年以后,有关部门加强成人中专的管理,先有教育部《试行办法》,市教育局根据《试行办法》拟订的《审批试行办法》,以后又有 1987 年 4 月 17 日国家教育委员会颁布的《成人中等专业学校管理暂行条例》。在加强学员学籍管理方面,上海市教育局还制订了一系列规范性文件:1984 年市教育局制订《职工中等专业学校学籍管理暂行规定》;1985 年又发出了《关于〈上海市职工中等专业学校学籍管理暂行规定〉的补充说明》;1990 年,制订了更为完善的《上海市成人中等专业学校学籍管理规定》(简称《规定》)。该《规定》全文分为"入学与注册","学籍档案","对学员的考核","考试成绩评定办法","休学、复学、转学(专业)、退学","纪律与考勤","毕业、结业、肄业","证书颁发办法"等,共 10 章 44 条。

三、评估工作

【成人中专学校评估】

1988 年 3 月,上海市教育局成立上海市成人中专学校办学水平评估组(以下简称评估组)。评估组由教育行政人员和离退休或即将离退休的学校管理人员组成。根据国务院批转《国家教育委员会关于改革和发展成人教育的决定》和国家教委《成人中等专业学校暂行管理条例》的精神,确定了评估目的和要求,拟订了评估提纲,设计了评估体系。4 月份起进行第一批试点评估。试点学校是:上海市物资局职工中专学校、闸北区职工中专学校、吴淞区职工中专学校、机电工业职工中专学校、卢湾区财贸职工中专学校和第二人民警察学校。试点工作结束后,评估组及时总结,修改完善评估指标体系。

1989 年,市教育局发出《关于对成人中专学校分批进行检查评估工作的通知》,决定在 1989 年 5 月之前进行第二批检查评估的试点。第二批试点学校是:华东电业管理局职工中专学校、徐汇区职工中专学校、上钢三厂职工中专学校、杨浦区职工中专学校。在第二批试点结束后,从 1989 年下半年起,检查评估工作向面上展开。

1990 年,先后对农机工业局职工中专等 14 所各类成人中专学校进行评估。为搞好面上评估工作,市教育局先后多次召开评估合格学校发证会、待评估学校校长会、暑期校长研修班、现场交流会等,总结发扬合格学校的办学经验,动员待评估学校认真自查、认真准备。评估组在评估中重点总结和推广了三航局职工中专加强学校思想政治工作、严格管理、加强青年教师培养等经验。1990 年 12 月 10 日,市教育局印发《关于转发国家教育委员会〈关于开展成人中等专业学校评估工作的通知〉的通知》。到 1990 年底,上海市教育局成人中专办学水平评估组共检查评估 37 所成人中专学校,获得评估认可证书的学校为 36 所。1991 年又对 28 所成人中专学校进行了评估。年底全市首轮评估结束。

国家教委对在上海市成人中专开展评估工作的指导思想和具体做法给予了充分肯定。1990 年 6 月 7 日国家教委编印的《成人教育简报》第 15 期,专文刊登《提高办学水平、促进改革发展》,介绍了上海市开展评估工作的情况。随后上海市半年间先后接待了北京、辽宁、江苏等省市的考察团(组),交流了开展评估的做法,也进一步促进了上海市的评估工作的深入发展。

1991 年,市教育局先后对工艺美术公司职工中专、川沙县农民中专等 14 所学校进行了评估;对普陀区财贸职工中专等 11 所学校发了认可证书;对虹口区职工中专等 5 所学校进行了回访、复查;还对农广校等 9 所学校进行了督导检查。截至年末,累计有 60 所职工中专接受了评估检查,其中 45 所获得认可证书,占全市职工中专总数的 38.7%。

上海市成人中专学校的评估工作进展到 1991 年,逐渐形成了自己的特点。首先,评估内涵有发展。其中强调了思想政治工作和办学条件、生源条件方面的内容和要求,评估指标体系的一级指标由 6 个增为 7 个;其次,着重对农广校、供销社职工中专、电机厂职工中专等涉及面较广,采取集中办学、分散办班的学校的评估,经专题研究,提出了具体方案,解决了对这类学校的评估问题;第三,认真回顾总结了几年来评估工作的经验和成绩,提出了进行第二轮升级评估的方案,经多次论证已初步定稿。

【示范性成人中专学校评估】

1994 年 9 月 14 日,市教育局向市人民政府教育卫生办公室请示,根据国家教委《关于改革和发展成人中等专业教育的意见的通知》中关于"建设一批国家和省、部级示范性成人中等专业学校"的要求和市教育工作会议提出的,在各级各类学校中,办好一批重点学校的精神,并随后制定了《上海市示范性成人中等专业学校的标准(试行稿)》。

1995 年 1 月 16 日,上海市教育局为了进一步贯彻《中国教育改革和发展纲要》与全国教育工作会议、上海市教育工作会议的精神,决定在上海市成人中等学校中开展争创示范性学校的活动,制订了《上海市示范性成人中等学校建设标准(试行)》,要求各有关单位遵照执行并根据各区、县、局实际情况制定实施意见。

1995 年 6 月,市教委转发国家教委《关于评选省、部级示范性成人中等专业学校的通知》,提出了贯彻意见,明确了上海市评选市级示范性成人中等专业学校的要求、做法和日程安排。同年 10 月起至年底,上海市教委根据《通知》中的"示范性学校"的评选条件,组织专家对上海市首批参加第二轮评估的成人中等专业学校中的优秀学校的整改情况(即示范性学校的建设情况)进行复查,在此基础上遴选出了上海市电视中等专业学校、南市区职工中专校、闸北区职工中专校、徐汇区职工中专校、上钢三厂职工中专校、上钢一厂职工中专校 6 所学校为上海市示范性成人中等专业学校。

四、队伍建设

上海成人中专教育发展过程中,市教育行政部门对干部与教师开展培训,建立起了教师成人中专教师专业职务评审制度,逐步建立起高级、中级、初级教师结构比例比较合理的教师队伍,形成了一支适应成人中专教育改革发展需要的师资队伍。

【校长培训】

上海成人中专教育发展过程中,市教育行政部门非常重视校长队伍建设。1987 年 11 月,上海市成人中专教育研究会成立。此后,直到 1994 年,市教育局成人教育处与成人中专研究会协作,每年举行一次为期一周的校长研修班,交流工作、研究解决改革发展中的问题。如:1992 年 7 月 19 日至 24 日,在无锡马山举行上海市成人中专第六期校长研修班。校长们围绕成人中专教育的改革如何适应当前形势发展的需要,提出了课程设置、学制改革与人才培养规格相适应,教材、教学方法的改革与教学质量相符合,学校的兴旺与举办者产业相同步等问题,大家展开充分讨论,开拓了思路,加快了成人教育发展的步伐。

【教师培训】

为了帮助教师克服因"文化大革命"所造成的因正常教学业务长期荒废而导致的一时不能适应

教学工作的困难,从1977年开始,市教育行政部门加强了工农教育教师业务进修工作,充实上海工农教育教师进修学校,并改名为上海教育学院分院,后又改名为上海第二教育学院。同时各区、县逐步恢复或建立成人教育教师进修学校,使各级各类成人学校的教师获得业务进修的机会。1995年新成立的市教委成人教育办公室设立了成人教育服务中心,其职能之一是负责成人教育学校干部与师资培训工作。2000年,市教委成人教育办公室与职业教育办公室合并后,在完善市与区县、行业分级管理、分级负责体制的背景下,中等职业教育教学(包括成人中专教育教学)、成人高中、师资培训等领域,由各区县教育部门与行业教育职能部门管理。

【教师职务评审制度】

成人中等教育教师职务聘任(任命)工作,1986年,国家教委要求黑龙江、上海、天津三个省市先行试点。上海市教育局在1986年12月就如何开展试点工作曾请示国家教委成人教育司,司领导的意见是可参照黑龙江省的办法,向市主管职改部门汇报,取得主管部门同意,争取与普通中小学、普通中专同步开展试点工作,以利于稳定成人教育师资队伍,调动教师工作积极性。为此,在1987年2月市教育局制定了试点工作计划,上半年开始试点工作。当年,全市有成人业余中学761所,专任教师4 939人,其中教育部门办成人中学121所,专任教师1 346人;独立建制的成人中专校110所,专任教师2 888人。参加试点的有:闸北区职工中专校、上海市机电工业局职工中专校、南市区第一业余中学、南汇县乡镇文化技术学校(以县为单位)。以上4个试点单位,征得所在区、县、局领导同意,并已着手做了一些准备工作。试点工作中,市教育局组织了成人中专学校的教师中级职称评审委员会,1987—1990年间,先后评出中专讲师979名,经初评后向上海市中专学校高级职称评审委员会推荐高级讲师人选,由高级职称评审委员会评出高级讲师183名。还有部分教师取得了财会、工程系列的中、高级职称,到1990年时,全市成人中专学校的教师具有中、高级职称的已经超过50％。此后随着职称评审工作的正常进行,成人学校的教师队伍具有高级职称教师比例进一步增大。到1996年时,全市成人中专专任教师2 476名,其中高级讲师455名,讲师1 446名,助理讲师508名,无职称的67名。

【教师继续教育】

1998年,全市成人中等教育干部和教师继续教育工作在制度建设、培训方式和培训内容等方面有新的突破。以检查促落实,继续教育制度建设加快步伐。9月,市教委组织对成人中等学校进行检查。12月底通过对南市区职工中专和浦东新区等试点单位的检查,促进成人学校干部和教师的继续教育制度建设。以教材建设为抓手,保证继续教育内容更具时代特征和成教特点。1999年初,成立继续教育系列教材编写委员会,负责审定编写出版计划、审定编写大纲、组织专家和教师编写教材。到年底已编写、出版4门课程教材。以岗位规范为依据,基本完成了成人中专、成人教师进修学校、乡镇成人学校等各类成人中等学校校长和社会力量办学校院长资格性岗位培训。并组织专家拟定新一轮校院长培训计划和实施方案。

第二章　成人中学教育

1976年"文化大革命"结束以后,职工、农民业余学校陆续恢复。1977年7月,上海市工农教育座谈会提出:要推动工农教育事业的恢复和发展。区、县教育局、企业、农村恢复与新建了一批工农业余学校。1981年2月20日,中共中央、国务院颁布《关于加强职工教育的决定》提出:"近两三年内,要把职工教育的重点,放在对领导干部的训练和对文化大革命以来入厂的青壮年职工进行政治思想教育和文化、技术补课方面。"上海在青壮年职工中实施了大规模的初中文化补课。1982年,上海市教育局在教育部的指导下,拟订了职工业余中学高中文科与理科两类教学计划,成人高中教育进入一个新的发展阶段。

1987年9月,国务院批转国家教育委员会《关于改革和发展成人教育的决定》提出"一要改革二要发展"的方针,成人中学教育在继续发展成人初、高中文化教育的同时,积极开展岗位培训与职业技术培训。

1990年以后,市教育局根据干部、职工、农民的不同需求,在成人高中教育中倡导多种办学形式,主要有全科班、单科班和高复班三种。

2001年以后,随着新增劳动力受教育年限的提高,成人中等教育办学规模缩小,成人高中教育管理职能下放区县,原来实行多年的成人高中毕结业由市教育部门组织的全市统一考试,改为由区教育局组织的高中联合考试和自学考试。参加成人中学学习的学员与毕结业联合考试的人数逐年减少。2001年全市有成人中学371所,其中成人高中361所;在校生13.16万人,其中高中生12.88万人,成人高中毕业生11.80万人;到2009年,全市成人高中由2001年的361所减少到16所。

第一节　学 校 建 设

一、初中文化补课

在"文化大革命"期间,普通中小学在校学生的学习不能正常进行,很多毕业生有文凭,无水平,踏上工作岗位后又缺乏补习文化的机会,实际文化水平低于初中。组织青壮年职工进行文化补课,成为"文化大革命"结束以后成人教育发展中的一项重大任务。

【职工队伍文化素质调查】

1979年,上海市教育局组织开展对青壮年职工文化知识的调查。上海当时有400多万名职工,1968年后陆续就业者达200余万人,其中除了从普通学校毕业后直接参加工作的,还有在1977年到1979年从外省市插队落户或从各个农场返沪就业者。据各区、县和有关部门对1968年以后就业的青年职工9.6万人进行文化水平的测试,取得的数据是:文盲和半文盲占10.5%,其中多数是近郊征地后转为企业职工的青壮年农民,以及交通运输、手工业和服务行业的青年职工;高小程度的占38.5%,他们仅具有初步的读、写能力和小学程度的数学知识和运算能力;初中程度的占

41%,但是他们所掌握的初中基础知识,在结构上存在较多的缺陷,能达到初中毕业应有水平的属于少数,大多数仅有略高于小学的文化水平。上海农村劳动力的文化素质比市区更低。调查表明,农村劳动力平均年龄为34岁,其文化程度的构成是文盲、半文盲占19%,小学程度占58%,初中程度占20%,高中程度占2.5%,中专以上占0.5%。在农村干部中,初中和初中以下文化程度的占83%,专业人才仅占劳动力总数的2.4%,多数单位主要是小学文化程度。按当时农副工业生产的要求,约有60%以上劳动力的文化、技术素质不能适应社会需要。

同一时期,上海市郊县乡镇企业有70多万务工社员,年龄在35岁以下占60%左右,小学以下文化程度占50%。

上海市通过对青壮年劳动者文化水平的调查,明确了成人教育的任务就是要抓紧时机,迅速开展对全市劳动力中占50%以上的青壮年劳动者进行普及初中文化教育为目标的文化补课;同时积极地进行扫盲教育,及早扫除青壮年劳动者中的文盲。

【业余中学恢复与发展】

全市职工业余中学发展　1979年起,工交、财贸系统的企业单位举办了564所职工业余中学,有些业余中学附设了高小班和扫盲班,参加文化学习的职工从1978年的21万人增加到1979年的40.5万人。各区教育局所办的地区性职工业余中学从1979年起也迅速发展,至年底已发展到初中46所,高中12所,在学职工4.3万人。尽管建立了这么多职工、农民业余学校,但仍不能满足职工入学的急迫需要。虹口区教育局在区各有关部门支持下,于1979年2月就建立了6所职工业余中学,报考人数达2万人,录取了1.2万人入学,不能满足职工要求学习的需要,因此在1980年继续扩大办学规模,使在学人数增长了一倍。

上海市电视业余中学建立　1979年9月,上海市教育局和上海市广播事业管理局为了适应广大青壮年职工和农民迫切要求补习文化的需要,建立了上海市电视业余中学,招收已具有高小毕业水平的工农群众入学,进行初中语文、数学、物理、化学各门主要课程的教学,各门课程在结业时经统一考试,合格者发给单科结业证书,学完全部课程,经考试合格的给予初中毕业证书。学习采取自学为主,适当辅导,定期考查的方式。学习年限为两年半。当年,上海市电视业余中学正式开学,报名入学的人数达到17万人。很多缺乏办学条件的工商企业和事业单位,特别是职工人数不多的小型企业纷纷开办电视中学教学班,市手工业局所属工厂组织了520个教学班,报名入学的职工达2.1万余人。电视中学教学班的发展延伸到邻近的江浙地区。

乡镇农民业余文化技术学校恢复　1979年起,上海郊区各县陆续恢复了乡镇农民业余文化技术学校。这类学校在课程设置上,实行文化教育与技术教育结合,文化教育以中、小学教育为主,技术教育以农业技术为主。1985年以后,农民业余文化技术学校发展成乡镇成人中等文化技术学校,到1990年,郊县232个乡镇都建立了成人中等文化技术学校。乡镇成人文化技术学校除了承担起着初、中等层次的办学任务,还在乡(镇)政府领导与授权下,担负起对基层村、企业办学的管理、服务等任务。这些乡镇成人文化技术学校与村、企业办学成为上海郊区成人教育的基本力量。

【青壮年职工初中文化补课】

1981年2月20日,中共中央、国务院颁布《关于加强职工教育的决定》,提出:"近两三年内,要把职工教育的重点,放在对领导干部的训练和对'文化大革命'以来入厂的青壮年职工进行政治思想教育和文化、技术补课方面。"

补课对象 凡是1968年至1980年在全日制初级中学或高级中学毕业,而其语文、数学、物理、化学各门基础课的实际水平达不到初中毕业程度的职工,一般都应进行文化补课。

补课要求 1980年1月24日,上海市召开职工教育工作会议,通过了《关于加强职工教育工作的几点意见》,提出争取在1985年前完成初中文化补课任务。根据1981年11月18日教育部《关于职工初中文化补课若干问题的通知》的精神,上海提出职工文化补课可以根据行业和工种的不同,分别达到下列要求:干部、科室人员、生产骨干、技术工种和关键岗位的工人应首先进行补课,在1985年前一般都要补习初中语文、数学、物理、化学四门课程,其中物理、化学两门课程的补课要求,可以根据行业、工种的不同和职工补习初中课程后继续进行培训的需要,有的可以补习物理、化学两门,有的可以补习其中一门,有的可以侧重补习其中一门。部分行业、工种或机关、团体的职工可根据职工的实际需要,除补习初中的语文、数学两门课程外,还要补习初中的历史、地理两门或补习初中的生物课程。一般熟练工种的职工,若补习初中四门课程有困难,应至少补习初中的语文、数学两门课程,并补习一门物理常识或化学常识,也可补习一门史地常识或生物常识。对青壮年职工中的文盲、半文盲,应首先进行扫盲识字教学,并在1985年前达到小学毕业程度;对尚未达到小学毕业程度的职工,应首先补习初等学校的语文、数学两门课程,并在1985年前达到小学毕业程度,并在此基础上对其中一部分人进行初中文化补课。1985年底上海基本完成了初中文化补课,共计有148万职工完成初中文化补课任务,占职工队伍的73.2%,基本完成了青壮年职工初中文化补课的任务。

表6-2-1 1981—1985年完成初中文化补课的人数及百分比统计情况表

年 份	完成数(万人)	占%	累计%
1981年以前	30	16.1	16.1
1982年	20	10.8	26.9
1983年	24.6	13.2	40.1
1984年	37.2	20	60.1
1985年8月	15.6	8.4	68.5
1985年底	10.6	5.7	73.2
累 计	148	73.2	73.2

在1985年底完成的初中文化补课,其中完成4门学科补课获得成人初中毕业证书的为47.6万人,占34.4%。

【农民初中文化补课】

上海郊县虽然在1980年已基本完成扫除文盲的任务,但农村劳动力的文化水平仍然很低,16—18岁年龄段人员中,初中普及率为50.6%,流生达97 765人。提高青年农民的文化素质已成为确保农村经济改革成功的一项紧迫任务。根据1980年上海市农民教育工作会议精神,在扫盲任务基本完成后,郊县农民教育工作重点转向发展初、中等文化技术教育,公社、大队办起业余中、小学教学班。根据1980年上半年统计,郊区10个县参加各类农民业余学校学习的总人数为100 314人,比1979年同期的81 531人,增加23%。其中业余小学428班;业余中学765班。业余中小学教学班纳入公社(镇)农民业余文化技术学校管理,办班点延伸到大队。

市教育局于 1984 年 7 月 24 日发出《关于在郊县农村青年中普及初中教育的若干意见（试行）》。由于农村全日制中小学师资、设备不足，第一步组织没有读完初中的 16—18 岁青年农民到各业余学校或夜校的初中教学班学习。两年时间学完 4 门课，其中语文、数学为必修课。文化课考试由县教育局统一组织命题，由各业余学校组织阅卷评分，毕结业证书由县教育局统一印制。从 1985 年起，对青年农民普遍开展初中、小学的文化补课教育。到 1987 年，郊区 10 个县基本上完成了这批青年农民的初中文化基础课补习任务。

【务工社员初中文化补课】

根据 1982 年调查，上海市郊县 70 多万务工社员中小学以下文化程度占 50％。1983 年起，各县参照中共中央、国务院于 1981 年发出的《关于加强职工教育工作的决定》，逐步加强对务工社员的教育。据 1985 年统计，郊县务工社员已达 100 万人，年龄在 35 岁以下，需要进行文化补课的有 27 万人。上海市工农教育委员会、上海市教育局、上海市劳动局、上海市农机工业局于 1985 年 10 月 28 日发出《关于加强乡（镇）村企业职工文化技术补课教育的通知》。该《通知》规定补课对象为：1953 年 1 月 1 日以后出生的、文化程度未达到初中毕业、技术上未经专业培训的职工；45 岁以内的公司正副经理、企业正副厂长、支部书记等。文化补课的标准为：公司企业的领导、技术工种和关键岗位工人必须达到初中毕业程度，即语、数、理、化或语、数、史、地及格；普通工人要达到语、数双科及格。要求在 1987 年底之前，郊县乡（镇）企业职工补课对象必须基本完成补课任务，使该年龄组中的补课合格率达到 60％以上，技术工种、关键岗位和干部的合格率达到 80％以上。

各县在调查研究的基础上制订了相应的规划和措施。各县乡镇企业的文化、技术教育普遍开展。1987 年底，根据市教育局的要求，各县对本县的文化补课情况进行总结、评估、验收。据各县汇总统计，全市乡镇企业职工总数 1 107 647 人，其中列入补课年龄组的 424 156 人，年龄组中初中或初中以上文化课已合格者 86 262 人，经补课合格者 195 444 人，两项合计 282 036 人，占该年龄组职工总数的 66.5％。

【乡镇企业职工教育】

20 世纪 80 年代初期，上海市乡镇工业的产值占郊县工农业总产值的 35％以上，而科技人才却寥若晨星。乡镇企业的工程技术人员，只占郊县工业专门人才数的 9％左右，职工文化程度偏低，高中及高中以上仅占 10.2％，大多数是初中、小学。1982—1985 年，从农业转到乡镇企业的 60 万劳动力，大都没有受过专门训练。技术素质较低，致使企业职工的平均专业技术熟练程度下降。绝大多数乡镇企业的管理人员缺乏现代企业经营管理的知识，不善用经济手段办企业，造成产品积压多、报废损失多、生产事故多的现象。为了乡镇企业的生存与发展，20 世纪 80 年代后期，各郊县乡镇工业局、教育局、劳动局齐抓共管，使乡镇企业职工教育工作落到实处。据 1989 年的调查统计，乡镇企业的管理干部、技术人员、技术工人队伍，已改变了初中、小学文化程度为主的状况。在管理人员中，有 20％达到中专、高中以上文化程度，35 岁以下的管理人员中，25％达到中专、高中以上文化程度。

【成人初中教育】

初中文化补课任务完成后，上海成人初中教育仍有一定规模。1995 年，市区有职工初中 15 所，招收新生 727 名；郊区有农民初中 8 所，招收新生 499 名。另有农民初等学校招收扫盲班学员 32

名。2006 年,全市有职工中学初中 10 所,在校生 2 817 人;农民中学初中 11 所,在校生 326 人。

二、成人高中教育

【成人高中教育发展】

1978—1979 年间,职工业余中学迅速发展,工作重点是完成初中文化补课的任务,但是成人高中教育开始发展,至 1979 年底,各区教育局所办的地区职工业余中学有初中 46 所,高中 12 所。为了保证成人高中的教学质量,1981 年 7 月,市教育局决定成人高中实行全市统一考试制度,规定全市成人高中不论何种教学形式都必须实行毕业和单科结业的统一考试,考试成绩及格,由主考学校发给上海市教育局统一印制的毕业证书或单科结业证书。1983 年起出现了入学人数剧增,至 1984 年全市已有成人高级中学 149 所,各种高中教学班、复习班 839 个,在学人数 16.22 万人;1984 年至 1985 年,全市成人高中在学人数发展到 23.78 万人,成人高级中学增加到 262 所,郊区农民在高中班学习的有 4 190 人,设立学校 10 所。1985 年至 1986 年,全市成人高中在学人数增加到 26.76 万人,学校增加到 292 所,各种高中教学班、复习班达 904 个。1983 年至 1986 年,上海成人高中持续发展的 4 年中共有 42.1 万名职工、干部和农民接受了高中教育。经过全市统一考试取得高中毕业证书的有 12.62 万人,取得高中二门至四门单科结业证书的有 30 万人左右。

【职业技术培训举办】

1987 年至 1989 年,由于大规模的青壮年文化补课逐步完成,各类业余中学中成人高中教育和必须具备初中毕业水平的职业技术培训人数进一步发展。全市成人业余中学根据社会需要在开展初、高中文化基础教育的同时,发挥学校的潜力和优势还兼办各种实用技术培训班、中级技工培训的应知部分的基础课和技术理论教学班、岗位培训所必需的基础课和业务技术基础知识的教学班,职工政治轮训、职业道德教育、普法教育等不同内容的教育,学校的文化教育与各类业务技术教育并举,与政治、法律、道德教育并举,办学灵活多样,增强了学校与企业的联系,扩大了学校的功能。1989 年全市成人中学 248 所在学人数 46 594 人,其中成人高中学员 22 825 人,由成人中学改成成人技术学校的有 343 所,在学人员 69 362 人。

此后,在成人高中阶段的教育培训发展过程中,单一的成人高中学历教育的规模逐步减小。1987 年成人高中在校生 86 024 人。1992 年,有成人高中 92 所,在校生 42 026 人。2006 年,有职工中学高中 74 所、在校生 36 549 人;农民中学高中 22 所、在校生 2 886 人。2010 年,成人中学 16 所,在校生 14 000 多人。

1991 年起,上海成人中学根据"一要改革、二要发展"的方针,转变观念,突破单一的学历教育模式,发挥成人学校办学的多功能、多层次的作用。扩大教育功能,首先是使文化学历教育与技术教育、岗位培训同步发展,主动服务于社会和地区经济发展。

1992 年起,成人高中招收普通中学初中毕业生,参与初中毕业生的分流。

1998 年,市教委提出要以在国家机关工作人员和高级工、技师及其后备人员中开展普及高中阶段教育为重点,继续推进市民高中阶段教育普及工程。通过挖潜,扩大招生规模,做好初中毕业生入学高峰的分流工作。年内,成人高中阶段招生 7.5 万人,比 1997 年增加 15%。

1999 年,市教委又提出要继续发挥成人学校的优势,拓展从业人员就学机会。以从业人员的不同需求为出发点,进一步完善成人高中教育、成人中等专业教育、职业高中教育等多样化办学模式,加快农村成人中等教育发展步伐,精心组织成人高中联合考试和自学考试,加大学分制试点力度,积极发展学校与企业联合办学。

2001年市教委赋予区县管理、统筹成人中等教育和各类非学历教育更大的权力和责任,促进成人教育和非学历教育与当地经济社会发展的结合。

【参与普通中学初中毕业生分流】

1992年以后,普通中学教育进入高中入学高峰期,不少成人中学,利用现有的教学资源开办全日制成人高中班,参与了初中毕业生升学分流。其中规模较大的有燎原实验学校等。成人中等学校参与初中毕业生分流减轻了社会对高中教育需求的压力。

【多种办学形式】

成人高中教育发展过程中,根据干部、职工、农民的不同需求,办学形式有全科班、单科班和高复班三种。

成人高中单科班　单科班为在职人员根据生产、工作需要选学一门或几门高中课程提供方便。开设的课程包括高中语文、政治经济学常识、辩证唯物主义与历史唯物主义常识、数学(分文科与理科两种)、物理、化学、历史、地理、英语等。成人高中单科班也为一些已受过高中教育,但在某些主要课程上尚未达到应有水平的在职人员弥补知识缺陷提供了机会。还能为持有数学、物理、化学等高中单科结业证书的成人,在业务技术培训中免修相应的一门或几门基础知识课程。

成人高复班　高复班有两类,一类是为了参加成人高中全市统一考试需要系统复习高中各科知识而开设的高复班,另一类是为已经取得成人高中毕业证书的学员报考成人高校的考前复习服务而开设的高复班。高复班学习时间一般为一年,在学习课程方面,文科为语文、数学、政治、历史、地理;理科为语文、数学、政治、物理、化学。有些学校还开设英语,使用的专门教材有上海与北京两种版本。举办"高复班"的学校有区职工业余中学、区业余大学、社会力量办的成人学校,还有高等学校的夜大学(成人教育学院)。

三、多元办学

从1977年起,恢复发展成人教育以后,各类职工、农民、干部业余学校得以恢复与新建。办学单位有区县教育局、市区的街道、郊县的乡镇政府,以及行业企业与社会力量。1978年,企业单位恢复和新建了293所职工业余中学,各区教育局举办地区性职工业余学校25所,还有一批郊区农村县与乡镇举办的农民业余文化技术学校,另有社会力量举办的业余中学,如燎原成人高级中学等,都参与了成人中学教育。

1994年1月,市教育局印发《关于同意上海市公交总公司职工业余学校等66所成人中学重新立案的通知》。这66所成人中学的主办单位中,就有上海市公交总公司、上海市皮革公司、上海第一钢铁厂、上海钢管厂、上海新华造纸厂、上海国棉九厂、中国纺织机械厂、上海高桥炼油厂、上海四八〇五厂、上海市服装公司等40家大中型企业,有上海市商业一局、黄浦区房地产局、长宁区公安分局、静安区工业局、普陀区劳动局、南市区集体事业管理局等11个政府部门,还有退休教师协会、华东师范大学、徐汇中学、震旦进修学校、徐汇区少科站等15家各种社会力量。

第二节 教 育 教 学

一、思想政治教育工作

20 世纪 80 年代的初中文化补课阶段,各办学单位普遍重视文化教学,有关思想政治教育的任务集中在职工政治轮训阶段进行。在初中文化补课之后的成人中学教育,把对学员的思想政治教育作为成人中学教育的重要内容。

【职工政治轮训】

1982—1986 年,上海工业企业在广大职工中开展了系统的政治轮训。对职工进行系统的政治轮训是在新的历史条件下重新向工人阶级进行科学社会主义教育的一项战略措施,是企业职工思想政治教育的一项重大改革。

工业系统的青年工人的政治轮训主要学习《中国近代史》《科学社会主义常识》《中国工人阶级》三门课程。1983—1985 年,共轮训 100 万职工,其中轮训青年职工 82 万人,轮训过的青年职工占整个青年职工的 94.2%。1986 年起,市工业系统在完成青年工人政治轮训后,适时地转入以全体职工为对象的第二轮政治轮训,并从轮训班发展到建立职工政治学校。至 1986 年底共轮训了 63 万职工,占需要参加轮训职工的 37.4%,全系统建立了职工政治学校 575 所。政治轮训每期 10 天到 15 天,职工脱产学习,内容主要是《科学社会主义理论》《改革的基本理论和政策》《共产主义理想和纪律》以及《法律常识》,以后又加上职业道德方面的内容。

【思想政治教育与职业道德教育】

随着青壮年文化补课与职工政治轮训的结束,成人高中教育迅速发展,在开展文化知识教育的同时,如何加强思想政治教育和职业道德教育,上海教育行政部门做了很大努力。

1991 年 1 月 3 日,市教育局在市政府大礼堂召开上海市业余大学、成人中等学校、社会力量办学思想政治教育工作会议暨优秀班主任表彰大会。上海市政府教卫办副主任、市教育局局长袁采做了《坚持正确的政治方向,加强成人学校的思想政治工作》的报告,并对静安区业余大学张建昌等 96 位成人教育优秀班主任进行了表彰。大会后,又制订、下发了《关于加强和改进成人学校思想政治教育工作的意见》的文件,分别召开了区办业余大学、职工中专、业余中学和社会力量办学的思想政治工作研讨会和交流会,初步端正了"成人学校的思想政治工作无关紧要"的片面认识。

上海市教育局系统的成人学校的思想政治工作得到了加强。思想政治教育在内容上,确定了以坚定社会主义信念为核心,以职业道德教育为观点的方向。把提高学员的社会主义觉悟和提高本行业的事业心、责任心结合起来。

【建立班主任队伍】

成人学校思想政治工作的骨干力量是班主任工作。到 1991 年,各级各类的成人学校均已建立起班主任队伍。他们经常深入班级、家庭、工作单位,了解学员的思想动态、工作情况。针对成人特点正面疏导,多途径、多形式地进行工作。1992 年 9 月 28 日,市教育局在虹口区成人教育教师进修学校召开上海市成人中等学校班主任工作经验总结交流大会。

【专题研究】

加强成人教育的思想政治教育和职业道德教育,也是国家教育委员会关注的重大课题。1992年 4 月 30 日,为顺利完成"八五"期间国家教委级重点研究项目《成人教育中的思想政治教育和职业道德教育》的研究任务,上海市教育局成立了成人中等学校的思想政治教育和职业道德教育分课题组,成教处处长顾国治任组长。课题组在调查研究基础上制定了成人中等学校思想政治教育和职业道德教育研究实施方案。课题组召开了典型调查学校的校长会议及部分政治骨干教师会议,就成人中等学校中思想政治教育和职业道德教育的现状、问题和对今后提出宏观性的对策和建议进行了多次研究,并撰写调查报告(分课题的课题总报告)报告总课题组。

二、教学计划与教材建设

上海成人中学办学的多元化与多种形式,实行市、区县与行业多层次管理,制订与实施统一的教学计划与教学内容,是市教育行政部门极为重要的质量管理手段。

【教学计划】

成人中学教育的教学管理是由教育行政部门根据不同类型、不同规格的成人教育的培养目标制定统一的学制、课程内容标准,有组织地开展教学研究,确保基本统一的教育质量要求。

关于学制,各类成人教育的学制在不同的历史时期有不同的规定。1980 年,市教育局规定业余中学初中学制 2～2 年半,总课时 720～900;高中学制 2 年,总课时 680～720。1983 年高中学制改为 2 年半。

关于课程,成人教育的课程设置既要参照全日制普通教育的课程要求,又要按照成人学习的实际需要确定,而且是随着经济和社会发展、科学技术的进步而不断调整的。1980 年,市教育局颁发《上海市工农业余初等和中等学校的教学计划(试行意见)》,规定初中课程为语文、数学、物理、化学。从 1981 年起,上海市成人初中文、理分科,文科课程为数学、语文、历史、地理,理科设语文、数学、物理、化学。成人高中课程为数学、物理、化学。1983 年起,高中实行文、理分科:文科设语文、数学、历史、地理,理科设语文、数学、物理、化学;高中文科增设政治。

1984 年 3 月 7 日,市教育局《关于试行职工中等学校教学计划的补充通知》,要求各职工中等学校自 1984 年 9 月起在文科高中增设数学课程,理科高中增设政治课程,这两门课程必须列入教学计划,认真进行教学。

1994 年,为适应上海的改革开放,对高中学历教育的课程设置,市教育局又做了相应调整,增设了英语和计算机 2 门学科,并增设了职业技术教育的内容。成人高中学历逐步做到"学以致用、学用结合、按需施教"。

1995 年起,根据上海地区经济发展的需要,对高中教学计划进行了改革。市教育行政部门取消了原有的高中文、理分科的办学模式,高中学历教育的课程设置调整为语文、数学、政治、物理、化学、历史、地理 7 门学科,总课时不少于 1 340 课时。这个课程设置计划一直使用到 20 世纪末。

【教材建设】

1979 年 4 月 5 日至 18 日,教育部在成都召开工农业余初等、中等学校教材会议。教育部同上海市和黑龙江省教育行政部门商定,由上海市负责组织部分省市共同编写工农业余学校初中和高中各科教材,由黑龙江省负责组织编写工农业余初等学校的各科教材,编写工作于年内开始,1980年完成。

1979年6月,受教育部委托,上海市教育局组织江苏、浙江、北京等省市选派的人员在上海开始进行工农业余中等学校语文、数学、物理、化学共11种文化基础课教材的编写工作。1979年11月,编写人员去北京在教育部直接指导下进行编写工作。1980年1月由人民教育出版社出版。这套《工农业余中等学校初中课本》计有语文4册、数学3册、物理2册、化学2册。

1982年教育部又委托上海市教育局组织编写《职工业余中等学校初中课本》语文3册、数学2册、物理2册、化学1册,由人民教育出版社出版。同年,编写了高中语文3册、数学2册、物理2册、化学2册、历史1册、地理1册,由上海教育出版社出版。其中语文教材,后经教育部推荐在全国使用。与此同时,还编写了初中历史、地理、物理常识、化学常识各1册。1982年,在教育部指导下,上海市会同浙江省对1980年试用的工农业余中等学校教材进行修订和改编,同时制订成人初中各科教学大纲,1983年经教育部审定后印发全国。按照1982年市教育局制订的语文、数学、物理、化学各门课程的教学大纲试行方案进行教学,教材可选用教育部编写的工农业余初等、中等学校文化课本,课本内容的增删,应以市教育局制订的课本使用意见为依据。历史、地理、生物教材可暂用全日制学校教材。

1983年,上海市制订了成人高中各科教学大纲。1985年,市教育局根据教育部审定的高中教学大纲编写了政治、语文、数学、物理、化学、历史、地理、英语等8种教材共17册,并编写了各册教学参考书均由上海教育出版社出版,供全国使用。

1993年,市教育局提出部分学科教材也可采用教育部组织编写的历史、地理、生物、物理、化学等常识教材。1995年成立市教委后,委托教研室负责对市编成人高中教材每三至四年组织修订一次。

三、统一考试和发证

为了保证成人中学教育质量,上海市教育行政部门在制订统一教学计划与教学内容的同时,坚持实行初中、高中教育进行全市统一毕结业考试的制度。

【考试科目】
成人初中　1981年起,考试科目为语文、数学、物理、化学。1983年起初中考试分文科、理科。文科考语文、数学、历史、地理;理科考语文、数学、物理、化学。

成人高中　1981年起,市成人高中统一考试只考数学、物理、化学三门学科。1983年起,高中毕业考试分为文科和理科两类:文科考试课程为语文、数学、历史、地理;理科考试课程为语文、数学、物理、化学。1990年起,考试科目增加了政治(不分文科、理科)。

【统一考试时间与内容】
为确保教育质量,市教育局从1981年7月起,实行业余中学初、高中毕业、结业全市统一考试的制度。参加统一考试的除了在业余中学就读的学员,还有经过自学参加考试的对象。全市成人初中、高中的统一考试每年组织二次,至1990年组织了20次。

1991—2000年,市教育局(1995年后为市教委)每年仍组织两次职工业余中学高中统一考试,每次考试有 10 多万人次参加。进入 21 世纪以后,成人高中统一考试由市教委直接组织逐步改为由区县教育局协作的联合考试的形式继续进行。

初中考语文、数学、物理、化学等各门课程的考试范围均以教育部颁发的教学大纲和人民教育出版社 1983 年出版的教材为依据。初中历史、地理的考试范围以市教育局制订的教学大纲和上海教育出版社 1983 年出版的历史、地理常识课本为依据。高中考政治、语文、数学、物理、化学、历史、地理,各门课程的考查范围均以市教育局制订的教学大纲(试行方案)和上海教育出版社 1983 年出版的语文、数学、物理、化学课本和 1984 年出版的历史、地理课本为依据。高中地理课程的考查范围除高中课本的基础知识外,还须考查初中地理的自然地理基础知识。高中政治课程的考查范围为辩证唯物主义和历史唯物主义常识(以辩证唯物主义常识为重点)、政治经济学常识和一年来的时事形势。

【证书发放】

凡是参加全市统一考试后合格的学员(包括自学后参加统一考试者),获得由上海市教育局统一印制,由学校颁发的上海市成人初中、高中毕业、结业证书。1981 年秋季到 1982 年 7 月组织的三次统考,取得单科结业证书的有 18 万人次,占报考人数 46 万人次的 40%。至 1986 年,全市青壮年职工、干部 186 万人应进行初中文化补课,通过补课取得合格证书的已有 138.83 万人,占应补课人数的 75%。到 1990 年,参加市统一考试人数(含自学考试)共 576.5 万人次。获得初中毕业证书的 49 万人,获得高中毕业证书的 28 万人,147 万人获得初中文化补课合格证书。

第三节　管　　理

一、初中文化补课政策措施

1980 年 1 月 24 日,市政府召开上海市职工教育工作会议,会议通过《关于加强职工教育的几点意见》,提出争取 1985 年前完成初中文化补课任务。为鼓励初中文化补课,有关方面制订了相应措施,这些措施可概括为"六个不准""两个调离""三种鼓励"。"六个不准"就是职工子女顶替上岗、新工人上岗、学徒转正、工人升级、提拔干部及评选先进个人与集体,均须把完成文化、技术补课任务的好坏作为重要条件,不符合要求,均不批准;"两个调离"就是在技术工种和关键岗位的青壮年职工,文化技术不合格的要限期补上,到期仍不合格的要调离岗位;"三种鼓励"是业余自学考试合格者给予奖励,脱产学习者实行奖学金制度,等级工考核定级后实行浮动工资差额补贴。

不同岗位有不同要求,实行新工人须经培训合格后再上岗的办法。1982 年以后,很多部门、企业对招工进单位的新工人组织培训班,通过两年左右的培训,文化水平达到初中毕业程度,技术相当于本工种二级工或三级工应知应会,才允许上岗位,以保证技术工人的文化、技术素质符合岗位要求。对学徒满师,新工人转正进行文化、技术考核。1981 年起,很多工厂对学徒满师和新工人转正,进行了文化、技术考核。文化、技术考核不合格者延期转正,经考核仍不合格者,调离技术岗位,工资降低评定。对选拔到关键工种与技术岗位的新工人要求达到文化、技术补课合格水平,并择优分配。对已经在关键工种和技术岗位工作的青壮年职工,提出必须达到文化、技术补课合格水平的要求。

对乡镇企业职工、干部的初中文化补课,各县在调查研究的基础上,制订了相应的规划和措施。

职工参加教育培训采取经济补贴制,很多工厂企业把培训考核同职工经济利益挂钩。凡职工经文化、技术补课合格,考核定级后,按考核成绩高低补贴半级至一级工资,补贴工资从企业留成基金的自费工资中支付。技术工种的工人经等级考核定级后,凡二级工定为三级工者给予级差补贴,补贴金从奖励基金中支付。开展成人教育作为单位评选先进的条件,将开展成人教育的成绩作为企业、车间、班组评选先进的条件之一。1982年以后,上海市工业、交通、财贸、农村等各方面在企业、车间、班组评选先进时,普遍地将开展成人教育的成绩作为条件之一。这一措施对成人教育的发展产生了一定的促进作用。吴淞化工厂一车间1982年的生产任务完成得较好,产值占全厂的77.2%,创造的利润占全厂的70%,其他各项指标也都能完成,但是职工教育的开展状况较差,主要没有将生产骨干的"双补"抓好,因此不能评为先进车间,从而促进了这个车间和全厂成人教育工作的迅速开展。求新造船厂为调动教师、办学干部和工人三方面积极性采取了各种措施,厂部通过改革现行工资奖金制度,结合对工人文化、技术、业务的考核定级。凡考核成绩合格和较好的职工可增加半个到一个级差的自费工资。教师和办学干部在职称评定,住房分配,工资晋级等方面与厂内工程技术人员享有同等待遇。这些措施提高了教与学的积极性,使职工教育工作不断前进,取得显著效果。

奖励自学,单位鼓励职工自学。为了适应部分单位缺乏办学条件或有些职工缺乏入学条件的状况,不少企业单位,特别是流动性较大的单位如航道局工程处和建筑工程单位等,通过职工代表大会制订条例,规定凡1985年前通过业余自学,经全市统一考试达到初中或高中毕业水平者,给予物质和精神奖励的具体办法,鼓励职工自学。政府总结经验表彰先进。1982年8月4日,上海市人民政府在市长办公会议上讨论职工教育时决定在下半年对全市职工教育工作进行一次检查评比。9月27日市工农教育委员会举行扩大会议,决定从10月中旬到12月上旬进行全市职工教育检查评比,并在年底召开市职工教育经验交流和表彰先进大会。通过检查评比,上海市人民政府于1983年2月21日召开了上海市职工教育先进集体、先进个人表彰大会,全市有102个先进集体和250名先进个人分别获得市人民政府颁发的先进集体奖状和先进工作者证书。人大制定法规。1988年1月9日,上海市第八届人民代表大会常务委员会第34次会议通过的《上海市职工教育条例》规定对在职工教育工作中取得显著成绩的单位和个人,各级成人教育机构或者上级主管部门应该予以表彰、奖励。第28条对根据本职工作需要参加各类学习并获得优异成绩的职工和自学成才的职工,所在单位应给予奖励。

二、学校管理

职工业余学校从"文化大革命"结束后逐步恢复发展,学校建立时由区、县教育部门与行业教育主管部门审批。1984年,上海市教育局颁布《职工业余中学暂行管理办法》以后,各区、县须报市教育局工农教育处备案。1985年,继续进行对全市职工业余中学的审批立案工作,市教育局组织各区、县交流立案工作的经验,统一各区县对学校审批立案的条件和标准,加强对已立案学校的管理工作。

1986年,市教育局提出要进一步加强学校管理,合理调整成人业余学校的布局。按照当时"双补"任务已大量减少,为适应新的形势发展需要,必须在继续完成"双补"任务的基础上,调整成人业余中学的布局。逐步实行以地区业余中学为主进行成人中等文化教育,集中力量办好一批地区业余中学和行业联办的业余中学和各乡镇文化技术学校。1987年,市教育局决定对各区职工业余中学调整布局情况作一次专题调查。调查要求：各区职工业余中学布局现状以及调整前后的对比。1988 年，市教育局提出要对地区业余中学进行评估，对地区业余中学文化学历教育组织调查，提出对策。

1993 年，市教育局制订《关于上海市成人中等学校设置的暂行规定》，对成人中学的设置提出了规范要求，并组织有关人员对全市 11 个区（除闵行、嘉定、浦东新区外）进行视导、检查。经评审，同意上海市公交公司职工业余学校等 66 所成人中等学校重新立案登记。1994 年 11 月，同意建立上海市环卫局成人中等学校等 3 所成人中学。

1999 年以后，市教委在完善市与区县、行业分级管理、分级负责体制的工作迈进一大步。一是在中等职业教育教学、成人高中、师资培训等领域，区县管理的格局基本形成，制定了《关于完善和加强上海市成人高中的意见》《关于实行中小学校和中等职业学校治安责任人及治安辅导员制度的通知》等；二是建立了区县教育部门管理的社会力量办学（中等及其以下的非学历教育）、社区教育、农村成人教育以及行业为主管理企业教育的体制，并进一步得到完善。

三、教师队伍建设

1966—1976 年期间，全市原有 7 000 多人的成人教育专职教师队伍，绝大多数被迫下放劳动或转为普通学校教师，据 1977 年上半年的统计，全市成人教育专职教师仅有 1 578 人，这一状况远远不能适应成人仅有迅速恢复和发展的形势。为了解决师资问题，不得不采取聘请兼职教师的办法。如闸北区业余中学，有 2 000 名学员，专职教师仅五六人。为此，1977—1978 年，市、区、县教育局和各有关部门及企事业单位积极地为曾在"文化大革命"期间受过冲击的教师落实政策、平反冤假错案，动员和鼓励已调离的原成人教育专职干部和专职教师归队，为成人教育事业作出新的贡献。同时，有一些已改办为普通学校的原职工业余学校恢复为职工学校，教师连同学校一起归队。至 1978年底，全市共有 2 000 名已调出的专职教师重新返回各级各类成人学校，成人教育专职教师的队伍从 1977 年的 1 578 人增加到 6 317 人，其中半数以上为长期从事成人教育的老教师。1978 年 10 月9 日，教育部、国家劳动总局、中华全国总工会联合发出通知：继续执行 1963 年 6 月 19 日颁布的《关于企业职工业余学校专职人员配备的暂行规定》，规定企业单独或联合举办的职工业余初等和中等学校，其专职教师应按企业职工 3‰ 配备。举办大专院校（班）的，可按学员 30 人左右配一名专任教师的比例另行配备。重申这一规定对上海重建一支成人教育师资队伍十分有利，按上海职工总数 422.8 万人计算，应配备专职教师 1.27 万名。《规定》明确了教师配备的数量标准，对师资力量的调配、师资培训的规划都起了积极作用。

针对教师在 1966—1976 年期间正常教学业务长期荒废的情况，市教育行政部门加强了工农教育教师业务进修工作，充实上海工农教育教师进修学校，并改名为上海教育学院分院，1981 年底又改名为上海第二教育学院。同时各区、县逐步恢复或建立成人教育教师进修学校，使各级各类成人学校的教师获得业务进修的机会。到 1985 年已有 6 所区成人教师进修学校。上海第二教育学院，到 1985 年已设有政治、中文、数学、物理、化学、机械、电子、外语、体育等专业，在校学员 1 960 人。

自 1986 年，在成人高等学校中开展职称改革的同时，上海市教育局组织成人中等学校教师的首次评审工作。1988 年底，全市成人中学中评为高级教师的有 105 人，评为中学一级教师的 782人，两项合计占成人中学教师总数的 40.9%。此后，随着职称评审工作的正常进行，成人学校的教师队伍具有高级职称教师比例进一步增大。

1988年,市职称改革办公室提出:对企业职工教育专职人员各级教师职务的评审,高级职务由中学教师中级职务评审委员会推荐,报市中学教师高级职务评审委员会审定。中级职务可由市业务主管局按上海市组建评审组织的有关规定,组建中学教师中级职务评审委员会,负责审定。无条件建立中学教师中级职务评审委员会的市业务主管局,可委托区、县教育局或其他业务主管局中学教师中级职务评审委员会代为评审。具备条件的企业可组建中学教师初级评审委员会(小组),经上级主管机关(不超过局级)批准后,负责审定中学二三级教师职务;不具备条件成立中学教师初级职务评审委员会(小组)的企业可委托有中学教师初级职务评审委员会(小组)的企业代为评审。为了保证企业职工教育教师职务评审的质量,各级教师职务评审组织都要吸收从事职工教育的教师和教育主管部门熟悉职工教育的干部参加审定工作。

上海市郊成人学校教师的学历普遍低于市区同类学校的教师。在市郊各县教育局组织提高乡镇成人学校教师的学历教育层次,通过调整、充实、进修,2000年时,全郊区乡镇成人中等文化技术学校干部教师大专以上学历文化程度的占总人数的69.1%,比1996年提高23.9%。市郊还组织区县成人教育干部"两法一条例"的行政执法培训,书法、美术专业业余教育教师上岗培训,成人高中教材(教法)培训等。

1998年,上海市成人中等教育干部和教师继续教育工作在制度建设、培训方式和培训内容等方面有新的突破。以检查促落实,继续教育制度建设加快步伐。9月,市教委组织对成人中等学校进行检查。12月底通过对南市区职工中专和浦东新区等试点单位的检查,促进成人学校干部和教师的继续教育制度建设。以教材建设为抓手,保证继续教育内容更具时代特征、成教特点。年初,成立继续教育系列教材编写委员会,负责审定编写出版计划、审定编写大纲、组织专家和教师编写教材。到年底已编写、出版4门课程教材。编写进修课程目录。6月,在招标、投标和专家论证的基础上,分12大类专业(学科)编制《上海市成人中等学校干部、教师第二轮继续教育课程一览表》,分批公布学期进修培训课程,补充新设课程,保证培训进修符合时代特征,适应成人教育需要。以岗位规范为依据,基本完成了成人中专、成人教师进修学校、乡镇成人学校等各类成人中等学校校长和社会力量办学校院长资格性岗位培训。并组织专家拟定新一轮校院长培训计划和实施方案。

第七篇

远程教育与开放教育

1978 年以来,上海面向成人的远程教育与开放教育整体办学规模不断扩大,办学层次和类型不断拓展,涉及中高等学历教育和非学历教育、休闲教育,覆盖各类人群。首先,函授教育恢复招生、扩大规模和拓展办学层次。1990 年举办成人高等教育的 31 所普通高校中有 14 所举办了函授教育。一些外地高校、企业或社会组织在上海建立函授站。一些重点院校还利用函授形式招收研究生。函授教育用于小学教师进修中师课程。在广播电视教育方面,上海电视大学复校,1977—1986 年主要利用广播电视开展学历补偿教育,1986 年起探索多种形式的开放教育和非学历教育,尤其是 1996 年开始"注册视听生"和"专科升本科"两项试点后人才培养数量显著增加,2003 年在校生规模突破十万人,每年还举办 50 万人次以上的各类专业技术、职业资格培训和考核。1979 年以后上海市还陆续开办电视业余中学、电视中专、农业广播电视学校以及多种电视教育节目。20 世纪 80 年代起,电视、广播、函授等多种远程教育和助学辅导、自学考试相互结合进行的办学形式逐步扩大。20 世纪 90 年代后期,网络教育兴起。2000 年起,上海 6 所高校相继作为国家现代远程网络教育试点院校。同年,上海远程教育集团成立,在重组上海电视大学、上海教育电视台、上海市电化教育馆、上海市电视中等专业学校等远程教育资源基础上,整合电视、网络、多媒体等传播方式,且通过多种合作模式,为不同年龄、不同层次的市民提供中高等学历教育、非学历教育、社会文化生活教育信息、教育咨询、教育软件等全方位教育服务。到 2010 年,经过 10 多年的建设,上海电视大学远程教育网、上海终身学习网、上海学习型社会建设网、上海党员干部现代远程教育网、上海职成教育在线网、上海市教师教育网、上海中小学教育网、上海市中小学教师人文素质网、上海老年人学习网、上海语言文字网和上海教育资源库等"十网一库"初步建成并运行,为上海市民提供终身网上学习服务。

第一章　函　授　教　育

第一节　上海高校函授教育

"文化大革命"后,上海函授教育先行先试。1978 年,同济大学和华东师范大学函授教育首先恢复招生;1979 年,上海体育学院函授教育相继恢复招生。1980 年,上海市高教局要求各高校贯彻国家教育部意见,把举办函授教育、夜大学纳入高等学校总体规划。1983 年 8 月国家教育部发出《关于授予高等学校举办函授教育、夜大学本科毕业生学士学位试点工作的几点意见》,确定全国 4 所高等学校试点,其中上海为同济大学和华东师范大学。1984 年,同济大学工民建专业的 108 名函授本科毕业生中,65 人获得工学学士学位。1985 年 4 月,上海市高等教育局批准,上海交通大学夜大学机械制造专业、华东师范大学夜大学的政教专业,试行专科学历为起点的本科教育。此后,各高等学校夜大学、函授教育,根据各自的条件和需要也陆续增设"专升本教育",学制一般为 2.5 年。

1981—1985 年间,高校函授教育、夜大学发展迅速,共恢复和新建 23 所。到 1990 年,上海有 31 所高等学校举办夜大学、函授教育。其中,举办函授教育和夜大学的 11 所,单独举办函授教育的 3 所,举办夜大学的 17 所。1988 年 11 月 7 日,国务院学位委员会发布《关于授予成人高等教育本科毕业生学士学位规定》,明确有权授予学士学位的高等学校,可以按《暂行规定》择优授予本校和外校成人高等教育各种办学形式培养的 1988 届本科毕业生学士学位。到 1990 年,上海交通大学、中国纺织大学等 11 所高等学校授予 1988 届～1990 届夜大学、函授教育的本科毕业生学士学位 3 374 人。试点的同济大学和华东师范大学授予 1983 届～1990 届夜大学、函授教育毕业生学士学位 4 858 人。

20 世纪末,为了强化函授教育质量,根据国家教委的要求和部署,上海市教委组成并派出评估专家组和评估工作组,从 1995 年 11 月至 1996 年 6 月先后对同济大学、复旦大学、华东师范大学、华东理工大学和上海电力学院等普通高校的函授教育进行了综合办学水平评估,总结值得推广的经验,对一些薄弱办学环节提出修正意见和建议。随着网络发展和普及,函授教育逐渐被远程教育和网络教育相继取代。

2007 年,为了进一步加强高等学校成人高等教育和继续教育的管理工作,明确发展定位,切实提高成人高等教育和继续教育的质量,上海市教委要求各高校开展业余形式的高中后和大学后学历教育和非学历教育培训,从 2007 年秋季开始停止举办高等教育自学考试社会助学脱产班,禁止举办以外地生源为主要对象的自学考试助学辅导班。现代远程教育试点高校要充分利用现代信息技术,逐步将函授教育过渡到现代远程教育。各高校要把成人高等教育和继续教育的发展和规范管理纳入学校党政领导的重要议事日程;加强学生的学籍管理,严格证书审核和发放制度;严禁在开展业余形式的高等教育自学考试社会助学活动中与其他机构合作;严禁转移和下放教学权和办学权,不得以任何形式转移招生录取的职责和权利;严禁委托个人或中介机构代理招生,不得发布模糊和虚假信息误导学生;加强对函授教育教学站点的监管,及时撤销出现违规问题的教学站点,并向社会公布。之后,上海函授教育逐步向现代远程教育过渡。

一、华东师范大学函授教育

华东师范大学高师函授教育起步于 1956 年,是第一批大规模开展在职教师函授学历教育的高校之一。1956 年 3 月 17 日,华东师范大学成立函授部。同年,华东师范大学和北京师范大学同时在全国多个地区较大规模地招收中文、历史、地理、数学、物理、化学、生物等 7 个专业的在职中学教师,开展学历教育,学制 5 年。两校通过保送与考试相结合的办法进行招生,招生人数分别是 998 名和 524 名。华东师范大学函授部在上海市及江苏、浙江两省的南通、无锡、南京、嘉兴、杭州、金华设立函授站。1966—1976 年,由于"文化大革命"影响,函授学历教育模式和内容遭到错误的批判与否定,华东师范大学函授学历教育处于停滞时期。

华东师范大学党委于 1977 年 5 月 10 日决定恢复业余教育处,统一管理全校成人高等教育工作。1978 年 5 月,华东师范大学在上海地区招收未达标的中学教师中文专业本科函授生 2 983 名;1981 年开始恢复江浙地区原有函授站,并在安徽省滁县地区、山东省烟台地区和潍坊地区、福建省厦门市和漳州地区及宁德地区、江西省上饶地区等地相继建立新的函授辅导站,招收中文、历史、数学、物理、生物、地理等专业的学员。

20 世纪 80 年代初,华东师范大学业余教育处得到加拿大国际发展研究中心(IDRC)的资助,与加拿大维多利亚大学校外扩展部等开展合作。此外,华东师范大学业余教育处还与加拿大哥伦比亚大学、澳大利亚昆士兰大学、美国马歇尔大学、法尔芒特州立大学,以及中国香港和新加坡同行建立了学术交流关系,多次联合召开学术研讨会和报告会,促进函授教育的改革发展。

1982 年起,华东师范大学函授教育进入蓬勃发展的时期。1983 年 3 月,教育部正式下文,华东师范大学函授、夜大成为第一批授予学士学位试点单位。函授教育依托学校雄厚的办学力量,建成了一支多学科、多层次的师资队伍。截至 1986 年底,华东师范大学函授教育培养了 5 000 多名函授本科和专科毕业生,初步形成了以培训在职中等学校师资为主的高等函授教育体系,在校学生 2 430 多人,共开设了中文、政史、历史、图书馆学与情报学、地理、生物、数学、物理等 8 个专业,自编函授教材和自学指导书 100 多种。

1995 年,华东师范大学在校函授生已达 3 000 人,生源遍布华东及云南省、广西壮族自治区、湖南省、河南省等 10 省区;共有 24 个函授站、32 个教学点;开设汉语言文学、政教、历史、英语、教育管理、小学教育、幼儿教育、数学、物理、生物、地理、计算机、体育、美术等 14 个师范专业,另有国际金融、经济管理、图书情报、公共关系、旅游管理等少量非师范专业;办学层次以专科起点的本科为主,同时含有一定比例的专科及学历后继续教育。

1996 年,华东师范大学迎来创办成人教育四十周年暨成人教育学院建院十周年之际,已形成函授、夜大学、自学考试高等学历教育与继续教育、岗位培训等非学历教育并驾齐驱、文理并茂的多形式、多规格、多层次的成人教育办学体系;40 年来为各地培养各类学员 3.3 万余人,其中获得大专以上学历毕业文凭的 2.4 万多名。

2002 年,华东师范大学函授站地跨全国 14 个省区,先后开设 21 个专业,在校生最高达到 5 000人,创下历史最高峰,并形成了多形式、多层次、多规格的办学体系,至 2009 年,共培养本科毕业生 2.07 余人、专科毕业生共计 5 600 余人。

21 世纪,随着信息化时代的到来,信息技术渗入社会经济文化各个领域,全国网络教育迅速崛起,函授作为以面授加信函为标志的第一代远程教育,逐渐被以计算机和互联网为代表的现代远程教育所替代。2006年,华东师范大学函授教育停止招生,2009年,各地函授站、教学点全部结束班级教学活动,2010年,所有尚未毕业的学员全部解决了遗留问题。

二、同济大学函授教育

同济大学于1979年恢复招生后,1984年成立函授学院,首届108名阿拉伯语专业本科函授生1984年4月毕业,1984年7月25日同济大学进行全国首次授予函授大学生学士学位仪式,市政协委员、同济大学校长李国豪出席仪式,教育部发来贺电。64名函授学员成为1949年后工科大学中第一批被授予学士学位的函授生。这些函授生中,在学习期间就被评定为工程师或助理工程师的有32人。该校采用多种形式办函授教育的成功经验,1984年被国际成人教育协会选作典型交流材料,于同年5月在上海国际成人教育学术报告会上向国内外学者作介绍,1988年成立更名为函授与继续教育学院。

同济大学是全国理工科高校中唯一可以对函授毕业生试行授予学士学位的学校。该校坚持函授教育多年,函授内容从单一的工业与民用建筑专业,发展到给水排水、道路工程、桥梁工程、工业自动化等7个专业。在册本科函授学生人数最多时达3 000余名,分布在全市各区、县以及华东六省的1 236个单位。有位函授学生毕业后,用学到的知识主持设计了金山石化总厂工业水厂、南京东南区水厂、黄浦江引水工程等重大项目,在上海市政工程设计院晋升为高级工程师。在同济毕业的市建二公司的6名函授学生,在学习期间就主持市内一座高层住宅框架结构施工组织设计。同济大学函授教育充分发挥"在职""业余""分散"的特点,在该校培养一名函授生只需要相当于培养一个全日制大学生投资的12%,比电视大学、职工大学还要节省。

20世纪90年代中期起,学院重点发展夜大学,在上海乃至全国都享有较高声誉,在全国普通高校成人高等教育评估中,获得函授、夜大学双优学校。

同济大学把发展函授、夜大学等成人教育列入学校总体规划,作为该校三大办学特色之一。学校发挥工科院校的优势,根据社会需要,先后开设了工业与民用建筑、给水排水、道路工程等9个函授、夜大学本科专业和8个专科专业。为了适应高科技的发展和企事业单位技术进步的需要,学校近年来还开设了"工业管理工程"和"建筑管理工程"专业的第二学位班,培养高层次研究人才。2000年成立继续教育学院,同年依托继续教育学院成立了网络教育学院,被列入国家首批现代远程教育试点高校。

三、上海体育学院函授教育

上海体育学院函授教育于1979年恢复办学并成立了函授部,下设综合教研室,配备了教学骨干,组织专职和兼职的师资队伍,较快地恢复了正常的教学秩序。从1980年起,通过考核择优录取的办法,在上海、苏州和扬州三地招收具有高中文化程度的在职教师302名。1981年,根据体育系统在职教练员的迫切要求,相继建立上海体院函授站,设立专人负责函授教学组织工作,并于1982年在上海和杭州招收了在职教练员114名。首届毕业生于1981年初毕业,1985年又在上海、苏州地区、南通地区、常州市、南通市、徐州市和南京市招收了250名新生。党的十一届五中全会指出,要确定适合国民经济发展需要的教育计划和教育体制。为了适应国家培养人才的需要,发展高等教育必须继续贯彻执行两条腿走路的方针,采取多种形式办学。为了办好体育函授教育,不断提高函授教育的教学质量,要参照全日制体育学院相关的教学计划和教学大纲进行教学,1982年上海体育学院已经编写完成了函授基础理论和各门学科的教学大纲,并建立了严格的考试制度,保证毕业生达到相当于全日制体育系本科和运动系专科的同类专业水平。

四、上海市邮电职工大学函授和夜大学教育

1980年5月,原上海市内电话局"七二一"大学、上海市长途电话局"七二一"大学、局电视大学班、邮电部高等函授上海函授站等合并成上海市邮电职工大学,1985年后,又与中共上海邮电局党校、邮电培训中心合并。1989年起,成为亚洲太平洋电信组织在中国的培训基地之一。校部在翔殷路1095号,在东大名路、北苏州路、复兴中路设有4个教学点,在市郊淀山湖畔有个与休养综合利用的培训点。学校建筑面积3 305平方米。教学设施有电化教室、语音室、电子实验室、光纤通信实验室、微机房、程控电话交换培训机房和模拟机房。

学历教育有本科(函授)、大专和中专,专业有通信技术、企业管理、电信工程、邮电经济管理、邮政通信管理和邮电机械,电视大学班设有自动化和行政管理专业,还设高等教育自学考试会计和统计专业大专辅导班。

1989年,经上海市高教局和邮电部批准,上海市邮电职工大学试办通信技术专业程控交换电话专业化班,作为教改试点,理论教学学时占60%,实践技能占40%学时,脱产2年,无寒暑假。第一期19名学员毕业后,经上级和专家检查,认为都能适应岗位需要,表现较好。在教改中,邮电职工大学和上海市的邮电企业采取"双向介入"的做法:请企业的干部和专业人员参加教育工作,包括共同拟订教学计划,参与理论和实践技能的教育培养;学校的干部和教师,参加企业需要的科研生产和职务评审等工作。在教改中,学校曾先后选派教师去比利时、日本、新加坡、西班牙、印尼、斯里兰卡、泰国、中国香港等国家和地区进修、考察,还参加国际会议和国内合资企业高层次专门进修。

1980—1990年,已培养本科毕业(函授)生439人,大专毕业生838人,中专毕业生791人。还为山东、江苏、湖南、广东、云南和辽宁等省的部分城市举办了通信设备技术培训班。

表7-1-1 1980—1990年上海函授和夜大学办学形式统计表

学　　校	时　　间		办学形式	学历教育学生数(人)		
	建　立	恢　复		本　科	专　科	合　计
立信会计专科学校	1946	1982	夜大学		1 074	1 074
上海财经大学	1952	1979	夜大学	622	1 616	2 238
	1985		函授			
复旦大学	1956	1986	函授	2 071	2 473	4 544
	1989		夜大学			
同济大学	1956	1978	函授	4 540	208	4 748
	1983		夜大学			
华东师范大学	1956	1978	函授	4 434	1 415	5 849
	1979		夜大学			

（续表一）

学　校	时　间		办学形式	学历教育学生数（人）		
	建　立	恢　复		本　科	专　科	合　计
华东化工学院	1956	1982	夜大学	525	141	686
	1989		函授			
中国纺织大学	1956	1980	夜大学	1 316	498	1 814
	1986		函授			
上海机械学院	1956	1983	夜大学	635	528	1 143
	1985		函授			
上海交通大学	1956	1978	夜大学	729	163	892
上海纺织专科学校	1956	1985	夜大学	—	—	—
上海第二医科大学	1958	1979	夜大学	368	71	439
上海外国语学院	1958	1980	夜大学	131	298	429
上海医科大学	1958	1983	夜大学		185	185
上海中医学院	1960	1980	夜大学		113	113
上海水产大学	1960	1985	夜大学		25	25
上海体育学院	1960	1979	函授	51	847	898
上海工业大学	1961	1981	夜大学	439	180	619
上海音乐学院	1980		夜大学	—	—	—
华东政法学院	1981		函授	845	1 841	2 706
	1986		夜大学			
上海电力学院	1981		函授	—	2 286	2 286
	1987		夜大学			
上海对外贸易学院	1983		夜大学	—	408	408
	1988		函授			
上海师范大学	1983		夜大学	435	601	1 036
上海铁道学院	1983		函授	245	423	668
上海大学	1984		夜大学		1 247	1 247
上海科学技术大学	1984		夜大学		134	136
上海工程技术大学	1985		夜大学		145	145
上海轻工业专科学校	1985		夜大学		231	2 314
上海冶金专科学校	1985		夜大学		126	126
上海机械专科学校	1985		夜大学		135	135
上海海运学院	1985		函授		149	149

（续表二）

学　　校	时　间		办学形式	学历教育学生数（人）		
	建　立	恢　复		本　科	专　科	合　计
上海旅游专科学校	1985		夜大学	—	233	233
	1990		函授			

说明："恢复时间"是"文化大革命"后恢复办学的年份。

第二节　外地高校上海函授站

改革开放后,外地高校相继在上海建立函授站。到 2010 年在上海市备案建立函授站的外地高校有：中国农业大学(上海市农业学校)、北京科技大学(上海市冶金高等专科学校)、北京林业大学(上海园林绿化干部培训中心)、北京印刷学院(上海出版印刷高等专科学院)、北京科技大学[上海浦东高铁(集团)有限公司]、中国人民公安大学(上海市公安局警察培训中心)、北方交通大学(上海铁路局教委)、天津大学(上海市建设职业大学)、天津大学(上海宝钢二十冶培训)、天津职业技术学院(上海高级职业技术培训中心)、长沙铁道学院(上海铁路局教委)、湖南财经学院(上海金融专科学校)、中国科学技术大学(上海市闸北区业余大学)、中国科学技术大学(上海出版印刷高等专科学院)、华东冶金学院(上海宝钢培训中心)、苏州铁道师范学院(上海铁路局教委)、中国矿业大学(大屯煤电公司培训中心)、南京航空航天大学(上海飞机制造厂)、南京审计学院(上海青浦电视大学)、南京林业大学(上海市农业学校)、中国刑事警察学院(上海市公安局警察培训中心)、陕西财经学院(上海金融专科学校)、中国民用航空学院(上海虹桥机场东航上海机务培训中心)、江苏石油化工学院(上海高桥石油化工公司)、景德镇陶瓷学院(上海市长江检修学院)。

另外,企业或社会组织也在上海建立函授站。其中,1986 年 9 月 1 日,由中国制冷学会会同地方制冷学会和有关高等院校创办的"制冷与空调"专业函授大专班上海函授站。它由全国学会和地方学会及有关高等院校共同办学,是改革中的一种新尝试。1989 年,《经济日报》上海国际信息中心和中国新技术投资创业公司合作创办中创国际经济函授学院,独立建制办学,曾为中创公司培训基地。该学院采用函授和面授相结合的灵活的教学方式,教学质量高,管理制度完善,得到市教委的表彰,曾被誉为具有行业特色的高等函授学校。上海大学国际商学院函授部对中创国际经济函授学院办学效果进行评估,并对办学质量进行验证,并于 1993 年接纳其为函授部主要组成部分。

第三节　研究生课程班函授教育

由于"文化大革命"的破坏,许多学校 10 年间没有补充合格的师资。为了提高高校师资队伍力量和水平,发展研究生教育,国务院在 1980 年转发教育部的文件：一些重点院校可以试点通过函授形式招收研究生。根据这一文件精神,1982 年 11 月,华东纺织工学院为了培养一部分青年教师达到硕士学位研究生水平,首先提出 1983 年招收在职研究生的报告。上海市高教局也向国家教育部提出,拟在上海高校培养在职研究生 124 名。经教育部同意,在 1984—1985 年初,有 16 所高等学校在本校在职人员中招收研究生 322 人,主要培养本校师资和科学研究人员,列入国家计划。1987 年,中共上海市委组织部、市人事局、市高教局联合委托复旦大学、上海交通大学、同济大学、华东师范大学4校开办"上海市高级管理人员在职研究生班",招收年龄不超过40岁,具有大学本科毕业学历的处以上领导干部、局级后备干部、县团级企事业党政负责人,学制2.5年,半脱产,培养高级管理人才。参加第一期学习的有78人。

在此期间,同济大学曾试点招收首批硕士函授研究生,并将函授部改办成上海市高校第一家"函授学院"。由中国制冷学会会同地方制冷学会和有关高等院校创办的"制冷与空调"专业函授大专班上海函授站于1997—1998年招首届研究生。

第四节　单科远距离教育

1976年,各校函授教育队分赴各省函授教育点举办农村常见病防治、农业机械、农业化学、农用柴油机等函授辅导班。1986年后,上海外国语学院先后和上海电视台、浙江电视台联合举办外语讲授班,报名者2.5万余人。为满足广大阿语爱好者、求知者的学习热情,函授部每年开设2期,以利求学者及时入学。自1997年以来开始招收单科函授学员,教学目标从字母开始,用两年时间学完上外阿语系编写的《自学阿拉伯语函授教程》,使学员掌握正确的语音语调、规范的书写方法、有关的语法和词法、一定的词汇量和基本句型,能进行一般的日常生活会话,借助词典读懂浅近的阿拉伯语读物,能从事日常的翻译工作。教学形式学员以听录音自学为主,根据教学要求和进度,完成规定作业。上外东方语学院阿语系承担全部教学工作,负责学习指导,为学员释疑,并定期测试,一学期进行期中、期末考试各一次,必要时采取定点面授,以提高函授质量。如遇共性问题,除分别解答外,还将通过《阿拉伯世界》向全国广大学员解答,两年间免费赠送学员。1987年,经市人民政府批准,上海中医学院在香港举办中医单科函授班,到了20世纪90年代随着互联网问世,这些函授班陆续停办。

1991—1998年间,上海电力学院先后举办局厂长培训班18期,党委书记培训班12期,总工程师培训班16期,领导干部工商管理培训班3期,共计参培学员达1 375人,各类技术、技能培训、项目经理、涉外经济、出国人员外语等培训班89期,参培人员达6 202多人。获得了送培单位与参培学员的好评,并且多次在电力部和上海市组织的考核、考评中获得优良。初步形成了"严管理、重质量、多层次、优服务"的办学宗旨。明确继续教育工作要站在面向21世纪的高度,主动适应电力行业经济、社会发展的需要,提出在"九五"期间,适时地完成工作重心的结构性调整和战略性转移,强化学院继续教育功能,完善全日制教育,形成全日制教育与继续教育有机渗透、双重并举、共同发展的格局,以产学研合作教育手段为突破口,实行技术、经济专业并举,内联外合,在3年内基本建成面向华东、辐射全国、在电力行业内有重要影响的有质量、适应广、针对性强、服务优、效益好的电力继续教育基地。建立高低兼顾、多种层次相互衔接、专业门类齐全的培训体系,确保各类培训具有针对性、实效性、先进性和一定的超前性。为适应电力系统生产的实际需要,采取"长短结合""校内外结合"等灵活机动、多样化的培训形式。打破陈旧狭隘的地域限制和院校界限,加强与各网省局教育部门的联系,建立互惠互利、优势互补的、开放式的办学模式,形成对华东地区的集聚功能和实现对全国的辐射、扩散能力。实现教学资源的优化配置,将已建成的函授教学点发展成为集函授教育、自学考试与继续教育为一体的培训网络,通过计算机网络技术与多媒体技术等教学手段,实现教学内容和教学方式的飞跃。

另外,在20世纪80年代初,上海市郊县的2.4万余名在职小学教师中,达到中师或高中毕业程度的占40.9%,近一半的教师亟待通过进修来提高文化水平和教学能力。为进一步提高全市特别是郊县小学师资的教学质量,1983 年上海市教育局决定自春季起开办中师函授教育,主要对象是郊县小学教师,市区小学在职教师也可以参加。中专函授教育执行 1982 年教育部颁发的有关小学教师进修中师课程的教学计划。学制为四年,学完全部课程,考试成绩合格者,承认其中师学历。这一特殊时期的特殊函授教育类型,只是过渡性的,突出表现在完成学时和作业为学习方式,以提高郊县小学师资文聘为目的,随着上海师资水平提高而逐渐完成短暂的历史使命而退出教育领域。

第二章　广播电视教育

第一节　广播电视高等教育

上海广播电视高等教育主要由创办于1960年的上海电视大学承担,采用电视授课和自学、辅导相结合的教学方式,并探索专兼职教师培养、办学系统建设、教材及辅导材料编写,以及严格的管理。"文化大革命"开始,上海电视大学停办,先后有两届2 000多名学员毕业,数学、物理、化学、中文四系"文化大革命"前毕业生的学历在1981年被认定为本科学历。1977年,邓小平提出恢复高考,坚持"两条腿走路"的高等教育发展方针,即"大专院校是一条腿,各种半工半读的和业余的大学是一条腿"。同年9月,在中共上海市委的领导下,市教育局与市广播事业局开始着手恢复广播电视高等教育。11月,上海电视大学正式对外招生。1977年9月到1978年9月的复校初期,上海电视大学的教务管理由市教育局大学组函授块负责,教学管理由专业学科相对应的高校承担,电视课演播技术由上海电视台教育组承担。1978年4月24日,停办多年的上海电视大学举行开学典礼。1979年2月6日,中央广播电视大学举行首次开学典礼,这标志着全国广播电视大学系统建立,上海电视大学随即融入全国广播电视大学系统。

1980年7月22日,上海业余工业大学、上海电视大学第一届校务委员会成立,市人民政府顾问杨恺兼任主任委员。之后,历届上海电视大学校务委员会主任均由副市长兼任,并由多个委办局领导参与组成校务委员会,也是上海开放大学的最高决策机构,形成了"政府主导、各方推进"的领导体制。

一、学历补偿教育

【专业与课程】

恢复广播电视高等教育初期,为了缓解教育资源匮乏与快出人才、多出人才的需求矛盾,上海市教育局统筹协调,将上海电视大学开展学历补偿教育的对象优先确定为两部分人群:中学、中专、技工学校、七二一工大、五七农大的教师,在职医生(医士)和有五年实际工作经验并经过初、复训的赤脚医生。前者可以修读数学、物理、化学专业和上海师范大学中文函授专业,后者可以修读医学专业。1978年底,数学、物理、化学、医学四个专业在校生已达7 654人。

复校后的1978年、1979年两次招生中,考虑到学员文化知识的实际情况,上海电视大学曾实行过正式生、试读生和旁听生的学籍管理制度,让试读生和旁听生经过一段时间的复读与考试,再确定其正式生的学籍资格,以最大限度满足人们的学习需求。为维护教学秩序,从1980年起,上海电视大学改为招收全科生与单科生。单科教育适应当时社会需求,尤其是外语单科教育及时为经济社会发展提供急需的人才,这一招生形式一直延续到1988年。此外,1979年至1986年,上海电视大学参与中国广播电视大学系统的自学视听考试制度,有19 449名自学视听生获得上海电视大学的毕业文凭。

复校初期开设的大部分专业具有较强的实践性。在市高教局的领导下,上海电视大学依托合作办学的普通高校和各委办局的教学实验、实习资源,为学生提供较好的实验环境。学校还发行各门课程的教材,供自由收看的学员阅读。学员通过学习,达到专科学校毕业水平。凡是各门课程(包括实验、实习)考试及格的,由学校发给毕业证书。从1979年开始,上海电视大学年年增设新专业,截至1985年,已从1978年的4个专业发展到21个专业。

1986年4月,国家教委、国家计委、财政部联合印发《关于广播电视大学招收参加普通高考高中毕业生的通知》,决定从1986年开始,在广播电视大学举办参加普通高等学校统一考试高中毕业生的普通专科班。上海教育主管部门认为上海高校比较集中,决定上海电视大学不招普通专科班,集中力量办好成人教育。1986—1991年期间,上海电视大学通过成人高考入学的学历教育生源大幅萎缩,年均招生人数不到1985年的20%。上海电视大学通过在郊县分校开设的财务会计、公共关系、机电三个专业试行文化考试和能力考核相结合的办法,以及采取上门服务开辟生源、抓早抓好高复班等做法加强招生,并探索不经过统一成人高考入学的学历教育和准学历教育试点。前者包括广播电视、函授与自学考试相结合的三结合办学模式,即按照高等教育自学考试计划,利用广播电视大学的教学手段进行电视播课和高等学校函授进行助学辅导,由高教自学考试委员会组织考试。1987—1991年,上海电视大学利用郊县和农场局11所分校作为基地,开设了"乡镇企业通用机械""乡镇企业经营管理"两个专业,设置了16个助学点,组织了16 371人次的助学活动,36名学员获得大专毕业证书,90名学员获得高等专业证书,6 394人次获得大专单科结业证书。1991年10月,又增设"环境监测与管理""行政管理""会计学"三个专业,报名参加助考的人数达7 272人。此外,上海电视大学还尝试在郊县招收往届高中毕业生和开设部分专业第二专业学历教育。准学历教育方面,1987年到1991年10月期间,上海电视大学"专业证书"教学班共有4 257人获得证书。1998年秋季,上海电视大学还招收了一批单科生,计16个专业2 600多人,这些单科生被编入分校教学班学习,参加各科考试,通过单科积累取得学历,后大部分通过成人高考取得学籍和学历。

1992—1999年,上海电视大学进行开放性和教学现代化探索。1993—1995年,上海电视大学继续探索多种形式的教育开放,包括增设第二专科专业、试办本科教育、拓展"电教、函授、自考"三结合专业、开展大学基础段教育,创建残疾人学院和直属班。1996年开始"两项试点":"宽进严出"、自学为主的高等专科"注册视听生"试点和广播电视大学"专升本"教育试点。1997年注册视听生达到10 569人,在校生规模15年后再次破万人。1998年,教育部将上海电视大学"专升本"、专科"注册视听生"考试权下放给上海市教委,由中央电视大学对教学、考试工作进行指导和监督。1999年起,上海电视大学专科"注册视听生"新开设专业和每年招生人数由上海市教委审批,报教育部备案。注册视听生"专升本"加入"中央电视大学人才培养模式改革和开放教育试点"项目。2000年之后,随着计算机网络的普及,计算机网络逐步成为上海电视大学教育教学的重要手段。

【教学模式】

复校之初,印刷教材仍是远程教学的最基本、最主要的教学媒体。教材最初采取自编和借用全日制大学教材的办法。电视台播出的课程方式是直播,即"黑板+人头"课堂搬家的模式。在电视台、电台播出的课程,每周有固定的播出时间,学生根据播出时间表选择收视、收听课程。

上海电视大学融入中央广播电视大学之后,对于中央广播电视大学的专业课以其教材为主,另从普通高校选用一些合适的教材作为辅助教材。为了拓宽学生的知识视野,学校配合专业课程,于1982—1985年创办和培育了一系列出版物。1986年5月1日,教育专用电视26频道试播成功。

1994年,上海电视大学提出"发挥远距离教育特点,重视声像教材作用",在直属班开展教育技术应用试点,探索电授(收看电视录像)、面授和自学相结合的远距离成人高等教育教学特色,之后逐步形成"四种媒体、七种手段"的教学模式,四种媒体是"文字教材、音像教材、计算机网页和CD-ROM",七种手段是"面授辅导、电话答疑、电子语音信箱、双向电视、电子邮件、BBS讨论和上海电视大学信息报",并开发了直录课程音像教材资源和计算机网络的教学应用等新成果。

21世纪初,随着计算机网络的普及,电视教学在电视大学教学中的比重下降,电视教学节目制作的任务大量减少。2003年11月21日,上海远程教育集团撤销了电视大学教学节目制作中心,成立上海教育电视台教学部,转而为上海市民终身学习服务,电视大学的电视教学时段全部让出。至此,上海电视大学不再依赖广播电视开展教学,转向运用现代信息技术手段开展远程教学。

【办学系统】

电视大学的教学活动,除了电视讲课,还包括各区、县教学辅导站的辅导课。随着电视高等教育专业办学规模和社会影响的扩大,市郊广大农村要求通过电视接受高等教育的呼声愈来愈强烈。1983—1984年,上海市十个郊县经县政府批准,市高教局备案,全部建立了电视大学分校。各县电视大学分校都由各县分管教育工作的副县长兼任校长。县办电视大学分校是郊县自力更生、就地培养大专人才的基地。同期,市区、相关局也开办了分校。至1987年4月,全市已建区、县、局电视大学分校26所,辅导站21个。2004年,上海电视大学系统分校达60所,创造了系统分校总数的新纪录。截至2010年,上海电视大学系统共有57所分校。

二、非学历教育

1986年起,为适应科技人员知识更新、职工岗位培训、加强职业道德教育和精神文明建设的需要,上海电视大学与市委宣传部、组织部、市经委、农委、总工会、团市委、卫生局、财政局、档案局、环保局等部门联合办学,举办岗位培训、专业证书教育、继续教育等各种类型和层次的教育培训项目数十个,三年共培训各类人员29万余人。第一个培训项目是上海电视大学与中共上海市委宣传部合办的干部马列主义基础理论进修班,电视课的播出投入少、受众面广,同时配有两周一次的面授教学辅导且考试规范。从1986年2月到1987年10月,这一培训班办了4期,共有4万多人次参加学习。1986年,市经委与上海电视大学协定通过电视播出,推广计算机应用,为广大干部和专业技术人员学习新知识、新技术服务。1987年10月,团市委与上海电视大学联合举办团支部书记岗位培训,第一期开班报名者达2.4万人。1988年1月中旬,上海甲肝暴发,在市领导和市卫生局的支持下,上海电视大学投入对食品从业人员的培训工作,1989年9月到1990年1月举办首期食品生产经营人员卫生培训班,全市建立了32个教学点,参加培训人员达1.4万余人。书面抽样调查显示,认为电视教育形式很好的较好的学员占94%,之后还进行了第二期培训。1990年市委宣传部与上海电视大学联合举办了马克思主义哲学进修班、中共党史进修班。

1992年,为了响应中共十四大提出的在20世纪末21世纪初,"上海要建设成为国际经济、金融、贸易中心城市之一"的战略部署,上海市委市政府将尽快发展计算机产业列为上海市经济发展的十大支柱产业之一。有关部门提出"上海市民计算机应用能力考核"项目,将其作为推进上海城市现代化和计算机产业发展的重要举措,并列入"九十年代上海紧缺人才培训工程"。1993年,《上海市人民政府办公厅转发关于九十年代上海紧缺人才培训工程实施计划的通知》指出:计算机应用能力考核由市政府教卫办、市成人教委与市人事局组织安排,委托上海电视大学协助实施,采用电视教学与社会各界办班教学的形式,实行统一考试,统一发证。上海市计算机应用能力考核办公室设在上海电视大学,主要承担制订考核大纲、编写教材,组织命题、考试和阅卷,组织专家审定,颁发合格证书等考试、考核日常事务。1994年1月9日,上海市计算机应用能力考核首次开考,市区、郊县设39个考点,参加考核人数达16 266人,合格率73.4%,优秀率25.7%。考生中,有在校大学生、机关干部、企事业职工等。年龄最大的57岁,最小的只有9岁。1994年6月第二次计算机应用能力考核前,全市有230个办学点开展培训,6万多人报名参加。在此基础上,1995年后,上海电视大学利用电视教育传播面广、受益面大的优势,开展紧缺人才培训、干部教育、再就业培训、专业技术人员继续教育、建筑工程培训、市民素质教育、交通安全教育、老年教育。

1994年12月2日,上海电视大学和香港德勤·关黄陈方会计师行、英国特许公认会计师行公会(ACCA)合作举办的培训项目"国际财务与会计证书"第一期培训开课,招生3 600余人,第二期招生达1万余名。该项目从境外引进全套优秀教学资源(教材、音像资源),每门课程拍摄20课时,四门课程共拍摄80课时,且每课时由传统的50分钟改为25分钟,以提升电视教学效果,并邀请专业教授和影视工作人员共同编写剧本,首次在电视课中运用三维动画技术。该项目引起较大反响,上海石化、锦江集团、中国银行、工商银行、上海粮食局等政府部门、大型企业、银行发文专门组织职工学习,市人事局更是将培训内容作为全市专业技术人员继续教育的进修内容之一,上海交通大学农业经济管理系将相关课程纳入相应的专业计划供学生选修。

1995年,上海推进国际经济、金融、贸易、航运中心的城市功能定位进程中,大量企业面临产业结构调整,大批劳动密集型企业被关停并转,百万职工转岗、下岗,实施再就业工程被提上政府议事日程。上海电视大学紧密结合社会需要,发挥电视教育量大面广的优势,在再就业培训方面开展了家政服务员培训、美容美发师培训、万名推销员培训等系列培训。1997年春,上海电视大学与市劳动局等联合推出16集"上海市家政服务员初级电视培训",历时两年,累计有4 000余名下岗职工参加培训,考核合格者的就业率达90%。

为配合上海国际化大都市发展和推进社会主义精神文明建设的要求,上海电视大学在20世纪90年代后期还开展市民素质教育,包括交通安全教育、老年教育、市民文明礼仪、建筑工程培训等。1995年4月28日,上海电视大学与上海市公安局交警总队联合筹建的"上海市交通安全教育学校"挂牌成立,下设23所分校,56所辅导站。1995年11月20日,全国第一所空中老年大学在上海电视大学演播厅举行开播仪式。空中老年大学播出的首门课程是"老年卫生保健",单是有组织的收视人数就达166 698人。后来,空中老年大学相继播出老年社会心理、老年人权益保护等16门课程,全部有组织的收视人数累计超过628万人次。

2000—2010年期间,上海电视大学非学历教育每年保持在50万人次以上的规模,涉及管理类培训项目、外语类考试及培训项目,以及其他证书类考试项目,服务APEC2001年会和中国2010年上海世博会等上海市中心工作。

第二节　广播电视中等教育

一、上海市电视业余中学

为适应广大青壮年职工与农民补习初中文化的需要,上海市教育局和上海市广播事业管理局于1979年9月联合举办上海市电视业余中学(以下简称电视中学)。市教育局负责制订教学计划,聘请主讲教师。市广播事业管理局负责教学录像与播放。9月24日举行开学典礼,杨恺、刘芳、杭苇、王永贤、刘冰等领导参加了开学典礼,杨恺讲话。

为办好、管好电视中学,市教育局与市广播事业管理局于1979年7月联合制订《上海市电视业余中学暂行实施办法》(以下简称"实施办法"),对培养目标、学制、课程等重大问题都做了规定或说明。市教育局成立电视中学办公室,主管教学工作。

参加第一届电视中学学习的学员有17.7万多人(含江苏、浙江两省部分地区学员),其中14.16万人学全科,3.54万学单科或双科,共编教学班4 500多个。建校时电视教学播放时间为每周一、三、五下午5~6时新课,每周二、四、六上午7~8时回放。1982年1月,第一届学员结业。坚持全科(语文、数学、物理、化学)学习的学员达5万多人,其中1.2万人取得毕业证书;参加单科考试的学员有13万人次,其中有11万人次取得单科结业证书。

由于大量青壮年职工与农民已完成初中文化补课任务,学习的重点已转到高中、中专,1984年4月,经市政府教卫办批示"开办电视中专"。自此,电视中学便着手筹建电视中专。

【培养目标与入学条件】

《实施办法》规定,电视中学的任务是对广大青年进行中等文化基础知识教育,使学员能在较短时间内学到语文、数学、理化的基本知识,为接受中等技术教育和更高一级的教育打好基础。根据培养目标,电视中学的入学条件是有高小毕业水平的广大工农群众均可报名,由办班单位组织文化测试,成绩及格,即为学员,编入教学班。学员必须遵守办班单位所制定的规章制度。

【学制、课程】

学制:2年半。课程:语文(200课时)、数学(200课时)、物理(120课时)、化学(80课时),共600课时。教材:使用业余中学课本。第一学期先开设语文、数学、物理。每周上课(收看录像)6课时,每学期20周。分5个学期,学完4门课程。

【考试、发证】

每学期考试2次,由市教育局统一命题。考试时,试题由电视台统一播放,考试结束,由电视中学办公室召开区(县、局)辅导站有关辅导老师会议,公布标准答案与评分标准。由公司或相当公司一级的单位组织考试与阅卷评分。考试成绩由公司书面向主管区、县、局和市教育局上报。各办班单位要将学员考试成绩记录归档,以备查考。学员学完全部课程,考试及格,发给初中毕业证书,单科考试成绩合格者,发给单科结业证书。

【教学管理】

电视教育形式机动灵活,对象广泛、人数众多。为了便于教学管理,收到实效,电视中学采用集中学习和分散学习2种形式。集中学习的形式为教学班,由各企业、事业单位单独办或联合办。教学班的日常管理,由举办单位全面负责。包括报名、注册、出缺席统计、测验、考试、思想政治教育以及各项制度的制订与检查等。分散学习,凡有条件坚持学习的个人或小组,可以自己收看教学录像,个人或小组可向邻近的教学班提出申请,经批准后,均可承认为电视中学教学班学员。其考试、发证与教学班学员一视同仁。

为了抓好电视教学质量,电视中学还建立市、区(县、局)两级教学辅导站。市中心辅导站,每2

周活动一次,由主讲教师把后 3 周新课的要点、难点、课时安排进行讲解,使广大区辅导站教师及时掌握新课的教学要求。同时,主讲教师要对下属辅导站在前 3 周上课中出现的问题进行答疑。各区(县、局)辅导站,根据市中心辅导站提出的教学要求,定期对办班单位的教师进行辅导。电视中学还要求各教学班的辅导教师与学员一起收看教学录像,及时了解学员对主讲教师上课的反馈意见,以利于课后的辅导、补习。

第一届学员于 1982 年 1 月结业。3 月,市教育局召开电视中学办学和教学积极分子表彰大会。会上,上海地毯厂、长征造纸厂、公交公司汽车二场、川沙化肥厂、南汇下沙公社等办学单位受到表彰。

二、电视中等专业学校

【上海市电视中等专业学校】

1984 年,随着市职工初中文化补习任务完成 40%,市教育局和广播事业局、上海电视台提出开设电视高中课程。4 月 24 日,市教卫办主任毛经权批示:开办电视中专。自此,上海市电视中等专业学校开始筹办。1985 年 5 月 8 日,上海市人民政府同意建立上海市电视中等专业学校,其前身为上海市电视业余中学。

1992 年 9 月,电视中专被评为"全国成教系统先进单位"光荣称号。上海市电视中专全日制班的学制、课程和教学要求、目标管理与全日制中专"同层次、同规格、同要求",学校宏观控制、指挥、协调,各区、县分校、辅导站具体实施,管理实行统一命题和考试。1993 年 4 月 8 日,上海市教育局下发《关于同意开设上海市电视高级中学》文件,上海市电视高级中学正式挂牌。截至 1998 年 10 月,电中在校生包括电视高中 3 265 人,成人中专 11 657 人,三结合 5 302 人,成人高中 4 760 人,双证班 437 人。总计 42 047 人。这是电视中专开办以来的学生数最多的时期。截至 1998 年 11 月,上海市电视中专共开设 20 个专业,162 门课程,有 129 位主讲教师。电中系统建立分校 30 个,联办站 8 个,联办点 14 个,部队学校 6 所。

2004 年 3 月,根据市教委职业与成人教育处对成人中专学校布局调整的要求,上海市电视中专即日起停止招收未满十八周岁的初中毕业生。这是电中办学以来学生生源的大转折,从此学生人数开始明显滑坡。电中系统建立分校 13 个(市区分校,由于当地区教育局对成人学校的布局调整,基本退出办学),联办站 2 个,联办点 16 个,部队学校 1 所。2006 年,国家兵役制改革,服兵役青年必须有高中以上文化程度,电视中专的警备区、武警、武警边防、武警消防、总参、海军等部队退出中专办学。应届初中毕业生也停招。电中开始完全走市场,全年招生人数仅 1 462 人,达到学校开办以来的最低点。

2008 年秋季,电中试点"电中——电视大学直通车"办学,招生 1 290 人。招生数开始渐渐复苏。电中系统建立分校 13 个,联办站 2 个,联办点 16 个,部队学校 1 所。2010 年,中专招生人数 2 644 人,注册在校生人数 4 713 人,包括成人全日制 780 人,成人三结合 80 人,电视大学直通车 1 996 人,成人高中 1 857 人。

专业与课程 1985 年 1 月 19 日,市委组织部、市委宣传部、市教育局下发《关于举办电视中专行政管理专业、政工专业的通知》,计划争取在 1990 年前,年龄在 45 岁以下的行政干部和党群干部,一般达到中专学业水平。23 日,上海市教育局工农教育处发出招生通知,招收行政管理和政工两个专业。报名人数超过 30 000。3 月 10 日,经入学考试后,录取行政管理学员 13 333 人,政工专业4 000人。考试科目为语文、数学、政治,年龄在35周岁以下。1987年7月,全校有13 600余名学员获得中专毕业证书。

1988年6月,上海市电视中专从秋季起在10个郊县招收应届初中毕业生。1988年7月由市教育局成教处、农机工业局教卫处、电视中专组成联合领导小组,对郊县工业系统经济管理人员进行中专课程教育。

试行岗位证书、专业证书、毕业证书"阶梯式"(即三结合)培训计划。1988年9月电视中专开设财会、文秘、营销、外贸、服装、电器、企业管理等7个专业课程。

1989年4月22日,市中招办召开招生工作会议,从秋季开始,电视中专招收应届初中毕业生工作纳入上海市中等专业学校招生办公室组织的统一招生范围。同年8月招收应届初中毕业生1 676人,共6个专业。该年学校成人、应届生在校学生在10 000人以上。

1990年,经市教育局成教处批准,上海市电视中专恢复秋季招生,在市区试办高中班。1990年10月,市电中成立五年以来,建立辅导站、联办站24个,教学点478个,毕业生22 688人。开设专业11个,开设课程112门,自编教材36种,自拍教学录像带4 500教时。

1994年,电视中专与浙江建德、上海石化总厂、上海广播电视股份公司、上海市水产总公司、上海大学文学院、市港务局、上海化工原料公司、上海真空电子股份有限公司等10家企业、机构签订联合办学协议,拓宽办学渠道。

1996年7月6日,上海市电视中专军人学校2 069名战士入学,开设营销、行管、企管三个专业。1997年5月9日,上海市电视中专武警学校揭牌,首批1 868名战士入学。6月10日,上海市电视中专57322部队学校揭牌,首批58名战士入学。8月6日,上海市电视中专武警消防分校揭牌,首批547名战士入学。1998年4月16日上海市电视中专海军学校揭牌,首批633名战士入学。

2002年3月,依托上海市电视中专,"上海远程教育集团西区培训中心"成立,主要业务是社会紧缺人才和各类岗位证书的培训和考核。

教学模式　学校在全市范围内聘请80多名荧屏主讲教师,其中有上海中学校长特级教师唐盛昌,复旦大学附属中学特级教师过传忠,华东理工大学教授张楠,服装特级技师吴瑞芳,高级工程师瞿志成,上海氯碱总厂电化厂总会计师陈轶群等。

上海电视中专的开播课程从1979年9月开始分别在上海电视台8频道、东方电视台20频道和东方电视台33频道每周一至周五下午1:00—4:00播出(除寒暑假外),历时24年。1987年由于全部课程通过上海电视台播放有困难,1月起部分课程通过闭路电视播放。2003年10月1日,随着上海市民对文化需求的不断提高,且由于频道资源短缺,上海市电视中专停止在上海东方电视台播出教学课程,自此上海广播电视中等教育也转向网络、面授等多种形式结合的教学形式。

办学系统　1992年,上海市电视中专在全国教学网点有河北省,安徽省,浙江省。教材和录像带发行有新疆、四川、广东、湖北、内蒙古、北京、山东、安徽、江苏、浙江、江西、辽宁等省市。业务协作关系有新疆、四川、甘肃、云南、贵州、海南、广西、湖南、湖北、山西、河南、河北、北京、内蒙古、黑龙江、吉林、辽宁、山东、江苏、安徽、浙江、福建、江西等省市。随着电视中专办学规模不断发展,全市的辅导站通过评估,先后更名为分校。

1995年,全市已有20所分校18个联办站,在"统筹规划、分级办学、分级管理"原则下办学;课程有150多门;录制了教学片近6 000课时,并继续以每年500~600课时的速度录制新学科或更新老学科。师资方面,电视中专在全市范围内聘请各学科优秀专家、学者担任兼职主讲教师,充分发挥了上海的人才优势和电视中专用人机制上的灵活性。2010年,上海市电视中专系统共有分校23

个,联办点 14 个。

【上海市农业广播电视学校】

1988 年 4 月 14 日,上海市人民政府教卫办同意在原中央农业广播学校上海市办公室基础上筹建成人中专性质的上海市农业广播电视学校,同年 8 月正式成立,面向农民、农村和农业,运用现代远程教育手段,对农民及农村从业者实施终身教育,提高农民和农村从业者择业素质和技能。学校隶属于上海市农业委员会,业务上受中央农业广播电视学校、上海市教育局领导。

学校建立市、区、镇三级办学体系,形成了市农广校,十个区县分校,近百个乡镇教学点组成的教育培训体系实施办学,与多所高校联合举办高等学历教育和继续教育,截至 2008 年,培养了 2 万余名中等专业技术和经济管理人才,10 万余名农村从业人员经过培训获得了绿色证书和各类岗位证书,形成了多种形式、多层次、多功能的办学格局,为上海郊区培养了大批留得住、用得上的乡土建设人才。

2004 年学校获得了"全国职业教育先进单位"的荣誉称号。2007 年,经市有关部门批准,加挂"上海市农民科技教育培训中心"牌,负责统筹实施全市农民科技教育培训工作。上海市绿色证书管理办公室,上海农村远程教育教学管理办公室挂靠学校。

学校建有现代化远程教育设施,卫星网、因特网覆盖市郊区县分校和百余个乡镇教学点,数字化媒体资料和信息供学员浏览和学习,学员可通过卫星网、因特网进行学历教育、实用技术、职业资格证书、绿色证书等方面的学习和培训。中国农村远程教育网上海站、上海农村远程教育网站一并建在上海市农业广播电视学校网站上(www.shngx.com 或者 www.shngx.cn),并与全国农村远程教育网和各省市站联网,共享全国农村远程教育信息。学校还开通了视频点播网站(www.shngxvod.cn),为宽带用户提供免费的农业教育资源。

第三节　其他形式广播电视教育

1994 年 2 月 26 日,上海教育电视台开播,以"教育要面向现代化、面向世界、面向未来"为指针,制作与播映喜闻乐见、丰富多彩的教科文综合节目。最初全天播出 15 小时,与成人教育相关的栏目有学历教育、非学历教育、老年教育、师资培训、文化科技、卫生体育、法律道德等。上海教育电视台的频道时段最初由上海市教委师资处、上海电视大学以及上海教育电视台三家合用,时段比例分别是 13%、41%和 46%。后来,上海市教委进行处室调整,师训职能被剥离,频道资源归还上海市教育电视台。2001 年,除必要的电视大学电视教学时段,其他时段也还给了教育台。2003 年起,随着电视教学在电视大学中重要性的下降,上海教育电视台从原先为电视大学教学服务,转向为上海市民终身教育服务。

一、成人教育电视节目和专题片

1995 年,上海教育电视台推出独立制作第一部外语教学片《旅游在韩国》;同年,独家播出中国科学院和工程院院士发展高新科技报告会;1999 年 5 月,推出每周一档、每档 20 分钟的卫生栏目《生命之源》,在电视节目中向观众系统讲解生殖健康知识,用电视手段普及性教育知识;1999 年 7 月,卫生栏目制做了专题节目,帮助广大观众认识邪教迷信的危害,通过对法轮功的深入批判,加深对科学和真理的认识;2006年,完成百集《身边的奥秘》制作。

二、市民终身教育

2002年,上海教育电视台对各类节目进行优化整合,将"教育教学""健康""科技""文化""生活"等作为定位,逐步形成了教学类(《空中英语教室》)、教育信息服务类(《教育新闻》《招考热线》《招生快讯》等)、文化类(《问鼎世界》)、生活类(《生活百事通》)、健康类《天天健康》以及精选国内优秀专题、谈话、知识博览节目的《绿叶精粹》等节目。2005年,上海教育电视台配合上海高教电子音像出版社制做了11集《"学海引航"名校名师谈毕业论文写作》电视系列教学片。2007年,承接上海市民"迎世博学双语"音像教材的制作任务,引导广大市民认知、关注和参与世博会,提高语言交流水平。

2006年起,上海教育电视台负责建设"上海老年人学习网"。2009年,上海教育电视台拍摄并播放了24集"老年心理学讲座"。为了提高市民文明素质,构建学习型社会,2009年3月16日,上海教育电视台制作并播出全国首部聚焦社区教育的千集系列片《市民大学堂》,涉及卫生保健、家庭教育、职业培训、艺术欣赏、生活休闲、法律维权等十大系列。

第三章 现代远程教育

第一节 远程开放教育

一、上海电视大学远程开放教育

【注册试听生】

1995年8月14日,《国家教委关于广播电视大学招收高等专科"注册视听生"的试点的通知》提出,为了贯彻和落实《国务院关于〈中国教育改革和发展纲要〉的实施意见》,积极主动地适应经济建设和社会发展对人才的需要,充分运用广播电视大学的现代教育手段和教学资源,使高中和中等专业学校毕业的在职人员和社会青年有更多的机会接受高等教育,为国家尤其是边远省区、农村和基层单位培养大批质量好、留得住、用得上的人才,广播电视大学从1995年秋季开始试行招收高等专科"注册视听生"。

1996年4月9日,上海电视大学向国家教委电教办和中央电视大学呈送《申请参加注册视听生1996年扩大试点的报告》。为了反映上海电视大学的迫切需求,申报报告在呈送国家教委副主任韦钰之前,学校特请分管教育的谢丽娟副市长在报告上签署了意见。谢副市长批示指出:电视大学申请参与试点的要求是符合上海实际需要的,希望国家教委予以考虑。

1996年7月2日,市教委发出《关于上海电视大学参加"注册视听生"1996年扩大试点请示的批复》,批复中说:"同意你校进行我市1996年招收高等专科'注册视听生'试点工作,招收3000名,不在市属成人高教招生计划内,其中财务会计1800名,法律900名,英语300名。"

经国家教委批准,上海电视大学自1996年7月开始试办高等专科"注册视听生",设有财务会计(二年制)、法律(三年制)和英语(二年制)三个专业,面向具有普通高中、职业高中、技校和中专校毕业证书的在职人员和社会青年。"注册视听生"报名于7月13日进行,至下午四时半报名人数已达6000余人,超过计划招生人数的一倍。

针对报名人数较多的新情况,学校分别于1996年7月15日和7月20日,向市教委提交《关于要求追加高等专科"注册视听生"名额的请示》和向中央电视大学提交《关于要求追加高等专科"注册视听生"名额的紧急请示》。《请示》指出,广大群众反映注册视听生"宽进严出"、以自学为主的开放教育形式非常适合在职职工求职深造的要求,申请追加招生名额到3500名。

上海电视大学在批准参加注册视听生试点后,在教学管理上认真贯彻国家教委、中央电视大学对注册视听生试点的要求。1996年8月26日,学校结合实际,印发了《上海电视大学"注册视听生"教学管理实施意见(试行)》。文件有若干附件:《上海电视大学注册视听生教学管理的组织与分工》《上海电视大学关于注册视听生教学包的使用说明》《注册视听生音像课暂行规定》《注册视听生面授课暂行规定》,对注册视听生的管理、教学、音像等问题做出了规定。

1997年,上海电视大学抓住机遇,在扩大学历教育开放程度和开发应用现代教育技术方面进行了探索,"注册视听生"和"专科升本科"两项试点工作成为全校深入进行教育教学改革的突破点,学历教育办学规模逐步扩大,教学质量稳步提高。

"专科升本科"的试点在学历教育层次上推动电视大学教育上了一个新台阶。《解放日报》《文汇报》《新民晚报》等新闻媒体多次追踪报道。1996年和1997年累计注册人数达10 532名。据统计,"注册视听生"1996—1997学年度第一学期考试合格率为41.70%,第二学期合格率为50.33%,1997—1998学年度第一学期考试合格率为57.10%。"专升本"1996—1997学年度第二学期法律、计算机及应用、英语教育3个专业学生参加中央电视大学统考的五门课程平均合格率达97.10%,1997—1998学年度第一学期12门统考课合格率达96.57%。1997—1998学年度第一学期各专业学历生参加中央电视大学统设课期末考试平均及格率为88.50%。同以往相比,成绩稳中有升。

在试点中,学校十分注重发挥电视教育远距离、多媒体和开放优势,重视多种教学媒体的制作和应用,重视现代化教学手段的开发应用和学生学习支助系统的建立与完善。全年共制作各类音像教材8 348分钟;在总校和各分校中建立了5～20座的视听阅览室25个,各视听阅览室大多坚持每天12小时开放,学生可随时免费借用音像资料进行学习;实行电话咨询教学服务,方便了学生特别是郊县学生的学习和复习迎考;试验开通了电子语音信箱,以进一步加强远距离教学中学生与教师、管理人员的联系;试验开通了双向远程电视教学,在市电视大学总校与卢湾工作站、闸北工作站、虹口分校和闵行分校间开通了双向教学网络,并在期末复习中通过双向电视网络播出了"英语""经济数学基础""经济学原理""财务会计""成本会计"等6门课程的总复习课,有800人次的学生参加了这些复习。

1998年,上海电视大学成为教育部批准的全国电视大学系统中唯——所进行"注册视听生"金融专业专科升本科试点的学校。6月25日,教育部成人教育司《关于上海市教委〈进一步扩大上海电视大学开放办学的请示〉的复函》指出:"一、同意上海电视大学今年开始进行'专升本'注册视听生金融专业试点,由上海市教委负责拟定具体实施办法,报我部审批后实施。二、从1998年起,上海电视大学'专升本'、专科'注册视听生'考试权下放给上海市教委负责,由中央电视大学对教学、考试工作进行指导和监督。三、从1999年起,上海电视大学专科'注册视听生'新开设专业和每年招生人数由上海市教委审批,报我部备案。"

1998年7月13日,教育部成人教育司关于上海市教委《关于请准〈关于上海电视大学试办金融专业专升本"注册视听生"实施办法的请示〉的复函》原则上同意上海市教委提出的实施办法,并提出:1. 上海电视大学金融专业专升本"注册试听生"试点的教学、考试工作接受中央广播电视大学的指导和监督;2. 金融专业专升本"注册视听生"试点的教学计划以中央广播电视大学金融专业专升本教学计划为指导性教学计划,其中不低于课程总学分60%的必修课程由中央广播电视大学命题,其他课程由上海电视大学负责实施;3. 由于此项工作刚刚开始试点,当年招生数控制为1 500～2 000人。

1998年7月24日,上海电视大学在得悉教育部成教司《关于上海市教委〈进一步扩大上海电视大学开放办学的请示〉的复函》的内容后,在市教委成教办领导下就复函的具体内容进行了商议,建议尽快成立扩大上海电视大学开放办学试点领导小组,加强实施工作领导。

以教育部成教司下发的文件为基础,上海电视大学开展了两项试点:

一是金融专业专升本注册视听生试点。1998年8月1日金融专业专升本注册视听生试点开始报名,首期招生1 604名。1999年春季招生417名,秋季招生1 812名。

为了做好这项试点工作,学校采取了多项措施:成立了金融外贸系,全面负责教学工作;组建"顾问教授团"宏观指导教学,精心选派主持教师和主讲教师,成立了计算机网上教学备课小组,组建了一支由博士生导师、著名教授和金融界资深人士组成的学科辅导兼职教师队伍,配备了称职尽责的辅导员;实行文字教材、电视直录课、计算机网上课堂及 CD‑ROM 教学光盘等多种媒体组合教学;使用面授辅导、电话答疑、双向电视教学及 E‑mail 信箱等多种手段进行教学,总校与 18 所分校、工作站开通了双向电视授课系统,学校为每位学员开设了网上注册用户和 E‑mail 信箱;重视教学调研,整个学期共对学生的学习情况进行了三次跟踪调查,根据学生需求适时调整教学,并对他们自主学习状况做了专门的问卷调查分析。

二是注册视听生扩大开放的试点。1998 年 11 月 5 日,上海电视大学向市教委提交《上海电视大学关于申办专科"注册视听生""计算机实用技术"和现代文员新专业的请示》,申请开设新专业。《请示》指出:1998 年中央电视大学统一开设了 7 个专科"注册视听生"专业。为了进一步适应上海经济和社会发展需要,1999 年,上海电视大学拟在中央电视大学统一开设的 7 个专科"注册视听生"专业基础上,再开设了"计算机实用技术"和"现代文员"2 个新专业,并按照金融专业专升本注册视听生的现代远程开放教育的模式进行教学和管理,在教材建设、教学程和教务管理以及运用现代远程教育技术等方面做进一步探索和实践。这一请示获得了市教委的批准。

在注册视听生专科和注册视听生金融专业"专升本"试点中,1998 年,上海电视大学逐步总结出自己的教学模式,即四种媒体:综合运用印刷教材、音像教材、CD‑ROM 教材、基于 Web 的网上教材等媒体;七种手段:面授辅导、电话答疑、电子信箱答疑、电子邮件答疑、BBS 网上讨论、双向视频远程教学、《上海电视大学报》。

【中央电视大学人才培养模式改革和开放教育试点】

从 1999 年起,上海电视大学专科"注册视听生"新开设专业和每年招生人数由上海市教委审批,报教育部备案。在市教委的支持下,上海电视大学又在 2000 年 6 月开设了"社区管理""现代实用艺术""经济与行政管理(农村综合管理方向)"等 3 个专业。注册视听生"专升本"加入"中央电视大学人才培养模式改革和开放教育试点"项目。2001 年 11 月 16—19 日,上海电视大学迎来了"中央广播电视大学人才培养模式改革和开放教育试点"项目的中期评估,2002 年 11 月 1 日,教育部办公厅印发《关于公布中央广播电视大学和 22 所省级电视大学试点项目中期评估结论的通知》,上海电视大学被评为"评估合格学校"。

2005 年 11 月 25—29 日,上海电视大学又迎来了教育部对"中央广播电视大学人才培养模式改革和开放教育试点"项目的总结性评估,2006 年 5 月,中央电视大学印发《关于公布省级广播电视大学实施"中央广播电视大学人才培养模式改革和开放教育试点"项目总结性评估结果的通知》,上海电视大学获得"优秀"。2007 年 8 月 8 日,教育部高校学生司《关于同意上海电视大学专科注册视听生学历证书电子注册的批复》同意上海市教委关于对上海电视大学专科注册视听生 2007 届及以后毕业生学历证书电子注册的意见,相关注册手续由上海市教委负责办理。

2000—2009 年,上海电视大学开放教育试点招生累计 373 154 名。2004 年 2 月 28 日下午,在上海国际新闻中心举行开放教育首批学士学位授证仪式。上海电视大学开放教育金融学专业首批 635 名本利毕业生达到《中华人民共和国学位条例》规定标准,被授予经济学学士学位,这是上海开放教育历史上第一批获得学士学位的毕业生。

【非学历教育】

1994 年,上海电视大学向市教委提交与香港会计师行合作开展财会人才培训的请示。1995 年 5 月 11 日市教委批复同意。9 月 21 日,沪港双方精心合作的培训项目——"国际财务与会计证书"

（ACCA）在市政府会议大厅举行了签约仪式。12月2日，"国际财务与会计证书"第一期培训开课，招生3 600余人。第二期招生达到1万余名。截至2009年12月，共举办了30期培训，先后有11.26万人次参加课程学习，7.49万人次通过课程考试取得单科结业证书。

1995年后，上海电视大学加大力度推进非学历教育的发展，相继开展了国际财务与会计证书、工商培训等一系列影响比较大的培训项目，并形成了紧缺人才培训、干部再就业培训、专业技术人员继续教育、建筑工程培训、市民素质教育、交通安全教育、老年教育等多层次、多类型的发展格局。

1995年4月28日，上海电视大学与上海市公安局交警总队联合筹建的"上海交通安全教育学校"挂牌成立。学校下设23所分校，56所辅导站。从创建到2010年初，每年参加学校不同专题学习的人次在100万左右。

1995年11月20日，"空中老年大学"在上海电视大学演播厅举行开播仪式。空中老年大学播出的首门课程是"老年卫生保健"，这是全国第一所空中老年大学专门为老年人播出的第一门课程。2005年4月6日，为落实市政府文件要求，市教委指示"空中老年大学"由上海远程教育集团牵头，协调上海老年大学、上海电视大学、上海老龄事业发展中心参与的"空中老年大学""网上老年大学"工作。2006年3月8日，上海空中老年大学第二次校务委员会会议决定："空大""网大"更名为"上海远程老年大学"，由上海远程教育集团发文告知有关部门；网站域名名称为"上海老年人学习网"。同年12月25日，上海远程老年大学揭牌暨上海老年人学习网开通仪式在青松城举行，"上海空中老年大学""上海网上老年大学"正式合并为"上海远程老年大学"，并开通了"上海老年人学习网"。

1997年3月16日，由上海市妇女联合会、市劳动局、市慈善基金会和上海电视大学联合举办的"家政服务员"电视培训正式向社会推出。该培训以《家政服务员》一书为统一教材，配以20讲电视辅导讲座。第一期有2 000多人报名参加培训。这个培训项目持续两年，累计有4 000余名下岗职工参加了学习培训，考核合格者的结业率达到了90%。

2000—2010年期间，上海电视大学非学历教育每年在50万人次以上的规模。

【教学现代化】

1996年4月1日，中央电视大学在安徽省屯溪市召开全国广播电视大学教育会议（电视大学人称之为黄山会议），44所省级电视大学代表参加。中心议题是：更好地贯彻国家教委批转的《关于广播电视大学贯彻〈中国教育改革和发展纲要〉的意见》。国家电教办主任、中央电视大学第一副校长宋成栋做了《深化改革 共商大计 为实现广播电视大学总目标而奋斗》的主题报告。报告讲了四个方面的问题：一是认清形势，找准位置，在实施"科教兴国"战略中发挥电视大学教育的作用；二是认定目标，明确任务，建设具有中国特色的远程教育开放大学；三是转变观念，开拓视野，以远程开放教育理论指导实践；四是落实措施，齐心合力，共创21世纪电视大学教育的辉煌。这次会议确立了对开放远程教育影响深远的"开放和教学现代化"的两大命题。上海电视大学校长黄清云在会上做了交流发言，介绍了上海电视大学积极推进开放和教学现代化的实践探索进程。

在1993—1994年教学现代化实践探索的基础上，1995年，上海电视大学投入经费引进人才，成立多媒体工作室，开发多媒体课件。起步初，学校选择了《会计学原理》和《统计学原理》等一些面广量大的课程先行试点。这类课件对于难以请到紧缺专业课程教师的分校，或没有计算机或者计算机不能上网的学生来说很受欢迎。仅1999年，学校制作的学习辅导光盘就有1万多张。利用CD-ROM进行教学是上海电视大学推进教学现代化很有意义的一步。

为了加强总校与分校、主持教师与辅导教师、教师与学生间的沟通，弥补远程教育单向传输的不足,1996年学校抓了两项工作:一是建立语音信箱,二是建立双向电视传输系统。在语音信箱的推进方面,到1996年10月,上海电视大学开通了1 800个电子语音信箱,到年底提供各类咨询服务9 400人次。1997年5月20日,学校向各分校、工作站发出通知,决定在市电视大学系统建立采用ISDN网的双向远距离电视教学系统,并争取在本学期期中考试前有实质性使用,各分校、工作站可根据实际情况自愿加入,经费自行解决,设备统一配置。6月28日,上海电视大学通过双向交互式传递技术在总校与相距12公里的卢湾工作站进行了试应用,主持教师利用这一系统进行了《计算机网络》课程的期末复习课,效果良好。双向视频会议系统的应用,进一步推进了上海电视大学教育技术应用的步伐。

在推进新技术开发与应用的同时,传统音像教材仍然是远程教育的重要手段。1996年6月,上海电视大学成立上海电视大学制作出版管理委员会,促进音像教学资源的开发。1997年,上海电视大学订购录像教材56门共735学时,录音教材12门250学时,卫星转录电视教材20门共计616学时,为分校(站)复制录像教材45门共计3 860盒,录音教材26门计981盒,以确保26频道课程播出和分校(站)助学活动正常开展。同时完成各类电教节目制作任务A类片12门(个)4 030分钟,B类片9门(个)3 700分钟,C类节目9个618分钟,总计8 348分钟。节目的制作质量有所提高,《现代科技与21世纪——计算机与自动化技术》《档案里的故事——犹太人在上海》和《纵横汉字输入法》被市电教协会评为二等奖。《现代科技与21世纪》和《档案里的故事——犹太人在上海》在全国教育电视节目评选中获三等奖,《现代科技与21世纪》还荣获"97全国优秀科技音像作品"二等奖。

面对计算机网络这一新技术的出现,上海电视大学在1996年初拟定了校园局域网建设计划和分校联网实验计划。1997年3月21日,上海电视大学校园网尝试通过复旦大学接口接入上海教育与科研网,出口带宽为64K。第二天,中央电视大学在上海电视大学召开全国电视大学工作会议,教育部副部长韦钰、市委副书记陈至立等领导兴致勃勃地现场视察这一新兴的教育技术手段。为了充分发挥计算机网络的教学潜能,6月29日,经学校党政领导研究决定,上海电视大学成立计算机信息中心。

除此之外,上海电视大学在推进信息技术手段的应用方面还积极抓好助学,包括:全市22个学习指导中心按市电视大学要求投入经费,设置10座至20座的视听阅览室。视听阅览室配备了电视机、录像机等设备,可以收听收看录音录像课程。组织教师编写各门课程的导读材料等。2000年前后,计算机网络已经在社会上普及。上海电视大学秉承追踪、开发先进技术在教学中应用的成功经验,积极推进计算机网络的开发和建设。2000年9月,上海电视大学成功研制了集网上学习、网上招生等多种功能体的"I-Class"教学软件平台,还开发了网上视频点播课件,尝试采用Real、Media等多种格式点播课程。2001年10月,《上海电视大学中期报告》指出:市电视大学总校建成了1 000兆主干网、100兆到大楼、10兆到桌面的校园网。评估专家对上海电视大学信息技术的应用给予肯定。专家意见指出:已经形成了市、郊千兆网三个独立的网站域名,并通过上海电信宽带网与试点分校连接,形成了宽带网络系统;自行开发了OL在线学习系统,开发了I-Class教学平台和VOD点播等网上多媒体系统,进行了网上教学管理、图书上网服务等软件的深度开发;试点专业还开发建立了教学子网站,在试点中发挥了积极作用。多媒体教学设施建设整体水平较高;建有较好的网上服务和多媒体综合运用的支持服务体系,等等。

2003年,上海电视大学总校和下属50多所分校、工作站、教学点的城域宽带远程学习平台正式建成开通。到迎接2005年总结性评估时,上海电视大学又开发完成了十大信息化管理系统,包括:

网上课堂(分校版);教务管理系统(分校版);招生报名系统;教学计划与课程管理系统;远程免修免考审核系统;网上教研活动系统;网上考试指挥系统;网上毕业设计指导交流系统;续修生服务系统;"移动校园"短信服务系统,从而进一步提升了教育技术的应用水平。

2004年7月,上海电视大学推出一种新型的考务管理手段——考试网上指挥系统,并在期末考试中正式投入使用。该指挥系统是一个既可以一对多,也可以一对一的网上交互系统,在试卷信息和考务管理方面,可以进行实时的网上指挥和信息传达。该系统带有"附件"功能并配备MSN软件(含视频和音频),并严格按照"一个考点、一个账号、一个密码"的要求设计,功能强大且安全性能极高。该系统的启用提高了考试管理工作效率,使上海电视大学的考试管理水平在信息化方面向前迈出了一大步。

为了进一步推动信息技术在现代远程教育中的应用,鼓励广大师生积极利用互联网开展教与学,上海电视大学于2005年3月9日起举办为期一年的"十万师生网上行"活动。"十万师生网上行"包括具有丰富内涵和多样组织形式的一系列小活动。参加活动的有课程主持教师、面授教师、学生以及教学管理人员。活动内容有网上读书节、网上辩论赛、会计软件操作大赛、网上金融大赛、学生主题网页制作大赛、分校网站建设竞赛、工商管理综合知识大赛、电子商务大赛等,同时每月将公布教师和学生的上网时间排行榜、主持教师BBS回复率排行榜等,对排名前10位的教师、学生或管理人员进行奖励。为便于大家参加此项活动,上海电视大学网站设立"十万师生网上行"的主题网站,并为每项活动设立专门的子网站,活动报名、作品提交、评选都在网上进行。学生进入"十万师生网上行"网站浏览的时间记入每周上网时间的统计中。

上海电视大学自2008年4月开始启动"无线校园"建设项目,并于同年12月完成了建设及验收。2010年7月,第二轮网改项目启动。经过两次建设,实现了校区大部分区域无线网络覆盖。

经过多年的建设和努力,上海电视大学的信息化体系已经形成了由网络、平台、资源、应用和服务等构成的、独立完整的基本框架,形成了覆盖上海城乡的"虚拟校园",拥有可以向海内外辐射的卫星频道,实现了卫星电视传输网络("天网")、校园计算机网络("地网")和近5万名从事教学辅导和教学管理工作的队伍("人网")组成的"天、地、人"三网合一的新格局。

【远程教育教席】

自1997年联合国教科文组织发起"教席项目和姐妹大学计划"至今,全球发展了600多个教席和姐妹大学成员,其中中国共设立20个教席。上海电视大学是联合国教科文组织在中国设立的第四个教席,也是联合国教科文组织在中国和东亚地区设立的唯一的远程教育教席。自1997年成立教席以来的12年中,上海电视大学遵照教席计划宗旨,与联合国教科文组织、国际远程教育理事会(ICDE)、英联邦学习共同体(COL)、亚洲开放大学协会(AAOU)等国际组织合作,成功举办了一系列有影响的远程教育国际学术交流活动,实现了联合国教科文组织要求的把教席建设成为地区远程教育中心之一的目标,为促进中国与世界远程教育的学术交流与合作做出了贡献。

2003年11月3日至7日,上海电视大学与联合国教科文组织亚太地区教育局、联合国教科文组织中国全委会联合举办了"联合国教科文组织亚太地区远程教育政策制定者国际培训班"。这次培训是作为"2003世界巨型开放大学峰会暨校长论坛"的会前讲习班。来自马来西亚、柬埔寨、印度尼西亚、乌兹别克斯坦、蒙古、吉尔吉斯斯坦、孟加拉、越南、尼泊尔、泰国、巴基斯坦、老挝、印度和中国等14个国家的政府教育部门高级官员参加了培训。

联合国教科文组织亚太教育局局长谢登、联合国教科文组织总部高教处项目主管斯达明格、上海市教育工作党委副书记翁铁慧等出席了培训班开幕式。联合国教科文组织亚太局高教与远教计划专家王一兵、日本国际基督大学、孟加拉国教育部官员、印度尼西亚开放大学校长、泰国斯帕侬大学、越南河内开放大学、蒙古教育部官员等分别做专题讲座。上海电视大学副校长陈信向培训班成员作上海电视大学实施远程教育的案例介绍。学员们对培训班取得的成效表示了肯定与赞扬,并在培训班结束后以观察员身份出席了"2003世界巨型开放大学峰会暨校长论坛"。

2003世界开放大学峰会(GMUNET)暨校长论坛是全球从事远程高等教育,并拥有10万以上在校生的巨型开放大学校长首次聚会。会议由联合国教科文组织、上海远程教育集团、上海电视大学、中央广播电视大学等主办,上海电视大学承办。会议主题是"创新与合作:为远程教育的明天共同行动"。来自英国、西班牙、美国、南非、土耳其、印度、巴基斯坦、印度尼西亚、泰国、伊朗、韩国和中国的17所巨型开放大学校长发表演讲,并讨论签署了《上海合作宣言》。中国教育部副部长章新胜、联合国教科文组织教育事务助理总干事约翰·丹尼尔和通信事务助理总干事阿卜杜拉·罕出席会议,并发表主题演讲。国内部分省级电视大学校长、普通高校网络教育学院院长及有关专家应邀列席了会议。本次会议很好地推动了世界开放教育的发展,以及中国与世界各国在开放教育领域的合作与交流。

2004年11月27日,上海电视大学与亚洲开放大学协会(AAOU)、全球开放大学网络(GMUNET)联合主办AAOU第18届年会会前国际远程教育讲习班。130余名来自海内外的远程教育专家学者参加了讲习班。AAOU主席曹圭香、秘书长Soon-Jeong Hong以及第18届年会组委会主席、上海电视大学校长张德明等在讲习班上致辞。

2005—2007年,上海电视大学"远程教育教席"与联合国教科文组织亚太局和北京(东亚)办事处合作,连续举办三届"联合国教科文组织远程教育教席系列国际研究班"。这个培训项目产生了很大的国际影响,成为发展中国家和不发达国家共享信息技术和远程教育成果的重要平台。

2005品牌课程开发培训班。2005年,上海电视大学与联合国教科文组织亚太地区教育局、联合国教科文组织北京(东亚)代表处联合主办2005东亚远程教育教席系列国际研究班,主题为"品牌课程开发案例分析",参加本次研修班的共有80余名代表,其中国外代表16人,来自泰国、越南、马来西亚、蒙古、朝鲜、韩国、英国、印度和联合国教科文组织;国内代表中普通高校代表约占一半。研修班邀请英国、韩国、印度、中国的5位专家讲课,还有4位国内代表优秀案例展示交流,中国教育部高教司远教处处长刘英应邀做了专题报告,联合国教科文组织亚太局专家莫莉·李和曼索尔·法济勒做了亚太地区远教网络知识库的应用讲座。

2006教学模式与学习支持服务培训班。此期研修班以"教学模式与学习支持服务案例分析"为主题,仍然坚持以务实和案例分析为特点,吸引了英国、泰国、马来西亚、印度尼西亚、韩国、阿联酋、朝鲜、蒙古、中国的9个国家70余名远程教育的专家和学员共同参与。联合国教科文组织亚太地区教育局、北京(东亚)代表处、中国联合国教科文组织全国委员会以及中国高校现代远程教育协作组、教席单位上海电视大学的领导和代表到会并致辞。中国联合国教科文组织全委会副秘书长杜越先生代表中国国家教育部章新胜副部长对本次研修班的召开给予了高度评价。

2007网上精品课程开发和应用国际研修班。2007年研修班的主题是"网上精品课程开发和应用案例分析",来自泰国、马来西亚、荷兰、美国、韩国、蒙古、朝鲜和中国的35所高校及机构70多位专家、领导和教师代表参加了研修活动。中国联合国教科文组织全国委员会和中国高校现代远程教育协作组秘书处对研修班给予了大力支持与协助。联合国教科文组织亚太局和北京(东亚)代表处代表金惠琳女士和上海电视大学张德明校长在开幕式上致辞。这届研修班具有两个鲜明特点:

一是跟踪当今国内外远程教育教学课程资源开放共享的热点；二是以典型案例分析和交互式讨论为主要方法，注重于实际应用，这也是前两届国际研修班的成功之处。

三届研修班都取得了圆满成功，中外专家和学员对研修班给予了充分肯定和高度评价。举行教席系列国际研修班同时，2006年，上海电视大学与联合国教科文组织北京（东亚）代表处共同举办了"中国不发达地区小学骨干教师和校长培训班"。来自吉林、四川、西藏、宁夏和江西等农村小学的近50名骨干教师和校长参加了为期10天的培训。培训班从上海市教委教研室、上海市教育科学研究院、上海师范大学、上海电视大学及示范性小学聘请了具有丰富教学实践经验的教授和特级教师担任主讲。通过主题讲座、案例分析、交互讨论和实地考察等方法，学员们分享了上海优秀教师和校长的先进教育理念、教学方法及管理经验。该培训班为缩小农村与城市的基础教育差距作出了积极的努力。

同年，受国际远程教育理事会（ICDE）委托，上海电视大学免费为ICDE承建和管理"国际远程教育理事会（ICDE）中文网站"，结束了ICDE网站只有英文版本的历史，为中国远程教育院校了解ICDE，与ICDE沟通联系提供了便捷的窗口。在1CDE中文网站基础上，上海电视大学同时积极履行联合国教科文组织东亚远程教育教席的职责，为了促进中国与世界其他发展中国家和发达国家的远程教育学术交流和成果共享，自行建立"联合国教科文组织东亚远程教育教席中英文网站"。联合国教科文组织通信事务助理总干事阿布杜拉·罕为此发来贺信，殷切希望这两个网站"能够发挥平台作用，促进中国与世界各国在开放远程教育领域中的交流、相互理解与合作！"国际远程教育理事会执行总裁兼秘书长雷德·罗尔也为ICDE中文网的开通专门致函表示祝贺。

三年的远程教育教席国际培训工作已经完成目标。鉴于这个项目对促进国际远程教育的交流与合作所产生的突出贡献和广泛影响，联合国教科文组织提议上海电视大学继续将项目延续下长。2009年，新一轮"联合国教科文组织远程教育教席国际系列研修班"项目启动。国际远程教育理事会（ICDE）、中国联合国教科文组织全国委员会和中国高校现代远程教育协作组秘书处对研修班给予了支持。

这届研修班以"教育质量保证与ICDE质量评审"为主题，以上海电视大学ICDE评审为主要案例。来自英国、挪威、美国、泰国、马来西亚、韩国、蒙古等国家，以中国人民大学、北京师范大学、浙江大学、复旦大学等10所普通高校网络学院、研究机构的代表和天津电视大学、沈阳电视大学、北京电视大学、重庆电视大学等7个省级电视大学代表共40多位专家和教师参加了研修活动。上海电视大学系统60多位教师、管理和研究人员代表应邀参加。

2008年10月18日，上海电视大学以东亚远程教育教席、教席网络协调员的身份召集召开东亚远程教育网络学校工作会议。这是继1998年韩国国立开放大学、蒙古国立大学、上海电视大学、香港公开大学签订网络姐妹协议以来四校领导首次聚首。10月19日至20日，在中国联合国教科文组织全委会协调下，"中国联合国教科文组织教席研讨会"在上海电视大学举行。上海电视大学与上海交大、华东师大三家教席作为合作承办方。参加会议的有25名代表，包括联合国教科文组织北京代表处代表和总部教席科科长巴赫尔·索尼娅、中国联合国教科文组织全委会副秘书长杜越和教育处处长董建红、上海市教委副主任王奇。巴赫尔·索尼娅代表联合国教科文组织作教席发展定位的发展报告。

【国际交流与合作】
2001年10月，经上海市教委批准，上海电视大学与香港公开大学合作举办"高级工商管理研修班"。截至 2010 年底,该项目在上海地区已成功举办 9 期,共有 310 余名学员获得香港公开大学相关证书。

2005 年 4 月 4 日,上海电视大学通过跨国多点实时视频会议系统,与美国纽约城市大学、土耳其伊斯坦布尔 Klair Has 大学实现多点、实时、面对面交流的远程互动教学,讲授"世界文化"课程。"世界文化"课程是纽约城市大学、上海电视大学、伊斯坦布尔 Klair Has 大学和南非 MelsonNandela 大学合作开设的一门课程,是上海电视大学英语本科专业的一门选修课。"世界文化"课程的开设,充分运用了远程教育集团现代信息技术的优势,激发并引导学生积极参与交流与讨论的积极性。不同国家学生之间的实时交流,在提高学生英语能力的同时,也更有助于进一步促进彼此对各国文化的了解。

2005 年 11 月,上海电视大学与美国哈佛大学教育研究生院签订了合作进行全网络双语环境下的"为理解的教学"的 Wide World 教师培训课程。Wide World(全球教育工作者职业培训课程)是由美国哈佛大学教育研究生院开发并实施教学,以新型教育理念和创新教学方法为核心的教师专业培训课程,采用网上培训和网络交流互动。2005 年,Wide World 被美国远程教育协会评为远程教育项目白金奖(最高奖项)。上海电视大学与美国哈佛大学合作,将该课程首次引进中国,得到了上海市教委和各区(县)教育主管部门的重视与大力支持,被列入上海市普教系统"名校长名师"后备人选培训工程的重要项目之一。该培训从 2006 年 1 月至 2010 年 1 月,共培训了 6 期,每期 3 个月。

2006 年 6 月,日本京都精华大学理事长片桐充一行访问上海电视大学,双方签署"动漫设计"专业合作办学协议。学生经考核成绩合格,可获上海电视大学专科毕业证书和京都精华大学相应课程结业证书。

2006 年 8 月,上海电视大学实质性管理上海电视大学、上海市教育发展基金会与澳大利亚南十字星大学于 1999 年开始联合举办的工商管理专业课程班。该课程班学制 3 年,24 门专业课程,采用南十字星大学原版英语教材,英语教学,英语考试,到 2009 年,共有近千名学员完成学业,获得相应证书。

【上海教育资源库】

从 2004 年始,由上海电视大学牵头承建的上海教育资源库,经过三期建设,成为当时全国最大的省级教育资源库。资源库已建成高等教育、职业教育、继续教育、干部教育、社区教育和老年教育等 8 大类数字化学习资源,资源数量达 29.2 万个,资源容量约 12T。该库还提供了多种创新教学工具和大量教学资源包,涵盖学前教育、基础教育、职业教育、高等教育、继续教育。

截至 2010 年 4 月,总访问人次达 5 600 万。以资源库为核心,上海电视大学采用互联网、双向卫星、IPTV 数字电视、移动学习网五种学习平台模式,并与上海电视大学教育网、上海职成教育在线网、上海市教师教育网、上海市党员干部远程教育网、上海老年人学习网等 10 个学习网集合成为"十网一库"的数字化学习支持服务大平台。

据 2009 年底统计,"十网一库"资源容量达 12T,总访问 1.8 亿人次,注册人数为 190 万人,为上海建设学习型城市提供了强大的市民数字化学习平台。

二、上海远程教育集团

【成立与运作】

1999 年 9 月,上海召开市教育工作会议。上海市市长徐匡迪指出:"知识经济的发展迫切要求我们进入不断学习的时代,努力把上海建设成适应新时代要求的学习型城市,全面提高社会的知识含量。"在这次会议上,上海在全国率先提出了创建学习型城市的战略目标,并将其列入"上海'十五'计划与 2015 年远景规划"。为全面贯彻落实全国和上海教育工作会议的精神,充分利用国家教育部"将上海列为国家远程教育定点城市"的政策,抓住上海"率先建立终身教育体系和学习化城市"的机遇,市教委根据市委和市政府领导的指示精神,经过深入调查和反复论证,提出了改革上海电化教育体制的构想,决定在重组上海电视大学、上海教育电视台、上海市电化教育馆、上海市电视中等专业学校(简称"四电")等远程教育资源的基础上组建上海远程教育集团,继续保留上海电视大学、上海教育电视台、上海市电化教育馆、上海市电视中等专业学校的牌子,以适应工作的需要。2000 年 1 月 10 日,市教委向上海市人民政府上报《关于组建上海远程教育集团的请示》。《请示》对上海远程教育集团的体制、定位、架构做了清晰描述。

上海远程教育集团是中共上海市教育党委和上海市教委直接领导的局级事业单位,实行党委领导下的行政领导负责制。上海远程教育集团依托教育系统内巨大的人才优势、装备优势和科研优势,融电视、网络、多媒体等传播方式于一体,为不同年龄、不同层次的市民提供研究生教育、中高等学历教育、非学历教育、社会文化生活教育信息、教育咨询、教育软件等全方位的教育服务。它还为教育系统内各级学校提供丰富的教学资料和优秀的教学软件,以及先进的教育技术服务,并引入现代企业管理方法,建立新的管理体制、运行机制和投资体系,面向市场,发展壮大,在全国率先创建出一个具有中国特色、时代特征、上海特点的远程教育产业集团。

2000 年 1 月 24 日,上海远程教育集团挂牌,会议由市教委副主任薛喜民主持。市教育党委书记王荣华宣布上海远程教育集团临时领导班子成员。中共上海市委副书记龚学平、副市长周慕尧为集团揭牌。市有关部、委、办、局负责同志,普通高校负责人,原"四电"代表,市电视大学分校、工作站代表,市教育党委、市教委有关处室负责同志以及上海乃至中央各大新闻单位记者出席了会议。会上,周慕尧代表市政府对上海远程教育集团的成立表示热烈的祝贺。他要求新组建的上海远程教育集团一定要解放思想、开拓进取、勇于创新,使远程教育更好地为上海的教育改革服务,为上海的经济发展和社会进步服务。

9 月,中共上海市委员会和上海市人民政府分别发文,对上海远程教育集团领导班子进行任命,上海电视大学领导班子也做了同步调整。市委决定:"建立中共上海远程教育集团委员会、中共上海远程教育集团纪律检查委员会;张德明同志任中共上海远程教育集团委员会书记、中共上海电视大学委员会书记;张康庭同志任中共上海远程教育集团委员会副书记、中共上海远程教育集团纪律检查委员会书记;韩晓玉同志任中共上海远程教育集团委员会副书记、中共上海电视大学委员会副书记;免去郭伯农同志的中共上海电视大学委员会书记职务;免去陈生根同志的中共上海电视大学委员会副书记职务。"

市人民政府决定:"任命张德明为上海远程教育集团主任、上海电视大学校长;任命刘煜海为上海远程教育集团副主任、上海电视大学副校长;任命周文彪为上海远程教育集团副主任、上海电视大学副校长;任命王民为上海远程教育集团副主任、上海电视大学副校长;免去黄清云的上海电视大学校长职务;免去陈生根的上海电视大学副校长职务。"领导班子的到位,意味着上海远程教育集团正式运作。

2001 年 3 月,上海远程教育集团在《关于改革发展的基本思路及当前的主要任务》(以下简称《任务》)中指出:经过 5 至 10 年努力,使集团的办学条件、办学规模、教学质量、办学效益和经济实力等主要指标处在全国同行前列,在全国率先建成"国内一流、国际有一定影响"的现代远程教育开放大学和远程教育集团,成为中国现代远程教育的中心之一。《任务》还提出了集团、电视大学近几年发展目标:经过 3 至 5 年努力,努力将集团建设成为上海现代远程教育教学中心、教学信息传输中心、教学软件制作中心和现代远程教育研究中心。这一集团定位肯定了上海电视大学原有的"国内一流、国际有影响"开放大学办学定位,从战略上保证了上海电视大学健康稳定地发展壮大。

上海远程教育集团引入新的管理与运作机制,保证了集团内部之间的资源统筹、共享。集团从促进事业发展的角度,对"四电"资源进行统筹安排。2001 年,集团还打破"四电"行政划分格局,把"四电"事业从战略规划高度概括为教育教学、教育传媒、教育产业(后来改为教育技术服务)三大板块。

上海电视大学以集团为依托,积极利用"四电"中的相关优势,取长补短,服务于电视大学办学的需要。上海电视大学与上海教育电视台之间实现了频道播出资源的优化,上海教育电视台做到了播出一体化,上海电视大学则可充分利用教育电视台的社会影响力,扩大各种宣传;上海电视大学与上海电中合作开展"直通车"教育等。2000 年之后,上海电视大学的改革和发展,顺应了国家、上海市改革发展的大趋势,也离不开集团运作的背景。

2005 年,市教委公布的上海教育五项实事之一,即以远程教育集团为市级远教中心,建立 19 个区县级学习点,再延伸到 100 个街道、镇,以至里弄居委会的远程教育(包括计算机网络、电视)框架,实施远程教育管理和组成网络结构。每年安排专项资金,开发远程继续教育课程,建设远程教育资源中心,完善远程教育网络和远程教育师资队伍建设。充分利用学校、现代信息技术网络、语音查询系统、图书馆、书报亭等,建设终身教育信息网络,提供终身教育学习信息。

【上海教育软件发展公司】

2002 年 3 月 28 日,上海教育软件发展公司(简称"教软公司")在上海市信息办、上海市教委直接指导下,在上海市教育信息化暨"校校通"实事工程启动大会上揭牌正式成立,它是上海第一家大型的专业教育软件企业,教软公司是上海远程教育集团的全资公司,依托上海远程教育集团,主营业务为教育软件系统开发及相关业务、教育音像及电子出版物的制作、出版、发行业务。兼营广播影视节目制作、印刷与各类广告业务。

2004 年,教软公司承担上海教育规划重点项目"上海教育资源库"。2005 年,承担国家 863 计划项目并圆满结项。2006 年,承担上海市暑期校、园长视频培训和在线培训业务。2007 年,承担上海市委组织部"上海党员干部现代远程教育互联网平台"项目。2008 年,承担上海语言文字网运维工作。2009 年,承担上海市 400 所农村中小学信息化应用推进工作。2010 年,承担了上海终身教育重点项目"上海学习网"和"上海市教师教育管理平台"项目。

三、上海开放大学

2001 年 2 月,上海远程教育集团提出建立以数字化、多媒体和交互式为标志的覆盖全市城乡的上海现代远程教育网络,形成开放式的上海现代远程教育体系,形成具有较大规模和较高效益的教育产业,在全国率先建成国内一流、国际有影响的现代远程教育开放大学和远程教育集团,成为中国现代远程教育的中心之一。

2004 年 7 月 12 日,上海市委、市政府在国际会议中心召开上海市教育工作会议。会议主题是全面实施教育综合改革,率先基本实现上海教育现代化。教育部部长周济做了题为《为上海率先基本实现教育现代化而共同奋斗》的讲话,提出:"要率先建立完善的终身教育体系。上海要率先形成覆盖城乡的学习网络,大力推进教育信息化,加快建设学习型机关、学习型企业和学习型社区,将上海建设成为全民学习、终身学习的学习型城市。"

2006 年,《中共上海市委、上海市人民政府关于推进学习型社会建设的指导意见》首次提出人人皆学、时时能学、处处可学的学习型城市建设基本框架,其中明确提出要把上海开放大学建设成一所"新型大学",即进一步整合市、区县、行业成人教育资源,充分利用现代信息技术,依托远程教育网络,建设一所既能提供学历教育,又能提供职业培训,还能开展休闲教育和文化教育,多样化、多层次,可及、开放的新型大学,即以区县为基础,把终身教育服务延伸到社区(村镇),实现社区、校区、园区资源共享,形成覆盖全市、面向市民的市、区县(行业)、街道乡镇三级架构的终身教育服务系统。

2010 年 3 月 3 日,教育部和上海市人民政府签署《共建国家教育综合改革试验区战略合作协议》,明确提出:"建设与构建学习型社会和教育信息化发展要求相适应的现代开放大学。"

2010 年 9 月 6 日,《上海市中长期教育改革和发展规划纲要(2010—2020 年)》明确要建设上海开放大学,并列入上海十大重点工程之一——"市民终身学习促进工程"的重要内容。

2010 年 7 月 23 日,上海市政府批准依托上海电视大学成立上海开放大学。中共中央政治局委员、上海市委书记俞正声发来贺信,要求"努力办成适应上海现代化国际大都市建设需要,服务人民群众多样化学习和发展需求的新型大学"。教育部部长袁贵仁也发来贺信,要求"充分聚合和优化教育资源,积极试点,创造经验,努力建设与学习型社会和教育信息化发展要求相适应的现代开放大学"。

2010 年 10 月,国务院办公厅印发《关于开展国家教育体制改革试点的通知》,确定中央广播电视大学及北京、上海、江苏、广东和云南六所广播电视大学承担"探索开放大学建设模式"改革试点任务。2012 年,6 所电视大学相继被批准为国家开放大学、北京开放大学、上海开放大学、江苏开放大学、广东开放大学和云南开放大学。

2011 年 5 月 1 日,上海市人大颁布的《上海市终身教育促进条例》正式实施。其中,第二十二条规定:"上海市设立的开放大学,应当逐步整合成人高等教育资源,形成开放的学习平台。"

2011 年 11 月 12 日,上海市委在《关于贯彻〈中共中央关于深化文化体制改革推动社会主义文化大发展大繁荣若干重大问题的决定〉的实施意见》中,强调要"深入推进上海开放大学建设"。

2012 年 6 月 21 日,教育部批准同意上海电视大学更名为上海开放大学,定位为以现代信息技术为支撑、面向成人开展远程开放教育的新型高等学校。2012 年 7 月 31 日,国家开放大学、北京开放大学、上海开放大学成立大会暨揭牌仪式在人民大会堂金色大厅隆重举行。教育部部长袁贵仁主持会议,中共中央政治局委员、国务委员刘延东为三所开放大学揭牌并发表题为《努力办好中国特色开放大学》的讲话,上海市副市长沈晓明在会上发言。

第二节　普通高校网络教育

20 世纪 90 年代末,国内的远程网络教育在经历函授教育和广播电视教育两个发展阶段后,进入了以网络教育为主的现代远程网络教育阶段。1999 年 3 月,教育部批准清华大学、浙江大学、北京邮电视大学学、湖南大学作为国家现代远程网络教育的第一批试点院校。此后,上海有 6 所高等院校相继作为试点院校开展网络教育。

一、复旦大学网络教育学院

复旦大学网络教育学院成立于2000年7月,本科专业教学计划的指导思想是:要求学生在掌握必要的基本理论、基本知识、基本技能的基础上,加强实际应用能力的训练。2003年,复旦网院和交大网院首届专升本学生毕业前,两院共同联合上海其他六所高校网院,就上海市网络教育学生毕业、升学、就业等问题开会协商,达成共识,并决定在这些问题上采取一致做法:将网络教育学院的学生毕业工作纳入各校就业中心归口管理,并受上海市教委就业指导中心指导。至2005年,复旦大学网络教育学院已陆续开设有计算机科学与技术、国际经济与贸易、金融学、会计学、经济学(工商管理)、行政管理、旅游管理、社会工作、法学、新闻学、汉语言文学、英语(商务)、日语(商务)、文秘和社会学(城市管理)等15个专业。至2011年,复旦大学网络教育学院共招录学生24 791人,毕业学生17 757人。

二、上海交通大学网络教育学院

上海交通大学于2000年7月作为全国现代远程教育试点高校成立了上海交通大学网络教育学院,开展网络教育。学院始终贯彻"练好内功,稳步发展,保证质量,形成特色"的办学方针,率先提出"质量是网络教育学院的生命线"的口号。学院立足上海、辐射江浙、面向西部,构建了比较完善的技术支撑平台和现代远程教育体系。为构建终身学习体系,2009年4月,上海交通大学将网络教育学院和成人教育学院合并为继续教育学院,继续举办网络教育。

三、同济大学网络教育学院

同济大学网络教育学院成立于2000年,继续教育学院和网络教育学院合署办公,并被列入国家首批现代远程教育试点高校。同济大学现代远程教育采用了网上直播、课件点播、网上作业、实时和非实时答疑、辅导、集中考试的混合式教学模式,学生的学习方式是基于互联网的自主学习和协同学习相结合。同济大学继续教育学院是全国最早可授予成人教育学硕士学位的三个综合性高等院校之一。成人教育学硕士点充分依托大学优势,构建以优势学科为主的成人教育现代化教育与教学体系。自2006年启动网络教育专项教材建设以来,共建设了近百种网络教材,获得国家(网络教育)精品课程9门,并列全国高校第一,并共有5门资源共享课进入国家级精品资源共享课(网络教育课程)立项项目名单。

四、华东师范大学网络教育学院

2001年1月,教育部正式发文批准建立华东师范大学网络教育学院,4月16日,学校领导正式给学院授牌,启动网络教育学院的试点工作,并提出网院的办学目标:"依托华东师范大学在教师教育领域的特色和优质资源,以教师教育为本,充分利用信息技术和网络环境,提升教师学历学位层次,开展教师职务培训。全面提高教师利用现代教育技术的能力和信息素养,再建一个网上的华东师范大学。"2003年教师节,教育部在北京召开隆重的成立大会,向全国宣布全国教师教育网络联盟成立,华东师范大学是联盟单位之一。2007年,网络学院定位为校内二级学院,与其他校内学院一样,既有育人的教学、培训任务,也要承担科研、学科发展等重任。至2010年11月,学院陆续在全国建立了学习中心近100个,在读的各类学历教育学员2万余人,非学历培训已达到4万多人次(包括远程和面授两种方式)。

五、东华大学网络教育学院

2001年6月,教育部批准东华大学为现代远程教育试点高校,同年成立网络教育学院,开展现代远程教育试点,网络教育学院定位于在职从业人员的继续教育,以为行业和单位委托培养办学为主。2006年6月30日,东华大学现代远程教育是唯一一批全日制本科生毕业暨学士学位授予仪式举行,182名学生获准毕业,毕业率为95.8%。2007年,网络教育学院全面转向在职成人非学历教育的培训,开展纺织工程专业课程班、GCT考前辅导、服装打版设计技能等方面的非学历培训近800人次。2010年9月,经第17次校长办公会议决定:同意成教、网络学院组建继续教育学院(网络教育学院名称对外保留)。9月28日起成人教育学院正式对外更名为继续教育学院,启用新公章。

六、华东理工大学网络教育学院

2002年2月,华东理工大学被教育部正式批准为现代远程教育试点高校,同年3月成立华东理工大学网络教育学院,作为实施现代远程教育的二级实体学院。学院现设有"五部三室一中心",即招生与学生工作部、教学教务部、技术部、财务部、培训部、教学质量监控办公室、现代远程教育研究室、行政办公室和学生学习支持服务中心。

自开展现代远程教育试点工作以来,华东理工大学网络教育学院依托本校的学科优势,坚持"规范、质量、规模"的办学宗旨,根据网络教育和成人学生的特点,深入研究、不断探索、勇于实践,在教学内容改革、教学手段创新、技术支持服务、管理运行机制等方面取得一系列成果,逐步形成了"网上自主学习、实时直播授课、集中面授辅导、教师网络答疑、注重过程考核"的30字学习方针,构建了具有本校特色的现代远程教育体系。九年多来累计培养本、专科学生3.6万余人,目前在线学习学生2万余人,为构建学习型社会做出了积极的贡献。根据社会需求及学校特色,学院先后开设高起专、专升本、高升本三个层次,覆盖文、法、经、管、理、工等多个学科门类的30多个专业。目前,设有校外教育中心57个,主要开设高起专、专升本两种层次的高等学历教育以及专业课程进修等非学历教育,每年春、秋两季招生。

七、上海外国语大学网络教育学院

上海外国语大学网络教育学院成立于2002年,是获教育部批准的全国开展现代远程教育的试点高校之一。学院自2002年成立以来,结合学校办学定位、办学条件、办学特色和学科优势,科学合理地确定网络教育的办学层次、结构、规模和专业,先后共开设了三个层次(高升专、高升本、专升本)、五个专科专业(应用英语、应用日语、应用德语、国际经济与贸易、法律事务)、八个本科专业(英语、日语、德语、法语、国际经济与贸易、会计学、金融学、法学)的学历教育。2003年至2008年在杭州学习中心和无锡学习中心开展招生和教学。至 2010 年,学籍注册总人数 3 528 人,毕业 1 971 人,其中 1 076 人获得学士学位,对实现教育公平起到重要作用,推动了全民学习、终身学习的学习型社会建设。

网络教育学院始终坚持在学习支持教学过程辅导方面的大力投入,不断完善"混合式"教学模式,设计了适应在职人员学习的"多样化、个性化"的教学内容、课程体系和学习支持服务系统,形成了以需求为导向、以学习者为中心、知识能力并重、理论实践结合的应用型人才培养模式。学院针对课程特点和学习难度,在基本实现全课件化的基础上坚持面授答疑辅导,为学生提供高质高效的学术性支持服务。学院依托上海外国语大学优秀师资开展担任课件制作、面授辅导、论文指导等教学工作,授课教师均具有硕士以上学历或副教授以上职称,授课教师中本校教师占比达 90%以上。

网络教育学院十分重视学生工作,设有专职学生辅导员和班主任。2010 年组织学生参与上海世博会志愿者活动,2 人次获"上海市优秀志愿者"称号;6 人次获"园区优秀志愿者"称号;3 个小组获"世博园区优秀志愿者小组"称号。

第八篇

自学考试

高等教育自学考试(以下简称"高教自考")始于20世纪80年代。1981年6月6日,上海市人民政府(以下简称"市政府")根据《国务院批转教育部关于高等教育自学考试试行办法的报告》和教育部《高等教育自学考试试行办法》,结合上海实际情况,批准《上海市高等教育自学考试暂行办法》,并成立上海市高等教育自学考试委员会(以下简称"市考委")。1982年11月,上海市第一次高教自考举行,共有5所主考学校,开设6个专业,报考人数为6 850人。

中等专业教育自学考试也始于20世纪80年代。1984年5月,上海市中等专业教育自学考试(以下简称"上海中专自考")着手筹备。8月,市政府批准同意举办。并同意在市考委下设中等专业教育自学考试办公室(以下简称"市中专自考办")。1985年6月16日,上海中专自考首次开考,有8所专业指导学校参加开考,开设11个专业,报考人数为56 022人,报考课程为175 450人次。

高等教育学历文凭考试(以下简称"学历文凭考试")始于20世纪90年代。1995年国家教育委员会(以下简称"国家教委")批准上海市进行学历文凭考试的试点工作,其中由市教委负责试点工作的行政管理,由市考委负责试点工作中的考试工作,同时负责毕业证书的审核、发放等工作。首次批准试点的学历文凭考试有6所民办学校,开设了10个专业,当年招收学生1 236人。

上海市高教自考从1982年首次开考,到2010年共计29年57次考试,经历了初创期、高峰期、稳定期。主考学校从最初的5所到最高峰19所,2010年尚保持19所主考学校。报考数从1982年首次开考6 850人,到2010年201 002人次,最高峰2001年476 316人次。毕业生数从1984年首届专科毕业生338人,到2010年累计专科毕业生146 581人,累计本科毕业生40 071人。

上海中专自考经过了首次开考的报考高峰后,报考人数逐年回落,1990年跌至最低谷,全年报考4.2万人次。经采取各种改革举措后逐步回升。1995年上半年,课程报考达45 410人次,为90年以来同期报考人次的最高峰,增长幅度超过1倍。1998至1999年,上海中专自考开考权逐步下放到区,专业结构调整加速,应用性职业性技能型专业发展较快。开考26年来,累计毕业生83 162人。

上海学历文凭考试1996年首次统考,有6所学校10个专业16门课。2003—2005年学校数处于最高峰为33所,2005年课程达到最高峰为167门,2006年专业达到最高峰为46个,2007年考试保持30所学校42个专业148门课程。截至2007年底,累计报考数为691 434人次,毕业生数为34 634人。

第一章　高等教育自学考试

第一节　概　　况

1977年后,尽管恢复了高考,但由于高等教育资源匮乏,全国仍有大量知识青年接受高等教育的愿望无法实现,其中上海约有23万知识青年。1981年1月13日,《国务院批转教育部关于高等教育自学考试试行办法的报告》,要求各省、自治区、直辖市人民政府遵照执行,并决定先在北京、天津、上海等地试点高等教育自学考试。

1981年6月6日,市政府批准市高等教育局(以下简称"市高教局")制订《上海市高等教育自学考试暂行办法》,同意从1981年9月起,先在华东师范大学、同济大学、上海财经学院、上海外国语学院、上海教育学院、上海市业余工业大学和上海电视大学等7所学校试办高教自考,考试的门类、系和专业,与计划、人事等部门商量确定。同年11月,市考委公布华东师范大学、上海外国语学院、上海财经学院、华东政法学院、上海教育学院等5所主考学校,开设中文、英语、会计、法律以及师范类中文、英语等6个专业;并宣布首次考试于1982年11月举行。上海正式开始实行高等教育自学考试制度。

一、考试规模

【报考人次数】

上海市高教自考报考人数规模呈现两个周期性变化:从1982年首次开考6 850人,到2010年有20多万人次报考;经历了2个发展周期。第一周期,从1982年6 850人,到最高峰1986年106 965人次,再到1993年53 582人次;高教自考为广大知识青年接受高等教育提供了机会。第二周期,从1993年53 582人次,到最高峰2001年476 316人次,再到2010年201 002人次(未结束)。由于20世纪90年代初期正值适龄高考人数高峰期,全日制普通高等教育资源供不应求,高教自考为高考落榜生提供了接受高等教育的途径。

表 8-1-1　1982—2010年上海市高教自考报考人次数统计情况表

年　份	1982	1983	1984	1985	1986	1987	1988	1989	1990	1991
考生人次	6 850	46 963	62 538	91 363	106 965	96 588	64 619	44 452	41 539	52 354
年　份	1992	1993	1994	1995	1996	1997	1998	1999	2000	2001
考生人次	56 643	53 582	71 848	117 487	167 714	220 372	290 804	399 944	452 007	476 316
年　份	2002	2003	2004	2005	2006	2007	2008	2009	2010	
考生人次	427 965	397 587	344 528	306 408	278 713	251 498	248 783	244 788	201 002	

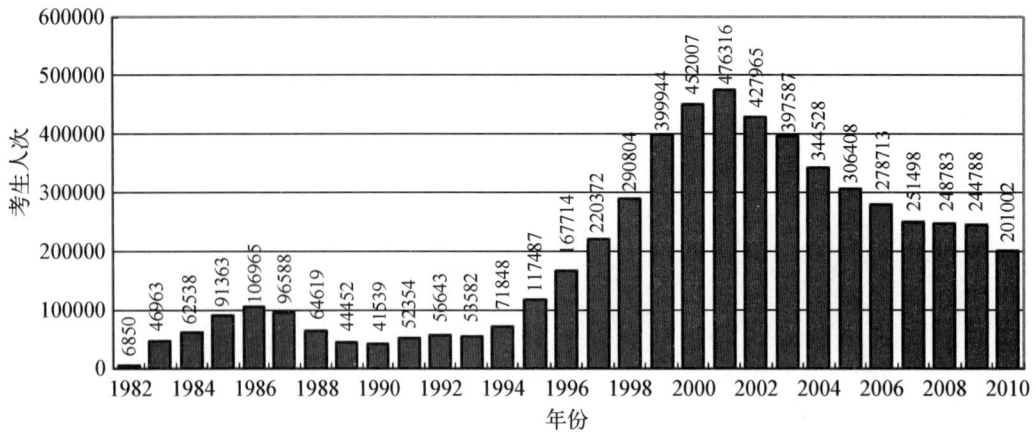

图 8‑1‑1　1982—2010 年上海市高教自考考生人次数

【专科和本科毕业生人数】

上海市 1982 年首次开考高教自考,1984 年首届高教自考毕业生为 338 人,到 2010 年累计高教自考毕业生 186 652 人次,其中专科毕业生为 146 581 人,本科毕业生为 40 071 人。与报考人数相对应,专科毕业人数分布呈现两个高峰,最高峰出现在 2004 年为 13 150 人,次高峰出现在 1988 年为 4 017 人。2005 年后专科毕业人数减少较快。本科毕业人数增加比较稳定,最高峰出现在 2007 年为 4 695 人。

表 8‑1‑2　1984—2010 年上海市高教自考专科和本科毕业生人数情况统计表

年　份	1984	1985	1986	1987	1988	1989	1990	1991	1992	1993
专　科	338	1 786	1 630	1 995	4 017	3 396	3 030	1 804	1 540	1 164
本　科			9	19	156	129	142	105	129	84
小　计	338	1 786	1 639	2 014	4 173	3 525	3 172	1 909	1 669	1 248
年　份	1994	1995	1996	1997	1998	1999	2000	2001	2002	2003
专　科	1 471	2 130	3 650	5 104	5 680	9 833	7 623	11 113	9 874	11 639
本　科	71	119	155	139	245	589	978	1 791	1 508	2 878
小　计	1 542	2 249	3 805	5 243	5 925	10 422	8 601	12 904	11 382	14 517
年　份	2004	2005	2006	2007	2008	2009	2010			
专　科	13 150	10 661	9 176	6 535	6 462	6 284	5 496			
本　科	3 902	4 470	4 372	4 695	4 613	4 383	4 390			
小　计	17 052	15 131	13 548	11 230	11 075	10 667	9 886			

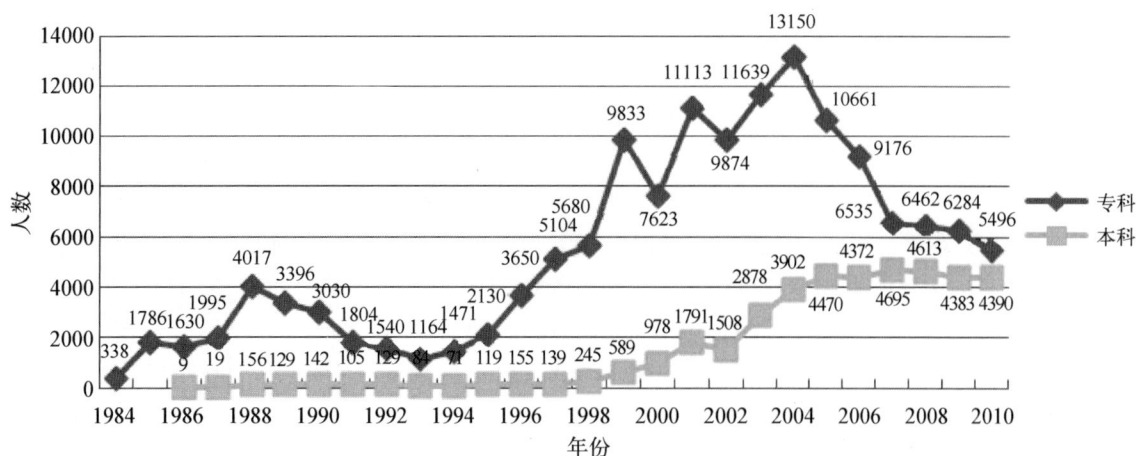

图 8-1-2　1984—2010 年上海市高教自考毕业生人数

二、专业开设

1998 年教育部下发《关于印发〈高等教育自学考试专业目录〉和〈高等教育自学考试专业基本规范〉的通知》，根据高教自考专业目录和专业基本规范，高教自考分设 23 个学科门类，有专科、本科（基础科段和本科段）、独立本科段（相当于专升本）三种类型。其中，专科层次有专科和基础科段，本科层次有本科段和独立本科段。

1982—2002 年，上海市高教自考专科层次开设了会计（专科）、法律（基础科段）、汉语言文学（基础科段）、英语语言文学（基础科段）、日语（基础科段）、秘书（专科）、机械制造与自动化（专科）、计算机及应用（专科）、新闻学（基础科段）、国际贸易（专科）、工商企业管理（专科）、行政管理（专科）、中医学（基础科段）、公共关系（专科）、公安管理（基础科段）、饭店管理（专科）、市场营销（专科）、旅游管理（导游方向）（专科）、计算机信息管理（专科）、房地产经营与管理（专科）、护理学（专科）、金融（专科）、房屋建筑工程（专科）、视觉传达设计（专科）、临床医学（专科）、档案管理（专科）、工业电气自动化技术（专科）、机关管理及办公自动化（专科）、监所管理（专科）、律师（专科）、社会工作与管理（专科）、国际贸易（商务方向）（专科）、电子商务（专科）、室内设计（专科）、商务管理（基础科段）、金融管理（基础科段）、农业推广（专科）、保险（基础科段）、电子与通信工程（基础科段）等 39 个专科层次的专业，其中律师（专科）、农业推广（专科）、保险（基础科段）、电子与通信工程（基础科段）4 个专业 2002 年处于停考过渡中，其他专科层次的专业到 2002 年继续开考。中文（师范）、英语（师范）、马列主义基本理论、商业经济、统计学、企业管理、电子技术、教育管理、物价学、人口学、乡镇企业经营管理、乡镇企业通用机械、财政与税收、海关管理、音乐、美术、小学教育、刑事侦查等 18 个专科层次专业在 2002 年前已经关停并转。

本科层次开设汉语言文学（本科段）、英语语言文学（本科段）、法律（本科段）、会计（独立本科段）、机械制造与自动化（独立本科段）、国际贸易（独立本科段）、工商企业管理（独立本科段）、计算机及应用（独立本科段）、行政管理学（独立本科段）、中医学（本科段）、旅游管理（独立本科段）、金融（独立本科段）、公安管理（本科段）、档案学（独立本科段）、律师（独立本科段）、计算机信息管理（独立本科段）、护理学（独立本科段）、经济学（独立本科段）、计算机网络（独立本科段）、工业自动化（独立本科段）、建筑工程（独立本科段）、城市规划（独立本科段）、工业工程（独立本科段）、机电一体化

(独立本科段)等24个本科层次高教自考专业,其中工业工程(独立本科段)、机电一体化(独立本科段)2个专业2002年处于停考过渡中,其他本科层次专业到2002年继续开考。中文(师范)、企业管理、工业与民用建筑、数学、电子技术、电气工程、统计、音乐、美术等9个高教自考本科层次专业在2002年前已经关停并转。

2003年,上海市高教自考共计开设68个专业,其中专科层次39个,本科层次29个,2个专科层次的专业处于停考过渡期。新开考2个专科层次的专业,7个本科层次的专业。停考2个专科层次专业,2个本科层次的专业。专科层次2个新开设的专业:广告(专科)、汽车运用技术(专科)。2个处于停考过渡的专业:律师(专科)、农业推广(专科)。2个停考专业:保险(基础科段)、电子与通信工程(基础科段)。本科层次新开设计算机软件(独立本科段)、广告学(独立本科段)、新闻学(本科段)、商务管理(独立本科段)、秘书学(独立本科段)、日语(本科段)、电子商务(独立本科段)等7个专业。2个停考专业:工业工程(独立本科段)、机电一体化(独立本科段)。

2004年,上海市高教自考共计开设74个专业,其中专科层次40个,本科层次34个。新开考3个专科层次的专业,5个本科层次的专业。停考2个专科层次专业。专科层次3个新开设的专业:餐饮管理(专科)、人力资源管理(专科)、连锁经营管理(专科)。2个停考专业:律师(专科)、农业推广(专科)。本科层次5个新开设的专业:金融管理(本科段)、公共关系(独立本科段)、餐饮管理(独立本科段)、小学教育(独立本科段)、学前教育(独立本科段)。

2005年,上海市高教自考共计开设86个专业,其中专科层次43个,本科层次43个,2个专科层次的专业处于停考过渡期。新开考3个专科层次的专业,9个本科层次的专业。专科层次3个新开设的专业:物流管理(专科)、心理健康教育(专科)、中药学(基础科段)。2个处于停考过渡的专业:中医学(基础科段)、临床医学(专科)。本科层次9个新开设专业:物流管理(独立本科段)、心理健康教育(独立本科段)、中药学(本科段)、市场营销(独立本科段)、调查与分析(独立本科段)、商务英语(独立本科段)、法律(独立本科段)、人力资源管理(独立本科段)、室内设计(独立本科段)。2个处于停考过渡专业:中医学(本科段)、城市规划(独立本科段)。

2006年,上海市高教自考共计开设87个专业,其中专科层次43个,本科层次44个,1个本科层次的专业处于停考过渡期。新开考2个专科层次的专业,2个本科层次的专业。停考2个专科层次专业,1个本科层次专业。专科层次2个新开设的专业:劳动和社会保障(专科)、电子政务(专科)。2个停考专业:中医学(基础科段)、临床医学(专科)。本科层次2个新开设的专业:劳动和社会保障(独立本科段)、电子政务(独立本科段)。1个处于停考过渡的专业:城市规划(独立本科段)。1个停考专业:中医学(本科段)。

2007年,上海市高教自考共计开设92个专业,其中专科层次44个,本科层次48个,1个专科层次的专业处于停考过渡期,1个本科层次的专业处于停考过渡期。新开考1个专科层次的专业,4个本科层次的专业。专科层次1个新开设的专业:采购与供应管理(专科)。1个处于停考过渡的专业:监所管理(专科)。本科层次4个新开设的专业:采购与供应管理(独立本科段)、文化产业(独立本科段)、艺术设计(独立本科)、项目管理(独立本科)。1个处于停考过渡的专业:城市规划(独立本科段)。

2008年,上海市高教自考共计开设97个专业,其中专科层次48个,本科层次49个,1个专科层次的专业处于停考过渡期,1个本科层次的专业处于停考过渡期。新开考4个专科层次的专业,1个本科层次的专业。专科层次4个新开设的专业:民航服务与管理(专科)、会展策划与管理(专科)、数控技术应用(专科)、建筑工程管理(专科)。1个处于停考过渡的专业:监所管理(专科)。本科层次1个新开设的专业：工程管理(独立本科段)。1个处于停考过渡的专业：城市规划(独立本科段)。

2009年,上海市高教自考共计开设96个专业,其中专科层次47个,本科层次49个,1个专科层次的专业处于停考过渡期,1个本科层次的专业处于停考过渡期。新开考1个本科层次的专业。停考1个专科层次专业,1个本科专业停考。专科层次1个处于停考过渡的专业：餐饮管理(专科)。1个停考专业：监所管理(专科)。本科层次1个新开设的专业：动画(独立本科段)。1个处于停考过渡的专业：餐饮管理(独立本科段)。1个停考专业：城市规划(独立本科段)。

2010年,上海市高教自考共计开设96个专业,其中专科层次47个,本科层次49个,1个专科层次的专业处于停考过渡期,1个本科层次的专业处于停考过渡期。专科层次1个处于停考过渡的专业：餐饮管理(专科)。本科层次1个处于停考过渡的专业：餐饮管理(独立本科段)。

三、委托开考专业和合作项目

上海市高教自考在早期就有受委托开考专业的情况,如全国委托开考专业有经济学(独立本科段)、律师(专科、独立本科段)、监所管理(专科)、计算机信息管理(专科、独立本科段)、计算机网络(独立本科段)、公安管理(本科)、农业推广(专科)、档案学(独立本科段)等。上海市委托开考专业有保险(基础科段)、机关管理及办公自动化(专科)、护理学(专科、独立本科段)、机械制造及自动化(独立本科段)、档案管理(专科)、金融(专科、独立本科段)、中医学(本科)、旅游管理(导游方向)(专科)、旅游管理(独立本科段)、房地产经营与管理(专科)、房屋建筑工程(专科)、建筑工程(独立本科段)、临床医学(专科)、社会工作与管理(专科)、城市规划(独立本科段)等。

2003年至2010年,全国考委与全国各行业协会合作开考多个专业;市考委根据上海市实际需要,批准开设高教自考专业与行业职业资格证书项目,如餐饮管理专业(专科、独立本科段)与中国餐饮业职业经理人资格证书考试、调查与分析专业(独立本科段)与调查分析师证书考试、物流管理专业(专科、独立本科段)与中国物流职业经理资格证书考试、劳动和社会保障专业(专科、独立本科段)与劳动和社会保障岗位资格证书考试、采购与供应管理专业(专科、独立本科段)与中英合作采购与供应管理职业资格证书考试、商务管理专业(专科)和金融管理专业(专科)与中英合作商务管理与金融管理专业基础段证书课程考试双证书考试等。

表8‒1‒3　2004—2010年上海市高教自考合作项目报考人数情况统计表

证书考试时间	中国餐饮业职业经理人资格证书考试	调查分析师证书考试	中国物流职业经理资格证书考试	劳动和社会保障岗位资格证书考试	中英合作采购与供应管理职业资格证书考试	中英合作商务管理与金融管理专业基础段证书课程考试	非学历证书考试人数
2004年05月	197						197
2004年11月	256						256
2005年5月	200						200

（续表）

证书考试 时间	中国餐饮业 职业经理人 资格证书 考试	调查分析师 证书考试	中国物流 职业经理 资格证书 考试	劳动和社会 保障岗位 资格证书 考试	中英合作 采购与供应 管理职业 资格证书 考试	中英合作 商务管理与 金融管理 专业基础段 证书课程 考试	非学历证书 考试人数
2005 年 11 月	231	62	858				1 151
2006 年 5 月	272	85	889				1 246
2006 年 11 月	224	101	1 661				1 986
2007 年 5 月	141	103	2 618	202			3 064
2007 年 11 月	164	70	3 472	458	311		4 475
2008 年 5 月	148	87	4 569	442	1 085	4 013	10 344
2008 年 11 月	90	60	4 731	492	2 005	3 875	11 253
2009 年 5 月	57	78	5 224	533	3 779	3 688	13 359
2009 年 11 月	41	41	4 291	409	4 433	3 575	12 790
2010 年 5 月	22	54	3 959	629	6 737	3 002	14 403
2010 年 11 月	4	42	2 807	602	6 305	2 804	12 564
小　计	2 047	783	35 079	3 767	24 655	20 957	87 288

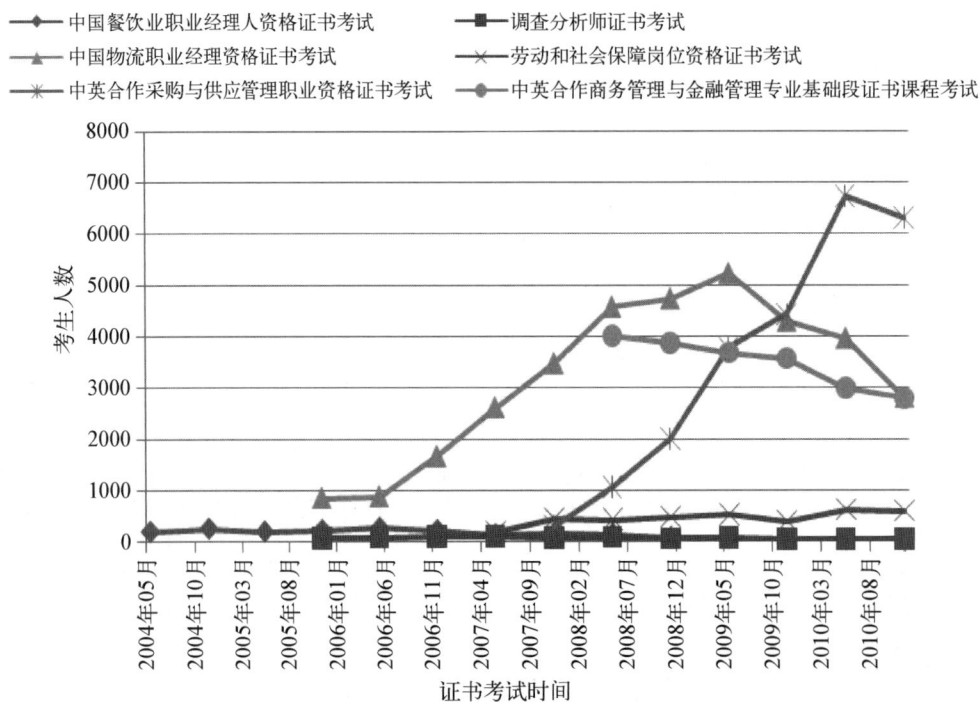

图 8 - 1 - 3　上海市高等教育自学考试合作项目

第二节　组织机构和管理模式

1981 年 6 月 6 日,市政府根据《国务院批转教育部关于高等教育自学考试试行办法的报告》和教育部《高等教育自学考试试行办法》,结合上海实际情况,批准《上海市高等教育自学考试暂行办法》,同意成立上海市高等教育自学考试委员会(简称"市考委")。由市政府教卫办、计委、高教局、人事局、劳动局、科技干部处等单位的负责人及有关高等学校的校院长和教授若干人组成,由副市长杨恺任委员会主任。办公室设在高教局内,人员编制和办公用房均在市高教局内调剂解决。

一、上海市高等教育自学考试委员会

市考委职责:贯彻执行高等教育自学考试的方针、政策、法规和业务规范;在全国考委关于开考专业的规划和原则的指导下,结合本地实际拟定开考专业,指定主考学校;组织本地区开考专业的考试工作;负责本地区应考者的考籍管理,颁发单作合格证书和毕业证书;指导本地区的社会助学活动;根据国家教育委员会的委托,对已经批准建校招生的成人高等学校的教学质量,通过考试的方法进行检查。

表 8-1-4　1981 年市考委组成人员名单表

主任委员	杨恺
副主任委员	闵淑芬、蔡祖泉、王达时、李鸿寿、向旭
委　员	杨恺、闵淑芬、蔡祖泉、王达时、李鸿寿、向旭、安善平、江礼达、潘文铮、杨琪华、张伟强、曹炎、葛大中、吴贻虹、宋兰舟、曹漫之、王敏、樊应观、徐中玉、陈志新、秦小孟
办公室主任	向旭

表 8-1-5　1986 年市考委组成人员名单表

主任委员	奚心雄
副主任委员	诸君汉、袁采、蔡祖泉、李鸿寿
委　员	白同朔、刘冰、朱依、吴汉民、陈秀凤、陈志新、陈鹏生、沈锡灿、张家祥、周恒、卓超、封锉、秦小孟、徐中玉、高文刚、郭苗钦、顾志产、顾国治

表 8-1-6　1997 年市考委组成人员名单表

主任委员	龚学平　上海市副市长
副主任委员	薛喜民　上海市教委副主任 胡启迪　上海市教育考试院院长(执行副主任) 汤云为　上海财经大学校长 严绍宗　复旦大学副校长 白同朔　上海交通大学副校长
委　员	孙路一　上海市委组织部副部长 许德明　上海市委宣传部副部长 杨定华　上海市纪委副主任

（续表）

委　员	陆海平　上海市建委副主任 曹　臻　上海市科委副主任 祝均一　上海市经委副主任 袁以星　上海市农委副主任 吴申耀　上海市总工会副主席 陈　靖　共青团上海市委副书记 孟燕坤　上海市妇联副主任 李保胜　上海市广播电影电视局党委副书记 王绍昌　上海市人事局副局长 任连友　上海市财政局副局长 阎友民　上海市劳动局副局长 潘建新　上海市物价局副局长 齐森华　华东师范大学教授 谭晶华　上海外国语大学副校长 曹建明　华东政法学院副校长 夏玲英　上海大学副校长 杨德广　上海师范大学校长 黄清云　上海电视大学校长 徐敏华　上海财经学校副校长 潘国祥　上海行政管理学校副校长 张持刚　上海市教委成教办主任 赵振华　上海市高教自考办主任

表 8-1-7　2009 年市考委组成人员名单表

主任委员	沈晓明　上海市副市长
第一副主任委员	翁铁慧　市政府副秘书长
常务副主任委员	薛明扬　市教委主任
副主任委员	王　奇　市教委副主任 李骏修　市教委副主任 李瑞阳　市教育考试院院长
委　员	杨建荣　市委组织部副巡视员 宋　超　市委宣传部副部长 阮显忠　市教卫纪工委书记 叶明忠　市发展改革委副主任 毛大立　市人力资源社会保障局副局长 石觉敏　市人力资源社会保障局巡视员 田春华　市财政局副局长 刘　建　市文广影视局副局长 李跃旗　团市委副书记 徐　枫　市工商局副局长 高惠荣　市消防局副政委 单　杰　市社团局副局长 桂永浩　复旦大学副校长 印　杰　上海交通大学副校长 郑惠强　同济大学副校长 庄辉明　华东师范大学副校长 涂善东　华东理工大学副校长

（续表）

委　员	谭晶华　上海外国语大学常务副校长 黄林芳　上海财经大学副校长 王立民　华东政法大学副校长 唐　豪　上海大学副校长 谢建群　上海中医药大学常务副校长 丛玉豪　上海师范大学副校长 徐小薇　上海对外贸易学院副院长 汪　泓　上海工程技术大学校长 陈东辉　上海应用技术学院副院长 杨若凡　上海电机学院副院长 方名山　上海商学院院长 许　敏　上海公安高等专科学校副校长 陈　信　上海电视大学副校长 田蔚风　上海市教育委员会高等教育处处长 王　宏　上海市教育委员会终身教育处处长 马宪国　上海市教育委员会发展规划处处长 汪歆萍　上海市教育委员会学生处处长 孙长庚　上海市教育考试院自学考试办公室主任 朱　坚　上海市教育督导执法事务中心主任

二、上海市高等教育自学考试委员会办公室

作为市考委的日常办事机构，上海市高等教育自学考试委员会办公室（简称"市自考办"）最初设在高教局内。

1991年根据上海市编制委员会《关于同意建立上海市教育招生考试中心的通知》，上海市高等学校招生委员会办公室、上海教育考试中心办公室和上海市高等教育自学考试委员会办公室合并，组建为上海市教育招生考试中心。上海市教育招生考试中心内设综合处、高中会考处、自学考试处、命题处、普通高校招生处、成人高等学校招生处、招生考试研究室。自学考试处（同时使用"上海市高等教育自学考试委员会办公室"的名义），主管自学考试的专业审定、学籍管理等行政管理和考务工作；命题处（同时使用国家高等教育自学考试委员会批准成立的"全国高等教育自学考试指导委员会上海命题中心"的名义），主管高中会考、普通高校本、专科招生考试和部分自学考试的命题工作。

1995年2月根据《中共上海市委、上海市人民政府关于同意组建上海市教育考试院、上海市教育科学研究院的批复》，上海市教育招生考试中心、上海市中等学校招生办公室和上海市中等专业教育自学考试办公室撤销，组建为上海市教育考试院。6月15日市教育考试院正式宣告成立。8月上海市编制委员会《关于确定市教育考试院内设机构和人员编制的通知》，同意市教育考试院内部机构设置办公室、考试处、自学考试处、高等学校招生处、中等学校招生处、考试研究信息统计处，党的机构设党委办公室。按照该批复，经研究决定市教育考试院内设党委办公室、院办公室、高等学校招生办公室、中等学校招生办公室、自学考试办公室、考务管理办公室（简称"六办"），命题、研究与信息中心（简称"一中心"）。

1997年5月，市教育委员会《关于调整充实上海市高等教育自学考试委员会成员的通知》指出，"上海市高等教育自学考试委员会办公室设在市教育考试院内"。

三、主考学校

主考学校由市考委遴选专业师资力量较强的全日制普通高等学校担任。主考学校在高教自考工作上接受上海市考委的领导,参与命题和评卷,负责有关实践性学习环节的考核,在毕业证书上副署,办理市考委交办的其他有关工作。

上海市高教自考主考学校从最初的 5 所,逐渐发展到 2010 年的 19 所。期间有些主考学校因为高校合并或者专业停考而不再出现在市主考学校的名单上。上海教育学院已并入华东师范大学,上海第一医科大学已并入复旦大学,上海旅游专科学校现已并入上海师范大学,上海第二医科大学的唯一的临床医学专业,在 2005 年根据全国考办的要求停考后未再开设其他自考专业,该校也已并入上海交通大学。

2010 年上海市高教自考有 18 个主考学校,专业开设和报考人数的具体情况如下。

表 8 - 1 - 8　2010 年上海市高教自考基本情况统计表

学校名称(学校代码)	专科专业	本科专业	专业合计	专科报考人数	本科报考人数	报考人数合计
华东师范大学(31)	5	7	12	7 641	13 938	21 579
上海外国语大学(32)	2	2	4	10 936	8 802	19 738
上海财经大学(33)	2	4	6	8 934	23 475	32 409
华东政法大学(34)	2	4	6	4 991	12 997	17 988
上海公安高等专科学校(35)	1	1	2	15	137	152
复旦大学(37)	5	6	11	17 528	19 028	36 556
上海交通大学(38)	3	2	5	3 218	2 144	5 362
上海大学(41)	4	6	10	2 701	3 102	5 803
上海工程技术大学(40)	6	4	10	8 474	3 621	12 095
上海对外贸易学院(42)	1	2	3	3 872	3 085	6 957
上海中医药大学(43)	1	1	2	275	318	593
上海师范大学(45)	5	6	11	5 467	6 167	11 634
上海开放大学(47)	3	0	3	373	0	373
同济大学(48)	3	2	5	1 795	1 428	3 223
华东理工大学(54)	2	1	3	7 049	14 904	21 953
上海应用技术学院(55)	2	1	3	1 529	979	2 508
上海商学院(56)	1	0	1	1 438	0	1 438
上海电机学院(36)	1	0	1	641	0	641

四、上海管理模式

上海市高教自考在 30 多年的运行、管理过程中形成独具特色的上海管理模式。具体是指上海市高教自考管理机构以宏观政策管理为主导（包括点面结合进行监督检查），充分发挥和依靠上海主考高校的作用（如直接进行考务考籍管理，及时提出开设新专业、调整课程以及修改教材的建议，参与对助学机构的监督、指导等）来举办高教自考。这是一种自考管理机构与主考高校通力协作、共同举办高教自考的管理模式。

与全国其他省市（省、市、区自考办）三级管理模式有所不同，上海只设市考委与主考高校两级机构，不设区县一级的自学考试办公室。自学考试的具体考试组织工作，在市考委统一领导、安排和指导下，由主考高校组织实施。市考委进行宏观协调和监督检查工作。市考委将考籍管理工作交给主考高校，但对主考高校的考籍管理依法行使领导权和监督权。高教自考考生取得一门课程单科合格证书后，由主考高校为其建立考籍管理档案，但须报市自考办审核备案。

第三节　考试管理

一、专业课程管理

上海市高教自考严格执行国务院《高等教育自学考试暂行条例》和国家教委《高等教育自学考试开考专业管理办法》相关规定，管理全市高教自考专业的设置和开考、专业考试计划、专业层次和专业类型、课程学分、课程设置类型和比例、专业课程数和学分要求、实践性环节、课程考试大纲、公布和调整时的规范流程等。

【专业开设和主考学校遴选】
上海市高教自考专业和课程管理，首先关注社会需求，根据高教自考专业管理办法中有关主考学校的条件要求，对申请专业的高校进行初步考察，并与相关学校的专家一起对申请的专业进行研究，最后按照申报审批流程严格把关。其中，非常重要的工作是遴选主考学校，必须按照专业管理办法中主考学校条件规定，对申报专业的高校加以遴选。在遴选主考学校的过程中，一般向相关专业学校征询意见，考察相关学校办考的积极性、专业开设条件等再做决定。如已是高教自考主考学校的话，还要考察以往办考的情况；如不是主考学校，则需对其是否有资格担任主考学校进行综合考察后再做决定。

【专业课程管理及专业停考】
专业和课程管理工作主要是按正常的工作流程进行动态管理，每年公告专业课程的考试时间、教材和考纲等。专业调整一般由全国考办下发文件或者由主考学校提出申请。前者按相关文件要求执行，后者经专家组审核作出决定后处理，并告知社会。高教自考专业或考试项目停考一般分两种情况；第一种是上海市自主决定停考的高教自考专业，一般由相关主考学校提出停考专业申请，获准后制定停考过渡方案，提前半年时间发出通告告知社会和考生。通常安排两年的停考过渡期，相同课程名称、相同课程代码、相同学分的课程可以被其他专业中认可。第二种是由全国考办提出停考专业，一般按照其相关文件要求执行。

二、命题中心及命题管理

【全国高等教育自学考试指导委员会上海命题中心】
1988 年 3 月 3 日，国务院关于发布《高等教育自学考试暂行条例》的通知，明确全国统考课程由全国考办命题二处及全国考委下属的 17 个命题中心承担。1990 年,全国考委上海命题中心(以下简称"上海命题中心")正式成立,是首个自考省级命题中心。中心设在上海市高等教育自学考试办公室内,不仅承担上海市高教自考试卷命题工作,学历文凭考试试卷命题和制卷工作、成人高师"三结合"培训考试命题和制卷工作,还受全国考办委托命制全国高教自考试卷。2002—2010 年高教自考试卷命题和制卷工作量如下表。

表 8-1-9　2002—2010 年上海市高教自考试卷命题统计表

年　份	全国卷或华东卷	市级统考卷	学历文凭试卷	成人高师"三结合"培训	其　他	小　计
2002	41	82	146	198	82	549
2003	53	89	153	205	24	524
2004	73	112	151	154	11	501
2005	93	190	151	159	13	606
2006	129	220	248	113	7	717
2007	129	236	329	144		838
2008	124	258				382
2009	113	280			19	412
2010	116	281			18	415

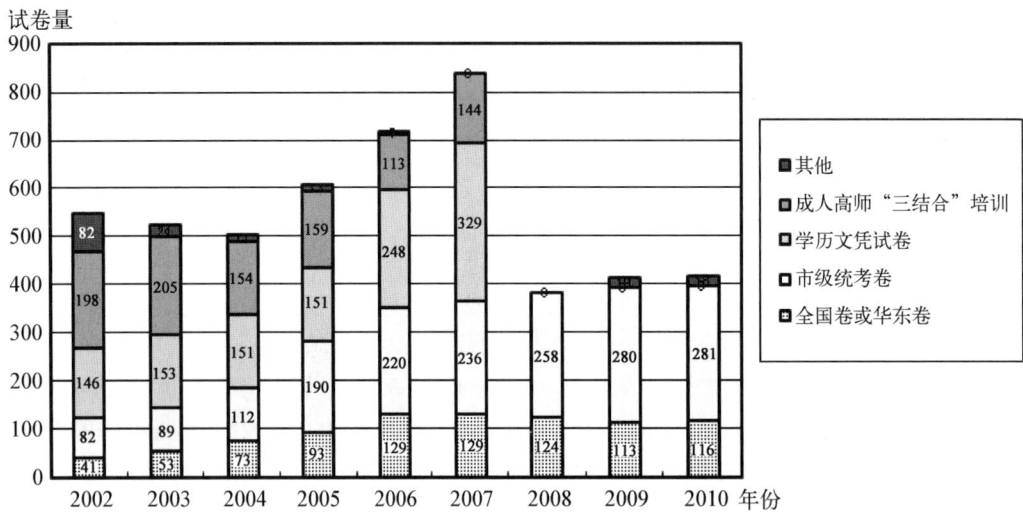

图 8-1-4　2002—2010 年上海命题中心课程试卷的命题量统计

表 8-1-10　2002—2010 年上海命题中心试卷制卷统计表

2002	2003	2004	2005	2006	2007	2008	2009	2010
647	983	1 074	1 320	1 633	1 633	1 688	1 915	2 075

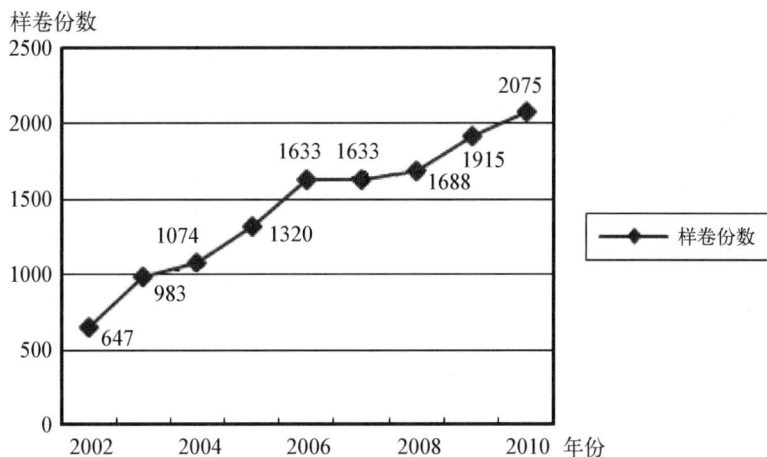

图 8-1-5　2002—2010 上海命题中心全国统考卷制卷量

【命题组织和管理】

高教自考命题有全封闭入闱、集中入闱与分散工作相结合等方式。上海命题中心在推荐、选聘和培训命题教师方面有一套严格的工作程序。主考学校必须依照相应的条件和标准推荐命题教师,供上海命题中心审核和选聘。上海命题中心对受聘命题教师进行培训。命题工作的一般流程包括:科学地制定命题细目表;试题按照考试大纲规定的考试内容及认知层次,并结合自学考试性质特点和课程教育目标设计试题,要求试题题意完整明确,提问简明准确,参考答案科学无误,赋分合理等;从通过审查的试题库中抽取合适的试题,按照题型排列,每种题型中各小题由易到难的顺序,编排所选试题流水号,组配成一套试卷题卡;审查试卷的整体质量和难度;根据审题意见修改;制卷;在考试完成后对试卷进行评价,一般采取点面结合、定性与定量相结合的评价方式。

1995 年 4 月 18—19 日,市自考办承担的全国考委"七五""八五"重点科研项目"经典测量理论(CTT)与项目反应理论(IRT)结合在高教自学考试题库(逻辑学)建设中的应用"在上海通过鉴定。该科研项目由市自考办组织自考研究人员、教育测量专家、逻辑学专业教授以及计算机专业人员经过 6 年的共同研究完成。由国家教委高等教育自学考试办公室主持召开成果鉴定会。该项目获得了原国家教委考试中心颁发的"第三届全国标准化考试创新奖"一等奖。

2003 年 11 月 28—29 日,全国高教自考命题中心工作会议在上海召开。会议主题是贯彻落实全国考委五届二次会议及 2002 年成都全国高教自考命题工作会议精神;上海市对进一步加强全国统考课程命题工作,提出不断提高命题工作质量,确保试题安全的科学化和规范化管理的改进意见。

2005 年 9 月 21—23 日,按照 2005 年命题中心综合评估工作安排,全国考办组织命题中心管理工作评估专家组,对上海命题中心进行了命题管理工作评估。专家组认为,上海命题中心的建设和管理成效显著,命题质量和命题管理工作评估达标。被评课程的命题符合课程自学考试大纲的要求,考试标准把握基本准确,试题内容科学,试卷结构合理,试卷格式规范,命题质量符合要求。中心的建设和发展得到各级领导的高度重视,多年来为全国统一命题工作做出了重要贡献;命题管理人员队伍稳定,结构合理,业务素质较高;各种硬件条件能基本满足命题工作需要;命题管理工作规章制度健全;命题安全保密工作基本符合有关保密要求;命题的组织与实施规范;重视对命题教师的选聘和培训工作;坚持开展试卷的定性定量分析以及考试情况的统计和信息反馈工作,为改进命题提供了条件;注重制订命题中心的发展规划和工作目标;没有发生重大失误和违规行为。

2007年3月,上海命题中心获全国考委颁发的"全国高等教育自学考试命题工作优秀奖"。2009年12月,上海市命题中心获上海市教育系统妇女工作委员会、上海市教育工会女职工委员会颁发的"上海市教育系统巾帼文明示范岗"。

三、考务考籍管理

上海市高教自考考务考籍管理发展大致经历四个阶段。

第一阶段:1982—1993年,手工管理阶段。以纸质的准考证、考生资料卡、考生档案袋、单科合格证书、合格成绩登记册等为中心的手工操作管理体系。

第二阶段:1994—2001年,计算机辅助管理阶段。上海自考首套计算机辅助管理软件投入使用,考务考籍管理工作进入了计算机辅助管理阶段。新的辅助管理软件通过使用OMR光电阅读技术、数据库技术等现代信息处理方法,初步实现了成绩资料和考生档案信息的电子化保存。

第三阶段:2002—2006年,计算机网络化协作管理阶段。2002年起,上海市高教自考开始使用新的网络化考务考籍管理系统,高教自考考务考籍管理进入全面的计算机网络化协作式管理阶段。由于使用了网络与大型数据库技术,实现了综合复杂数据的存储、检索、处理功能,使自考考务考籍管理彻底实现计算机管理。除少数档案资料外,基本实现无纸化工作。

2004年12月22日,《上海市高等教育自学考试考务考籍管理工作规则》印发,从总则、报名、试卷的印制和运送与保密、考试实施、评卷与分数报告、考籍管理、考试信息管理、附则八个方面,分76条款提出具体要求。考务日常工作包含15个主要工作环节:考务日程安排、报名报考组织、考场组织、座位安排、试卷及辅助材料印刷、考卷分发保管、考试实施、考风考纪监督、答卷回收、试卷阅卷组织、登分管理、成绩复核、成绩发放、毕业证书打印、毕业证书发放等。考务信息处理工作包含12个主要工作环节:考试计划信息录入、报名报考信息采集、座位信息生成、试卷印刷数据生成、答题卡阅卷、登分数据管理、成绩合成、成绩库维护、毕业生电子注册、考试日常统计数据生成、考后数据详细统计报告、考生服务性信息发布等。考籍管理工作包含7个主要工作环节:考试违纪处理、考生免考审核、考生考籍转移、考生毕业审核、考生学位申请、毕业生名册归档、学历证明开具等。每个环节都要求严格按照规定认真仔细地执行。

2005年4月14—19日,按照教育部考试中心的工作部署,全国高教自考考务考籍评审工作组一行12位专家,对上海市高教自考考务考籍管理工作进行了质量评审检查。在评审检查期间,评审组听取了市教育考试院副院长金彪关于"上海市高等教育自学考试考务考籍管理评审自评"的汇报,并对上海市高教自考考务工作进行了全面的检查、评审。检查内容包括考试组织、试卷运送、保密安全措施以及考场管理与考风考纪。先后共计检查了19个考点668个考场、14个主考院校和区招办保密室。抽检的考点占全市18.8%,考场占6.1%,保密室占48.3%。同时,对市教育考试院自考办的办公场所和保密室进行了检查。

评审工作组认为,上海市高教自考考务考籍管理工作领导重视、认识到位、组织严密、管理严格、试卷安全、注重实效、考风考纪良好。尤其是在面临突发事件时,能从容应对,处置有力,充分体现了上海高教自考管理的水平与能力。同时,评审工作组对保密室、考点、考场管理中存在的不足之处也提出整改建议。

第四阶段:2007—2010年,跨网络管理与服务平台阶段。随着新的互联网技术的发展与普及。

上海市高教自考在原局域网络的网络化考务考籍管理系统基础上,打破局域网限制,升级建立跨网络的管理与信息服务平台。初步完成了网上教材销售、网上报名报考、座位查询、成绩查询、在线咨询等信息化服务功能。

四、社会助学组织

建立、健全自学考试社会助学组织工作制度,是保障社会助学活动健康发展、保证自学考试教育质量,以及满足广大应考者接受教育需要的重要措施。国家鼓励企业、事业单位和其他社会力量,根据高教自考的专业考试计划和课程自学考试大纲的要求,通过电视、广播、函授、面授等多种形式开展助学活动。各种形式的社会助学活动,应当接受高教自考管理机构的指导和教育行政部门的管理。上海市高教自考社会助学组织分普通高校、成人高校、民办高校、民办非学历机构、其他等5种形式,各级领导非常重视社会助学活动的指导、监督工作。

2007 年 3 月,上海市高等教育自学考试委员会办公室,获全国高等教育指导委员会颁发的"全国高等教育自学考试社会助学工作优秀奖"。

2010 年,市教委、市教育考试院关于《高等教育自学考试社会助学管理工作实施细则》再次强调并规定,进行社会助学活动的教育机构,应将办学资质和条件、开设专业、学习时限、辅导方式、教师来源等,由市、区教育行政部门及自学考试办公室进行评估和注册登记。

为进一步落实高教自考社会助学工作,上海市提出高教自考社会助学组织登记注册及年度备案制;按照上海市高教自考社会助学组织登记注册及年度备案告知承诺书的要求,将各高教自考助学单位的登记注册及年度审核中所需资质、材料、年度备案时间等材料分别以书面形式告知;同时,要求各助学单位就自身义务作出相应承诺。

2010 年前后,上海市注册登记及年度备案的社会助学组织分类统计资料见下表。

表 8 - 1 - 11　2008—2010 年上海市高教自考社会助学组织分类统计表

社会助学组织分类	2008 年		2009 年		2010 年	
		%		%		%
普通高校(所)	21	19.4	9	20.5	12	21.8
普通高校(人)	10 017	19	4 006	21.9	8 262	30.5
成人高校(所)	1	0.9	1	2	1	1.8
成人高校(人)	4 583	8.8	588	3.2	1 457	5.4
民办高校(所)	8	7.5	5	11.5	7	12.8
民办高校(人)	5 155	9.9	489	2.7	2 377	8.8
民办非学历机构(所)	62	57.4	28	64	34	61.8
民办非学历机构(人)	24 459	46.8	13 091	71.5	14 884	54.9
其他(所)	16	14.8	1	2	1	1.8
其他(人)	8 087	15.5	135	0.7	102	0.4
合计(所)	108	100	44	100	55	100
合计(人)	52 301	100	18 309	100	27 082	100

社会助学按学习形式可以分为全日制和业余制,参加 2008 年至 2010 年上海市高教自考社会助学的自考生,按学习形式分类统计情况如下表。

表 8‑1‑12　2008—2010 年上海市高教自考社会助学的自考生情况表

2008 年至 2010 年上海市高教自考社会助学按学习形式自考生人数统计分类	按学习形式分						合　计		
	全日制			业余制					
	2008	2009	2010	2008	2009	2010	2008	2009	2010
(人)	26 143	5 128	9 041	26 158	13 181	18 041	52 301	18 309	27 082
％	49.99	28	33.4	50.01	72	66.6	100	100	100

说明:按学习形式分类统计。

五、表彰先进

【自考生毕业典礼】

从 1985 年到 2000 年,上海市共举行三次全市性高教自考毕业生典礼。

1985 年 3 月 25 日,上海市高教自考首届毕业典礼举行。市长汪道涵,市政府顾问、市考委主任杨恺向 338 名首批专科毕业生颁发了毕业证书。会议宣布,在逐渐扩大高教自考规模的同时,举办上海中专自考学考试,1985 年 6 月举行首次考试。市长汪道涵在会上讲话表示,上海需要多种形式、多种渠道地培养人才,首先是培养在职干部。团市委授予朱顺林(玻璃搪瓷研究所翻译)、庄起敏(杨树浦发电厂教育培训中心教师)、谢振滨(市供销社教育处干部)、季晓东(上海警备区政治部宣传处干事)、顾美华(仪表局党校教员)、范希平(团市委副书记)、李毓毅(机电一局团委书记)、沈伟民(文化局团委常委)、达高峰(市建五〇六工程队起重工)、达真理(市房屋材料公司吴淞供应站职工)、陆燕萍(虹桥医院护士)等 11 位毕业生"上海市青年自学标兵"称号。

1999 年 1 月 23 日,市考委在同济大学一二九礼堂举行"上海市 1998 年度高等教育自学考试毕业典礼"。毕业典礼由市考委副主任、市教育考试院院长胡启迪主持,副市长、市考委主任周慕尧讲话。上海印钞厂职工赵祖仁、九六届高中毕业生张效、交通部石油部海洋水下工程科学研究院陆莲芳作为学生代表发言。在会上发言的还有主考学校代表、教师代表、用人单位代表、助学单位等。

2000 年 1 月 15 日,副市长周慕尧出席在复旦大学相辉堂举行的"1999 年度上海市高教自学考试毕业典礼暨优秀毕业生表彰大会",接见优秀毕业生代表,并讲话表示:"全市性的自考毕业典礼鼓励市民自学成才,应该年年举行。别的毕业典礼我可以不出席,但自学考试毕业典礼我不能不参加。"

【表彰和嘉奖】

1992 年 5 月 7 日,为了弘扬残疾人自学成才的事迹和自立自强的拼搏精神,市考委在上海教育学院召开"全国优秀残疾人自学成才表彰会",并向获奖者颁奖。获全国考委和中国残疾人福利基金会 1991 年度嘉奖的 9 名残疾人考生:王志卫、胡初才、郑民强、倪春萱、朱廉均、经百阳、朱国英、俞立标和蒋丽娜。

1992 年 12 月 29 日,庆祝上海市高教自考开考 10 周年大会召开。市委领导陈铁迪和全国考办负责人杨伯熙出席大会并讲话。

1996年9月10日,全国考委决定,对从事自学考试工作累计达10年以上的自考管理机构工作人员4 454人颁发荣誉证书,以表彰他们为自考事业做出的贡献;上海有46位人员获得此项荣誉。

1997年5月21日,上海市第一次召开全市性的高教自考工作会议。会议表彰全国和上海市高教自考自考工作先进集体和先进个人,宣布新一届市考委组成人员名单。会议由市教委主任郑令德主持,副市长龚学平讲话,肯定了高教自考15年来取得的显著成绩,对完善国家的教育制度,形成好学向上的良好社会风尚所起的积极作用;同时,对上海市高教自考工作提出希望。这次会议对上海市高教自考的发展具有重要影响。

2004年5月28日,市自考办举行2004年上海市高教自考宣传工作会议暨自考全国先进集体和个人表彰会,对先进集体和个人予以表彰。在全国考办组织的“自学考试示范性助学组织”“全国自学成才奖励基金”“华夏大地教育网高等教育自学考试奖学金”优秀自考生评选活动中,上海市黄浦区业余大学、上海市广博进修学院、上海市虹口区业余大学获“自学考试示范性助学组织”称号。严又绿、江觉渊、杨鋈芳、李耀达、陈丽萍五名考生获“全国自学成才奖励基金”;谷达祺、俞革命红、范旭坤三名考生获“华夏大地教育网高等教育自学考试奖学金”。

2001年2月16日,教育部和北京市人民政府在人民大会堂联合召开高等教育自学考试制度建立20周年纪念大会。会上,国家教育部表彰了先进集体和先进个人。在全国省级自学考试单项工作优秀奖名单中:上海市高等教育自学考试办公室获教材媒体建设工作优秀奖和专业管理工作优秀奖两个奖。先进集体名单:复旦大学、华东政法学院、上海大学自学考试办公室、上海财经大学自学考试办公室、嘉定区招生考试办公室、上海外国语大学自学考试办公室、宝山区自学考试办公室、上海市第一电子信息应用教育中心。先进个人名单:毛思清、董新妹、虞佩珍、李晓星、范正威、王碧蓉、陶和林、余夕同、陈雪玲、徐良贤、桑玉成、范显义。

2001年4月27日,上海市高等教育自学考试工作会议暨表彰大会在华东政法学院隆重召开。市考委副主任、市教育考试院院长胡启迪、市教育考试院副院长金彪、华东政法学院党委书记祝林森、上海市教委职成教处副处长翁亦诗等出席大会,并向复旦大学、华东政法学院等8个“全国高等教育自学考试工作先进集体”、范正威等12位“全国高等教育自学考试工作先进个人”,以及上海应用技术学院继续教育部等24个“上海市高教自考先进助学单位”授予奖牌和奖状。

2002年12月30日,上海市纪念高教自考开考20周年暨先进表彰大会,在上海第二医科大学懿德楼大礼堂内隆重举行。副市长周慕尧,市政府副秘书长、市教育党委书记王荣华,市教委主任张伟江,市教委副主任、市考委副主任薛喜民,市教委副主任王奇,市教育考试院院长李瑞阳以及各主考学校代表、自考学生代表及自考工作人员500余人出席会议。

会上,市教委主任张伟江做了题为《继往开来,发挥高等教育自学考试制度在终身教育、继续教育体系中的积极作用》的工作报告。市教育党委书记王荣华宣读了《上海市高等教育自学考试委员会、上海市教育委员会关于表彰高等教育自学考试先进集体和先进个人的通知》。主考学校代表、上海工程技术大学校长汪泓,自考生代表、江南大学讲师卞显红分别做了发言。周慕尧副市长讲话,对自学考试20年来的成绩给予高度赞扬。大会还对16个先进集体和29位先进个人进行了表彰。

2007年4月12日,9个全国高教自考工作先进集体和15位先进个人受到市考委表彰。他们分别为上海交通大学自学考试办公室、华东师范大学自学考试办公室、复旦大学自学考试办公室、上海工程技术大学自学考试办公室、上海师范大学自学考试办公室、上海大学自学考试办公室、华东理工大学自学考试办公室、上海市民进自强进修学院、上海外国语大学嘉定外国语实验高级中

317

学,以及郑煜、申正、叶钰文、李微、朱晓枫、区枫、赵敏、李军、齐伟均、徐卫、邹益、黄上腾、姜梅、袁佩卿、顾亚潞。

2008年8月20日,《文汇报》刊登《沪上84岁自考生坚持赶考近20年"奶奶考生"读书不为文凭》的报道,在社会上引起积极反响,仅在网上可搜索到60多条相关新闻。该考生接受东方卫视的真情实录采访,节目播出后得到社会的广泛认可;该考生进入上海教育年度新闻人物;同时进入2008年中国教育年度新闻人物。

六、宣传

【《家庭教育时报·自学考试专刊》】

1986年3月11日,《自学考试导报》创刊号发行,在头版发表发刊词《加强宣传指导、促进人才成长》。原教育部副部长臧伯平专门为《自学考试导报》题词:"办好导报以促进自学考试事业"。

2002年3月,《自学考试导报》正式改版为《家庭教育时报·自学考试专刊》,由市自考办和上海教育报刊总社联合主办,纳入正规发行渠道,并充分发挥各自优势,更好地为广大自学考试考生服务。2005年7月,《家庭教育时报·自学考试专刊》获全国优秀自考报刊一等奖,并获5项单项奖。

2008年11月29日,为创刊百期纪念,该报刊发了系列报道《10平米小屋内的成才梦——一个农民工不平凡的自考路》《83岁老人诠释"终身教育内涵"——上海市最年长自考生王邑生的自学史》《丁兴锋:从中专生到博士生——12年自考路助他华丽"转身"》等,真实地反映了上海自考生各群体的奋发努力、自学成才的事迹。

【上海市高等教育自学考试考生报考指南】

为提升高教自考专业管理的科学化和规范化水平,向自考生提供准确的报考与学习指导信息,从2005年开始,市自考办编制《上海市高等教育自学考试考生报考指南》。此后,又修订了2006年版、2007年版、2009年版和2010年版的《上海市高等教育自学考试考生报考指南》。

【现场咨询活动推广和网上在线咨询活动】

为进一步宣传上海市高教自考改革和发展的大好形势,使广大考生深入了解高教自考的方针、政策和专业设置等有关情况,加强考生与主考学校及社会助学单位的沟通和联系,市教育考试院于1996年8月31日—9月1日,举办了第一次高等教育高教自考暨学历文凭考试大型咨询活动,有10余所高教自考主考高校、20余所学历文凭考试试点院校和上百个助学组织进场设摊,前往咨询的计有两万多人次,受到广大考生和社会的欢迎。

2005年8月20日,为了扩大自考的社会影响,市自考办联合主考高校,在东方网首次举办上海市高教自考网上咨询活动,面向社会宣传高教自考,满足广大考生自考咨询的要求;首次全市高教自考网上在线咨询活动受到了广大考生的普遍欢迎。咨询活动当日,市自考办和主考高校的70多位从事高教自考工作的教师在线回答了社会和自考生的提问。网上咨询平台的访问超过4 000人次。从咨询的内容看,既有综合性的问题如对高教自考、成人教育、网络教育等之间的区别等问题的咨询,也有报考办法等常识性的问题,但更多的是自考证书的社会认同问题。另外,有不少自考生对其不能参加英语四、六级考试提出质疑。

2006年6月23日,在上海工程技术大学(松江校区)图文信息中心召开上海市高教自考劳动和社会保障专业与劳动和社会保障职业资格证书合作项目开考新闻发布会。

从 2008 年到 2010 年,共举行三次上海市高教自考网上在线咨询活动。每年 6 月份市自考办与各主考院校自考办、《东方教育时报·自学考试专刊》与博益网等单位近百位工作人员,在网上在线解答自考生及其他社会人士的提问。各主考院校自考办事先认真准备,归纳整理了近期的热点问题,如毕业申请需要的条件、免考的相关规定、证书考试相关政策等;市自考办也从考务考籍、命题和评卷、专业计划和课程安排、自考教材和大纲、助学机构及管理等做了充分准备,从而保证了大部分提问能够在网上得到快速准确的在线解答。

七、理论研究和探索

【CTT 和 IRT 理论在高等教育自学考试题库(逻辑)建设中的应用】

1995 年上海市高教自考完成了全国科研重点项目"CTT 和 IRT 理论在高等教育自学考试题库(逻辑)建设中的应用",通过了原国家教委组织的专家组的鉴定,获得了原国家教委考试中心颁发的"第三届全国标准化考试创新奖"一等奖。

【春华秋实二十载——我和自学考试】

2002 年由李瑞阳和金彪主编的《春华秋实二十年——我和自学考试》面世。该书分为创业篇、校长篇、专家教授篇、院校篇、甘苦篇、助学篇等,全方位地记录和展示了上海市高教自考在各个领域中的发展、取得的成果,以及对高教自考的思考和探索。

【高等教育自学考试上海管理模式研究】

2005 年,市自考办出版《高等教育自学考试上海管理模式研究》一书,该书分三个部分,上篇为《高等教育自学考试上海管理模式发展概论》,中编为《主考学校的实践与探索》,下篇为《自考管理人员的心声》。该书对高教自考上海管理模式的特征与优势以及产生背景与基础、在高教自考实践中的效果、基本经验、理念支撑、主考学校管理实例、创新发展等进行了详细介绍和综合分析。

表 8-1-13　1997—2010 年上海市高教自考研究成果一览表(按出版年份排序)

论文名或书名	作　者	所在论文集或期刊的名称	出　版　社	出版年月
上海市高等教育自学考试的回顾与展望	金彪　瞿凯诚	第五届全国教育考试科研讨论会论文集国家教育委员会考试中心编	北京:高等教育出版社	1997.6
论高等教育自学考试是一种新型的高等教育形式	瞿凯诚执笔	第五届全国教育考试科研讨论会论文集国家教育委员会考试中心编	北京:高等教育出版社	1997.6
春华秋实二十载——我和自学考试	李瑞阳　金彪主编		上海:上海人民出版社	2002
浅谈确保命题质量的几个关键环节	俞惠平	中国考试		2004 年第 5 期

（续表）

论文名或书名	作　者	所在论文集或期刊的名称	出　版　社	出版年月
落实"三基"与注重培养能力相结合——从一次《中国古代文学作品选（二）》试卷定量评析谈起	俞惠平	中国考试		2004年第11期
高等教育自学考试上海管理模式	上海市高等教育自学考试办公室		北京：高等教育出版社	2005.3
坚持试卷质量评估与反馈提高高等教育自学考试命题工作质量	俞惠平	中国考试		2005年第12期
高等教育大众化背景下自学考试课程考核目标	上海市教育考试院课题组	中国高等教育学会自学考试分会年会论文集中国高等教育学会自学考试分会编	沈阳：辽宁教育出版社	2006.1
掌握自学考生学习心理意向，搞好助学工作	虞佩珍	中国高等教育学会自学考试分会年会论文集中国高等教育学会自学考试分会编	沈阳：辽宁教育出版社	2006.1
高等教育自学考试与构建社会主义和谐社会	金彪　瞿凯诚	中国高等教育学会自学考试分会自学考试高层论坛文集	武汉：湖北长江出版集团湖北人民出版社	2007.6
课程"超市"模式的构想及探讨	虞佩珍	中国高等教育学会自学考试分会年会论文集中国高等教育学会自学考试分会编	北京：机械工业出版社	2007.9
探索与创新——上海成人高等教育的改革（第五篇《自考篇》）	范玲玲　瞿凯诚	上海高等教育文库·改革发展篇	上海：华东理工大学出版社	2008.1
网络环境下自考宣传的挑战与对策	徐小莲	吉林省教育学院学报		2008.9
关于自学考试专业选择的探讨	徐小莲	考试周刊		2008年第23期
经典测量理论指导下的试卷质量评估研究	王晓华	中国考试		2009.9
多种测量理论相结合的命题质量评价	王晓华	中国考试		2010.6
新时期高等教育自学考试的特征析论	陈均　孙长庚　范玲玲	中国高等教育学会自学考试分会年会论文集中国高等教育学会自学考试分会编	北京：高等教育出版社	2010.8
论高等教育自学考试命题科学化、规范化和信息化融合发展	王晓华	招生考试研究		2010.6

说明：本表是1997—2010年上海市高等教育自学考试相关研究成果的不完全统计。

第四节　高等教育学历文凭考试试点

一、办学概况

高等教育学历文凭考试,是国家在特定时期推出的学校办学与国家考试相结合的一种全日制高等教育形式。

为缓解"高考录取率低、上大学难"的矛盾,同时推进国内民办高等教育的发展,国家教委在充分征求各方意见的基础上,于1993年首先批准北京市教委进行"高等教育学历文凭考试试点",为部分不能进入普通高校学习的高中毕业生,开辟了一条全日制、系统地接受高等教育的途径。

1995年11月23日,在人民大会堂召开了北京市首届"高等教育学历文凭考试"毕业生颁证大会,国务院副总理李岚清出席,并为毕业生颁发毕业证书。李岚清在会上指出:"我们国家人口多底子薄,仅仅靠现有的普通高校培养的人才远远不能满足需要,建立一套区别于普通高等院校的多种类、多规格、多层次的考试制度,是适合中国国情的一个创造。"从此,学历文凭考试试点工作,先后在辽宁、上海等18个城市逐步推开。

1995年,国家教委批准上海市进行国家学历文凭考试的试点工作;市教委及时批准正在筹建的民办东海学院(筹)、民办济光学院(筹)等6所民办高校全部参加学历文凭考试试点。同时,从1997年起,市教委每年七月在报刊上公告招生专业、人数。为保证学校教学质量,市教委明确规定了招生条件、对象;如招生对象为高考落榜生,录取标准以当年高考成绩为主要依据,参考相关学科的会考成绩,一般掌握在专科录取线下50分以内;1999年后试招"三校生",录取标准掌握在高职录取线下30分以内,并要求专业相近。由于生源质量较好,从而保证了教学质量的提高;全市学历文凭考试统考合格率,每年均在全国前三名。此外,市教委对试点学校的专业设置、收费标准、学籍管理等都有明确要求,做到统一宣传、统一招生、统一收费、统一录取通知书等各项工作规范、有序。到2004年学历文凭考试试点工作结束。

八年来,全市先后有34所院校参加学历文凭考试试点工作,共开设有45个应用型、职业型和社会急需的专业,总计有35 692名学生取得了大专毕业证书。

二、管理机构

1998年,市教委印发《上海市高等教育学历文凭考试试点的暂行规定》(以下简称"《暂行规定》")。

《暂行规定》指出:全市学历文凭考试试点工作,由市教委统一领导和管理。市教委成立上海市高等教育学历文凭考试试点工作领导小组,由市教委、市考委相关负责人组成,负责研究解决试点工作出现的问题,其日常工作由市教委成教办承担。

市教委主要负责试点工作的行政管理,制订试点工作的政策、规定和办法;批准试点学校的试点专业;审查、批准专业教学计划和课程教学大纲,确定教材和市统考科目,确定招生标准,审核新生入学资格,对办学过程实施质量监控等。

市考委主要负责试点工作中的考试工作。根据市教委批准的专业教学计划和课程教学大纲,制定专业考试大纲,负责统考课程的命题和组织全国、市统考课程的报名、考试工作;负责管理考籍,核发毕业证书,对试点学校统考课程实施监督检查;必要时对试点学校考试课程进行抽查考试。

市教委发展规划处负责确定每年的招生计划;高教处负责审批试点专业及专业教学计划、课程教学大纲,确定教材和市统考科目,对办学过程实施质量监控;学生处负责确定招生标准、落实招生计划;成教办负责审批试点学校、新生入学资格,以及试点日常工作等。

市自考办主要负责组织实施每年两次统考(包括全国统考和市统考)的报名、考试工作,其中包括制订考试大纲、命题、评卷、考籍管理等;同时,负责毕业证书的审核、发放等工作。

三、试点学校

《暂行规定》要求,参加学历文凭考试试点的学校,必须是经市政府或市教委正式批准筹建的民办高校、社会力量举办的进修学院和试办的社区学院。凡申请举办试点的学校,须向市教委提出书面申请,说明拟开办专业的社会需求调查情况,本校的开办条件和能力、生源、招生规模,申报专业的专家认定书和任课教师落实情况等;市教委组织专家评审组对申报试点的学校和专业进行审核;经审核合格后由市教委批准,并报国家教委同意后,方可参加学历文凭考试试点。

1996年,市教委首先批准民办东海学院(筹)、民办济光学院(筹)、中侨学院(筹)、民办中华侨光学院(筹)、民办华夏学院(筹)、民办光启学院(筹)等6所学校参加学历文凭考试试点,共开设计算机及其应用、商务英语、会计、国际贸易等10个专业,当年招收1 236名学生。

1997年,市教委批准民办东方文化学院(筹)、震旦进修学院、沪东科技进修学院、中华职业进修学院、前进进修学院、长宁科技进修学院、中华工商进修学院等7所学校进行学历文凭考试试点,增设了9个专业。至今,全市共有13所学校参加试点工作,共开设商务英语、商务日语、国际商务、计算机及其应用、会计、建筑设计、室内设计、房屋建筑设计、房地产经营管理、国际贸易、法律、珠宝、机电一体化、商务管理、房屋建筑工程、涉外文秘、装潢美术、房地产经济、宾馆酒店管理等19个专业,计划招生人数2 740名。

1998年,市教委批准金山社区学院、长宁社区学院、南市社区学院(大同学院)、闸北社区学院(行健学院)、民办建峰学院(筹)、民办邦德学院(筹)、华东电脑进修学院、信息管理专修学院等8所学校进行学历文凭考试试点,新增设计算机信息管理、金融、工商管理、报关与国际货运、广告、市场营销、商业企业经营管理、旅游管理、社区工作与管理等9个专业。当年,共有21所学校参加试点工作,共开设28个专业,计划招生人数5 650名。

1999年,继续扩大学历文凭考试试点,增加杨浦社区学院、宝山社区学院、静安社区学院、民办欧华学院(筹)、民办民远学院(筹)、民办东亚学院(筹)、迈克汀国际商务进修学院、锦江经济文化专修学院、海粟美术设计专修学院等9所学校;新增设新闻与传播、汽车维修与检测、环境艺术设计和机械自动化等4个实用性专业;并新批准工商管理研修、土木工程、信息工程、环境工程、交通工程、汽车工程、高级金融管理、计算机工程、秘书、行政管理、工业自动化等11个职业教育类专业,共有30所学校参加试点工作;其中民办东海学院(筹)、民办新侨学院(筹)经教育部批准正式建校,从1999年起不再参加试点工作;同意中华工商进修学院1999年暂停招生申请,故实际招生学校27所,共开设43个专业,计划招生人数7 030名。

2000年,市教委批准民办建桥学院(筹)、民办诚信学院(筹)、燎原进修学院等3所学校进行学历文凭考试试点工作;全市试点学校增至33所。当年实际招生学校27所,计划招生人数8 440名。闸北社区学院(行健学院)、杨浦社区学院(同济杨浦学院)、静安社区学院因故没有参加招生。

2001年,市教委批准托普信息技术职业学院参加学历文凭试点工作,全市试点学校增至34所,新增电子商务、商务德语等2个专业,开设专业增至45个。当年实际招生学校为25所,计划招生人数10 800名。其中民办济光学院(筹)、民办建桥学院(筹)经市府批准正式建校,不再参加市学历文凭考试的试点。

2002年,当年招生学校21所,计划招生人数7 950名;其中民办建峰学院(筹)、民办邦德学院(筹)、民办中桥学院(筹)、托普信息技术职业学院等4所学校,经批准建校不再参加市学历文凭考试的试点。

2003年,当年招生学校19所,计划招生人数4 860名;其中杨浦社区学院恢复招生,民办东方文化学院(筹)、民办欧华学院(筹)、民办民远学院(筹)经批准建校,不再参加市学历文凭考试的试点。

2004年,学历文凭考试招生最后一年,全市招生学校18所,计划招生人数5 230名,其中民办光启学院(筹)没有参加招生。

全市学历文凭考试试点学校先后开设的专业有:商务英语、商务日语、商务德语、电子商务、国际商务、计算机及其应用、会计、建筑设计、室内设计、房屋建筑设计、房地产经营管理、国际贸易、法律、珠宝、机电一体化、商务管理、房屋建筑工程、涉外文秘、装潢美术、房地产经济、宾馆酒店管理、计算机信息管理、金融、工商管理、报关与国际货运、广告、市场营销、商业企业经营管理、旅游管理、社区工作与管理、新闻与传播、汽车维修与检测、环境艺术设计、机械自动化、工商管理研修、土木工程、信息工程、环境工程、交通工程、汽车工程、高级金融管理、计算机工程、秘书、行政管理、工业自动化等45个职业教育类专业。

试点学校严格遵照全日制高等教育的要求办学,其共同特点是:一是十分重视办学条件的改善。经过几年的努力,大多数试点学校都不同程度扩大了办学场地,添置了教学设施,优化了管理队伍,提高了教师待遇;二是十分重视教育教学质量的提高。试点学校由于"宽进严出"性质,决定其必须重视教育教学质量,必须要有一个较高的统考合格率和毕业率。实践证明,大部分试点学校毕业率都在70%以上;三是十分重视学生的思想教育工作。试点学校招生是由市教委用文件形式规定考生的年龄、高考成绩等,由各校自主招生,并由市教育评估院核准。生源早期以应届高中毕业生居多,其后以应届"三校生"为多,有些学校还招了外省市生源。由于生源素质参差不齐,因而学校必须加强思想教育工作。试点学校通常都由校长亲自挂帅,成立思想政治工作领导小组,党团学生会组织齐全,党组织归口市民办高校党工委,团组织建到班级,每班配有班主任,严格班级管理;教育学生要"学会做人、学会求知、学会创新"。学校还开展"三好学生""文明班级""文明宿舍"评比,学生中感人事迹屡见不鲜,如向灾区或困难学生自发捐款,无偿献血、见义勇为、帮困助残志愿者服务等等。每年有3%的学生被评为"上海市普通高校优秀毕业生",由市教委颁发证书。几年来,有不少学生加入了共青团组织;同时,有部分优秀学生加入了中国共产党。四是十分重视学生就业竞争力的培养。试点学校在专业设置上注重市场需要,培养职业型紧缺人才,如国际货运与报关、社区工作与管理、康复保健、汽车检测与维修等实用性很强的专业首先走俏;计算机应用、工商管理、商务英语、物流管理、广告等热门专业也很有人气。在课程设置方面,贴近实际应用,强调动手能力和解决实际问题能力的培养。不少学校克服困难,创造条件,安排学生到生产单位实习,完成毕业设计或论文。在就业指导方面,除了组织学生参加市教委就业服务中心提供的项目外,各校就业办公室还进行模拟招聘,请用人单位人事经理讲授面试技巧,从各类媒体获取招聘信息等,多方联系为毕业牵线搭桥,绝大部分学校毕业就业率在80%以上,就业岗位也基本对口。用人单位对毕业生的评价是动手能力较强,谦虚好学,肯吃苦,服从安排,工作安心等。

四、考试与发证

遵照市教委"暂行规定"要求,市自考办主要负责组织实施每年两次统考(包括全国统考、市统考)的报名、考试工作;同时,负责毕业证的审核、发放工作。

学历文凭考试由全国统考课程考试,省(市)统考课程考试和学校课程三部分组成。全国统考课程包括各试点专业的公共基础课和部分专业基础课,实行全国统一制订课程考试大纲,统一命题和统一时间考试。具体课程由国家教委确定,逐步做到每专业5科。省(市)统考课程,包括各试点专业的专业基础课和部分主要专业课,实行各试点省(市)统一制定课程考试大纲,统一命题和统一考试;每专业不少于5科。学校考试课程为各试点专业统考课程以外的专业课、实验课和实践性教学环节,由各试点学校自行组织。

【全国统考课程和市统考课程考试】

上海市学历文凭考试的统考工作,从1996年到2007年,共举办25次国家统考和市统考,累计报考为691 434人次。从考试规模看,经历了两个阶段。

第一阶段:从1996年1 985报考人次,到最高峰2003年131 408报考人次。随着全市学历文凭考试逐年扩大试点,试点学校和开设专业不断增加,开考专业数、课程数和报考人次呈逐年上升态势。

市自考办于1996年7月首次组织高等教育学历文凭考试的统考工作,有东海、济光两所试点学校,开考10个专业的16门课程(含全国统考),共有520名学生报考1 985门次课程的考试,及格率81%,考风考纪良好。

1997年是全市学历文凭考试扩大试点的第一年,1月、7月组织两次统考,有民办济光、东海、中华侨光、中侨、光启、华夏学院等6所试点学校,开考14个专业的57门课程,共有2 335名学生报考5 388门次课程的考试。

1998年,全市学历文凭考试继续扩大试点,1月、7月两次统考,有民办济光、东海、中华侨光、中桥、光启、华夏、东方文化学院,以及中华职业、前进、震旦、沪东科技、长宁科技、中华职业工商等进修学院共13所试点学校,开考19个专业的65门课程,学生报考19 015门次课程的考试。

1999年,全市学历文凭考试继续扩大试点,1月、7月两次,除1998年13所学校外,新增民办邦德、建峰、民远、欧华、东亚学院,金山、南市、闸北、杨浦、静安、宝山等区属社区学院,以及信息管理、华东电脑、迈克汀、海粟、锦江等进修学院,共29所学校,开考29个专业的111门课程,学生报考38 676门次课程的考试。

2000年1月、7月,除1999年29所学校外,新增民办建桥、诚信学院,燎原进修学院,共32所试点学校,开考30个专业的118门课程,学生报考52 328门次课程的考试。

2001年1月、7月,32所试点学校与上一年相同,开考42个专业的91门课程,学生报考102 214门课程的考试。

2002年1月、7月,32所试点学校与上一年相同,开考42个专业的144门课程,学生报考107 216门次课程的考试。

2003年1月、7月,除与上一年相同的32所学校外,新增民办托普学院,共33所试点学校,开考 43 个专业的 158 门课程,学生报考 131 408 门次课程的考试。

第二阶段:从 2004 年 47 962 报考人次,到 2007 年 16 581 报考人次。1996—2003 年的八年来,由于全社会对教育的进一步重视和投入,教育资源从短缺向宽余过渡已成趋势;同时,从 1999 年后,全市相继有民办东海学院(筹)、民办建桥学院(筹)、民办济光学院(筹)、民办东方文化学院(筹)、民办建峰学院(筹)、民办邦德学院(筹)、民办新桥学院(筹)、民办中桥学院(筹)、民办民远学院(筹)、民办托普学院(筹)和震旦进修学院等 11 所试点学校被正式批准建校,升格为民办高校,不再参加学历文凭考试试点工作。因而,学历文凭考试开考专业数、课程数和报考人次呈逐年递减态势。

2004 年 1 月、7 月,33 所试点学校与上一年相同,开考 41 个专业的 161 门课程,学生报考 47 962 门次课程的考试。

2005 年 1 月、7 月,33 所试点学校与上一年相同;开考 43 个专业的 167 门课程,学生报考 98 978 门次课程的考试。

2006 年 1 月、7 月,民办东海、新侨、济光学院不再参加学历文凭考试,有 30 所试点学校,开考 46 个专业的 148 门课程,学生报考 69 683 门次课程的考试。

2007 年 1 月、3 月、7 月、9 月,为上述 30 所学校,开考 42 个专业的 148 门课程,学生报考 16 581 门次课程的考试。

自 1997 年起,每年 1 月、7 月举行两次统考(2007 年 4 次统考),共举行 25 次统考。

表 8‐1‐14　1996—2007 年上海市高等教育学历文凭考试历年统考情况统计表

年　份	参加学校数(所)	开考专业数	开考课程数	报考人次数	毕业生人数
1996 年	2	10	16	1 985	—
1997 年	6	14	57	5 388	—
1998 年	13	19	65	19 055	207
1999 年	29	29	111	38 676	823
2000 年	32	30	118	52 328	2 232
2001 年	32	42	91	102 214	3 432
2002 年	32	42	144	107 216	3 441
2003 年	33	43	158	131 408	6 817
2004 年	33	41	161	47 962	5 435
2005 年	33	43	167	98 978	4 217
2006 年	30	46	148	69 683	3 606
2007 年	30	45	148	16 581	4 424
总　计				691 434	34 634

【校考课程抽考对象和方法】

上海市教委高教处于 2001 年印发《关于对上海市高等教育学历文凭考试试点学校的校考课程实施抽考的意见》,提出了实施抽考的对象和办法。

抽考对象为试点学校的 1999 年及以后入学的各专业在籍学员。凡被抽考专业其一届学员被抽考课程门数原则上不超过两门。

抽考办法：(1)由市教委和市自考办商定抽考的学校、专业和课程,并于规定抽考日期前两个月有书面通知试点校。(2)试点学校在接到通知后的一周内,将抽考课程的教材、教学大纲、应考学员名册递交市自考办;由自考办按照教纲要求及范围组织命题及考试。(3)凡抽考专业规定年级的全部在籍学员均为应考学员,并作为统计基数,因各种原因不参加抽考的学员,以考试不及格统计。

【学历文凭考试毕业生资格审查和发证工作】

上海市考委印发《上海市高等教育学历文凭考试毕业生资格审核及发证工作细则》(以下简称"《工作细则》")。

《工作细则》明确了试点学校的组织机构及职责范围,如成立毕业生审证工作小组,审核招生入学资格,健全毕业生考籍档案,对毕业生资格进行初审,并填写毕业生情况统计表;同时,按市自考办审核合格的毕业生名册及市自考办提供的毕业生电子注册号,领取毕业证书内芯,填写并由学校盖章后送市自考办加盖市考委公章及钢印;并送交毕业生数据软盘,领取毕业证书封面。

市自考办成立毕业审证工作组,负责当年全市毕业生资格审核、发证工作。如对学校送审的毕业生考籍档案进行逐个审核,严格把关,并在毕业生情况表上签章;把审核不合格的考生从表中划去,每表上写明审核合格毕业生数;并按各校实际审核合格毕业生数,经分管主任签署核发毕业证书内芯。毕业生资格审核及发证的时间安排:每年 6 月中旬,各校完成毕业生学籍档案初审;7 月,市自考办完成复审;8 月领取证书内芯,填写、盖印,8 月底前完成毕业证书发放、毕业生数据上报归档工作。截至 2007 年,全市共颁发毕业证书 34 634 张。

五、学历文凭考试试点结束

2004 年 6 月 28 日,教育部下发《教育部关于取消高等教育学历文凭考试的通知》,正式宣布取消"高等教育学历文凭考试",并对善后工作做了妥善安排。

为保证此项政策调整平稳过渡,已具有学历文凭考试试点资格的民办高等教育机构,2004 年可继续适度招收学历文凭考试学生。自 2005 年开始,所有进行学历文凭考试试点的民办高等教育机构,一律停止招收学历文凭考试学生。

2004 年 7 月 24 日,上海市教委在转发教育部通知中着重指出:原进行学历文凭考试试点工作的有关民办学院(筹)、社区学院、进修学院,是全市教育资源的组成部分之一,希望各校根据各自办学性质与特点,进一步做好学院今后发展的规划,明确任务,有所作为,发挥作用,为上海教育的发展做出新的贡献。

根据教育部有关文件精神,全国高等教育自学考试指导委员会办公室下发《关于 2007 年高等教育学历文凭考试全国统考课程考试通知》,重申从 2008 年起,不再安排学历文凭考试,各省(市)相关学历文凭考试试点院校的试点工作必须在 2007 年底全部结束。

2006 年 6 月 8 日,市教委印发《关于做好上海市高等教育学历文凭考试结束阶段工作的通知》。

文件规定:所有试点院校的学历文凭考试在籍学生及已结业离校尚未取得毕业证书的学生,均可参加 2006 年及 2007 年的学历文凭统一考试和高教自考中可替代学历文凭考试相关课程的考试。凡在 2007 年底全部课程取得合格者,发给高等教育学历文凭考试毕业证书。

同时,为确保大多数学生能够在 2007 年底完成学习、考试,文件还对增加考试次数、命题要求、加强辅导和加强日常思想工作和考风考纪教育,以及做好学籍档案管理等,提出了具体的规定和要求。

2007 年 9 月,市教委高教处、市自考办和各试点院校反复研究,共同协商,认真细致地做好学生和家长的思想工作,善始善终地做好学历文凭考试的结束工作,顺利地进行了学历文凭考试的最后一次全市统一考试。

2008 年至 2010 年 7 月,为处理好学历文凭考试遗留问题,上海电视大学接受市教委的委托,承办全市"学历文凭考试后续教育"项目。上海电视大学根据市教委《关于做好上海市高等教育学历文凭考试结束工作、遗留问题和处理意见(方案)的汇报》文件要求,共接收 2002 年秋至 2004 年秋入学的全市学历文凭考试遗留考生共 1 084 名。

上海电视大学对该项目高度重视,专门设立了项目部,开设有会计、工商企业管理、物流管理、英语、计算机实用技术等五个专业,经过三个学期的课程教学、毕业设计、学期补考和总补考,到 2010 年 7 月,共有 1 058 名学生通过毕业资格审查,获得电视大学专科毕业文凭,获证率达 97.6%。

至此,历时 10 余年的上海市学历文凭考试试点工作结束。

第二章　中等专业教育自学考试

第一节　概　　况

　　1984年5月,上海中专自考着手筹备,初步确定先举办经济管理和法律两类专业。7月,上海市教育局向市政府递交了《关于举办上海市中等专业教育自学考试的请示报告》。同年8月,市政府批准同意。审批期间,市建委提出迫切需要举办建筑施工专业的报告,经研究,同意增加该专业。同年10月30日,文汇报、解放日报发布了上海将举行中专自考的消息。次年1月5日,又发布了将开考中专自考普通师范、幼儿师范专业的消息。并具体刊登了考试科目和报考办法。

　　1985年6月16日,上海中专自考首次开考。当天共设置4 085个试场。连同6月30日和7月14日两天的考试,本次考试共有56 022名考生报名,实考48 694人。报考课程总计175 450科次,实考150 940科次,合格121 188科次。首次开考后,为43 930名考生建立了考籍档案。12月17日,国家教委发出《关于开展中等专业教育自学考试工作若干问题的通知》,指出中专自学考试"是自学考试制度的一个重要层次。同时也是中等专业教育的组成部分"。并对中专自考的组织管理、专业指导学校、专业设置、规格标准、命题考试等方面作出了原则规定。

　　1986年起,上海中专自考委托开考发展迅速。先后接受了市卫生局、公安局、劳改局、劳动局、中国农行上海分行等主管业务部门和用人单位委托,开考了相关专业。至1987年下半年,上海中专自考的开考专业已发展到18个(内含2个专业分支)。

　　1987年初,有15 246名考生取得中专自考毕业资格,超过了全市144所各类成人中专校(包括市电视中专)同期毕业生(14 863人)的总和。1月7日,市考委、人事局、劳动局、财政局、教育局联合发出《上海市中等专业教育自学考试毕业生工作意见》,对中专自考毕业生的资格鉴定、审核程序和方法、学历的使用和待遇等问题作出规定。3月23日,市考委举行"上海市中专自学考试毕业证书颁发大会",9 691名首批中专自考毕业生获得了毕业证书。

　　自1985年6月至1989年7月,上海中专自考先后举行了9次考试,累计有32 795名考生获得了毕业证书,有475名考生得了专业证书,提前、超额完成了市成人教育"七五"规划要求通过自学考试培养3万中等专业人才的任务。

　　1989年11月1日,市考委召开"庆祝上海市中专自学考试毕业生突破三万暨先进表彰大会"。会议充分肯定上海中专自考为上海培养四化建设人才所做出的成绩,并对63个先进集体和个人进行了表彰。

　　不少考生毕业后学以致用,在生产工作第一线发挥了积极作用。据1990年对中专自考财经、政法、医学、师范等15个专业1 000名毕业生的跟踪调查,有21%的毕业生已成为本单位科或车间一级的中层干部,比学习前上升了11%;有6%的毕业生已成为厂长、经理一级的领导,比参加学习前上升了5%;有6%的毕业生被评上了中级专业技术职称,实现了零的突破。财经类专业毕业生有86%获得初级技术职称,比学习前增加了71%。92%的毕业生学习后工种对口,93%的毕业生反映对自身工作能力和水平有很大提高。1 000名毕业生中,有178名获得了区、县、局以上的单项或全项先进奖。有的被评为市劳动模范、优秀园丁或全国系统内先进。

首届毕业生、闸北区大宁菜场负责人周幼龙原为68届初中生。在参加了企业管理专业中专自考后,边学边干,将所学知识运用于菜场的经营和管理中,使菜场面貌焕然一新。1987年、1989年,大宁菜场先后被评为区、市文明单位。1989年,周幼龙当选为市九届人大代表、劳动模范。对周幼龙取得的成绩,市委书记的江泽民予以充分肯定,写下了"小菜篮子是上海人民十分关心的大事,我衷心祝愿闸北区大宁菜场办得愈来愈好,满足广大人民的要求,书赠周幼龙同志留念"的题词。

1988年5月24日,市考委发出《关于在上海市中专自学考试中实行专业证书、岗位必备专业知识单科证书制度的几点意见》,并决定先在安全技术和医学类专业中试行。12月26日,市考委、市公安局联合发文,决定公安专业实行专业证书制度。12月31日,全国考委《全国高教自学考试简报第七期》转载了《上海市中专自学考试实行专业证书、岗位必备专业知识证书制度的意见》。1989年,上海中专自考多种证书制度在财经类等专业中继续推开。并在新开考的通用机械专业中实行了"两个结合":一是岗位必备专业知识单科证书、专业证书、学历证书的有机结合;二是电化、面授、自学考试的有机结合。在幼师专业内实行了与市统考的"教材教法合格证书""专业合格证书"相衔接。1989年上半年考试后,上海中专自考有450名考生获得首批专业证书。至1990年,已有15个专业实行了多种证书制度。

1990年4月,市第二人民警察学校自考办、幼儿师范专科学校自考办、机电工业学校自考办、川沙县成人教育委员会办公室获得全国考委先进表彰。

1991年5月,周幼龙、戴律国、易世珍、黄美华等4名中专自考学员评为全国优秀自考毕业生,市卫生局医学教育处评为全国热心支持考生学习的先进单位。

经过开考初期的报考高峰后,上海中专自考的报考人次逐年回落。1990年,全年报考人次4.2万,为开考以来的最低谷。面对这一形势,上海中专自考认真总结历史,分析现状,进一步明确工作方向和服务对象,推出多项改革举措,促进事业进一步发展。

上海中专自考还对市教育系统非教学人员开展岗位培训,先在中、小、幼、中专、技校的卫生保健教师中进行。全市共有虹口、南市、杨浦、静安、徐汇、川沙、上海、黄浦、闵行、长宁、崇明等11个区县开展了这项工作,1991年,共有497名卫生保健教师参加了公共卫生医士专业的岗位培训考试。

1991—1992年,上海中专自考在川沙县五三职业中学开展中专自考与职业高中相结合的试点,首届毕业生被当地用人部门一抢而空。1992年后,这一试点继续推开。至1995年,全市共有13所全日制中专、职校、技校的近2 000名学有余力的学生参加了中专自学第二专业的考试,课程考试报考逾7 000人次。市中专自考办还会同市教育局成教处,对市行政管理学校分布在全国27个省市的5 000多名函授教育学员进行了学历认定。1991年8月26、27日,上海中专自考在全国21个省市设置了26个试场,对已经完成函授教育全部课程的1 200多名学员组织了认定考试。市教育局各处室派员会同市中专自考办组成巡考组,分赴各地试区驻点督查。上海学员则全部纳入中专自考轨道。

1991年2月,市中专自考办提出了"坚持面向基层、面向农村、面向中小企业、面向外向型经济,积极调整专业结构,发展一些通用性强、适应性广的专业,特别是一些'农'字头专业,以适应社会经济发展的需要"的工作指导思想。并积极采取改革措施:开辟农字头、外向型专业。1991年下半年,面向农村医疗、预防、保健工作实际需要的《乡村医士》专业正式开考,有757名乡村医士计1 388人次参加了首次考试;原为专业分支的《农村金融》经报批后独立设置,全市有999名农村金融干部职工报考。此外,在《工业会计》专业中分设涉外会计专门化,以适应外向型经济需要。加强调查研究,发展乡镇助学点。1992年2月29日,全国考委《高教自学考试简报(第二期)》转载了《上海市中专自学考试1991年工作回顾及1992年工作打算》。按照工作打算,结合专题,上半年,市中专自考办先后到了11个区、县、乡镇和企业开展调查研究。各区县、专业指导学校自考办也积极行动。市嘉定卫校深入到7个乡调查,召开了4次乡文卫助理座谈会,组织起为乡村医卫机构对口培养医卫人才的中专自考助学班。依托乡成人文化技术学校基地,上海县在8个乡办起了助学班,松江县在7个乡办起了助学班。

1992年下半年起,组织未被录取的应届初中毕业生参加中专自考,并开考了一批适应他们年龄、性别特征的专业,包括涉外会计、电算会计、涉外应用文秘及办公自动化等。至1995年,累计有3 000余名未被录取的应届毕业生加入了中专自考行列。

随着各种举措的落实,上海中专自考报考人数逐年回升,结构发生明显变化。1992年,上海县报考人次比1991年上升43%;川沙县历年报考人次居郊县之首,1992年又比1991年上升了23%。全市报考人次5.6万余,达到了1990年低谷以来报考人数的最高水平。其中郊区报考人次占比,由1991年的29%上升到1992年的42%。

1993年3月,上海中专自考上半年度工作会议召开。会议认为,1992年,是各级考办认真学习邓小平讲话,振奋精神,努力工作,进一步明确工作重点和工作方向的一年。会议充分肯定了1992年上海中专自考取得的成效,并对10个基层自考办和自考干部进行了通报表扬。会议提出,在新的形势下,上海中专自考要继续坚持"四个面向",坚持质量标准,了解社会需求,认清发展形势,审时度势,把握机遇,迎接挑战。6月8日,市政府教卫办批转《上海市中等专业教育自学考试暂行规定》,要求各区、县政府"按照执行",为上海中专自考的进一步发展提供了制度保障。

1993年4月,市中专自考办发出《关于区、县在偏远乡镇设立分试场的意见》。11月,开始在浦东新区探索"两级考试、两级管理"的办考模式,进行考试权下放的试点。经市中专自考办会同浦东新区社发局教育处研究论证,决定先在东辉、川沙两个职校中试行。1994年,上海中专自考将部分专业基础课考试权下放至浦东新区,由浦东新区自主地组织命题和考试,市中专自考办则给予业务上的培训、指导和监督。1994年浦东新区的报考数,比1993年上升了40%,达6 300余人次。

1994年,上海中专自考全年报考6.3万人次,比90年增长42.6%。1995年上半年,报考人次4.54万,比94年同期增长58.2%。

1995年,上海中专自考开考24个专业并分设9个专门化。至1995上半年考试后,有46 564名学员获得了中专自考毕业证书;2 741名学员获得专业证书;711 184人次获得单科合格证书。

1995年6月15日,上海市教育考试院成立。市中专自考办撤销建制,改为市教育考试院中专自考办。同年12月,工作业务划归院自考办,中专自考办随之撤销。

1996年2月,在前3年试点的基础上,市自考办进一步扩大浦东新区开考权,在执行市统一的专业考试计划及课程考试大纲的前提下,将中专自考商业会计、工业会计、电算会计专业的考试课程命题权全部下放到浦东新区。

1996年9月12日,国家教委印发《中等专业教育自学考试改革与发展的意见》(以下简称"《意见》")。《意见》指出:面向基层、面向农村是自学考试发展的方向。要通过调整开考专业、规格标准、课程设置,理顺管理机制,下放开考权限,考场设置有条件地逐步延伸县或县以下等措施,积极改革和发展中专自学考试。

1996年10月6日,国家教委对开考15年来为自考事业改革和发展作出突出贡献的集体和个人进行表彰。上海获得全国中专自考工作优秀奖;浦东新区自考办获全国先进集体奖;孙海涛

(虹口区自考办)、周玉龙(上海商业学校)、陈顺根(上海市行政管理学校自考办)获得全国先进个人奖。

　　1998年4月18日,市考委讨论通过《上海市中等专业教育自学考试改革与发展的意见》,决定进一步调整专业结构,大力发展应用型专业,将中专自考开考权全面下放到区县。8月19日,市教委发出《上海市自学考试改革与发展的意见(1998—2000)》,提出要积极慎重地把中专自考部分工作落实到有条件的区、县。考试开考权下放先在宝山区试行。经市考委决定,物业管理、餐旅管理两专业和护士、社区医学两专业,分别从1998年6月考试起和1999年6月考试起,由宝山区主持开考。

　　1999年,开考权下放步伐加快。市考委先后发文决定:经济管理、计算机应用专业由南汇县主持开考;市场营销、电算会计、商业会计、工业会计、涉外会计专业,由杨浦区主持开考;工业与民用建筑、人事管理、文秘档案、涉外应用文秘及办公自动化专业由宝山区主持开考。并由宝山区负责在全市郊区(县)范围内开考社区医学(乡村医士方向)专业。9月23日,市自考办召开中专自考开考权下放工作会议,标志着上海中专自考开考权的下放全面完成。

　　为加强领导,确保开考权下放后各项工作顺利进行,宝山、南汇、杨浦三区先后成立了自学考试工作委员会(下称区考工委),下设中专自考办。

　　2000年1月7日,市考委批准宝山区开考数控机床加工应用专业,要求按照适度、够用和加强实践性环节的原则,突出职业性、技能性的培养目标,使专业的开考成为上海发展中专自考事业的一个新的增长点。2001年2月16日,教育部召开高等教育自学考试制度建立20周年纪念大会,并表彰了一批自学考试先进集体和个人。宝山区自考办获得全国自学考试先进集体奖。

　　2001年后,上海中专自考开考专业结构有较大变化。老专业继续调整,职业性、技能性专业发展较快。2005年,全市共开考24个专业(含2个专门化),其中,数控机床加工、电气控制与运行、口腔工艺技术、社会工作与管理、电脑美术设计、工艺美术、广告设计、广告摄影、计算机网络技术、机电技术应用、电子技术应用、电子商务、现代物流、涉外家政与管理、室内设计、装潢设计专门化、家具与室内设计专门化等17个应用性技能性较强的专业,均是开考权下放后设置的。

　　为纪念上海中专自考开考20周年,2005年,市自考办会同区考工委开展了一系列纪念活动:召开长期从事中专自考工作的老同志座谈会;编制开考20周年纪念册;向从事中专自考工作20周年的老同志颁发纪念品和证书。抚今追昔,展望未来,推动上海中专自考工作的进一步开展。

　　2000—2007年,上海中专自考报考规模保持在每年1万人次左右。2007年后有所下降。2010年上半年,上海中专自考开考专业为16个;下半年,开考专业为13个。开考26年来,累计有83 162名学员获得中专自考毕业证书。

第二节　组　织　机　构

一、上海市高等教育自学考试委员会

　　市考委成立于1981年6月6日。根据市政府1984年8月批示,市考委在管理上海市高教自考的同时,兼管上海中专自考工作。11月,增补袁采、徐慈光、朱依、封铿为市考委委员,袁采为副主任委员。

市考委在中专自考方面的职责是：贯彻执行国家关于中专自考的方针、政策、法规和业务规范,提出具体的贯彻实施意见;制定专业开考规划,审定和公布开考专业,指定专业指导学校或组建专业指导小组;制定和审定专业考试计划、课程自学考试大纲、综合性实践环节考核,确定使用教材,组织编写有关自学用书和自学参考资料;领导和组织全市中专自考工作,颁发专业合格证书和毕业证书;指导社会助学活动;组织开展中专自考的科学实验和理论研究工作。

二、上海市中等专业教育自学考试办公室

上海市中等专业教育自学考试办公室(简称"市中专自考办")是市考委的下设机构,具体负责上海中专自考工作。初建时,市中专自考办与市教育局工农教育处合署办公,实行"两块牌子、一套班子"。1986年12月,市编制委员会批文,确定市中专自考办为相当于处级的事业单位,定编15人。1987年4月20日,"上海市中等专业教育自学考试办公室"公章对外正式启用。市中专自考办初期内设秘书科、计划科,考务科、行政科。1992年10月,办公室内设机构做改革调整:合并行政、秘书科,设置助学指导科,另设考试研究室,以适应上海中专自考事业发展需要。

市中专自考办每半年召开一次全市性工作会议。并根据中专自考的不同工作阶段,组织各区县自考办、专业指导学校、命题教师开展有关业务活动。

创建初期,市中专自考办无稳定办公场地和像样的办公设施。1985年至1990年,先后搬家6次,全靠自行车、黄鱼车等简单的运输工具和全体员工的肩扛、手提。直至1990年下半年,才搬至长宁区491弄36号,有了稳定的办公场所。

1995年6月15日,市教育考试院成立,市中专自考办建制撤销。

表8-2-1　1984—1995年上海市中专自考办负责人情况表

姓　名	职　务	任　职　时　期
徐慈光	上海市教育局工农教育处副处长分管中专自考办	1984年8月—1985年11月
程承昌	上海市中专自考办负责人	1984年8月—1987年6月
顾国治	上海市中专自考办副主任	1985年12月—1987年6月
须晓明	上海市中专自考办副主任、主任	1987年7月—1995年11月
庄灿明	上海市中专自考办副主任	1993年12月—1995年11月

三、区(县)中专自学考试办公室

在完成自身建制的同时,市中专自考办积极会同各区县教育部门,研究加强区县中专自考工作机构的建设。至1987年底,虹口、南市、杨浦、普陀、闵行、宝山、黄浦、川沙、嘉定、上海、南汇、奉贤、金山、崇明、青浦、松江等区(县)均设立了中专自考办(或报考点),初步形成了中专自考工作网络。1995年上半年,静安、闸北、徐汇、卢湾等区教育局也正式发文,设立中专自考办,后因市教育考试院成立,市中专自考办建制撤销,工作未能有效开展。

区(县)中专自考办与所在区(县)成人教育机构合署办公,管理本地区的中专自考工作。主要职责

是：根据本地区的人才需求，提出本地区中专自考的工作规划；宣传有关方针、政策，组织自学者报名，安排试场、领送试卷、组织考试；组织开展社会助学活动，做好课程考试大纲、自学用书和自学参考资料的发行、供应；管理本地区中专自考的有关档案，配合专业指导学校办理毕业生登记，发放成绩登记单等。

区（县）中专自考办的管理由区（县）教育局负责，主任由区（县）成人教育机构负责人兼任。

1998年上海中专自考开考权全面下放后。宝山、杨浦、南汇三区相继成立自学考试工作委员会（下称"区考工委"），下设中专自考办。

区考工委在市自考办的指导下，行使相关专业的考试管理权限。包括提出专业指导学校名单，组织拟订专业考试计划和课程考试大纲，组织命题、考试报名、考试、阅卷、考籍档案管理、实践性环节考核以及毕业生思想品德鉴定等工作。颁发单科合格证书，并组织各区（县）自考办开展相关专业的中专自考工作。

2003年9月，南汇区考工委将计算机应用和经济管理专业的开考分别委托杨浦、宝山区考工委代理，随之停止运作。

四、专业指导学校

专业指导学校由市考委遴选专业师资力量较强的全日制中专学校担任。1984年11至12月，市教育局先后发文，委托市财经学校、机电工业学校、司法学校、建筑工程学校、商业会计学校、商业学校、第六师范学校、幼儿师范学校为上海中专自考相关专业的主考学校。1986年，根据国家教委（85）013号文，主考学校改称为专业指导学校。

1986年后，市一医护校、新华卫校、南市区卫校、第二人民警察学校、第二轻工业学校、公共卫生学校、行政管理学校、农业银行学校、嘉定县卫校、经济管理学校先后加入专业指导学校行列。随着普通师范、检验士专业的停考，市第六师范学校和市新华卫校分别于1988年和1994年起不再担任专业指导学校。

1995年，全市共有中专自考专业指导学校16所。

表8-2-2　1984—1995年上海中专自考专业指导学校及1995年主考专业一览表

专业指导学校	1995年主考专业	备　注
上海市财经学校	工业会计、涉外会计、财政税收	
上海市机电工业学校	工业企业管理、通用机械（另设：铁道车辆、内燃机车、铁道信号、铁道通信专门化）、计算机应用	
上海市司法学校	法律（另设劳改工作分支）	
上海市建筑工程学校	工业与民用建筑（另设建筑装潢、建筑经济管理专门化）	
上海市商业会计学校	商业会计、电算会计	
上海市商业学校	商业经营与管理（另设市场营销、餐饮管理专门化）	
上海市幼儿师范专科学校	幼儿师范	
上海市第二人民警察学校	公安	
上海市南市区卫生学校	医士	

(续表)

专业指导学校	1995 年主考专业	备　注
上海市第一人民医院附属护士学校	护士	
上海市第二轻工业学校	安全技术	
上海市公共卫生学校	公共卫生医士	
上海市行政管理学校	文秘档案、行政人事管理、通用会计、涉外应用文秘及办公自动化	
上海农业银行学校	金融	
上海市嘉定区卫生学校	社区医学	
上海市经济管理学校	经济管理	
上海市第六师范学校		普师,1988 年停止开考
上海市第二医科大学附属新华卫生学校		检验士 1994 年停止开考

专业指导学校的工作职责为:受市考委领导和委托,拟定专业考试计划、课程自学考试大纲、综合性实践环节考核纲要;参与命题、评卷,负责实践性环节的考核;编写有关自学用书和自学参考资料,组织好有关课程考试大纲、自学用书和自学参考资料的供应;开展有关学科活动,对社会助学进行业务指导;对考试质量进行研究、分析;管理应考者的考籍档案,颁发单科合格证书,对毕业生进行资格审查,并在毕业证书上副署。

专业指导学校下设自考办,配备 3～7 名专兼职人员,由 1 名校长分管。办公室人员编制,列入学校总编制内,不另行增加。

1996 年后,专业指导学校有较大变化。1996 年 6 月,市二警校撤并,公安专业的指导学校改为公安专科学校;1998 年 9 月,市一医护校撤销,嘉定区卫校撤并,护理专业和社区医学专业的指导学校改为二医大附属卫校。1996 至 1998 年,安全技术、法律、金融、医士、公安、幼儿师范等专业相继停考,市二轻校、司法学校、农业银行学校、南市区卫校、公安专科学校、幼儿师范专科学校均不再承担专业指导学校。2003 年,工业会计、涉外会计专业停考,2004 年,市财经学校撤并,也不再担任专业指导学校。

开考权下放后,随着一批职业性、技能性专业的开考,市工艺美术学校、工业技术学校、园林学校、住宅建设学校等先后承担了中专自考相关专业的专业指导学校。市二轻校重归专业指导学校队伍。

2010 年,上海中专自考共有 11 个专业指导学校。

表 8-2-3　2010 年上海中专自考专业指导学校及主考专业一览表

专业指导学校	2010 年主考专业	备　注
上海市机电工业学校	数控机床加工、电气控制与运行	
上海市建筑工程学校	工业与民用建筑	
上海市行政管理学校	行政人事管理、涉外应用文秘及办公自动化、社会工作与管理	

（续表）

专业指导学校	2010 年主考专业	备　　注
上海市商业会计学校	电子商务、会计学、现代物流	
上海市商业学校	市场营销	
上海市第二轻工业学校	计算机网络技术	
上海市经济管理学校	经济管理	
上海市工业技术学校	计算机技术（电子商务专门化）	
上海市园林学校	工程造价	
上海华谊成人中等专业学校	美术设计	建工学校为第一专业指导学校
上海市区县职工中等专业学校	电脑美术设计	机电工业学校为第一专业指导学校

第三节　专　业　开　考

一、类别和形式

【开考类别】

面向社会开考专业　该类专业具有需求量大、通用性强、适用面广的特点，报考对象不受所在行业和工种的限制，可以满足社会各行各业的人才需求和学习者的学习需要。

上海中专自考专业开考从面向社会起步。1985 年，面向社会首次开考的专业有法律、建筑施工、工业会计、行政财务、工业统计、工业企业管理、商业会计、商业统计、商业企业管理、幼儿师范、普通师范等 11 个。1987 年至 1995 年，为适应上海乡镇企业、中小型工厂和涉外单位需要，上海中专自考又相继开考了通用机械、行政人事管理、文秘档案、通用会计、涉外会计、涉外文秘及办公自动化、电算会计、计算机应用、经济管理等专业。2000 年后，上海中专自考面向社会开考的专业更加注重实用性、职业性、技能性，开考了电子商务、美术设计、电气控制与运行、电脑美术设计、现代物流、工艺美术、计算机图形设计、计算机网络技术、模具设计与制造、制冷和空调设备运用和维修、口腔工艺技术、涉外行政管理等 10 多个专业。

接受主管业务部门和用人单位委托开考　1986 年至 1995 年，市中专自考办先后接受市卫生局、公安局、劳改局、劳动局、农业银行、财政局、铁路局、铁路公安分局、税务局委托，开考了护士、检验士、医士、公安、安全技术、农村金融、公共卫生医士、乡村医士、财政税收等 9 个专业，以及劳改工作、铁路公安、铁道车辆、内燃机车、铁道信号、铁道通信等 6 个专业分支。委托开考专业成为上海中专自考事业中独树一帜的重要组成部分。市中专自考办还接受大屯煤电公司、梅山冶金公司的委托，面向所在地区，提供有关考试服务。

委托开考专业指导学校，均由市考委指定系统内专业师资力量较强的全日制中专担任。报考对象有一定限制，如护士、检验士专业必须为医卫系统的在职人员；医士专业只限已从事医士工作四年以上的医务人员（包括厂矿、农村的医务工作人员）。公安专业主要报考对象为系统内在职人员,其他系统的保卫人员也可报考。

委托开考的主管业务部门负责做好本系统人才预测、开考规划、生源组织、助学网络的建立与管理、专业力量和教学资源的调配、实践性环节考核场地和设施的落实等,并指定专人负责中专自考工作。

委托开考专业缓解了用人部门人才不足的矛盾,有效地提高了干部职工队伍素质。1986年至1998年,市公安系统先后有9570名干警参加中专自考,有4066名学员毕(结)业。其中2331名学员获得了毕业证书,1733名学员取得了专业证书,还有不少学员在获取中专自考部分单科结业证书后参加了各类大专学历教育的学习。

【开考形式】

学历考试 学历考试一般3年为一个周期,每年考2次,每次考2到3门课程。课程考试不合格者,在考试周期内予以重考。

专业证书、岗位必备知识证书考试 学员按考试计划,参加相关课程的考试,成绩合格,即可获得专业证书或岗位必备知识证书。专业证书考试、岗位必备专业知识单科证书考试与学历证书考试有机结合。凡考试要求与学历证书考试课程相一致的,及格者在学历考试中均可免考该门课程。1991年,上海中专自考还组织上海中、小、幼学校,中专、技校的卫生保健教师开展了岗位培训考试。

点考 即不受学历考试周期的限制,根据考生实际需要,开列出一批考试科目,供考生选考,受到考生欢迎。1988—1994年,参加"点考"的考生累计有3万余人次。

二、管理

初创阶段,中专自考专业的开考,须经全国考委批准同意。1985年12月,国家教委明确规定:"为掌握和统一考试标准,各地拟定的开考专业的考试计划需报请批准后再向社会公布"。

1987年7月,国家教委下发《关于制定中等专业教育自学考试专业考试计划的意见(试行)》,重申中专自考专业考试计划需报全国考委批准后公布实施。11月30日,国家教委批转上海市中专自考安全技术专业考试计划,指出:"经转发的专业考试计划,是各地制定相同专业考试计划的重要依据,起着统一考试标准的作用","新开考安全技术专业的地区,按照此计划要求制定的本地该专业考试计划可不再履行审批手续,但需报送全国高等教育自学考试指导委员会备案"。

1988年5月26日,国家教委决定将中专自考专业考试计划审批权下放给省(市、区),强调"各地必须严格按照国家教委关于制定专业考试计划的规定,制定新开考专业的专业考试计划"。

1996年9月12日,国家教委发出《中等专业教育自学考试改革与发展的意见》,推出了下放开考权限,在条件具备时把考试开考权交给地市考委的改革举措。1998年4月,市考委讨论通过了《上海市中等专业教育自学考试改革与发展的意见》,决定将上海中专自考的专业开考权下放至有条件的区县。1999年9月,该项工作全面完成。

三、调整

专业开考根据社会需求调整发展。一是"关"。对经过一定开考周期,呈供大于求趋势的专业,及时停考。1989 年至 1995 年,先后停考的专业有普师、统计、行政事业财务、工业统计、检验士等。1998 年,进一步加大调整力度,停考了财政税收、安全技术、通用会计、工业企业管理、商业企业经营与管理、金融、法律、劳改工作、医士、通用机械、铁道车辆、内燃机车、铁道信号、幼师、公安等 15个专业及专业分支。2003 年起,商业会计、电算会计、工业会计、涉外会计等专业也相继停考。

二是"改"。或对课程设置已经落伍的专业计划予以修订;或将变化了的知识内容要求、考核目标及时在课程考试大纲中体现;或是对专业培养目标作适当调整。1995 年,原"乡村医士"专业改名为"社会医学"专业,原"医士"专业改为"社区医学(医士)"专业;原"农村金融"专业改名为"金融"专业,原"商业企业经营管理"专业分设"市场营销""餐旅管理"专门化,以扩大社会适应面。

三是"开"。根据社会需求,及时开设一些紧缺专业。2000 年后,开出了一批应用性、职业性、技能性的新专业,使中专自考不断适应社会经济发展需要。

第四节　考试管理

一、考试标准管理

【专业考试计划】

为明确考核目标,确保考试质量,1986 年 6 月,国家教委自考办召开全国中专自考工作经验交流会,重点对制定中专自考专业考试计划的问题进行了研究。1987 年 4 月,全国中专自考第四次协作会在上海召开,会议着重对《关于制定中等专业教育自学考试专业考试计划的意见(试行)》进行了讨论和修改。7 月 7 日,国家教委下发《关于制定中等专业教育自学考试专业考试计划的意见(试行)》,指出:专业考试计划是实施考试、指导个人自学和社会助学的主要依据,并从考试的规格要求、课程设置、考试周期等 8 个方面,作出了规定。

1987 年起,上海中专自考对各专业考试计划进行全面修订和制订。明确规定报考对象为具有初中毕业文化程度(或同等学历)的公民,规格要求为在总体上与全日制普通中专同类专业相一致。专业考试计划课程设置的总门数,应用文科、财经、政法等专业不少于 12 门;工科、应用理科、医学类专业不少于 14 门。其中普通课(指政治理论课和文化课)不少于 3 门。专业课设置若干门选考课,考生选考一般不超过 2 门。专业考试计划周期一般为 3 年一个周期,每年考 2 次,每次考 2 至 3门课程。专业考试计划采用学分制,总学分掌握在 75 学分左右(不含综合性环节考核)。课程理论课考试按百分制计。

在专业考试计划中,对课程实践性环节和毕业综合性实践环节的考核,都提出了明确要求。

1996 年 9 月 12 日,国家教委下发《中等专业教育自学考试改革与发展的意见》,提出:在教育结构上,中专自考定位在初中后职业技术教育是恰当的。应根据自学考试的特点,结合社会对中专人才需求,确定中专自考的规格,制定考试计划,课程考试大纲。

根据国家教委文件精神,1998 年 11 月,上海中专自考对社区医学、护士、公共医士、工业会计、涉外会计、商业会计、电算会计、行政人事、文秘档案、涉外应用文秘及办公自动化等专业考试计划的课程设置和学分进行了调整。基本理论、基本知识以够用为度,增加培养基本技能的课程,并进一步加强了实际操作环节的考核。

2000 年 4 月,上海中专自考对医学类专业考试计划再次修订,调整了部分考试课程,加强了实践性技能的操作和训练。2006 年,针对专业考试计划中存在的标准要求过高,课程设置不尽合理,重理论、轻应用的现象,选择文、工、艺术类专业各一个,对专业的培养目标、考核要求进行了调查和论证,从课程设置、课程内容、考试时间、考试方法等方面对专业考试计划做了适度调整,使培养目标、规格更能体现应用性、职业性、技能性的特点。根据修订后的专业考试计划,2008 年 6 月起,中专自考各专业开考课程的考试时间,除语文、建筑定额预算和艺术类课程外,其他都由 120 分钟调整为 90 分钟。

【课程考试大纲】

课程考试大纲参照招收初中毕业生为起点的全日制中专校相应专业相应课程的教学大纲,结合自学考试的特点进行编写。在保证课程科学性、系统性、实用性的前提下,注重基础知识、基本理论和基本技能训练的要求,突出重点,力求少而精。

考试大纲的体例结构包括说明(或称导言)、考试内容和具体要求、考试试题样题 3 个部分。说明部分主要阐明本课程的性质、任务,在专业考试计划中的地位、作用,以及与其他课程的联系分工;提出本课程考核目标与要求,知识内容的深度及能力层次的要求;不同难度、能力层次的试题在考试中所占的比例;推荐自学教材及参考书;对考试形式、时限、评分方法、题型、题量和分数分配以及其他需要说明的问题作出说明,对自学方法进行原则指导。考试内容和具体要求部分按章(或知识单元),列出考核知识点,从知识和能力两个方面,提出考核要求。样题部分主要对本课程考试一般所采用的题型给出样题,并写出答题步骤方法和正确答案。

上海中专自考课程考试大纲的制订历经几代变更。1985 年制订的课程考试大纲。因缺乏编写实践经验,或简如教材目录,或详如自学指导书,指导性用语的表达也不规范。1987 年,市中专自考办制订了《关于制订上海市中专自学考试课程考试大纲的原则意见》,从指导思想、内容结构、使用教材以及其他有关注意事项等方面提出了原则意见。并据此对课程考试大纲进行了制订或修订。对要求达到的认知能力水平做了较为明确的表述,并制订了相应的命题大纲。

1989—1991 年,市中专自考办接受全国考委委托,运用教育测量理论,参照认知领域中教育目标分类的原则,尝试编写了数学、语文两门课程的标准化自学考试大纲,并于 1992 年 8 月正式出版。

按照标准化要求,1991 年起,上海中专自考再次对各专业主干课程的考试大纲做了全面修订。

1996 年下半年,根据国家教委改革与发展意见精神,全国考委对中专自考语文、数学、会计原理、政治经济学、经济法基础知识等 5 门课程的考试大纲组织修订,并于 1998 年 4 月起正式实施。上海中专自考各专业课程考试大纲的修订编写工作也随之展开。新编了部分主干课程的考试大纲,并于 1999 年 1 月起执行。

本着适度、够用和职业性、技能性的要求,2000—2006 年,上海中专自考各专业的课程考试大纲普遍再次进行了修订或制订。

二、命题阅卷组织管理

为实现考核目标,确保考试质量,上海中专自考建立了一套严格的命题组织和管理制度。(1)制订命题大纲,编制测验蓝图"四向细目表",统一命题标准要求,提高试卷信度效度;(2)组织培训。根据标准化考试命题要求,1988 年、1989 年组织教育测量理论和统计方法培训近 10 次,培训命题教师 200 余人。之后每年 2 次,形成制度;(3)开展命题。命题教师由各专业指导学校根据市规定要求推荐,由市中专自考办审查组配。一般每学科命题教师 2 名,另聘审题教师 1 名。命题最初为全封闭集中入围,每年 2 次。1989 年起实行分散征题,集中入围拼题组卷,最后审题审卷,并组建了初级题库。命题严格执行保密制度,坚持命题与辅导分开。

开考权下放后,专业基础课、专业课命题由区考工委严格按照市有关规定组织,市自考办负责进行教育测量理论和命题基本知识的培训。阅卷由市协调力量,统一组织,分科集中评阅。1996 年前,公共课和公共基础课由市中专自考办组织,专业课程由市中专自考办指定有关专业指导学校负责。阅卷教师从各专业指导学校抽调。阅卷成立工作领导小组,严格按照评分标准,坚持一评一复,确保质量。1996 年后,阅卷由市自考办指定有关专业指导学校承担。公共基础课的命题、阅卷,2000 年前由市自考办安排,2000 年下半年起,由主持开考区负责。2005 年,中专自考公共基础课停止开考,相关命题阅卷工作不再进行。

三、考务考籍管理

【报考和试场组织】

上海中专自考每半年报考一次,报考时间,1988 年前为考试前 1 个月。1988 年起,为利于考生和社会助学单位有计划地进行自学和辅导,提前至考前半年。1996 年起,报考时间重改为考前 1 个月。

上海中专自考的报考及试场组织,1987 年前,均由各有关专业指导学校负责。郊区由专业指导学校委托县教师进修学校和工农教师进修学校按专业类别分别落实。市区则采取划片挂钩的办法,由专业指导学校商请各区教育部门协助落实。自 1987 年下半年起,由区县自考办或成人教育机构组织办理。各区县教育部门负责对考试的组织管理进行检查、督促和指导。试场原则上设在各区县中等学校,每个考区设正、副主考各 1 人,每个考场配备监考人员 2 人。严格按照有关规定,维护考场秩序。

为适应中专自考面向农村的需要,1993 年 4 月 12 日,市中专自考办发出《关于区、县在偏远乡镇设立中专自学考试分试场的意见》,同意区、县在严肃考纪考风、保证工作质量的前提下,选择领导重视、管理严格、师资力量较强的乡、镇成人文化技术学校或普通中学设立分试场。设分试场须事先报市中专自考办审核批准,数量严格控制在 1—2 个之间。分试场由区、县中专自考办负责编排,派员监考管理,并组织领导巡视。1996 年 5 月,市自考办决定区县中专自考不再在偏远乡镇设置分试场。

【实践性环节考核】

考生各门课程考试及格并课程实践性环节考核合格后,方能参加毕业实践性环节考核。实践性环节考核由专业指导学校根据不同专业的情况,制定考核大纲和实施细则,组织实施。

1987 年底,上海中专自考将诞生首届毕业生。为抓好毕业实践性环节考核,上海中专自考选择文、工科专业各 1 个开展试点,法律专业 456 名毕业生,全都撰写了毕业论文,将近 10% 的考生被随机抽查答辩;建工专业的 58 名考生全脱产 40 天,从建筑设计、结构设计、施工组织设计等三个方面开展毕业设计,并举行了毕业答辩。

1989 年,医学类专业首届毕业生共 2 000 余名落实了毕业实习基地,其中医士专业分批安排在全市 50 多所区、县以上的中心医院,将近 1 800 名的考生通过了临床毕业实习。

为加强课程实践性环节考核,1989 年,市中专自考办会同卫生局组织了全市护士专业基础护理课程实际操作统考。并于 1990 年 4 月,按系统成立 4 个对口检查组,分赴有关专业指导学校和助学辅导点,对医学类专业课程实验实习环节的实施情况开展对口检查。

1991 年初,市中专自考办召开实践性环节考核交流研讨会,提出了进一步加强实践环节考核的意见。当年,医士专业组织了首次诊断学基础课程操作统考。来自全市各区、县的 500 多名考生汇集到 5 个试场,按 38 个项目 15 组考核内容进行了书面考试和实际操作考试。1992 年,医士、乡村医士专业又组织了全市性内科学课程操作统考和第二次诊断学基础课程统考。

1992 年起,财经类专业毕业论文、毕业答辩工作全面推开。通用机械专业首届毕业生在完成 10 个基本实验、3 个课程设计、大型作业的基础上进行了毕业设计和答辩。1995 年 7 月,市中专自考办会同财经学校,组织全市 500 名涉外会计专业 92 届应届生自考学员,集中住宿学校两周,进行强化训练,开展毕业综合性考核,有效地提高了考生的实战能力。

按照职业性技能性的要求,2000 年后,各专业指导学校进一步制定了切实可行、便于操作的实践性考核办法,落实了实验实习环节和实习基地,使实践性环节进一步得到加强。

【考务考籍管理】

在考生取得 1 门课程单科合格证书后,即为其建立相应的考籍档案。考籍档案由专业指导学校管理,考籍档案袋、单科合格证书、毕业生登记表等由市统一印制,归档内容由市指定。考籍档案专室专柜存放,专人负责管理。成绩不合格试卷,保存一年后销毁。单科合格证书由市考委委托专业指导学校颁发。毕业证书由市考委颁发,专业指导学校副署。

上海中专自考实行免考制度,对国家承认学历的各类高中、中专及其以上学校的毕、结业生,肄业生、退学生,已获高、中等自学考试或市业余高中文化统考单科结业证书者,报考中专自考,可以免考已合格的名称相同的课程。

为加强考务考籍管理,严肃考纪考风,市中专自考办制订了一系列规章制度,汇编成册,下发到各基层自考办。1988—1991 年,市中专自考办先后 3 次组织 13 所专业指导学校进行考籍管理对口检查,推进考籍管理暂行规定的贯彻落实。1991—1994 年,连续 3 年组织各区、县、专业指导学校自考办开展考务考风考纪现场对口检查,从试场设置、考前培训、考风考纪、考试工作规范等四个方面,提出了 21 个考核内容指标予以对照。

市中专自考办还坚持从市、区、考区二个层面,开展考前业务培训。市考委副主任、市教育局局长袁采多次来到培训现场,提出"精心组织、精心指导、慎重出战,务求必胜"的要求,进行考前动员。考试时,市、区考办分别派员巡回检查督促,各级教育部门领导也亲临试场。

1996 年下半年,上海中专自考启用新版准考证,1998 年 4 月,又启用了新版毕业证书内芯。并进一步严格试卷遗失报批手续,严把毕业生资格审核关,使考务考籍管理进一步完善。

开考权下放后,区考工委从建立考风考纪和考务管理责任制、落实管理制度;加强对监考人员的业务培训和职业道德教育;加大对考试实施和对违纪、舞弊查处的监管力度等方面,制定了加强中专自考考风考纪工作的意见。成立了有市自考办分管领导参加的试区考试领导小组,并制订了考务考籍管理工作具体规则。

第五节 社 会 助 学

1985 年,随着中专自考的开考,上海多种形式的社会助学活动渐趋活跃。各区、县依靠成人教育教师进修学校和成人中专的力量,陆续成立了中专自考辅导站。部分全日制中专、高校以及有关社会团体,也开办起自考辅导班,或开展多种形式的自考辅导咨询活动。

1986年后,面向本系统举办的中专自考助学辅导班应运而生。市卫生局以各区、县卫校为基地,设立了33个助学辅导站;市公安局在各区县分局都设置了助学点,首次开考就组织起了18个助学辅导班。各委托开考部门都把中专自考纳入干部职工培训规划,配备专门力量开展这项工作。这类助学辅导班,组织严密、管理有序、质量可控,实践性考核和工学矛盾都能得到较好解决。1987年发生于双戈盗枪抢劫案,1988年上海爆发全市性甲肝,市公安局、卫生局都能及时调整助学活动计划,既完成了突发事件的有效应对,也保证了学员的学习时间。

1990年后,上海中专自考工作重点逐步下移。市中专自考办提出了"依托现有成人教育中心,建立县、乡两级助学辅导网络"的工作思路。各县自考办和成人师校深入农村第一线,调查研究,送教上门,以乡镇成人文化技术学校为基地,积极发展助学辅导点。1993年,上海县有8个乡设立了助学点;松江县有7个乡设立了助学点。至1995年初,全市共设立了50多个乡、镇一级的助学辅导点,初步形成了县、乡(镇)两级的助学辅导网络。

为适应应届初中毕业生参加自考学习的需要,1992年下半年,全日制中专自考助学班开始发展。全市设立了19个助学点,近800名学员参加学习。至1995年,全市应届助学点发展到40个,累计学员3 000多名。

1998年,根据需求变化,中专自考公安专业正式停考。历经12年的公安中专自考助学活动画上圆满句号。

2000年后,随着职业性、技能性专业的开考,不少区县职业技术培训中心和成人中专设立了相应的助学点。2002—2005年,仅杨浦区考工委批准的电子商务、数控技术加工、计算机技术、现代物流等专业的助学点,就有10多个。

社会助学辅导活动对学员树立学习信心、提高自学效果,保证自学考试质量发挥了重要作用。据市中专自考办对11 021名报考人员统计,有10 004人在各种助学辅导班学习,占统计人数的90.77%。

一、组织管理

社会助学组织由市教育部门和市考委统一管理。1984年,全市由市人事局举办的《经济管理基础理论》电视讲座学员有4.2万余名。9月22日,市教育局、人事局联合发出通知,提出了将电视讲座纳入经济管理类中专自考的意见,较为妥善地解决了社会办学中这一问题。

1984年11月22日,市中专自考办和高教自考办联合向全市各新闻单位发出公函,明确要求,"凡是以自考名义或为自考课程举办辅导班、讲座而要在报社、电台、电视台刊登广告的,必须事先分别报高教局和教育局自考办,经审核同意并在广告稿上加盖公章后,方予刊载"。

1987年初,市中专自考办提出了社会助学组织登记备案的具体手续和要求。并于7月召开了由各区县自考办、助学组织负责人参加的助学工作研讨会,予以贯彻落实。

1987年10月,市中专自考办在《上海市中等专业教育自学考试暂行办法》中明确规定,社会助学组织举办中专自考辅导班,应在向所在区(县)教育部门备案的同时,向市中专自考办登记备案,并接受专业指导学校的业务指导。

1992年10月,市中专自考办增设助学指导科,以加强对社会助学的管理和指导。至1994年,全市共有 133 个中专自考助学单位。均按规定进行了登记备案。

1996 年 4 月 8 日,市教委、市考委联合发出《上海市自学考试社会助学管理暂行办法》。从助学的指导思想,助学组织的资格、条件、审批、考核评估和管理等方面,对社会助学活动作出了具体规定。同年 6 月和 8 月,市自考办会同市教委成教处,先后两批对 148 个社会助学组织进行审定,并通过媒体将名单向社会公布,其中中专自考助学组织为 34 个。1997 年,市再次审定公布了第三批社会助学组织,并进一步加大对助学广告的审核力度,着重抓好对"教考分离"的监管,推进了自考助学组织的健康规范有序发展。

二、业务指导

社会助学组织按照市考委公布的专业考试计划和课程考试大纲,开展助学工作。为及时传递政策信息,对社会助学和个人自学进行业务指导,1988 年 1 月,市中专自考办创刊《中专自学报》。

1988—1990 年,市中专自考办重点抓了标准化、规范化考试文件的制定。通过专业考试计划和课程考试大纲,为社会助学组织制订与考核目标相一致的教学计划提供依据,防止可能出现的不良现象,从而起到了积极的指导和控制作用。

与此同时,对采用多种教育形式开展助学活动进行探索。1988 年下半年,在部分乡镇企业职工教育中开展了由电视中专提供电视录像,由社会助学组织进行面授辅导,通过中专自考进行考试的试点。1989 年 7 月,在中专自考通用机械专业中试行以各区县成人中专、成人教师进修学校为基地,有组织地进行面授辅导,专业指导学校有重点地制作录音录像,组织翻录,为学员参加中专自考提供服务的三结合试点。

为下大力气解决郊区社会助学活动中存在的"买书难"等实际问题,1991 年,市中专自考办先后召开郊区助学工作研讨会和教材工作会议,加强对郊区助学工作的重视和辅导资料的建设,逐步形成了考试大纲、命题大纲、教材、自学指导书等自学辅导资料的"四配套"。1992 年,共组织各类教材资料 91 种 10.75 万余册,发行 156 种 7.6 万余册。举办了 5 门文化基础课程考试大纲的指导讲座和 16 门专业基础课程考试大纲的答疑咨询活动。1993 年组织各种自学指导资料 71 种 118 659 册,发行 126 种 107 261 册。组织了哲学、数学、国民经济计划概论等 7 门公共学科的自学指导讲座。至 1994 年底,上海中专自考各类课程考试大纲和助学指导配套资料已有 200 多种。

针对应届生全日制助学班的特点,市中专自考办提出了专业考试计划实施的指导意见。要求合理安排教学进程,因材施教,分类指导,确保质量,提高效益。并适时召开助学组织校长、班主任座谈会,对如何加强班级管理,做好学员思想政治工作,重视课间锻炼,开展团组织活动等问题进行交流。市中专自考办还每年 2 次编制助学指导手册,积极组织开展学科教研活动。93 年,共组织开展学科中心教研活动 29 次。这些措施,保证了应届助学辅导班的出勤率、巩固率,也促进了教学辅导质量的提高。

开考权下放后,区考工委着重抓了专业考试计划、课程考试大纲的修订和制订,及时向社会公布,指导各助学单位贯彻落实适度、够用和加强实践性环节考核的精神。并对语、数、英、政等公共基础课教研活动进行指导。2005 年上半年起,上海中专自考不再开考公共基础课,学科助学活动随之停止。

2005 年 7 月 15 日,上海中专自考网上公示在市教育考试院网站正式开通,成为社会助学指导工作的又一窗口。

第六节　考试研究

一、研究活动

1986年12月,市中专自考办召开首次工作研讨会,对初创时期如何抓好中专自考各个工作环节,推进事业发展进行研讨。市工农教育委员会主任芮兴宝、市教育局局长助理陈步君出席了会议。1987年9月,全国考委考试研究委员会在乌鲁木齐召开第一次全体会议暨全国自学考试经验交流会。会议提出了加强理论研究和应用研究、开展学术交流、普及考试科学的教育和成果推广等3项科研基本任务。会上,上海市中专自考办须晓明做了"认真总结,不断探索"的发言,并对今后工作提出了三点思考:一是要扩大考试服务面,实行多种证书的结合,更好地为岗位培训服务;二是要探索多种教育形式的结合,求得最佳质量和效益;三是要加强考试研究,提高命题质量,在实践中形成一支考试研究队伍。按此思路,上海中专自考在工作中开展了认真的实践和探索。

1988年2月,市中专自考办在年度工作计划中提出了今后一个时期自考科研的工作要求。(1)加强宏观研究、明确改革重点;(2)加强考试研究、提高考试质量;(3)加强考试研究队伍和考试文件、规章制度的建设,打好工作基础;(4)要将考试科研同实际应用相结合。

根据社会经济发展和成人教育特点,上海中专自考及时调整专业结构,改革考试制度和方法,试行多种证书制度;开展面授、电视、自学考试相结合的试点;实行考试方法上的几个结合,即周期内课程考试与周期外考生"点考"相结合;单科结业考试与学科分阶段考试相结合;开卷考试与闭卷考试相结合;卷面考试和实际操作考核相结合。不仅方便了考生,也提高了考试质量。

1989年3月,市中专自考办发出《关于征集上海市中专自学考试科学研究论文的通知》,要求各区县自考办、专业指导学校、有关主管局认真总结上海中专自考开考五年来各个环节中的工作经验,将之上升为理论,从中探索规律性的东西,并从理论研究、应用研究和工作研究三方面提出了21个课题。

1990年3月29—30日,上海市中专自学考试科学理论研讨会在宝钢召开,全国考委自考办中专处长庞玉梅、全国考委考试研究委员会秘书长卢正勇、市成人教育研究会理事长王永贤、副理事长李利出席会议。会上有63个单位和个人,向大会递交了57篇经验材料和理论文章,全方位、多角度地对上海中专自考工作进行了总结研究和探索。经评审,有3篇获得一等奖,11篇获得二等奖,12篇获得三等奖。10月,国家教委副主任、全国考委主任何东昌在《自学考试研究论文集第二集》论序言中指出:"只有对自学考试的各个方面相应地都加以研究,并相应地管理好,才能更全面地保证自学考试的质量。"

1992年,市中专自考办增设考试研究室,明确将"对中专自考工作进行理论与实践方面的研究,开展有关业务培训和科学实验活动,指导面上工作"作为其工作职责和任务。

为加强考试标准化建设,市中专自考办积极开展教育测量理论学习,先后三次派员参加全国考委培训班,回来及时"播种点火",编写教材,培训人员,多年坚持,形成制度。各基层自考办干部和命题教师普遍接受了培训,人次逾千。其作用已在编写考纲,进行命题和开展科学研究活动中得到充分体现。1988年,上海中专自考开始运用教育测量理论和统计方法对各开考专业重点课程进行考后分析;上半年在11个专业13门课程中进行,下半年又在12个专业17门课程中展开。此后,考后分析成为上海中专自考每次考试的重要任务。

1989年1月,上海中专自考首次将计算机应用于考籍管理。1990年,对计算机组配标准化试卷题库进行了探索并获得初步成功。同年11月,上海中专自考BASIC语言标准化题库,在全国考办第四期教育测量与统计方法培训班上做了介绍和演示。1992年,开始采用微机手段进行考后分析,并对各专业指导学校进行了为期4天的考后分析微机操作培训,应用于下半年15门重点课程的考后分析之中。

上海中专自考的考试标准化建设引起了全日制中专校和有关主管业务部门的关注。全市有10多所全日制中专校邀请市中专自考办为全日制班开展命题培训,市卫生局也邀请市中专自考办为本系统全日制中专校开展命题培训。

受全国考委委托,从1989年9月起,市中专自考办开始对制订标准化考试大纲进行探索。1990年下半年,由市中专自考办组织编写的全国中专自考数学课程考试大纲(试用本)正式发行。

1991年5月,市中专自考办又承担了全国语文课程考试大纲的编写。标准化考试大纲尝试运用教育测量理论和认知领域中教育目标分类的原则,采用可以测量的语言,从知识和能力两个方面,对考核目标及要求做了较为准确、清晰、具体的表达和描述,力图使之科学化、标准化,更好地把握考核目标,指导个人自学和社会助学。7月25—30日,全国自学考试标准工作经验交流会暨理论研讨会在包头市召开。上海市中专自考办须晓明在会上做了《编写课程考试大纲的初步尝试》的发言,得到了与会领导和专家的充分肯定。10月10—12日,全国中专自考课程考试大纲编写会议在成都市召开。上海市中专自考办介绍了编写标准化课程考试大纲的做法和体会。1992年5月起,市中专自考办尝试编写了全国《数学》《语文》考试大纲的配套教材。

1992年8月,《数学》《语文》课程自学考试大纲正式出版。配套教材也于次年5月在全国发行。全国考委在大纲《出版前言》中指出:"参照认知领域中教育目标分类的原则编写的这个自学考试大纲,是一个新的尝试。目的是将考试要求逐层分解,使之具体化、规范化;科学、合理、正确地把握课程考试的范围及要求程度,更好地指导自学与考试工作,促进自学考试事业的发展。"

为提高考试的信度和效度,1991年下半年,市中专自考办以《数学》课程为试点,开始了对课程及格线考前控制的研究。通过对26所(少数有重复)全日制中专校的90个班级180个试场的实验和测试,获得了比较客观的实验数据,为研究通过试卷的内容效度和效标关联效度两方面,对自学考试课程及格线进行考前控制的可行性提供了依据。市中专自考办须晓明、顾品钟合作研究撰写的论文《课程及格线的考前控制及其可行性》,经全国考办组织专家评审通过,递交中国高等教育自学考试国际学术研讨会交流。

1992年10月6—9日,由全国高等教育自学考试指导委员会、中国教育国际交流协会、江苏省高等教育自学考试委员会、江苏省国际交流协会共同举办的"中国高等教育自学考试国际学术研讨会"在南京师范大学召开。美国、英国、韩国、澳大利亚、泰国、印度、以色列、希腊、匈牙利、中国香港等国家和地区的近30名专家学者参加了研讨。须晓明作为作者代表在大会上宣读了论文,并进行了答辩。

1993年3月6日,上海市中专自学考试标准工作理论研讨会在市教育会堂召开。各专业指导学校分管校长、自考办负责人和各学科命题骨干教师、论文作者80余人参加了会议。市教育局局长、市考委副主任袁采,市教育局局长助理俞恭庆,成教处处长顾国治,市成人教育协会副会长徐瑞麟出席会议。全国考委考试研究委员会副主任陈斌专程来沪参加会议。会议充分肯定了上海中专自考多年来在理论和实践方面所做的工作,指出:在竞争激烈、挑战严峻的情况下,上海中专自考报考人数走出历史低谷,连创新高,是与重视学习教育理论,加强科学研究密不可分的。袁采在讲话中希望上海中专自考工作在科学化、标准化、规范化方面做进一步研究,在办考的方式方法上做进一步改革,并在考试标准上进一步严格要求。陈斌高度评价了上海中专自考在科研方面所取得的成果,认为抓得很紧,抓出了成效,有些选题在全国自考范围内处领先地位。俞恭庆指出,这次递交的论文,从理论和实践结合的高度,对工作热点、难点做了认真研讨;选题严,开掘深,有新意,并列出了一批课题,希望大家能结合实际,继续深入研究。这次研讨会共有 14 个单位 31 位作者递交了 29 篇论文,评出一等奖 2 篇、二等奖 4 篇、三等奖 6 篇。

全国考办和全国考委考试研究委员会对这次研讨会十分关注,认为论文总体水平较高,有一定创见,表明上海中专自考在科学理论研方面已经形成一个群体。同年 4 月 9 日,国家教育部原副部长、全国考委专职副主任臧伯平,做了"愿上海市中专自学考试理论研究工作继续深入发展"的题词。

二、研究成果

【宏观发展研究成果】

中专自考如何适应社会经济发展需要,改革考试制度、方法,更好地为上海农村、基层、中小型企业服务进行研究。须晓明撰写的论文《认真总结、不断探索》入选全国考委考试研究委员会《自学考试研究论文集》(教育科学出版社 1988 年 12 月出版);《发挥自学考试优势,坚持改革,搞好服务》1989 年 3 月 11 日刊全国高教自考《自学报》第十期,入选全国考委考试研究委员会《自学考试研究论文集(二)》(经济科学出版社 1990 年 12 月出版),并获上海市成人教育市级优秀论文贰等奖;《宣传机构、工作机构、服务机构——关于基层自学考试办公机构职能的思考》入选上海市成人教育研究会 1989 年度论文集(论文集编者说明:本文收到较晚,没有赶上评选,全文照登);《从三组数字引起的思考》在《中国考试》1996 年第 1 期发表;《成人教育发展中的一支新秀——上海中专自学考试 10 年记实》入选市教卫系统《改革开放实录》(上海人民出版社 1992 年 2 月出版);《自学考试专业开考如何适应社会需要》入选全国考委考试研究委员会《第五届全国教育考试科研讨论会论文集》(高等教育出版社 1997 年 4 月出版)。

【科学化标准化命题研究成果】

在多年坚持对命题教师进行教育测量理论和统计方法、命题方法培训的基础上,形成了中专自考命题培训的基本教材。市中专自考办编写的《达标性考试命题实用手册》,1992 年 5 月由上海科技文献出版社正式出版;同年 12 月,获国家考委"七五科研成果"三等奖。

【标准化考试大纲编写研究成果】

1990 年底,市中专自考办组织编写的中专自学考试数学(一)考试大纲(试用本),由全国考委组织出版,作为全国中专自学考试统一使用考纲。1991 年 7 月,论文《编写课程考试大纲的初步尝试》在全国自学考试标准工作经验交流会暨理论研讨会上宣读,得到与会领导专家充分肯定,会后入选《自学考试标准工作论文集》(李英惠主编,经济科学出版社 1992 年 11 月出版)。全国考委考试研究委员会副主任陈斌称中专自考数学(一)考试大纲(试用本)"是制定第二代课程自学考试大纲的先驱";全国考委考试研究委员会秘书长卢正勇认为"上海市中专自考办组织编写的中专《数学》考试大纲,成功地把《考核目标》的写法融入考试大纲","是一种值得提倡的编写模式";国家教委成人教育司副司长、全国考办副主任李英惠在总结报告中说:"上海自考办须晓明同志的发言,既有理论,又有实践,可以看得出来,这是在大量的实践和精心思考后的结晶。"(以上分别见《自学考试标准工作论文集》第105—106、138、365页)

编写的数学、语文标准化课程考试大纲及其配套教材,分别于1992年8月、1993年5月由中国财经出版社正式出版,作为全国中专自考统编大纲和教材。

【课程及格线考前控制研究成果】
经全国考委组织专家评审通过,1992年10月,须晓明、顾品种合作论文《课程及格线的考前控制及其可行性》作为入选论文,在中国高等教育自学考试国际学术研讨会宣读;并被选入全国考委《高等教育自学考试命题专题研讨会论文集》(杨伯熙主编,中国科技大学出版社出版)。1993年,经市评审委员会评审,该文被评为上海市成人教育市级优秀论文二等奖。

第九篇

民办非学历教育

党的十一届三中全会后,经济建设和社会发展急需人才,上海市民的求知欲望日益高涨,社会力量办学应运而生。各民主党派、群众团体、行业组织以及各企事业单位成为发展上海社会力量办学的强大后盾。1988—1990 年,为使全市的社会力量办学得以健康发展,教育行政部门会同各有关业务主管部门,制定了一系列地方性法规和管理办法,其中包括 1989 年市政府公布市长朱镕基签发的 12 号令《上海市社会力量办学管理办法》及由市教育局和市旅游局、市文化局联合签发的各种管理办法。1991 年起,上海的社会力量办学开始进入新的发展时期。党的十四大提出,上海要成为整个长江流域的龙头和三个中心,以及"九十年代上海紧缺人才培训工程"的实施,为上海社会力量办学带来了得以迅速发展的机遇和条件。社会力量办学规模越来越大,专业覆盖面越来越宽。根据 1994 年不完全统计,在教育行政部门备案的社会力量办学院校已达 990 余所,学生 64.5 万余人,专兼职教工 2 万余名,开设专业 100 多种。2000 年上半年,上海市消费者协会对市民当前的消费热点进行了问卷调查,调查显示,旅游、成人业余教育等消费孕育着广阔的市场。在成人业余教育消费中,分别有 30.3% 和 18.1% 的被调查者选择电脑、英语为当前的学习热点。中国加入WTO,申奥、申博成功,使教育培训服务备受青睐,据教育行政部门的不完全统计,2003 年在上海市民办非学历教育机构中接受非学历教育培训人次达到 234.5 万。上海市民接受各类培训的人数已占到上海市民总数的 1/4 强,而在各级各类社会力量培训机构中参加培训的人数已占到市民总数的 1/6。以政府办学为主体,社会各界共同参与的多元化的办学格局初步形成。截至 2009 年 12 月底,全市正常运行和办学的各类"民非院校"共有 1 364 所,"民非院校"办学规模(2009 年度就读学生)总数为 265.4 万(人次)。2010 年"民非院校"数量与规模基本保持不变。

　　在全国范围来说,上海对社会力量举办非学历教育进行分等定级和开展专项调研与督查,是具有开创性的一项工作。一方面《市教委关于对上海市社会力量举办进修学院进行分等定级评估的通知》《社会力量举办学校(非学历教育)办学水平分等定级评估指标(试行)》的颁布与实施,形成了以评促改、以评促建、以评促优的新局面,为进一步改善和加强对社会力量举办非学历教育的积累了有益的经验;另一方面,2010 年,依据国家及上海市民办非学历教育相关文件,市教委决定对"民非院校"开展办学评估和专项督查。提出将用 3 年时间对全市"民非院校"开展办学评估和专项督查。2010 年内完成全市 25% "民非院校"评估工作,主要目标是建立客观公正的"民非院校"评价制度和办学信息公告制度,加强对学校办学体制和办学规范、学校收费和财务状况、办学条件和校舍安全、学校招生和广告宣传、办学质量和社会声誉等方面的监督管理。

第一章　办学类型与形式

　　1978年以来,民办非学历教育机构大量涌现,办学主体呈多元化趋势,较早出现的是民主党派办学。1980年9月,中国国民党革命委员会徐汇区委创办培青文化补习班,此后,全市复校和新建社会力量办学100余所。主要有市工商联主办的上海工商专业进修学校、市残疾人联合会主办的聋哑职工业余中学、中华职业教育社主办的中华职业进修学校、长宁区科协主办的长宁区科技进修学院、黄浦区归国华侨联合会主办的上海市侨友进修学院、上海提琴厂主办的上海黄浦区美声业余艺术学校、上海市大同中学主办的大同外语进修学院等。院校创办主体包括党派、行业组织、企事业单位、公民个人以及各类主体的联合体。1985年7月,《上海市社会力量办学试行办法》颁布,提出各级人民政府、教育行政部门以及社会各方面都应鼓励、支持和帮助社会力量办学;1988年《上海市职工教育条例》出台,提出企业、事业单位、社会团体、其他社会组织及公民个人可以按照国家规定,独立或联合举办职业培训机构,1989年7月23日,《上海市社会力量办学管理办法》颁布,在鼓励、支持的基础上,进一步提出各级人民政府和教育行政部门应维护学校的合法权益,帮助解决办学中存在的困难。这些政策进一步推动了民办非学历教育的大发展。

　　1991年上海市诞生第一所中外合作办学机构——上海法语培训中心,此后中外合作办学机构逐步增加,在2005年以前,以非学历教育机构为主。2005年上海市合作办学项目和机构占全国总数的近1/3,且学历教育机构首超非学历教育机构。

第一节　各类主体办学

　　1978年以后,上海社会力量积极兴办教育培训事业,社会办学主体有民主党派、工商联,行业组织,企事业单位以及公民个人,包括各类办学主体合作办学和中外合作办学。他们结合社会需要和各自优势,开办了各种类型、各种层次的非学历教育院校。培养改革开放和现代化建设所需人才。以下是在社会力量办学发展过程的不同阶段曾发挥一定影响力和较具代表性的"民非院校"。

一、民主党派办学

　　1978年以来,上海地方各民主党派、工商联积极投身教育事业,开办多种类型、层次的非学历教育院校。

【中华职业工商进修学校】

　　1979年9月,中国民主建国会上海市长宁区委员会和上海市长宁区工商业联合会响应中共中央号召为实现四个现代化服务,在开办区属工业、商业财会人员培训班的基础上,经过一年努力,于1981年9月正式成立上海市长宁区中华职业补习学校;1983年9月经上海市教育局批准,同时开设中专学历教育,1984年1月由上海市人民政府批准成立上海市中华职业工商中等专业学校;1990年9月经原上海市教育局批准建立上海市中华职业工商进修学院。三所学校实行一套班子,统一领导,以满足不同专业、不同层次的培训工作需要,中华职业工商进修学校是成人教育的培训基地,也是民建、工商联及其成员为经济建设服务的一个阵地。院校面向上海,以"开发智力,振兴中华"为办学宗旨,以"适应需要,发挥优势,联合协作,讲求实效,开拓前进"为办学方针。该校曾 17 次荣获上海市人民政府等市、区政府部门授予的办学先进集体称号。

【上海沪东科技进修学院】

1979 年上海市沪东科技进修学院创办,由九三学社杨浦区委主办,该院是一所融大学后继续教育性质的社会力量办学和九年一贯制外国语学校于一体的崭新教育机构。设有九个分部三个分院,一所外国语学校。该院拥有一座占地 10 亩,建筑面积达 5 000 平方米的教学大楼,院内设有 132 台高性能电脑的计算机中心、现代化语音实验室、闭路电视及多种教学设施。成为一所相当规模、有独立校舍的进修学院。该院坚持"优师资、严管理、高质量",为实施市政府 90 年代紧缺人才培训工程,该院先后设立了外经贸、金融、旅游、高级外语口译、房地产、计算机、通用外语等培训点,开设 20 多个专业,近百种课程。该院在连续 5 次被评为市先进集体以后,1995 年在上海市首轮社会力量办学的院校评估中荣获"A 级"优秀等级。经上海市教委批准为上海首批"高等教育学历文凭考试"试点单位之一。

【上海培青业余进修学校】

1980 年 9 月,民革徐汇区委会创办培青文化补习班,后改为培青业余进修学校,1987 年改用现名。初创时开设高中文化班,1990 年设有高中文化、成人高考复习、英语和日语基础、托福、服装裁剪等 35 个班,学员 1 795 人。该校以"坚持社会主义办学方向,以思想政治教育为中心,以提高教育质量为目的,教书育人,管理育人,服务育人,为社会主义建设事业培养合格的接班人"为办学方针,并由此孕育出"三育"培"四有"的培青精神。1985 年、1989 年分别被评为上海市职工教育先进集体和上海市成人教育先进集体。1990 年被评为民革全国办学先进单位。院长金凯,1985—1990 年曾 3 次被评为上海市职工教育(成人教育)先进工作者,1986 年被评为全国职工教育先进个人,成人高中学员公交职工倪红芳在读期间被评为 1992 年"五一劳动奖章获得者"。

【上海浦东新区民革教育培训中心】

1981 年上海浦东新区民革教育培训中心创办,系民革浦东新区委员会直接指导下的社会力量办学的业余中学,校长是民革老党员、离休干部张宜谟先生。该校相继开设了高中文凭班、中专班、会计上岗证班、新概念英语班、理工大学专业证书班和高复班等不同类别的班级,1997 年起,学校又为社区建设服务,为当地驻军 87414 部设中专会计班,培养军地两用人才;并且开办高中干部委托班,为提高街道、居委干部的文化素质出了一份力。学校以"为国家的经济建设服务,为四个现代化服务"为办学宗旨,坚持以质量求生存,以信誉求发展。2000 年被评为浦东新区社会力量办学 A 级(优秀)学校;2001 年 9 月又被上海市教委授予"上海市社会力量办学先进集体"光荣称号;2002 年 3 月又被《成才与就业》杂志评为上海市民办非学历教育"双十佳"学校。

【上海前进业余进修学院】

1983 年 3 月由中国农工民主党徐汇区委创办,初名前进业余进修学校,1986 年 10 月改为现名。校本部在复兴中路 1218 弄 25 号,上课地点分布在区内外。每学期有来自国内外 2.5 万余名学员在徐汇、卢湾、静安、长宁、虹口、杨浦、浦东等区22个教学点内进修。上海市常住人口中2.3%人次在前进业余进修学院进修过。1990年设有NCE、双向英语、托福、现代美国口语、日语、德语、法语、针灸推拿、三级厨师等专业,在境内设置7个分部和3个教学点,共开232个班,学员1.28万人(在外区设立6个分部,学员2.2万余人)。先后与德国驻沪商会及依诺瓦公司合作创办特色专业,并积极筹划与落实毕业生实习与就业基地(包括赴德国实习)。院长蔡光天在1987年被授予世界名人学会荣誉证书,该校1988年、1990年2次被评为上海市成人教育先进集体。1997年经国家教育部和上海市教委批准,成为首批高等教育学历文凭考试试点院校之一,还被全国民办高等教育委员会命名为中国民办高等院校先进单位。

【崇明中华职业补习学校】

1983年崇明县决定创办"中华职业补习学校",校董事会于6月24日成立。该校由县政协工商组主办,隶属中共崇明县委统战部领导。根据当时企业单位财会人员少,业务水平不高的状况,同时为适应崇明岛对外开放和发展海岛旅游业的需要,学校先后开设财会班和英语班,并附设灵活多样的代训班。该校曾获得"上海市社会力量办学先进集体""上海市'温暖工程'工作先进单位"等称号。

【上海市民进自强进修学院】

1986年上海市民进自强进修学院创办,多年来,学院遵循办学规律,瞄准和紧贴市场需求开设课程,同时坚决贯彻"注重质量、严格管理、热忱服务"的办学宗旨,形成了自己的办学特色,创出了自己的品牌学科。学院开设的品牌学科有:全日制高复班、三校生高复班、全日制中复班以及各层次文化课、外语类、职技类、兴趣类及大学自考、成人培训等。该校办学先进事迹先后被上海电视台、上海人民广播电台、文汇报、新民晚报等新闻媒体报道,并先后被授予诸多荣誉称号:如"上海市文明单位""上海市社会力量办学A级优秀学院""上海市社会力量办学先进集体""上海市成人教育先进集体""上海市高等自学考试先进助学单位""上海市统一战线为两个文明建设服务先进集体"。

【上海沪中科技进修学校】

1993年12月上海沪中科技进修学校成立,由九三学社上海市委主办,是以开办"剑桥英语"为特色的教育培训机构。1997年,学校率先引进"剑桥少儿英语"学习项目,成为上海第一所开办该项目的学校,并在该领域带头组织教学研究,编写辅助教材,培训师资。1999年后,学校又继续开拓进取,将该项目与"剑桥主体英语"即剑桥大学英语五级水平考试接轨,在2001—2002年间组织的四次"剑桥主体英语"一级(KET)考试中。该校曾于2000年和2002年连续二次被评为"社会力量办学A级先进单位"。2002年又被上海市教育考试院评为"上海地区开展剑桥少儿英语考试项目工作优胜单位"。

二、社会团体办学

与党派办学几乎同时,上海市许多行业协会、联合会等社会团体,发挥自身优势,为满足经济建设和社会发展对人才的迫切需求,举办各级各类非学历教育院校。

【长宁区科技进修学院】

1964 年上海市长宁区科技进修学院创办,原名长宁区业余科技学校,由长宁区科协主办。"文化大革命"期间,被迫停办。1978 年复校,1991 年起,先后建立了三个分部,一个分院。设置学历教育、科技进修、岗位培训、职业技术教育四个系列 16 种专业。学院自 1981—2007 年连续 26 年被评为市、区先进办学单位;1997—2006 年五届上海市文明单位;1996、2000、2006 年三次被评为上海市社会力量办学 A 级学院;2004 年被评为全国成人教育先进单位;2005 年被评为上海市社会力量办学教学管理示范院校、市全民终身学习活动周贡献奖;2006 年被评为市创建学习型院校先进集体;2007 年被评为市成人高校先进集体。

【上海震旦进修学院】

1984 年 9 月创办的上海震旦进修学院,是市成人教育协会主办的成人教育培训中心。前身是卢湾区集管局职工学校。1992 年 2 月,更名卢湾区震旦进修学校。1993 年由市成人教育委员会主管,改今名。先后设 108 种类型 944 个班,学员 4 万余人次。该院曾被评为上海市社会力量办学 A 级学院。

【上海市物理业余学校】

1986 年上海市物理业余学校成立,是由上海市教委批准的物理竞赛学校,由上海市物理学会主办。学校研究及实施中学各级物理竞赛教学和开发中学生物理潜能,为有志于参加各类物理竞赛、高考、中考、自主招生的中学生提供高水平的辅导。曾被评为上海市社会力量办学 A 级学校。

【上海广博进修学院】

1993 年 11 月上海市广博进修学院创建,是一所以高等自考助学为主体的高层次成人教育机构,由上海财会学会主办。该院从 1994 年起,先后争取到了上海财经大学、上海外国语大学和华东政法大学等校来浦东广博进修学院所在地开设成人高等学历教育教学点,每年的成人高等教育办学规模都在 3 000 人以上,已有十多万人次在该院得到进修深造。曾被评为上海市社会力量办学 A 级学院。

【上海市新知进修学院】

1996 年 6 月上海市新知进修学院创建,由上海市教委高校退管会主办。该院以"开拓、创新、敬业、求实"精神办学,以高等教育、终身教育为主,实行多层次、多形式办学,开设高等教育自考助学、夜大学等本、专科专业;以及高、中复班、计算机、外语、企业管理等培训,年均培训各类专业人员 5 000 余人。先后获得中国物流职业资格证书先进助学单位、信息产业部全国信息应用教育中心"先进教学站"、上海市社会力量办学 A 级学院、上海市"双十佳"培训机构、上海市高等教育自学考试示范助学组织等称号,是上海市物流专业助学工作委员会委员单位、全国计算机考试上海市第 4 考点。

【上海市少儿珠心算进修学校】

1997 年上海市少儿珠心算进修学校成立,是由上海市珠算心算协会(世界珠算心算联合会的常务理事单位)主办的一所为弘扬中华珠算文化开展儿童珠心算教学的学校。十多年来,在该校学习珠心算的儿童达 26.5 万人,学校培养了四千余名珠心算教师,在国内外从事珠心算教育机构中都享有盛誉。曾被评为上海市社会力量办学 A 级学校。

【上海建安进修学校】

2002 年 11 月上海建安进修学校创建,为"上海市建设安全协会"所属的安全专业专门培训机构。学校多次参加了上海市建委委托、市教育评估院组织的评估及区教育评估中心的评估,均取得了好成绩。连续被区教育评估中心评定为 A 级教育单位,多次获得区成教先进集体,上海市 2006—2010 年度成人教育先进集体等荣誉称号。

三、企事业单位办学

1978 年以来,上海市不少企事业单位依托自身技术和人才背景,积极服务经济社会发展,举办了技能、艺术、就业培训等学校和课程,培养改革开放所需人才。

【上视小荧星文化艺术培训学校】

1985 年成立的上海上视小荧星文化艺术培训学校,隶属于上海广播电视台(SMG),共分为两大板块:小荧星艺校和小荧星艺术团,是儿童艺术教育专业机构。该校致力于培养少儿的艺术兴趣、艺术才能及个人修养,推动当代少儿的综合素质和综合能力提升,挖掘综合潜能,选拔艺术人才,培养明日之星。该校是中国 AAAAA 社会组织,曾被评为上海市社会力量办学 A 级学校。

【上海春申旅游进修学院】

1987 年 9 月上海市春申旅游进修学院创办,该院是由上海市旅游培训中心举办的为旅游行业服务的多功能、多层次、复合型的旅游学院。学院突出英语、计算机和旅游专业特色,强化专业技能训练,实行"一张文凭、多种证书"制度。学院是上海市旅游事业管理委员会定点旅游学院,是上海市《中华人民共和国导游员资格证书》旅游涉外宾馆员工《上岗证书》首批定点培训单位,多次被静安区教育局评为办学先进集体,是上海市社会力量办学 A 级学院。

【中华职业进修学院】

职业教育家黄炎培创建的中华职业教育社及其主办的中华职业补习学校,曾中辍办学 20 余年,于 1980 年 8 月复校,1989 年又建立了中华职业进修学院。补校复校与进修学院建立以后,学校规模日益扩大,逐步新建了静安、杨浦和浦东上南三所分院。开设有 50 余门学科,形成外语、财经、中文和职业技术等四个系列。学校历年来连续获得市、区社会力量办学先进集体的荣誉称号,1994 年经上海市社会力量办学水平首批评估,被评为 A 级达标学校。该校受到中华职业教育社理事长、全国人大副委员长孙起孟的褒勉,并吸引了美国、日本、加拿大、法国、澳大利亚等国家数十批团体和个人来校访问。

【大同外语进修学院】

1989 年 9 月大同外语进修学院建立,由上海市大同中学主办。学院先后开设新概念英语和托福强化班,剑桥英语初级证书班,市通用外语初级、中级英语教程,英语初、中级语法课程,英语中级口语班,日语、德语初级班等。1995 年以来,学院组织市民英语等级考试中级 4 000 人,初级 6 000 人,合格率平均在 80%。1994 年、1996 年被评为市社会力量办学先进集体。

【上海浦东新区华浦人才培训中心】

1992 年,上海赢在起点教育信息咨询有限公司成立华浦(Chinatop)教育集团,原名上海华浦人才培训中心,是中国首家致力于提供升学、求职、晋升的教育培训、就业推荐的大型综合性现代教育培训集团,秉承"一站成就梦想"的办学理念。旗下培训品牌包括:华浦国际英语、王牌日语、华浦英语、华浦职业技能、赢在起点早教、少儿教育等。华浦(Chinatop)教育集团在全国拥有 40 多所分校和 8 万多名学员,员工超过 1 000 名。获评为上海市社会力量办学 A 级学校,上海市社会力量办学先进学校,上海双十佳培训机构,上海优秀教育培训机构,新浪年度最受家长信赖的儿童教育机构,新浪年度最具品牌价值教育连锁机构,搜狐最受网友推崇的职业培训品牌等多项荣誉。

【上海启明信息技术培训中心】

1993 年,上海启明信息技术培训中心成立,是中日合资上海启明软件有限公司主办的信息技术培训机构,宗旨是为计算机用户提供一流的技术与应用培训,使客户充分享受信息技术进步带来的巨大便利。启明培训除了在静安的总部外,还在卢湾、虹口、长宁等区设有三个分部,开设有包括企业委托培训、职业定向培训、公共课程培训三大类 120 多门信息技术培训课程,涵盖了从计算机应用到专业软件开发、人才培养各个层次以及各个领域。曾被评为上海市社会力量办学 A 级学校。

【上海信息管理专修学院】

1993 年 1 月成立的上海信息管理专修学院前身是上海电子信息应用教育中心,1995 年 4 月经市教委批准更名为上海信息管理专修学院。1995 年学院被评为电子工业部全国电子信息应用教育中心高等教育助学先进办学单位。1996 年被评为市教委社会力量办学先进单位,1998 年和 2002 年被评为上海市社会力量办学 A 级学院。

【上海机械进出口公司对外经贸进修学院】

1993 年 2 月 9 日,上海机械进出口公司建立对外经贸进修学院。1994 年 5 月 7 日,上海市社会力量办学管理办公室确认符合学院条件。该院直属上海市外经贸投资(集团)有限公司,办学宗旨是:积极培养对外经贸合格人才,为改革开放、发展对外经贸事业服务,开设中国对外贸易、国际贸易、国际金融等课程。学院实行不同层次、多种形式办学,设全日制、基本业余、全业余班,推出接受单位委托代培,派遣教师上门授课等教学服务形式。学院是上海市社会力量办学先进集体、全国成人教育协会民办高校委员会会员单位、全国对外经济贸易教育协会会员单位、国家职业技能秘书鉴定点及国家计算机等级考试上海地区 09 考点。

【上海华东电脑进修学院】

1993 年 7 月经市教育局批准,由国家电子工业部华东计算技术研究所投资创建。学院培养目标是:学员通过在院学习,系统了解和掌握计算机开发与应用所需的基础理论、基本知识和基本技能,使学生成为德才兼备、专业知识扎实、实践能力强、学以致用的大专水平人才。该院被评为上海市社会力量办学 A 级学院、上海市社会力量办学先进单位。

【上海自力进修学院】

1996 年上海昂立计算机系统工程有限公司创建了上海自力进修学院。到 2009 年该院已经发展成为一所 15 个直属分部遍布华东的大型连锁培训机构,核心业务包括外语、职业技能、IT 类课程教育培训。课程范围涵盖英语、日语、小语种、外贸物流、室内设计师、电脑设计、Maya/电脑影视设计、会计职称等五十余种课程,是上海市社会力量办学 A 级优秀学院。

【上海小伙伴爱好者活动中心】

1996 年 5 月上海小伙伴爱好者活动中心成立,是中国福利会少年宫下属的一个面向社会、服务社会的具有独立法人资格的社会办学机构。该中心下设静安区、徐汇区两个教学点,设有英语口语、文学修养、礼仪形体、采访写作、趣味数学等培训项目,并设有小伙伴礼仪团和小伙伴记者团等 2 个少儿社团。该中心于 1996 年、2001 年连续两次荣获五年评选一次的"上海市社会力量办学先进集体"称号,2003 年通过了上海市社会力量办学 A 级(优秀)学校资格审核。2005 年又被评为上海市社会力量办学教学管理优秀学校。

【上海新世界进修中心】

1997 年上海日樱管理咨询有限公司创立上海新世界进修中心,是一个涵盖 IT、语言、职业及管理培训的国际化、专业性、全方位、倡导互动式交流教学的机构。该机构获得的认证资格和荣誉包括：上海市 A 级办学机构、上海市中高级口译认定培训中心、ICDA 国际装饰协会认证培训中心、美国 Microsoft 微软授权培训中心、Adobe 授权培训中心、Macromedia 授权培训中心、美国 AUTO DESK 授权培训中心、全国 CAD 优秀培训单位、上海通用外语水平考试办公室指定培训点。

【上海杨浦区新东方进修学校】

2000 年 6 月 1 日,北京新东方教育科技(集团)有限公司在上海杨浦区正式注册成立上海新东方学校,学校总部坐落在上海东方大学城,并先后设立了住宿培训部、徐家汇分部和其他教学分点。学校提供的培训项目有：TOEEL、GRE、GMAT、lELI(雅思)、大学英语四六级、商务英语、英语语法、《新概念》英语、美国口语、高级美国口语、英语 900 句、听说速成、(电影)听力提高、语音速成等多种项目。该校于 2002 年 1 月被评定为上海市社会力量办学 A 级单位。2002 年 2 月,在《成才与就业》杂志和迈高(上海)咨询有限公司对上海市培训机构进行的学员调查与评选中,上海新东方学校评为"上海双十佳培训机构"。

【上海儿童艺术进修学校】

2000 年中国福利会儿童艺术剧院创立的上海儿童艺术进修学校,是一所以儿童戏剧为主要课程的民办艺术类培训学校。设静安总部和浦东分校、北区分校、新闸路分校。学校遵循已故国家名誉主席、中福会创办者宋庆龄的谆谆教诲,以"实验性、示范性"为办学理念,以服务为基础,以教学质量为先导,用艺术的手段,为国家、为社会培育未来型艺术人才。学校"艺术实验班"课程是国内唯一一个儿童戏剧表演特色课程,拥有国内唯一的儿童戏剧全套教材。2006 年被评为上海市社会力量办学 A 级优秀学校。2009 年被评为民政部民非企业 5A 级单位。

【上海市五一文化艺术进修学校】

2001 年,上海市五一文化艺术进修学校创建,隶属于上海市总工会系统,由上海市工人文化宫主办。学校坚持"以人为本,质量取胜"的教学宗旨,形成了以成人继续教育、文化教育为主线,各类职业技能培训、艺术、体育、文博类培训及特色培训并存的体系,是上海市社会力量办学 A 级优秀学校。

【上海市青少年文化培训学校】

2001 年,上海市青少年活动中心举办上海市青少年文化培训学校。该校是共青团上海市委直属的青少年校外教育活动阵地和公益性服务机构,常年开设的课程包括:手拉手舞蹈、空手道、声乐、钢琴、电子琴、何嘉仁少儿英语、故事表演、看图说话、拼音、珠心算、绘画、书法等课程。该校是"上海市社会力量办学教学管理示范校",荣获上海市社会力量办学 A 级优秀学校、上海市先进民间组织、巾帼文明岗、共青团号、闸北区社会力量办学先进集体、闸北区自律与诚信建设工作先进组织等荣誉称号。

【上海朵云轩艺术进修学校】

2005 年上海朵云轩艺术进修学校成立,系上海文艺出版集团、上海书画出版社旗下民办非学历教育学校。朵云轩创立于光绪二十六年(公元 1900 年),被誉为"江南艺苑",汇聚沪上艺术名家,旨在弘扬海派书画艺术,发掘培养新人。该艺校在百年朵云轩文化积淀中成长,专注品质教学,自成办学特色。开设有书法、篆刻、碑帖、绘画、艺术品鉴赏和收藏等课程。荣获上海市社会力量办学 A 级单位、长宁区文明单位等荣誉称号。

四、私人办学

改革开放以来,社会力量办学逐渐增多。20 世纪 80 年代中期开始,党派、行业组织以及企事业单位办学模式逐渐成熟,私人办学逐渐兴起。

上海名人多,名人办学也就多,著名舞蹈家汪齐凤在以她的姓名命名的芭蕾舞学校成立后,不少儿童慕名而来学习芭蕾舞,该校首批结业的 135 名学员全部通过英国皇家舞蹈学院级别考试。上影厂的著名导演谢晋,借助由他参与的恒通实业公司,创办了谢晋——恒通明星学校,旨在培养影视专业人才。学校招生时,全国共有上千人报名,通过对 700 余人的初试、面试、复试,首批录取了 15 名学员,包括 6 名外籍学员。谢晋根据自己的名人效应,聘请了海内外著名的电影演员来校授课,其中有白杨、潘虹等。谢晋作为校长也兼任部分课程教学,深受学员欢迎。

【上海市青少年艺术进修学校】

1985 年,上海市青少年艺术进修学校由创始人墨谷子校长发起成立,是一所美术专业培训学校。该校宗旨是:更多关注于发现和挖掘每一位学生的好奇性、好胜心和可塑性;关注于观察能力、形象思维能力、个性拓展与创造力的培养,以帮助学生建立正确的审美观念和塑造完美人格为终极目标。美术大师刘海粟于百岁之际亲笔题词,称之为"艺术摇篮"。该校曾多次被评为艺术类

A级资质学校。

【上海市育菁外语进修学院】

1992年上海外国语大学30余位离休干部和教授，为发展成人教育，多形式多层次培养外语人才，办起了育菁外语业余进修学院。学院以招收英语大专、本科，日语大专、本科自考业余班及日语大专自考学生为主，该院以"开发潜能、发展个性"为育人理念，坚持"品牌、质量、服务"的意识，依托上外师资和管理，形成自己的办学特色。连续2年被评为市社会力量办学先进单位。

【上海育辛进修学院】

1994年，郑民桢等5位自然人联合成立上海育辛进修学院，是在民办育辛外语进修学校的基础上，经市教委批准的一所社会力量办学机构。学院定位于终身教育，以"面向社会、按需施教、学用结合、实效为本"为办学宗旨。学院设有大专部（高教自学考试辅导）、中专部（自考）、外语进修部、少儿技艺部、电脑培训中心，并附设业余高级中学，主办民办育辛高级中学、育新职业技能培训学校。在浦东新区还开办了"三独立"的浦东育辛进修学院。培训专业领域涵盖行政管理、英语、法律、会计学、国际贸易、工商企业管理、计算机信息管理等领域，常年各类在读学员达6 000人，是上海市A级办学单位，市高教自学考试先进助学单位。

第二节　联　合　办　学

一、内地联合办学

联合办学以行业组织和企事业单位的联合为主，也包括政府部门、高校、个人等主体之间的联合，其特色在于扬长避短、优势互补。

【上海市华夏进修学院】

1984年由上海市科技翻译事务所初创，1985年秋与上海市科技翻译工作者协会联合，并于1986年经卢湾区教育局批准成立。该院先后举办托福班、外向型经济系列讲座、劳务输出翻译、计算机软件人才、公共关系系列讲座、证券知识系列讲座、证券函授班等。1987年起与上海市对外服务有限公司合作开设各类高级涉外商务人员培训（英、日）班；与万国证券公司联合举办了"证券系列讲座""期货经纪人培训班"，还开设了国家资格认证辅导班；与此同时为满足上海市高级紧缺人才需求，学院还举办了各类高层次的培训班。曾获卢湾区"社会力量办学先进集体"和上海市"社会力量办学先进集体"。

【上海市交通安全教育学校】

1995年4月28日上海市交通安全教育学校成立，由上海电视大学和上海市交警总队联手合作，专门从事交通法制、交通安全和交通职业教育。其办学宗旨是：充分运用社会和电视大学丰富的视听教育资源，适应公安交通管理的实际需要，对广大交通参与者、外来人员等实施规范、系统和经常性的教育，增强广大市民和外来人员的交通法制观念，提高交通安全自我保护能力，提高交通文明素质，为社会主义经济建设和精神文明建设服务。开设的项目主要有"交通安全管理干部培训班""驾驶员日常教育学习班""交通事故防范专题学习班""新驾驶员入门教育"等四大类。2000年至2003年期间学校编写出版了一批融知识性和趣味性于一体、通俗易懂的文字声像等多媒体教材;充分利用计算机网络技术,在上海电达信息技术有限公司建立自己的主页,并于2001年11月1日创建了交通安全信息网站,广泛开展宣传教育。开设的各类教育项目(班)共招收学员达749余万人次。2003年被市教委评为上海市社会力量办学先进单位、被杨浦区教育评估所评定为A级社会力量办学单位。

【上海昂立培训中心】

1998年10月,上海好时光投资管理有限公司、上海昂立教育科技有限公司注册成立上海市长宁区昂立进修学院,2002年5月更名为上海市昂立培训中心。培训专业领域涵盖外语、电脑、管理(含mini-MBA)、高复、考研等,中高级口译、全日制外语、大学四六级等诸多项目都是培训领域的优势品牌项目。该中心还致力于教学教材的出版发行,公开出版的丛书包括出国留学系列GRE逻辑、类比、分析与阅读四册,中级口译辅导丛书一套五册、高级口译教学参考丛书一套五册,大学英语系列(含四级自测光盘)、商务英语、日语系列等教材。该中心被评为A级培训单位。

【上海申花SVA足球学校】

2001年上海申花SVA足球学校创建,由上海申花SVA文广足球俱乐部和上海浦东康桥(集团)有限公司合办的上海申花SVA康桥足球发展有限公司投资2亿多元建成。2004年有国内外学生420多名,编为14个教学班,21个训练队,教职工110多人。学校先后被评为南汇区文明单位、行为规范示范学校;通过了社会力量办学A级学校评估。

二、中外合作办学

2003年《中华人民共和国中外合作办学条例》颁布,提出中外合作办学属于公益性事业,是中国教育事业的组成部分;国家对中外合作办学实行扩大开放、规范办学、依法管理、促进发展的方针;国家鼓励引进外国优质教育资源的中外合作办学。随着教育部《关于当前中外合作办学若干问题的意见》以及《关于进一步规范中外合作办学秩序的通知》等文件出台,中外合作办学不断规范,非学历教育机构和项目大幅度减少,2008年在市教委复核通过的第一批中外合作办学机构和项目名单中,非学历教育机构和项目有35个。

【上海法语培训中心】

1991年,上海法语培训中心作为第一所中外合作办学机构在上海成立,由上海市虹口区业余大学和法语联盟、法国文化协会联合举办,是非营利性的中外合作办学机构。致力于提供优质法语课程的同时,积极致力于推广中法两国之间的文化交流。该中心开设有成人法语、青少年法语、幼儿启蒙法语、个人及企业团队定制等课程,开课形式有全日制、周末、晚班等。该中心还有全年百场免费文化活动、全上海最大法语图书馆、年度法国游学项目等,旨在为学员提供更多锻炼法语的机会。

【上海朝日文化商务培训中心】

1996年10月,上海朝日文化商务培训中心创立。它是上海大学与日本国际交流研究所联合设立的中外合作教育机构。该中心隶属于上海黄浦区朝日进修学校,办学宗旨是为了促进中日友好,培养日语人才,增强中日民间交流。2010年4月日本最大的职业教育集团——日本滋庆教育集团将上海黄浦区朝日进修学校收归旗下。中心开设日语、英语、法语、德语、计算机、酒店管理等课程及全日制、业余制、函授等多种类的教学,其中日语包括一二级能力实用班,一二级能力考强化班,留日出国班,高级口译等众多课程,日语能力考一二级为核心课程的全日制住宿班,实施全封闭训练,培养了数千余名优秀日语人才,深受日企的欢迎。该中心是2005年上海市民办先进单位、上海市十佳外语培训机构(唯一的日语专门机构)。

【上海中野日语专修学校】

1997年上海中野日语专修学校成立,是由上海教育国际交流协会和日本教育开发研究所合作举办的具有独立法人资格的现代语言培训专业学校。学校依托日本私立大学协会、日本中野学园和奥伊斯嘉学院的支持,引进的日语教学理论和教学软件,设置赴日深造必需的全日制语言综合培训、团队培训和能力提升等各种课程。

【上海新偶像业余艺术学校】

1997年,上海新偶像业余艺术学校创办,是经上海市教委审批的中日合作办学机构,中方为上海星域文化娱乐有限公司,日方为日本新颖艺术株式会社。该校是一所专门培养新一代歌舞、影视、模特偶像的国际型艺术学校,开设专业包括流行歌曲、现代舞蹈、影视表演、时装模特等。设有全日制专业培训和双休日制专业培训。艺术课程包括歌手(声乐、乐理、演唱技巧等)、舞蹈(HIPHOP、JAZZ、LATIN等)、模特(形体、台步、礼仪等)、表演(台词、小品)以及日韩流特色培训等。

【上海泰尔弗国际商务培训中心】

1998年上海泰尔弗国际商务培训中心成立,由上海应用技术大学和加拿大泰尔弗国际商学院联合举办,是经上海市教委批准成立并隶属于上海应用技术大学的中外合作办学机构。完全采用加拿大戴尔特商学院的教学标准和模式,纯英语的环境,个性化的课程,原版英文教材,所有课程均以十五人左右的小班形式进行全程面授完成。学院成立以来已为国际商业团体、国外驻华商社、外资企业等培养输送了近万名既能熟练运用英语交流、同时精通国际商务运作和管理的国际化应用型人才,同时还向国外联合院校输送继续深造的留学生数千名。2003年、2007年、2010年,学院教务长分别荣获上海市政府授予的外籍专家最高荣誉"白玉兰纪念奖"。

【上海布里斯班教育培训中心】

2002年上海布里斯班教育培训中心创建,是由上海华成外语培训中心和澳大利亚罗素学校联合举办的、经上海市教委批准的中外合作办学机构之一。本着立足国内教育,引进国外教育模式,搭建国际间沟通与合作平台的办学宗旨,坚守诚实守信、勤奋好学、和谐奋进的中心文化,努力开发每一位学生的潜能,培养身心健康的国际化人才。创建以来中心已成功为国内近百所学校开办了英语、双语教师、各类学校校长的语言及教学技巧的国内外培训课程;组织了上万名学生赴海外进行学业、文化、艺术交流;并为政府部门和不同领域的企业定制了国内外全外语的专业培训课程。

【上海贝尔语言学校】

2002 年上海贝尔语言学校经上海市教委批准成立,是由上海沪东中华进修学院和英国贝尔教育集团有限公司联合举办的中外合作办学组织。学校开设的英语课程有:雅思英语、小学至高中各类英语口语、英语基础以及英语升学强化课程、造船专业英语、英语师资培训、商务英语、高职英语、工程英语、中高级口译、英语语言进修及英语教学法等。

第三节　办　学　形　式

一、加盟式培训

加盟授权、连锁经营的模式非常适合推广像计算机培训、英语培训、会计师资格认证等这类技能培训业务。通过系统的秩序化设计和比较严谨的日常管理,能够在连锁成员之间形成核心竞争力和规模效益。统一的利益追求又会强化这些连锁经营者的品牌意识。从"培训流水线"上出来的受训者就会有一种认同感、成就感。这就形成了教育机构总部、授权加盟者、受训者三个利益主体之间的良性互动,从而达到双赢。

上海较早的民办非学历"培训加盟式"包括学而思、新东方等,1993 年新东方创办于北京,业务涵盖早教、学前、中小学、大学考试、留学咨询、国际游学、网络课堂等,2000 年在上海创立分校。学而思致力于中小学课外辅导,2003 年成立于北京,2008 年在上海开设分校。

二、楼宇型培训

楼宇型培训是伴随着都市型智能化大楼大规模出现,以大楼为载体的一种新的非学历教育方式,适应了白领阶层学习各种知识技能的需要。它包括紧缺人员培训,专业人员继续教育,闲暇教育,以及根据社会需要而随时开办的形式不一的各类教育培训。有关数据表明,上海仅卢湾区淮海路商务区 110 余幢智能化商务楼,白领阶层就已达 6 万,整个上海 1 100 余幢智能化楼宇,估计白领不下 60 万,随着上海经济的发展,智能化楼宇不断增长,白领还有增长之势。这是一个接受非学历教育培训的庞大而有层次的消费群体;同时它还面向社会的其他人员,它打破了正规教育大而全、设置固定、难以应变的构架,满足了社会成员多元需求,适应了用人单位对一专多能人才的需求。它的运作不仅为海归派创造了财富,使一些退休教师发挥了余热,还为 4050 提供了外勤或打杂岗位,同时还盘活了楼宇租赁,仅黄浦区的 15 家教育机构租赁费一年达 1 000 万元,全年可增加税收 600 万元以上。

三、人才培训广场

2003 年 12 月,上海人才培训广场正式落成,数十家培训机构入驻,求学者选培训项目就像逛商场一样,不管是外语培训、电脑培训,还是管理培训,都可以在"培训茂"(Training Mall)里找到;在此后的两年里,包括上海学习广场等在内的"培训茂"项目纷纷上马。卢湾区教育培训咨询服务中心引进了前进进修学院、国际标准舞进修学校、教师培训中心、青少年艺术进修学校等多家机构入驻。上海闵行教育培训服务中心引入了启明培训中心、环球雅思学校、乐宁(上海)教育中心、精华日语进修学院等知名培训机构入驻。

上海人才培训广场(汉中路 188 号)成立于 2003 年 12 月,由闸北区政府、市人事局、团市委和市紧缺办共同开办。面积约 6 000 余平方米,具有 52 间中高档教室,有长江三角洲紧缺人才培训事务服务中心、上海紧缺人才培训事务服务中心、现代经济管理进修学院、继续教育进修学院、千帆企业管理咨询有限公司等 30 余家机构入驻。此外,中心内还设有青年文化培训学校、青年职业技能培训中心和青年人才交流服务中心。

上海学习广场(国顺路 288 号)成立于 2004 年 11 月,由上海远程教育集团投资兴建,位于五角场中央商务区内,是一座大型教育服务公共平台。学习广场占地 42 187 平方米,设有多媒体网络教室、图书馆、语音室、计算机教室等,可同时容纳 5 000 人参加各类培训。有全国经营师系列考评办公室、凯恩英语培训中心、复旦求是进修学院、泰祺教育服务有限公司等 20 余家机构入驻。由上海市教委、杨浦区政府发起成立的"上海教育服务园区",为学习广场提供强有力的政策支持。

卢湾区教育培训咨询服务中心(茂名南路 177 号)成立于 2005 年 5 月,主要服务于民办(非学历)院校,提供信息发布、政策咨询、品牌扶持、项目推广、求学向导等服务。中心学习培训咨询内容涵盖外语、文化、职业技术、艺术、社会生活和紧缺人才等各个领域。有前进进修学院、蓓蕾业余学校、新时代进修学院、科普应用技术进修学校等近 30 家机构入驻。

闵行教育培训超市(水清路 769 号)成立于 2005 年 8 月。中心的定位是"办学者的平台,学习者的乐园",既是一个开放型、多功能的综合教育培训基地,又是一个面向社区、面向职业发展的继续教育和终身教育平台。有新加坡南洋管理学院、Novation 商业学校、春致职业技术培训中心、乐宁(上海)教育中心、东方剑桥外国语培训中心、华师大华光学院、建峰职业技术学院等 20 余家机构入驻。

四、中外合作培训

20 世纪 90 年代初,民间办学出现了中外合作办学这种新的所有制性质的学校。为了积极支持境内外合作办学,1994 年,上海市人民政府发布了《上海市境外机构和个人在沪办学管理办法》,年内市教育局先后批准开办或筹办非学历教育的涉外合作办学 10 所,市高教局批准上海市浦东高校继续教育中心下设涉外合作办学"国际金融学院""中新合作科艺学院"。1995 年国家教育委员会发布《中外合作办学暂行规定》,1996 年,上海中外合作办学院校迅速发展到 24 所,1999 年已有 81 个院校(班),在校生 8 万多人。中外合作培训的主要专业有外语、工商管理、金融证券、计算机应用、美容美发、音乐舞蹈等。这些学校引进海外资金改善办学条件,引进海外教师、教材、教学方法以及先进的管理经验,为上海培养紧缺人才,对上海教育事业是一个补充和促进。参与中外合作办学的机构主要来自日本、澳大利亚、英国、新加坡、美国、韩国、法国、瑞典等国家以及中国香港等地区。

第二章 教 育 教 学

　　1978 年以来,上海大批社会力量办学应运而生,在完成"双补"任务后,开始进入了新的发展时期。为满足社会成员的多种多样的学习愿望和需求,上海社会力量办学的规模越来越大,专业覆盖面越来越宽。党的十四大提出,上海要成为整个长江流域的龙头和三个中心的重要地位,为上海的社会力量办学带来了空前的发展机遇。社会力量举办院校在市场机制的作用下对于教育培训服务需求能够做出直接有效地回应,随着人才市场竞争加剧、职业半衰期变短、职业技能更新加速和不同层面上的国际交往日益频繁,以及社会文化生活的多样化,"民非院校"教育教学提供的项目、课程越来越丰富。一批院校和培训项目以其专业特色强、师资力量雄厚、教学质量高赢得了社会信誉,收到了良好的社会效益和经济效益。

第一节 培 训 项 目

一、考证培训项目

　　考证培训项目主要集中在计算机和外语两个领域,一些主要民办非学历教育培训机构发挥各自优势,在 13 个外语类、8 个计算机类考证项目中开展培训。这些考证项目除了诸如大学英语四六级、全国计算机等级考试等全国通行的项目外,还有部分项目为上海市特设项目,主要对应上海市紧缺人才培训工程,包括上海市外语口译岗位资格证书考试、上海市通用外语等级考试中级、上海市信息技术认证等,通过这些项目考试的人员可获得由市教委、市成教委、市委组织部和市人事局、市信息化办公室等单位印制和颁发的证书。

表 9 - 2 - 1　20 世纪 90 年代上海市外语类培训项目情况一览表

考证培训项目	知名度较高培训机构	培训机构地址
雅思(IELTS)	新东方进修学校 昂立进修学院	国定路 309 号 广元西路 45 号
托福(TOEFL)	新东方进修学校	上海市国定路 309 号
上海市外语口译岗位资格证书考试	上海市特爱外语进修学院 上海市民进自强进修学院	永嘉路 35 号茂名大厦 桂林路 95 号
英语口语测试(TSE)	道正进修学校	重庆南路 8 号
全国英语等级考试(PETS)	上海新知进修学院 上海特爱外语进修学院	长乐路 455 号 永嘉路 35 号茂名大厦
上海市通用外语等级考试中级	上海人民广播电台外语台	
剑桥商务英语证书(BEC)	上海万国外语培训中心 美都教育 侨友进修学院	大连西路 560 号 淮海路 93 号 山东南路 43 号、淮海东路 70 号

（续表）

考证培训项目	知名度较高培训机构	培训机构地址
剑桥五级证书（MSE）	上海静安出国人员外语进修学校 上海徐汇区培英进修学校 上海市沪中科技进修学校	康定路 770 号 零陵路 535 号 陕西北路 128 号
大学英语四六级（CET4/6）	新东方进修学校 新世界进修中心 国际语言进修学院	国定路 309 号 六合路 98 号 茂名南路 175 号
GRE	新东方进修学校 上海前进进修学院	国定路 309 号 瞿溪路 801 号
GMAT	新东方进修学校 上海前进进修学院	国定路 309 号 瞿溪路 801 号
法语水平考试（TEF）	上海法语培训中心	吴淞路 297 号
日本语能力测试	上海特爱外语进修学院 朝日文化商务培训中心 民进自强进修学院	永嘉路 35 号 普安路 189 号 桂林路 95 号

表 9-2-2　20 世纪 90 年代上海市计算机类培训项目情况一览表

考证培训项目	知名度较高培训机构	培训机构地址
全国计算机等级考试	上海市青年管理干部学院 上海市信息管理专修学院 联想电脑培训中心	西江湾路 574 号 宜昌路 19 号 怀德路 1000 号
上海市信息技术认证	上海大学利普网络教育中心 复旦大学计算机与信息技术系 上海启明信息技术培训中心	上海市广中路 698 号 邯郸路 220 号 延平路 81 号
NIIT 课程及证书	上海恩埃埃悌信息技术学院	天目西路 218 号、南京西路 1486 号
微软认证（MCP）	上海启明信息技术培训中心 上海华浦人才培训中心 长宁区科技进修学院	延平路 81 号 金陵东路 505 号 安西路 35 号
CISCO 认证（CCCP）	黎明网络有限公司上海教育中心 旗盈科技 DPEN—LAB 培训中心	成都北路 333 号 凯旋路 169 号
ACCP 认证	上海华浦人才培训中心	全市共有 10 个分部
全国计算机应用技术证书考试（NIT）	上海金融高等专科学校 上海市成职教育中心 上海市新知进修学院	民星路 465 号 旅顺路 27 号 长乐路 455 号
中国计算机软件专业技术水平考试	上海现代信息技术培训学校 上海化工技能培训中心	河南北路 19 号 常德路 793 号

二、重点建设项目

为提高从业人员素质，提高市民的文化技术结构，以适应外向型经济发展和社会主义市场经济体制建立的需要,特别是培养和造就上海经济建设急需的紧缺人才,促使人才培养由被动应付、起落无常的状态转向目标管理、科学运转的轨道,上海市推行了一批重点人才培训项目,影响和引导了一批民办非学历教育机构的培训工作。

【职工教育培训】

1980 年,上海市人民政府《批转市工农教育委员会关于加强上海市职工教育工作的意见》,该意见提出"1979 年起新进的艺徒工转正考核时,除达到应知应会要求外,至少达到初中毕业的实际文化水平。到 1983 年底使工人实际技术水平普遍提高一级"。1982 年,上海市下达了《市委、市人民政府关于进一步搞好职工教育的决定》,在全市范围内开展职工的文化与技术的"双补"教育。在"双补"教育中,市教育部门组织百万青壮年参加文化补课,举行规模巨大的全市统一毕结业考试,到 1985 年全市有 140 多万职工完成了初中文化补课任务。与此同时,各企业、各行业组织青壮年职工参加技术补课,在技术补课基础上又积极参加技术等级培训;郊区农村农民除了参加农业技术培训,而且为了适应农村经济发展和农村劳动力转移需要参加各种职业技术培训,在乡镇企业务工的在职职工则参加各种岗位培训。1980 年代后期,在技术补课与各种岗位培训基础上技术工人逐步转入初中级技术培训。

1991 年,市委、市政府加强了对成人职业技术培训工作的领导,将职工的职业技术培训与技能人才培养纳入了上海人力资源高地建设的总体规划,加快了职工的职业技术培训,并进一步加强了中高级技术工人的培训与考核。承担在职职工的技术培训工作的、各种社会力量举办的职业技术培训学校成为在职职工、下岗待业与转岗人员培训的主要力量。据 1995 年统计,全市有各类职工技术培训学校 489 所,全年招生 553 714 人,其中各种民办培训机构 448 所,招生 457 637 人;社会力量所办学校占职工技术培训学校总数的 91.4%,招生数占职工技术培训学校总数的 86%。在 20 世纪的最后几年里,职工的职业技术培训工作不断发展,到 2000 年底时全市有各类职工技术培训学校 717 所,全年招生数达到 92.56 万人。在职工技术培训学校中,民办学校 668 所,招生 84.98 万人,举办学校与招生人数都超过总数的 90%。在 20 世纪的最后几年里,每年参加技术等级培训并经过国家技术鉴定的职工超过 20 万。职工的职业技术培训工作的深入发展,有效地提高了上海工人队伍的技术素质,为上海经济发展、经济体制改革与产业结构调整提供了人力资源保障。

【"九十年代紧缺人才培训工程"项目培训】

上海市人民政府教育卫生办公室、上海市成人教育委员会、中共上海市委组织部、上海市人事局在 1993 年初联合向市政府提出了《关于 90 年代上海紧缺人才培训工程实施计划》(简称《实施计划》)。1993 年 5 月,市政府办公厅转发了这个计划。《实施计划》明确提出:力争两三年时间内,培养近万名金融保险、房地产开发经营、城建项目评估、涉外商务、涉外法律、高级财会、旅游、专业外语以及企业家后备力量等 9 类紧缺专业人才。与此同时,普遍提高从业人员和市民的外语水平和计算机应用能力,培养和造就一大批适应 90 年代上海经济发展的高层次、复合型、外向型人才。

上海企业管理干部培训中心、上海对外经济贸易培训中心、上海市旅游局培训中心、上海商业金融人才培训中心、上海城市建设人才培训中心、上海农村干部培训中心、上海涉外法律人才培训中心、上海市干部教育中心、上海市干部培训中心、上海高校浦东继续教育中心等利用自身掌握的信息与教育培训渠道,主动承担上海部分紧缺人才的培训任务。培训中心同时负责培训与考核工作,自开展《实施计划》至 1998 年底,全市累计共有 5 万余人参加培训,获证人数达 26 864 人。

【计算机培训】

1993 年上海大约有上百个计算机培训点,虽然不断招收学生进行培训,但是声势不大。自从上海市将计算机应用与发展作为上海新的支柱产业,并实施计算机和外语等 90 年代紧缺人才培训工程后,上海市计算机培训骤然升温。政府仅仅投入了引导性的少量资金。市考核办的联系培训点,基本上都靠自筹资金,迅速装备了适应 90 年代应用水平要求的计算机。据最粗略的估计,全市的资金投入总量在亿元左右,各个学校至少将政府引导性投入提高了数十倍。

培训与考核相结合是培训考核工作取得成功的重要因素之一,考核办公室是由市教卫办、市成人教育委员会、市委组织部、市人事局联合组建的,具体工作由市电视大学实施。市委副书记、上海市计算机应用与产业发展领导小组组长陈至立多次视察考核和培训点,并提出具体要求。

1994 年 1 月第一次组织考核,考核的指导思想就是通过约 100 课时的培训让市民将计算机用起来,初级能力考核要求紧紧抓住磁盘操作系统初步、中文文字处理和数据库管理初步知识三大块。通过初级考核的考生,大约有 1/8 参加了坡度大得多的中级能力考核培训。1994 年上海全市发行计算机初级培训教材 30 万册,中级培训教程 4 万册;出售电视教学录像带 2 000 盒;教学练习用计算机盘片 1.3 万多张;全市计算机知识培训点发展到 305 个,近 7 万市民参加了计算机应用能力统一考核,其中有 5.1 万多人取得了初级水平合格证书。

1994 年国家教委成人教育司、人事部培训考核司和中组部干部教育局联合在上海市召开普及计算机知识、开展社会化培训现场会。上海市副市长谢丽娟出席会议并讲了话。国家教委成教司、人事部考核培训司、中组部干教局的负责人及中央和各省、市、自治区的近 200 名代表参加了会议。此次会议的目的是推广上海的经验,探讨在社会主义市场经济形势下岗位培训工作的特点,推动全国各地的计算机社会化培训工作。

1996 年,参加计算机应用能力考核的人数达 40 万人。1997 年,参加计算机应用能力考核的人数达 42 万余人,经考核合格的 27 万人,累计参加培训和获证人数分别达到 139 万人和 87 万人。

【下岗人员培训】

1998 年 6 月 6 日,市教委和市教育发展基金会联合召开上海市教育系统再就业培训工作会议,广泛动员各类学校为上海市产业结构调整和深化企业改革服务,开展对企业下岗、转岗、失业人员的再就业培训。会上宣布,由市教育发展基金会出资 500 万元,资助 500 所学校,培训 5 万名下岗、转岗和失业人员(简称"三五"再就业培训)。6 月 23 日,市教委和市教育发展基金会联合发出《关于开展"三五"再就业培训的通知》。《通知》要求在 1999 年春节前完成"三五"再就业培训任务,并把培训任务分解到各委、办和各区、县。民办培训机构举办了下岗待业人员的各种类型培训班,使许多职工和下岗人员学到一技之长,为他们适应技术工种和重新上岗打下了基础。

【"温暖工程"职工教育】

1995 年 2 月"温暖工程"上海培训中心宣告成立,表明上海市实施温暖工程成人教育有了实质性进展。国家教委副主任王明达受全国人大副委员长孙起孟委托专程到沪致贺,市人大常委会副主任陈铭珊,副市长谢丽娟,市政协副主席杨楣、赵定玉、刘恒椽等出席了成立仪式。

设在上海中华职业教育社(雁荡路 80 号)内的培训中心,首期开办了寻呼台操作话务员班,宾馆客房服务员班,计算机五笔字型与 WPS 操作班,电冰箱、空调机、助动车维修班及医院护工班等。培训合格者,发给上岗证书、等级证书等证件。

【成人教育求学人工咨询热线】

1999 年上海市首家成人教育求学人工咨询热线开通,市民只要拨打 16012388 咨询热线,就可了解上海市沪东科技进修学院、上海市中华职业进修学院、各区职工中专校、上海轻工(集团)成人中专校等 130 余个知名社会力量办学机构有关财经、金融、经营管理、计算机应用等专业的办学形式与内容、学习期限、入学条件、报名办法等信息。

【"学百句英语,迎 APEC 会议"活动】

2001 年 10 月,亚太经济合作组织(APEC)会议在上海召开。根据市委、市政府领导同志关于"2000 年和 2001 年要成为上海 APEC 会议的培训年"和"上海市民英语水平要及早培训提高"的指示精神,决定从 2000 年 4 月起,在市民中开展"学百句英语,迎 APEC 会议"活动,进行一次常用交际英语的普及教育,同时推广普通活,开展文明礼貌、接待礼仪的教育。活动以党政机关工作人员、大中小教师和学生公共服务性行业从业人员,以及有关会议的接待单位人员等为重点对象。

活动由市外办、市教委和市文明办为组长单位,市委组织部、市委宣传部、市商委、市建委、市旅委、市广电局、市公安局、市劳动与社会保障局、市人事局、市总工会、团市委、市妇联和上海外国语大学、上海远程教育集团等部门、团体和单位为领导小组成员单位,特派员指派一名负责人参加领导小组工作。领导小组成员单位各有一名具体负责教育培训的同志参加办公室工作,上海外国语大学、上海远程教育集团为办公室负责人单位。

三、市场调节

随着社会主义市场经济改革的深入和市场经济秩序逐步完善,上海的民办教育培训机构得以迅速发展,并以"社会需求和市场规则提供教育培训服务"成为社会提供非学历教育培训服务的主体,由此上海非学历教育培训社会化运行机制和市场协调机制得以确立,非学历教育培训市场基本形成。从主体构成看,形成了四大类、八小类市场主体,包括民办教育培训机构(含政府教育行政部门审核批准的民办非学历教育机构;政府劳动与社会保障部门审核批准的民办职业培训机构),各类全日制高等院校、党校和中等职业学校,各级各类从事非学历教育的公办教育培训机构[含各区县政府举办的社区学院(学校)和区县成人教育中心;各乡镇、各街道举办的社区学校、乡镇成人学校和老年学校;市政府编制委员会批准设立的,原系统(或行业)和国家企事业单位举办的教育培训机构;政府人事部门批准可从事人才培训的人才中介机构],以及政府工商行政部门登记注册的经营性教育培训机构。从市场特点看,市场规模不断扩展,并保持较高增长率。市场变化加速,市场竞争加剧。据统计,上海市非学历教育培训市场的各类证书数以百计,各教育培训机构开设的非学历教育培训课程数以千计。每年各权威认证机构(包括国际大公司)推出新版认证约 50 种,与此同时,又有一批效用日渐降低的证书逐步淡出。每年经审核批准新设置的民办非学历教育机构近百所,但同时也有与此相当数量的民办非学历教育培训机构因各种原因向审批机构申请终止办学,自行退出市场。

各级各类的非学历民办教育借助于现代通信技术,开展网上教育,远距离教育,突破了以往培训规格,向高新技术领域、最新知识领域发展。它覆盖各种类型,各种层次的培训。例如:MBA 工商硕士课程进修班,英国剑桥商务培训 BEC;国际财务认证培训 ACCA,医疗卫生高级管理人才、公共卫生专家的专业学位 MPH;国际预尖认证 IIEI(包括国际商务市场、物流、财务、管理、财务风险管理、贸易文本、国际商务权威等七类专家认证)等。市场还关注质量资格培训,包括各类管理体系标准的知识培训,各类质量管理的技能培训,六西格玛管理系列培训,各类质量专业人员的注册培训,并且有日趋升温的表现。

1998 年,上海市社会力量办学已初步形成了以市场为导向的调节机制和"以需定招"的招生机制。随着产业结构的调整和企业用工制度改革的不断深入,上海上百万人员下岗再就业问题成为社会关注的热点。社会力量办学急社会之所急,开展了多种形式、多层次的下岗转岗技术知识培训工作。

2000 年以来,随着上海加快产业结构、产品结构优化升级的速度的加快,上海非学历教育培训的需求日益升温。上海市每年参加非学历教育培训人数达 320 万人次以上,并逐年快速增长,成为学习型组织、学习型城市的重要平台。民办非学历教育机构和民办职业培训机构数量分别由 2001 年的 1 305 所和 421 所,增长到 2006 年的 1 600 所和 540 所,分别增长了 22.6% 和 28.3%。

第二节　课程、师资与生源

一、课程门类

民办非学历教育机构积极探索和完善相关培训项目课程设置,构建全面提高学生素质、以能力为本位的课程体系。比较集中开设的课程门类包括外语类、计算机类、文化补习类、职业培训类、社会文化生活类、自考助学类等,其中外语类、计算机类、自考助学类课程体系更为丰富。下表是一批较具代表性的"民非院校"在较长一段时期稳定开设的重点热门课程。

表 9 - 2 - 3　20 世纪 90 年代外语类课程一览表

学　校	开　设　课　程	校　址
上海杨浦区新东方进修学校	TOEFL、GRE、GMAT、IELTS、大学英语四六级、高中英语、商务英语、英语语法、《新概念英语》、美国口语、高级美国口语、英语 900 句、听说速成、(电影)听力提高、语音速成	杨浦区国定路 309 号
上海昂立进修学院	1. 英语:基础英语、通用英语、BEC、美国口语、四六级辅导、强化、冲刺、基础口译、中级口译、高级口译、雅思、托福、GMAT、GRE、商务英语、中学生英语强化、少儿英语、英语语法、英语词汇、全能英语、全日制外语、全日制雅思 2. 日语:基础日语、强化速成日语、新编日语、中级日语、国际商务日语泛读、日语商务精读、旅游宾馆日语、培训中心计算机日语、日语能力考级系列、日语视听说、日语全日制基础(提高)班、综合日语班 3. 德、法语:基础德语、公共法语、全日制德语	广元西路 45 号
上海国际语言进修学院	日语、韩语、葡萄牙语、德语、法语、俄语、西班牙语、意大利语、高级英语、中级英语、初级英语、英语口译	茂名南路 175 号

(续表)

学　校	开　设　课　程	校　址
上海特爱外语进修学院	1. 日语：全球日语能力考、日语初级入门班、日语高级口译资格证书、日语外教口语、日语高级同声传译日本签证面试特训、日语写作翻译全日制日语速成班 2. 英语：全国公共英语等级考试、英语口译资格证书、口译基础能力证书、大学英语四(六)级、外教口语、剑桥少儿英语、PETS外教口语、雅思、新概念英语 3. 少数语种：基础德语、基础法语、基础西班牙语、基础韩语	永嘉路 35 号
上海新世界进修中心	1. 英语培训：大众英语上、下册，大学英语预备，大学英语 1～4 册、中高级口译考前辅导、IELTS 雅思、互动英语口语、白领办公室英语、CET4、CET6 考前强化班，通用初级、中级考前强化班，TOEFL 预备班，TOEFL 班 2. 日语培训：全日制日语、标准日语、新日语听说、日语能力考前辅导班、日语口译 3. 其他语种：法语、德语、韩国语	六合路 98 号
上海万国外语科技业余学校	1. 成人英语：展望未来Ⅰ；英语听说初、中级；中、高级口译；大学英语四、六级；BECII 2. 通用英语初、中级；托福预备班、托福班；LCCIEB 3. 其他：日语、韩语、德语、法语、西班牙语 4. 青少年英语：儿童英语；3L；新概念；剑桥少儿英语 5. 全日制班级类：初级英语；中级英语；英语大专自考；英语专升本自考；俄语初级；日语初级	大连西路 550 号
上海虹口区乐宁教育培训中心	乐宁雅思 IELTS、交际口语、全日制口语、少儿口语	西江湾路 420 号
上海民办前进进修学院	1. 国际英语考试课程：TOEFL、GRE、GMAT、IELTS、BEC 2. 国内英语考试课程：高级英语口译证书、中级英语口译证书、基础英语口译证书、大学四六级 3. 基础英语课程：新概念英语、英语口语、TOEFL 预备、英语听力、IELTS 预备、英语词汇、走遍美国、综合英语、今日美国英语 4. 日本语课程：标准日语、高级日语、日语口语、日语能力测试辅导 5. 德语、法语、西班牙语	复兴中路 1330 号

表 9-2-4　20 世纪 90 年代计算机类课程一览表

学　校	开　设　课　程	校　址
上海民办前进进修学院	计算机能力考(初级、中级)、办公自动化、信息技术应用基础、计算机网络基础、会计电算化	复兴中路 1330 号
上海启明信息技术培训中心	1. 短期培训课程 计算机基础知识：中文 Windows98、Word、foxpro、VFP、办公自动化、互联网基础知识、网络设置 用 IT 游览，收发电子邮件 程序设计类：C++语言、MFC 编程、OLE 编程、DLL 应用技术、Ac-tiveX、Java 语言、Access、Delphi、Power Builder、SQL Sever、程序员水平考试 网络技术类：Windows2000 认证、网络管理员	延平路 81 号

学　校	开　设　课　程	校　址
上海启明信息技术培训中心	绘图与网页设计类：CAD、Adobe、电脑平面艺术设计、网页设计、综合班 APS 交互式、网页设计 2. 上海市信息技术认证系列课程 办公信息化认证工程师、机房网络管理认证工程师、数据库应用认证工程师、网页网站开发认证工程师、应用程序开发认证工程师 3. 职业定向专业类别 软件开发工程师、网页网站开发工程师、平面艺术设计师、机房网络管理工程师	延平路 81 号
上海广博进修学院	1. 国家信息化技术证书教育考试考前培训：信息系统开发高级技术证书、数据库应用系统设计高级技术证书、计算机网络管理高级技术证书、局域网组网高级技术证书、互联网应用高级技术证书、计算机信息处理技术证书、计算机程序设计技术证书 2. 计算机专业证书教育考试考前培训：计算机网络工程师专业证书、计算机信息管理专业证书 3. 中国计算机软件技术水平考试考前培训：初级程序员、程序员、网络程序员 4. 上海市信息技术认证证书教育考试考前培训：应用程序开发认证工程师、办公信息化认证工程师、机房网络管理技术认证、机房网络管理认证工程师、数据库应用技术认证、网页网站开发技术认证 5. 上海市市民计算机应用能力等级考考前培训：计算机初级、计算机中级、办公自动化	浦东新区惠南镇拱极路 2151 号
上海华浦人才培训中心	1. 电脑类：初级、中级、办公自动化、会计电算化、电子商务、会计上岗证、CAD 初级、CAD 中级、CorelDraw、Photoshop、PageMaker、3DSMAX、Adobe 认证班、专业网页四合一、WindowsNT4.0、SQLServer、MCSE 微软认证网络工程师Ⅶ、C＋＋、C＋＋Windows 编程、FrontPage2000、五笔输入、电脑维修、CAD 初中级组合、平面广告设计、室外内外装潢、程序开发班(VB、C＋＋、Delphi) 2. APTECH 计算机教育：（ACCP 国际认证软件工程师）	金陵东路 505 号
长宁区科技进修学院	1. 计算机培训类：市应用能力等级考(初、中级)、计算机上网操作及原理、办公自动化、电子商务、计算机文字录入处理、网络应用(初级)、计算机调试维修(初级) 2. 广告设计(PHOTOSHOP6.0、CORELDRAW9.0、3DSMAX、AUTOCAD2000 初、中级) 3. 网页设计(DREAMWEAVER4.0、FLASH5.0、FIREWORKS4.0)编程 VB 语言 4. 各类认证培训(微软 MCSE、MCSD、CISCO CCNA，SUN JAVA 等)	安西路 35 号
上海新知进修学院	全国计算等级考试、全国少儿计算机考试、职业资格证书培训、计算机操作员、计算机安装调试维修员、办公应用软件、多媒体制作、办公自动化、市民计算机等级考试	长乐路 455 号

表9-2-5 文化补习类课程一览表

学 校	开 设 课 程	校 址
上海民进自强进修学院	1. 高考复习辅导类：全日制高复班、成人高复班、三校生高复班、艺术类高复班、成人高考专升本复习班 2. 成人高中学历考试辅导类：语文、数学、政治、历史、地理、物理、化学	
浦东新区民革教育培训中心	1. 高中文凭考试辅导班：全日制高中班、大年龄委托高中班、高中单科班、双休日高中单科班 2. 各类高复班：成人文(理)科高复班、双休日成人文(理)科高复班、成人高复强化班、成人高复本科理化史地班、"3+2"高复班	

表9-2-6 职业培训类课程一览表

学 校	开 设 课 程	校 址
上海长宁科技进修学院	报关员资格证书：国际外贸单证。现代物流管理，初、中、高级化学分析，初、中、高级仓库保管，初、中级采购员，中医针灸、推拿，家电维修：冰箱、空调、摩托车、家电视频设备等维修。宾馆服务员，中式烹调师，素描	安西路35号
上海春申旅游进修学院	导游资格证、饭店服务(劳动预备制)、现代物流	新闸路1829号
中美合作上海通用进修学院	现代汽车检测与维护、国际会议和展览管理、中德合作现代汽车经营、中德合作现代汽车商务管理、媒体艺术设计	杨高南路388号
上海市韦博进修学校	室内设计师、室内效果图、专业室内绘图员、电脑商业广告设计	漕溪北路45号
上海财务管理进修学院	会计上岗证、会计电算化、会计职称、注册会计师、会计人员继续教育	广灵一路93号
长宁区新长宁教育培训中心	岗位培训类：物业管理从业人员上岗证、动拆迁人员上岗证、建设施工企业岗位证书、会计上岗证、会计电算化 职业技能类：物业管理、房地产经营中介缘、室内装潢工程管理员、市内装潢设计员、泥工、木工、油漆工 职称辅导类：会计职称 社会教育类：公关员、国际出口认证(IIEI)、企业个案培训、管理知识讲座、专业知识讲座	武夷路238号
上海服装进修学院	剪裁、工艺、结构、样衣、制版、设计、制图、CAD、电脑绘画、电脑设计、QC跟单	龙吴路1502号
上海市妇女教育培训中心	西点、中点、日本料理、硬笔书法、瑜伽等	中山西路2281号

表9-2-7 社会文化生活类课程一览表

学 校	开 设 课 程	校 址
长宁美术专修学校	少儿启蒙美术、少年素描、基础速写、中学素描、中学色彩、书法、国画、高考素描、色彩设计	长宁路625号
徐汇区天际体育进修学校	高尔夫	田林路358号

（续表）

学　　校	开　设　课　程	校　　址
上海申花 SVA 足球学校	足球	浦东沪南公路 2600 号
汪齐风芭蕾舞专修学校	少儿芭蕾、成人芭蕾、形体芭蕾	大木桥路 434 号

表 9-2-8　自考助学类课程一览表

学　　校	开　设　课　程	校　　址
燎原进修学院	1. 高等教育自学考试助学专业 上海财经大学会计学（专、本）；上海外贸学院国际贸易（专）；复旦大学计算机信息管理（专）、行政管理（专）、机关管理及办公自动化（专）、计算机信息管理（本）、计算机网络独立本科段、行政管理（本）；上海大学机械制造及自动化（专）；上海华东理工大学社会工作与管理（专） 2. 学历文凭考试班 计算机信息管理、工商管理、社会工作与管理专业、商务英语专业、广告专业	龙柏新村兰竹路 8 号
市沪东科技进修学院	商务英语、商务日语、国际贸易、计算机及其应用、国际货运与报关、集装箱运输管理	凤城路 101 号
震旦进修学院	会计（专、本）、计算机信息管理（专、本）、计算机网络（本）、英语（专、本）、国际贸易（专、本）、电子商务（专）、金融（专、本）、行政管理（专、本）、市场营销（本）、秘书（本）、工商企业管理（专）、档案管理（专）、法律（专）、视觉传达设计（专）、饭店管理（专）、机关管理及办公自动化（专）、计算机应用（专）	马当路 354 弄 10 号
广博进修学院	会计专业（专、本）、计算机信息管理专业（专、本）、英语专业（专、本）、机关管理与办公自动化专业（专）、行政管理专业（专、本）、工商企业管理专业（专、本）、计算机网络专业（本）、电子商务专业（专）、国际贸易专业（专）、市场营销专业（专）、秘书专业（专）、公共关系专业（专）	长清路 101 号
新时代进修学院	上海大学主考档案专业（专、本）、金融专业（专、本）、秘书专业；复旦大学计算机信息管理专业（专、科）、行政管理专业（专、科）、机关管理及办公自动化专生、新闻学专业、计算机网络专业本科；上海外国语大学英语专业（专、本）、日语专业；华东师范大学汉语言专业（专、本）、电子商务专业、公共关系专业；同济大学房地产经营与管理专业；交通大学计算机及应用专业；上海对外贸易学院国际贸易专业（专、本）；上海工程技术大学工商企业管理专业（专、本）；上海财经大学会计专业（专、本）；华东政法学院法律专业（专、本）	瑞金中路 100 号
上海终身教育进修学院	上海财经大学会计；上海外国语大学英语、日语；上海外贸学院国际贸易；上海复旦大学计算机信息管理、计算机网络、机关管理及办公自动化、行政管理；上海大学金融、秘书；上海工程技术大学工商企业管理；华东政法学院法律、金融管理；上海华东理工大学商务管理；上海华东师范大学电子商务；上海应用技术学院室内设计	南昌路 127 弄 9 号

(续表)

学　校	开　设　课　程	校　址
春申旅游进修学院	上海师范大学旅游管理(专、本);上海交通大学和上海旅游高等专科学校联合主考饭店管理(专);自考专业:计算机信息管理(专)、秘书(专)、英语(专)	新闸路 1829 号
育菁外语进修学院	上海外国语大学英语(专、本);日语(专)	东体育会路 378 号
兰生外经贸进修学院	大专自考专业:国际贸易、会计学、英语、行政管理、金融、计算机信息管理、秘书、法律、装潢艺术设计、日语、市场营销、公共关系学、工商企业管理、宾馆(酒店)管理、旅游管理、房地产经营与管理等 本科自考专业:国际贸易、计算机信息管理、行政管理、英语、会计学、法律、金融、工商管理、计算机网络	长阳路 1514 号
浦东科技进修学院	自考专业:计算机信息管理、会计学、行政管理、电子商务、秘书、档案管理、机关管理与办公自动化	浦东南路 1341 弄 12 号

二、师资队伍建设

随着民办非学历教育院校数量和招生规模的扩展,求学者对其教育质量与师资专业水平的要求也日渐提高。1995 年以来,民办非学历教育师资队伍建设越来越受到教育行政部门以及各相关行政主管部门的重视。上海市教委、文化局建立了社会力量举办艺术院校教师持证上岗制度和督导检查制度,对艺术类兼职教师颁发了荣誉任教证、任教证。教师继续教育也有很大进展。教师学历达标进修,共录取了 319 名"专升本"学员;教师进修培训,有 502 人报名参加英语、国际财会(ACCA)等课程的进修培训。据 1997 年统计,全市社会力量办学校院长、成人中等教育教师首轮培训全面完成。社会力量办学校院长接受上岗培训 665 人,累计 1 030 人;培训社会力量办学教师 180 人;培训成人中专校长 76 人;培训乡镇成人中等文化技术学校管理干部 144 人,累计 575 人。

2001 年,市教委《关于开展社会力量办学(非学历教育)教师持证上岗培训工作的意见》提出凡在经教育行政部门批准立案、社会团体管理行政部门登记的社会力量办学(非学历教育)中任职的专、兼职教师,需经培训、考核合格,获得上海市社会力量办学(非学历教育)教师岗位证书后,方可上岗任教。从 2003 年起,任教教师必须持有上海市社会力量(非学历教育)教师岗位证书,届时无证教师,办学单位不得聘用。

2003 年 11 月 14 日,市教委《关于加强民办学校(非学历教育)教学常规管理的若干意见》指出学校要有与办学规模相适应,能胜任教学工作的,相对稳定、专兼结合的师资队伍。教师必须持有教师资格证书。学校要开展对教师的培训。要坚持竞争上岗、择优聘用的原则,建立健全对教师的激励和约束机制,建立聘任制度、工作考核制度。有条件的学校可成立教师考评组织。应建立健全教学研究活动的制度,做到定时间、定地点,内容落实,形式多样,提高实效。应积极创造条件,逐步做到管理手段现代化。

三、生源结构

上海民办非学历教育生源结构基本反映市民大众学习需求结构。1978 年到 20 世纪 80 年代以

"双补"为主,反映市民"补课"的需求。之后市民学习需求与生源结构呈现多元化,反映出新时期特点和市民大众进一步学习的需求。据调查:在民办非学历教育分类结构中,反映市民职业发展需求的包括职业培训类和以求职为主要导向的外语培训类与计算机培训类比例最高;其次是反映市民提高文化层次需求的、属于文化教育类的自考助学和成人教育;再次是反映市民提高生活质量需求的社会生活类教育培训。据 2003 年不完全统计,上海市经教育主管部门审批注册的民办非学历教育机构达 1 426 所,年培训人数达 250 万人次,其中英语类培训 455 711 人次,日语 28 764 人次,德语 4 266 人次,外语类其他 16 377 人次,外语类共计 505 118 人次;市计算机等级考 41 480 人次,国家计算机等级考 11 047 人次,计算机证书考 28 747 人次,计算机技能 47 005 人次,计算机培训人次共计 128 279;高等教育助学 78 435 人次;中等教育助学 58 908 人次;高复班 85 530 人次;文化类其他 255 894 人次;管理类培训 46 634 人次;岗位资格培训 182 333 人次;等级工培训 21 318 人次;其他职业技术培训 253 581 人次;书法 33 271 人次;美术 91 171 人次;音乐 35 009 人次。中等专业自考全市共开考专业 17 个,课程近百个,全年报考 18 449 科次;开展中专自考的区共 12 个,承担专业指导学校的全日制中专校 8 所,成人中专校 2 所,中专自考助学点数十个。

　　2007 年在上海市民办非学历教育机构中接受非学历教育培训的人员中,职业培训类占 19%,以求职为主要导向的外语培训类占 23%,计算机培训类占 4%,就业和职业发展需求类项目比例最高,共占教育培训需求总量的 46%。提高生活质量需求的社会生活类占 12%,艺术类(含音乐、美术、书法等)占 12%。提高文化层次需求的学历文化补习类教育(内容包括各类自学考试助学和成人文化学习)占 13%。其他类教育培训项目(包括青少年文化补课)仅占全部教育培训需求总量的 15%。

第三节　教学管理与评价

一、教学管理

　　1987 年,《关于加强上海市社会力量举办的函授教育管理的通知》要求举办业余函授教育院、校(班)要认真编写和选用教材,并做好教材的发行工作,认真批改作业,处理好信件。院校(班)须在所招生的市(区)、县、设立固定的函授联系网点(不设分校)同时应规定必要的面授时间。

　　1989 年 10 月,《上海市社会力量办学教学管理暂行规定》提出教育行政部门对社会力量举办的学校在培养目标、专业或课程设置、教学计划、教学大纲、教材建设、教师聘任、教学场所、学籍管理以及其他有关教学方面的指导和监督。学校均应根据有关规定,按办学规模、层次、教学形式等,设立教务或教学管理机构,配备专门的教学管理人员,建立健全教学管理制度,组织教研活动。教学管理人员应按开班数配备。学校开设班级在 10 个班以下(含 10 个班)应配备 1~2 人,20 个班以下(含 20 个班)应配备 3~5 人,20 个班以上根据实际情况配备。并对学校的培养目标、专业设置、教学计划、教学大纲、教材、讲义及辅导资料、师资队伍等作出具体要求。

　　1991 年 11 月,上海市成人教育协会成立,每年发布指导性研究课题,组织群众性的成人教育科学研究,每 2 年组织 1 次论文评选、奖励并编印论文集。黄浦区教育局与《上海成人教育》杂志举办了"黄浦杯"社会办学论坛征文。1993 年,市成人教育科学研究指导委员会颁发了《1993 年上海市成人教育科研招标课题》,确定 19 个课题为中标课题。1994 年,上海市成人教育科学研究指导委员会完成 6 个课题的结题报告,确定 20 个课题为 1994 年招标课题。招标活动至 1995 年市教育局撤销时结束。1996年上海成人教育科学研究指导委员会编辑出版了《上海成人教育研究论文集》第一辑,收录了1993年招标课题17份研究报告;1998年出版了第二辑,收录1994年招标课题20份研究报告。

1997年10月14日,《关于实施〈社会力量办学条例〉若干问题的意见》指出社会力量举办的教育机构应全面贯彻国家的教育方针,切实保证教育教学质量,建立并严格执行教学和学籍管理制度,规范其内部运行机制。明确举办者不得在章程规定的权限之外干预教育机构的内部管理和教育教学活动。规定学校的校长应具有高尚的思想道德品质、五年以上从事教育教学工作的经历以及与教育机构的层次相适应的学历水平,并经过岗位任职资格培训,且年龄一般不超过70岁。

1999年,市教委进一步加强评估、评议工作,严格规范社会力量办学行为。实行社会力量办学院校长培训、持证上岗,社会力量办学年检,社会力量办学许可证,社会力量办学设置评议制度,依法办学,依法治校。

2002年,上海市组织编写了《上海市社会力量举办学校专业(课程)设置指导目录》《上海市中外合作办学专业(课程)设置指导目录》,为区县改善和提高管理水平、学校开展专业(课程)建设、市民参加学习提供参考。

2003年11月14日,市教委《关于加强民办学校(非学历教育)教学常规管理的若干意见》发布,提出加强学校教学常规管理,在专业或课程设置、培养目标与教学计划制定、教材选编和教师聘任、教学场所配置以及各种教学常规制度制定与实施等教学常规管理中应坚持市场原则,力求多样性、针对性、实用性、民主性,具有学校个性化。提出要重视教学事务管理、教学文件管理、教学基本环节的过程管理以及教师教学业务管理。

二、教学评价

1994年,市高教局提出了《上海市示范性社会力量办学院校建设标准(试行稿)》,对上海市中华职业进修学院、沪东科技进修学院进行评估试点,并在上海市中华职业进修学院召开了评估试点现场会,48所社会力量办学的院校长出席会议。

1995年市教委成立后,继续开展对社会力量举办院校的评估工作,6月至10月,市教委成人教育办公室组织市社会力量办学水平评估组对上海市培青业余进修学院、上海市震旦进修学院、上海民办前进进修学院、上海市中华职业工商进修学院等4所社会力量举办的院校从学院办学方向、行政管理、教学管理、财务管理4个方面进行了全面评估。

1997年,市教委依照发布的《上海市社会力量举办院校水平评估条例(试行)》组织了对上海民进业余进修学院、长宁区科技进修学院等评估。长宁区、闸北区、卢湾区、徐汇区、虹口区、南市区、闵行区、普陀区等对社会力量举办学校组织了视导和检查。为了使评估视导逐步制度化,杨浦区、静安区、浦东新区成立了评估或资质审查机构。

1998年,对华东电脑进修学院、信息管理专修学院、对外经贸进修学院、锦江经济文化专修学院进行评估,以上院校均评为优秀级。市教委继续完善评估工作,建立了社会力量办学(非学历教育)设置评议和办学水平评估制度,修订了社会力量举办院校办学水平评估指标体系,上海嘉华进修学院等8所学校经评估达到A级水平。1998年4月8日,为加强对社会力量办学的监督和管理,预防教育、教学质量的下滑,发挥教育行政机构对学校办学的宏观管理和调控,杨浦区成立上海市首家教育评估事务所。该所执行相关法规,加强对此类社会力量办学的管理,促进教育水平提高。该所接受委托对社会力量举办的成人教育、职业教育、基础教育进行评估和咨询等服务,评估内容包括学校的设置资格、办学水平评估及单项评估等,评估的结果将作为区教育局对社会力量办学单位奖惩的参考。虹口、闸北、卢湾等区也着手筹建社会力量办学评估机构。

各行业系统也开展评估工作,市建委对28个建筑类岗位培训办学点进行检查督导,审核办学点是否具有岗位培训资格,并促使各办学点规范办学。

1999年市政府教育督导室对各区县包括成人教育在内的各类教育进行督导,检查和督促区县政府及其职能部门切实执行有关教育法律法规的同时,重在推进普教领域探索和实施素质教育,推进各区县统筹规划和发展普、职、成各类教育。这次"督政"纳入教育统筹发展的内容,是教育督导工作的一次有益的尝试。

根据《上海市社会力量举办学校(非学历教育)办学水平分等定级评估指标(试行)》《上海市社会力量举办学校(非学历教育)办学水平分等定级评估工作操作规程》的要求,2002年起,各区县教育行政部门对经批准、持有《社会力量办学许可证》,并由社团行政管理部门登记的具有法人资格的社会力量举办学校(指民办非学历教育学校,以下简称"学校")组织分等定级评估工作。到12月底全市已有286所"学校"完成了分等定级评估工作,占整个社会力量举办进修学校总数的26%。

2003年年内,市教委组织各区县对符合条件的社会力量举办的(非学历教育)学校开展分等定级评估工作。全市现有经区县教育行政部门批准,持有《社会力量办学许可证》并由社团行政管理部门登记的,具有法人资格的社会力量举办学校1 230所,共有931所学校向所在区县教育行政部门提出分等定级评估申请,已完成分等定级评估工作的有745所,其中被认定为A级学校的174所,B级学校的472所,C级学校的90所,不合格学校的9所。

2003年9月23日,上海市社会力量办学先进集体和先进个人表彰大会召开。根据市教委《关于开展上海市社会力量办学先进集体和先进个人评选的通知》精神,经各区县教育行政部门推荐,市教委、市中小学幼儿教师奖励基金会审核,同意上海杨浦区新东方进修学校等36所社会力量举办进修学校为"上海市社会力量办学先进集体",庞淑锦等51人为"上海市社会力量办学先进个人"。

2005年,经市教育评估院评估,市教委认可,长宁区新长宁教育培训中心等10所院校被评为"上海市社会力量办学(非学历教育)2004—2005年度教学管理示范院校",上海小伙伴爱好者活动中心等4所院校被评为"上海市社会力量办学(非学历教育)2004—2005年度教学管理优秀院校"。

2008年9月,市教委对上海市高等教育自学考试各类助学单位进行专项检查和评估。经"市自考办"登记备案的各类"自考助学单位"共182个,其中有112个正在开展招生办学活动,在读学员5.1万人。其他70个"自考助学单位"或已停止办学活动且现无在校学生或不承担"助学招生办学活动",本次专项检查中提出撤销"自考助学单位"备案登记申请。

第三章 管理模式与政策

1978 年以来,党和政府明确提出:"要改变国家包办教育的格局,支持和鼓励民间办学。""要逐步建立以国家办学为主,社会各界共同办学的新的体制。"为适应社会力量办学的发展特点,上海逐步理顺管理体制,加强管理力量,并加快法规建设,一方面市政府于 1989 年颁布了《上海市社会力量办学管理办法》;另一方面为提高办学质量,加强评估督导,上海制定了民办非学历教育分等定级标准,建立起一批示范学校;实现"以评促改、以评促建、以评促优"。与此同时,上海市对社会力量举办非学历教育实行分级管理、分级负责的体制得到全面落实。2009 年市教委发布《上海市民办非学历教育院校(机构)设置审批和管理办法(试行)》和《上海市民办非学历教育院校(机构)设置标准(试行)》,进一步加强了对上海市民非院校的准入审批和日常管理工作和对社会非学历教育培训市场的监管。2010 年市教委印发了《关于依法对上海市民办非学历教育院校(机构)进行办学状况评估的试行办法》《关于对上海市民办非学历教育院校(机构)开展办学评估和专项督查的通知》,分批组织实施对各民非院校的办学评估,探索建立和完善民非院校办学评价制度,强化民非院校的办学过程监管和办学质量评价。

第一节 管 理 机 构

上海非学历教育培训市场的管理,实施"谁审批谁管理"和"两级政府两级管理,以区县政府为主管理"的管理体制。"谁审批谁管理"指:全日制高等院校、党校和中等职业学校以及其他公办教育机构,开展非学历教育培训服务,由其举办的政府部门和系统(或行业)主管部门负责管理。各类民办非学历教育培训机构,由其审批机关负责管理。各类经营性机构(包括各类教育咨询公司和教育机构)从事教育咨询服务的,由政府工商行政部门负责实施登记注册和管理。"两级政府两级管理,以区县政府为主管理"指:市和区县教育、劳动和工商等政府职能部门根据各自管理权限,依法对上海市非学历教育培训市场履行审批和监管职能。由各区县政府的相关职能部门负责对本行政辖区内办学机构的教育培训服务行为实施审批和管理。

一、市级管理机构

1979 年 2 月 22 日,市革命委员会批准成立上海市工农教育委员会。市革命委员会还决定重建市教育局、市高教局,两局分别设有工农教育处和职工教育处,分管成人中、高等教育。成人教育在党的十一届三中全会精神指导下,全面恢复和发展。

1981 年 9 月,上海市人民政府批准成立上海市高等教育自学考试委员会。

1987 年,根据《国家教育委员会关于改革和发展成人教育的决定》文件精神,上海市教育局"工农教育处"改名为"成人教育处"。《社会力量办学财务管理暂行规定》出台,指出社会力量举办的学校,要设置相应的财务机构或配备专职财会人员,建立必要的财务规章制度,应当本着统一领导、分级负责、独立核算、量入为出、略有结余的原则,按照国家事业单位的会计制度和有关财务管理办法,在银行开立账户后,办理财务收支,进行会计核算。

　　1995年2月,中共上海市委批准撤销市人民政府教育卫生办公室、市教育局、市高教局,成立上海市教育委员会(简称"市教委")。市教委设成人教育办公室,管理全市的成人教育工作。市教委成立以后,由于政府机构改革职能转变和改善学校管理的需要,成立了市成人教育服务中心。服务中心面向全市各类成人学校,面向社会,提供服务。主要任务是接受市教育委员会成人教育办公室的委托,承担成人学校视导评估、干部与教师的培训、教学研究和考试、各类证书的发放验印等成人教育有关的事务。

　　1995年成立"上海市社会力量办学管理办公室"。主要职责是:贯彻执行国家和上海市有关社会力量办学的方针,政策规章等;管理上海市社会力量办学举办的非学历教育;负责对外联系社会力量办学的有关工作,张持刚任主任,顾国治任副主任。

　　1995年《完善社会力量办学市与区、县两级管理、两级负责的管理体制》指出要进一步完善社会力量办学市与区、县两级管理、两级负责的管理体制。抓紧制定实施《关于加强上海市社会力量办学管理工作的若干意见》,理顺市与区、县职责分工。市教育委员会侧重于宏观规划、管理、指导和监督,社会力量办学的具体管理主要由区、县负责。

　　1997年上海市社会力量办学研究会成立,有团体会员单位164个。研究会的主管单位是上海市社会科学学会联合会,学术上接受市社联指导,行政上接受市教委指导。研究会开展社会力量办学理论、方针政策和教育实践问题研究,为社会力量办学事业服务。

　　2002年完成了对上海市社会力量办学研究会理事会改选。市教委所属《成才与就业》杂志委托专业从事市场调研的迈高上海咨询有限公司对上海市培训机构进行了一项系统科学的调查,并公布了2002年上半年上海培训机构双十佳排行综合排名。市教委还积极探索和推行社会力量办学的行业管理工作,组建行业管理机构,逐步实施社会力量办学由行业管理和政府监督、检查相结合的管理体制。

二、区县管理机构

　　1978年,各县的业余教育办公室(组)改称县教育局业余教育股。全市工农业余教育逐步恢复。

　　1993年7月长宁区成人教育协会成立,有80家会员单位,其中绝大部分为本区社会力量举办的院校。在区教育局的领导下,在全体会员单位的支持和配合下,协会主要发挥桥梁和纽带作用,沟通会员单位与政府以及会员单位相互之间的联系;协助区教育局落实对社会力量办学的管理;通过"组织协调、咨询参谋、培训调研、宣传交流、协助管理、中介服务"等六大功能运作,落实协会"服务、自律、规范、发展"宗旨和定位,加强自身建设,积极为区域经济和社会发展服务,为会员单位服务。协会自成立后先后举办了四期院校长培训班,邀请了王新奎、薛喜民等有关领导和专家讲课,共有400多人次参加培训。协会举办了"民非院校消防安全管理人员培训班",又相继举办了"档案管理工作规范培训""教务员培训""信息员培训"等一系列的业务培训,对提高和促进民非院校规范办学水平起到了积极作用。协会以"会员单位之家"为目标,竭诚为会员单位服务,为社会服务。通过"长宁成教网"和会刊,向社会如实宣传各所学校;举办"希望在人才"的民非院校办学成果展,向社会展示民非院校办学成果;举办"现代教育服务业培训展示与咨询活动";编撰了"培训指南",介绍本区民非教育的概况;定期组织开展评优活动;针对"民非院校的办学内容和形式、办学层次和规模如何适应经济和社会发展需求"问题，举办了"长宁区教育培训战略研讨会""外来务工人员论坛"和"长宁区现代服务业特色教育区课题研究"等系列研讨会。此外协会还组织会员单位参与社会公益活动，2008年，四川汶川发生强烈地震，区民非教育培训机构，向灾区共捐赠了人民币1 104 340元。2010年是世博年，在协会的倡导下，会员单位纷纷行动起来，上海飞尔航空乘务进修学校积极参与世博场馆运营服务，上海晋才专业教育培训中心，组织"世博观摩研修班"；上海新动态语言培训中心，开展"同学英语、同游世博"之旅；新长宁教育培训中心，为世博培训志愿者6 000余名；协会会员单位积极参与世博，形成一股良好的氛围。2010年9月，协会还组织了"观世博、迎国庆、献爱心"的义拍活动，共筹得善款172 150元，由区民政局统筹发放给舟曲以及长宁区贫困助学家庭。

1998年4月8日，杨浦区成立上海市首家教育评估事务所。该所主要是加强对社会力量办学的监督和管理，预防教育、教学质量的下滑，为教育行政机构对学校办学的宏观管理和调控发挥积极作用，贯彻执行相关法规。该所将接受委托对社会力量举办的成人教育、职业教育、基础教育进行评估和咨询等服务，评估内容包括学校的设置资格、办学水平评估及单项评估等，评估的结果作为区教育局对社会力量办学单位奖惩的参考。

2005年5月，"卢湾区成人教育协会"更名为"卢湾区民办教育促进会"。协会采取行业自律与政府适度监管相结合的模式来提升行业水平，维护公众利益。2005年5月18日成立全市首家为民办（非学历）院校服务的机构——卢湾区教育培训咨询服务中心。经区人事局注册，中心属事业单位，经济独立核算，财政全额拨款。服务中心旨在为构建"学在卢湾"的终身教育体系提供信息发布、政策咨询、品牌扶持、项目推广、求学向导等服务，成为立足卢湾、服务全市乃至全国的教育培训咨询服务窗口，成为政府和求学者、办学者之间的纽带和桥梁。2005年5月18日卢湾区职成教育网正式开通，网站涵盖五大部分：民办教育、职业教育、社区与老年教育、教育评估事务所、教育培训咨询服务中心。网站积极打造诚信品牌，为社会办学机构提供网上诚信平台，公示每所院校的信用。2005年9月促进会与教育局联手，推出全市乃至全国首本《民办教育示范合同》，在保护学校与学员双方利益、规范民办（非学历）院校诚信办学等方面迈出了探索性的一步。在当月举行的教育展示周的开幕式上，10所院校成为首批使用《示范合同》的示范院校。《文汇报》《新民晚报》《人才市场报》《东方早报》等媒体对此做了报道。2005年9月，促进会成立学生权益保护委员会，旨在依据相关法律法规，从保护学员和学校双方利益的角度出发，调解和协调在使用《示范合同》过程中出现的各类矛盾和纠纷。2005年11月建立艺术类专业委员会，由17所艺术类院校共同讨论制定专业委员会章程，在自荐基础上投票产生领导机构。经教育局批准，协会还成立了卢湾教育评估事务所，是政府业务管理部门和办学实体之间的教育中介机构；是提高办学水平和教育质量的专业性组织。

第二节　管　理　内　容

一、准入许可

1986年，市教育局《关于社会力量举办成人教育事业的暂行管理办法》规定各民主党派、经批准成立的社会团体，以及公民个人举办的以成人为对象的各级各类学校（班），都必须办理登记审批手续，机关、企业、事业单位，凡举办或兼办以成人为对象的各级各类学校，需要国家承认学历的成人教育班、向社会招生的成人教育班，也必须办理登记审批手续。公民个人办学，凡在职人员须经所在单位同意,非在职人员须有所在地街道办事处或乡(镇)人民政府证明。凡举办不需国家承认学历的各种程度的文化复习、辅导、进修性质的学校和复习班,预科班等必须经学校(班)所在地的区、县教育局审查批准。凡举办不需国家承认学历的职业技术、法律、文艺、卫生、体育等性质的学校,须经劳动、司法、文化体育等有关主管部门审查;并经学校所在地的区、县教育局复查予以批准。举办上述性质的教学班、传习班,须经劳动、司法、文化、卫生、体育等部门审查、批准,报区、县教育局备案。凡举办函授、刊授或外省市招生的学校(班)除向学校(班)所在区、县教育局申请外,须由区、县教育局报市教育行政部门审查、批准。

1989 年 7 月 23 日,市政府颁布的《上海市社会力量办学管理办法》规定,社会力量办学应当具备的基本条件:有学有专长并熟悉教学业务和学校管理的人员主持学校的日常工作;有明确的办学宗旨、培养目标、办学方案和教学计划;有一定数量的能胜任教学工作的专职和兼职教师;有必要的教学场所和教学设备;有办学和教学的管理制度;有正当可靠的经费来源。凡举办需国家承认技术等级的学校应当向市或者区、县劳动行政部门办理审批手续;市或者区、县劳动行政部门批准后,应当抄送市或者区、县教育行政部门备案。举办不需国家承认学历、技术等级的学校,应当向学校所在地的区、县教育行政部门办理审批手续;其中举办职业技术、法律、艺术、卫生、体育、旅游等内容(包括岗位培训)的学校,由教育行政部门会同区、县以上劳动、司法、文化、卫生、体育、旅游等行政主管部门审批。凡举办符合前项规定的各类函授、刊授、广播电视学校或者已设立的学校开办符合前项规定的各类函授、刊授、广播电视班,必须向市教育行政部门办理审批手续。

1995 年,市教育局出台《关于对上海市社会力量举办院校重新登记与换发〈办学许可证〉的若干意见》,并在 1995 年底至 1996 年初开展了社会力量举办的院、校重新登记与换发《办学许可证》的工作。此次换证包括市、区、县教育行政部门批准,已领取原市教育局统一印制的《办学许可证》或《临时办学许可证》的各类社会力量举办的院、校和培训中心。对符合条件的,在重新核准其类型、名称、开设专业(门类)、办学规模、招生区域等后,换发市教委统一印制的《办学许可证》。对不符合条件的院校、培训中心不予登记,并不能继续招生。

根据国家教委《关于实行社会力量办学许可证制度有关问题的通知》精神,市教委定于 1998 年 1 月 1 日至 6 月 30 日按照《社会力量办学条例》规定的职责和权限,开展了对所审批的社会力量办学(指非学历教育)换发《中华人民共和国社会力量办学许可证》工作。对符合条件的社会力量办学换发办学许可证;对与规定的条件差距比较大的社会力量办学限期在 1999 初前整改,换发临时办学许可证;对试办期内的社会力量办学换发试办办学的许可证。社会力量举办学院、学校在全面自查的基础上,于 1998 年 3 月 31 日之前向所在区、县教育行政部门提出换发办学许可证的书面申请,并填写《上海市社会力量办学换发办学许可证审批备案登记表》,递交办学书面总结和《上海市高等教育自学考试社会助学自评表(试行)》。社会力量举办函授院校,于 1983 年 3 月 31 日之前向市教委办理换发办学许可证手续,逾期未提出换发办学许可证申请的社会力量办学,一律不予换发办学许可证。

1999 年,市教育局完成全市社会力量办学临时办学许可证换发正式办学许可证的工作,规范对社会力量举办学校的管理,进一步完善社会力量举办学院(校)设置标准,加强社会力量办学设置评议和办学评估专家队伍建设,严格非学历教育招生广告审批制度。

2009 年,市教委发布《上海市民办非学历教育院校(机构)设置审批和管理办法(试行)》和《上海市民办非学历教育院校(机构)设置标准(试行)》,进一步加强了对上海市民非院校的准入审批和日常管理工作和对社会非学历教育培训市场的监管。

二、日常管理

1986年,市教育局《关于社会力量举办成人教育事业的暂行管理办法》规定,经批准设立和备案的学校(班)必须接受教育行政部门的指导和管理,学校应建立学生入学、注册、考勤、考核等学籍管理制度,并保管好学校的档案。每学期开学后一个月,应将学校开班情况和师生名册报区、县教育局备查。凡需国家承认学历的学校(班),其学生入学、毕业和各阶段的考试均应按市教育行政部门的规定组织进行。学校(班)必须建立和健全财务制度,每学期结束应向区、县教育局上报收支报表,接受教育行政部门、财政部门和银行的监督和检查。区、县教育局对审查批准或备案的学校(班)可酌收管理费,作为教育行政管理经费。收取管理费的标准暂定为:经区、县教育局审查批准的学校(班),按在学人数学费总数收取管理费3%～5%,由各业务主管部门审查批准,经区、县教育局备案的学校(班),区、县教育局按在学人数学费总数收取管理费1%～2%。经教育行政部门和有关主管部门检查、考核,对办学成绩显著的学校和人员予以奖励,对违反办学规定或教学质量低劣的学校(班)要分别情况给予罚款、限期整顿、没收非法所得、勒令停办等处分。

1989年颁布的《上海市社会力量办学管理办法》规定,学校的招生广告,须报经原审批部门审查同意后,方可刊登、播放、张贴、邮寄。招生广告的内容必须以核准的办学范围为限。学校可以聘请在职人员任兼课教师,应聘人员应当经所在单位同意。学校聘任教师或者学校管理人员应当签订聘用合同,教师的兼课报酬应当按市有关规定执行。学校办学的经费自行筹集,学校可按市有关规定向学员收取合理金额的学杂费,不得以办学为名非法牟利。学校必须建立和健全财务制度,收费均须使用全市统一印制的专用收据。学校应当定期向审批部门上报收支情况报表,接受教育、劳动、财政、银行、审计等有关部门的监督和检查。学校停办时应当向原审批部门办理注销手续,并应当在原审批部门监督下及时进行财产清理,妥善处理各项善后工作。学校必须接受市、区、县教育行政部门和劳动、司法、文化、卫生、体育、旅游等有关业务主管的管理和业务指导。学校应当于每期招生开学后1个月内将开班情况,师生名册报审批部门备查。学校应当向审批部门缴纳管理费。管理费标准有市教育行政部门和劳动行政部门会同市物价局制定,对为老年人、残疾人教育举办的学校,不收取管理费。

针对一些学校乱招生、乱收费、乱发文凭的乱象,1997年10月28日,出台了《上海市社会力量办学及其他教育机构非学历教育招生广告管理规定》,规定社会力量举办的学院、学校(班)的招生广告,须经区(县)教育行政部门审查;社会力量举办的函授院校和普通高校、成人高校招收非学历教育以及中外合作举办的院校(班)的招生广告(含高等教育自学考试和中等专业教育自学考试社会助学的招生广告)须经市教育行政部门审查。凡在全国性报刊、电视台、电台刊播的招生广告,须经市教育行政部门审查;向外省市招生的广告,须经上海市教育行政部门审核同意,并送有关省、市、自治区教育行政部门审查;外省市社会力量办学若需在沪刊播招生广告,须持其所在省、市、自治区级教育行政部门签署的证明,报上海市教育行政部门审查。举办法律、艺术、卫生、体育、旅游等方面的培训班招生广告在送教育行政部门审查前,必须经区(县)以上有关业务主管部门同意。高等院校举办的非学历教育,须经学校归口管理部门同意,两级学院、系不能单独出面招生。凡社会力量办学及其他教育机构委托设计、制作、发布招生广告,应向广告经营者、广告发布者提交办学许可证等证明材料。广告经营者、广告发布者、社会力量办学及其他教育机构在招生广告宣传中有违规行为,由有关工商行政管理机关进行处罚。

1998年，市教委《关于安排上海市社会力量办学管理经费的通知》指出，上海市各区县从1998年起每年安排一定数量的社会力量办学管理费，一般不低于10万元，可由各区县财政专项拨款或由教育行政部门专项安排，专款专用。

1998年，市教委《关于印发〈关于上海市社会力量办学（非学历教育）设置分院（校）、分部或教学点的暂行规定〉的通知》，对分院（校）、分部或教学点的性质、宗旨、主要职责、设置原则、设置标准、设置申请、审批及管理等做出了具体规定。分院（校）由所在区、县教育行政部门负责设置评议、审批、年审、颁发办学许可证及管理并负责报市教育行政部门备案。分院（校）应具有独立的办学负责人及独立账号、办公经费、独立核算。分部、教学点由所在区、县教育行政部门审批及管理。其中，跨区、县设置的分部由所在区、县教育行政部门会同设置其的总院（校）的所在区、县教育行政部门审批，由设置其的总院（校）的所在区、县教育行政部门管理，并接受其所在区、县教育行政部门的指导和监督。

2000年，市教委《关于印发〈关于加强上海市中小学、幼儿园举办儿童、中小学生业余学校（班）管理的若干规定〉的通知》，规定各区、县教育行政部门必须严格按照有关规定审批中小学、幼儿园举办儿童、中小学生业余学校（班）。申请举办儿童、中小学生业余学校（班）的中小学、幼儿园，其注册资金的来源必须是非国家财政性的教育经费；须提交租赁（借）用于教学活动的场地、房屋、设备等具有法律效力的契约等。各区、县教育行政部门要加强对中小学、幼儿园举办儿童、中小学生业余学校（班）的财务管理。应进行教育成本核算，确保国有资产增值，防止国有资产流失。中小学、幼儿园举办儿童、中小学生业余学校（班）的校长（负责人），应由符合规定的任职条件的人员担任，举办单位的现职党政主要负责人原则上不得兼任，也不得由其他中小学、幼儿园现职党政主要负责人兼任。如需兼任的，须经其所属区、县以上教育行政部门批准，并不得领取薪酬。中小学、幼儿园举办儿童、中小学生业余学校（班）不得开设针对中小学生的文化补课班或变相的文化补课班。中小学、幼儿园不得将自己本该承担的教育、教学任务或艺术、体育团、队、班以及正常的学生课余活动，转为由其举办的儿童、中小学生业余学校（班），或其他社会力量办学（非学历教育）机构，或与其他社会力量办学（非学历教育）机构的联合办学承担，更不得以这些学校的名义收取学费等。中小学、幼儿园举办的儿童、中小学生业余学校（班）招生必须以面向社会、学生自愿参加为原则，严禁对本校学生进行动员或整班、整年级组织学生参加业余学习。中小学、幼儿园举办儿童、中小学生业余学校（班）的上课时间，必须安排在星期一至星期五的18:00以后或双休日。其中幼儿园举办的业余兴趣活动班，必须安排在17:00以后或双休日。

2002年，市教委印发《上海市社会力量举办进修学校档案案卷类目与保管期限表（试行）》的通知，对上海市社会力量举办进修学校的档案案卷类目与保管期限做出了具体规定，包括文书档案、教学档案、会计档案、设备档案、声像档案等不同类别及其具体类别档案做了不同要求。

2009年，市教委、市民政局印发《上海市民办非学历教育院校（机构）设置审批和管理办法（试行）》和《上海市民办非学历教育院校（机构）设置标准（试行）》，加强对上海市民非院校的准入审批和日常管理，规范上海市民非院校的办学行为和社会非学历教育培训市场的监管。同时，积极鼓励各区县政府教育行政部门，探索建立区域性民非院校管理配套政策和机制，进一步发展民办非学历教育。

三、管理培训

1995年，为贯彻国家教委关于加强社会力量办学管理的有关文件精神，使社会力量办学校

(院)长掌握社会力量办学的各项政策法规,以及学校管理的有关知识,按科学规律管理学校,经国家教委同意,市教委开展社会力量举办学校(院)长岗位培训,以上海第二教育学院为基地,举办社会力量办学校(院)长岗位培训试点班。经培训考核合格,颁发上海市教委印制的社会力量办学校(院)长岗位证书,作为上岗任职资格依据之一。校长持有岗位证书将作为社会力量办学审批、年检和评估的条件之一。12月23日,上海市社会力量办学校(院)长首期岗位培训班正式开学,学员60人。从1995年下半年起,在两年内,完成上海市所有社会力量办学校(院)长岗位培训任务。从1996年上半年起,根据需要,为华东地区及有关省市举办社会力量办学校(院)长岗位培训班。

1997年,市教委《关于对上海市社会力量办学院、校教师和管理干部实行上岗培训的通知》,此次培训对象为经教育行政部门批准注册的各级各类社会力量办学院、校的教师和管理干部。培训主要内容有教育政策法规、教育基础理论及能力、学校管理和教学实务等。培训总课时不少于150学时,其中教育政策法规、教育基础理论及能力的培训时间原则上为总课时的百分之五十。培训结束,由市教委组织考核,考核合格者,发给市教委统一印制并验印的岗位培训证书,作为聘用上岗的主要依据之一。据1997年统计,全市社会力量办学校院长、成人中等教育教师首轮培训全面完成。社会力量办学校院长接受上岗培训665人,累计1 030人;培训社会力量办学教师180人;培训成人中专校长76人;培训乡镇成人中等文化技术学校管理干部144人,累计575人。

1998年,继续开展分管成人教育乡镇长、乡镇成人学校校长、成人中等学校校长、社会力量办学校(院)长岗位培训,以及成人教育教师适应性短期培训。年内,共有340名各类成人中等学校和社会力量办学校(院)长接受了培训。

2001年,市教委颁布的《关于开展社会力量办学(非学历教育)教师持证上岗培训工作的意见》提出对社会力量办学(非学历教育)教师开展持证上岗培训,市教育行政部门负责统筹、协调、制定规划政策与标准、评估、检查、表彰等;区县行政部门负责组织和实施地域内所属社会力量办学(非学历教育)教师培训工作与日常教育教学的管理。市教委成人教育服务中心负责组织培训基地的评议、建设培训的师资队伍、发行教材、提供证书等;上海市教育考试院等单位或机构负责培训的考核。

2002年,制定了第二轮社会力量办学校院长岗位培训方案,并对250名校院长进行了岗位培训,组织了社会力量办学(非学历教育)档案工作人员岗位培训,共培训260人。参加社会力量办学(非学历教育)校长、评估人员上岗培训等达323人。

2010年,市教委组织了各区县教育局职能科室负责人和民办非学历教育院校专职管理人员的法规政策培训。

四、管理研究

上海社会力量办学管理部门、研究机构、教育媒体历来重视管理研究,以及时总结经验,增强决策科学性。

1992年经全国教育科学规划领导小组批准,"社会力量办学问题研究"作为教育科学"八五"规划国家教委级重点课题实施,《上海成人教育》主编项秉健任课题组组长、上海市教育局成人教育处处长顾国治任副组长。该课题及时总结了社会力量办学管理的上海经验:把政府强有力的宏观管理,中介组织质量把关与服务指导,个人自主学习,学校面向社会自主办学正确结合起来。通过管理机制的作用,形成一个既活跃又有序的社会力量办学的局面。

2005 年上海市教委会同上海教育报刊总社和各区县教育局,组织开展对上海市非学历教育培训市场现状的课题调研和对策研究,由程倍元、项秉健任课题组组长。课题通过实证分析上海非学历教育培训市场的形成、现状和特点,以及现行法规政策和政府市场管理中"瓶颈"问题的基础上,就规范和促进上海非学历教育培训市场健康有序发展,提出对策思路和可行性建议。

2010 年,针对上海市民非院校办学管理和"非正常性关闭"事件,市教委组织专项调研,开展《上海市民办非学历教育和社会办学规范化问题课题研究》《上海市民非院校年检标准化试点研究》《上海市民非院校办学行为动态监测研究》和《民办教育培训机构的办学风险防范和建立办学保证金管理制度的研究》,防范社会办学风险,规范和稳定教育培训市场。

五、专项评估督查

1991 年 4 月 22—27 日,市教育局成教处与旅游局教育处一起对社会力量举办的业余旅游专业的 8 所院校进行视导评估。

1996 年 6—10 月,市教委成人教育办公室组织力量对上海市培青业余进修学院、上海市震旦进修学院、上海民办前进进修学院、上海市中华职业工商进修学院等 4 所社会力量举办的院校,从学院办学方向、行政管理、教学管理、财务管理 4 个方面进行了全面评估。评估等第均为 A(优秀)。

1997 年 2 月 24 日,为了加强对社会力量办学的管理,保证社会力量办学事业的健康发展,市教委《关于印发〈上海市社会力量举办学院设置的暂行规定〉、〈上海市社会力量举办学校设置的暂行规定〉的通知》要求:各区县根据《暂行规定》,加强对本地区社会力量办学的管理。对设置标准不符合《暂行规定》的院校,要限期整改。市教委将于 1997 年和 1998 年两年内组织力量对各区、县社会力量办学管理工作进行专项检查,促进社会力量办学向规范化、有序化方向发展。

2000 年,上海市完成社会力量举办院校评估体系的修订工作,完善社会力量举办院校的设置标准,加强社会力量办学评估和设置评议专家队伍的建设,推动区县建立中介性质的社会力量办学评估机构,逐步推开对社会力量举办院校的评估,引导社会力量办学加强内涵建设、改善办学条件、提高办学质量,推进社会力量办学间的联合、共建、合并,继续建设一批办学条件好、教育质量高、社会信誉高的院校,对中外合作办学实行办学许可证制度。

2001 年完善社会力量办学评估制度,指导区县分等定级评估工作。

2002 年社会力量办学评估制度加快完善。一是市教委印发《上海市社会力量举办学校(非学历教育)办学水平分等定级评估指标(试行)》和《上海市社会力量举办学校(非学历教育)办学水平分等定级评估操作规程》在全市全面实施;二是各地区普遍制定了本地区分等定级评估的实施工作方案;三是共有 11 个区县成立了教育评估中介机构,形成了一支专兼结合的评估专家队伍;四是共有 289 所社会力量举办学校接受了评估。社会力量办学的评估进一步健全了市与区县分级管理、分级负责的管理体制与机制,增强了学校依法办学的自觉性和主动性,推进了对社会力量办学的社会化管理。

从 2002 年起,在全市社会力量举办的进修学院中全面开展分等定级评估工作。分等定级工作每三年进行一次,有效期为 3 年。以前历次市区教育行政主管部门已经授予学院的"A 级""B 级""C 级"等各类评估等第自动废止。3 年后,全市进修学院再次进行分等定级时,原有评估等第亦同样废止。市教委根据分等定级评估结果,颁发"A 级""B 级""C 级"证书,A、B、C 三级分别代表合格学校的不同水平。对于被评为 D 等(不合格)的学校责令其期限整改,连续 2 次分等定级被评为 D 等的学院将依法予以注销。对于被评为"上海市示范性社会力量办学院校"称号的进修学院,将给予政策优惠:由市教委颁发统一刻制的铜牌,并通过媒体向社会公布;3 年内免教育行政部门年审;3 年内除中外合作办学外,其他教育类、培训类广告免审批。到 12 月底,全市已有 289 所学校完成了分等定级评估工作,占整个社会力量举办进修学校总数的 26%。

2003 年,全市经区县教育行政部门批准,持有《社会力量办学许可证》并由社团行政管理部门登记的、具有法人资格的社会力量举办学校 1 230 所,共有 931 所学校向所在区县教育行政部门提出分等定级评估申请,已完成分等定级评估工作的有 745 所,其中被认定为 A 级学校的 174 所,B 级学校的 472 所,C 级学校的 90 所,不合格学校的 9 所。

2010 年,市教委印发了《关于依法对上海市民办非学历教育院校(机构)进行办学状况评估的试行办法》《关于对上海市民办非学历教育院校(机构)开展办学评估和专项督查的通知》,分批组织实施对各民非院校的办学评估,探索建立和完善民非院校办学评价制度,强化民非院校的办学过程监管和办学质量评价。计划用三年时间全面开展对上海市"民非院校"的办学评估和专项督查。此次评估和督查内容主要围绕民非院校的办学体制和运行管理、办学经费和财务管理、办学场所和校舍安全、办学实施和广告宣传、年检与评价等方面。2010 年,市教委和各区县教育局分别委托市教育评估院和各区县教育评估机构按照《评估通知》和《评价指标》如期完成了对全市近 400 所民非院校的评估工作。

六、中外合作办学管理

上海市政府及其有关部门对中外合作办学进行管理,主要依据是相关法律法规,以及适时出台政府规章与文件,对办学行为加以规范。并在管理过程中,进一步完善对中外合作办学机构的审批与管理;逐步建立和完善社会对中外合作办学机构和项目的评价机制,在全国率先试行中外合作办学机构和项目质量认证制度。

1993 年 12 月 26 日,上海市《境外机构和个人在沪合作办学管理办法》正式颁布。《办法》明确,合作办学是指境外机构或个人与国内办学机构共同承担经费及以其他合作形式在上海进行的学历教育和非学历教育。可以合作举办的非学历教育包括所有高、中、初层次的非学历教育和幼儿教育。义务教育暂不列为合作办学的范围,作为义务教育阶段的上海的各种小学、初级中学以及完全中学中的初中部分,原则上只接受境外民间组织和个人的捐资助学。《办法》还规定,排除国内办学机构同境外宗教组织、神职人员进行合作办学。《办法》强调了合作办学应当符合国家法律、法规及有关政策,不以营利为目的。《办法》对申请各类合作办学受理机构和审批机构做了明确规定。《办法》还对合作办学中劳动人事管理、收费和从境外进口必要的教学设备的减免关税等做了原则规定,并将配套制定有关实施细则。

1994 年 7 月,市政府教育卫生办公室、市财政局、市物价局联合发布了《上海市国际合作办学收费管理暂行规定》,其中在非学历教育方面规定:合作举办非学历教育按照上海市社会力量办学收费规定执行。各级各类合作办学在一定办学年限之后,可向原受理机构以及财政、物价部门申请调整其收费标准,教育(或劳动)行政部门、财政、物价部门视其教育教学质量以及费用管理等情况决定是否给予适当增加。各合作学校应严格按照符合本规定制定的统一收费标准收取费用,凡违反规定随意提高收费的,经各级物价检查部门检查、核实后视情节轻重予以没收和罚款或会同财政提请教育部门予以取消办学资格等处理,并追究有关人员责任。

1998年,市教委开展了中外合作办学情况的调研,总结经验,发现问题,及时提出对策和措施。不断拓展国际合作办学,大力支持和扶植高层次继续教育的中外合作办学,积极引进国外先进的教材、教学方法、教学手段和证书制度。重视和加强成人教育的国际交流。

2001年批准58个中外合作办学非学历教育机构和项目。

2002年,市教委提出建立和完善社会对中外合作办学评价的机制,开展对中外合作办学的校舍、场地、设施设备、师资、专业建设、教材等方面的专项评估的试点,并探索定期向社会公布的方式和途径;同年完成了对中外合作办学审批工作,审批19所,批准9所,并完成了2002年度中外合作办学年检工作。

2008年,根据《教育部关于当前中外合作办学若干问题的意见》和《教育部关于进一步规范中外合作办学秩序的通知》等文件精神,上海市对非学历教育合作办学机构和项目进行了复审,并由教育部公布第一批通过教育部复核的中外合作办学机构和项目名单,共有15个合作办学机构和126个合作办学项目。市教委要求各单位按照切实坚持中外合作办学的公益性原则,加大引进优质教育资源力度,并在加强内涵建设和质量管理上下功夫,创品牌,有效推进上海市中外合作办学的健康有序发展。

2010年,市教委提出进一步完善非学历教育中外合作办学机构和项目的审批和管理。相关单位配合国际交流处,完成上海市非学历教育中外合作办学机构和项目的《办学许可证》换发工作。截至2010年上海已批准中外合作办学机构和项目222个,占全国中外合作办学总量的六分之一。自1991年上海成立第一家中外合作办学机构至2010年,全市中外合作办学机构达45个,中外合作办学项目达177个,在全国率先试行中外合作办学机构和项目质量认证制度。

第三节　政　策　规　定

1980年,市政府《批转市工农教育委员会关于加强上海市职工教育工作的意见》,该意见提出"1979年起新进的艺徒工转正考核时,除达到应知应会要求外,至少达到初中毕业的实际文化水平。到1983年底使工人实际技术水平普遍提高一级"。1981年,国务院公布《关于加强职工教育工作的决定》,提出要对"'文化大革命'以来入厂的青壮年职工进行政治思想教育和文化、技术补课",并提出"在1985年以前使现有文化程度不到初中毕业水平的职工60%到80%达到初中毕业水平。五年内,力争青壮年工人的实际操作技术水平普遍提高一到二级"。1982年,上海市下达了《市委、市人民政府关于进一步搞好职工教育的决定》,在全市范围内开展职工的文化与技术的"双补"教育。在"双补"教育中,市教育部门组织百万青壮年参加文化补课,举行规模巨大的全市统一毕结业考试,到1985年全市有140多万职工完成了初中文化补课任务。与此同时,各企业、各行业组织青壮年职工参加技术补课,在技术补课基础上又积极参加技术等级培训;在郊区农村农民除了参加农业技术培训,而且为了适应农村经济发展和农村劳动力转移需要参加各种职业技术培训,在乡镇企业务工的在职职工则参加各种岗位培训。20世纪80年代后期,在技术补课与各种岗位培训基础上技术工人逐步转入初中级技术培训。

1986年,市工农教育委员会对社会力量办学情况进行检查,在这基础上制订《关于社会力量办学的补充意见》。要充分发挥各民主党派、各社会团体和其他社会力量在发展成人教育中的"扬长避短、拾遗补阙"作用。

1988年,《上海市职工教育条例》提出,职工教育应因地制宜,广开学路,提倡和鼓励多种形式办学。除主要由企业事业单位办学(包括联合办学)外,鼓励和支持社会其他各方面力量积极办学。各区、县、局和大型企业应建立综合性的教育(培训)中心或者各级职工学校,统筹安排职工教育。社会力量举办职工教育,按有关规定办理。

1989年7月23日颁布的《上海市社会力量办学管理办法》指出:各级人民政府和教育行政部门应当鼓励和支持社会力量办学,维护学校的合法权益,帮助解决办学中存在的困难。社会力量办学可根据各自的办学力量和条件,开办各种类型的职业技术培训、基础教育、中等专业教育、高等教育自学考试辅导、大学后的继续教育以及社会文化和生活教育等。《办法》对社会力量办学基本条件、审批手续、学校名称、学校相关信息变更、招生广告、经费和财务制度、管理制度、收费制度等做出了具体规定,并指出非学历教育机构不得自行颁发学历证书,可由学校发给市教育行政部门印制的《结业证明》,注明所学专业、课程、学习时数和考试成绩,并由学校校长在《结业证明》上签章。

1989年《关于清理、整顿上海市社会力量办学的通知》指出,上海市一些企事业单位、党派、团体及公民个人采取多种形式,举办了各种类型的学校和培训班,在帮助在职人员进修、普及科技及社会文化知识等方面,弥补了国家办学的某些不足,且培养了许多人才,取得很大成绩。但由于管理制度不完善,社会力量办学出现了一些混乱,乱办班、乱收费和乱发文凭的现象时有发生。根据国家教委《关于社会力量办学若干暂行规定》精神,上海市及各区、县教育局组织力量对现有社会力量办学进行认真清理和整顿。整顿主要包括:审查申请办学的单位或个人的办学条件和履行经济责任的能力、收费标准、招生广告等,对名不副实的校名进行调整。凡社会力量办学的单位和个人,必须重新审核登记方可办学。举办各类文化补习、辅导班、短训班、外语班,由市区(县)教育局审批并发给市教育局统一印制《办学许可证》。举办专业性较强的学校(班),由专业对口的业务主管部门对其教学内容、教师的教学能力进行审查,并出具证明,然后由市教育局审批发给办学单位或个人《办学许可证》。对不具备办学条件的校(班)须收回《办学许可证》。对未经批准的各种乱办班、乱收费和乱发文凭的问题,教育行政部门应根据国家教委有关文件精神及时制止并根据情节轻重分别给予公开批评,没收全部非法收入等处罚。经批准开办的各级各类院校(班)须按市教育局与市财政局、市物价局共同制订的标准收取学费和教材、资料成本费,不许以任何其他形式收取额外费用。从1989年新学期开始,社会力量办学须使用由市教育局统一印制的《结业证明》。对擅自颁发毕业证书的院(校)及其他教学管理机构,应视其情节追究学校负责人的责任。对未经教育行政部门批准,私自刊登、播放、张贴广告者要给予必要的处罚。

1991年社会力量办学基本上煞住"三乱"现象,实现总体发展的平衡、健康。4月10日,市教育局召开了社会力量办学总结表彰大会;6月6日,在卢湾区少科站召开上海市市第三届社会力量办学研讨会;9至10日,组织力量对上海市70余所社会力量举办的学院进行视导、检查,并对学院视导检查的情况进行总结、交流;11月,市教育局又组织各区教育局社会力量办学管理干部对上海市社会力量办学情况进行调查研究,撰写《情况报告》,报国家教委。市教育局在调查基础上签发了有关管理文件:《关于加强上海市社会力量举办儿童少年业余学校(班)管理的通知》《关于上海市社会力量办学广告管理的通知》《关于加强对社会力量举办健身气功学校管理的通知》等文件,进一步依法管理。

1994年4月19日,市政府颁布《上海市民办学校管理办法》,指出上海市教育行政管理部门是市民办学校的行政主管部门,负责对市民办学校的统一管理工作;其中,民办技工学校由上海市劳动局统一管理。区、县教育行政管理部门负责本区域内民办学校的管理工作,并接受市教育行政管理部门的指导和监督。市教育行政管理部门包括：市人民政府教育卫生办公室、市高等教育局、市教育局。并明确了民办学校的设立、审批程序、内部管理、奖励和处罚做了规定。

1996年，国家教委颁布的《关于加强社会力量办学管理工作的通知》提出：要提高认识，加强领导和管理；建立健全社会力量办学的审批制度要严格按照各类学校的设置标准、审批权限、审批程序、审批学校；继续抓紧做好规范学校名称工作；加强对招生广告（简章）的审核和管理；加强对学校教育质量的检查和评估；加强对学校收费及财产、财务的管理和监督；并开展一次对社会力量办学的全面检查，向社会公布检查结果，检查合格者，允许继续办学；不合格者，限期整改或取消其办学资格。

为贯彻《社会力量办学条例》，从1998年5月1日起，全市1300多个社会力量办学机构将全部启用新的办学许可证。教育行政部门对依照法律、法规和规章批准成立的教育机构实施全面检查，符合《条例》规定条件的，发给或换发给办学许可证。新的办学许可证换发工作必须在5月1日至6月30日之间完成。从7月1日起，不具备社会力量办学许可证的社会力量办学机构属于非法办学。

1993年初，市政府教卫办、市成教委、中共上海市委组织部、市人事局联合向市委、市政府提出《90年代上海紧缺人才培训工程实施计划》。5月，市政府向全市转发了这个计划。在开发高层次技工人才资源方面上海市开展了两项工作。一是加强了高级技工的培训，二是成立了上海市技师协会，开展了对技师、高级技师的再教育。高级工培训通过主管局、集团公司、企业内部和社会办学等多种形式，扩大了培训工种，增加了培训人数。在社会化协作办学中，高级工的专业工种已由机械、制冷、电工、汽修等通用工种，扩大到热处理、焊接、锅炉、绿化、飞机钣金等多种工种。

1994年10月，为期三天的普及计算机知识、开展社会化培训现场会在沪召开。国家教委副主任王明达出席会议并做了讲话。王明达在讲话中指出，这次会议不仅是推广上海在计算机培训方面的经验，更重要的是总结它的普遍意义。

1995年，市教委《关于大力发展上海市成人教育的意见》颁布，提出：推进成人教育办学体制的多元化，进一步提高成人学校的规模效益。成人教育应在政府的统筹管理下，主要依靠行业、企事业单位、社会团体和个人举办，或政府有关部门与社会各界联合举办。鼓励有条件的成人学校与境外教育机构进行多种形式的合作办学。提供不同类型、不同隶属关系学校之间的联合办学。发展地区成人高、中等学校与企业间的各种联合办学。支持企业集中教育资源，组建培训中心，支持企业所办学校面向社会招生，进一步调动社会各界的办学积极性。

1995年2月，"温暖工程"上海培训中心宣告成立，这表明实施温暖工程成人教育有实质性进展。国家教委副主任王明达受全国人大常委会副委员长孙起孟委托专程到沪致贺，市人大常委会副主任陈铭珊，副市长谢丽娟，市政协副主席杨楣、赵定玉、刘恒椽等出席成立仪式。

由中外合作办学、企业办学、团体办学、私人办学等多种形式形成的浦东新区成人教育网络应运而生。1994年浦东新区有14 000多人参加市计算机应用能力考核，70％获得合格证书，并在浦东设立了8个考核点。1995年，浦东新区与140多所办学单位开办的140多家学校，在学人数达25万以上，约占新区人口的20％，农业人口的50％。在新区成人教育中，既有学历教育，也有非学历教育，既有文化基础教育，也有社会文化生活教育，兼顾眼前需要与长远培养，所设专业基本上适应了新区各行各业的需要。新区电视大学分校，不仅开设了一批学历教育专业，也开设了经济管理、房产管理等专业证书班，还开设了新税法、计算机初级等短期培训班，三种班级在校生达1 500多人。新区成人教育的手段日趋现代化，30所乡镇成人学校半数以上有电脑教室。全区电脑培训点达 50 多个,共有教学用电脑 1 000 多台。涌现了高桥乡成人中等文化技术学校、东沟乡成人中等文化技术学校、杨园乡成人学校等一批先进单位。

1998 年 6 月 6 日,市教委和市教育发展基金会联合召开上海市教育系统再就业培训工作会议,广泛动员各类学校为上海市产业结构调整和深化企业改革服务,开展对企业下岗、转岗、失业人员的再就业培训。会上宣布,由市教育发展基金会出资 500 万元,资助 500 所学校,培训 5 万名下岗、转岗和失业人员(简称"三五"再就业培训)。6 月 23 日,市教委和市教育发展基金会联合发出《关于开展"三五"再就业培训的通知》。《通知》要求在 1999 年春节前完成"三五"再就业培训任务,并把培训任务分解到各委、办和各区、县。

市教卫党委、市教委积极鼓励社会力量办学,取得了可喜的成绩。据 1998 年的统计,全市社会力量举办的各类学校已发展到 1 322 所,在校就读的各类学生达 160.7 万人,已形成了从少儿启蒙教育到老年教育的终身教育的办学体制和多元化的社会力量办学体系。

双休日制度的实施,为上海的社会力量办学提供了充足的时间和空间,也为广大市民"学知识、学科学、学技术"创造了许多有利条件。据统计,截至 1998 年全市利用"双休"日和业余时间参加职业技术类学习的市民有 72 万多人,文化类 16.6 万人,外语类 20 万人,艺术类 20 万人,社会生活类 20 万人。如卢湾区青年联合会举办的"青年双休日学者讲座",邀请沪上著名专家学者就当代青年素质、国内外最新动态及中国经济展望等热点问题发表见解,传授知识,使听讲青年增长了知识,开阔了眼界。

1999 年初,上海市政府召开上海市成人教育工作会议,会议提出上海将建立学校教育与职业培训并重,公办与民办教育同存,初、高中结合,"普、职、成"沟通,职前职后教育衔接,多样化、多层次、多样式、多规格的成人教育体系。副市长周慕尧在会上讲话,指出要充分发挥现有教育资源的优势,统筹规划,调整结构,优化配置,合理定位,建立由成人学校教育、企业教育、社区成人教育以及覆盖三大块成人教育的现代远距离教育网络构成的成人教育体系基本框架。会议提出,要继续完善和建立分级管理、分级负责的管理机制,依托行业、地区发展成人教育;建立多种证书教育并存、并用、并重的机制,大力发展非学历教育,特别是职业资格证书教育。要建立现代企业教育制度、社区成人教育制度、农村成人教育制度,实施市民精神文明建设工程、从业人员高中阶段教育普及工程、紧缺人才培养工程、现代远程教育工程。

2001 年,《大力发展多元化办学,构建终身教育网络》提出要大力发展多元化办学,构建终身教育网络。充分利用各级各类教育资源,以社会化培训项目为纽带,努力为市民提供全方位的教育服务。重点抓好社区终身教育网络的建设,为辖区内市民提供"就近、方便、灵活、高效"的学习机会。

2003 年,上海市全年接受各级各类成人教育总数 280 多万人次。市、区县、街道(乡镇)、居委(村)四级老年教育网络基本形成,有学员 35.26 万人,占全市老年人总数的 14.13%。办学模式呈多元化,有中外合作办学和民办学校 16 个学校和项目(民办校 2 所);社会力量举办进修学校 1 255 所、进修学院 171 所。

2000 年,上海市社会力量办学非学历教育学习人次达 210 万,比上年增长 16.7%。有 40 万人分别参加 11 个项目的计算机应用能力考核,其中 22 万人获得合格证书。有近 10 万人参加 4 个项目的通用外语水平等级考试,其中 6 万人获得合格证书。2000 年 3 月召开的上海市成人教育工作会议提出,要把上海建成适应时代要求的"学习型城市"。

2002 年,创建学习型社会进入新阶段。全市有 175 个街道、镇,有计划、有步骤地开展学习化社区、学习型家庭、学习型楼组的建设。闸北区、嘉定区、浦东新区被国家教育部命名为全国社区教育实验区。确定上海宝钢集团公司、上海石化股份有限公司等 28 家企业为上海市现代企业教育制度建设试点单位；上海航天教育中心、上海汽车工业总公司培训中心等 32 个教育培训中心为上海市现代企业教育培训中心试点单位。完善四级老年教育办学网络，有市级老年大学 4 所，区县、局、企业、部队老年大学及市老年大学分校 62 所，街道、镇老年学校 230 所，居委、村老年学校分校或教学点 3 325 个。

2002 年，《上海市社会力量办学（非学历教育）政策法规》汇编发行。

2007 年，上海市教委《关于印发 2007 年上海市推进学习型社会建设工作要点的通知》提出：要发挥社会力量办学机构的作用，加紧开展对社会力量办学机构办学情况的专项调研，制定相应的政策和措施，进一步规范社会力量办学机构的办学行为，鼓励和支持社会力量办学机构参与学习型社会建设。培育社会力量办学机构的品牌学校，探索政府以购买服务的形式利用社会优质教育资源的途径和方法。

2007 年 11 月 20 日，市委副书记殷一璀会见由中国教育发展战略学会会长、国家教育发展研究中心专家咨询委员会主任郝克明带队的终身教育专家团，听取专家团对于《上海终身教育发展“十一五”规划纲要（初稿）》的意见，并就终身教育、学习型社会建设等问题与专家团 15 位专家做了沟通和交流。与会专家认为，《上海终身教育发展“十一五”规划纲要》提出的终身教育发展的指导思想和总体目标是明确的，在社区教育、成人培训和继续教育、加强教育现代化信息化等方面都提出了具体的政策措施和要求，上海在领导管理体制上建立由各部门组成的市学习委，同时逐步建立无障碍入学和弹性学习制度。这不仅对上海而且对全国都有重要意义。

2008 年，经济金融危机带来的就业困难，既给教育培训市场带来了不利影响，也给教育培训机构适时转型、培训项目适时提升创造了条件，“重要的是要做强自己，提高核心竞争力”。上海市近 200 家民办非学历教育机构的校长齐聚“服务社会，发展自己”校长论坛，并达成共识：“要把非学历教育办得比学历教育更有吸引力，充分满足社会需求，这样才能在危中迎机，做大市场。”

2009 年，市教委组织了对各区县教育局整治和规范民办非学历教育院校管理工作的专项调研和督查，全面梳理全市民办非学历教育机构办学现状和典型案例；查找和分析产生办学风险和隐患主要因素和违规办学问题根源，研究制定防范办学风险的措施，健全制度，明确责任，建立起长效管理机制，促进了社会力量举办学校稳步健康发展。

2010 年，市教委依据国家及上海市民办非学历教育相关文件，决定对“民非院校”开展办学评估和专项督查。提出用 3 年时间对全市“民办非学历教育院校”开展办学评估和专项督查。2010 年内，完成全市 25% “民办非学历教育院校”评估工作。

第十篇

公共平台

成人教育的公共平台主要包括了各类展示交流平台,市级以及区县信息化服务平台以及不同类型的民间组织。上海通过各类品牌学习活动,例如上海市全民终身学习活动周、上海书展、上海终身教育博览会以及长三角社区教育发展论坛来充分展示成人教育的研究和实践成果。通过搭建信息化服务平台,在市级层面和区县级层面均建立了终身教育数字化学习网站,市级层面相继建立了上海学习型社会建设网、上海老年人学习网、上海学习网等市级数字化学习网站,成为推进上海学习型社会建设和发展的一个重要支撑。从2005年上海建立第一家区级数字化学习网站开始,越来越多的区县先后创办各自的区级社区数字化学习平台。除此之外,其他信息化服务平台形式以及各种数字化学习资源也陆续建立。

　　民间组织诸如上海成人教育协会、上海老年教育协会、上海社区教育协会、上海终身教育研究会以及其他各种类型的研究会在开展群众性学习活动,组织成人教育课题研究以及召开学术活动方面发挥着重要作用,成为成人教育事业发展的重要公共平台。

第一章　展示交流平台

第一节　品牌学习活动

一、上海市全民终身学习活动周

全民终身学习活动周是由中国成人教育协会会同北京、上海等省市成人教育协会发起，得到国家教育部高度重视，并由联合国教科文组织支持与参与的全国性全民终身教育活动。自 2005 年开始，上海每年举办全市全民终身学习活动周。

表 10－1－1　第一至六届上海市全民终身学习活动周情况表

届别	第一届	第二届	第三届	第四届	第五届	第六届
开幕式承办区	静安区	奉贤区	浦东新区	黄浦区	杨浦区	卢湾区
开幕式举办日期	2005.10.18	2006.10.18	2007.11.4	2008.10.21	2009.11.1	2010.11.5
举办地点	静安公园	奉贤区	市科技馆	南京路世纪广场	区文化馆	区体育场
出席开幕式主要领导	市人大常委会副秘书长孙运时、市教委副主任瞿钧等	市人大常委会副秘书长孙运时、副区长黎明、市教委副主任李骏修等	教育部副部长吴启迪、市委副书记殷一璀、中成协会长朱新钧等	教育部职成教司副司长刘建同、中成协会长瞿延东、联合国教科文组织代表巴赫尔·索尼亚等	中成协副会长瞿延东等	副市长沈晓明、区委副书记徐逸波等
主题内容	全民学习、终身学习、学习发展人生、学习创造和谐	学习让农村更美好	知识改变命运、学习造就人生	学习让生活更美好、学习让社会更文明	人人学习、促进发展	学习使人生更精彩、学习让组织添活力
市层面主要活动数			11 个	21 个	21 个	25 个
区县主要活动数	2 376 个		199 个	200 个	474 个	1 139 个
参与学习活动人数	80 万	100 万	146 万	250 万	300 万	300 万

二、上海书展

自 2007 年起每逢 8 月，为期一周的上海书展如约而至。上海书展暨"书香中国"上海周由国家新闻出版广电总局、上海市人民政府指导,中共上海市委宣传部和上海市新闻出版局主办,上海市静安区人民政府和上海展览中心协办。主会场设在上海展览中心,展场面积2万多平方米。上海书展以"我爱读书,我爱生活"为主题,秉承"立足上海,服务全国,服务读者"的理念,成为全民阅读活动示范平台。上海书展云会场有网上书展书目查询、活动查询、云端购书服务平台,渗入社区百姓家。上海各区县成人教育、社区教育系统积极组织社区成员到展馆参观书展和有关终身学习方面的讲座等相关活动。上海书展每年吸引了30余万市民读者的热情参与,成为不同人群学习者读书的文化黄金周。

三、上海终身教育博览会

上海终身教育博览会是在第六、第七届上海教育博览会上新增的。上海教育博览会组委会由上海市副市长沈晓明担任名誉主任,上海市政府副秘书长翁铁慧为名誉副主任,上海市教卫党委书记李宣海、上海市教委主任薛明扬为主任。

2009年4月10—12日,第六届上海教育博览会在上海展览中心举行。中共上海市教育卫生工作委员会、上海市教育委员会、上海教育博览会组委会办公室主办;承办单位为上海教育报刊总社。共设置14个展区。在新增的终身教育展区,各区县展示区域社区教育的概况和社区教育示范区、实验区的建设成果,举办社区学校学员参与的专场演出,如杨浦区有扁鼓舞、手杖操等。浦东新区重点展示社区教育实验项目特色;长宁区以"数字长宁——让学习更精彩"为主题,推出"学在数字长宁——长宁区学习型城区建设网"的发展历程、数字资源网络体系及终身教育其他工作方面的丰富内容。

2010年4月16日,第七届上海教育博览会举行。在终身教育·社区教育展区,杨浦区以"实践、深化、创新"为题,浦东新区以"新浦东、新发展、新跨越"为专题,嘉定区以"创新、超越、示范"为题,静安区以"完善终身教育服务体系打造学习型国际静安"为题,长宁区以"深化内涵建设夯实社区教育发展基础"为题,青浦区以"让学习之花怒放"为题,展示各区社区教育在创建学习型城区中的工作成果。黄浦区、卢湾区、闸北区、闵行区、宝山区等也开设展区。在终身教育专场新闻发布会现场,杨浦区介绍该区学习型城区建设工作;闵行区教育局领导介绍老年教育多年来为健康老龄化、积极老龄化作出的贡献。人民日报、解放日报、文汇报等数十家中央与上海市媒体出席。

第二节　长三角社区教育发展论坛

为建设学习型社会、促进社区教育发展出谋划策,上海有关方面通过召开社区教育论坛,积极开展国内外、境内外学术交流,探讨有关热点、难点问题。

2003年,上海、江苏、浙江三地的省级教育部门共同发起召开"长三角"社区教育发展论坛。从2003年11月开始举行第一届,2004年10月举行第二届,2005年10月举行第三届,2006年10月举行第四届,2007年11月举行第五届,2008年10月举行第六届,2010年举行第七届。

表 10‑1‑2　2003—2010 年第一至七届"长三角"社区教育发展论坛情况表

届次	第一届	第二届	第三届	第四届	第五届	第六届	第七届
举办单位	浙江省教育厅主办、杭州下城区承办	江苏省教育厅主办	上海嘉定区	浙江省教育厅主办、杭州萧山承办	江苏省教育厅主办、昆山市承办	上海市教委办、闸北区承办	浙江省教育厅主办、慈溪市承办
举办日期	2003.11.1—	2004.10.27—28	2005.10.27—28	2006.10.19—20	2007.11.20—21	2008.10.13—14	2010.10.25—27
举办地点	杭州	南京	上海嘉定	杭州萧山	江苏昆山	上海闸北	浙江慈溪
出席论坛主要领导	江、浙、沪社区教育分管领导、国家级社区教育实验区领导等	江苏省教育厅副厅长周稽裘及浙、沪社区教育分管领导、国家级社区教育实验区领导等	江、浙、沪社区教育分管领导、国家级社区教育实验区领导等	江、浙、沪社区教育分管领导、国家级社区教育实验区领导等	教育部职成教司副巡视员张昭文、江苏省教育厅副厅长殷翔文等	上海市委副秘书长姜樑教育部职成教司司长黄尧、副司长刘建同等	教育部职成教司司长葛道凯、中成协会长朱新均等
论坛主题	围绕经济与会发展,引导社区教育可持续发展	社区教育与各类人员培训	以5个全国社区教育实验区为引领,提高市民参与率	社区教育与农村建设学习型组织建设的关系等	社区教育与和谐社会建设	社区教育发展与服务型政府建设	数字化学习与和谐社会
主要成果	研讨相关重点难点指导实践	为促进社区教育要与各类培训衔接酝酿成立中成协社工委等	介绍交流上海的5个全国社区教育实验区经验发挥其示范效应	54篇论文收入《第四届长三角社区教育发展论坛文集》	88篇论文收入《第五届长三角社区教育发展论坛文集》	江、浙、沪教育行政部门领导签署《关于长三角社区教育合作协议》	着重就数字化学习与市民学习、区域发展特色作交流

第二章　信息化服务平台

第一节　终身教育数字化学习网站

一、市级数字化学习网站

数字化网络时代,运用信息化手段参与学习逐渐成为学习者参与学习、自我完善与发展的主要方式之一。为了满足学习者不断增长学习需求,通过搭建便捷的社区数字化学习平台、建设丰富的社区数字化学习资源,创建虚拟学习环境,鼓励学习者主动参与其中开展自主导向学习、团队合作学习等学习活动,更好地促进人的全面发展。上海陆续建立了上海学习型社会建设网、上海老年人学习网、上海学习网等市级数字化学习网站,成为推进上海学习型社会建设和发展的一个重要支撑。

【上海教育资源库】

上海远程教育集团承建的上海教育信息化重大应用项目"上海教育资源库"建设工程 2004 年正式启动。以上海资源库为支撑,建立了上海电视大学网、上海教师教育网、上海职成教育在线、上海中小学德育网、上海中小学教师人文素养网、上海党员干部现代远程教育网等十大网站组成的"十网一库"。"十网一库"资源总量约 12 T。

上海教育资源库建设主要分为资源、软件、基础架构、应用推广、机制研究和科学管理等六个层面,形成了大型教育知识管理系统。资源库注册人数达 20 万,访问人数超过 5 500 万余人次,上海市 13 万中小学教师人手一张教育资源卡进行教师培训和教学应用。资源应用覆盖全市正规教育体系及社区教育和党员教育,同时在中西部地区进行延伸应用。

历时 4 年,上海远程教育集团承建的"上海教育资源库建设"项目三期工程于 2008 年通过验收,全面运行。

2009 年 1 月,以"上海教育资源库"为基础申报的"从数字鸿沟到数字机遇:上海市数字化终身教育系统建设项目"荣获联合国教科文组织在信息通信技术领域的唯一大奖——"哈马德国王奖",这是中国第一次获得该奖。

2009 年 9 月,以"上海教育资源库"为重要组成部分的"开放远程教育在学习型城市建设中的创新与发展"项目获得了四年一度的国家教学成果一等奖。

2010 年 12 月,以"上海教育资源库"为基础申报的"探索教学资源共建共享机制　促进区域基础教育均衡发展——上海市教育资源库支持课程教材改革的创新实践"获得教育部基础教育课程改革教学研究成果一等奖。

【上海学习网】

2009 年 4 月 14 日,由市教委主管、上海远程教育集团承建的上海市政府实事项目工程之一的终身教育平台——"上海终身学习网"正式开通。该数字化学习网站整合完成 1 461 门课件,为 40

万学习者提供超过 3 000 小时的在线学习内容,覆盖终身教育、高等教育、职业教育和基础教育等方面,包括道德修养、科学素养、文化涵养、公民意识、生活保健、家庭安全、家庭教育、休闲技艺、家庭理财、法律维权、生活环境、语言文字、信息技术、就业指导、职业发展等各类课程内容,为学习者提供包括学习时长、测试评估和学习积分等元素的数字化终身学习档案。

2010 年 1 月 1 日起,"上海终身学习网"进行了改版,并更名为"上海学习网"。同年 7 月,"百万市民学习资源系统"在平台上启动。至 2010 年底,围绕"上海学习网"资源建设、应用推广中所产生的各类需求,对 20 项子平台的设计、建设、改进,建成支持 Web2.0 的新一代终身学习大平台;完善668 门课程,新建课程 439 门,微型课程已开发整合 106 个学习包,截至 2010 年底"上海学习网"上课程达到 2 061 门;支撑开展上海市第三届市民、学生网上阅读学习交流活动、"迎世博,百万市民学环保"活动,举办世博专题摄影展。2010 年,上海学习网平均每天点击量达到 9.7 万余次。

【上海老年人学习网】

2006 年,上海远程老年大学建设并开通了"网上老年大学"学习平台,12 月 25 日,对"网上老年大学"进行全新改版,正式更名为"上海老年人学习网"。"上海老年人学习网"主要栏目有:信息中心、老友广场、视频课堂、专家咨询、老年活动、老年教育通信、办公系统。品牌栏目"视频课堂"有260 门教学课程,形成了 3 600 多个单元资源,供老年朋友在线观看学习。热点栏目"专家咨询",来自上海各大医院和高校的资深专家、教授 20 余名,组成电视课程专家组,为广大电视观众和老年学员答疑解惑。

【上海学习型社会建设网】

2007 年 4 月,"上海学习型社会建设网"在全市学习型社会建设工作大会上正式开通。该平台是反映上海学习型社会建设工作的门户网站,由市教委终身教育处主办、市学习型社会建设服务指导中心办公室承建与管理。

2010 年 1 月 1 日,对"上海学习型社会建设网"进行了改版,实施"分级上传、分级管理"的制度,由参与上海学习型社会建设的各委办局和各区县社区院校负责收集、审核、上传本区域的学习型社会信息。该网站主要信息内容分为六个板块:工作动态、重点工作、研究实验、政策法规、文献资料、专题工作。其中工作动态又根据终身教育不同领域分为社区教育、老年教育、企业教育、农村教育、学习型组织等。

二、区级数字化学习网站

为了进一步拓展信息化服务的覆盖面,提供更贴近属地学习者需求的数字化学习支持服务,各区先后创办各自的区级社区数字化学习平台。建设最早的区在 2005 年已建成区级数字化学习网站。2009—2010 年,各区的数字化学习网建设达到高潮(详见附表)。这类网站主办单位以区学促办(学习办)、教育局为主,承办单位则以区县社区学院(或业余大学、开放大学分校)为主。比较有代表性的主要有以下几个区县级数字化学习网站。

【静安学习网】

2007 年,静安社区学院开始规划建设网络课程项目,2008 年"静安学习网"(原名"静安社区教育网")上线并开辟了"静安网上课堂"。2009年6月,"静安学习网"完成了二期工程,并启动了"静安网校居民小区分校示范校建设工程"。2009年10月—11月,静安网校各小区分校在静安社区学院等单位的指导、帮助、支持下启动实际运作,为学习者网上学习服务。

【长宁区学习型城区建设网】

2008年9月,"长宁区学习型城区建设网"正式开通,平台开设了"新闻动态""网上办公""探索研究""在线学习""数字联盟""数字图书馆""网上展厅"等板块。上海迎世博期间,长宁区积极开展世博网上培训,吸引广大市民参与世博各类数字化学习与培训。截至2010年,"长宁区学习型城区建设网"正式注册在线学习的学员已近25万名,平台点击量超过450万,每天的点击率都在5 000次以上,日最高点击率接近了1万人次,当年市民个人最高学时超过了2 500小时,总学分近1 600分。

【徐汇终身学习网】

2006年3月30日,"徐汇社区教育网"在全国社区教育研讨会上,区委副书记董仁义正式启动网站。2006年10月22日,徐汇区首届学习节开幕式上,徐汇区社区学院对平台进行第一次改版。2008年10月31日,徐汇区第三届学习节闭幕式上,区委常委、宣传部部长章卫民启动了平台新增的"终身学习卡系统"。2010年10月23日,徐汇区第五届学习节开幕式,"徐汇社区教育网"改版正式更名为"徐汇终身学习网"。

【浦东社区教育网】

2005年,"浦东社区教育网"正式上线,设有发布社教新闻、通知公告、政策法规、理论研究以及成果展示等板块。2010年,"浦东社区教育网"升级改版,建立全区各街镇子网站,建设网上学习课堂,开设主题活动,搭建网上办公系统。2011年,依托浦东社区教育网建设区域性社区学校信息化教务管理系统,实现线上学习和线下学习数据整合。

这些数字化学习网站的建设基于本区学习者学习需求和本区教育事业发展特点,基本上都有在线学习和管理的核心系统,具有用户管理子模块、在线学习子模块、资源管理子模块、学习者学习记录子模块等等。

除此之外,有些区的数字化学习平台与上海学习网直接对接,区级平台直接或间接成为上海学习网的一部分,体现了市级网站与区级网站的互动及分级管理特点。继"杨浦区学习型城区建设网"成为首个上海学习网的区子网站后,"松江区终身学习网""青浦区市民学习网"陆续成为上海学习网的子网站,共享上海学习网学习支持服务功能。在推进数字化学习平台功能拓展延伸过程中,工作重心不断下移,有些区指导和帮助本区街镇在区县级数字化学习网站上建设街镇级数字化学习子网站,逐步形成了"市级—区县级—街镇级"三级数字化学习平台新格局。

表 10 - 2 - 1　2005—2010 年上海市各区数字化学习网站一览表

序　号	开 通 时 间	网 站 名 称	网　　址
1	2010 年 1 月	浦东社区教育网	www. pdsq. pdedu. sh. cn
2	2007 年 5 月	黄浦学习网	www. sq. hpe. cn

（续表）

序 号	开 通 时 间	网 站 名 称	网 址
3	2006 年 3 月	徐汇终身学习网	www. xhsqjy. com
4	2008 年 9 月	学在数字长宁网	www. chnlc. net
5	2008 年 1 月	静安学习网	www. jasq. cn
7	2007 年 5 月	杨浦终身学习网	www. shypxx. com
8	2005 年 10 月	宝山乐学网	baoshan. shlll. net
9	2009 年 9 月	嘉定终身学习网	www. jdlll. ijd. cn
10	2009 年 12 月	松江终身学习网	www. sjlll. net
11	2010 年 5 月	青浦市民学习网	www. qplll. net
12	2010 年 2 月	金山终身学习网	jssq. cms. jsedu. sh. cn

第二节 其他信息化服务平台形式

信息化服务平台不仅仅是互联网站，也可表现为更多的技术手段。2005 年 8 月 16 日，上海市社区教育（卫星）网络暨终身教育系统公共平台区（县）中心节点开通仪式在上海远程教育集团学习广场举行，标志着市教委建设的社区教育（卫星）网项目全面启动。

市教委建设的社区教育（卫星）网项目是运用"三网合一"的理念，即"天网"（与中国普天集团合作的双向卫星网，主要用于市级中心与区县分中心、社区学习中心之间的资源传输和数据交换）、"地网"（用户终端与各级网络之间的资源获取与数据交换）、"人网"（社区学院、社区学校）的相互融合，已建成 1 个市级中心、19 个区县分中心、200 多个社区学习中心的卫星网络体系并开展终身教育应用。

由市委组织部建设的上海党员干部现代远程教育平台应用了 IPTV 数字电视播出平台，形成了全市基层远程教育播放点网络。上海远程老年大学以学习收视点为基层单位，运用电视教学开展老年远程教育。学习收视点都是遍布在上海的街镇居（村）委，全市已有 4 550 个学习收视点，占到全市居（村）委的 80%，每年都有 30 多万名老年人报名参加远程老年大学的学习。

第三节 数字化学习资源

数字化学习资源的建设水平是信息化平台支持服务能力的反映。为了给学习者提供优质的资源，上海教育资源库，其库内资源涵盖学前教育、基础教育、职业教育、高等教育、继续教育、社区教育、党员教育等领域；类型包括各类多媒体学习课程、课件及教师备课素材等。资源库建设总容量已达 4 T。

上海市学习型社会建设服务指导中心在全市范围内开展了社区教育教学资源的征集评比活动，将征集到社区院校申报的教学资源，制作成课件约 1 407 门、3 000 小时的教学资源，汇集到上海学习网。上海教育电视台策划拍摄了包括《家政课堂》《家教天地》《健康宝典》和《品味经典》四大系列的千集系列片《市民大学堂》。

此外,很多专业的资源建设单位针对某一项目也开发了部分适合学习者学习的资源,如上海高教电子音像出版社的《中国茶道》《为了孩子的健康——青少年常见病的防治》《家庭法律问题案例解析》,上海蓝色畅想发行有限公司的《中国四大菜系制作》《中国书画技法大全》等。

第三章　学习成果认证、积累和转换服务平台

第一节　学分互认试点

上海电视中等专业学校、上海电视大学探索成人中高等教育贯通试点。2008年,上海电视中等专业学校、上海电视大学,推出"电中—电视大学直通车"项目。参加"直通车"项目的学生入学先进入上海电中学习,电中实行"单科累计,学分管理"。待测高年级合格,取得毕业资格后,再注册上海电视大学专科学习。在中专学历教育中,第二年同时作为电视大学单科生学习电视大学专科三门沟通课程(邓小平理论与"三个代表"重要思想、办公自动化、应用文写作);电中认可其学分,上海开放大学同时颁发三门课程的单科合格证书。

上海电视大学、区业余大学开展"学分互认"试点。从2008年9月开始,在上海电视大学开放教育专科和区业余大学专科之间实现全面学分互认。在连续开设满两年的专业中,相同或相近专业的同类课程学习,可申请学分互认。申请学分互认的总课程学分比例,最高限额为该专业课程教学计划总学分的40%。学分有效期限是:公共基础课程学分15年有效,一般专业课程学分8年有效;某些知识更新较快的专业课程学分5年有效。

上海电视大学实施单向认可各类高等教育学分试点工作。上海电视大学开放教育专科开始全面承认各类高等教育学分,包括:普通高等教育,普通高校的成人高等教育(包括全日制与非全日制教育、网络教育、函授教育等),其他独立设置的成人高校,高等教育自学考试。申请比例最高不超过教学计划总学分的40%。

2009年1月14日上午,由中国教育发展战略学会会长、国家教育发展研究中心专家咨询委员会主任郝克明带领的教育部《国家中长期教育改革和发展规划纲要》调研组在上海电视大学圆桌会议中心就"学分银行"进行专题调研。市教委终身教育处处长王宏以及市教科院、上海对外贸易学院、华东师范大学、同济大学的有关专家介绍了相关工作,上海电视大学副校长王民介绍了上海电视大学在农民工一体化教育培训、电中电视大学直通车、学历与非学历教育沟通、与其他高校学分互认等方面的工作情况。

第二节　非学历证书认证试点

从2007年开始,上海市成人教育协会院校教育专业委员会开展了学分银行的概念、内涵及发展趋势的研究,并于2008年秋季受上海市教委终身教育处委托,正式启动"上海普通高等学校成人高等教育学分银行研究与实践"的课题。

2008年9月,院校教育专业委员会组建了由10所继续教育学院参与的学分银行课题研究与实践工作组(以下简称"工作组"),其中3所部属高校,7所市属高校。上海外国语大学继续教育学院常务副院长齐伟钧教授任组长,院校委员会主任、上海对外贸易学院继续教育学院院长邹益副教授任常务副组长。

2009年4月,工作组开始实施调查工作,调查内容包括:已认定非学历证书的成人高等教育专业,已认可替换相关专业学分(或课程)的非学历的信息以及具体的认证、替换情况的信息等,5月下旬完成了29所高校(9所业余大学作为一个整体)的调查工作。

2009年6月,工作组选取了英语专业、国际经济与贸易专业、计算机专业和会计学专业作为试点,分别由上海外国语大学、上海对外贸易学院、上海第二工业大学和立信会计学院的继续教育学院承担试点工作,并成立了4个试点专业认证专家组,由市学习办颁发聘书。专家组定期召开研讨会,讨论确定认证工作的具体程序和基本原则。

2009年9月22—23日,由中国成人教育协会主办的"建立终身学习卡和设立学分银行研讨会"在上海对外贸易学院召开,会长朱新均、副会长谢国东、上海市成人教育协会会长俞恭庆、市教委终身教育处处长王宏等讲话,以及与会代表发言,促进了学分银行课题研究与实践工作。

2009年12月下旬,4个试点专业的非学历证书认证工作基本完成。2010年4月,工作组拓展非学历证书认证专业,共有11所高校继续教育学院承担了专业认证工作,分别是复旦大学(工程管理)、东华大学(艺术设计"服装设计")、华东理工大学(工商管理)、华东政法大学(法学)、上海理工大学(印刷工程)、上海海洋大学(食品质量与安全)、上海师范大学(旅游管理)、上海工程技术大学(物流管理)、上海商学院(市场营销)、上海金融学院(金融学)、上海电机学院(机电一体化技术),11个专业非学历证书的认证工作于8月底完成,形成了第一批15个专业非学历证书认定成果。

第三节　上海市终身教育学分银行

2009年,市教委在《创建上海市"学分银行"的理论与实践研究课题总报告》中指出,建立上海市"学分银行"要"以开放性大学课程(上海市电视大学)为纽带实现职业教育培训课程、中等职业教育学历教育课程、高等职业教育学历课程(专科和本科层次)的衔接与转换",要"尽快建立上海'学分银行'运行的组织机构"。2010年上海成立开放大学,明确"上海市终身教育学分银行"依托开放大学建设,推进各类各级教育的融合与沟通。

2010年8月14日,上海开放大学从教务处、学生处、科研处、学指办抽调相关同志,成立上海开放大学综合办公室,筹备上海市终身教育学分银行建设工作。2010年,上海开放大学综合办公室开展了以下活动:

(1)开展学分银行构建调研。上海开放大学综合办公室根据学分银行构建需求,开展了学分银行构建调研,先后调研了市自考办、市人力资源与社会保障局、市职业能力考试院、市老年大学、华师大职成教研究所等16个单位,访谈有关领导和工作人员近百人次,对上海市学历教育、职业培训和文化休闲教育现状和学分沟通情况进行了调研分析,同时开展国际上"学分银行"模式调研,编写了学分银行构建调研报告。

(2)学分银行构建方案制定与论证。在调研基础上,制定了《上海市终身教育学分银行构建方案》,初步确定了学分银行的定位与功能、组织架构、运行方式、构建步骤、进度安排等,广泛听取专家意见,进行构建方案的论证。

(3)学分银行制度文件的制定。初步拟定了《学分银行章程》《学分银行指导委员会管理办法》《学分银行专家委员会管理办法》《学分银行专业专家工作组管理办法》《学分银行站点管理办法》《学分银行学分认定办法》等学分银行规章制度。

(4)学分银行部分机构的构建。组织建立了以开放大学综合办公室为核心、全市各成人高校、开放大学相关职能部门人员参加的学分银行学历教育、职业培训、文化休闲教育、信息化平台建设4个工作小组；初步建立了部分试点专业的专家小组。

（5）学分银行专业课程体系建设。制定了"学分银行专业规则规范""学分银行课程标准规范"等学分银行专业课程体系建设标准，着手开展学分银行行政管理、工商管理、英语、会计、计算机应用、物流管理6个专科专业的学分银行专业规则建设。

（6）学分银行信息化平台设计。完成了学分银行信息化管理与服务平台建设调研，初步确定学分银行信息管理与服务需求与信息化平台功能，并开展平台设计开发的组织工作。

第四章 社 会 组 织

第一节 协 会

一、上海市成人教育协会

上海市成人教育协会于 1991 年 11 月宣布成立。前身分别是 1983 年 10 月成立的上海市成人教育研究会和 1986 年 1 月成立的上海市职工教育研究会。经市人民政府教育卫生办公室审查同意,1991 年 9 月 3 日由市民政局核准登记为社团法人,并定为现名。首任会长为夏明芳,历任会长为薛喜民、芮兴宝、俞恭庆、顾根华(常务副会长)。

协会成立后,以院校教育专业委员会、企业教育专业委员会、推进学习化社区工作委员会等 26 个分支机构(专业委员会和工作委员会)和区县协会为单位组织开展成人教育活动。并根据章程吸收个人会员。主要有以下活动:

(1) 开展成人教育课题研究。承担或参加国家和上海市成人教育发展战略研究课题;组织、起草和修改《上海市职工教育条例》,参与制定《上海市终身教育促进条例》,提供《上海终身教育立法研究》《成人教育的实践与法规建设调研报告》等相关研究成果;组织开展成人教育工作研究与论文评选活动,许多研究成果和论文为政府决策提供了重要依据与参考;出版了《上海成人教育研究文集》《上海教育发展战略研究》《社区成人教育研究》等理论研究成果文集;2009 年,在庆祝新中国成立 60 周年之时,编印了《感动——成人教育》,该书收集了新中国成立 60 年来上海在推进成人教育发展方面所采取的措施、方法和为实现全民学习、终身学习而创新的各项学习活动,记录了成人教育理论工作者获奖的、出版的各种理论成果;编撰了各个时期上海市成人教育的大事记,是为 60 年上海成人教育的真实记录、上海市成人教育发展史的浓缩。

(2) 开展国内外成人教育交流活动。多次被邀赴港、台地区和日、韩、德、瑞典等国考察、学习、交流;1998 年与上海第二教育学院等联合举办"终身学习研讨会";1999 年首次在国内(除港澳台地区)组织"学习型组织学术研讨会";2010 年参与在上海市举办的"学习型社会建设国际研讨会"(中日韩首届终身学习论坛)。

(3) 开展成人教育培训。协会企业教育、社区教育、郊区成人教育等团体会员,以及协会专业委员会(工作委员会)与教育行政部门协作配合,组织成人教育干部教师培训,协会还组织编印《教育新视界》等培训资料,提供使用。

(4) 开展全民终身学习活动。在 2005 年,参与中国成人教育全国 10 城市协会发起的首届全国全民终身学习活动周学习倡议起草,并在上海举办首届全民终身学习活动周。学习活动周的基本模式是宣传、展示、推进,宣传全民学习、终身学习理念以及党和政府的有关方针政策;展示交流广大市民终身学习和各地区、各单位学习型社会(组织)的成果经验;推进构建终身教育体系、建设学习型社会的工作进程,此后每年举办。从 2006 年起,学习活动周活动被市学习办、市教委作为建设学习型社会的品牌活动项目列入了年度工作计划。形成了"政府主导,社团主动,社会参与"的机制。至 2010 年,在上海已组织了六届全市性的全民终身学习活动周活动,由静安区、奉贤区等相继承办每年的全民终身学习活动周开幕式；在学习活动周期间开展了征文、摄影、书画、手工制作等学习展示活动；2007—2009 年每年举办"上海企业教育论坛"，2010 年以"成教，使生活更美好——弘扬世博精神，十二五成人教育畅想"为主题举办首届"上海终身学习论坛"；编印《全民终身学习活动周画册》，实录开展全民终身学习活动周盛况。学习活动周直接参与人数 2005 年为 80 万人次，到 2010 年达 300 万人次。通过全民终身学习活动周活动充分展示上海终身学习的成果，推进上海学习型城市建设。

二、上海市老年教育协会

1993 年 10 月 29 日，上海市老年教育协会（以下简称"协会"）成立，协会于 1998 年 3 月 3 日、2004 年 1 月 13 日、2008 年 4 月 1 日分别召开了二、三、四届会员代表大会，选举了名誉会长、会长、副会长和秘书长。四届会员代表大会还选举了 22 位常务理事。在 2008 年 7 月 2 日召开的协会四届一次会长、副会长会议上，选举俞恭庆任协会党组书记。2010 年 9 月 21 日召开的 2009—2010 年上海市老年教育协会年会暨会员大会通过了协会领导班子的调整。

表 10‑3‑1　1993—2008 年上海市老年教育协会历届理事会情况表

届次	一届一次（成立大会）	二届一次	三届一次	四届一次
召开日期	1993.10.29	1998.3.3	2004.1.13	2008.4.1
会长	陈铁迪（名誉）、薛喜民	俞恭庆	陈铁迪（名誉）、沈诒（顾问）、俞恭庆	陈铁迪（名誉）、沈诒桂荣安（顾问）俞恭庆
副会长	沈诒（常务）、韩中岳、崔沂、刘行策	桂荣安（常务）、沈诒、崔沂、王遐、朱小红	桂荣安（常务）、王遐、凌镜椿、沈必文、朱小红、胡慧芳（2005.6.8 常务理事会增补；2006.1.4 常务理事会增补为常务理事）	胡慧芳（常务）王海兵、江晨清、朱龙霞、沈必文、李彦林袁俊良、张宗梅、陆耕丰（2010.9.21 会员大会增补）沈必文、李彦林因年龄关系不再担任
秘书长	郭晓燕	朱根富	赵玉虎（健康原因辞职，2005.6.8 常务理事会通过）	
副秘书长	傅惠霖孙瑞珍何庆利	孙瑞珍金家伦万梅玲	周龙	徐本仁戴菊生（2010.9.21 会员大会增补）
常务理事		俞恭庆、桂荣安、沈诒、崔沂、王遐、朱小红、朱根富、孙瑞珍、金家伦、万梅玲	胡增耆、刘晓南、庄俭、詹伯安、钱丽华、项智庄、陆树青、陈宇卿、张菊英（2005.6.8 常务理事会增补）	王浩、王海兵、王跃平、方元升、庄俭、江晨清、刘晓南、朱天申、朱龙霞、杨一明、张文碧、张桂珍、沈必文、李彦林、林清华、俞恭庆、俞勇彪、胡慧芳、姜国樑、唐瑛、徐刚、钱丽华袁俊良、张宗梅、陆耕丰、徐本仁、戴菊生（2010.9.12 会员大会增补）沈必文、李彦林因年龄关系不再担任
办事机构所在地	上海市老干部大学	上海老年大学	上海老年大学	上海老年大学

协会由上海市老干部大学、上海老年大学、老龄大学和上海市退休职工大学发起筹备。1993年办事机构设在市老干部大学,1998年秘书处设在上海老年大学。宗旨是团结全市老年教育工作单位,在坚持四项基本原则的前提下,围绕经济建设中心,促进老年教育事业的提高与发展,为老年人服务,使老年人能老有所学、老有所为、老有所乐,为两个文明建设做出新贡献。协会的任务是致力于全市老年教育工作单位之间的信息沟通,协助政府主管部门对老年教育进行指导和管理,积极开展对老年教育调查研究、理论研究、经验交流、评估等工作。协会于2005年被上海市民政局、市人事局、市社会服务局、市社会团体管理局评为"上海市先进民间组织"。协会有169个团体会员,设有老干部大学专业委员会、理论研究专业委员会、教材建设专业委员会、地区老年教育专业委员会、高校老年大学专业委员会和远程教育专业委员会等6个分支机构。

老干部大学专业委员会的任务是对上海市老干部大学的办学进行业务指导、调研评估和总结表彰;开展老年教育理论研究;办好学术刊物;组织资料交换、学术交流、校际活动。

理论研究专业委员会的任务是制订上海老年教育理论研究计划;组织理论研讨,评选优秀论文;办好《上海老年教育研究》。

教材建设专业委员会的任务是开展上海老年教育教材的建设的调查研究;对上海老年教育适用教材提出可行性方案;组织力量筹建教材编写委员会,逐步编写上海老年教育教材;与中国老年大学协会教材编写委员会挂钩联系,并参与全国性的老年教材建设活动。

地区老年教育专业委员会的任务是对地区老年教育进行联系和指导;开展调查研究和理论研究;组织经验交流及评估。

高校老年大学专业委员会的任务是组织高校老年大学办学经验的总结交流,促进高校老年教育的发展与提高;组织高校老年大学开展老年教育的理论研究;组织高校老年大学教学成果的交流活动,包括优秀教材、创新的教学形式、学员的优秀作品、优秀节目表演等;积极向社会宣传老年教育的重大意义。

远程教育专业委员会的任务是为各区县的老年远程教育提供沟通信息、交流经验和理论研究的平台。

上海市老年教育协会会同上海市老年教育工作小组办公室等部门,在教学培训、理论研究、评估总结、对外交流等方面,开展了多项工作。为提高上海老年教育的教学质量,一是开展教学培训。先后举办了老年学校校长业务培训系列讲座、"科技助老"老年教育师资进修班、养老机构老年教育干部培训班,并为上海市老年教育工作者举办了"人口老龄化及其对策""学习型社会建设中的老年教育"等为主题的讲座和报告会。二是组织编写教材。2008年推出了《钩针编织》《瓷绘工艺》等首批"新世纪老年课堂"教材。三是开展决策咨询服务,为政府部门制定政策提供依据。根据不同时期的形势和任务,先后围绕"上海老年教育的现状及发展""上海老年教育事业'十一五'发展规划""老年教育示范校评估标准""上海市人口老龄化与老年教育关系"等主题进行调研和课题研究,并做好四年一度的论文评选工作。四是弘扬先进、发挥先进典型的引领示范作用,自2008年开始,承担了组织创建示范性老年大学(学校)评估工作,同时继续开展上海远程老年大学示范收视点的验收工作。截至2010年,上海市共评出示范性老年大学(学校)51所,特色老年大学(学校)30所;示范收视点81个。五是创办"老年教育艺术节",为向社会展示老年教育的风貌,于2006年起,连续举办了五届以宣传老年教育工作、展现老年学员艺术风采为宗旨的上海市老年教育艺术节,内容有文艺、戏曲会演,书法、摄影、工艺等作品展示。2010年9月创办了上海老年教育艺术作品展示厅,展出了学员的摄影、书法、剪纸、丝网花、瓷盆画、编织等艺术作品。六是加强对外交流,筹备并参加"94 上海国际友好城市老年教育问题研讨会",参加第四届老年教育国际研讨会议,"韩、中、日老年福利、老年教育研讨会",筹备和协办国际第三年龄大学协会第 22 次代表大会,参加东亚地区高龄教育学术研讨会,参加国际第三年龄大学协会第 23 次代表大会。

【上海市老年学学会老年教育专业委员会】

1992 年 2 月 17 日,上海市老年学学会老年教育专业委员会(简称"老年教育专业委员会")成立,沈诒任主任,韩中岳、黄任远任副主任,黄森任秘书长,顾锡玲任副秘书长。1999 年 7 月,老年教育专业委员会进行换届,主任委员为倪成才,副主任委员为桂荣安(常务)、钱丽华、徐丽菊、詹伯安、张心如,秘书长为潘锦培,副秘书长为周龙。2004 年 12 月 21 日,市老年学学会老年教育专业委员会与上海市老年教育协会地区老年教育专业委员会实行两块牌子,一套班子。桂荣安任主任,潘联妹、李炳伟、詹伯安、项智庄、钱丽华、陆树青任副主任,张士新任秘书长。2006 年 5 月 15 日,增补张履贵为副秘书长。2009 年 3 月 5 日,上海市老年教育协会地区老年教育专业委员会班子成员调整,朱龙霞(兼职)任主任,杨一明、潘联妹任副主任,秘书长为戴菊生,副秘书长为张履贵。市老年学学会因换届延期,老年教育专业委员会原班子成员继续履职,直至 2010 年。

老年教育专业委员会为发展上海老年教育开展了多方面工作。一是加强调查研究,通过调研,对加强老年教育力度促进社区精神文明建设、发展老年远程教育、加强老年教育教材建设和在养老机构开展老年教育工作等多个方面建言献策。二是搞好业务培训,围绕"学习邓小平理论""老龄工作形势与老年教育""人口老龄化及对策""老年心理学"等专题,每年定期举办讲座或专题会、现场会。三是参与全市老年教育重大活动,先后参与了《上海老年教育机构设置的暂行规定》的制订,《关于实施老年教育实事项目的意见》中项目方案的制订、实施情况的评估以及项目验收工作,示范性老年学校的创建与组织评定工作,市老年教育艺术节、各类老年教育成果展示等大型活动的筹备与组织,国际第三年龄大学协会第 22 次代表大会的筹备和各类"科技助老"活动。四是办好《上海老年教育简报》,做好信息交流工作。

三、上海市社区教育协会

1994 年,上海市社区教育协会成立。首任会长袁采,副会长张民生、邓伟志,秘书长季国强,常务副秘书长谢子才。第二届会长袁采,第三届会长张民生,第四届会长季国强。该协会下设街镇工作委员会,中、小、幼工作委员会,企、事业工作委员会,学术工作委员会等。团体会员 250 个,另有个人会员。该协会举办相关培训班,新疆等地的同行到沪参加。

2000 年,上海市社区教育协会和上海市教育科学研究院社区教育研究中心召开上海市社区教育协会部分团体会员"十五"课题研究工作会议。2003 年,上海市社区教育协会表彰 15 家"上海市社区教育标兵单位"和 42 家"上海市社区教育先进单位"。2006 年,该会被民政部门评为全市先进社会组织。2008 年 6 月业务范围变更为开展社区教育研究,普及社区教育基本知识,举办讲座和培训,召开研讨会,出版相关资料等。2008 年 12 月,上海市社区教育协会社会团体分支机构设立上海市社区教育协会社区学院工作委员会。

第二节 研 究 会

一、上海市成人教育研究会

1983 年 10 月,上海市成人教育研究会成立,成为中国成人教育协会、中国职工教育研究会以及上海市教育学会的团体会员。至 1995 年,设区、县研究会 14 个,团体会员 12 个(包括成人中专、电视中专、自学考试、部分工矿企业等办学机构),个人会员 2 000 余名。

研究会坚持每年召开年会,进行论文征集、交流和优秀论文评选。逐步健全例会制度,每月一次常务理事会,每季一次分会理事会。获得的研究成果主要有:出版《上海国际成人教育讨论会论文集》(上海教育出版社,1985 年)、编印《上海市成人教育研究会论文集》(上海市成人教育研究会秘书处,1988 年)、参加《中国教育年鉴——上海成人教育部分》的编写和审定工作,组编出版《上海成人教育史》。

1983—1989 年,上海市成人教育研究会各分会和团体会员单位共召开年会、专题研讨会 50 次,提交论文逾千篇。

1991 年,上海市成人教育研究会与上海市职工教育研究会合并为上海市成人教育协会。

二、上海市终身教育研究会

1986 年,上海市终身教育研究会成立。1992 年,经上海市民政局重新登记,上海市终身教育研究会成为上海市社会科学界联合主管的一级学会。该会挂靠上海远程教育集团(上海开放大学),是由各级学校、企事业单位、国家机关的教育工作者、理论工作者及管理人员组成的学术团体。研究方向为:终身教育中各类教育间的关系及其相互作用;学校与社区的沟通、劳动与教育的沟通、理论与实证研究的沟通、企业回归教育体系的构建等。此外还从事终身教育学术理论研究,并开展终身教育和终身学习的实践活动。研究会编印有季度会刊《终生学习》。2005 年第四次换届。研究会会长薛喜民,常务副会长王其康,副会长王民、裴雨林、叶忠海、蔡裕中、张惠莉、王震国(兼秘书长)。研究会由专家教授和团体会员单位负责人组成理事会和常务理事会,下设学术委员会和民办教育专业委员会、残疾人教育工作委员会。目前普通高校、民办院校、《上海科技报》社、《成才与就业》杂志社和全市各区县社区学院等加入该研究会,成员还包括政府部门、企业、研究机构、社区以及各级各类学校的专家学者。

研究会每年举办终身教育和终身学习学术论坛、学术研讨会和学术年会,编印《终身学习》会刊,并先后完成上海市委教委的多项课题,主要包括《终身教育相关的四种观念的比较研究》《上海创建学习化城市的必要性、具体方式和相应对策研究》等。2010 年 8 月 25 日,举行第五届会员大会,选出第五届理事会和常务理事会。

三、上海市职工教育研究会

1986 年 1 月,上海市职工教育研究会成立。至 1995 年,团体会员 62 个。研究工作密切结合企业实际,为企业职工教育献计献策。职工教育研究会参与组织京、津、沪三市职工教育理论研讨会,发起并建立南方 13 省市职工教育协作会,协助承办中国职工教育研究会成立大会暨第一届年会。1991 年,上海市成人教育研究会与上海市职工教育研究会合并为上海市成人教育协会。

四、上海市社会力量办学研究会

1997 年,上海市社会力量办学研究会成立。主管单位为上海市社会科学学会联合会,学术上接受市社联指导,行政上接受市教委指导。研究会开展社会力量办学理论研究、教育方针政策和教育实践问题的研究,为社会力量办学事业服务,为建立新型的社会力量办学理论体系和社会实践服务。

第三节　上海明德学习型组织研究所

一、沿革

1996 年 2 月,在市教委支持下,由张声雄、王永福等发起成立"上海市学习型组织研究推进中心"。1997 年 2 月,与同济大学函授与继续教育学院合作,成立"学习型组织研究室"。1998 年 2 月,与同济大学合作建立"同济大学 TJAE 学习型组织高级管理人才培训中心"。6 月,经工商注册正式成立"上海明德学习型组织研究所"(简称"明德所"),为独立法人,张声雄任所长。11 月,明德所与上海现代人才教育学院合作,成立"上海明德学习型组织研究所学习型组织管理人才培训中心"。

明德所的组织架构采用股份制,下设办公室、咨询部、培训部、海外培训部及学术部。成立初期,明德所共有 11 人,张声雄任所长,朱煜善任支部书记。其成员主体大多是企业退休的教育、行政管理工作者和机关干部。2007 年 7 月,明德所应邀参加中国教育发展战略学会终身教育工作委员会,张声雄被选为常务理事。

二、学术成果

1997 年 12 月,《学习型组织信息资料》创刊,编发第一期。此外,出版多本著作,较有代表性的有:《学习型组织与现代管理》(张声雄,百家出版社 1999 年出版)、《学习型组织的创建》(张声雄编,上海科学普及出版社 2002 年出版)、《建设学习型社区问答 120 题》(姜善坤编著,上海三联书店 2006 年出版)。

2010 年,明德所参与国家社会科学基金项目《建设学习型党组织》课题组,开展社会调研,并完成党内"组织学习"有效性研究报告。

三、学术活动

明德所还组织承办各种学术活动。主要有:

1996 年 4 月,上海市学习型组织研究推进中心在同济大学函授与继续教育学院举办第一期面向社会企事业单位及学校的学习型组织研讨交流活动。

1998年4月,在国家经贸委支持下,参与策划组织、召开中国首次"创建学习型企业研讨会"。

2006年6月,举办学习型组织上海合作会议,发表《上海宣言》。在国内咨询培训方面,明德所的足迹遍及新疆、青海、甘肃、西藏在内的全国各省市、自治区和香港、台湾地区,参与企业、机关、社区与学校等70多个咨询项目和同济大学、兖矿集团、金山电信局等6个单位的学习型组织创建评估。

第十一篇

行政管理

成人教育行政管理是中央和地方政府运用法律、法规、政策规范成人教育,同时设立专门机构运用行政手段管理各级各类成人教育。

1977年7月14日,上海市革命委员会召开工农教育座谈会,会议强调要加强领导,把工农教育搞上去。此后,全市各级成人教育管理机构和各类成人教育逐步恢复。

1982年,中共上海市委、市人民政府颁布《关于进一步搞好职工教育的决定》,教育部门加强了对各级各类成人教育的管理。

进入20世纪90年代,上海市政府批准实施《90年代紧缺人才培训工程》,相继成立了十大紧缺人才培训中心。在继续发展成人文化、技术教育培训的同时开展紧缺人才的培训。

进入21世纪,上海市委、市政府提出了建设学习型社会建设的目标,成人教育为发展终身教育、创建学习型社会进行积极探索。

上海成人教育的改革与发展中,还通过制定《上海市职工教育条例》《上海市终身教育促进条例》等地方性法规以及制订《上海市社会力量办学管理办法》《上海市高等自学考试暂行办法》等行政规章,市委、市政府和教育行政部门通过各种级别的会议形式部署不同时期成人教育的改革与发展,还开展了计算机应用能力考核和通用外语等级考试等重点项目,教育行政部门采取立案审批、检查评估、表彰奖励等多种行政管理措施,促使上海成人教育不断改革与发展。

第一章 机构与管理

上海市在加强成人教育事业的行政管理中,除了恢复"文化大革命"之前原有的市高等教育局、市教育局、市工农教育委员会(1987年改名为市成人教育委员会),新建了市推进学习型城市建设指导委员会以及市高等教育自学考试委员会、市老年教育工作小组等领导机构;同时还健全了行政管理的职能机构。

第一节 机 构

一、管理机构

【教育行政部门】

1968年12月21日,上海市革命委员会批准市教育局革命委员会、市高教局革命委员会合并,成立上海市教育局革命委员会。1979年2月22日,上海市革命委员会决定重建市教育局、市高教局。1995年2月,中共上海市委批准撤销市人民政府教育卫生办公室、市教育局、市高教局,成立上海市教育委员会。

【宏观管理机构】

为了加强成人教育工作的领导和管理,市教育局于1978年10月4日向上海市革命委员会提出《关于建立和健全工农教育委员会及其办事机构的报告》,1979年2月22日,上海市革命委员会批准成立上海市工农教育委员会。1987年3月20日,经市政府批准市工农教育委员会改名为市成人教育委员会。

2006年1月,中共上海市委、上海市人民政府提出为了切实加强对建设学习型社会和终身教育发展的领导,成立由市精神文明委员会领导,市委宣传部、市委组织部、市精神文明办、市教委、市科委、市发展改革委、市文广影视局、市劳动保障局、市人事局、市民政局以及市总工会、团市委、市妇联等单位组成的上海市推进学习型社会建设指导委员会(简称"市学习委"),负责学习型社会建设的规划制定、统筹决策、指导督察等工作。具体工作机构由市精神文明办和市教委联合组建,设在市教委。

2010年6月,上海市成人教育委员会更名为上海市推进学习型社会建设与终身教育促进委员会,与市学习委实行"两块牌子、一套班子"。

【自学考试管理机构】

1981年6月6日,上海市人民政府决定从1981年9月起在上海试行高等教育自学考试制度。9月29日,市人民政府决定副市长杨恺兼任市高等教育自学考试委员会主任委员,委员21人。1997年5月21日,上海市自学考试工作会议在教育会堂举行。宣布新一届市高等教育自学考试委员会委员名单。副市长、市高教自学考试委员会主任龚学平出席会议。2008年,由于上海市高等教育自学考试委员会成员工作岗位变化,副市长沈晓明任主任委员,委员34人。

【区、县与行业成人教育管理机构】

随着成人教育事业的逐步恢复,全市各区教育局于 1978 年起恢复了职工业余教育科,各县教育局的业余教育股也先后恢复,每个公社配备的一至二名业余教育事业干部也陆续归队或增补。市政府所属各委、办、局同时恢复或增设了教育处或宣教处,行政性公司多数恢复或建立了教育科,大、中型企业的教育科也迅速恢复,小型企业也有专人负责教育管理工作。1981 年 9 月 16 日至 23 日,教育部召开职工教育工作会议,会议明确提出各级教育行政部门在职工教育中的基本职责和主要任务,会议提出了要加强机构,充实人员。6 月 29 日,国家编制委员会、财政部发出《关于加强职工教育机构的通知》,决定在全国各地职工教育管理机构增加编制 3 100 人,上海增编 105 人。根据《通知》,上海市工农教育委员会和各区、县成人教育管理机构都增加了编制,加强了管理职能。根据中共中央、国务院《关于加强职工教育工作的决定》的精神,市政府各委办,各业务主管部门及所属企事业单位都加强了成人教育的领导和管理,充实了专管人员。机构的加强,保证了从上到下的成人教育行政工作体系和教学业务体系的渠道得以畅通。

二、职能机构

1968 年 12 月,上海市革命委员会批准市教育局与市高教局合并,成立上海市教育局革命委员会,1972 年,市教育局革命委员会设立工农教育组,负责全市工农教育的管理。1977 年,恢复市教育局、市高教局,两局分别设立工农教育处与职工教育处。

1978 年起,各区教育局都恢复了职工业余教育科,各县教育局的业余教育股也先后恢复,市政府所属各委、办、局同时恢复或增设教育处或宣教处,行政性公司多数恢复或增设了教育科。大中型企业的教育科也迅速恢复,小型企业也有专人负责教育管理工作。1987 年 12 月 31 日,上海市教育局工农教育处改名为成人教育处。

1979 年 2 月,上海市革命委员会批准成立市工农教育委员会,同时批准成立市工农教育委员会办公室负责委员会的日常工作。办公室成立之初与市教育局工农教育处合署办公;1987 年 3 月 20 日,经市政府批准市工农教育委员会改名为市成人教育委员会,其办公室除了负责市成人教育委员会的日常工作,同时行使市政府教育卫生办公室成人教育处的职责。

1995 年,成立上海市教育委员会,内设成人教育办公室,承担了原市教育局成人教育处、市高教局职工教育处、市燎原计划办公室和市政府教育卫生办公室成人教育处(市成人教育委员会办公室)的职能,负责管理全市各级各类成人教育工作。

2000 年上半年,市教委内部职能机构调整,成人教育办公室与职业教育办公室合并,成立市教委职业教育与成人教育处。2007 年,经市编制委员会批准,市教委增设终身教育处。同时,市学习办成立,办公室设在市教委终身教育处。

表 11-1-1 1978—1995 年上海市教育局、业余教育局工农教育负责人情况表

姓　名	任职(任命)年份	职　务
李　利(女)	1976—1986	工农教育处处长
吴贻虹(女)	1976—1979	工农教育处副处长
王　林	1979—1988	工农教育处副处长

姓　名	任职(任命)年份	职　　　务
何保源	1980—1982	工农教育处副处长
孙运时	1982—1983	工农教育处副处长
陈海鹏	1984	工农教育处副处长
须晓明(女)	1984—1987	工农教育处副处长
徐慈光	1984—1990	工农教育处副处长
顾国治	1987—1995	工农教育处处长
钱虎根	1986—1995	工农教育处副处长
顾根华	1987—1995	工农教育处副处长

表 11－1－2　1978—1995 年上海高等教育局成人教育负责人情况表

姓　名	任职(任命)年份	职　　　务
吴贻虹	1979—1981	职工教育处副处长
	1981—1984	职工教育处处长
熊　铮	1979—1984	职工教育处副处长
诸君汉	1984—1986	职工教育处处长
赵振华	1985—1990	职工教育处副处长
殷明发	1985—1987	职工教育处副处长
许宝源	1986—1991	职工教育处处长
顾嘉雯(女)	1990—1995	职工教育处副处长
虞和润	1991—1995	职工教育处处长

表 11－1－3　1978—1999 年上海市成人(业余、工农)教育委员会负责人情况表

姓　名	任职年份	职　　　务
杨　恺	1979—1984	市工农教育委员会副主任(兼)
舒　文	1979—1984	市工农教育委员会副主任(兼)
杭　苇	1979—1984	市工农教育委员会副主任(兼)
张伟强(女)	1979—1984	市工农教育委员会副主任(兼)
李　利(女)	1979—1984	市工农教育委员会办公室主任
吴贻虹(女)	1979—1984	市工农教育委员会办公室副主任
夏明芳	1980—1994	市工农教育委员会(1987年后改名成人教育委员会,下同)副主任
芮兴宝	1984—1991	市工农(成人)教育委员会副主任
高宗智	1984—1986	市工农(成人)教育委员会顾问

(续表)

姓　　名	任 职 年 份	职　　　　务
徐瑞麟	1985—1988	市工农(成人)教育委员会办公室主任
张康定	1985—1990	市工农(成人)教育委员会办公室副主任
郭伯农	1986—1995	市工农(成人)教育委员会办公室副主任
彭连夫	1986—1992	市工农(成人)教育委员会办公室副主任
张持刚	1988—1992	市成人教育委员会办公室副主任
	1992—	市成人教育委员会办公室主任
徐钦福	1992—1995	市成人教育委员会办公室副主任
顾根华	1995—1999	市成人教育委员会办公室副主任

表 11-1-4　1995—2010 年市教委成人教育负责人情况表

姓　　名	任 职 年 份	职　　　　务
张持刚	1995—2000	成人教育办公室主任
顾嘉雯(女)	1995—2000	成人教育办公室副主任
马良福	1995—2000	成人教育办公室副主任
顾根华	1995—1999	成人教育办公室副主任
张持刚	2000—2007	职业教育与成人教育处处长
王向群(女)	2000—2007	职业教育与成人教育处副处长
马良福	2000—2004	职业教育与成人教育处副处长
翁亦诗(女)	2000—2004	职业教育与成人教育处副处长
庄　俭	2004—2007	职业教育与成人教育处副处长
程倍元	2005—2007	职业教育与成人教育处副处长
王　宏	2007—2011	终身教育处处长
庄　俭	2007—2012	终身教育处副处长
帅良余	2007—2014	终身教育处副处长
程倍元	2007—2016	终身教育处副处长

三、专门管理机构

【老年教育工作小组办公室】

　　1986 年 3 月 13 日,由上海市工农教育委员会副主任夏明芳主持召开上海市第一次老年教育联席会议,形成《老年教育联席会议纪要》,确定老年教育的日常工作由市老龄问题委员会主持。2001年 9 月 22 日,市老龄工作委员会决定:下设由市委宣传部牵头组织的老龄宣传工作小组,由市教委牵头组织的老年教育工作小组等 6 个专业小组。2003 年 9 月 10 日,上海市人民政府办公厅转发市教委等五部门《关于进一步加强上海市老年教育的若干意见》后,建立了由市教委牵头,市老龄工作委员会办公室、市民政局、市文广影视局、市体育局、市委老干部局、市文明办、市财政局、市卫生局、市计生委、市人事局、市科委、市司法局、市总工会、团市委、市妇联等单位领导参加的市老年教育工作小组,统筹、规划、组织、协调、指导全市的老年教育工作。区县、街道和乡镇也建立相应的工作小组。市、区县老年教育工作小组办公室设在市、区县教育部门。2004 年,市教委第六次主任办公会议决定,设立上海市老年教育工作小组办公室,7 月 1 日起,新组建的市老年教育工作小组办公室正式对外工作。

【燎原计划办公室】

1988 年 3 月 20 日,市教育、农业、劳动、人事、财政、科技等 15 个部门联合印发《上海市实施"燎原计划"方案》,要求把实施"燎原计划"纳入当地经济和社会发展的整体规划当中。为了更好管理"燎原计划"的实施,经市有关部门批准成立了上海市燎原计划办公室,与上海市教育局成人教育处合署办公。

【紧缺人才培训办公室】

1993 年初,上海市人民政府教育卫生办公室、上海市成人教育委员会、中共上海市委组织部、上海市人事局向市政府提出了《关于 90 年代上海紧缺人才培训工程实施计划》。为了实施这一计划,上海市建立了由分管市长为召集人的"90 年代上海紧缺人才培训工程联席会议"制度,以及由市委组织部、市人事局、市教委、市成教委有关职能部门负责人组成的非常设机构——90 年代上海紧缺人才培训工程联席会议办公室,负责对紧缺人才培训项目实施监督和管理。2004 年 6 月,市政府决定撤销"90 年代紧缺人才培训工程联席会议"及其办公室,成立"上海紧缺人才培训办公室"(非常设机构),成立"上海紧缺人才培训服务中心",作为"上海紧缺人才培训办公室"的常设办事机构。2006 年,"紧缺人才办公室"撤销。

四、服务机构

为了服务全市成人教育的改革与发展,经市政府有关部门以及各区县政府批准,先后成立的服务机构有:上海市第二教育学院、区县成人教育教师进修学校、上海成人教育研究室(所)、上海职工高等教育研究室、上海教育电视台、上海成人教育服务中心、上海市学习型社会建设服务指导中心等。

第二节 管 理

一、学校办学资格审批

【成人高校审批】

1980 年,市高教局、市教育局关于《贯彻教育部〈关于举办职工、农民高等院校审批程序的暂行规定〉(简称"《暂行规定》")的意见》(简称"《意见》")提出,"为保证职工高等院校的教育质量,各区县、主管局要加强领导,对现有职工高等院校,不论是否已经验收,都要按照《暂行规定》办理审批"。

《意见》还对职工高等院校必须具备的条件、办理审批程序等方面做了规定。全市成人高等学校的设置,由上海市高等教育局审核,经上海市人民政府批准,报国家教育委员会审定并备案。1982 年 3 月 3 日,市高教局印发《关于对职工大学进行复查的通知》,对学校的布局、设点和专业设置做了统一规划和调整,做到相对集中和稳定。至 1984 年底,全市有各类成人高等学校 105 所,设 200 余个专业,本、专科学生 6.5 万余人,专职教师 5 100 余人。1992 年 12 月,上海市召开成人高等教育工作会议,提出上海成人高校要调整布局、提高效益。会议提出了布局调整的目标、原则、任务;提出要发展成人高等职业技术教育,建立社区学院,鼓励各类成人高校之间的联合和独立设置成人高校改制或试办民办大学。20 世纪 90 年代中后期,成人高校在整顿的基础上,进行教育资源优化培植,实施布局调整。经过合并,先后批准建立了金山社区学院、长宁社区学院。建委系统联合组建建设职工大学,财贸系统联合建成了商业高等职业技术学院,化工和医药系统联合组建化工教育培训中心,还撤销了长宁区教育学院等 10 所区教育学院,将上海教育学院、上海第二教育学院并入华东师范大学。又将原冶金系统职工大学联合组建的东沪高等职业技术学院划归市教委管理。对电教系统教育资源优化配置,成立远程教育集团,实施集团化运作。1996 年,为了更好地贯彻、执行国家教委颁布的《关于进一步做好高等教育学历文凭考试试点工作的意见》,逐步把高等教育学历文凭考试(以下简称学历文凭考试)试点工作(考试部分)建成与民办高校全日制高等学历教育相结合,适合国家对试点民办高校教学考核,教考职责分离的考试制度,充分发挥其考核认定学生学习成果、评估检测民办高校办学水平、教育质量的功能,选择部分民办高校进行学历文凭考试试点工作。

【成人中专学校审批】

按照 1982 年教育部的《关于举办职工中等专业学校的试行办法》,以及 1987 年 4 月,国家教育委员会《成人中等专业学校管理暂行条例》都规定了成人中专学校的建立须经省、直辖市与自治区人民政府批准。文件中提出了成人中专学校的办学指导思想和培养目标;提出了学校设置、专业设置、办学规格的统一原则要求;提出了建校条件与审批程序。还明确指出成人中专教育是地方和国务院部委主管的教育事业,并规定国务院部委主管的成人中专学校应同时接受学校所在省、自治区、直辖市教育行政部门的业务指导。还提出了成人中专学校要贯彻按需施教、学用结合的原则,突破单一的培养规格,在办好成人中等学历教育的同时,积极为岗位培训、实用技术培训等提供教学服务,发挥多功能作用。到 1990 年,经市人民政府批准独立建制的成人中专学校有 121 所。其中,国务院部委所属成人中专学校 16 所。1983—1986 年间,上海成人中专学校由市人民政府审批。1987 年起,市人民政府授权市政府教卫办审批。市教委于 1998 年 9 月印发《上海市各类成人中等专业学校校外教学点设置的若干规定》,规定了成人中专的学历教育班在校外设置教学点的原则;校外教学点申报与审批的要求;主办学校、区县(行业)教育行政部门等管理职责的分工。强调指出"校外教学点的设置和管理应接受当地(区县、行业)教育行政主管部门指导和监督。学校设置校外教学点和教学点开设新的专业,必须征得当地教育行政部门(建立在企事业单位教育培训中心,面向系统内招生的校外教学点须经其业务主管部门)的同意,并签署意见"。1998 年,成人中专校外教学点审批工作已按文件要求顺利完成。

【成人中学立案】

1978 年前后,职工、农民业余中学等成人中等学校陆续恢复,实行区、县教育局审批、市教育行政部门立案的制度。1984 年,上海市教育局颁布《职工业余中学暂行管理办法》。1985 年起,市教育局开展对上海市职工业余中学的审批立案工作,组织各区县交流立案工作的经验,统一各区、县对学校审批立案的条件和标准,加强对已立案学校的管理工作。1993 年,市教育局制定《关于上海市成人中等学校设置的暂行规定》,对成人中学的设置提出了更加规范的要求,并组织有关人员对全市 11 个区(除闵行、嘉定、浦东新区外)进行视导、检查,经评审,同意上海市公交公司职工业余学校等 66 所成人中等学校重新立案登记。1994 年 11 月,市教育局同意建立上海市环卫局成人中等学校等 3 所成人学校。2007 年,市教委制订《关于完善与加强上海市成人高中的意见》,进一步规范了成人高中教育。

【乡镇成人学校建设】

1982 年至 1983 年,上海郊区农民教育有较大的发展。市教育行政部门提出要以举办初、中等文化、技术教育为重点积极办学,提高质量,稳步前进。各县的文化、技术教育都有发展。1983 年起,市教育行政部门与市农村管理部门提出每乡建立一所成人中等文化技术学校,开展初、中等文化教育和初级技术教育,各县办好一所综合性的成人中等专业学校,作为全县成人中等教育的中心,以各县电视大学分校为基地,作为本县高等教育层次的培训中心。1987 年至 1989 年,上海农村成人教育根据国家教委《关于改革和发展成人教育的决定》,确定了教育的重点是:对第一产业的青年农民以文化教育和实用技术培训为重点,大力开展一事一训,短期培训,注重实效,对二、三产业干部、技术人员和工人,以岗位培训为重点,提高本岗位需要的工作能力和生产技能。在对象上要把领导干部、生产(业务、技术)骨干和初高中毕业的在乡知识青年作为培训重点,从而进一步适应上海农村经济建设的需要。

【社会力量办学审批】

《〈上海市社会力量办学管理办法〉实施细则》规定:凡举办需要国家承认学历的成人高等、中等学校(班),应按照 1988 年国家教委《关于印发〈成人高等学校设置的暂行规定〉的通知》、1987 年国家教委《关于印发〈成人中等专业学校的暂行条例〉的通知》和 1984 年上海市教育局《职工业余中学暂行管理办法》,履行审批手续。凡举办不需承认学历、技术等级的学校(班),由学校所在地的区、县教育局审批管理,报市教育局备案。其中举办职业技术、法律、艺术、卫生、体育、旅游等内容(包括岗位培训)的学校,由市教育局与市委组织部、市人事局、劳动局、司法局、文化局、卫生局、体委、旅游局等市级业务主管部门制定或修订具体办法。凡举办不需要国家承认学历、技术等级的学院,设置课程须是大专以上(含大专)应设置的课程,办学规模在 400 人以上,经学院所在地的区、县教育局审批,报市教育局核准备案,由区、县教育局管理。凡举办各级各类不需国家承认学历、技术等级的函授、刊授、广播电视学校或已独立设置的学校开办不需承认学历、技术等级的函授、刊授、广播电视班,由市教育局统一审批和管理。

【开放大学成立】

2010 年 7 月 23 日,上海市人民政府批准上海开放大学成立。开放大学主要开展以下几项工作:成立开放大学领导小组和综合办公室,组织远程教育集团教学、科研和技术等部门参与开放大学建设。完成上海电视大学分校评优达标的验收和整改。开展开放大学区县学院布点设计。组建学分银行学历教育、职业培训、文化休闲教育和信息化平台建设 4 个工作小组,开展国内外学分银行构建以及上海市教育相关现状和学分沟通情况调研。利用优质教育资源,开展名师名课工程。

探索"百万市民学习资源系统"在线学习、学分激励、学习档案等措施,研究"云架构"建设。与市残联、市老年大学以及市总工会、市卫生局、市环保局等部门和单位加强合作,拓宽办学范围。

二、检查评估

【成人高校评估】

1991年6月,根据国家教委、人事部《关于成人高等教育〈专业证书〉教学班复查清理工作的通知》的精神,市高教局、市教育局、市委组织部、市人事局联合签发文件,联合组成了高等教育《专业证书》复查清理验收工作小组,对全市高等教育《专业证书》教学班开展复查,按照复查清理验收工作小组的分工,市教育局成教处组织有关人员成立验收小组,对11所区办业余大学、2所区教育学院和上海市教育学院、上海第二教育学院共15所成人高校的高等教育《专业证书》教学班开展复查清理。认为办班手续基本符合要求,保证了教育质量。复查工作于12月27日结束。

1991年9月起,市教育局组织专家组对区业余大学分批进行教育质量评估工作,进一步加强学校的规范化建设。1992年6月底完成。1992年,市高教局完成对34所独立设置的成人高校的评估验收。市教育局完成对7所地区成人高校办学质量的评估验收。1995年,市教委成立后,又开展对21所普通高校函授、夜大学教学评估的组织工作,组织专家对同济大学函授与继续教育学院进行试评估。1996年,国家教委委托上海市教委组织专家评估组,对华东师范大学函授、夜大学教育工作进行检查评估,评估对华东师大成人教育予以高度的评价。

1995—1997年,为贯彻国家教委《关于各类成人高等学校评估的意见》精神,市教委成立评估领导小组和专家组,历时20个月,深入开展了成人高等教育评估。全市成人高校68所参加评估,其中普通高校函授、夜大学25个单位(函授6所,夜大学19所),独立设置成人高校43所。评估中召开了各类座谈会457个,接受调查人数5 094人,抽听课220门,检查了校外教学点114个。1997年1月与7月两次向社会公布了普通高等函授和夜大学、独立设置成人高校评估结果。普通高校参评25个单位,函授6所,全部合格,其中3所优良;19所夜大学中优良6所,占参评学校31.6%,合格12所,占63.4%,暂缓通过1所,占5%。43所独立设置成人高校经评估,优良学校为12所,占28%;合格26所,占60.4%;暂缓通过4所,不合格1所占11.4%。1997年11月,召开了上海市成人高校评估优良学校表彰会暨办学先进交流会,21个单位被授予上海市评估优良学校奖牌。

1996年市教委接受国家有关部委委托对华东政法学院、上海音乐学院、华东工业大学等12所全日制高校函授、夜大学教育进行评估。1998年,组织对交运职工大学、高化公司职工大学进行复评,并开展对电视大学分校、工作站的办学评估。

【成人中专评估】

1984年11月15日至12月5日,市教育局工农教育处组织16所职工中专学校领导和教务处负责人参加的检查小组,先后对电器、商业一局、丝绸、公交、黄浦区等5所职工中转学校(班)进行"加强教学管理,提高教学质量"的对口检查。1985年5月10日至20日,市教育局工农教育处组织48所职工中专学校领导和教务处负责人,进行了较大规模的教育检查。检查的主要内容是办学条件、学校管理、教学工作等。检查的目的是了解学校现状,总结办学经验,探讨进一步办好职工中专学校的方法。检查步骤和方法是在各校自查基础上,进行校际互查。

1988年3月,上海市教育局成立上海市成人中专学校办学水平评估组。评估组由教育行政人员和离退休或即将离退休的学校管理人员组成。根据《国家教育委员会关于改革和发展成人教育的决定》和国家教委《成人中等专业学校暂行管理条例》的精神,确定了评估的目的要求,拟订了评估提纲,设计了评估体系。4月份起对第一批6所试点学校进行评估。这6所试点学校是:上海市物资局职工中专学校、闸北区职工中专学校、吴淞区职工中专学校、机电工业职工中专学校、卢湾区财贸职工中专学校和第二人民警察学校。

1989年,市教育局发出《关于对成人中专学校分批进行检查评估工作的通知》,决定在1989年5月之前进行第二批检查评估的试点。第二批试点学校是:华东电业管理局职工中专学校、徐汇区职工中专学校、上钢三厂职工中专学校、杨浦区职工中专学校。1989年下半年检查评估工作向面上展开。

1990年12月10日,市教育局发出《关于转发国家教育委员会〈关于开展成人中等专业学校评估工作的通知〉的通知》。到1990年底,评估组共检查评估37所成人中专学校,获得评估认可证书的学校为36所。1991年又对28所成人中专学校进行了评估。年底全市首轮评估结束。

1994年,上海市教育局根据国家教委《关于改革和发展成人中等专业教育的意见》中所提出的"建设一批国家级省(部)级示范性成人中等专业学校"的要求,结合上海的实际,提出了《上海市示范性成人中等专业学校的标准》,并组织专家对首轮评估成绩优秀的闸北区职工中专学校等9所职工中专学校进行第二轮评估。

1995年6月,市教委转发国家教委《关于评选省、部级示范性成人中等专业学校的通知》(简称"《通知》")明确上海市评选市级示范性成人中等专业学校的要求、做法和日程安排。同年10月起至年底,上海市教委根据《通知》中"示范性学校"的评选条件,组织专家对上海市首批参加第二轮评估的成人中专学校中的优秀学校的整改情况(即示范性学校的建设情况)进行了复查。市电视中专、闸北区职工中专、徐汇区职工中专、南市区职工中专、上钢一厂职工中专、上钢三厂职工中专等6所学校被评为市级示范性成人中等专业学校。

【农村成教评估】

1985年,上海市《乡(镇)成人文化技术学校管理条例》颁布后,郊区各县纷纷建立乡(镇)成人文化技术学校。在乡(镇)成人学校建校初期,市教育局对乡(镇)成人学校进行视察、监督、考核,即"教育视导",1988—1996年,全市174所乡(镇)成人学校接受了视导,占全市成校的83％,其中66所被评为"办学先进单位",101所被评为"成绩显著单位",还有7所被评为"不合格学校"。

1995年6月开始,市教委组织对区县成人教育的综合评估工作,历时两年。1996年,市教委按照1995年国家教委《关于印发〈示范性乡(镇)成人文化技术学校规程〉的通知》和1994年上海市教育局《关于印发上海市示范性乡(镇)成人学校建设标准(试行)的通知》的有关规定,决定开展上海市示范性乡(镇)成人学校评估工作。1997年4月15日,市教委、市农委、市成教委召开"上海市郊区人才培养工作经验交流暨成人教育综合评估总结表彰会"。闵行区、青浦县、南汇县、奉贤县被评为"发展成教事业、加强综合管理成绩显著单位"。至此上海市郊区第一轮成人教育综合评估圆满结束。成人教育综合评估得到了各区县的重视和支持,反映良好,达到了预期效果,主要表现在五个方面的推动:推动了区、县政府进一步明确和履行发展成人教育的职责;推动了区、县人才培养规划的制订和实施;推动了普通教育、职业教育、成人教育的三教统筹、三教协调发展;推动了先进典型经验的总结推广;推动了郊区成教事业的发展。2010年8月至11月,市教委委托市教育评估院,对19所成校开展镇乡成人中等文化学校标准化建设评估。通过评估,全市镇(乡)成人学校建设初见成效,参评学校办学层次逐步提高,教育质量稳步上升,办学规模不断扩大,品牌效应日益显现,促进了成校的标准化建设。全市已有46所学校"达标"。

【社会力量办学评估】

市高教局1994年颁发《上海市示范性社会力量办学院、校建设标准(试行稿)》,对上海市中华职业进修学院、沪东科技进修学院进行评估试点,并在上海市中华职业进修学院召开评估试点现场会,48所社会力量办学院、校长出席会议。1995年,市教委成立后继续开展对社会力量办学举办院、校的评估工作,当年评估了6所社会力量举办的院、校。

1997年,市教委依照发布的《上海市社会力量举办院校水平评估条例(试行)》,组织对上海民进业余进修学院、长宁科技进修学院等评估。长宁区、闸北区、卢湾区、徐汇区、虹口区、南市区、闵行区、普陀区等对社会力量举办的院校组织视导和检查。为了使评估、视导逐步制度化,杨浦区、静安区、浦东新区成立了评估或资质审查机构。1998年,对华东电脑进修学院、信息管理专修学院、对外经贸进修学院、锦江经济文化专修学院进行评估,以上院校均评为优秀级。市教委继续完善评估工作,建立社会力量办学(非学历教育)设置评议和办学水平评估制度,修订社会力量举办院校办学水平评估指标体系。杨浦区社会力量办学评估事务所的中介作用开始显现。虹口、闸北、卢湾等区着手筹建社会办学评估机构。各行业系统也开展评估工作,市建委对28个建筑类岗位培训办学点进行检查督导,审核办学点是否具有岗位培训资格,并促使各办学点规范办学。

根据2002年市教委《关于印发〈上海市社会力量举办学校(非学历教育)分等定级评估指标(试行)〉的通知》的精神,市教委制定了《上海市社会力量举办学校(非学历教育)办学水平分等定级评估工作的操作规程》。开展了全市社会力量办学的分等定级评估工作。2003年,市教委组织各区县对符合条件的社会力量举办的(非学历教育)学校开展分等定级评估工作。全市现有经区县教育行政部门批准,持有《社会力量办学许可证》并由社团行政管理部门登记的,具有法人资格的社会力量举办的学校1230所,共有931所学校向所在区教育行政部门提出分等定级评估申请,已完成分等定级评估工作的有745所,其中被认定为A级学校的174所,B级学校的472所,C级学校的90所,不合格学校9所。

2010年,市教委印发《关于对上海市民办非学历教育院校(机构)开展办学评估和专项督查的通知》,将用3年时间对全市"民办非学历教育院校"开展办学评估和专项督查。年内,完成全市25%的"民办非学历教育院校"评估工作。

【示范性老年大学评估】

2007年4月1日至6月22日,市老年教育工作小组办公室组成"创建示范校及其评估体系的调查研究"课题组。课题组提出了《上海市创建示范性老年大学(学校)评估标准》。2008年10月,市教委建立评估领导小组,委托市教育评估院组织专家对申报的老年大学(学校)进行评估。经过专家评估和市教委评估领导小组审核,2008年有上海市老干部大学等23所老年大学(学校)被评为"上海市示范性老年大学(学校)",杨浦区老干部大学等14所老年大学(学校)被评为"上海市特色老年大学(学校)";2009年,有上海老年大学东华大学分校等19所学校被评为"上海市示范性老年大学(学校)",徐汇区老龄大学等10所学校被评为"上海市特色老年大学(学校)";2010年,有闵行区华漕镇老年学校等9所学校被评为"上海市示范性老年大学(学校)",闵行区虹桥镇老年学校等6所学校被评为"上海市特色老年大学(学校)"。

【创建学习型社区评估】

2008年11月12—19日,市学习办会同市学习型社会建设服务指导中心办公室对12个街镇创建学习型社区工作进行试评估。此次评估工作专门组成了试评估工作小组,还邀请华东师范大学、上海师范大学、上海市委党校以及上海远程教育集团等单位的专家教授参加评估指导。试评估的12个街镇是:浦东新区陆家嘴街道、杨浦区五角场街道、闸北区大宁路街道、徐汇区田林路街道、普陀区长寿路街道、卢湾区五里桥街道、黄浦区南京东路街道、静安区曹家渡街道、长宁区华阳路街道、闵行区虹桥镇、嘉定区江桥镇和青浦区重固镇。评估工作依照《上海市创建学习型组织评估指标体系》,以"评估促建设、评估促发展"为指导原则,主要评估内容为学习型社区创建工作的发展规划、制度保障、经费投入、学习氛围营造、区域资源整合、学习网络建设、居民学习参与率、各类学习型组织建设等。评估方式以专家深度访谈、实地考察、听取总结汇报和查阅街镇提供的材料为主,由评估组进行综合评定。通过评估,市学习办比较全面地了解了创建工作的实际情况和创建水平。参加评估的12个街镇总体情况良好,在创建学习型社区方面均取得了较明显的成效和有益经验。为今后完善创建学习型社区评估标准,全面推进学习型社区创建工作建立了良好的工作基础。

三、总结表彰

《上海市职工教育条例》第二十八条规定:对根据本职工作需要参加各类学习并取得优异成绩的职工和自学成才的职工,所在单位应给予奖励。

1983年2月21日,上海市人民政府召开上海市职工教育先进集体、先进个人表彰大会,全市有102个先进单位和250名先进个人分别获得市人民政府颁发的先进集体奖状和先进工作者证书。1989年7月19日,市成人教育委员会召开实施《上海市职工教育条例》的经验交流会,并在全市庆祝教师节大会上由市成人教育委员会和市总工会联合表扬了实施《条例》的先进个人306名和先进集体110个。

1989年12月22日,市成教委、市老龄委在静安区少年宫召开社区老年教育表彰大会,参加会议的有各区县成人教育委员会、老龄委负责人和受表彰的先进集体代表和先进个人,并邀请市教育局、市人事局、市委老干部局、市总工会、市退管会等单位负责人,共600多人参加。会议表彰了先进单位14个,先进个人50名。

1991年1月3日,市教育局在市政府大礼堂召开上海市业余大学、成人中等学校、社会力量办学思想政治教育工作会议暨优秀班主任表彰大会。对静安业大张建昌等96位成人教育的优秀班主任内进行了表彰。大会后,又制订、下发了《关于加强和改进成人学校思想政治教育工作的意见》的文件,分别召开了区办业大、职工中专、业余中学和社会力量办学思想政治工作研讨会和交流会,初步端正了"成人学校的思想政治工作无关紧要"这一片面认识。

1991年4月至1992年7月,在全市成人中等教育中开展了"备好一份教案、上好一堂公开课、写好一篇论文"的教学活动。活动经区、县教育局推荐,市教育局组织评议、审核,最终评定先进集体13个,先进个人10名,积极分子47名。

1992年8月,在北京召开的首次全国成人高等教育工作会议上,国家教委表彰了一批先进成人高等学校和中专学校。上海市8所高校榜上有名。上海第二工业大学、上海市闸北区业余大学、上海教育学院、上海工商学院和上海市邮电工业职工大学荣获全国成人高等教育先进学校称号;上海财经大学成人教育学院、中国纺织大学成人教育处和同济大学函授与继续教育学院荣获全国普通高校成人教育先进单位称号。

1995年,上海成人教育系统共评选出各类优秀教育工作者(教师)49人。其中市仪表电子工业职工大学李建民等5人获"全国优秀教师(教育工作者)"称号;15人获"上海市优秀教育工作者"称号;18人获"上海市育才奖"称号;11人获"上海市园丁奖"称号。他们分别受到了有关部门的表彰和奖励。4月13日,由市政府召开的上海市成人教育工作会议上,长江农场职工学校宋鹏程、震旦进修学院张惠莉(女)、同济函授与继续教育学院郑朝科、宝钢(集团)公司教委栾锦亮、市第一建筑工程公司职工培训中心钱玲娣(女)、电视大学黄清云、航空公司培训中心盛季才、闵行区杜行镇成人中等文化技术学校梁国祥、南市区职工中等专业学校童兴福、华联商厦宣教部蒋慧中(女)等10人被授予"上海市成人教育优秀工作者"称号。

1997年国家教育委员会在全国表彰51所成人高等学校和49所举办成人高等教育的普通高校,并授予"全国成人高等教育评估优秀学校"称号。上海市被授予优秀学校的有上海第二工业大学、上海市广播电视大学、上海市闸北区业余大学、同济大学、上海第二医科大学。

1997年,上海成人教育系统共评出30名获"上海市育才奖"和"上海市园丁奖"称号的优秀教育工作者和优秀教师。上海冶金职工联合大学的杜海燕等18人获"上海市育才奖"称号;上海市南市区职工中等专业学校的许信等12人获"上海市园丁奖"称号。

1997年4月,由市教委、市农委、市成教委召开的上海市郊区人才培养工作经验交流暨成人教育综合评估总结表彰会上,奉贤县被授予"发展成教事业加强综合管理成绩显著"铜牌。该县庄行镇成人学校被国家教委授予全国先进成人学校称号。

1998年12月,市教委召开了"三五"再就业培训工作表彰会,向闸北区教育局等7个单位授予"上海市教育系统'三五'再就业培训优秀组织奖",向上海机电职工大学二分校等32所学校、其他教育机构授予"上海市教育系统'三五'再就业培训先进单位"称号。

1998年,上海成人教育系统共评出22名"全国优秀教师"和"上海市优秀教育工作者",上海轻工业职工大学周裕新、上海职工医学院解军2人获"全国优秀教师"称号;上海市杨浦区业余大学王国强等20人获"上海市优秀教育工作者"称号。

2003年2月9日,新世纪第一次市老年教育工作会议召开。市委、市政府各部、委、办和各区县分管老年教育工作的领导,市、区(县)老年大学校长,全市街镇老龄工作负责同志和老年教育先进集体、先进工作者约900人参加了会议。会上共表彰了先进集体74个,先进工作者147名。

2003年9月23日,市教委召开上海市社会力量办学(非学历教育)先进集体和先进个人表彰会。会上共表彰了先进集体74个,先进工作者147名。

2007年,市总工会、市教委等9部门授予上海电信有限公司等10家单位"上海市十佳学习型企事业单位"称号,授予上海现代轨道交通股份有限公司等87家企事业单位"上海市学习型企事业单位"称号;授予上海造币厂二车间压引乙班等100个团队"上海市学习型团队"称号;授予宝钢股份宝钢分公司炼铁厂技能专家韩明明等10人"上海市十佳知识型职工"称号;授予上海市宝山医疗保险事务中心任华康等97人"上海市知识型职工"称号。市、区两级至2007年有学习型家庭25 000多户。浦东新区被全国妇联等5部委命名为"全国学习型家庭创建示范城市",全市10个街镇荣获"全国学习型家庭创建示范社区"称号。

2009年,为贯彻落实2006年《中共上海市委、上海市人民政府关于推进学习型社会建设的指导意见》文件精神,上海市推进学习型社会建设委员会办公室于2009年2月下发了《关于开展评选和表彰2007—2008年度上海市推进学习型社会建设先进单位(集体)和先进个人活动的通知》,经各单位推荐、评审小组评审和网上公示,共评选出上海市社联东方讲坛办公室等172个单位(集体)为"上海市推进学习型社会建设先进单位(集体)",秦朔等52位同志为"上海市推进学习型社会建设先进个人"。

四、队伍建设

"文化大革命"期间,全市原有的7 000多名成人教育专职教师,绝大多数被迫下放劳动或转为普通学校教师,据1977年上半年的统计,全市成人教育专职教师仅有1 578人,这一状况远远不能适应成人教育迅速恢复和发展的形势。为此,1977年至1978年市、区、县教育局和各有关部门及企事业单位积极地为曾在"文化大革命"期间受过冲击的教师落实政策、平反冤假错案,动员和鼓励已调离的原成人教育专职干部和专职教师归队,为成人教育事业作出新贡献。同时将一些已改办为普通学校的原职工业余学校恢复为职工学校,教师连同学校一起归队。至1978年底,全市共有近2 000名已调出的专职教师重回各级各类成人学校,成人教育专职教师队伍从1977年的1 578人增加到6 217人,其中半数以上为长期从事成人教育的老教师。

为了加强对成人教育师资的培训,1981年,经上海市人民政府批准成立了上海第二教育学院,1985年,市区有6个区先后建立了成人教育教师进修学校,接着各县也先后建立起成人教师进修学校,形成多层次的成人教育教师进修、培养的格局。1993年,经国家教育委员会批准,上海第二教育学院在成人中专中选拔优秀毕业生直升大专班,培养成人教育的师资。

进入20世纪90年代,成人教育师资队伍经过各种形式的培训提高以后,教育主管部门又开始新一轮的教育培训。1994年,市教育局下发了《关于上海市成人中等学校教师实施〈继续教育证书〉制度的通知》《关于开展上海市成人教育干部培训工作的意见》《上海市成人中等学校校长及办学干部岗位知识培训的基本要求》,开始对成人教育教师新的有计划的培训。至1996年,全市基本建立起成人中等学校教师继续教育制度。同年,市教委制订《关于各类成人学校实施〈教师资格认定的过渡办法〉的补充规定》,此后全市232所独立设置的成人中、高等学校的5 024名教师申报教师资格过渡的认定,其中4 864名初审合格。1997年,上海成人中等学校教师第二轮继续教育启动,组织这次培训实行课题招投标,采用招标—投标—专家验证的方法,初步确定54门学科,由中标单位负责教学工作。市教委还决定建立华东师大、二工大等7个培训基地,建立了市、区(县)与学校三级管理网络,当年有2 000名教师报名参加学习(尚不含7个郊县)。

1980年8月21日,为加强成人学校教师队伍建设,国家教育部颁发了《关于职工、农民高等院校教师确定和提升职称的通知》。此后,上海开始积极准备在成人学校教师中实行职称评审工作。1986年初,市人民政府教育卫生办公室成立教师职称改革办公室,领导全市教师(包括各级各类成人学校教师)职称评审工作。同年6月23日,市高教局决定在全市成人高等学校全面开展教师职称改革,实行教师职务聘任制。1988年秋,全市成人高校专职教师职称改革初步完成。至1990年时,成人高校的师资队伍逼近发展壮大,而且职称结构发生了很大的变化,全市独立设置的成人高校专职教师,与1984年相比,教授从1名增加到17名,副教授从30名增加到743名,讲师从1 286名增加到2 876名。

同期,上海市教育局组织成人中等学校教师首次职称评审工作,1988年底,全市成人中学中评为高级教师的有105人,评为中学一级教师的782人,两项合计占成人中学教师总数的40.9%。与此同时,成人中等专业学校的教师职称评审工作也在全市开展,1986—1990年间,评出中专高级讲师183名,讲师979名,还有部分教师取得了财会、工程系列的中、高级职称,当时全市成人中专学校的教师具有中、高级职称的已经超过教师总数的50%。此后,随着职称评审工作的正常进行,成人学校的教师队伍具有高级职称教师比例进一步增大。在各类成人学校专职教师中开展职称评审工作,既有助于成人教育教师队伍的稳定,也促进了成人教育教学质量的提高和教育科研的开展,进一步推动了全市成人教育的改革与发展。

1997年6月27日,市教委发布《关于社会力量办学院、校教师和管理干部实行上岗培训的通知》,为加强上海市社会力量办学的规范化管理,建设具有良好素质的教师和干部队伍,提高教育教学质量,根据《教师法》等有关规定,决定对全市社会力量所办学院、校的教师和管理干部实行上岗培训制度。培训对象是经教育行政部门批准注册的各级各类社会力量办学院、校的教师和管理干部。培训内容、时数及考核培训主要内容有教育政策法规、教育基础理论及能力、学校管理和教学实务等。培训总课时不少于150学时,其中教育政策法规、教育基础理论及能力的培训时间原则上占总课时的50%。培训结束,由市教委组织考核。考核合格者,发给市教委统一印制并验印的岗位培训证书,作为聘用上岗的主要依据之一。在组织管理上面由市教委负责统一劳动和制定政策,各区县教育局负责日常班级管理,市成教服务中心及有关基地负责日常教学管理。社会力量办学院、校教师和管理干部上岗培训情况,列为学校年审、评估、评选先进的重要标准或条件之一。

1997年7月18日,市教委发布《1997—2000年上海市成人中等学校干部和教师继续教育工作意见》。提出上海市各类成人中等学校管理干部和教师队伍建设的总体目标是:到20世纪末,初步形成一支具有良好政治业务素质、结构合理、以专职为骨干、专兼结合、相对稳定的成人教育管理干部和教师队伍。成人学校管理干部和教师的继续教育实行"总量控制,严格程序,抓大放小,保证质量",培训进修实施模块式课程结构。自1997年9月1日起至1999年8月31日止,具有高级职务的教师必须完成不少于32学分的进修,其他教师必须完成不少于27学分的进修。全市各类成人中等专业学校、成人业余中学、区县成人教师进修学校、职工文化(技术)学校、从事职工中等文化教育与岗位培训的各类培训中心等教育机构中,学历在大专及其以下的教师,1997年12月31日以前,年龄未满45周岁的,必须进修取得本科学历。自1997年9月1日起,分配到上海市各类成人中等学校担任教师工作的高等院校毕业生,或由其他岗位改任成人中等学校教师工作并具有《教师法》规定的合格学历者,均需参加新教师的培训。参加新教师培训的,须由老教师带教并参加相应的培训,培训期为一年。其中,从非师范类高等院校毕业分配到学校担任教师工作的,以及由其他工作改任成人中等学校教师工作的,还应分别参加有关成人教育的"教育学""教育心理学"和"教学方法与技术"的培训及上海市教委统一组织的考试。

1998年9月29日,市教委发布《关于对上海市成人中等学校实施干部教师继续教育制度情况进行检查的通知》,决定对上海市各类成人中等学校干部、教师继续教育制度的实施情况进行检查。通过检查、视导和交流评比,深入调研、交流经验、健全网络、规范操作、畅通进修渠道、加强继续教育工作;落实师资队伍建设规划,全面提高师资素质。1999年3月,召开总结会,对上海市开展成人中等学校干部、教师继续教育工作进行交流,并对先进单位及个人进行表彰。

五、教育科学研究

1982年5月,经市人民政府批准建立上海市成人教育研究室。其主要任务是进行成人教育的科学研究。

同期,经市政府批准建立上海职工高等教育研究室,主要任务是研究上海市职工高等教育的历史和现状,探索职工高等教育的规律,为政府部门提供咨询和建议。

1993年,为了提高成人教育科学研究的学术水平,促进成人教育科研的发展和成果的推广应用,上海市教育局成立了成人教育科学研究指导委员会,并拨出专项科研经费20万元,用以推动成人教育科研活动的开展。成人教育科研指导委员会的职责包括:审议成人教育科研规划;审议成人教育科研课题招标工作的章程、招标课题目录;决定中标者;评审招标课题研究成果;评选优秀科研成果等。委员会聘请国家教委成人教育司司长董明传、上海市教育局局长袁采、市府教卫办秘书长郭伯农担任顾问,上海市教育局副局长俞恭庆任主任,秘书处设在上海市成人教育研究所。委员会成立后,便着手1993年的科研课题招标工作,确定科研课题32个,着重进行决策研究、教学研究、基础研究和比较(国外)研究。同时市教育局制订和颁发了《成人教育科研招标课题管理办法》和《成人教育科研课题申请办法》,规定:凡上海市教育局系统的成人教育机构(行政机构、学校、培训中心、研究部门等)和成人教育工作者均可按规定手续申请招标课题。课题的招标受理工作和管理工作,由市教育局委托市成人教育研究所具体实施和监督。1996年出版《上海成人教育研究文集》第一辑,收录了1993年招标课题17份研究成果报告;1998年出版了《上海成人教育研究文集》第二辑,收录1994年招标课题20份研究成果报告。

1996年3月19日,市教委举行上海市教育科学规划领导小组成立仪式。这一领导小组的任务是协助市教委制定有关教育科研工作的政策,审定教育科研项目,领导和协调全市教育科研工作。上海市教育科研力量在全国占有一定的优势,"八五"期间国家教育科研重点课题400多个项目中,上海完成了40多项,占其中十分之一,并取得了高质量的研究成果。研究内容也不断拓宽,从微观的教育方法的改进到宏观的教育发展战略研究,从校内教育扩展到家庭教育、社区教育以至一个地区的整体改革的综合研究,从高教、普教发展到特殊教育、职业技术教育、成人教育等方方面面。领导小组组长由市教委副主任魏润柏兼任,副组长是胡瑞文、凌同光、俞恭庆。吕型伟任顾问。组员19人都是各有关方面的领导和专家。

第二章 法 规 规 章

1978年以后,上海为了改革发展成人教育,提高工人、农民、干部的思想文化素质,更好为经济与社会发展提供更多合格的建设者,中共上海市委、市政府和市人大以及市成人教育委员会、市教育行政部门,通过立法、制订各级各类成人教育的规章制度等措施,在成人学校(院)中实施规范管理,达到有序、健康发展的目的。

第一节 法 规

一、《上海市职工教育条例》

1985年10月30日,上海市人大八届常委会第18次会议通过将赵玉廷等10位代表的《关于制定上海市成人教育条例的提案》列入市人大常委会的议程,并转请市政府尽快拟定上海市成人教育条例草案,提请市人大常委会审议。11月8日,市政府办公厅要求由市工农教育委员会牵头,会同市高教局、市教育局研究制定《市成人教育条例草案》报市政府。经起草小组商量,建议制定《上海市职工教育暂行条例》,然后再制定《上海市农民教育暂行条例》。1986年8月30日,市人大18届常委会第23次会议上通过。

1987年5月5日,市政府向市人大提交了《上海市职工教育暂行条例(草案)》,于1988年1月9日经市人大常委会第34次会议复审通过,正式定名为《上海市职工教育条例》,并发表公告定于1988年7月1日起施行。《条例》以法规形式集中了党和政府对开展职工教育的指导方针与有关政策以及职工教育的实践经验。《条例》共有8章33条。8章分别是总则、职工受教育的权利和义务、企业事业单位的职责、办学、教育人员、经费和设施、奖惩、附则。《条例》成为上海市和全国首次制定和施行的地方性职工教育法规,法规施行前后还制订了各项配套文件,推动《条例》的贯彻实施。

1989年初,市成人教育委员会对《条例》的实施情况进行执法检查,首先要求全市各区、县、局、大专院校、局级研究所对执行《条例》的情况进行自查,提交自查报告,在自查基础上,市成人教育委员会会同市人大教科文卫委员会、市政协教育委员会对上海各县、两个区和五个局进行了重点抽查。5月中旬要求各单位进一步检查,检查的重点是职工教育是否列入所属单位负责人的任期目标,办学条件是否改善以及自查中所暴露的问题。7月19日,市成人教育委员会召开了实施《条例》的经验交流会,并在全市庆祝教师节大会上由市成人教育委员会和市总工会联合表扬了实施《条例》的先进个人306名和先进集体110个。12月12—15日,市人大教科文卫委员会组织上海市教育界、企业界的部分人大代表对《条例》的贯彻执行进行了视察,督促《条例》的切实施行。

2004年,《上海市职业教育条例》颁布后,《上海市职工教育条例》废止。

二、《上海市终身教育促进条例》

2006年2月,市人大、市教委、市教科院等单位牵头成立《上海市终身教育促进条例》立法调研项目组,对全市终身教育立法问题展开全面调研。项目组对终身教育立法基本理论和实践问题多次召开专家会议,在深入调研的基础上形成了 25 个分报告。项目组组织赴福建省考察,就《福建省终身教育条例》的起草过程、实施情况等听取福建省人大、省教育厅介绍并考察福州市、厦门市的有关企业和社区开展终身教育的情况,11 月,项目组完成《上海市终身教育促进条例(草案)》立法调研总报告的撰写。

2010 年,市人大常委会将《上海市终身教育促进条例》(以下简称"《条例》")的制定列入年度工作计划。5 月,市教委会同市人大教科文卫委员会、市人大法工委、市政府法制办等单位完成《条例(草案)》。11 月,市教委配合市人大有关部门完成《条例(草案)》的修改和二审、三审工作。2011 年 1 月 5 日,《条例(草案)》经市十三届人大常委会第 24 次会议表决通过,并自 2011 年 5 月 1 日起正式施行。《条例》主要内容有上海市终身教育的适用范围、工作方针、管理体制、经费保障机制、服务对象及相应的保障措施、专(兼)职工作者、资源综合利用、经营性民办培训机构监管等,并创设性地制定学分积累与转换制度、开放大学制度、学杂费专用存款账户监管制度等若干项新制度。

第二节　规　　章

一、办法意见

【《关于高等教育自学考试暂行办法》】

上海市人民政府于 1981 年 6 月 6 日批准转发了市高教局拟订的《上海市高等教育自学考试暂行办法》,决定从 1981 年 9 月起,在上海试行高等教育自学考试制度。《暂行办法》规定:实行自学考试制度的目标是"广开学路,通过多种途径,培养和选拔四化建设所需的各种专门人才"。《暂行办法》第三条中还规定:"凡中华人民共和国公民,属于上海市常住户口或市属在外地的厂矿、企业、农场职工,不受学历、年龄的限制,均可按照本办法申请参加考试"。从而使高等教育自学考试这一新的高等教育形式,最大限度地向社会开放,向一切有志于自学成材的社会成员开放。

【《上海市社会力量办学管理试行办法》】

1985 年 7 月,市政府批准试行市教卫办和市工农教育委员会制订的《上海市社会力量办学试行办法》,对社会力量办学起了促进作用,但尚有不足,如:对社会力量的定义不够明确;有关审批权限、日常管理等方面的条文不够严密,因而在社会力量办学中出现了乱办班、乱收费、乱发证等问题。为了健全法制,依法治教,市成人教育委员会在市有关部门支持下于 1989 年制订了《上海市社会力量办学管理办法》,经市政府法制办公室反复研究后上报市政府,市长朱镕基于 1989 年 7 月 23 日签发了市政府关于施行《上海市社会力量办学管理办法》的 12 号令,并决定于 1989 年 8 月 1 日起施行。由于各区县对《上海市社会力量办学管理办法》第五条等条款在执行中还有一些疑问,于是市成人教育委员会制订了《〈上海市社会力量办学管理办法〉实施细则》。

【《关于改革和发展成人教育的意见》】

1987 年 11 月 17 日,上海市人民政府批转市成人教育委员会《关于改革和发展上海市成人教育的意见》。《意见》提出,"要把岗位培训作为成人教育的重点","成人学校要调整结构,明确分工,加强协作,发挥多功能作用","积极开展大学后继续教育和专业培训、实践培训"。《意见》提出,上海市的成人教育应坚持一要改革,二要发展的方针和直接有效地为社会主义建设服务的方向;要把全面提高劳动者的素质作为根本目的;要贯彻学习与工作、生产的实际需要结合,讲求实效的原则。

【《关于深化上海教育改革的若干意见》】

1993年,市委、市政府发布的《关于深化上海教育改革的若干意见》指出:各级政府要加强对职业技术教育和成人教育的统筹管理,行政和业务主管部门要分工明确,加强协作,更好地发挥行业(企业)的作用。同时要加强职业技术学校和成人学校的办学自主权。进一步深化农村教育改革,在继续发挥乡镇政府积极性的同时,进一步强化和改善区、县政府对普通教育、职业技术教育和成人教育的统筹管理,推进经济、科技、教育的结合,积极开展农村教育综合改革实验,还提出浦东新区可在改革教育管理体制、办学模式和运行机制等方面先行一步。

【《关于上海成人教育改革和发展的若干意见》】

1994年,市政府发布《关于上海成人教育改革与发展的若干意见》提出:上海成人教育改革与发展紧紧围绕经济建设与社会发展的需求,逐步形成与社会主义市场经济相适应的运行机制,形成与劳动、人事分配制度的改革相适应的成人教育制度以及结构合理、功能健全、职前职后技术教育相衔接的成人教育新体系。《若干意见》还提出要建立与完善现代化城郊型农村成人教育体系,同时还提出要形成地区成人教育与企业教育紧密相联、互为补充、各展其长的社区成人教育新格局。

【《关于大力发展成人教育的意见》】

1996年6月,市政府办公厅转发了市教委《关于大力发展上海市成人教育的意见》,明确今后5年上海市成人教育发展的总体目标和主要任务。总体目标包括:到2000年,全市每年接受成人教育的总人数要达230~250万人,成人高等教育在校生达7万人,成人中等专业教育在校生达6万人。全面提高干部和专业技术人员的素质,要培养3~4万名涉外商务、涉外法律、城建项目、涉外会计、金融保险、房地产开发等紧缺专业人才,造就一支具有良好思想政治素质、熟悉国内外市场、能参与国际竞争的企业经营管理队伍和一批能进入世界科技前沿的跨世纪的学术、技术带头人。保持技术工人队伍的优势,要使技术工人中的高级技师与技师、高级工、中级工的比例由1∶5∶50提高到3∶10∶65。加速农村人才培养,要使45周岁以下的农村从业人员高中以上与初中以下文化程度的比例达到1∶2,获"绿色证书"者达6万人,各类专业人才占郊区总人口的8%。努力普及外语和计算机应用知识。

【《关于大力发展上海市职业教育的决定》】

2003年2月10日,上海市人民政府颁发《关于大力发展上海市职业教育的决定》。《决定》把大力发展现代企业教育制度建设,大中型企业要率先建立和完善现代企业教育制度,列入上海市职业教育改革发展的目标和任务之一。《决定》提出实施职业教育八大工程,其中第六项是现代企业教育制度和现代企业教育培训中心建设工程。《决定》要求以建立现代企业制度为中心,全面提高员工素质为目标,把教育培训与生产、经营、管理服务与科学技术进步紧密结合起来,建立与现代企业法人制度相适应的自主的管理体制、与现代企业人力资源开发需要相适应的岗位培训和继续教育制度,提供多形式、多层次的教育培训服务。市教育、劳动保障、人事等有关部门要为企业开展职业教育和职工培训提供宽松的外部环境,行业主管部门要推进本行业的现代企业教育制度和现代企业培训中心建设,并纳入对企业领导任期考核目标。企业要重视现代企业教育制度和现代企业培训中心建设,企业监事会、职代会应加强对企业教育的监督。重点推动 100 个企业建设现代企业教育制度和企业培训中心的工作。《决定》还要求行业、企业要努力办好所属的职业学校,强化教育培训中心的功能,积极开展职业教育和职工培训。在整合教育资源基础上,支持行业和有条件的大型企业单独与高等学校联合举办职业技术学院(特别是技师学院)和高质量的培训中心。中小企业要依托职业学校和培训机构进行职业培训。企业要在兼职教师、实习场所和设备等方面为职业学校提供服务,加强校企合作。要按照现代企业制度的要求,制定企业职工教育规划,健全职工教育制度,并配备专职人员从事职业教育和职工培训,建立专兼职师资队伍。

【《关于推进学习型社会建设的指导意见》】

2006 年,市委、市政府《关于推进学习型社会建设的指导意见》提出:"全面落实科教兴市主战略,围绕率先基本实现现代化、率先全面建成小康社会的奋斗目标,坚持政府主导和社会各方参与相结合,促进学习社会化、社会学习化;坚持终身教育体系和国民教育体系相结合,促进教育资源共享;坚持学习型社会建设与精神文明创建相结合,促进市民思想道德素质和科学文化素质提高。从实际出发,以人为本,分阶段、分人群、按需求、按规律,有重点地推进学习型社会建设,切实提高市民素质和城市文明程度,促进人的全面发展,激发城市创新活力,增强城市国际竞争力,推进社会主义和谐社会建设"。《指导意见》还提出:到 2010 年,初步建成"人人皆学、时时能学、处处可学"的学习型社会框架。基本形成终身学习的理念,把学习作为一种生活方式,每年三分之一以上的就业人员接受更新知识、提高技能的教育培训,人均阅读量、读书时间等城市读书指标接近或达到发达国家主要城市的水平。基本形成完善的终身教育体系,为市民提供比较充裕的学习资源、充分的学习机会,新增劳动力人均受教育年限提高到 14.5 年。基本形成多模式、广覆盖的学习型组织创建格局,全市三分之二的机关、企事业单位、社区(村镇)、家庭等成为学习型组织。基本形成个人、社会和政府共同建设学习型社会的合力,全社会的教育投入有三分之一用于终身教育。

二、规范性文件

【规范社会力量举办院校管理】

1989 年 10 月,市教育局为加强社会力量办学的教育教学管理,制订、颁发了《上海市社会力量办学教育管理暂行规定》。

1997 年 1 月,市教委颁发《上海市社会力量举办学院设置的暂行规定》和《上海市社会力量举办学校设置的暂行规定》,对社会力量举办院校的设置标准及审批程序提出要求。

2001 年,市教委制订《上海市社会力量举办学校(非学历教育)办学水平分等定级评估指标(试行)》《上海市社会力量举办学校(非学历教育)办学水平分等定级评估操作规程》。

【实施教师继续教育制度】

1984 年,市教育局印发了《关于上海市成人中等学校教师实施〈继续教育证书〉制度的通知》《关于开展上海市成人中等教育干部培训工作的意见》《上海市成人中等学校校长及办学干部岗位基础知识培训的基本要求》,举办了三期成人中专校长岗位职务基础培训班,组织了成人中等学校教师教育学、心理学的进修与考核。完成了成人中等学校教师继续教育证书发证和编号、管理工作。

1997年6月27日,市教育委员会为加强上海市社会力量办学的规范化管理,建设具有良好素质的教师和干部队伍,提高教育教学质量。根据《教师法》等有关规定,市教委决定对上海市社会力量办学院、校的教师和管理干部实行上岗培训制度,发布《关于社会力量办学院、校教师和管理干部实行上岗培训的通知》,明确了培训对象;培训内容、时数及考核培训;组织管理等事项。并且规定社会力量办学院、校教师和管理干部上岗培训情况,列为学校年审、评估、评选先进的重要标准或条件之一。

1997年7月18日,市教委发布《1997—2000年上海市成人中等学校干部和教师继续教育工作意见》。提出到21世纪末,初步形成一支具有良好政治业务素质、结构合理、以专职为骨干、专兼结合、相对稳定的成人教育管理干部和教师队伍。还明确要求全市各类成人中等专业学校、成人业余中学、区县成人教师进修学校、职工文化(技术)学校、从事职工中等文化教育与岗位培训的各类培训中心等教育机构中,1997年12月31日以前,年龄未满45周岁的,学历在大专及其以下的教师必须进修取得本科学历。对于自1997年9月1日起,分配到上海市各类成人中等学校担任教师工作的高等院校毕业生,或由其他岗位改任成人中等学校教师工作并具有《教师法》规定的合格学历者,均需参加新教师的培训。

1998年9月29日,市教委发布《关于对上海市成人中等学校干部和教师继续教育制度情况进行检查的通知》。《通知》根据上海市教委《关于印发〈1997—2000年上海市成人中等学校干部和教师继续教育工作意见〉的通知》和原上海市教育局《关于上海市成人中等学校教师实施〈继续教育证书〉制度的通知》的有关规定,决定对全市各类成人中等学校干部、教师继续教育制度的实施情况进行检查。此次检查以学校自查为主,各区县教育局和有关行业的教育主管部门负责对本地区和本系统学校的检查,市教委组织抽查和交流评比。通过检查、视导和交流评比,深入调研、交流经验、健全网络、规范操作、畅通进修渠道、加强继续教育工作;落实师资队伍建设规划,全面提高师资素质。1999年3月召开总结会,对上海市开展成人中等学校干部、教师继续教育工作进行交流,并对先进单位及个人进行表彰。

【举办政工干部中专教育】

1983年,中共上海市委组织部、中共上海市委宣传部、中共上海市委党校、上海市教育局拟订的《举办政工干部中专班试行方案》,提出:培养目标。通过政工干部中专班的学习,使学员在马列主义理论、党的方针政策、科学文化水平和思想政治工作能力等方面有一定提高,成为懂得马克思主义,坚持社会主义道路,具有一定文化水平,并能运用马克思主义的立场、观点、方法,做好社会主义现代化建设时期职工思想政治工作的中等政工专业人才。培养对象。具有初中毕业文化程度,两年以上工龄的现职政工干部及其选拔对象(以25岁以上,40岁以下的为主,根据实际情况,也可招收少量年龄较大的同志参加)。他们必须是政治素质好,热爱政工工作,有培养前途的同志。政工干部选拔对象应由所在党组织确定,推荐报名。

政工干部中专班属于干部培训的一种形式,学员毕业后原则上回原单位工作。

学校及学员所在单位要加强对学员在学期间的思想政治工作和考察了解,建立学习档案,作为今后对干部提拔使用的依据之一。

在这个文件指导下,上海政工干部中专班迅速发展,规模最大的是上海电视中专学校。

1985年1月19日,中共上海市委组织部、中共上海市委宣传部、上海市教育局印发《关于举办电视中专行政管理专业、政工专业的通知》,要求各级党委组织、宣传部门要制订培养计划,做好选送学员和动员、宣传工作。教育行政部门要做好组织教学实施工作。该校1995年初招收首届学生,开设行政管理专业与政工专业,其中政工专业录取新生4100名。

【发展老年教育】

1983年11月,市人民政府批复:同意成立上海市老龄问题委员会,由市劳动局牵头,会同有关部门筹组。1984年2月21日,经市政府批复,市老龄问题委员会成立。1986年1月,市老龄委向市人民政府报送《关于进一步开展老年教育的意见》,提出要建立老年教育联席会议制度。1987年11月19日,市成人教育委员会与老龄委联合颁发《上海市老年教育情况及今后工作的意见》,明确老年教育是成人教育的组成部分,有关部门要做好宣传组织工作,关心支持老年教育。1992年4月1日市成教委、市老龄委下发《关于进一步发展上海市老年教育的意见》,提出发展地区老年教育的任务,要求举办老年广播、电视教育,各区(县)街道、乡镇要有计划地做好组织发动和辅导工作,提高收视质量。1994年1月14日市成教委、市老龄委印发《适应改革开放需要,进一步发展上海市老年教育事业的意见》,提出"市、区、县教育部门应关心老年教育事业,鼓励和支持老年学校办学,协助解决办学中的困难,加强管理,促进上海市老年教育健康发展"。2003年9月10日,上海市人民政府办公厅转发市教委等五部门《关于进一步加强上海市老年教育工作的若干意见》,建立由市教委牵头、市老龄委办公室、民政局等单位领导参加的市老年教育工作小组。统筹、规划、组织、协调、提出区县、街道和乡镇也应建立相应的工作小组。市、区县老年教育工作小组办公室可设在市、区县教育部门。还提出"市教委要把老年教育纳入终身教育体系"。2007年11月1日市教委、市老龄委办公室、市财政局联合印发《关于全面推进上海市老年教育的若干意见》,提出要"整体提高上海市老年教育的发展水平"。还提出了"十一五"期间老年教育发展的主要目标。

【实施"专业证书"教育】

中专专业证书教育　1987年6月2日,中共上海市委组织部、中共上海市委宣传部、上海市人事局、上海市教育局印发《关于举办干部中专专修班并实行中专专业证书制度的实施办法》指出:为了完成市人代会通过的"七五"期间培养11万成人中专人才的规划,为了有利于从工作需要出发对干部进行中专教育,加快干部队伍专业化进程,根据中共中央组织部、中共中央宣传部和国家教育委员会《关于加强干部中等专业教育的意见》,上海市各类成人中等专业学校应在积极办好全科班、单科班的同时,举办干部中专专修班,实行中专专业证书制度。

高等专业证书教育　在进行中专专业证书试点同时,上海市高教局曾于1985年8月组织了一次大型的发展规划咨询研讨会,提出了"专业合格证书"教育试点的初步打算。1988年国家教委与人事部颁发文件正式提出试行高等《专业证书》教育。1991年上海市高教局、上海市教育局、上海市委组织部、上海市人事局转发国家教委颁发的《关于成人高等教育〈专业证书〉教学班复查清理工作的通知》时提出:试行高等《专业证书》教育是成人高等教育的一项改革措施,为保证此项改革的顺利开展,切实将《专业证书》教学班纳入试点轨道,决定对全市各高校承办的高等《专业证书》教学班进行一次认真的复查清理。凡经复查、验收合格的教学班,所发证书予以承认。

【试办第二专科教育】

1990年,为适应社会主义经济建设和改革开放对高等教育人才培养的要求,在调查研究的基础上,提出了深化改革,试办第二专科教育的改革方案,经市人民政府教育卫生办公室批准后,开始进行试点工作。

第二专科教育是对具有大专以上学历的在职业务骨干进行本职工作所必需的与原所学专业知识形成复合型结构的高等教育。试点工作首先在上海纺织工业职工大学和上海政法管理干部学院中进行。

1992年,试行第二专科成人学历教育的学校有:复旦大学成人教育学院、同济大学函授学院、上海财经大学、上海电视大学、上海第二工业大学、上海经济管理干部学院、上海政治管理干部学院、上海金融职工大学、上海对外贸易职工大学、上海冶金职工大学、上海大学工学院、上海大学国际商学院、上海纺织职工大学、静安区业余大学、上海大学商学院。

自1992年6月起,凡获得第二专科毕业证书的机关、事业单位职工。其工资待遇可按照本科毕业生的工资待遇确定。第二专科毕业生不授予学位证书。

【调整成人高校布局】

1987年,市政府批转市高教局《关于调整上海市职工大学的意见》,提出学校调整必须适应经济体制改革,优化职工大学总体结构,实行"一局一校"联合办学。1988—1990年,先后将上海机电、纺织、医药、冶金、化工、轻工和仪表等7个工业局系统的32所职工大学调整为7所。

1994年,为了更好地适应上海市经济发展和社会发展的需要,进一步优化上海市独立设置成人高校的总体结构,合理布局,在学校自愿、主管部门同意的情况下,市高教局制订了调整布局的实施方案,并经市人民政府批准实施。

市建委系统率先将原土木建筑学院、建工局职工大学、市政局职工大学和公用事业局电视大学工作站、建工局电视大学工分校、建材局电视大学工作站、房地局电视大学分校等8个单位联合调整组建上海市建设职工大学,承担起建设系统的成人学历教育、继续教育等培训任务。市财贸委系统的原财贸管理干部学院、商业一局职工大学、供销职工大学、粮食局职工大学等4所学校联合调整组建成一所上海市商业高等职业技术学校(院),开设市场营销、金融与证券、现代商务文秘、广告与商场设计等具有特色的专业,以适应大市场、大流通、大商业新格局的需要。试办上海市金山社区学院。在中国石化总公司、石化地区两个公司和金山县支持下,原金山石化职工大学和金山县电视大学分校联合组建成上海市金山社区学院。

经过一年努力,在成人高校调整布局,优化教育结构和教育资源上有实质性的突破,使原来的一局一校朝着每一委办、一地区或一特大型企业办一所成人高校的方向发展。有利于学校扬长避短,优势互补,充分发挥现有成人教育资源,办出特色,提高成人高校的办学效益,为社会培养各种层次、规格的实用人才。

【学历文凭考试】

1995年,国家教育委员会《关于同意上海市进行国家学历文凭考试试点的批复》,同意上海市对社会力量举办的高等教育进行国家学历文凭考试的试点。并提出:要在评估的基础上选择部分办学条件较好、教育质量高的学校作为试点学校;开设专业应是应用性、职业性较强社会急需的专业。参加学历文凭考试的学生,修完教学计划的全部课程(包括由自考机构统一组织考试的课程和学校负责考试的课程),各门课程考试成绩合格,准予毕业,由上海市自学考试机构发给高等教育自学考试毕业证书(可在证书上加盖学校印章)。取得毕业证书的毕业生,国家承认其大学专科学历,享受国家规定的高等教育自学考试毕业生的同等待遇。

1997年,上海市教委批准共有13所学校参加试点工作,共设19个专业。13所学校是:民办东海学院(筹)、民办济光学院(筹)、民办中侨学院(筹)、民办中华侨光学院(筹)、民办华夏学院(筹)、民办光启学院(筹)、民办东方文化学院(筹)、震旦进修学院、沪东科技进修学院、中华职业进修学院、民办前进进修学院、长宁科技进修学院、中华工商进修学院。19个专业是:商务英语、商务日语、国际商务、计算机机器应用、会计、建筑设计、室内设计、房屋建筑设计、房地产经营管理、国际贸易、法律、珠宝、机电一体化、商务管理、房屋建筑工程、涉外文秘、装潢美术、房地产经济、宾馆酒店管理。为做好民办高校招生工作,市教委印发了关于招生工作的通知,明确规定了招生的对象、招生的条件、收费的标准。1998年,根据国家教委对开展高等教育学历文凭考试试点工作的要求,对原有的19个专业的课程设置进行了调整,并对所有的专业和课程实行了代码管理。4月,在评估的基础上,市教委又批准了8所民办学校进行高等教育学历文凭考试试点工作,并增设了9个专业。至此全年共有21所学校参加试点工作,共开设28个专业。新增的8所学校是:金山社区学院、长宁社区学院、南市社区学院、闸北社区学院、民办建峰学院(筹)、民办邦德学院(筹)、华东电脑进修学院、信息管理专修学院。新增的9个专业是:计算机信息管理、金融、工商管理、报关和国际货运、广告、市场营销、商业企业经营管理、旅游管理、社区工作与管理。

根据教育部要求,上海学历文凭考试2007年底全部结束。

【成人高校改制为高职院校】

根据1998年初全国高教管理体制改革会议确定的"共建、合作、合并、调整"的高教管理体制改革的"八字"方针,上海加大成人高教管理体制改革力度。

1998年3月6日,国家教委同意将上海市财贸管理干部学院、上海市第一商业局职工大学、上海市粮食局职工大学、上海市供销职工大学合并改制,同时将上海商业学校的教育资源并入,建立上海商业职业技术学院。中共上海市委10月10日批复,同意中共上海市财贸党校与上海商业职业技术学院实行"一个机构、两块牌子"的建制。

1998年,上海市部分成人高校在积极探索高等职业技术教育办学方向、办学模式方面朝着更加贴近社会实际需要的方向发展。举办高职班的成人高校22所,设置专业55个,开设专业点69个,在校生数2 500人左右。在办学质量上,重点开展高等职业教育内涵的改革与建设;在专业设置上,努力贯彻直接有效为经济建设和社会发展服务的思路;在教学计划制订时,高度重视人才培养目标的定位,以能力为中心构建课程体系,重视高职课程的设计与开发;在教学实施中,切实加强实践教学,突出能力培养。

同时,成立了高职教材建设领导小组和专家指导委员会,积极引导和指导广大教师和专业技术人员参与高职教材的编写工作,接受106个编写项目的申报,正式确定与启动编写项目23个;开展上海市成人高校高等职业技术教育特色专业的评选工作。

2001年,经市政府批准,全市9所学校建立或转型为高等职业学院。其中成人高等学校转型为高等职业学院的有上海海事职业技术学院(原上海海运职工大学)、上海电子信息职业技术学院(原上海仪表电子工业大学)、上海城市管理职业技术学院(原上海建设职工大学)、上海交通职业技术学院(原上海交运职工大学与上海海港职工大学合并)和上海行健职业技术学院(原闸北区业余大学)5所。

【建设各级老年教育机构】

1998 年 11 月 24 日,市教委颁发了《上海市老年教育机构设置暂行规定》(简称"《暂行规定》")。《暂行规定》首先明确了老年教育机构是指市、区、县、乡镇、街道和里委(村委)老年工作部门或里委(村委)以及具有独立法人资格的社会团体、企事业单位举办的以老年人为招生对象的非学历教育机构。

《暂行规定》还明确提出设置老年教育机构应坚持党的基本路线,要有明确的办学宗旨、办学方案、办学章程以及要配备热爱老年教育事业、政治素质较好、教学业务水平较高的专兼职教师和有相当业务能力的办学管理人员队伍、要能满足教育需要的教学用房、有稳定办学经费来源等必须具备的基本条件。

《暂行规定》还对申请举办老年教育机构的程序,对各级老年教育机构实行分层次办学,老年教育机构依法享有的办学职权等都做了规定。

【开展社区教育实验】

2001 年,市教委、市文明办、市民政局颁发了《关于加强上海市社区教育工作的意见》,提出要充分认识加强社区教育工作的重要意义,要完善社区教育网络等意见之外,还提出街道(乡镇)要联合社会各种办学力量建立社区学校。同年,市教委、市文明办、市民政局又制订了《上海市社区学校设置暂行规定》,规范社区学校办学行为。区县、街道、镇按照"教育有渠道、学者有其校(泛指教育场所)"的要求,积极构建社区教育网络。社区教育已经形成 6 种模式:"普陀模式",即区教育局给每个街道一所学校举办社区学校,产权仍属教育局;"金杨模式",即街道自筹资金自建社区学校;"静安模式",即街道依托一所中学举办社区学校;"潍坊模式",即街道利用教育系统外的教育资源举办社区学校;"闸北模式",即街道整合社区教育资源举办社区学校;"田林模式",就是在街道办事处统筹下,由社会力量举办社区学校,同时开展学习型单位、学习型家庭、学习型楼组、学习型团队的建设。11 月 5 日,为贯彻《面向 21 世纪教育振兴行动计划》,教育部确定 28 个大中城市的城区和农村市(县)为全国社区教育实验区,上海市闸北区、嘉定区、浦东新区名列其中。

2003 年,教育部批准的上海全国社区教育实验区从原来的 3 个区(闸北区、嘉定区、浦东新区)增加到 5 个(新增静安区、徐汇区),占全国社区教育实验区总数 61 个的 8%,占上海市区、县总数的 26%。全市现有社区学校(市民学校)205 所,占街道、乡镇总数的 82.33%,其中有独立校舍、独立设置的社区学校 185 所。

2004 年,根据教育部"积累经验、健全机制、建立网络、示范带头"的要求,经各实验区的共同努力,社区教育实验工作初见成效。

2006 年 3 月 23 日,市教委发布《关于组织申报上海市社区教育实验街道(乡镇)及社区教育实验项目的通知》,决定设立一批上海市社区教育实验街道(乡镇)与社区教育实验项目。

2006 年,青浦区、杨浦区被教育部确定为第四批全国社区教育实验区,使上海市的全国社区教育实验区达到 10 个,占 114 个全国社区经验实验区的 8.8%。完成了对 2006 年设立的社区教育实验项目验收评估工作,认定 12 个上海市社区教育优秀推荐项目和 27 个上海市社区教育推荐实验项目。还完成了 2007 年社区教育实验项目设立工作,设立上海市社区教育实验项目 127 个,其中招标(重点)项目 31 个,一般项目 96 个。组织召开社区教育课程建设、社区教育资源整合、发挥民间组织在社区教育中的作用、社区教育中离土农民职业技能培训等为主题的社区教育实验项目现场推进会。

2008年,闸北区、浦东新区、嘉定区被教育部确定为全国社区教育示范区。9月,市教委从56个上海市社区教育实验街道(乡镇)中确定24个街镇为上海市社区教育实验街道(乡镇)。

2010年10月,开展"2009年上海市社区教育实验项目"验收工作,对10个招标项目和38个重点项目进行了验收,并对各区县上报"示范""优秀"的68个一般项目进行复核评审,市教委认定"区县社区学院功能建设的实验"等15个项目为"上海市社区教育示范实验项目";"居村委社区教育教学点建设的实验"等37个项目为"上海市社区教育优秀实验项目"。

【创建学分银行】

为贯彻落实市委、市政府2006年颁布的《关于推进学习型社会建设的指导意见》关于"支持鼓励成人高校和普通高校之间的学分互认,沟通国民教育与终身教育"的要求,市教委将"学分银行"建设工作列为2008年终身教育工作要点。市教委成立"学分银行"建设项目工作组,设立专项研究课题,制订《关于上海市开展"学分银行"试点工作的指导意见》,按照"各类成人中高等教育学分互认""中高等职业教育的学分互认衔接""成人学历教育与非学历教育的融通"三个框架,在部分学校开展试点工作。9月,在上海电视大学开放专科和区业余大学专科之间实现全面学分互认,在连续开设满两年的专业中,相同或相近专业的同类课程学习,可申请学分互认,申请学分互认的总课程学分比例,最高限额为该专业课程计划总学分的40%;上海电视大学开放专科认可各类高等教育学分,并开展学历教育成果与非学历教育成果沟通的试点,包括在学历教育中认可的市计算机应用能力考核证书、大学英语四六级证书以及部分劳动局职业资格证书的学习成果,上海外国语大学继续教育学院在学历教育中成人的英语口译的学习成果等。

【创建学习型组织】

2007年,市教委牵头市级机关工委宣传部、市总工会宣教部等有关职能部门对学习型组织情况进行调研,形成《上海市学习型组织创建及其标准的研究报告》。该研究报告在总结上海发展学习型组织主要经验的基础上设计评估指标体系,对各类学习型组织的建设和发展提出导向性、系统性、操作性标准。主要对创建学习型机关、学习型社区(乡镇)、学习型企事业单位、学习型家庭分别制定评估指标。其中一级指标强调学习型组织的组织管理、实施创建、载体建设、学习活动和成绩等项。二、三级指标根据不同类型的学习型组织提出个性特点、具体实施等项目。评估指标体系结合上海加快推进"四个率先"、努力建设"四个中心"和社会主义现代化国际大都市的发展目标,为2010年基本实现2/3的机关、企事业单位、社区(乡镇)、家庭成为学习型组织提供测评和考核依据;把发展学习型组织与本单位、本行业的中心工作紧密结合,把终身学习、工作学习化、学习工作化、学习生活化的理念体现在评估指标中;体现创新思路,鼓励集体和个人勇于探索,积极在学习中进取。

第三章 重大会议

上海成人教育的改革与发展,是在中共上海市委、市政府的直接领导下才取得重大进展的。市委、市政府每隔几年召开一次成人教育工作会议,决定不同时期成人教育改革发展的重点;市委、市政府还就各类成人教育的改革发展召开专题会议,动员与部署全市力量,大力发展各类成人教育。同时还组织开展成人教育的重大项目建设,引领全市各级各类成人教育的改革与发展。

第一节 工作会议

1977年7月14日,上海市革命委员会召开工农教育座谈会。中共上海市委领导王一平主持会议,陈锦华讲话。会议强调"要加强领导,把工农教育搞上去",并提出"对'七二一'大学要进行整顿"。参加座谈会的有各区县、局代表200余人。全市工交系统"七二一"大学负责人1 000多人在分会场听了拉线广播。中央教育部副部长雍文涛出席会议。

1980年1月24日,上海市召开全市职工教育工作会议,会议进一步明确了对职工,特别是对"文化大革命"以来参加工作的青年职工和文化程度不到初中毕业的车间主任以上的青壮年干部进行文化补课的重要意义,会议指出,对青壮年工人和干部进行文化不仅能提高他们的科学文化水平,而且能改变他们的思想面貌。政治教育、技术教育和文化教育是相互联系,相辅相成的,但在当前情况下,要把文化教育作为重点,文化基础教育抓好了,可以有力地推动政治教育和科学技术业务教育。会议对职工教育做了规划,提出要在1985年前使"文化大革命"以后参加工作的青年工人和干部普及初中文化。

1981年12月5—18日,中共上海市委召开上海市职工教育工作会议,传达贯彻中共中央、国务院《关于加强职工教育工作的决定》。根据这一文件,上海市于1981年起开始进行对青壮年职工的技术补课工作。据当年调查,全市技术工人中因技术水平偏低而急需进行初级技术补课的共有119万人。通过补课要使他们根据不同技术工种达到二级或三级技术工人所应有的技术理论知识和实际操作技能。

1987年8月26日,上海市人民政府召开市成人教育工作会议,通过了《关于改革和发展上海市成人教育的意见》和《上海市成人教育"七五"规划纲要》。11月17日,市人民政府批转市成人教育工作会议《关于改革和发展上海市成人教育的意见》,提出:"把岗位培训作为成人教育的重点","成人学校要调整结构,明确分工,加强协作,发挥多功能作用。"

1992年12月,上海市成人教育工作会议。会议确立了上海成人教育必须直接有效地为上海经济建设、社会发展服务的发展目标,明确了发展和壮大成人教育是经济和社会发展高度文明标志的战略思想,并颁发了《上海市专业技术人员继续教育暂行规定》。

1995年4月13日,上海市人民政府召开上海市成人教育工作会议,研究部署上海成人教育改革与发展目标和任务。出席会议的有副市长谢丽娟,市政协副主席刘桓椽,市教委主任郑令德、副主任薛喜民,市成教委副主任郭伯农等领导以及市政府各委、办、局和各区、县政府的分管领导,各区、县教育局的分管领导,部分普通高校和成人学校的校长共500多人。副市长谢丽娟在会上做了题为《抓住机遇,深化改革,为开创上海成人教育新局面而努力奋斗》的工作报告,提出根据上海经济发展的宏伟目标,到 2000 年上海市成人教育发展的总体目标是:使劳动者的素质基本适应社会主义现代化建设的需要,社会文化和生活教育基本满足市民日益增长的精神文明的需要,基本建立与社会主义市场经济运行机制相适应、职前职后教育相互沟通、共同发展和结构合理、功能齐全的成人教育体制框架。会议提出要求每年接受成人教育的总数达 250 万人以上,成人高等教育在校生 7 万人,成人中专在校生 6 万人,基本普及外语知识和计算机应用知识。会上,长江农场职工学校宋鹏程、震旦进修学院张惠莉等 10 人被授予"上海市成人教育优秀工作者"的称号,受到了表彰,市教育发展基金会出资 10 万元,给予每人奖励 1 万元。

1999 年 1 月 22 日,市人民政府召开上海市成人教育工作会议。会议总结经验,表彰先进,副市长周慕尧讲话,提出了上海市成人教育面向新世纪的改革和发展的宏伟蓝图,激发了全市各行业、地区发展成人教育的自觉性和紧迫性。与会代表充分肯定了市成人教育工作会议,认为这是改革发展成人教育的强劲东风,是很好的发展机遇,抓住了为经济、社会发展服务的根本,抓住了终身教育、终身学习及其相关制度、机制建设这些关键,指明了成人教育改革发展的方向,理清了思路。对统一思想,提高认识起到了积极的作用,同时认为,当前的关键是要认真学习,找准位置,抓住突破口,深化改革,加快发展。学习、宣传、贯彻市成人教育工作会议的精神。市教委表示将进一步按照会议精神,团结和动员全体成人教育工作者,坚持改革创新,克服困难,扎实工作,努力开创成人教育新局面。会上表彰了 101 个成人教育先进集体和 97 名成人教育先进个人。

2000 年 3 月 3 日,市教委召开的上海市成人教育工作会议上,市教委副主任薛喜民作工作报告。报告明确提出了建立一个体系,完善两个机制,建立三项制度,实现四项工程,努力把上海建成适应时代要求的"学习型城市"这一世纪之交上海成人教育改革和发展的思路、目标和任务。2004 年 7 月 12—13 日,市政府召开的上海市教育工作会议在上海国际会议中心举行。会议主题是:教育综合改革与教育现代化。会议确定到 2010 年上海教育改革与发展总的指导思想和奋斗目标,即"全面实施教育综合改革,率先基本实现上海教育的现代化"。会议提出到 2010 年的奋斗目标,其中第一条就是"建立以开放多样、高标准高质量为特点的现代国民教育体系和以学习型城市为标志的终身教育体系"。

2007 年 4 月 24 日,上海市委、市政府在上海展览中心举行上海市推进学习型社会建设大会。会议由副市长杨定华主持。市司法局、市总工会、上海汽车工业(集团)总公司、市劳动和社会保障局、市社会科学联合会、徐汇区、嘉定区等就学习型机关建设、职工素质工程、学习型企业建设、发展职业培训、培育学习品牌活动、社区教育实体化等做了交流发言。市委常委、市委宣传部部长王仲伟点击开通了上海市学习型社会建设网。市委常委、市人大常委会副主任周禹鹏、市政协副主席宋仪侨出席会议。市委副书记殷一璀出席会议并讲话。

2010 年 11 月 26 日,上海市学习型社区建设推进大会在上海展览中心友谊会堂举行。会议由副市长沈晓明主持,市委常委、市委宣传部部长杨振武宣读"关于表彰 2008—2009 年度上海市学习型社区的决定",副市长胡延照宣读"关于表彰 2008—2009 年度上海市学习型社区建设优秀组织者的决定",市委副书记殷一璀作重要讲话。

第二节　专题会议

一、老年教育工作会议

1986 年 1 月,市老龄委向市人民政府报送《关于进一步开展老年教育的意见》,提出"要建立老年教育联席会议制度"。3月13日,由市工农教育委员会副主任夏明芳主持召开上海市第一次老年教育联席会议。5月14日,上海市老年教育联席会议召开第二次会议,讨论了上海老年人进修学院改名为上海老年大学事宜。由市老龄委向市政府办公厅报告备案,同时提出上海老年大学要逐步发挥上海市地区老年教育中心的作用。

1993年11月,市老龄委请示市政府,恢复老年教育联席会议制度,成员单位有市成教委、市老龄委等18个单位的领导组成。召集人为市老龄委、市成教委负责人,办公室设在市老龄委。

2003年2月9日,市老龄委在上海展览中心召开进入21世纪以来的第一次上海市老年教育工作会议。参加会议的有市老龄委组成单位负责人,各区老龄委组成单位负责人,以及各委、办、局。各区县分管老龄工作的书记、区(县)长,分管教育的区(县)长,高校和街镇分管领导,共计900多人。会议表彰了老年教育先进集体74个和先进工作者147名。

2007年12月25日,在上海市科学会堂国际会议厅,市教委、市老龄办联合召开第二次老年教育工作会议,市委副书记、市老龄委主任殷一璀,分管老龄工作的副市长周太彤、杨定华等市领导出席会议。市委、市政府、各委办局的领导,区县分管教育和老龄工作的领导,区县、街镇、各级各类老年教育机构的领导参加了会议。会议表彰了一批先进集体和先进个人,市委、市政府领导都做了讲话。

二、郊区人才培养工作会议

1994年11月17日,上海郊区人才培养工作会议在闵行区召开。副市长谢丽娟出席会议,并做重要讲话。市农委副主任袁以星、市教卫办副主任薛喜民、市教育局副局长俞恭庆等领导出席了会议。郊区各区(县)的分管书记、分管区(县)长、教育局局长、分管局长,组织部、人事局、财政局、农业局、乡镇工业局负责人等150多人参加了会议。这次会议的主要任务是:认真贯彻全国教育工作会议和上海市教育工作会议精神,实施《中国教育改革和发展纲要》,总结交流各区县近年来人才培养的成果和经验。奉贤县副县长孙翠娣、金山县副县长朱成林在会上做了交流发言。市农委、市成教委、市教育局联合下达了《关于印发〈上海市农口系统人才培养规划〉的通知》。上海市农口系统人才培养规划的主要目标是:到1997年有6万余名职工接受岗位培养,接受继续教育;到2000年有20万名从业人员参加高中及以上教育,使6万余名人员获"绿色证书",培养紧缺人才3万名。

三、成人中等教育工作会议

1996年5月9日,市教委召开上海市成人中等教育工作会议,会议总结"八五"期间成人中等教育改革和发展的成功经验。根据中共中央、国务院《中国教育改革和发展纲要》和上海经济发展战略目标的要求,提出"九五"期间上海成人高中阶段教育改革与发展的目标任务,应以发展成人中等职业教育为重点,进行各种形式的高中阶段学历教育。

四、上海电视大学工作会议

1997年1月13日,市教委为把上海电视大学建成与上海一流城市相适应的一流现代化远程教育开放大学,召开上海市电视大学工作会议,副市长龚学平在会上作题为《大力发展电视教育,努力建设一流的现代化远距离开放大学》的讲话,要求上海电视大学在"九五"期间基本形成全方位开放的办学体系;初步形成现代化远距离教育信息网络;建设面向 21 世纪的远距离教育课程和教材体系;建立远距离开放教育的教学模式。会议提出今后一个时期的主要任务是:坚持开放办学特色,努力办好以专科为主的学历教育,大力发展各类非学历教育的社会化培训,积极开展现代远距离开放教育科学研究和现代教育技术应用开发研究。将采取 6 条措施:(1) 转变观念,进一步确立电视大学远距离开放教育在终身教育体系中的重要地位,充分发挥电视大学在提高市民素质方面的特殊作用;(2) 深化管理体制改革,促进电教资源优化培植和综合利用;(3) 结合社区教育建设,健全电视大学教育网络;(4) 增加投入,改善办学条件;(5) 进一步健全主动适应、按需办学的电视大学运行机制,以教学为中心、教材为重点,实现教育观念、教学方法和教学管理向开放教育转变;(6) 进一步加强国际交流和合作,积极开展远距离开放教育理论研究和现代教育技术开发。

五、自学考试工作会议

1997 年 5 月 21 日,上海市自学考试工作会议在教育会堂举行。表彰自学考试工作先进集体和先进个人,宣布新一届市高等教育自学考试委员会名单。副市长、市高教自学考试委员会主任龚学平出席。

为总结上海市举办高等教育自学考试 15 年间所取得的成绩和经验,规划至 2000 年上海自学考试改革和发展的蓝图,1997 年 5 月 21 日,市教委召开上海市自学考试工作会议。会议提出,改革和发展上海自学考试的工作目标是:扩大服务面向,提高教育质量。要调整拓宽开考专业,加强助学指导,完善命题制卷,严格考务管理,辅以配套服务措施,到世纪末形成一个与上海教育整体水平相适应,与一流城市相匹配的自学考试体系。为此,会议提出 8 项措施:进一步加深对自学考试的认识;千方百计提高考试质量;以管理手段现代化建设为重点,提高管理的科学化和社会化程度;加快拓宽和调整开考专业,构建适应经济和社会发展的专业体系框架;积极鼓励、加强管理,建立完善开放的自学考试助学体系;促进自学考试和各类教育的沟通,扩大自学考试的教育功能;面向基层,促进自学考试不断向前发展;加强自学考试的科学研究。会上表彰了 28 位全国和上海的自学考试先进集体和先进个人。

六、紧缺人才培训工程工作会议

1997 年 7 月 11 日,市教委、市成教委、市人事局联合召开上海实施《90 年代紧缺人才培训工程》工作会议。会议要求进一步开拓适应经济发展新形势需要的新的紧缺人才考核岗位,加强十大紧缺人才培训中心建设。1998 年,根据市委副书记龚学平和市教委副主任薛喜民在"90 年代上海紧缺人才培训工程"工作会议上的讲话精神,结合 1998 年成人教育工作要点,委托市人力资源开发研究所对紧缺人才岗位的设置提出调整方案,并对"90 年代上海紧缺人才培训工程"如何向 21 世纪过渡提出初步方案。

七、成人学校工作经验交流会

1999 年 5 月 19 日,市教委在上海邮电职工大学举行"上海市成人学校工作经验交流会",上海市副市长周慕尧、市教委主任张伟江等出席。会议提出,今后三五年,要建立以行业举办的职工大学为主体的成人高等职业技术教育网络；以区业余大学为基础，优化区域教育资源配置；依托全日制高校，建设好社区学院，建设以普通高校成人教育学院为重点，各类成人高等学校和大型企业集团参与的继续教育网络；以电视大学为基础，建立开放性、社会化、现代化的上海远程教学网络，提高办学质量和效益。据介绍，目前上海市成人高校 74 所，其中独立设置成人高校 40 所，高校举办的函授、夜大学 34 所；本专科在校生 9.4 万人。成人中专 128 所，在校生 8 万余人；成人高中 78 所，在校生 6 万余人；乡(镇)成人中等文化技术学校 200 所，年培训量 84 万人次，各类成人学校在培养建设人才方面取得很大成绩。会上，市邮电管理局、同济大学、市地区业余大学等做了交流发言。

八、区县教育工作会议

1998 年 1 月 28 日，市教育党委、市教委召开 1999 年区县教育工作会议，会上确定年度工作的主要任务：加快教育现代化建设进程，加强教育与经济、科研部门的合作，提高市民受教育的水平和教育事业的整体水平。还提出重点建设 10 所高等职业技术院校，发展各种形式的成人教育。

九、长三角社区教育发展论坛

"长三角"社区教育发展论坛从 2003 年 11 月 1 日在浙江省杭州举行首届，到 2010 年 10 月在浙江省慈溪举行第七届。期间，第三届论坛 2005 年 10 月 27—28 日在上海市嘉定区举行，出席论坛的有江、浙、沪三省市社区教育的分管领导、国家级社区教育实验区领导等。第六届论坛 2008 年 10 月 13—14 日在上海市闸北区举行，出席论坛的有上海市委副秘书长姜樑、教育部职业教育与成人教育司司长黄尧、副司长刘建同、江苏省教育厅领导、浙江省教育厅领导、三省市社区教育实验区的负责人、国内社区教育专家学者、上海市各区县教育部门和社区学院负责人等 300 人。

十、长三角创建学习型组织研讨会

2008 年 12 月 1 日，首届"长三角"创建学习型组织研讨会在上海市杨浦区新凤城迎宾馆隆重召开。江、浙、沪三省(市)教育厅(委)、省(市)级机关工委、省(市)总工会、省(市)妇联有关职能部门负责人，两省一市的地、市级学习型社会建设工作管理部门和创建单位负责人，市学习委成员单位的部门负责人，上海市各区县学习办负责人和上海市创建学习型组织试点单位代表约 200 人出席了会议。此次研讨会的主题是：发展学习型组织的实践与探索。本次研讨会由上海市学习办、杨浦区创建学习型城区推进委员会共同承办。会议播放了上海市创建学习型组织纪实宣传短片《在学习中起航》。上海市学习办还编辑出版了《长三角地区创建学习型组织理论和实践探索文集》。研讨会形式多样，除邀请专家作主题报告外，两省一市代表还举行学习型机关、学习型社区(家庭)、学习型企事业单位的分组研讨交流会，就不同类型的学习型组织进行深入探讨，分会场交流活动分别在上海海关、杨浦区五角场街道、上海市电信公司举行。

十一、创建学习型社区试点工作会议

为更好地推进上海市学习型组织创建工作的开展，2008 年 3 月，市学习办根据各单位申报，确定了有较好工作基础的 12 个街道和乡镇作为学习型社区创建工作的试点单位。2008 年 8 月 20 日下午,上海市创建学习型社区试点工作会议在闵行区虹桥镇镇政府召开。市学习办、市学习型社会建设服务指导中心、市教科院职成教所(市教育科学研究院职业教育与成人教育研究所)、有关区县学习办、学习型社区(乡镇)试点单位的负责人出席会议。本次会议是对试点单位创建工作的一次中期推进,旨在总结创建过程的经验和问题,讨论下一阶段创建的对策。会上,闵行区虹桥镇、杨浦区五角场街道、静安区曹家渡街道的代表做了交流发言,各区县有关人员就创建工作的推进情况和存在问题开展了讨论。会议认为上海市学习型社区创建工作取得了明显成效,还存在一些问题。

十二、上海市学习型社会建设推进大会

2007 年 4 月 24 日,上海市学习型社会建设推进大会在上海展览中心举行,会上,市委常委、市委宣传部部长王仲伟点击开通了上海市学习型社会建设网。市委副书记殷一璀在讲话中指出,推进学习型社会建设要重点抓好六方面的工作:努力发展学习型组织,夯实学习型社会建设基础;打造学习活动品牌,吸引更多市民参与学习;发挥各方作用,提供丰富的终身学习服务;围绕社区学院建设,整合学习教育资源;依托现代信息网络技术,搭建市民公共学习平台;突破"学分互认"等瓶颈,创新终身教育的制度建设,为市民终身学习提供良好条件。市委常委、市人大常委会副主任周禹鹏,市政协副主席宋仪侨出席会议。会议由副市长杨定华主持。

十三、上海市学习型企业建设推进大会

2008 年 12 月 7 日,市学习委在上海展览中心友谊会堂召开"上海市学习型企业建设推进大会"。大会表彰了第二届上海市学习型企事业单位先进集体,包括 10 家上海市学习型企事业标兵单位,10 家上海市学习型企事业优秀单位以及 80 家上海市学习型企业单位,并授予 10 家"标兵单位"五一劳动奖章。市委副书记殷一璀出席大会并讲话。殷一璀充分肯定上海学习型企事业单位创建工作所取得的成绩,强调要充分认识建设学习型企事业单位的现实重要性和紧迫性。创建工作要把提高职工队伍素质,增强企业活力作为重点,为上海调结构、促转型做贡献。要有针对性、有组织地开展各种适用内容的学习。要调动职工学习的内在动力,坚持以人为本,从职工实际需要出发,确定学习的内容,提高职工的综合素质,开发职工潜能。要鼓励企业职工群众立足本职,努力学习新知识、新技术、新本领,掌握产业结构调整和升级所需要的技术和知识。要创新推进学习型企事业单位建设的方式方法,创新学习载体,创新学习组织,创新学习工具,创新评估体系和保障机制。创建工作要注重实效,要适应学习主题需要以及企业发展、产业发展、社会发展的需要。殷一璀还提出,各级党委要切实加强学习型企事业单位建设的领导。创建工作要在市推进学习型社会建设指导委员会领导下,市总工会统筹协调全市学习型企事业单位建设工作。各单位要形成党委领导,行政负责,工会牵头,各方参与的工作机制。

十四、上海市学习型机关推进大会

2009 年 3 月 4 日,上海市级机关工作党委、市学习办联合召开上海市学习型机关建设推进大会,市委副书记殷一璀、市委常委、市委秘书长丁薛祥出席会议。殷一璀作重要讲话,指出:创建学

习型机关要突出重点,不断创新。要把提高履职能力作为创建工作的重要目标,要不断创新载体,着力形成学习型机关建设的长效机制。会议表彰了上海海关等 13 个创建学习型机关先进单位、闸北区机关党工委等 5 个优秀组织者、市司法局"实行学分制教育培训"等 27 个优秀工作项目。会议由上海市副市长沈晓明主持。

十五、上海市学习型社区建设推进大会

2010 年 11 月 26 日,"上海市学习型社区建设推进大会"在上海展览中心友谊会堂举行。会议由副市长沈晓明主持,市委常委、市委宣传部部长杨振武宣读"关于表彰 2008—2009 年度上海市学习型社区的决定",副市长胡延照宣读"关于表彰 2008—2009 年度上海市学习型社区建设优秀组织者的决定"。市委副书记殷一璀、市教卫党委书记李宣海、市教委主任薛明扬等出席大会。

十六、上海市学习型家庭建设推进大会

2011 年 9 月 27 日,上海市学习型家庭建设推进大会在展览中心友谊会堂举行。市委副书记殷一璀出席会议并讲话。会议回顾总结了"十一五"学习型家庭建设工作的主要做法和成效,研究部署"十二五"学习型家庭建设计划。会议透露截至 2010 年 12 月,全市(市区两级)已创建学习型家庭 232 万户,占全市家庭总数的 28.1%,基本实现了创建培育学习型家庭与建设学习型社区、学习型城市和学习型社会建设同步推进的要求,"十二五"期间,上海市要完成学习型家庭创建参与率达到 70%的目标,重点从深化内涵创新、载体创新、机制创新、管理创新四个方面入手。

第十二篇

科学研究与学科点建设

进入改革开放时代,上海具有科学建制价值和学科发展意义的成人教育科学研究与学科点创建进程开始正式启动,并取得了足有成效的进展与成就。主要表现为:一是创建了不同社会系统所属的专门的成人教育科研机构,形成了专门的成人教育研究者队伍。二是以领衔者或主要成员角色,承担完成了一系列国家级、省部级、上海市级层面的科研项目,对成人教育理论与实践发展起到了重要的引领与指导作用。三是华东师范大学于1993年和2004年先后设立了国家首个成人教育学专业硕士和博士学位授予点,由此带动了上海市乃至全国一大批相关高校成人教育学专业学位授予点的创建,使成人教育科学研究具有标志意义地正式登入了大学学术殿堂与专业教学讲坛,并开始培养出一批又一批该专业领域的高端专门人才。四是各级政府、非政府机构开始广泛展开国内外学术交流和学术合作活动,促使成人教育科学研究走向开放,登上国际舞台。五是各类成人教育理论和实践研究杂志和学术期刊相继创办,使成人教育有了相应的学术平台,相关研究成果能够得以迅捷而广泛地传播,并促进了成人教育的改革和发展。

第一章 科研机构

第一节 教育行政系统所属科研机构

一、上海市成人教育研究所

【沿革】

为适应工农教育事业发展,1974年2月,上海市工农教师进修学校(简称"进修学校")得以创建,直属上海市教育局领导。1978年初,进修学校并入上海教育学院,成为上海教育学院分部。1981年5月,经上海市人民政府批准,进修学校改设为上海教育学院分院,并明确其主要任务是培训工农业余教育教师和中等职业教育教师,同时招收经成人高考成绩合格的大专学生。1984年4月,经上海市人民政府批准,正式更名为上海第二教育学院,成为一所独立建制的成人高校。

1982年5月,根据上海第二教育学院、上海市教育局和市工农教育委员会的建议,中共上海市委、市人民政府在《关于进一步搞好职工教育的决定》中同意上海市教育局建立上海市成人教育研究室,并明确其接受上海市教育局与上海第二教育学院双重领导,研究机构设置在上海第二教育学院。1990年,改称上海成人教育研究所。

【队伍建设】

1982年,有6名专职研究人员,15名兼职研究人员,开展国内外成人教育基础理论研究工作。1986年,增加应用研究,设立资料室和期刊编辑部。研究人员按课题任务和项目随时交叉编组,采取课题组长负责制。1988年,专职研究人员增加到18人,其中正教授1名,副教授(副研究员)4名,讲师(助理研究员)8名,外聘兼职研究员50名。

研究室第一任负责人为王茂荣,任期1982—1984年,其后,孙世路于1985—1991年任研究室主任,并于1991—1993年任所长一职。

【学术成果】

1982年起,展开成人教育理论与学术研究。

学术刊物 1982年,创办刊物《成人教育》,1986年更名为《成人教育研究》,1991年改由上海第二教育学院、上海市成人教育委员会办公室、上海市总工会宣传部、上海市成人教育研究所4家机构联办,编辑部仍设在研究所内。截至1992年,《成人教育研究》刊物共出版34期。

学术专著 先后撰写出版多部专著,主要有《成人教育学基础研究——理论与实践》(上下册)(王茂荣等主编,上海成人教育出版社1986年出版)、《职工教育管理学概论》(孙世路等主编,工人出版社1987年出版)、《成人教育》(孙世路等著,黑龙江教育出版社1989年出版)等著作。研究所先后与上海第二教育学院外语系教师合作,翻译出版或印制了4部国外成人教育专著,包括基德的《成人怎样学习》(蔺延梓译,上海第二教育学院印制,1984年出版);达肯沃尔德、梅里安的《成人教育——实践的基础》(刘宪之等译,教育科学出版社1986年出版);诺尔斯的《现代成人教育实践》

(蔺延梓译,人民教育出版社 1989 年出版);史密斯的《学会如何学习——成人的应用理论》(翁德寿译,中国劳动出版社 1991 年出版);编译了《外国现代成人教育理论》(上海第二教育学院印制,1985年出版)等八本文集。

此外,研究人员还在成人教育哲学、成人教育管理、成人教育经济、成人教育评估、成人教育课程、成人教育立法、成人教育史、比较成人教育等方面展开研究。

承担课题　1986 年起,研究所先后承担了多项重点课题。主要有:国家经济贸易委员会"七五"委托重点课题"2000 年企业职工队伍建设战略目标及主要对策研究"(王茂荣负责),1987 年完成研究总报告,1990 年获全国首届教育科学研究优秀成果二等奖;国家哲学社会科学"七五"规划重点课题"工商企业岗位职务培训的研究"(孙世路负责),1991 年完成研究总报告并通过鉴定,形成并出版《工商企业岗位培训调查报告》("工商企业岗位培训研究"课题组,中国劳动出版社 1990年出版)和《工商企业岗位培训研究》("工商企业岗位培训研究"课题组,中国劳动出版社 1992 年出版)两项成果,并获国家教育委员会教育科学研究优秀成果一等奖;国家教育委员会"八五"重点课题"成人教育中的政治思想教育和职业道德教育"(王茂荣负责),1994 年完成课题总报告。此外,研究所还承担了多项上海市级重点研究课题。

其他成果　参与了由上海市成人教育研究会组织的《上海教育年鉴——成人教育部分》《上海成人教育史》的编写工作,参与《中国教育词典——成人教育分册》的编辑与《成人教育词典》的编写工作。此外还承担了《上海市职工教育条例》制定工作。

【学术活动】

举办或参与举办若干次国际成人教育研讨会,其中影响较大的有 1984 年国际成人教育讨论会与 1992 上海国际成人教育理论研讨会;陆续接待 20 多个国家或地区来访的成人教育专家学者;为美国北伊利诺伊大学组织来华的成人教育工作者举办两届中国成人教育专题讲座;与 20 多个国际成人教育机构建立学术资料交换关系。

二、上海市教育科学研究院职业教育与成人教育研究所

【沿革】

1982 年 5 月,上海市成人教育研究室成立。1990 年,改称上海市成人教育研究所(机构设置在上海第二教育学院)。1995 年,上海市成人教育研究所的名称及其部分人员划归上海市教育科学研究院(简称:教科院),与市内通过其他途径调配入院的相关人员共同组建上海市教育科学研究院成人教育研究所;同时,未调入教科院的人员组成上海第二教育学院成人教育研究所,后并入华东师范大学职业教育与成人教育研究所。上海市教科院成人教育研究所建立时,内设学校教育研究室、社区教育研究室、企业教育研究室,设在院内的上海市社区教育研究中心(叶忠海、季国强先后任中心主任)和上海市企业教育研究中心(胡瑞文任中心主任)也由该所负责运作。1999 年 10月,该所与上海职业技术教育研究所合并,成立上海市教育科学研究院职业教育与成人教育研究所(简称:职成教所)。职成教所坚持以"服务决策、服务民生"为宗旨,围绕上海市构建和完善终身教育体系、全面推进学习型社会建设的战略目标,聚焦职业教育与成人教育领域的重点、难点和热点问题,为政府部门提供较高质量的决策咨询研究,同时为基层职业与成人院校实践提供服务指导和方向引领。

【队伍建设】

1995 年上海市教科院成人教育研究所成立后,叶忠海、蒋鸣和先后担任成人教育研究所兼职所长,金星火任常务副所长。1999 年合并建立职成教所后,马树超任所长,郑家农、朱桃福先后任党支部书记。2010 年职成教所人员调整,郭扬任所长,顾晓波任党支部书记。截至 2010 年,职成教所共有研究人员 23 人(含退休返聘人员),其中研究员 5 人、副研究员 5 人、助理研究员 7 人。

【学术成果】

学术专著　在成人教育研究方面,撰写出版了《创建学习型城市研究》(楼一峰、顾晓波主编,高等教育出版社 2003 年出版)、《上海终身教育立法研究》(楼一峰、顾晓波主编,上海高教电子音像出版社 2008 年出版)、《社区教育实验与实验项目管理》(楼一峰主编,上海高教电子音像出版社 2008 年出版)、《学习型社区建设与社区教育发展研究》(季国强主编,高教电子音像出版社 2008 年出版)等多部著作。

承担课题　先后承担多项有关成人教育领域的省部级课题。主要有:国家教育委员会"七五"青年专项课题"成人学历教育制度研究"(楼一峰负责,1990 年结题)、全国教育科学"十五"规划教育部课题"学习化社会与社区教育发展研究"(楼一峰负责,2005 年结题)、全国教育科学"十五"规划教育部青年专项课题"成人非正规教育研究"(顾晓波负责,2005 年结题)。除此以外,还承担了"上海学习型社会建设指导意见研究""《上海市终身教育促进条例》立法研究""上海学习型组织创建标准及推进策略研究""上海市民学习活动及相关学习项目调研"等数十项各类委托和规划课题。

其他工作　除了完成科研任务,职成教所还承担上海市教委委托的社区教育实验项目等多项管理工作。从 2006 年成立上海市社区教育实验项目指导小组办公室至 2009 年,组织开展了 450 余个实验项目。此外,也负责上海市社区教育协会、上海市成人高等教育研究会、上海市成人教育协会理论研究专委会的日常管理工作。

三、上海市成人教育教学研究室

【沿革】

1989 年,经上海市教育局申报,上海市委机构编制委员会批复同意 15 个编制,筹建成人教育教学研究室(以下简称"教研室")。教研室由成人教育处直接管理,副处长顾根华分管(含筹建)。首批教研员有钱怀洁、汤铭鼎、竺志平、蔡德辉、袁笑(后进)、顾根华(兼)等,并在各区(县)和行业成人学校聘请兼职教研员,组成相关学科组(协作组),合作开展教研活动。

1995 年,因教育机构改革,成人教育教学研究室与职业教育教学研究室结合为成职教研室,由市教委教学研究室统一管理。

【学术成果】

学术专著　编撰出版《扫盲工作手册》(顾根华、钱怀洁主编,上海教育出版社 1990 年出版)以及成人高中《语文》《数学》(分别由顾根华、竺志平主编,上海教育出版社 1993 年出版)等教学材料。为配合成人教育教师资格认定和教师岗位培训,教研室有关人员还协助组织编写出版了《创新与创造教育》(徐方瞿主编,上海教育出版社 1998 年出版)、《新时期教师素质和职责》(郭伯农主编,上海教育出版社 1999 年出版)等专著。

承担课题 承担上海市重点课题"成人中等教育教师教学工作质量评估研究"（顾根华负责），1994年结题。

其他成果 组织成人教育教学调查，开展日常教研工作；参与组织制定教育部与高等教育出版社成人高中语文教学大纲；组织成人教育"三个一"教学活动，即编写好一份教案、上好一堂公开课、写好一篇教学论文或心得活动；组织教学经验总结交流和先进表彰。为及时交流教研动态和经验成果，每季还定期编印发放《成人教育教研》简报。此外，还支持成人中专学科协作组完成有关教材组织编纂工作。

第二节　高等院校所属科研机构

一、华东师范大学职业教育与成人教育研究所

【沿革】

1981年12月，经华东师范大学（简称"华东师大"）校长办公会议决定同意在该校业余教育处成立成人高等教育研究室，由业余教育处处长高本义兼任研究室主任，主要成员有叶忠海、高志敏、谢安定、沈金荣、陆养涛等。该研究室是国内最早设立的成人高等教育专门研究机构。

1986年，经国家教育委员会批准，华东师大业余教育处升格为成人教育学院，钱振华任常务副院长并分管研究室工作；1990年柯金泰任副院长并分管研究室工作。1993年，创设中国大陆第一个成人教育学专业硕士学位授予点。1996年，成人高等教育研究室更名为成人高等教育研究所，叶忠海任所长。

随着上海教育学院和上海第二教育学院并入华东师大，1998年10月华东师大"成人教育学院"更名为"继续教育学院"，孙建明担任院长。成人高等教育研究所在吸收了来自上海教育学院、第二教育学院部分研究人员以后，更名为成人与继续教育研究所，由解守宗任所长，研究所成员由原来的6人增加到12人。

2002年，华东师大成人高等教育研究所和同属华东师大的职业教育研究所合并为职业教育与成人教育研究所（简称"职成所"），石伟平任所长。2004年，创设中国大陆第一个成人教育学专业博士学位授予点。

【队伍建设】

成人高等教育研究室成立后，引进多名华东师大课程系、心理系等专业的毕业生并注重研究人员素质的培养和提高。1983年起，多次选派年轻教师和研究者赴加拿大蒙特利尔大学、维多利亚大学以及不列颠哥伦比亚大学等进行成人教育基本理论与实践及成人外语教学方面的理论知识学习。

1998年上海教育学院、上海第二教育学院并入华东师大，其中有若干研究人员进入成人与继续教育研究所工作，研究队伍扩大为三名教授、五名副教授以及若干中级职称人员。

2002年职成所成立以来，不断充实教师队伍，吸收国外名校学生以及引进优秀博士研究生。

时至2004年，研究所已拥有一支具有较强学术实力的科研人员和研究生导师队伍。其中学科带头人高志敏教授为教育部全国教育科学规划领导小组成人教育学科专家组成员，中国成人教育协会成人教育科研机构工作委员会理事长。

表 12 - 1 - 1　1981 年起职成所从事成人教育科研与教学人员一览表

年　份	师　资　队　伍	人　数
1981—1985	高本义、叶忠海、高志敏、谢安定、陆养涛、俞品秀	6 人
1986—1998	叶忠海、高志敏、陆养涛、王德纪、沈金荣、吴刚、何坚毅、赵长城、周嘉方、郭宝仙、王雪民	11 人
1998—2002	解守宗、叶忠海、高志敏、周嘉方、沈金荣、邱永明、黄健、区培民、韩明华、郭宝仙、胡荟芹	11 人
2003—	高志敏、黄健、邱永明、周嘉方、韩明华、孙玫璐、张永、朱敏	8 人

【学术成果】

学术专著　共独立或合作完成 60 余部著作和译著。其中主要有：《职工教育心理学概论》（叶忠海主编，工人出版社 1987 年出版）、《成人高等教育学》（叶忠海、高本义主编，辽宁教育出版社 1989 年出版）、全国首套"世界成人教育译丛"《成人教育的哲学基础》（高志敏译，职工教育出版社 1990 年出版）、《终身教育——心理学的分析》（沈金荣译，职工教育出版社 1990 年出版）、《连续教育的理论基础》（叶忠海、王恩发译，中国劳动出版社 1992 年出版）等。

1992 年始，展开系统的成人教育基本理论研究，于 1997 年撰写出版了一套"成人教育理论丛书"（上海科技教育出版社出版），包括《成人教育学通论》（叶忠海等）、《成人教育心理学》（高志敏等）、《成人教育管理》（周嘉方）、《国外成人教育概论》（沈金荣）和《大学后继续教育论》（叶忠海）。

1997 年起，该科研机构研究人员还以独立撰著、编著、译著或第一作者、主编方式出版了其他大量学术著作。

表 12 - 1 - 2　职成所 1997 年后出版著作一览表

年份	书　名	出　版　社	作　者
1997	《当代世界教育科学发展与成人教育》（编著）	上海交大出版社	高志敏
2000	《社区教育学基础》（著）	上海大学出版社	叶忠海
2000	《社区教育的发展和展望》（著）	上海大学出版社	沈金荣
2001	《面向 21 世纪中国成人教育发展模式研究》（主编）	高等教育出版社	叶忠海
2002	《成人教育课程开发的理论与技术》（著）	上海教育出版社	黄　健
2003	《造就组织学习力》（编著）	上海三联书店出版社	黄　健
2005	《终身教育、终身学习与学习化社会》（著）	华东师范大学出版社	高志敏
2005	《创建学习型城市的理论和实践》（著）	上海三联书店	叶忠海
2006	《成人教育社会学》（著）	河北教育出版社	高志敏
2006	《卫生人员培训管理指导手册》（主编）	中国财政经济出版社	黄　健
2006	《成人学习理论的新进展》（主译）	中国人民大学出版社	黄　健
2006	《故事的形成》（杰洛姆布鲁纳著）（译著）	教育科学出版社	孙玫璐
2007	《和谐社会与老年教育》（执行主编）	上海教育出版社	高志敏

(续表)

年份	书　　名	出　版　社	作　者
2007	《终身学习研究》(主编)	高等教育出版社	叶忠海
2007	《中国成人教育研究进展报告：2000—2005》(主编)	中国海洋大学出版社	叶忠海
2007	《培训师(管理师)》(主编)	中国劳动社会保障出版社	黄　健
2007	《生涯规划》(高职版,编著)、《高职生就业创业手册》(主编)	华东师范大学出版社	孙玫璐
2008	《上海社区教育研究文选》(主编)	上海教育出版社	叶忠海
2008	《职业教育制度分析》(著)	企业管理出版社	孙玫璐
2010	《我们如何学习：全视角学习理论》(克努兹伊列雷斯著)(译著)	教育科学出版社	孙玫璐

承担课题　1986年起,该科研机构共承担各级各类课题40余项,还与国内外研究机构或有关部门建立了广泛的联系。其中包括以课题申报者、负责人等角色,承担和完成了17项国家级、省部级以及上海市级层面课题,以重大课题、子课题负责人角色,承担和完成了6项国家级、省部级课题。

表 12 - 1 - 3　以课题申报者、负责人承担和完成的十七项国家级、
省部级及上海市教育科学规划课题一览表

级　　别	课 题 名 称	申报人/负责人
国家级课题	1. "当代世界教育科学发展与成人教育",国家哲学社会科学"八五"规划青年专项课题,1992年	高志敏
	2. "21世纪初中国社区教育发展研究",国家哲学社会科学"十五"规划一般课题,2001年	叶忠海
	3. "基于学习型社会理念的成人工作场所学习机制及推进策略研究",国家社科基金青年基金课题,2008年	孙玫璐
省部级课题	1. "我国成人高等院校教员队伍建设的综合研究",全国教育科学"八五"规划研究课题,1992年	叶忠海
	2. "成人教育和职业教育关系研究",国家教委成人教育司和中国成人教育协会委托课题,1995年	叶忠海(负责人)
	3. "成人教育科学体系的构建与发展研究",全国教育科学"九五"规划教育部重点课题,1997年	高志敏
	4. "成人教育的课程理论与课程开发",全国教育科学"九五"规划教育部青年专项课题,1997年	黄　健
	5. "成人终身学习的国际比较研究",全国教育科学"十五"规划教育部青年专项课题,2001年	郭宝仙
	6. "回应新世纪发展的成人教育社会学研究",全国教育科学"十五"规划教育部重点课题,2001年	高志敏
	7. "成人教育学专业的建设研究",全国教育科学"十五"规划教育部重点课题,2001年	黄　健

级　　别	课　题　名　称	申报人/负责人
省部级课题	8. "成人教育的管理社会化与运行市场化研究"，全国教育科学"十五"规划课题，2002 年	周嘉方
	9. "成人教育学科体系的批判与重构研究"，全国教育科学"十一五"规划教育部重点课题，2006 年	高志敏
上海市级课题	1. "社区教育的理论研究"，上海市教育科学规划课题，1996 年	叶忠海
	2. "成人教育课程开发的理论与实践研究"，上海市教育科学"九五"规划重点课题，1996 年	黄　健
	3. "培训者的培训研究"，上海市教育科学规划课题，1999 年	高志敏
	4. "终身教育的现代理论支撑与实践运作策略研究"，上海市教育科学规划课题，2001 年	高志敏
	5. "上海市构建终身教育体系和学习型城市研究"，上海市哲学社会科学规划"十五"项目，2001 年	叶忠海

表 12 - 1 - 4　以重大课题子课题负责人角色承担和完成的
六项国家级、省部级课题一览表

级　　别	课　题　名　称	负责人
国家级课题	1. "国外及中国台湾省高中后教育比较研究"，国家哲学社会科学"七五"基金研究项目重点课题"高中后教育模式"研究子课题之一，1988 年	高志敏
	2. "自学考试理论研究"，国家哲学社会科学"七五"重点项目"中国自学考试制度研究"子课题之一，1989 年	叶忠海
	3. "国外职业培训制度比较研究"，国家哲学社会科学"八五"规划重点课题"岗位培训制度研究"子课题之一，1992 年	高志敏
	4. "面向 21 世纪中国成人教育发展模式研究"，国家哲学社会科学"九五"规划重点课题"面向 21 世纪中国成人教育发展研究"子课题之一，1997 年	叶忠海
	5. "现代社区教育的比较研究"，国家哲学社会科学"十一五"规划一般课题"社区教育与城市民生问题研究"子课题之一，2008 年	张　永
省部级课题	1. "推进学习型政府研究"，全国教育科学"十一五"规划教育部哲学社会科学研究重大课题攻关项目"构建学习型社会研究"子课题之一，2004 年	黄　健

【人才培养】

在进行大量专项课题研究、系统撰写出版学术专著，以及扩展科研教学人员队伍的基础上，研究所积极酝酿筹建成人教育学专业学位授予点，并于 1993 年和 2004 年分别获批建立了该专业中国大陆首个硕士学位和博士学位授予点，由此开始进行成人教育学方面的高端专业人才培养。

二、同济大学网络教育学院现代远程教育研究所

【沿革】

1956 年，同济大学创办高等函授教育。1984 年，成立函授学院。1988 年，更名为函授与继续教育学院。20 世纪 90 年代中期起，重点建设发展夜大学教育。2000 年，成立继续教育学院，同年，依托继续教育学院成立网络教育学院，并被列入国家首批现代远程教育试点高校。继续教育学院和网络教育学院合署办公，成为面向全国开展成人高等学历教育与非学历教育的办学单位。

2000 年，在长期的远程教育实践积累基础上，同济大学成立了现代远程教育研究所（TJELI：E-Learning Institute of Tongji University）。它是依托同济大学继续教育学院、网络教育学院和成人教育学硕士学位授予点开展成人教育等方面研究的研究实体。由凌培亮任所长，主要人员有张建忠、陈幼德与陈其晖等人。

研究所主要以教学和科研为主，承担成人教育学硕士学位授予点的运作与发展任务，并参与学院长期发展的前瞻性研究工作。科研活动的主要方向是：成人教育教学与管理、现代远程教育与现代教育技术。

【学术成果与人才培养】

学术成果方面，截至 2010 年，研究所承担并完成数十个科研项目，主要有：教育部“九五”规划项目“发达地区高等职业教育的基本模式及对策研究”“面向 21 世纪职业教育师资队伍建设对策的研究”；全国教育科学“十五”规划教育部重点课题“创建学习型学院的理论与实践”；按教育部办公厅《关于做好全国教育科学“十五”规划课题申报的通知》而立项的子课题“中国现代远程教育战略发展研究子课题”“现代远程教育研究课题之三——管理模式和运行机制研究”；上海市教育科学规划研究重点项目“上海现代远程教育的资源整合与资源共享”、上海市教育科学规划重点项目“高等教育评估的智能方法及高等教育发展引导策略研究”、教育部青年人文社会科学研究基金项目“民办机制下高校办学效益智能评估方法及发展引导策略研究”等。

2005 年，吴启迪、凌培亮等组织、承担的课题“发达地区终身教育体系建设中的继续教育办学模式与教学资源共享研究”获教育部教学成果二等奖；凌培亮等组织、承担的课题“中国可持续发展的学习型学校模式研究及其在高校的实践”，获上海市教学成果奖二等奖。2009 年，“继续教育教学模式与方式的改革与实践”获上海市教学成果一等奖。

人才培养方面，2001 年，创设成人教育学专业硕士学位授予点，至 2010 年，共招收硕士研究生 40 名，其中已毕业 29 名。

三、上海第二工业大学上海市职工高等教育研究室

【沿革】

1960 年，创办上海市业余工业大学。1984 年，更名为上海第二工业大学。1984 年，国务院学位委员会批准该校为独立设置的能够授予学位的成人高校试点单位。1989 年，国务院学位委员会发文批准其具有成人高等教育学士学位授予权，使学校成为全国独立设置的成人高校中唯一的学士学位授予单位。

1982年，上海市人民政府颁发了《关于进一步搞好职工教育的决定》（以下简称《决定》），《决定》指出，在上海市业余工业大学（即于1984年更名的上海第二工业大学）成立上海市职工高等教育研究室（以下简称研究室），由上海市高等教育局和上海市业余工业大学双重领导，人员编制规模为20人，其人事关系归属上海市业余工业大学，上海市高等教育局对其实行业务指导。上海第二工业大学校长闵淑芬兼任主任。研究室的任务主要涉及：职工高等教育工作中需要解决的迫切问题研究，实践中获得成功的职工高等教育经验研究，为掌握事实和发展趋向的调查研究，对职工高等教育事业发展规模、速度和方向的预测研究等。

【学术成果】

1985年以来，研究室承接了分别来自国家教育委员会、国家科学技术委员会、国家经济委员会、国际继续教育工程协会、上海市科学技术委员会以及中国石油化工总公司等组织下达的课题。完成了"上海市继续工程教育预测和可选方案""全国继续工程教育规划研究"等多项国家级或市级研究课题。此外，研究室接受中央教育科学研究所委托，承担了中国与联合国国际教育局规划研究所的合作研究项目之一"普通高等学校和职工高等学校两个对比研究"，即关于职工进入职工高校学习前后的对比研究，和职工高校与普通高校专科毕业生的对比研究，由此探明两类高校学生在能力、知识结构及发展潜力等方面的主要特点及其形成原因和发展层次，从而阐明了发展职工高等教育的重要意义。与此同时，还取得了"上海市职工高等教育布局结构调整""上海市高等职业教育（发展）"等方面的研究成果。

"七五"期间，研究室人员以综合组成员角色，参与了国家哲学社会科学重点课题"高中后教育模式研究""高等职业技术教育培养目标、途径及其特色"等的研究工作。在高等职业学院和高等专科学校（通常简称"高职高专"）的教育理论方面共发表100多篇（部）系列研究论文及专著。1986年，研究室与中国职工教育研究会合作编辑出版《职工教育信息报》。

1992年，经上海市高等教育局和上海第二工业大学协商，上海市职工高等教育研究室功能划归到上海市高等教育研究所，并组建为上海市高等教育研究所成人高等教育研究室。

第二章 科研成果

第一节 国家级科研成果

一、"七五""八五"项目与成果

【上海教育发展战略研究】

系国家哲学社会科学"七五"规划重点课题,1986年正式启动。课题由市人民政府教育卫生办公室、中共上海市委研究室、市计划委员会、市科学技术委员会牵头组织,受上海市科技发展基金、国家社会科学基金、市高等教育局、市教育局资助,全市80多个有关部门和单位共200余人参与。其中,参加该课题研究指导或综合研究工作的主要有陈铁迪、舒文、谢丽娟、王生洪、刘佛年等。

1987年底,课题的基础研究和综合研究工作结束,完成近百个子课题研究报告。1988年,课题研究成果出版(复旦大学出版社),包括《上海成人教育发展战略研究的重点》《2000年上海郊区县成人教育发展构想》等。

【工商企业岗位职务培训研究】

系国家哲学社会科学"七五"规划重点课题,1988年正式启动。课题组由上海第二教育学院课题负责人孙世路教授组建。研究工作为期3年,形成了《北京工商企业岗位培训研究报告》《上海工业企业岗位培训研究报告》《上海商业企业岗位培训研究报告》《哈尔滨工商企业岗位培训研究报告》《大、中型企业厂长(经理)岗位培训研究报告》《国外企业岗位培训研究报告》以及《工商企业岗位培训研究总报告》等研究成果。1990年,课题成果通过专家鉴定,出版了《工商企业岗位培训调查报告》("工商企业岗位培训研究"课题组,中国劳动出版社1990年出版)和《工商企业岗位培训研究》("工商企业岗位培训研究"课题组,中国劳动出版社1992年出版)两本著作,并获国家教委教育科学研究优秀成果一等奖。

【国外及中国台湾省高中后教育比较研究】

系国家哲学社会科学"七五"基金研究项目重点课题"高中后教育模式研究"的分课题,1988年初正式立项。

"高中后教育模式研究"课题1987年7月经国家教育委员会教育规划领导小组批准立项,负责人董明传(时任国家教育委员会成人教育司司长)。课题设"领导小组"(组长:董明传)、"综合研究组"(组长:汤佩铮,上海第二工业大学校长;副组长:刘梦周)和比较教育组(召集人:钱振华、高志敏)。另再设三个课题组成员协作块:部委协作块(召集人:李正大、王振淮)、省市协作块(召集人:周丕创)和单列市协作块(召集人:张春信)。1991年7月形成研究总报告,8月通过国家级成果鉴定。课题成果《中国高中后教育模式研究报告》一书,由董明传、刘梦周任主编,分上下两篇,上篇为"研究总报告",下篇为"部委、省市及计划单列市研究报告",1993年3月由高等教育出版社出版。

"国外及中国台湾省高中后教育比较研究"分课题系"高中后教育模式研究"课题的重要组成部

分,由比较教育组召集人钱振华、高志敏(工作单位:华东师范大学成人高等教育研究室)负责课题设计、组织、推进工作。参与此项分课题研究的机构有:同济大学联邦德国研究所、杭州大学教育系、上海外国语学院苏联研究所、东北师范大学比较教育研究所、厦门大学台湾问题研究所、华东师范大学教育科学学院、苏联东欧研究所。课题主要展开对联邦德国、英国、苏联、东欧、美国、加拿大、日本和中国台湾省的高中后本科前的各类教育与培训方面的比较研究。1990年,在各参与单位完成相关国家和地区研究分报告的基础上,由负责本分课题研究的比较教育组召集人单位最终形成了关于国外及中国台湾省高中后教育研究的总报告。

1992年,"国外及中国台湾省高中后教育比较研究"的相关研究成果,以与课题同名方式,由华东师范大学高志敏任主编,中国劳动出版社正式出版。1999年,《高中后教育模式研究》获国家教育部全国第二届教育科学优秀成果二等奖。

【自学考试理论研究】

系国家哲学社会科学"七五"重点研究项目"国家自学考试制度研究"的子课题,亦是全国考委"七五"重点研究项目。课题由华东师范大学教育科学研究院院长金一鸣教授申报立项,负责人为金一鸣教授与叶忠海教授,成员有:康乃美、王继平、林忠南、沈金荣、瞿凯成、赵宪中、王建民等。课题1989年初启动,1991年10月完成。课题成果《自学考试通论》(金一鸣、叶忠海主编),由中国广播电视出版社1992年12月出版。全书由总论篇、规格篇、自学和助学篇、命题篇、实施管理篇、展望篇等六篇十九章组成,共计22.2万字,是自学考试初创时期对之作出较为系统而全面研究的代表作,被誉为"在教育科学领域中为自学考试学提出了一个比较完整的体系"。

【成人高等学历教育改革研究】

系国家哲学社会科学"八五"规划一般课题,由上海第二工业大学成人高等教育研究所黄清云教授任课题负责人。课题围绕普通高校夜大学、各级政府和企业或行业主办的各类成人高校的专科教育(并由专科延伸到本科)在"七五"和"八五"期间的主要改革措施,研究成人高等学历教育在新形势下的作用及面临的改革任务。

【当代世界教育科学发展与成人教育】

系国家哲学社会科学"八五"规划青年专项课题,1992年正式立项,由华东师范大学高志敏教授独立申报并完成研究工作。

课题研究包含七部分:终身教育思想的生成与成人教育、教育哲学的繁荣与成人教育、教育社会学的开拓与成人教育、教育心理学的发展与成人教育、教育技术学的崛起与成人教育、教育管理学的建立与成人教育、教育评价学的兴盛与成人教育(共计60余万字)。其中,终身教育思想的生成与成人教育、教育社会学的开拓与成人教育、教育心理学的发展与成人教育三个部分(25.5万字),以与课题同名方式于1997年由上海交通大学出版社出版。

【国外职业培训制度比较研究、上海市岗位培训制度研究】

系国家哲学社会科学"八五"规划重点课题"中国岗位培训制度研究"的两个子课题。

1991年8月,国家教委成人教育司司长董明传和北京市成人教育局局长尤文牵头向全国教育科学规划领导小组申报"中国岗位培训制度研究"课题,同年11月经批准,列为全国教育科学"八五"规划重点课题,1992年6月被全国哲学社会科学规划领导小组批准,列为全国哲学社会科学"八五"规划国家重点研究课题,接受国家哲学社会科学基金资助。

课题研究的主旨是:为在中国建立和推行岗位培训制度形成或提供理论基础和实施方案。董明传和尤文任总课题组组长,并组建了1个课题综合组和由22个部委、行业总公司、12个省市及7所高校参加的,按照行业、系统、地区分别组建的36个分课题组,以展开各行业、系统、地区以及国外的职业培训制度研究。其中,《上海市岗位培训制度研究》课题组,由上海电视大学党委书记郭伯农任组长,市教委办公室副主任徐钦福、成人教育办公室主任张持刚、《上海成人教育》杂志主编项秉健任副组长,主要展开对上海地区的岗位培训制度研究;《国外职业培训比较研究》课题组,由全国7所高校相关专家、学者组成,由华东师范大学教授钟启泉任组长,华东师范大学教授高志敏和国家教委成人教育司孙琦任副组长,设9个研究小组,分别对美国、英国、法国、德国、日本、加拿大、瑞士、韩国、新加坡等9个国家的职业培训制度进行比较研究。

1995年,课题完成后,国家教委成人教育司和《中国岗位培训制度研究》总课题组共同组织编辑出版《中国岗位培训制度研究》丛书,共含十二辑,由中国人事出版社出版。

《上海市岗位培训制度研究》课题组完成的研究成果——上海市岗位培训制度研究,被编入由张有声、吉利、叶中瑜和徐钦福等任编辑的《中国岗位培训制度研究》丛书第九辑——北京、上海、天津市岗位培训制度研究专辑中。

《国外职业培训比较研究》课题组完成的研究成果——由高志敏执笔完成的国外职业培训比较研究综合报告,由9个研究小组分别完成的国别研究报告,以及由上海经济管理干部学院罗健生完成的国外职业培训法规研究报告,共约43万字,专成一辑,即《中国岗位培训制度研究》丛书第十二辑,高志敏、孙琦任该专辑主编。

1999年,《中国岗位培训制度研究》获国家教育部全国第二届教育科学优秀成果一等奖。

二、"九五""十五"项目与成果

【面向21世纪中国成人教育发展模式研究】

系国家哲学社会科学"九五"规划重点课题"面向21世纪中国成人教育发展研究"的子课题。总课题申报人、负责人为教育部职业教育与成人教育司黄尧司长,1997年初批准立项。子课题组长为华东师范大学叶忠海教授,成员有姚远峰、顾晓波、姬忠林、沈金荣、乐传永、徐辉富、楼一峰、周嘉方等。该子课题1997年6月启动,1999年10月完成。最终成果为著作《面向21世纪中国成人教育发展模式研究》(叶忠海主编),由高等教育出版社于2002年1月出版。著作从理论基础、现状分析、历史考察、国内外比较等视角对21世纪中国成人教育发展模式展开综合研究,并首次在国家宏观层面上从"数量增长""质量效益""结构优化"等多维度系统探究了中国成人教育的发展模式。

【面向21世纪中国成人教育法规建设研究】

系国家哲学社会科学"九五"规划重点课题"面向21世纪中国成人教育发展研究"的子课题。总课题申报人、负责人为教育部职业教育与成人教育司司长黄尧,1997年初批准立项。子课题负责人为上海市成人教育委员会副主任郭伯农教授。该课题于1997年启动,在大量研究了各国和地区有关成人教育及终身教育法规的基础上,提出了中国施行终身教育促进法的主张。同时,对其实施的必要性与可行性进行了深入的研究,并且确定了终身教育促进法的基本思路和原则。在所设计的终身教育促进法的基本框架内,始终注意到文化传统与现阶段政治经济发展的特色,并充分考虑到了法的完整性、层次性和准确性,以及终身教育发展趋势。2000 年完成课题,最终成果为著作《面向 21 世纪中国成人教育法规建设研究》(郭伯农主编),由高等教育出版社于 2002 年出版。

【21 世纪初中国社区教育发展研究】

系国家哲学社会科学"十五"规划一般课题,2001 年正式立项,由华东师范大学叶忠海教授主持课题研究工作。课题共形成两部分研究成果。第一,阶段成果:《21 世纪初中国社区教育发展的专题研究》《21 世纪初中国社区教育发展的区域研究》《21 世纪初中国社区教育发展的类型研究》《21 世纪初中国社区教育发展的国际参照系研究》,分别作为《21 世纪初中国社区教育发展研究丛书》(1)(2)(3)(4),由四川出版集团巴蜀书社出版。第二,最终成果:《21 世纪初中国社区教育发展研究总报告》及其附件,共设 11 章,约 17 万字,依次展开了 21 世纪初中国社区教育发展的背景、现实基础、国际参照系、战略(含指导思想和原则、目标、重点和特色、空间布局、途径和思路、模式)、基本对策等问题的探讨。

三、"十一五"项目与成果

【社区教育与城市民生问题研究】

系国家哲学社会科学"十一五"规划一般课题,2008 年正式立项,由上海大学社会教育研究中心秦钠研究员主持课题研究工作,是全国教育科学规划课题成人教育学科中唯一的研究成果被政府予以采纳实施并予免检的项目。

课题组成立了跨专业、跨学校研究团队,有关成员分别赴北欧、美国、日本城市社区开展实地调查研究。借鉴发达国家成熟的社区教育经验,结合上海社区教育的现状,率先探索了实践"终身学习推进员"工作机制。

【现代社区教育的比较研究】

系国家哲学社会科学"十一五"规划一般课题"社区教育与城市民生问题研究"的子课题,总课题由上海大学期刊社社长秦钠研究员主持,子课题由华东师范大学职业教育与成人教育研究所张永负责,2008 年 8 月开始,2009 年 12 月完成研究报告。

课题通过比较发展中国家城市社区教育和发达国家成熟的城市社区教育对解决民生问题所具有的不同功能,分析共同性和差异性及其原因,从理论上揭示现代城市社区的特征,现代社区教育的本质,组织运作规律及特征,阐述现代社区教育的功能和作用,谋划城市社区教育的未来发展。课题成果主要有《现代社区教育的国际比较研究报告》《西方现代社区教育理念及其启示》(《全球教育展望》2011 年第 12 期)、《北欧社区教育研究》(载于李学红主编《社区教育机构标准化建设研究》一书,上海科学普及出版社 2010 年出版)等。

【终身学习视野下的微型移动学习资源建设研究】

系国家哲学社会科学"十一五"规划一般课题,2008 年正式立项,由华东师范大学顾小清教授主持课题研究工作。该课题从微型移动学习资源建设入手,深入探讨适合成人学习的微型移动学习理论与实践。课题研究成果——《终身学习视野下的微型移动学习资源建设》一书,2011年5月由华东师范大学出版社出版。

【基于学习型社会理念的成人工作场所学习机制及推进策略研究】

系国家社科基金青年基金课题,于2008年立项,由华东师范大学孙玫璐副研究员主持课题研究工作。该课题以成人的工作场所学习为研究对象,基于中国当前构建学习型社会的理念要求和社会大背景,明确了推进成人工作场所学习的必要性;解析、评述了国外工作场所学习前沿理论与新实践,研究、明确了国内当前成人工作场所学习环境的特点。同时,对成人工作场所学习的影响要素、实施途径以及效果评价等机制要素进行了理论探讨,并基于此提出了当前国内成人工作场所学习的推进策略。课题于2013年完成了《基于学习型社会构建的成人工作场所学习机制与推进策略研究总报告》。

第二节　省部级科研成果

一、"七五""八五"项目与成果

【2000年企业职工队伍建设战略目标及主要对策研究】

系国家经济贸易委员会"七五"委托重点课题,由上海第二教育学院承担。课题经过对华东、东北、西北近百个大中小型企业的典型调查,建立了物理数学模型。

1987年起草总报告,在全国职工教育管理委员会支持指导下,于京、沪两地召开多次论证会,最后形成《2000年企业职工队伍建设战略目标及主要对策研究总报告》,报国家经委作宏观决策参考,并于1990年获全国首届教育科学研究优秀成果二等奖。

【跨省市成人教育情报网络建设方案研究】

系国家教育委员会"七五"重点课题"中国教育情报网建设和教育情报学研究"的子课题,由上海第二教育学院图书馆负责组织实施。

1990年,完成研究报告,并获国家教委情报中心优秀论文奖。

【成人学历教育制度研究】

系国家教育委员会"七五"青年专项课题,由上海市教育科学研究院楼一峰负责组织实施。

1990年课题结题,课题报告以1987年国务院批转的《国家教委关于改革和发展成人教育的决定》为背景,其一,解读了"成人学历教育的概念",认为它应是指一定社会为满足和促进成人学习、生活、发展需要而进行的一种富有积极意义教育活动;其二,阐述了"成人学历教育制度的内涵",指出它是经济社会发展的必要条件,既助力于经济社会建设,又有利于提高全体国民素质;其三,论述了"成人学历教育必须正确处理好的几组关系",包括针对地区差别、对象差别等,要处理好差异性与统一性之间的关系,针对正规教育、非正规教育、非正式教育,要处理好多样性与统一性之间的关系,针对多元化办学、多层次办学、多渠道办学,要处理好多种积极性发挥与国家责任承担之间的关系。

【上海城市社区模式研究】

系国家教育委员会"八五"重点课题,1989 年正式立项,由上海市教育局承担。该课题主要研究城市的社区教育的现状和问题。1992 年,课题结题。1994 年,研究成果以《上海社区教育》为书名,由科学技术文献出版社出版发行,并获上海市第五届教学科学研究一等奖。

【燎原计划与农村教育综合改革的理论与实践研究】

系国家教育委员会"八五"重点课题,由市教育局副局长俞恭庆主持研究工作,旨在探讨燎原计划与农村教育综合改革的关系,探索增强农村吸收和应用科学技术的途径和方法。

至 1996 年,整个研究历时五年,总结了嘉定区、青浦县农村教育实验的经验,向国家教委报送两个县(区)调研报告,并编撰《上海市实施燎原计划案例选编》,研究报告获上海市第六届教育科研成果一等奖。

【成人教育中的政治思想教育和职业道德教育】

系国家教育委员会"八五"重点课题,由上海第二教育学院组建课题组,参加人员 80 余人,设 9 个子课题组。课题在广泛调查研究基础上,反复比较论证各个不同历史时期成人教育中政治思想教育和职业道德教育正反两方面的经验,完成 8 份子课题研究报告,包括《哈尔滨市成人高等教育中的政治思想教育和职业道德教育研究报告》《上海市成人高等教育中的政治思想教育和职业道德教育研究报告》《上海市成人中等教育中的政治思想教育和职业道德教育研究报告》《上海农村成人教育中的政治思想教育和职业道德教育研究报告》《上海交通运输企业成人教育中的政治思想教育和职业道德教育研究报告》《上海工业企业成人教育中的政治思想教育和职业道德教育研究报告》《上海商业企业成人教育中的政治思想教育和职业道德教育研究报告》《上海工会成人教育中的政治思想教育和职业道德教育研究报告》。1994 年完成课题研究总报告。

【社会力量办学问题研究】

系全国教育科学"八五"规划国家教委青年专项课题。1992 年正式立项,由上海成人教育编辑部和上海教育局成人教育处牵头实施。项秉健(课题申报人)、顾国治为总课题组负责人。国家教委成人教育司司长董明传、上海市成人教育委员会副主任郭伯农、上海市教育局副局长俞恭庆任总课题组顾问。

参加课题所设的分课题研究的单位有:上海、天津、江苏、陕西、河北、河南以及南京、长春、哈尔滨、大连、无锡、青岛等 12 个省、市教育行政部门。1995 年,课题组形成总报告,分析了全国和分课题所在地区社会力量办学的现状、问题的改革思路,并提出发展社会力量办学的对策。

【我国成人高等院校教员队伍建设的综合研究】

系全国教育科学"八五"规划研究项目,由华东师范大学叶忠海教授于 1992 年申报批准立项。课题负责人为叶忠海、柯金泰,相关分课题负责人为周嘉方、茹得山、王林兴等。课题于 1993 年 2 月启动,经分区域(上海市、湖北省、贵州省)重点实地调查、分类型(职工高等学校、管理干部学院、教育学院、广播电视大学)深入调查研究基础上,1995 年 2 月完成。最终成果为著作《新时期中国高等学校师资队伍建设》(叶忠海、柯金泰主编,华东师范大学出版社 1996 年 3 月出版)。该著作由总论篇、学校类型篇、区域篇、专题篇等 4 篇 11 章组成,共计 17.7 万字。该成果对国内成人高等学校师资队伍建设做了较为系统全面、深入的分析。

二、"九五""十五"项目与成果

【成人教育和职业教育关系研究】

系国家教委成人教育司和中国成人教育协会 1995 年的委托课题,由华东师范大学成人高等教育研究所承担,叶忠海教授任课题组组长。课题从基础理论和中外历史角度,对教育对象、教育领域、具体的教育目标、教育功能、教育过程、教育内容、教育形式和方法、教与学的关系等进行了全面比较,由此阐述成人教育和职业教育的异同,并明确了两者之间不可替代的关系。最终研究成果《成人教育和职业教育关系研究》一文发表在《教育研究》(1996 年第 2 期)上。

【成人教育科学体系的构建与发展研究】

系全国教育科学"九五"规划教育部重点课题,1997 年立项,由华东师范大学高志敏教授主持研究工作。课题采用文献法、比较法、分析法、演绎法、研讨法,将成人教育理论与实践研究视为一门科学,探索其相关的理论依据、实践根基和作为一门科学的体系架构。课题研究成果的主要内容由五个部分组成:构建成人教育科学体系和背景分析、"成人教育""成人教育科学"与"成人教育实态"分析、成人教育实态及其社会关系分析和相关学科的导出、成人教育科学体系架构的综合分析、成人教育科学体系构建与发展的相关思考。课题于 2001 年完成,经审核结题。

【成人教育的课程理论与课程开发】

系全国教育科学"九五"规划教育部青年专项课题,1997 年申报立项,由上海第二教育学院黄健教授主持课题研究工作。该课题对成人教育课程理论和教学模式做了较为系统的理论梳理,着重探讨了成人教育课程的本质与基本特征,以及成人教育课程论的研究对象。该项研究重点分析了支撑成人教育课程实践历史和现实发展的哲学、社会学、心理学基础,比较国外若干典型的成人教育课程开发模式,探索构建一种有普遍适用意义的成人教育课程开发的基本模式,并提出了相应的课程开发策略,以有助于推进成人教育课程改革和发展。课题成果《成人教育课程开发的理论与技术》一书由上海教育出版社于 2002 年出版。

【创建学习型学院的理论与实践】

系全国教育科学"十五"规划教育部重点课题,2001 年正式立项,由同济大学继续教育学院凌培亮教授主持课题研究工作。

2004 年,课题结题。课题报告总结了创建学习型组织的基本特征,包括学习型学校建设活动应该具备的三大特征、应该掌握的三大要点和应该夯实的四大基础;首次提出了中国学习型学校框架模型;呈现了创造学习型学校的理论与实践模式,特别是形成了符合中国国情的特色模块;用系统动力学理论,建立了用于战略决策的学习型学校初步模型,并通过七年实践,对模型的正确性、可操作性和可持续性进行了优化探索。

【回应新世纪发展的成人教育社会学研究】

系全国教育科学"十五"规划教育部重点课题,2001 年正式立项,由华东师范大学高志敏教授主持课题研究工作。该课题综合运用多种研究方法,一方面从社会学的角度出发,论述了成人教育与社会多维领域及其变革所相关的若干基本命题;另一方面从社会现实出发,阐述了当今社会变革对成人教育所产生的实际影响,并从中挖掘出成人教育所能显示的意义与价值,以及所应作出的回应。

2007年,课题结题。成果公报提出的基本结论与对策建议主要围绕以下十个方面展开:全球化与成人教育、多元文化与成人教育、网络时代与成人教育、职业环境嬗变与成人教育、社区发展与成人教育、老龄化趋势与成人教育、弱势群体与成人教育、农村流动劳动力与成人教育、失学无业青年问题与成人教育、闲暇与成人闲暇教育。课题研究成果形成的专著《成人教育社会学》,2006年由河北教育出版社出版。

【成人终身学习的国际比较研究】

系全国教育科学"十五"规划教育部青年专项课题,2001年申报立项,2006年结题。课题由华东师范大学郭宝仙主持。该课题聚焦成人终身学习所需的内外在条件,以及发达国家基于这些条件,创建终身学习体系的策略展开研究。课题指出,终身学习体系的建立有三个基本条件:适当的学习机会、学习动机和终身学习的能力。成人最主要的学习方式是自我导向学习,只有当个体具有终身学习的动机和能力时,所提供的教育和培训机会方能被有意义地利用。发达国家采用个人学习需求评估和个人学习行动计划这两种具体工具激励成人终身学习,而在建构终身学习体系方面主要有三种模式:市场主导模式(如英国)、国家指导模式(如法国)和社会合作模式(如德国)。借鉴国外经验,课题建议:中国在创建终身学习体系时,应发挥政府的统筹规划协调作用,对地方政府、企业、社区、行业协会和个人在终身学习中的责任和义务以及相互之间的协调合作应进行通盘考虑。

【学习型社区建设与社区教育发展研究】

系全国教育科学"十五"规划教育部重点课题。上海市教育科学研究院党委书记、上海市社区教育协会会长季国强为课题申报人、负责人。课题于2001年批准立项,同年开题启动,2006年完成结题报告。课题组建了由全国16个省、市及地区分课题组成员参加的总课题组。课题研究的主要成果是:从理论和实践方面,对社区教育、学习型社区的概念作出了新的界定,提出了学习型社区建设的目标。同时,对学习型城市、学习型社区、学习型家庭等的创建体制和机制、社区学校的功能与模式,各级各类学校在学习型社区建设中的地位和作用等进行了深入的实践研究和理论探讨,创造性地提出了发展社区教育、促进学习型社区建设的多种途径和策略。

【成人教育学专业的建设研究】

系全国教育科学"十五"规划教育部重点课题,由华东师范大学黄健于2001年申报获批立项,并负责组织实施。课题组搜集了国外相关高校开设成人教育学或相关专业的一手资料,主要涉及该专业人才培养方面的规格、目标、模式、课程、教学、师资与就业等。同时,梳理了英国、美国、丹麦、日本、韩国等发展成人教育学专业的背景和特色;总结了国际成人教育学及相关专业的发展脉络、发展经验和发展动向。基于此,对国内成人教育学专业建设提出了相关的对策建议,认为有必要根据社会转型期对成人教育的新要求,拓展专业领域,明确培养目标,强化队伍建设,创新培养模式,以输出更多具备专业素养和问题解决能力的专门人才。课题成果主要以论文形式发表在相关学术期刊上,从而为国内成人教育学专业建设提供了国际借鉴,并引发对这一学科发展的持续关注与反思。

【成人教育的管理社会化与运行市场化研究】

系全国教育科学"十五"规划课题。课题负责人为华东师范大学周嘉方副教授。课题2002年4月申报立项,2004年6月结题。课题进展期间,对上海市教委职成教处领导及部分高校成人教育学院领导进行了访谈,做了一定量的文献综述,组织了3~4次课题研讨会,考察了若干成人教育社会培训机构,最终形成了题目为《走向管理社会化与运作市场化——新世纪中国成人教育发展审视》的课题研究报告。报告分析了成人教育发展的困境与机遇,勾勒了成人教育政府宏观管理、社会参与管理与第三方监督管理的社会化共管机制,提出了成人教育运作市场化的路径设想。研究报告发表在《教育发展研究》2005年第2期。

【学习化社会与社区教育发展研究】

系全国教育科学"十五"规划教育部课题,由上海市教育科学研究院楼一峰负责组织实施。

2005年课题结题。课题报告基于对"学习化社会的理解"与"学习化社会与社区教育发展关系"的阐述,提出了学习化社会与社区教育彼此能够发生呼应性发展的三项策略思考:一是完善政府主导的推进机制,形成政府主导、分工明确、社会支持、各方参与、合理推进的格局;二是加大社区教育改革与创新,结合不同学习主体的需要与特点,突破单一课堂教学,实现学习模式创新,探索自主学习模式、远程学习模式、活动体验模式及团队互动学习模式等在社区教育实践中的应用;三是整合教育资源,满足群众多样化的学习需求,要有效地推进学习化社会建设,就必须整合和逐步开放政府部门的学习资源,避免重复投资,提高教育资源的利用效率。

【以学习者为主体的远程教育支持服务体系的研究】

系全国教育科学"十五"规划教育部重点课题,2002年立项,2008年结题,由华东师范大学网络教育学院常务副院长徐伯兴教授主持课题研究工作。课题主要完成了如下研究工作:一是学习者研究——从学习者特性角度出发,研究了学习动机、学习兴趣、学习行为、学习结果等;二是个性化的学习资源建设和以学习者为主体的学习环境研究——从知识管理和建构主义角度出发,探索了如何应用知识流技术,建立动态的、有生命力的知识流体系,并结合学习者的个性特点,探究如何实现知识发现、提取、共享和再创造;三是关于教育的社会化服务研究——对学习过程涉及的社会属性,如政府的政策支持、引领、监管、学习者学历认证、教育质量评估、社会力量加盟等方面,提出了远程教育支持服务体系的模型和体系,并对其中各个系统之间的相互关系作出了阐述。

【成人非正规教育研究】

系全国教育科学"十五"规划教育部青年专项课题,2002年立项,2009年9月结项,由上海市教育科学研究院职业教育与成人教育研究所顾晓波主持。课题报告在厘清成人非正规教育及其相关概念、发展背景和现实意义的基础上,提出了成人非正规教育的结构体系以及发展成人非正规教育的对策思路。课题核心成果《成人非正规教育:概念、背景及若干思考》发表在《职教论坛》(2005年第11期),获人大复印报刊资料《成人教育学刊》全文转载(2006年第2期)。

三、"十一五"的项目与成果

【推进学习型政府研究】

系全国教育科学"十一五"规划教育部哲学社会科学研究重大课题攻关项目"构建学习型社会研究"子课题,2004 年批准立项。总课题由北京师范大学顾明远教授领衔;子课题"推进学习型政府研究"由华东师范大学钟启泉教授、黄健教授主持,成员有邱永明、周嘉方、韩明华、陆素菊、叶肇芳、孙玫璐、朱敏等。课题在对学习型政府的基本内涵、基本特征、重要意义等进行探索的基础上,对具有中国特色的中央领导干部集体学习制度、大规模干部培训和形式多样的机关学习活动进行了阐述与分析,并提炼了近年来国内学习型政府的推进经验,分析了学习型政府创建可能面临的问题与挑战,提出了进一步深入实践学习型政府的对策建议。最终研究成果于 2010 年由北京师范大学出版社以专著《学无止境》的形式出版。

【成人教育学科体系的批判与重构研究】

系全国教育科学"十一五"规划教育部重点课题,2006 年正式立项,由华东师范大学高志敏教授主持课题研究工作。

课题运用文献法、访谈法、比较法、个案法、深度分析法等研究方法,对成人教育学科体系的构建与发展进行了具有元论意义的回望、反思与前瞻。研究旨在对成人教育学、成人教育科学研究、成人教育学科体系建设研究文化有所打造、有所创新、有所积淀,进而有助于终身教育体系的构建与全民学习、终身学习之学习型社会的创建,终而推动人的终身全面发展与社会的持续和谐发展。

2012 年,课题结题,并提交了最终由高志敏教授独立执笔完成近 70 万字的研究成果(该成果以"成人教育学科体系论"为书名,2017 年由上海教育出版社出版),其基本的内容框架为:一、基于异域追踪和本土寻迹,对成人教育学展开了历史追问;二、基于异域回溯和本土回望,对成人教育学科体系展开了历史追溯;三、基于异域与本土之间的认知异同分析与认知个案的剖析,围绕"伦理与纲领""性质与目标""意义与作用""源点与路向""内容与边界""空间与方法"六组 12 个基本命题,对成人教育学科体系建设进行了深切的反思与深入的前瞻。

第三节　上海市教育科学规划科研成果

上海市教育科学规划科研项目主要分为重大项目、重点项目、决策咨询项目、市级项目四大类项。其中,市级项目又含市级重点项目、市级项目、市级规划项目等若干主要分类(成人教育科研项目与成果主要集中在市级项目及其分设类别中)。这一层面的教育科学规划项目,从 1995 年开始,有比较翔实的数据统计与比较完整的资料存档。

1995—2010 年,在上海市教育科学规划的所有科研项目总量中,与成人教育及其研究相关的课题逐年增多,占有相当比重。这些科研项目大致可以分为两种类型,一类是通常意义上的各级各类的成人教育及其研究项目,另一类是世纪之交在教师教育及其研究愈益勃兴背景下的,亦属于成人教育及其研究范畴的教师在职教育或称教师继续教育及其研究项目。第一类科研项目、科研成果,和第二类中相对更具普遍意义和广泛实践意义,或更具视野宽度、宏观倾向的科研项目、科研成果,其量多达近百个,对之,采用表格方式进行整合并呈现如下。

1995—2000年,市级重点项目包括"面向二十一世纪的教师培训模式研究""成人教育课程开发的理论与实践研究"等。其余市级项目中,还包含委托研究与攻关项目、自筹经费项目等。

表12-2-1　1995—2000年上海市教育科研项目一览表(成人教育部分)

年份	级别	课题名称	申报人	申报单位
1995	市级重点	面向二十一世纪的教师培训模式研究	施良方	华东师范大学
	市级	师范学校青年教师培养途径与方法的研究	张玉华	上海市教委师资处
1996	市级重点	成人教育课程开发的理论与实践研究	黄健	上海第二教育学院
		成人中等学校校长、管理干部和教师岗位培训和继续教育课程的研究	劳国敏	上海第二教育学院
		现代企业教育综合研究	祝均一	上海企业教育研究中心
	市级	信息时代的远距离教育发展研究	陈生根	上海电视大学
		面向二十一世纪小学教师继续教育比较研究	何晓文	上海师资培训中心
		社区教育的理论研究	叶忠海	上海市教育科学研究院
		现代化过程中成人教育的发展研究	金星火	上海市教育科学研究院
		现代企业制度与现代企业教育模式研究	徐瑞麟	上海市成人教育协会
		成人教育社会化办学和社区教育模式调整和研究	芮兴宝	上海市成人教育协会
1997	市级重点	关于燎原计划项目评估的研究	俞志亮	崇明县教文体委员
		提高上海市中小学教师自身素质的对策研究	吴玉琦	上海市教育科学研究院
	市级	关于成人教育区域网络化建设的研究	孙建国	南市区教育局
		上海市成人大、中专学历教育培养目标与培养规格比较	顾晓波	上海市教育科学研究院
		跨世纪时期上海地区教师社会化特点研究	钱扑	上海市教育科学研究院
		成人教育哲学研究	易滨	上海第二教育学院
1998	市级	现代企业制度下教育改革与发展研究	李迪	上海市教育科学研究院
		建立现代企业教育制度的理论和实践研究	郭伯农	上海市成人教育协会
		农村中小学教师教学创新能力培养的研究	胡文龙	闵行区马桥强恕中学
		成人社会文化生活教育的开发与管理的研究	江蕾	闸北区教育学院
	市级(自筹经费)	农村外来流动人口教育研究	陆本良	嘉定区成人教育中心
	市级(委托研究与攻关项目)	学习化社会建设问题研究	俞恭庆	上海市教育委员会
1999	市级重点	关于创建学习化社区的研究	叶申江	浦东新区成人教育办公室

（续表）

年份	级　别	课　题　名　称	申报人	申　报　单　位
1999	市级	成人中等专业学校创新人才培养模式实验研究	胡国华	杨浦区职工中专
		面向 21 世纪浦东新区教师继续教育模式研究	吴天锡	浦东新区教育学院
		成人教育如何形成教育产业的研究	王顺霖	卢湾区教育局
		乡(镇)成人学校在社区建设中的功能研究	杨少鸣	嘉定区成人教育中心
		农村成人教育发展热点、难点剖析	汪卫平	嘉定区教育局
		校本教师培训模式的开发	朱益明	上海市教育科学研究院
		上海社区高等职业教育发展模式研究	楼一峰	上海市教育科学研究院
		现代远程教育教学模式的研究和实验	汪洪宝	上海电视大学
		培训者的培训研究	高志敏	华东师范大学
		教学设计理论和方法在我国成人教育中的应用研究	陈建国	华东师范大学
	市级(自筹)	利用现代远程教育手段发展上海社会化培训策略研究	程祖毅	上海电视大学
2000	市级	远程学习学生学业成就的归因调查和分析	徐辉富	上海电视大学
		成人教育的发展与终身教育体系的构建之研究	巨瑛梅	华东师范大学
		上海学习型社区的建设条件和推进策略	钱虎根	上海市教育科学研究院
		新时期乡镇成人学校发展的对策研究	黄建平	金山区成人教育学校

　　2001—2005 年,市级重点项目包括"创建'学习型城市'的理论、规划与实施研究""上海市构建终身教育体系和学习型城市研究""上海现代远程教育的资源整合与资源共享"等。除了市级项目外,还有部分规划项目,如"农村经济发展与农村成人教育研究""上海市社会力量办学(非学历教育)评估体系的研究"等;上海教育新一轮发展研究决策咨询立项项目,包括"上海现代终身教育体系及发展规划研究""上海社区教育发展规划研究"。

表 12-2-2　2001—2005 年上海市教育科研项目一览表(成人教育部分)

年份	级　别	课　题　名　称	申报人	申　报　单　位
2001	市级重点	创建"学习型城市"的理论、规划与实施研究	徐文龙	上海市教育科学研究院
		上海市构建终身教育体系和学习型城市研究	叶忠海	华东师范大学
	市级	学校开展研究性学习中的教师培训研究	王　洁	上海市教育科学研究院
		终身教育的现代理论支撑与实践运作策略研究	高志敏	华东师范大学
		构建远程教育平台提高中小学教师继续教育的实效性研究	龚一鸣	上海远程教育集团电化教育馆

（续表）

年份	级别	课题名称	申报人	申报单位
2001	市级	构建学习化社区的学校功能研究	王威尔	嘉定区教师进修学校
	规划	农村经济发展与农村成人教育研究	汪卫平	嘉定区教育局
		上海市社会力量办学(非学历教育)评估体系的研究	王志中	上海教育评估院
2003	市级重点	教师职业生涯规划研究	白益民	上海师范大学
		上海现代远程教育的资源整合与资源共享	凌培亮	同济大学
	市级	上海市终身学习教育体系及以社区为单位的学习型城市的理论与实践研究	李春玲	上海市教育科学研究院
		上海市的老龄化及老年教育发展政策研究	张钟汝	上海大学
	上海教育新一轮发展研究决策咨询立项	上海现代终身教育体系及发展规划研究	马树超	上海市教育科学研究院
		上海社区教育发展规划研究	金星火	上海市教育科学研究院
2005	市级	上海市社区教育模块课程研究	蒋逸民	华东师范大学
		国家大都市中的学校与社区——构建上海市学习型社区的对策研究	吴遵民	华东师范大学
		学习型城市构建市民学习公共服务体系的实践研究	张德明	上海电视大学
		上海成人的教育需求与成人教育应对策略之研究	胡秀锦	上海市教育科学研究院
	规划	网络成人英语教育中运用语言意识教育的研究	武成	上海师范大学
		上海成人高等教育内涵建设的理论与实践研究	杨谊青	上海商学院

2006—2010年,市级重点项目包括"远程开发教育教学质量国际论证研究""上海市外来务工人员教育培训的对策与行动研究"等。

表12－2－3　2006—2010年上海市教育科研项目一览表(成人教育部分)

年份	级别	课题名称	申报人	申报单位
2006	市级重点	远程开发教育教学质量国际论证研究	陈信	上海电视大学
		上海市外来务工人员教育培训的对策与行动研究	汪敏生	上海第二工业大学
	市级	新时期教师教育与培养研究——基于实践的中小学双语教师专业能力建设	陆蓉	浦东教育发展研究院
		新教师培养模式与促进教师专业化发展研究	王洁	上海市教育科学研究院
		教师个人教育知识发展之研究	陈振华	华东师范大学

（续表一）

年份	级　别	课　题　名　称	申报人	申　报　单　位
2006	市级	现代中国的学校文化与教师专业成长——民国时期的经典案例研究	周　勇	华东师范大学
		区域性教师继续教育体系构建探究	郑百伟	上海师范大学
2007	市级重点	上海市镇乡成人学校建设标准研究	俞勇彪	上海市成人教育协会
		面向上海学习型社会的数字教育公共服务平台建设和运行模式研究	肖　君	上海远程教育集团
	市级	成人特殊高等教育的探索与实践	张　社	徐汇区业余大学
		长宁区数字化学习Ⅱ——长宁区教育数字化社区建设研究	陈设立	长宁区教育局
		适应上海新一轮社区建设的社区教育发展研究	秦　钠	上海大学
		外来务工人员教育培训需求与对策措施的研究	杨剑龙	上海师范大学
		高校公共基础课程教师发展的研究	邹磊磊	上海水产大学
		外来人员集中居住区社区教育个案研究	王益宇	上海第二工业大学
		以实验项目为抓手推进社区教育实验工作的研究	季国强	上海市教育科学研究院
		上海市民终身学习体系构建的瓶颈问题及对策研究	李　珺	上海市教育科学研究院
		上海构建学习型城市市民终身学习公共服务体系的策略研究	杨　晨	上海远程教育集团
2008	市级	上海市创建学习型城市中教育培训公共服务平台建设研究	唐亚林	华东理工大学
		外来务工人员教育培训需求与对策措施的研究	金德琅	上海电视大学普陀分校
		新农村教师教育中提高教师人文素养的实践研究	杨连明	奉贤区教师进修学院
		优秀教师实践性知识形成与发展的实例研究	姜美玲	浦东教育发展研究院
2009	市级	外来务工人员教育培训需求与对策措施的研究	赖涪林	上海财经大学
		现代远程教育教师的专业发展研究	翁朱华	上海电视大学
		终身教育网络资源建设的研究	张　社	徐汇区社区学院
		建设外来务工人员社区教育服务体系的研究	戚振国	徐汇区华泾镇人民政府
2010	市级重点	住院医师培训模式的优化研究	韩一平	中国人民解放军第二军医大学
		开放大学在上海学习型城市中的定位与发展研究	徐　皓	上海电视大学

(续表二)

年份	级别	课题名称	申报人	申报单位
2010	市级	职教师资专业教学能力培养策略体系研	王建初	同济大学
		上海市全科医生终身教育体系的研究	谢庆文	上海交通大学医学院
		远程学习服务质量的实证研究——基于学习者的视角	黄复生	上海远程教育集团

除了此前各级各类科研项目、科研成果以外，其他或有不同课题来源、或采用不同研究方式等完成的相关科研项目及其成果主要还有：

1988年1月9日，上海市成人教育研究所参与《上海市职工教育条例》《上海市农民教育条例》的调研起草工作，经市人民代表大会表决通过，同年7月1日施行；承担"上海市成人教育管理干部培训研究"，于1988年完成研究报告；承担"上海市成人教育现状和今后发展的研究"，于1989年完成研究报告。

1990年，上海市教育局为提高成人教育科学研究的水平，决定每年拨专款20万元，作为科研经费，成立成人教育科学研究指导委员会，实行全市公开招标、评审等制度，使成人教育的科学研究工作，逐步走向制度化、规范化。

1991年，上海市农业农村委员会组织农村成人教育工作者、教科研成员共同参与编写出版《田野的希望——改革发展中的上海农村成人教育》(赵子琴主编，复旦大学出版社)一书。全书分"回顾与展望""论文""成果"三部分，计107篇文章。同年，上海市政府政策研究室、第二工业大学和上海市成人教育委员会联合完成《上海大中型企业高层次人才现状、需求、培养模式研究报告》；上海市财贸党委和上海市委研究室联合完成《九十年代上海商业、金融专业人才队伍建设的主要目标和对策》。上海市劳动局承接由国家教育委员会与中国职工教育和职业培训协会联合下达的"高级技术工人技能培训研究与实验"重点课题。

1992年，上海市经济委员会组织4个调查组，按企业改革类型，对50家企业的教育培训机制转换以及30多家企业进行调查，历时两个多月，最后撰写了《关于企业教育培训机制转换的调查报告》。同年在广泛调查研究基础上出版《农村成人教育调查》(郭伯农主编，上海教育出版社)一书，该书主要反映"七五"期间农村成人教育改革和发展的轨迹，为制订农民教育的地方性法规提供依据。

1993年，上海市成人教育科学研究指导委员会颁发《1993年上海市成人教育科研招标课题》；对投标课题评议后，确定19个课题为中标课题，分别由市、区、县成人教育研究机构或学校承担。1994年，上海市成人教育科学研究指导委员会完成6个课题的结题报告，确定20个课题为1994年招标课题。招标活动至1995年上海市教育局撤销时结束。1996年上海成人教育科学研究指导委员会编辑出版《上海成人教育研究论文集》第一辑，收录1993年招标课题17份研究报告；1998年出版第二辑，收录1994年招标课题20份研究成果报告。

1994年，上海市建设委员会完成《上海市建委系统管理和专业技术人员情况抽样调查报告》、"关于企业教育机制转换的现状和对策研究"与"关于学校内部管理体制改革情况的调查"。

1996年，市教委成人教育办公室完成了"建立终身教育制度，提高市民素质调研及对策"研究课题。该课题对成人教育发挥全面功能，参与精神文明建设具有积极的指导作用。

　　同年的相关的项目与成果还有："成人中、高等教育规格比较""成人教学质量管理保证体系""成人学校布局调整研究""当前企业教育发展的新趋势""上海农村城市化进程中的农民教育问题研究""燎原计划项目运作方式的研究"与《上海市老年人教育办法》等。此外，上海市经济委员会、上海市建设委员会组织了对企业教育的课题研究或调查研究，完成了一批研究和调查报告。

　　1997年，完成课题"成人教育协会功能探讨""行业职工教育管理研究"；启动市级中标课题"社区成人教育模式的调查和研究""现代企业制度与现代企业教育模式研究"；完成"上海市成人教育2010年发展规划""成人高校布局调整方案""成人高中等教育规格比较""成人高中等学校教育质量保证体系"等课题研究。

第三章 学科点建设

第一节 成人教育学专业硕博学位授予点

一、华东师范大学硕博学位授予点

【沿革】

1993年5月,由华东师范大学叶忠海教授作为学科带头人负责启动并组织成人教育学专业硕士学位授予点的申报工作,经学校学位委员会评审同意后,上报国务院学位委员会。1993年11月通过审查,正式获批。由此,华东师范大学在中国大陆设立了第一个成人教育学专业硕士学位授予点,并于1994年开始招收硕士研究生,启动了成人教育学专业高层次人才的培养工作。

1994—2005年,平均每年招收4名硕士研究生。2006年开始,随着学科成熟度的增强、专业认同度的提升,招收的硕士研究生数量明显增多,平均每年20名。

1998年华东师大开始酝酿筹建成人教育学专业博士学位授予点。2003年,由华东师大职业教育与成人教育研究所高志敏教授作为学科带头人负责启动并组织博士学位授予点的申报工作。

2004年10月,经华东师范大学学位委员会、学术委员会审议通过,并上报国家教育部;2004年12月,通过教育部审定,正式获批。由此,华东师大正式设立了中国大陆首个成人教育学专业博士学位授予点,并于2005年开始招收博士研究生,每年招生规模为4名。

【师资】

自1993年成立硕士学位授予点以来,科研和导师队伍主要有叶忠海、高志敏、陆养涛、沈金荣、赵长城、郭宝仙、解守宗、区培民、邱永明、韩明华、胡荟芹、黄健、孙玫璐、张永、朱敏等。他们作为学术带头人和学术骨干,根据国家社会经济与人的终身发展,以及成人教育理论与实践发展的需要,在筹划和实施新的科学研究和人才培养计划中,发挥积极作用。博士学位授予点确定高志敏教授为学科带头人。

二、同济大学硕士学位授予点

【沿革】

2000年,由同济大学凌培亮教授作为学科带头人负责启动并组织成人教育学专业硕士学位授予点的申报工作,2001年获国务院学位委员会审批通过,同济大学成为新增成人教育学专业硕士学位授予单位,2002年开始招收硕士研究生。由此,同济大学成为全国最早可授予成人教育学专业硕士学位的三个综合性高等院校之一。该学位授予点的管理单位为同济大学继续教育学院,挂靠单位为同济大学文法学院,其研究旨趣主要在于成人教育教学研究、成人教育管理研究、现代远程教育研究与现代教育技术研究,同时依托该校继续教育学院与现代远程教育研究所等办学与科研力量,并将之作为师生有效的实习基地,开展科学研究,为成人教育学学科发展与研究生培养提供了一条产学研相结合的道路。

【师资】

该硕士学位授予点以文理相结合、理论与实践相结合、导师组团教学等形式,展开成人教育方面的研究与学位论文写作。截至 2010 年,共有硕士生导师 7 名,学科带头人为凌培亮教授,导师主要有陈幼德、张建忠、宫新荷、徐海宁、陈其晖等。

三、上海师范大学硕士学位授予点

【沿革】

2006 年 2 月,由上海师范大学惠中教授牵头成立成人教育学硕士授予点的申报筹备小组。通过了解上海和外省市高校成人教育学专业硕士授予点的设置情况,提出了在该校设立该专业硕士学位授予点的初步设想,并完成了相关的论证报告,包括研究方向设置、主要课程计划、导师队伍组织、建设计划设计等。2006 年 5 月 23 日,学校召开了由学校主管领导和相关部门以及校内外专家出席的"上海师范大学成人教育学硕士学位授予点建设论证汇报会"。会议通过对设立该学位授予点的必要性和可行性论证与审核,同意上海师范大学依托教育学一级学科硕士学位授予权,采取由该校教育学院和继续教育学院共建方式,于 2006 年正式设立成人教育学专业硕士学位授予点,并于 2007 年开始招生。该学位授予点的研究活动主要聚焦成人教育基本理论研究、成人教育管理研究、教师教育研究、教师继续教育研究等。

【师资】

该硕士学位授予点自成立以来,由惠中教授担任学科带头人,主要学术骨干有舒志定教授、施永达副教授、徐雄伟副教授、沈嘉祺副教授和楼一峰研究员。

第二节　成人教育学专业硕博学位授予点人才培养

一、华东师范大学硕博学位授予点人才培养

【硕士研究生】

华东师范大学成人教育学专业硕士学位授予点最初设"现代成人教育原理""成人高等教育研究"和"人力资源开发研究"三个研究方向,后增改为八个研究方向:"成人教育基本原理""终身教育、终身学习与学习型社会""成人学习理论与方法""学习型社区与学习型组织""专业技术人员成长与发展""职业适应与职场学习""培训者培训"与"比较成人教育"等。主要采用课堂教授、项目教学、专题研究与社会调研相结合的培养方式。

培养目标:能较好地掌握马克思主义、毛泽东思想和中国特色社会主义理论,能深入贯彻科学发展观,热爱祖国,遵纪守法,学风严谨,品行端正,身心健康,有较强的事业心和进取心;具备现代教育理念、一定的教育科学素养和创新精神,掌握本学科坚实的基础理论和系统的专门知识,掌握一门外国语,具有从事教学、科研和其他实际工作的能力;毕业后能独立从事成人教育理论研究和

实践研究,胜任相关领域的教学、管理、项目开发与咨询工作,或者具备攻读本领域及相关领域高一级学位的学术素养与研究能力。

培养方式与学习年限:学制3年,学习年限最长不超过5年。在学习年限内,要求学习者保证规定的在校学习时间,修读完成课程学习和科研训练,并参加不少于2个月的社会实践(实习单位可以是各级学校、企业、培训机构、政府有关部门或其他类型组织;实习结束后需完成一篇实习报告,以实习单位的鉴定和导师的评定为依据)。在完成培养要求的前提下,对少数学业优秀的研究生,可申请提前毕业。

学分要求:硕士研究生课程包括学位公共课、学位基础课和学位专业课。课程考核分考试和考查。考试成绩按百分制,考查成绩按等级制计分。必修课程不少于30学分,其中学位公共课占11学分,学位基础课占9学分,学位专业课占10学分;选修课程不少于10学分,其中专业选修课占8学分,跨专业或跨学科课程占2学分。实践与科研训练占3学分,补修课程不计入总学分。

课程设置:专业课程主要设置成人教育基本原理、成人发展与成人学习、学习型社会理论与实践、工作场所的学习研究、企业培训理论与实践、生涯教育与咨询、培训项目规划与课程设计、人才理论与人才发展、人力资源开发与管理、老龄化社会与老年教育、社区教育与学习型社区创建、比较成人教育、成人教育思想与实践发展、专业外语等。

培养成果:华东师范大学成人教育学专业硕士学位授予点成立后,1994年开始招生,截至2010年,有139名学生通过论文答辩获得该专业的硕士学位。

【博士研究生】

华东师范大学成人教育学专业博士学位授予点初设两个研究方向:"成人教育基本原理"与"终身教育、终身学习与学习型社会",后增至四个研究方向:"成人教育基本原理""终身教育、终身学习与学习型社会""工作场所学习与人力资源开发"与"继续教育与人才发展研究"。主要采用基础研究、专题研究、项目研究、社会调研等相结合的培养方式。

培养目标:能够深刻领悟邓小平理论以及"三个代表"与"科学发展观"思想,并且准确把握其中的精神实质与方法论精髓,具有先进的教育理念和深厚的教育理论功底,熟悉国内外成人教育最新的前沿理论和最新研究成果,全面、深入了解中国成人教育的历史、现状与趋势,在掌握教育科学研究一般方法论与具体方法的同时,能够掌握适合成人教育研究的方法论和独特方法,熟练掌握一门外国语。毕业以后,能够独立并具有开创性地从事成人教育的理论与实践研究,能够胜任本专业和相关专业的教学、培训、管理与决策咨询工作。

培养方式与学习年限:学制3年,培养年限最长不超过6年。在学习年限内,要求学习者保证规定的在校学习时间,并完成规定的课程、论文与其他学习要求。

学分要求:总学分不少于18分,必修课程不少于13学分,其中学位公共课不少于7学分,学位专业课不少于6学分;选修课程不少于4学分,其中专业选修课不少于2学分,跨学科或跨专业课不少于2学分;实践与科研训练1学分。

课程设置:专业课程主要设置成人教育与终身教育基本理论研究、工作场所学习与人力资源开发研究、成人教育学科体系构建与发展研究、社区教育与学习型社区研究、继续教育发展研究、学科前沿理论研究、科研论文写作等。

培养成果:华东师范大学成人教育学专业博士学位授予点获批成立后,2005年开始招生,截至2010年,有8名学生通过论文答辩获得该专业的博士学位。

二、同济大学硕士学位授予点人才培养

同济大学成人教育学专业硕士学位授予点下设"成人教育教学与管理研究""现代远程教育研究"和"现代教育技术研究"三个研究方向,其特色是发挥综合性大学的优势,注重自然科学与人文科学相融合,理论研究与实践研究相结合,重点研究和构建以优势学科为主的成人教育的现代化教育与教学体系,主要研究成人教育的教学规律、教育体制、教育需要、课程设计、方法选择、质量评估等。

培养目标:培养学生具有坚定的社会主义信念,自觉学习马列主义、毛泽东思想、邓小平理论,拥护党的路线方针政策;具有较为扎实的成人教育学理论基础、较系统的成人教育管理知识,较先进的现代教育技术身心健康的复合型高级专门人才。以适应构筑终身教育体系,创建学习型社会的需要,以适应现代远程教育及网络教育的需要,以适应现代企业人力资源开发和管理的需要。具有应用第一外语开展学术研究和学术交流的基本能力。

培养方式与学习年限:学制为 2.5 年,其中课程学习 1~1.5 年,论文工作不少于 1 年。修读年限最长不超过 4 年。提前完成培养计划、学位论文符合申请答辩要求的研究生,经过审批可以提前答辩、毕业并申请学位。培养过程中主要把握以下六个环节:入学环节、授课环节、开题环节、带教环节、科研实践环节、论文答辩环节,以保证学位论文和研究生的培养质量。

学分要求:总学分不少于 28 学分,其中公共学位课 6 学分,专业学位课 12 学分,非学位课 8 学分,必修环节 2 学分。

课程设置:专业课程主要设置教育研究方法、现代教育技术、成人教育心理学、成人教育课程论及其应用、专业外语、教育评价、现代远程教育理论与应用、成人教育管理研究、中外成人教育比较研究、职业培训体系设计、e-learning 原理、技术与方法等。

培养成果:同济大学成人教育学专业硕士学位授予点成立后,2002 年开始招生,截至 2010 年,有 29 名学生通过论文答辩获得该专业硕士学位。

三、上海师范大学硕士学位授予点人才培养

上海师范大学成人教育学专业硕士授予点下设"教师继续教育研究"与"成人教育理论与管理研究"两个研究方向。

培养目标:具有合格的思想政治素养、良好的道德品质和较强的社会适应性,适应国内社会和教育发展需要,德、智、体诸方面全面发展,能够到各级教育行政机关和大专院校的相关部门、成人学校等从事成人教育研究、教学和管理工作,也可到企事业单位从事人力资源管理和教育培训等相关工作的专门人才。

培养方式与学习年限:学制三年,要求学习期间独立完成一项科研任务,并至少在公开学术刊物上发表 1 篇论文。

学分要求:必修课程:学位公共课程 6 学分,学位基础课程 9 学分,学位专业课程 17 学分。三年学习过程中,学生需进行四周的教学实习,在教师指导下给本科生或成人教育学生讲授一个到两个单元的教学内容,以提高学生的实际教学能力,也可以到成人教育管理机构或成人学校进行工作实习,在实践中培养或提升学生的管理能力。

课程设置：专业课程设置成人教育原理、发展与学习心理、成人教育课程设计与开发、成人教育决策与管理、成人学校管理、成人教育的国际比较、当代成人教育问题研究教师教育研究、教师继续教育专题研究、教育研究方法基础、教育评价研究、教育社会学、教育文化学、数据统计与多元分析、专业外语等。

培养成果：上海师范大学成人教育学专业硕士学位授予点成立后，2007年开始招生，截至2010年，有6名学生通过论文答辩获得该专业硕士学位。

第四章 合作交流

第一节 国际(项目)合作

一、研修(培训)项目

【中英 LCCIEB 课程远程教育培训项目】

该项目于 1999 年立项。为迎接中国加入 WTO 组织,上海电视大学与英国伦敦工商局考试局(LCCIEB)共同设立上海首家海外培训中心——英国伦敦工商培训中心。合作推出 LCCIEB 远程教育课程,利用国际优秀商务教育资源,采用现代化教育手段,培训国内急需的国际商务人才。根据协议,招生工作于次年春季在上海展开,参加学习与证书考试的学员没有年龄与学历限制。上海市设有多个助学点进行培训。LCCIEB 考试每年四次,考题由 LCCIEB 伦敦总部发出,考卷送伦敦评卷,并由伦敦总部颁发证书。

【UNESCO 远程教育决策者国际培训班项目】

该项目于 2003 年立项,由联合国教科文组织、中国联合国教科文组织全国委员会、上海远程教育集团合作举办。培训班于 2003 年 11 月 2—7 日在上海电视大学教视大厦开班,来自中国、马来西亚、柬埔寨、印度尼西亚、乌兹别克斯坦、蒙古、吉尔吉斯斯坦、孟加拉、越南、尼泊尔、泰国、巴基斯坦、老挝、印度 14 个国家的政府教育部门高级官员近 30 人参加。培训班旨在让成员国的教育政策制定者了解远程开放教育领域的主要理论、发展趋势及政策倾向;培训各国官员学会如何使用由联合国教科文组织建设的远程教育和开放学习网站,如何搜寻满足决策参考需要的必要文件和资料;探讨促进本领域决策者合作的途径,包括如何更新网站等。

【与哈佛大学合作开展的教师教育培训项目】

该项目于 2005 年成功引进上海,由上海远程教育集团、上海外国语大学、美国哈佛大学合作举办,是美国哈佛大学教育学研究生院 Wide World 网络课程第一次与中国的合作,被列入上海市普通教育系统"名校长名师系列培训工程"项目之一。Wide World 课程是哈佛大学教育学研究生院的一个创新性专业进修课程,结合了世界各地教育界佼佼者们多年来的尖端研究成果和实践经验,通过网上课程,运用既综合又兼个性化的授课方式,开发教师和教育行政人员在教育工作中的引导式专业素质,进而提高学生的素质表现。该项目由三方合作进行,哈佛大学提供优秀教育资源,上海远程教育集团提供现代化的硬件支持平台并负责教学的组织和管理工作,上海外国语大学提供课程翻译。

第一期培训课程有 250 名学员参加,学员由上海市 19 个区县教育局推荐,从各中学、小学和幼儿园骨干教师和担任教育工作的校长中选出,学习的方式全部通过网络在线形式来完成。培训一直持续到 2006 年上半年结束。

第二期培训课程"为理解的教学 1",开始于 2006 年 10 月 25 日,结束于 2007 年 1 月 27 日。来自上海市 18 个区县中小幼的 168 名"名师名校长"人选参加了课程学习。最后共有 151 人按课程要求完成了学习任务并修满学分,获得结业证书。

第三期培训课程于 2007 年 4 月 10 日开班,哈佛大学教育研究生院 Wide World 项目首次启用全中文语言环境进行网上培训,以方便上海市更多愿意参加培训但受困于英语障碍的教师参加,也为培训项目在中国的推广奠定了基础。

第四期培训课程于 2007 年 10 月 20 日开班。至此,上海远程教育集团已先后举办了四期培训课程,共有 560 多名"名校长名师"后备人选获得美国哈佛大学教育研究生院颁发的 Wide World 课程结业证书。

第五期培训课程"为理解的教学 1"于 2008 年 10 月 31 日在上海电视大学国顺路校区开班。

【UNESCO 远程教育教席国际系列研修班项目】

"UNESCO 远程教育教席国际系列研修班"项目由上海电视大学、联合国教科文组织合作举办,从 2005 年起至 2011 年止,共举办过六届研修活动,除第五届不在中国举办外,其余各届都在上海电视大学国顺路校区举办。

第一届于 2005 年 10 月 22—25 日举办,主题为"品牌课程开发案例分析"。参加该次研修班的共有 80 余名代表,其中,国外代表 16 人,分别来自泰国、越南、马来西亚、蒙古、朝鲜、韩国、英国、印度和联合国教科文组织。除英国、韩国、印度、中国 5 位中外专家授课和 4 位国内代表进行优秀案例展示交流外,中国教育部高教司远程教育处处长刘英应邀做了专题报告,联合国教科文组织亚太局专家李月娥(Molly Lee)等做了亚太地区远程教育网络知识库的应用讲座。

第二届于 2006 年 11 月 15—18 日举办,主题为"教学模式与学习支持服务案例分析"。来自英国、泰国、马来西亚、印度尼西亚、韩国、阿联酋、朝鲜、蒙古、中国等 9 个国家的 70 余名远程教育的专家和学员共同参与。

第三届于 2007 年 10 月 19—21 日举办,主题为"开放教育资源案例分析"。来自泰国、马来西亚、荷兰、美国、韩国、蒙古、朝鲜和中国 35 所高校及机构的 70 多位专家、教师代表参加。

第四届于 2009 年 9 月 24—26 日举办,主题为"远程教育质量保障与 ICDE 质量评审"。参加此届研修班的有国内普通高校网络学院、研究机构的代表和省级电视大学代表,以及来自英国、挪威、美国、泰国、马来西亚、韩国、蒙古等国家共 40 多位专家代表。

第六届于 2011 年 12 月 4—5 日举办,主题为"终身学习与学分银行建设"。来自韩国、英国、荷兰、加拿大、联合国教科文组织以及国内各广播电视大学、普通高校等 90 多位专家、学者参与。该期研修班有五大专题研讨板块,分别是:终身学习与学分银行研究;韩国"学分银行"运行案例研究;欧美等"学分银行"运行案例研究;中国建设"学分银行"的机遇、挑战与策略研讨;"学分银行"建设与开放、灵活的终身学习研讨。

【UNESCO 中国不发达地区小学教师和校长培训班项目】

该项目由联合国教科文组织、上海电视大学合作举办。针对中国不发达地区小学教育的教学薄弱环节,特聘上海市具有丰富教学经验的专家和优秀教师授课,通过专题讲座、案例分析、交互讨论和实地考察等方法,使参与者获得小学教育教学的先进理念和成功经验,提高教学水平和管理能力,使被资助地区的小学及教师受益,更好地为教育扶贫服务。

2006 年 10 月 17—26 日,在上海电视大学举行首期培训班项目,由联合国教科文组织东亚远程教育教席、周氏集团等单位协办,此次培训主题涉及小学教育改革的现状及趋势、小学校长领导艺术与管理实践、小学教材教法概论、小学语数外教材教法、小学计算机应用技能、上海教育资源库建设。

末期培训班于 2007 年 4 月 7—17 日在上海电视大学开班,联合国教科文组织东亚远程教育教席、上海教育服务园区及安利(中国)日用品有限公司等单位协办,来自海南、吉林、新疆、广东、广西、重庆、天津等 15 个省市的 68 名小学骨干教师及校长参加。

【非洲国家高级教育官员研修班项目】

该项目由联合国教科文组织、中国联合国教科文组织全国委员会、上海电视大学合作举办。研修班于 2010 年 5 月 21—26 日在上海电视大学国顺路校区开班,参加活动有来自佛得角、埃塞俄比亚、肯尼亚等 10 个非洲国家的 12 名高级教育官员、大学校长,联合国教科文组织、非洲教育发展协会、非洲远程教育理事会、全球法语大学联盟等国际组织官员代表,以及法国、俄罗斯、加拿大、爱尔兰、美国、泰国和中国教育信息通信技术领域的专家学者。活动主题是"开放远程学习与信息通信技术:全民教育新动力",此次研修班是上海电视大学积极响应 2009 世界高等教育大会号召支持非洲教育事业发展而采取的切实行动。

二、其他形式合作项目

【中国华东师范大学与加拿大维多利亚大学远程教育教学合作项目】

项目于 1983 年正式启动,前后持续了 10 年时间。该项目由华东师范大学业余教育处(后改为成人教育学院)与加拿大维多利亚大学校外扩展部合作实施,主要就函授教学手段的多元化、进一步提高函授教育教学质量开展研究。中方先后由业余教育处高本义处长、成人教育学院钱振华院长、徐荣南院长担任负责人,加方总负责人为欧文教授。1987 年,进行了"《亚非文学》课程不同函授教学方式的比较研究";1990 年,采用录像技术,并围绕以此取代传统面授的可能性进行研究,发表了《英语辅导录像在函授学习中的作用及相关因素分析》一文。

【中韩"工商管理、多媒体技术专业(网络教育)"合作办学项目】

2002 年 7 月双方签订合作协议,2002 年 9 月报批市教委,2003 年 3 月申请办学许可证,2003 年 5 月正式获得由市教委颁发的办学许可证。该项目是上海远程教育集团首次在本科学历层次上(专升本学士学位)的中外合作项目,也是韩国汉城数字大学(Seoul Digital University,以下简称 SDU)在中国独家开展的学历教育,项目教学资源由 SDU 与上海远程教育集团共同开发,授课全部以互联网在线方式进行。专科毕业生通过网络在线攻读 SDU 两个专业(工商管理和多媒体技术专业)本科课程,成绩合格者可获得由韩国教育部承认的 SDU 大学学士学位证书及上海电视大学结业证书。

【上海电视大学与韩国国立开放大学的合作】

2003 年 11 月 7 日,上海电视大学与韩国国立开放大学在上海电视大学举行"姐妹学校"签约仪式,上海电视大学校长张德明及韩国国立开放大学 Kang Kyong Son 分别在协议书上签字。根据协议,双方在教学教务、学生招生管理、图书馆、远程教育等多方面展开合作。

【上海电视大学与美国纽约城市大学的合作】

2005 年 3 月 23 日,上海电视大学与美国纽约城市大学 SI 学院就双方学术交流与合作等方面举行签约仪式,上海电视大学副校长王民与美国纽约城市大学 SI 学院人文及社会科学学部院长司徒斐然分别代表双方学校在协议书上签字,双方合作领域包括教师与学生的交流、信息交流、合作性的员工发展、合作性的科学研究等。6 月 10 日,上海电视大学信息与工程系与美国纽约城市大学计算机系举行合作办班签约仪式,双方签约的代表分别是纽约城市大学计算机系教授、上海电视大学客座教授埃米尔奇和上海电视大学信息与工程系常务副主任赵燕玉。

【《世界远程教育精品文丛》编写项目】

该项目由上海远程教育集团、联合国教科文组织(UNESCO)、国际开放与远程教育协会(ICDE)、英联邦学习共同体(COL)等重要国际组织机构合作举办。《世界远程教育精品文丛》项目是一项系列工程,项目编委会于 2006 年 10 月 11 日召开第一次会议,计划于 2008 年编纂出版一套包括国际现代远程教育领域的经典论著和 21 世纪以来的优秀论文的系列丛书。这套丛书将为远程教育机构及其决策者、研究人员、教师、管理人员等提供系统和前沿的研究成果,并推动中国和世界各国及地区远程教育的理论研究和实践应用。

【上海电视大学与澳大利亚南十字星大学的合作】

2008 年 3 月 5 日,校长张德明代表上海电视大学与澳大利亚南十字星大学在继续合作举办工商管理专业课程班的协议上签字,标志着该合作办学项目进入了新的发展阶段。

【课程资源交流与合作】

2010 年 3 月 26 日,美国教育视导与课程发展协会(ASCD)总裁吉恩·卡特(Gene Carter)、副总裁罗恩·米拉特(Ron Miletta)和业务发展主任嘉诺·鲁多(Jarrod Rudo)一行三人到访上海远程教育集团,就双方课程资源交流签署框架协议。上海市远程教育集团副主任王民,资产经营管理公司有关负责人吴钧、王小琍、肖君以及下属两家出版社负责人出席了签约仪式。

【"中丹工作与学习联合研究中心"合作项目】

2002 年起,丹麦罗斯基勒大学与华东师范大学就成人教育科学研究、师生互派交流学习及课程交流等展开合作。2012 年 11 月 29 日,共同签署了《丹麦罗斯基勒大学与中国华东师范大学关于成立"中丹工作与学习联合研究中心"的合作协议》。该研究中心以华东师范大学职业教育与成人教育研究所和丹麦罗斯基勒大学终身学习研究院为依托,整合国际化和本土化视野,开展基于成人教育、人力资源开发、人才研究、心理学等领域的跨学科研究。"中丹工作与学习联合研究中心"的正式成立将两校的合作推到了新的高度。双方还计划在教育、信息技术、资源与环境等领域开展研究生联合培养项目。

第二节　国际学术会议

一、研讨会、讨论会

【1984 年国际成人教育讨论会】

1984 年 5 月 14—24 日,经中华人民共和国国务院批准,由国际成人教育协会、中国成人教育协会举办,上海市成人教育研究会承办。会议旨在通过交流各国的成人教育实践经验,增进相互之间的了解,进而从理论和实践上研究相互学习、互相借鉴的策略。出席会议的代表共 67 名,其中有来自 22 个国家和地区的 35 位外国专家,以及来自中国 14 个省、市、自治区的 32 位会议代表。会议分两段进行,前四天中外代表混合编组,对上海市的各级各类、各种形式的成人教育作现场考察;后六天为大会宣讲论文、评议和小组讨论。会议共收到中外代表的学术论文近 70 篇。此次会议的重要学术成果汇编成《上海国际成人教育讨论会论文集》,计有论文 18 篇、评论 9 篇、国外成人教育资料 3 篇,并附有会议总结、摄影报道等,1985 年 3 月由上海教育出版社出版。

【1992 上海国际成人教育理论研讨会】

1992 年 10 月 21—24 日,由上海市第二教育学院、美国北伊利诺伊大学,上海市川沙县成人教育委员会协办。会议分别在上海市区和上海市川沙县召开。参会的有来自美国、日本、新西兰、瑞典等国家和中国香港、台湾以及其他各省市的专家、教授和成人教育工作者共 59 名代表。在川沙县举办会议的日期是 23 日,川沙县副县长罗光菊介绍了川沙县成人教育的工作现状和发展趋势。会议期间,中外会议代表还考察了上海电视大学川沙分校、川沙县成人教师进修学校以及川沙县洋泾、六团乡的成人学校。

【1993 上海国际视听教育研讨会】

1993 年 11 月 27—30 日,由上海电视大学举办。此次会议是上海电视大学第一次举办的国际会议,也是中国远程教育领域的第三次国际会议,会议经上海市高教局批准并报国家教委,获得了肯定和支持。国家教育委员会在当年的工作计划中明确把上海这次研讨会定位成中国第三次远程高等教育国际学术会议。此次会议有来自美国、加拿大、日本、泰国、澳大利亚、中国大陆和中国台湾等七个国家及地区的远程教育专家和代表,共 46 人。会议为期三天半,收到论文 30 篇,代表们围绕"视听教育的发展、教育技术的进步和专业人员的培训"等专题,结合各自国家和地区以及学校的实际情况进行交流和探讨。

【1998 上海远距离开放教育国际研讨会】

1998 年 4 月 15—17 日,由上海电视大学(STVU)、联合国教科文组织亚太地区总办事处(UNESCO/PROAP)、国际开放与远距离教育协会(ICDE)和亚太地区大学协会(AUAP)等单位举办,会议主题为"开放与远距离教育在建设终身教育和学习化社会中的作用"。这是当时国内远距离开放教育领域层次规格最高的一次国际会议,也是中国及国际远程教育界的一次具有重要而深远影响的学术交流活动。来自英国、德国、爱尔兰、葡萄牙、挪威、泰国、日本、韩国、美国、澳大利亚、菲律宾、马来西亚、印度尼西亚、越南、蒙古、中国及中国香港、中国台湾等 18 个国家和地区的近百名专家学者参加了会议。

【中美社区学院研讨会】

1999 年 8 月,由上海市教育科学研究院、上海市金山社区学院、美中教育基金会主办,上海师范大学、上海市东西环球旅游进修学院、上海市静安社区学院协办。会议主题:社区学院建设。市教委副主任薛喜民报告的内容是:发展社区成人教育、推进文明社区建设;上海市教育科学研究院成人教育研究所的金星火阐述的是社区学院目标定位和建设条件;金山、长宁、静安、上海中西进修学院分别介绍了如何结合区域社会发展探索各社区学院建设的不同模式;美中教育基金会有关专家介绍了美国社区学院的使命和功能,并对"具有中国特色"的社区学院的需求以及相关问题发表了看法。

【新千年:教育技术与远程教育发展学术报告会】

2000年4月22日,由上海电视大学主办。会议主题:"教育技术与远程教育发展"。这是上海电视大学为纪念建校40周年而在新世纪之际首次举行的国际学术活动。会议邀请到中外5个国家的8位专家学者做学术报告,重点探讨教育技术在开放和远程教育中的应用实践和理论思考。来自全国普通高校代表、电视大学系统代表、自考及其他单位代表等共150余人出席会议。

二、论坛、年会

【2003世界开放大学峰会(GMUNET)暨校长论坛】

2003年11月6—7日,由联合国教科文组织、上海远程教育集团、上海电视大学、中央广播电视大学等单位举办。会议主题为"创新与合作:为远程教育的明天共同行动"。该会议是全球从事远程高等教育,并拥有10万以上在校生的巨型开放大学校长的首次聚会。来自英国、西班牙、美国、南非、土耳其、印度、巴基斯坦、印度尼西亚、泰国、伊朗、韩国和中国的17所巨型开放大学校长发表演讲并讨论签署《上海合作宣言》。应邀列席会议的还有国内部分省级电视大学校长、普通高校网络教育学院院长及有关专家。

【创建学习型社区国际论坛】

2004年11月5日,由上海市闸北区人民政府、上海行政学院、上海市教育委员会和上海市成人教育协会联合举办。中共上海市委副秘书长姜樑、国家教育部职成教司助理巡视员张昭文、中共党校《学习时报》副总编钟国兴、上海市文明办副主任陈振民等出席开幕式。姜樑代表上海市委副书记殷一璀对本次论坛的召开表示祝贺。张昭文、钟国兴发言。中共闸北区委副书记、区政协主席张丽丽主持开幕式。尹弘、吕贵分别做主题报告。出席本次会议共有250多人,其中28位来自美国、瑞典、日本、加拿大、波兰、英国、韩国等,中国台湾地区也派出专家参会。与会者围绕"创建学习型社区的理论和实践"这一主题展开研讨。

【"建设终身学习体系与学习型社会"国际论坛】

2004年12月15—16日,由中国国家教育发展研究中心、上海浦东新区政府、上海市教育委员会、世界银行集团、中国教育发展战略研究会、中国教育国际交流协会和北京现代教育研究院主办,浦东社会发展局承办。世界银行研究院高级专家卡尔·达耳曼(Carl Dahlman)博士、国家教育发展研究中心专家咨询委员会主任郝克明教授等国内外著名学者与300名会议代表汇聚一起,围绕全球知识经济与终身学习、2020年学校教育发展目标、学习型社会指标体系构建等专题进行广泛探讨。来自美国、墨西哥、韩国等国家的10余名专家学者还介绍了构建终身学习体系和学习型社会、学习型社区、学习型城市、学习型组织的实践经验。

【2004亚洲开放大学协会(AAOU)第18届年会】

2004年11月28—30日,由上海电视大学主办。会议主题为"人人享有优质教育:开放大学新的使命与挑战"。共有 32 个国家(地区)400 余名远程教育专家学者参加。其间,主办方安排了会前讲习班、AAOU 卓越功勋奖授奖仪式、最佳论文颁奖仪式和 AAOU 秘书处易地交旗仪式,以及上海大学生英语主题辩论赛和终身学习与远程教育、社区教育中心实地考察等系列活动。会前讲习班于 27 日召开,主题是"远程教育课程开发与课件制作",由英国开放大学副校长琳达·琼斯(Linda Jones)教授,印度英迪拉·甘地国立开放大学桑托西·潘德(Santosh Panda)教授、中国香港公开大学远程教育研究中心研究员张伟远博士、华南师范大学远程教育研究所所长丁新教授等作主题演讲,共有 130 余名海内外的远程教育专家学者参加了讲习班学习。

【2005"成人教育创新和学习型社会建设"国际论坛】

2005 年 4 月 7—9 日,由华东师范大学教育科学研究院职业教育与成人教育研究所承办。会议主题分别为"社会变革与成人教育发展""终身学习与学习型社会建设""学习型社会建设与大学变革""理论创新与专业人才培养"。这是华东师范大学成立大陆首个成人教育学专业博士学位授予点后承办的第一次大型国际会议。来自德国、加拿大、新西兰、丹麦以及中国大陆、中国台湾、中国澳门等国家和地区共 80 余名学者出席会议。会议主要分享了中国、丹麦、新西兰等国家和地区创建学习型社会的经验。

【社区学习中心国际研讨会】

2005 年 10 月 29—31 日,由中国联合国教科文组织全国委员会主办、上海浦东新区社会发展局和上海教育科学研究院承办。来自亚太地区 20 多个国家、地区的代表以及 120 位中国代表与会。会议的主要议题为:交流亚太地区社区学习中心的经验;探索未来战略行动;使社区学习中心项目纳入全民教育和联合国扫盲十年计划的框架;为建设学习型社会探索经验。上海市教委副主任瞿钧等参加开幕式,浦东新区副区长张恩迪致欢迎词。

【中瑞远程教育与社区学习国际研讨会】

2006 年 10 月 17 日,由上海市终身教育研究会、上海市成人教育协会、上海远程教育集团、上海电视大学、绍兴市现代远程教育学会和上海市教育发展基金会等单位举办。会议主题为"倡导学习终生受益理念,推进现代远程多元教育"。共有来自瑞典的 9 位专家和浙江、上海的 150 余名代表出席。研讨会由上海市政协教科文卫副主任薛喜民主持,上海市教育委员会副主任瞿钧致辞,上海远程教育集团主任张德明致欢迎词。

【2008 世界开放与远程教育论坛】

2008 年 10 月 19—21 日,由联合国教科文组织、国际远程教育理事会、中国联合国教科文组织全国委员会、上海市教育委员会、上海远程教育集团/上海电视大学等单位主办,英联邦学习共同体、亚洲开放大学协会、全球远程教育大学协会等协办。会议主题为"开放远程教育的未来与学习型城市建设:新挑战、新机遇、新战略"。世界开放与远程教育论坛是全球远程教育领域的最权威、最高端的会议之一,也是国内目前为止规格最高的远程开放教育学术会议之一。共有全球 47 个国家 400 余名远程教育专家学者出席。主要探讨了信息技术在开放远程教育中的重要作用;开放教育资源运用及有关知识产权的问题;远程教育与无边界教育的发展;远程教育管理变革;远程教育质量的不断改进;学习型社会建设中的开放远程教育等六方面议题。

【"建立多语言学习网络空间"可行性研究国际专家工作组会议】

2009年5月28—30日,由中国联合国教科文组织全国委员会主办,上海电视大学承办。会议旨在落实联合国教科文组织执行局180届会议讨论通过的"建设多语言学习网络空间"决议(该决议由中国提交)。来自奥地利、澳大利亚、德国、南非、智利以及中国联合国教科文组织全国委员会、北京师范大学、上海电视大学的近20位国内外专家参加了会议。

【第九届国际人力资源开发学会年会亚洲分会】

2009年11月11—14日,由华东师范大学、上海市学习型社会建设与终身教育促进委员会主办。会议主题为"工作场所学习——致力于个人、组织及社会的可持续发展"。国际人力资源开发学会是人力资源开发领域最高级别的国际学术组织,每年举办三次国际学术交流会议,分别在美国、欧洲和亚洲。在亚洲主办的年会称为"亚洲年会"。来自知名高校和领先企业的90多名国际代表和150多名国内代表出席此次大会。会议主要展现不同国家和地区在工作场所学习领域的实践经验与政策革新。

【上海国际终身学习论坛】

2010年5月19—21日,由联合国教科文组织、上海市人民政府、中国教育发展战略学会、中国联合国教科文组织全国委员会等单位主办,上海市教育委员会、联合国教科文组织终身学习研究所、世界终身学习委员会、中国教育发展战略学会终身教育工作委员会等单位承办。会议主题为"让学习伴随终生——终身学习的进展、发展趋势和制度建设"。论坛是在《国家中长期教育改革与发展规划纲要》(2010—2020)刚刚制定发布的背景下召开的。有40多个国家及国际组织的200多名中外代表参加,是改革开放以来中国由政府主办的大规模的国际终身学习论坛之一。论坛从政府、社会、学习者个人,正规教育与非正规教育培训,立法和制度等多个角度,回顾与阐述了终身学习国家战略实施所取得的进展与面临的挑战,分享了建立终身学习体系的经验与最佳实践成果,为研究与制定终身学习政策贡献了智慧。

三、讲堂、报告会

【2010开放远程教育国际大讲堂】

2010年5月21—23日,由上海电视大学举办。大讲堂举办之时,正值上海电视大学成立50周年,上海远程教育集团成立10年之际。因此,作为非洲高级教育官员研修班讲座组成部分的大讲堂同时也是校庆庆典的预热性学术活动,主讲嘉宾有联合国教科文组织信息通信事务助理总干事阿布杜拉·罕(Abdul W·Khan)博士、国际远程教育知名学者德斯蒙德·基更(Desmond Keegan)教授、英联邦学习共同体主席约翰·丹尼尔(John Daniel)爵士等国际著名远程教育专家、学者和决策者,他们围绕"国际开放远程教育的未来",向与会者阐述了开放远程教育在当前全球发展的最新热点、展望未来趋势。

【学习型社会建设国际研讨会暨中日韩首届终身学习论坛】

2010年11月26—28日,由上海外国语大学、中国成人教育协会主办,上海外国语大学继续教育学院、中国成人教育协会学术委员会承办。会议主要研讨了学习型社会、终身学习、社区教育、学分银行、构建学分互换立交桥等议题。出席此次会议的中、日、韩三国专家学者共百余名。会议签署了《中日韩终身学习学术交流协议书》，就以下四方面达成一致意见：第一，中、日、韩的"终身学习论坛"，是"三国"加强学术和工作、交流和研讨的有效平台，应持续地举办下去，由有关学者和工作者参加，两年举办一次，每届论坛的规模，由举办方决定。第二，"终身学习论坛"由三方轮流举办，每届论坛组委会及其领导人，由举办方组织确定。第三，为了持续办好"终身学习论坛"，由中国成人教育协会、日本东亚社会教育研究交流委员会、韩国平生教育总联合会各派两名代表，组成该论坛的"组织联络小组"。该小组原则上每年举行一次会议，交流商讨有关论坛事项。第四，第二届"终身学习论坛"将于 2012 年暂定由韩国举办，论坛的日期、地点由举办方确定。

第三节　港澳台学术会议

1997 年 9 月 5—8 日，"1997 海峡两岸暨香港终身学习学术研讨会"由上海第二教育学院、上海市成人教育协会主办，上海市浦东新区社会发展局、上海市总工会、上海电视大学、上海华联集团公司、苏州市成人教育研究会、吴江市教育局和安徽《学术界》杂志社等单位协办。会议主题为"终身学习的理论和实践"。会议期间，共安排 6 场专题讲座，宣读 13 篇学术论文。与会者从不同角度集中研讨了终身学习理念与终身教育的关系，与社会整体发展的关系以及实施对策等问题。会议代表是来自中国台湾、中国香港，以及上海和国内其他地区，包括来自日本的终身教育、终身学习管理者、研究者，林清江、黄富顺、马逸邦、薛喜民、郭伯农、芮兴宝、林伟华、孙世路、仓内史郎等 50 多人出席了会议，共收到论文 19 篇。

1998 年 9 月 15—17 日，"1998 海峡两岸暨港澳地区社区教育研讨会"由上海市教育科学研究院等单位承办。会议主题为"终身学习的理论和实践"。会议旨在促进社区成人教育学术理论探讨，推动社区成人教育实践的开展，加强海峡两岸及港澳社区成人教育工作者之间的了解和友谊。来自台湾、香港、澳门、北京、天津、上海、河北等地的成人教育专家、学者与社区教育工作者 70 余人出席了研讨会，共收到论文 32 篇。市教委副主任薛喜民、中国成人教育协会副会长董明传、市成人教育委员会副主任郭伯农出席会议并作专题报告与演讲。台湾社区教育学会执行秘书林振春、全国教育合作中心主任谢文立、澳门成人教育协会理事长崔宝峰到会致辞。

由上海市教育科学研究院、上海市社区教育协会主办的"海峡两岸社区教育学术研讨会"从 2006 年开始举办，每一年举办一次，至 2010 年共举办五次。

第一次会议于 2006 年 7 月 14 日在上海浦东国家开发银行大厦举办，主题是"人人皆学、时时能学、处处可学：社区教育新的使命与挑战"。来自中国台湾成人及终身教育学会参访团一行 32 人和来自上海市社区学院（校）、区县教育局有关部门负责人、街道（乡镇）负责人、有关专家学者和决策者等 60 余人出席会议。与会者集中讨论了社区教育发展与社区学院（校）改革、学习型社区建设的实践与经验、社区教育法规建设等课题，同时还就社区成人教育、老年教育等方面的问题交换了意见。

第二次会议于 2007 年 7 月 20 日在徐汇区天平宾馆举行，中国台湾成人及终身教育学会参访团、上海市教育行政部门、各区社区学院、街道（乡镇）社区学校负责人以及有关高校、科研院所的研究人员共 60 余人出席会议。会议采取专题演讲、论文发表、专家点评、现场答疑和综合座谈等多种形式，集中讨论了适应学习型社会要求的社区教育发展、学习型社区建设的实践与经验、社区学院的建设和发展等议题。

第三次会议于 2008 年 7 月 20 日在普陀区 M50 创业产业区举行,来自中国台湾成人及终身教育学会参访团一行 22 人和上海市各区县相关专家人员等 120 余人出席会议。会议主要围绕"发展社区教育,推进学习型社会建设"主题展开讨论。

第四次会议于 2009 年 7 月 17 日在杨浦区举行,还分别在杨浦区的五角场街道、四平路街道和延吉新村街道设了分会场。两地相互分享了在社区教育方面的经验,并就社区教育发展中遇到的问题进行了研讨。

第五次会议于 2010 年 7 月 16 日在闸北区社区学院数字化学习港举行,主题是"注重社区教育有效性,努力提高社区教育质量",并在闸北区宝山路街道办事处、彭浦镇社区文化活动中心和学院市民数字化学习港设分会场。中国台湾成人及终身教育学会参访团一行 29 人和来自上海市教育行政部门,各区社区学院、街道(乡镇)社区学校负责人以及有关高校、科研院所的研究人员共 150 余人出席会议。两地专家围绕推动老年教育的发展、促进大学与社区的融合、共享优质教育资源,以及社区成人教育的推进等问题进行了学术交流。

第五章 学术期刊

第一节 公开刊物

一、《开放教育研究》

1995 年,经国家新闻出版总署批准,由上海电视大学主办的《开放教育研究》正式公开出版发行,赵克林任主编。创刊初期为双月刊。该刊是国内首个以开放教育命名的传播开放与远距离教育理论知识、实践经验和信息动态的综合性教育类刊物。

刊物栏目主要有高阶访谈、专稿、发展战略、理论探究、研究报告、教师教育、学习支持、技术支撑、国际论坛、外国教育以及终身教育等。

2004 年,《开放教育研究》被南京大学中国社会科学研究评价中心确定为"中文社会科学引文索引"(CSSCI)来源期刊,成为全国入选 CSSCI 的第一本远程教育期刊。2008 年,入编《中文核心期刊要目总览》2008 年版之教育类的核心期刊。2009 年,入选《中国学术期刊评价报告——RCCSE 权威期刊和核心期刊排行榜》(2009—2010)。2010 年,经中文社会科学引文索引指导委员会审定和公示,《开放教育研究》入选 2010—2011 年版 CSSCI 来源期刊目录,名列教育学类 37 种杂志的第 11 位。

二、《成才与就业》

《成才与就业》的前身是创办于 1959 年的《上海工农教育》。

1982 年,该刊以《上海教育(工农教育版)》(季刊)为名申请复刊,经教育部批准于 1983 年初正式出版发行,肖树人任主编。

1987 年,由季刊改为双月刊,并更名为《上海教育(成人教育版)》,项秉健任主编。

1989 年,由双月刊改为月刊,并于 1990 年 7 月正式更名为《上海成人教育》,由国内发行扩大为国内外公开发行,项秉健任主编。主要栏目有:人才市场、成功之路、学习"发烧友"、社会大课堂等。

2001 年经新闻出版总署批准,《上海成人教育》再次更名为《成才与就业》,项秉健续任主编。2003 年,由月刊扩展为半月刊。设有成才时空、生涯规划、职场漫谈、创业参谋等特色栏目。每年定期推出《终身教育与学习专刊》,宣传终身教育,服务终身学习。

2002 年起,在市教委和主管单位上海教育报刊总社的支持下,承办了历届上海教育博览会。为拓展网络宣传渠道,刊物开通了与杂志资源共享、功能互补而又相对独立的网络媒体,注册为"I 才网"(爱才的谐音),并设计开发了《上海市中等职业学校职业指导网络课程》和《大学生职业发展与就业指导网络课程》。

在以《上海成人教育》为刊名的办刊期间,1992 年和 1996 年《上海成人教育》连续两次被北京大学图书馆评选为全国中文核心期刊,且截至 1996 年底,《上海成人教育》共获 36 个编辑奖,包括 5

个一等奖,是全国成人教育期刊中获得一等奖次数最多和获奖数量最多的期刊。此外,1996年至2000年,刊物承办机构还连任中国成人教育协会成人教育期刊工作委员会主任单位。

第二节　内 部 刊 物

一、《成人高等教育研究》

1982年,华东师范大学成人高等教育研究室编辑出版了内刊《成人高等教育研究》(季刊),高本义任主编。1986年,经国家新闻出版总署批准,以双月刊形式公开发行。1990年转为内刊,发行至今。

该刊旨在宣传党和政府在成人教育和职业技术教育方面的方针、政策,传播职成信息,介绍成人学习方法,研究成人教育和职业技术教育理论,探讨成人高等教育、成人高等职业技术教育以及终身教育、继续教育、社区教育领域的问题和发展。刊物在1992年被评为全国教育类核心期刊,并在1995年召开的中国成人教育协会成人高等教育理论研究会成立大会上被定为会刊。设置的主要栏目有:理论探索、热点讨论、校院长论坛、工作研究、专家访谈、名校风貌、经典导读、信息传真等。

二、《上海成人教育》

《上海成人教育》的前身是上海市成人教育协会主办的《上海市成人教育协会会讯》(以下简称"《会讯》")。

1991年11月,上海市成人教育协会成立后,开始以信息资料、定期简报的形式印发《会讯》。

1996年1月,《会讯》改版为每月一次的定期刊物,设有协会活动、成教论坛、成教动态、培训信息等栏目。

鉴于由上海教育报刊总社主办的《上海成人教育》于2001年易名为《成才与就业》,故而,同年7月《会讯》接替更名为《上海成人教育》。2010年2月,上海市成人教育协会向上海市教委申请内刊登记。2011年2月,经上海市教委审核,上海市新闻出版局批准,《上海成人教育》开始以连续性内部资料出版物的形式发行(双月刊),俞恭庆任主编。刊物以"传播成人教育理念,启迪新思维,交流新经验,介绍新成果,把刊物办成:市民终身学习的交流平台,创建学习型社会的宣传阵地,改革发展成人教育、教学的科研园地"为办刊宗旨,设有理论纵横、工作研究、学习型社会建设、视域新风等栏目。

三、《成人教育报》

1996年6月,经上海市新闻出版局批准,由市教委成人教育办公室主办的内部报刊《成人教育报》(月刊,四开四版及不定期专版)正式创刊,顾根华任主编。2005年,刊物因机构人事变动停刊。

该刊以"报道国家教育委员会(现教育部)、上海市教育委员会关于成人教育的最新决策和信息,以及上海市各类成人院校的办学经验和信息"为办刊宗旨,主要开设:要闻版、综合版、学校版、理论版、专题版等栏目,具有信息量大、短小精悍、个性鲜明等特点。

四、《终身学习》

2000 年 12 月,《终身学习》(季刊)创刊。该刊系一内部刊物,由上海市终身教育研究会主办,主要聚焦终身教育理论研究与实践探索。创刊时,其刊名为《上海终身教育》,2005 年 3 月更名为《终生学习》,2007 年,再次更名为《终身学习》,王震国任主编。

该刊以"传播终身教育思想,宣传终身学习理念,探讨终身教育发展趋势,交流终身教育理论研究成果,为上海终身教育体系构建和学习型社会建设服务"为办刊宗旨,设有教育视点、学术动态、学术成果、教育纵论、实践与探索、人物春秋、他山之石、信息窗等栏目。

五、《上海老年教育研究》

《上海老年教育研究》于 2004 年 3 月出版试刊号,于 2004 年 8 月出版第一期(创刊号)。该刊由上海市老干部大学、上海老年大学、上海老龄大学、上海市退休职工大学、上海市老年教育协会联合主办,江晨清任主编。

该刊以邓小平理论和"三个代表"重要思想为指导,将"深入研究、探索老年教育的理论问题,为推进老年教育理论的繁荣和老年教育事业的发展作出应有的贡献"视为办刊宗旨,设有热点聚焦、理论前沿、争鸣园地、学校建设、老年学习心理、教海探航、调查报告、域外风景线、社区老年学校教育、来稿选粹等栏目。

六、《上海社区教育》

2008 年 6 月,经上海市新闻出版局正式批准,由市教委主管,上海远程教育集团和上海市学习型社会建设服务指导中心主办的社区教育理论研究期刊(双月刊、内刊)——《上海社区教育》正式创刊,张德明担任主编。

该刊的办刊宗旨是探讨社区教育、终身教育发展趋势,交流社区教育信息;展示社区教育优秀成果,提高市民综合素质;促进人的全面发展,推进学习型城市建设。同时刊物还建立了《上海社区教育》网页版。开设的主要栏目有:教育要闻、校长论坛、专家评论、教育聚焦、新视野、探索与争鸣、观察与透视、组织与管理、调查与评价、志愿者风采、学习型组织、培训与就业等。

七、区县社区教育杂志

区县社区教育杂志,均由有关的区县推进学习型社会建设指导委员会主管,区县社区学院主办,为季刊,免费邮寄到国内各城市相关单位、上海市、区、街道相关单位,是区域性内部交流刊物。

《嘉定社区教育》杂志创刊于 1990 年。原名《嘉定成人教育》,2003 年 1 月后更名为《嘉定社区教育》。主要栏目有理论研究、工作论坛、社区教育、教学交流、活动点击、信息栏等。《静安社区教育》杂志创刊于 2005 年 1 月,主要栏目有卷首语、重要信息、科研与实践、编读往来、学习型城区创建、社区教育等。每期发行 1 500 份。《浦东社区教育》自 2005 年由《浦东成人教育》改刊。主要栏目有文件选刊、重要言论、高层访谈、学习博客、理论专栏、街镇风采、博采众长、教学教研、区域要闻。每期发行 1 600 份。《徐汇社区教育》于 2005 年 12 月创刊,主要栏目有会议专栏、社教之窗、特约专稿、专家论坛、社区教育实验项目、探索与实践、志愿者风采、社区教育课程、社区大讲堂等。每期发行 1 000 份。《杨浦社区教育》杂志于 2008 年 7 月创刊,主要栏目有信息之窗、教育实验、创建特色、典型扫描、院校平台、校长论坛、人物风采、特约专稿、他山之石、科普知识。每期发行 500 份。《奉贤社区教育》前身是《奉贤成职教》。2008 年,更名为《奉贤社区教育》,主要栏目有会议精神、文件选刊、专稿、村民学校、宅基课堂、工作研究、实践探索、成人教育、他山之石、教师园地、学习体会、社区教育信息等。

八、区级简报

区县社区教育简报,均由相关区县推进学习型社会建设指导委员会主管,区县社区学院主办,每月一期,免费发至上海市主管部门、各区县和本区终身教育系统单位及有关通信员。

长宁区社区教育系统的简报创刊于 2007 年,名为《长宁终身教育简报》,主办者为上海长宁区终身教育指导服务中心,每期发行 200 份。2009 年至 2010 年该简报更名为《学在长宁》,开辟"迎世博活动"和"终身学习"栏目。全年 12 期,每期发行 500 份。《青浦区推进学习型社会建设工作简报》创刊于 2008 年 1 月。主要栏目有要闻信息、活动专报、基层动态等。《崇明县推进学习型社会工作简报》创刊于 2008 年 9 月,每期发行 177 份。《虹口社区教育简报》创刊于 2008 年 11 月,主要栏目有要闻信息、活动专报、社团故事、快乐假期等,发行量约为 200 份。《金山区推进学习型社会建设工作简报》于 2009 年 9 月创刊,简报内容涉及区、镇、村居学习点社区教育活动简讯等,每期发行 1 000 份。《普陀社区教育》创刊于 2009 年 11 月。主要开设要闻、教育、综合和艺苑等板块,发行量 800 份。《嘉定区推进学习型社会建设工作简报》创刊于 2009 年,主要栏目有要闻信息基层动态、学习统计等,每期发行为 500 份,2010 年 12 月发行 1 万份。

第十三篇

人　物

本卷收入的教育人物分别为"传略""简介"和"名录"三个部分。人物传略收入的是1978—2010年期间过世,在上海成人教育领域取得突出成绩和较大影响的人物。人物简介收入的是2010年前在世的获得市级劳动模范以及以上荣誉;成人教育学学科点奠基人或博士生导师;上海市成人教育协会、上海市社区教育协会、上海市终身教育研究会历任会长。人物名录收入的是获得全国性荣誉的各类先进人物。

第一章　人　物　传　略

李鸿寿(1909—1998)

字朋三,会计学家、教育家。江苏扬州人。曾任上海财经学院副院长。1931年毕业于复旦大学商学院。毕业后就职于立信会计事务所,并在立信会计夜校任教,1933年起历任立信会计学校教授、副校长、校长,并先后兼任复旦大学、沪江大学、国立上海商学院教授,同时担任立信会计事务所执行会计师、上海会计师公会监事等,参加编辑《立信会计丛书》和《立信会计季刊》。1952年全国高校院系调整,立信会计专科学校并入上海财政经济学院,他被任命为副院长,并负责创办夜校,任夜校部主任。1956年定为二级教授。1958年随学校并入上海社会科学院任教授、上海社会科学院业余大学副校长。1960年上海财经学院重建,调回继续任副院长兼夜校部主任。1972年学院撤销,调入复旦大学任教授。1978年上海财经学院复校,再次调回任副院长兼夜校部主任。1984年8月退出领导岗位,继续担任教授至1991年3月退休。生前享受国务院特殊津贴。

曾任上海市第二至第六届政协常委、中国民主同盟第五届中央委员、民盟第五至第八届上海市委常委、副秘书长、民盟中央参议委员等职,并被选为中国会计学会、上海审计学会、上海注册会计师协会等团体的顾问。著有《会计学》《会计学数学用表》《会计学概要》《专业会计制度》《审计学》《会计学原理及实务》(合译)、《企业管理中的数量方法》(合译)等。从80年代起担任全国高等教育自学考试指导委员会委员、经济管理专业委员会副主任委员、上海市高等教育自学考试委员会副主任委员、上海高等职工教育学会副理事长等职,并为全国高等教育自学考试经济管理专业审定了约150万字的教材,为成人教育事业做出了重要贡献。

蔡光天(1922—2010)

上海市人。青年时期就读于上海复旦大学土木建筑工程系。毕业后在崇明先后担任过崇明大公中学和崇明中学教师,1953年应聘到上海市区,担任上海市位育中学数学教师,教学态度认真,教育质量意识很强,教学效果较好,一直工作到1983年,60岁正式退休。

1983年,中国农工民主党上海市徐汇委员会举办"中国农工民主党上海市徐汇区前进业余学校",由农工党区委副主委蔡光天负责筹办和管理。蔡光天从位育中学租借了一间5平方米的只能晚上使用的办公室,购买了一台旧式油印机,自印招生广告,推着破旧的自行车,沿着街头巷尾,一路上将招生广告张贴出去。"前进"的首期招生吸引了50名学员报名注册,人数虽不算多,但蔡光天仍认真进行教学管理,丝毫不敢懈怠。到第2期,学员即多达300余人。

20世纪80年代初的出国英语考试主要是TOEFL和GRE,对当时英语水平还比较低的中国学生来说,难度很大,考分普遍较低。于是决定尽全力开展出国英语培训。求教英语专家,研究此类考试的形式和特点,千方百计打听和诚聘上海各高校中最能胜任高级英语培训的教授,优化教学分工和组合,对学员开展多角度、全方位培训和模拟强化等。学校还通过各种途径从国外不断采购最新的英语培训教材和资料,组织优秀教师及时自编系列培训教材,以充分满足教学的需要。通过学员的勤奋学习和教师的创造性劳动,广大学员的英语水平显著提高,并逐步适应了此类国际考试形式,考分也屡创新高。前进的学员人数越来越多,统考分数越来越高,名声也越来越大。招生规模逐步达到了每年几万人,并已有几十个学员先后获得了连外国人都觉得不可思议的TOEFL、

GRE 国际考试满分,为国家和民族争了光。

"他为国家、为上海培养了大批人才,在海外享有一定的声誉",据统计有 100 万名学员从前进进修学院结业。其中的几万人曾去科技先进国家留学,相当一部分已学成回国或为国服务。蔡光天曾被评为"中国改革风云人物"。

第二章　人　物　简　介

陈尚霖(1929—　)

浙江慈溪人。1980年1月进入闸北区业余大学任教,将毕生心血倾注于教育事业,译著上百字的著作,十多年来,与癌症斗争,从未停下手中工作。1982年、1983年两次被评为上海市先进工作者,1984年被评为上海市职工教育先进工作者,1985年被评为上海市优秀教师和全国先进工作者,1986年被评为全国职工教育先进工作者,1985年、1987年两次获市劳动模范称号,1987年获五一劳动奖章,1989年获全国优秀教师称号。

华仁榜(1936—　)

上海市人。中共党员,静安区职工教育进修学校教导主任、副校长、中学高级教师。1981年8月在推选优秀人民教师活动中评为上海市先进教师,1982年12月获"上海市职工教育先进工作者"光荣称号,1983年3月获1983年度上海市劳动模范,1985年3月在职工教育工作中成绩优异,荣获1984年度上海市职工教育先进工作者光荣称号,1986年2月被评为全国职工教育先进教师,1986年3月获1985年度上海市劳动模范,1988年5月获得上海市优秀园丁奖,1989年9月获得"全国优秀教师"称号,1990年4月获得1989年度上海市劳动模范。

叶忠海(1939—　)

浙江宁波人。华东师范大学教授,华东师范大学职业教育与成人教育研究所顾问、人才发展研究中心名誉主任。社会任职有:中国成人教育协会学术委员会主任及成人高等教育理论研究委员会理事长、中国教育发展战略研究会终身教育工作委员会副会长、中国人才研究会副会长兼人才学专业委员会理事长、上海市终身教育研究会副会长兼学术委员会主任,曾任上海市成人教育协会副会长兼学习型社区工作委员会主任。是中国人才学创始人之一,成人学习与教育理研究的开拓者和带头人,作为学科带头人创建了国内首个成人教育学专业硕士学位点,作为第一起草人起草了《成人教育培训服务术语》(国家标准),作为主要参与者起草了《社区文化、教育、体育服务指南》(国家标准)。曾先后获得全国、省级科研成果一等奖3项、二等奖6项、三等奖9项。1993年开始享受国务院特殊津贴,2003年被教育部聘为社区教育专家组成员,2008年被中央人才工作协调小组聘为《国家中长期人才发展规划纲要(2010—2020年)》编制工作的专家顾问组成员,2010年被上海市人民政府教育委员会聘为上海市教育决策咨询委员会委员。曾获中国成人教育协会授予的"全国成人教育贡献奖"、中国人才研究会授予的"中国人才学研究突出贡献奖"。

袁　采(1940—　)

上海市人。中共党员,上海市第八、九届政协委员、常委。历任上海市教育局党组书记、局长,上海市人民政府侨务办公室党组书记,主任,上海新亚集团监事会主席。曾兼任第四届中国教育学会副会长,上海慈善基金会副理事长,监事会常务副主席,上海市教育发展基金会副理事长,上海市中小幼教师奖励基金会副理事长,上海社区教育协会首任会长等多项社会职务。在1986—1995年任职上海市教育局局长期间,在邓小平"三个面向"指示指引下,上海基础教育各个领域的改革和发展均取得显著进步,在全国产生较大影响,其中在全国首创并推动社区教育改革和发展,为实现"教育社会化、社会教育化"作出有益探索。"八五"时期牵头主持有全国六省一市教育行政部门或教育科研机构参加的"关于我国社区教育理论的实践研究",获全国第二届教育科学优秀成果二等奖。

张民生(1942—　)

上海市人。国家教育咨询委员会委员,历任上海师范大学校长助理,市教育局副局长兼上海教育学院院长,市教委副主任(主管基础教育),中国教育学会副会长,上海教育学会会长。政协上海市第十届委员,教科文卫体委员会副主任。1996—2002年任上海市社区教育协会会长。承担"九五"时期全国教育科学规划课题"社区教育在构建现代教育体系中的地位和作用研究"。该课题有全国16个省市教育行政机构或科研机构参加,上海市教委是牵头单位,张民生任课题组组长。并指导课题参加单位,包括上海市有关区县教育局和学校开展社区教育理论研究和实践探索。

岑詠霆(1944—　)

浙江余姚人。中共党员,上海市普陀区业余大学副校长、顾问,教授。幼年患小儿麻痹症,双腿残疾,经时任教育部长特批,成为全国首例破格录取的大学生。1965年进入上海函授学院任教。1972年进入上海市普陀区业余大学(前身)工作,主持市场营销专业产学研相结合的教学改革,专业被评为全国成人高校中唯一的国家级高职高专教学改革试点专业,教改成果获上海市高等教育教学成果三等奖。在国际及全国学术刊物发表论文240余篇,创立"模糊质量管理学",完成课题20余项,撰写、出版专著、教材20余部。

曾荣获上海市教育战线先进工作者(1977年,上海市革命委员会);上海市优秀教育工作者(1979年,上海市教育局);上海市职工教育先进工作者(1980年,上海市教育局);全国职工教育先进工作者(1985年,全国职工教育管理委员会、全国总工会);享受国务院政府特殊津贴(1992年,国务院);上海市劳动模范(2000年,上海市人民政府);全国模范教师(2004年,教育部、人事部);上海市自强模范(2005年,上海市人事局、上海市残疾人联合会)。

俞恭庆(1946—　)

上海市人。长期从事农村教育和成人教育工作。1987年任上海市成人教育研究会会长,并兼任上海市电视中等专业学校校长和上海市农业广播电视学校领导小组副组长,1995年获中央农业广播电视学校领导小组授予的"支持办学优秀领导干部"称号。1988年兼任上海市"燎原计划"办公室主任。1995年,担任上海十大紧缺人才培训中心之一的上海市高校浦东继续教育中心主任,组织数十项继续教育项目的培训。2005年,任上海市成人教育协会会长,会同中国成人教育协会等在上海市组织开展每年一个主题的"全国全民终身学习活动周"活动。

2003年,组织起草上海市人民政府办公厅转发的市教委等五部门《关于进一步加强上海市老年教育工作的若干意见》。2008年起组织和推进上海市创建示范性老年大学(学校)的评估验收。2005—2015年任第四届上海市成人教育协会会长,1998—2010年担任上海市老年教育协会第二、三、四届理事会会长。

承担《上海市中长期教育改革发展规划纲要(2010—2020)》总课题中的《终身教育体系研究》等多项课题研究,撰写了《农村教育综合改革和燎原计划》等专著,组织编写了"新世纪老年课堂系列丛书",主编了《上海老年教育发展史稿》这一全国第一本地方性老年教育史稿,主编《上海成人教育研究文集》《感动——成人教育》《上海老年教育发展研究》等,并获得了"全国老年教育杰出贡献奖"等。

季国强(1946—　)

上海市人。中共党员,上海市第十届政协委员,教科文卫体委员会副主任,常务副主任。历任市教育局普教处处长,市教委研究室主任、政策法规处处长,中共上海教育卫生工作委员会研究室主任,上海市教育科学研究院党委书记。1992年起担任上海市社区教育协会秘书长、副会长;2003—2009年任上海市社区教育协会会长。"十五"期间承担全国教育科学规划课题"学习型社区建设与社区教育发展研究",该课题有全国16个省市相关单位参加,上海市教育科学研究院是牵头单位,季国强任课题组组长。在"八五"时期袁采主持的"关于我国社区教育理论和实践研究"和"九五"时期张民生主持的"社区教育在构建我国现代教育体系中的地位和作用研究"中,季国强均担任课题研究的具体组织管理和课题总报告起草工作。

张维宾(1947—)

上海市人。教授。曾任上海市人大代表,上海立信会计学院会计学系主任。自20世纪80年代初立信夜大学成立以来,大力支持成人教育工作,担任成人学历教育和非学历培训的会计学学科带头人和主讲教师。90年代初为培养国家注册会计师做出重要贡献,被誉为中国高层次会计人才的培训名师,在会计学界和实践领域具有非常高的声望和影响力。先后获全国优秀教师(1989年)、全国教育系统劳动模范(1998年)、全国模范教师(1998年)、上海高校教学名师奖(2003年)、上海市优秀教育工作者(2004年)等奖项或称号。主编的教材《财务会计》获上海市普通高校优秀教材一等奖。《会计实验教学的实施及成果》项目2005年获高等教育国家级教学成果二等奖、上海市级教学成果一等奖。

陶　霖(1949—)

江苏无锡人。中共党员,1983年起在上海第二工业大学自动控制系、计算机系任教。教学认真负责,注重因材施教,积极进行教学内容和方法的改革,广受学生好评。长期从事计算机技术研究与应用开发,并与教学结合。完成多项通用性支撑软件和应用软件工程,包括上海市计算机应用能力考核软件支持系统。科研成果投入实际使用并产生显著的社会和经济效益,受益单位遍布除西藏、台湾外的全部省、区、直辖市。1990年、1996年两届上海市劳动模范,1992年全国优秀教师,曾获上海市教学成果一等奖、两次获上海市科技成果三等奖,1993年起享受国务院特殊津贴。

张善国(1950—)

上海市人。中共党员,1985年任沈巷成校校长,长期从事农村成人教育,在实践中坚持开拓创新,使沈巷成校获得全国成人教育先进学校、市成人教育先进学校、区先进集体荣誉称号。荣获上海市劳模(1994年)、全国科技先进工作者(1997年)以及区先进个人、区拔尖人才等光荣称号。在教育教学中,主持实施的研究和实验项目取得四次市级优秀成果奖、市星火科技壹等奖、贰等奖各一项以及区成果奖多项,被市教委和市成教协会聘为市级示范成校验收组专家和成校标准评估专家。先后接待了原教育部何东昌部长、王明达副部长等领导到校指导,主持实施的燎原计划项目受到吴邦国、黄菊、陈至立等领导的肯定,尤其是为响应建设社会主义新农村,为"三农"服务思想的号召,进一步拓展业务,根据本地实际开展再就业培训,培训农村富余劳动力上千人,帮助劳动力转移几百人,同时开展农村致富项目的培训,做到实施一个项目,培训一些农民,致富一些农民,产生了良好的经济和社会效益。

高志敏(1954—)

上海市人。华东师范大学教授、博士生导师。历任全国教育科学规划领导小组成人教育学科专家组成员,中国成人教育协会常务理事,全国成人教育科学研究机构工作委员会理事长等多种职务。20世纪80年代留学加拿大蒙特利尔大学,专攻成人教育学专业;1997年,赴法国巴黎高师做高级访问学者,研究成人教育与社会发展的互动关系。2004年,作为学科带头人,牵头创设了中国大陆首个成人教育学专业博士授予点。至2010年,共承担成人教育理论与实践研究方面的国家级和部委级重点项目近 10 项;出版《成人教育心理学》《成人教育社会学》《当代世界教育科学发展与成人教育》《终身教育、终身学习与学习化社会》等学术著作 10 部;在《教育研究》等学术刊物上发表论文 100 余篇;指导培养毕业博士、硕士研究生 35 名,为成人教育学科的初创与发展以及相关人才培养作出了贡献。1999 年作为核心成员参加的全国哲学社会科学国家重点课题《高中后教育模式研究》获国家教育部全国第二届教育科学优秀成果二等奖;1999 年作为核心成员参加的全国哲学社会科学国家重点课题《中国岗位培训制度研究》获国家教育部全国第二届教育科学优秀成果一等奖。2004 年获中国成人教育协会成人教育先进工作者,2011 年获中国成人教育协会全国成人教育贡献奖。

黄立昌(1957—　　)

上海市人。中共党员,1995 年 3 月—1996 年 2 月任崇明县陈家镇成人学校教务主任。1996 年 2 月开始起任崇明区陈家镇成人教育专职干部、成人学校校长、社区学校校长、党校常务校长。2006 年 8 月担任崇明区陈家镇成幼联合支部书记。2002 年 10 月被上海市教委、上海市老龄委评为上海市老年教育先进工作者。2006 年 3 月被市教委、市发展和改革委员会、市财政局、市人事局、市劳动和社会保障局、市农业局评为上海市职业教育先进个人。2009 年 10 月被市精神文明建设委员会办公室、上海东方社区学校服务指导中心评为市社区学校优秀校长奖。2010 年 4 月被市政府授予上海市劳动模范称号。

李建民(1957—　　)

上海市人。中共党员,1977 年起任教成人高中数学。1984 年起任教计算机知识普及班。1987 年起任教上海市职大联合学分制数学和计算机课程并指导毕业设计。1993 年起主持并任教电子信息学院成人高职班。1994 年起任教上海市计算机应用能力考核课程并参与统考命题、教材编写和师资培训。1995 年起创办全市首个“计算机系统维护与硬件维修”专业并主持开办全市各类成人高校的专科、本科学历班,曾任教华东师范大学与仪电集团党校合办的硕士研究生课程,曾主持全国成人高校学历教育管理软件培训班。2000 年起任教于上海应用技术大学继续教育学院的各类计算机课程。共开设或任教 40 余门课程,公开出版教材十余部。荣获全国优秀教师(1995 年);上海市劳动模范(1996 年);上海市劳动模范(1998 年);上海市育才奖(2007 年)。

冯文勤(1958—　　)

上海市人。中共党员,1980 年参加工作,1992 年任朱行中学校长,1995 年任亭林中学校长。2006 年起担任金山区成人教育学校校长,金山区社区学院院长、上海电视大学金山分校校长、中国成人教育协会农村教育委员会专家、上海市中学高级教师(社区教育)任职资格评审专家、上海市督学、上海成教协会郊专委副总干事长等职务。任职期间以完善区域终身教育体系为己任,任劳任怨,开拓进取,不断创新成人教育途径,探索校企合作、校政合作、校校合作等办学模式,送教至企业、社区、居村,有力彰显了成人教育的地位与作用。作为专家,积极参与上海市成人学校标准化建设、上海市成人学校燎原计划、上海市成人学校优秀职业技能培训等市多项成人(社区)教育研究、评估与推进项目。2004 年,《学校教育信息化管理中若干关系的辩证应对》获全国教育理论研究成果一等奖。中央教育科学研究所 2009 年获得金山区园丁奖,2010 年被评为上海市劳动模范,获得上海市成人教育协会颁发的 2005—2014 年上海市成人教育十年贡献奖。

吴尔愉(1963—　　)

女,江苏常州人。上海航空有限公司客舱服务部客舱经理、主任教员。在真情服务旅客的同时,热心于服务经验的分享和服务技能的传授,先后研发了《特殊旅客服务》《吴尔愉服务法》等课

程。2003 至 2010 年累计授课 1 500 余小时。以她的服务案例汇编的《吴尔愉服务法》成为民航首
部以个人命名的服务指导书。1999 年荣获全国五一劳动奖章,2000 年荣获"全国劳动模范"称号。

　　黄　健(1963— 　)

　　女,浙江宁波人。中国致公党党员,华东师范大学教授,博士生导师。历任华东师范大学高级
管理者发展与培训中心主任兼任中丹工作与学习研究中心主任,并担任中国成人教育协会学术委
员会副主任、成人高等教育理论研究专业委员会理事长、上海市成人教育协会理论研究专业委员会
主任、中国教育发展战略学会终身学习专委会副理事长、国际工作与学习研究专家咨询委员会委员
等学术职务。1988 年起先后在上海市成人教育研究所、上海第二教育学院及华东师范大学从事成
人与终身教育领域的理论研究与人才培养,较早在国内开展成人教育与培训课程开发、工作场所学
习与人力资源开发、终身教育与学习型城市建设、高校继续教育转型等研究与实践。主要参与或负
责的国家级、省部级重大及委托项目 30 余项,独著、主编或翻译出版著作近 20 部,发表论文逾 100
篇。美国富布莱特高级访问学者(2007—2008 年);上海市浦江学者(2010 年);第三届全国教育科
学优秀成果三等奖(2003 年);第六届上海市教育科学优秀成果三等奖(1998 年)。

第三章 人物名录

全国高等教育自学考试先进个人

1996 年

余夕同（复旦大学继续教育学院）

2001 年

余夕同（复旦大学继续教育学院）

2007 年

齐伟钧（上海外国语大学继续教育学院）

赵　敏（复旦大学继续教育学院）

全国农村成人教育先进个人

2008 年

俞勇彪（嘉定区教育局）

曹天生（南汇区教育局）

全国优秀教育工作者

1989 年

金其忠（嘉定县南翔镇成人中等文化技术学校）

1995 年

张玉林（金山县山阳镇成人学校）

中央农业管理干部学院先进工作者

2007 年

张继平（上海海洋大学继续教育学院）

夏伯平（上海海洋大学继续教育学院）

全国先进教育工作者

1989 年

纪洪天（上海纺织工业职工大学）

全国优秀教师

1989 年

纪洪天（上海纺织工业职工大学）

张家祥（华东师范大学继续教育学院）

季达明（南汇县三灶镇成人学校）

陈尚霖（闸北区业余大学）

华仁榜（静安区职工教育进修学校）

张维宾（上海立信会计学院）

1993 年

项家祥（上海师范大学继续教育学院）

1995 年

李建民（上海应用技术大学）

谢宗豹（上海交通大学医学院）

全国高等学校继续教育先进院校长

2010 年

齐伟钧（上海外国语大学继续教育学院）

全国扫除文盲先进工作者

1989 年

顾根华（上海市教育局）

1990 年

项东方（松江电视大学）

1991 年

倪仁如（奉贤区教育局）

全国老年教育先进工作者

2009 年

浦金凤（黄浦区老年大学）

胡瑞荣（卢湾区老年大学）

周国华（徐汇区老干部大学）

杨振国（长宁区老年大学）

陈　华（静安区静安乐龄讲坛）

沈亚萍（普陀区老龄办）

傅秉心（闸北区老年大学）

花秀英（虹口区凉城新村街道老年学校）

王跃萍（杨浦区老龄办）

陈殿良（杨浦区五角场街道老年学校）

赵志嘉（宝山区老年大学）

潘志尚（浦东新区高行镇华高社区老年学校）

顾士良（闵行区颛桥镇老年学校）

谢武新（嘉定区安亭镇老年学校）

陈海云（松江区泗泾镇老年学校）

叶志明（青浦区重固镇老年学校）

张正余（金山区山阳镇老年学校）

沈国兴（南汇区宣桥镇老年学校）

陆仁龙（奉贤区老年大学）

陈继明（崇明瀛通老年大学）

严文儒（上海市老干部大学）

王世豪（上海老年大学）

沈必文（上海老龄大学）

李伯霞（上海老龄大学）

张效禹(上海市退休职工大学)

谢　平(上海远程老年大学)

朱小红(上海东方老年大学)

王　晖(上海市民政局老龄工作处)

庄　俭(上海市教委终身教育处)

桂荣安(上海市老年教育协会)

全国老年教育杰出贡献奖

2009 年

沈　诒(上海市老干部大学)

俞恭庆(上海市成人教育协会)

全国"两基"工作先进个人

2001 年

庄锦荣(奉贤县教育局)

全国纺织职业教育先进工作者

1985 年

贾铭骁(上海纺织工业职工大学)

1988 年

崔大征(上海纺织工业职工大学)

1995 年

贾铭骁(上海纺织工业职工大学)

1997 年

贾铭骁(上海纺织工业职工大学)

范建华(上海纺织工业职工大学)

1999 年

柴汉晏(上海纺织工业职工大学)

2002 年

吴仁俊(上海纺织工业职工大学)

全国纺织职业教育优秀校长

2002 年

贾铭骁(上海纺织工业职工大学)

全国高校优秀青年教师

2002 年

李国强(同济大学继续教育学院)

全国职工教育先进教师

1986 年

王文培(长宁区业余大学)

国家级教学成果一等奖

2009 年

何敏娟(同济大学继续教育学院)

杨　晨(上海电视大学)

李惠康(上海电视大学)

全国第二届教育科学优秀成果二等奖

1999 年

项秉健,顾国治

全国高等教育自学考试工作先进个人

2007 年

李　微(上海师范大学继续教育学院)

顾亚潞(华东政法大学继续教育学院)

朱晓枫(华东理工大学)

全国成人高校招生工作先进个人

2006 年

陈　巍(上海师范大学继续教育学院)

汤剑青(长宁区业余大学)

全国社区教育先进个人

2009 年

王懋功(徐汇区教育局)

吴林兴(上海师范大学老年大学)

全国广播电视大学优秀教育工作者

1999 年

王林兴(浦东社区学院)

全国民办高教委民办高校创业奖

1998 年

张惠莉(震旦进修学院)

附　录

国务院批转国家教育委员会关于改革和
发展成人教育的决定的通知

(1987 年 6 月 23 日)

国务院同意《国家教育委员会关于改革和发展成人教育的决定》,现转发给你们,请贯彻执行。

一、提高全社会对成人教育在社会主义现代化建设中的重要地位和作用的认识

成人教育是教育事业的重要组成部分。在整个教育事业中,它与基础教育、职业技术教育、普通高等教育同等重要。成人教育主要是对已经走上各种生产或工作岗位的从业人员进行的教育,能够直接有效地提高劳动者和工作人员的素质,从而可以直接提高经济效益和工作效率。同时,对于培养有理想、有道德、有文化、守纪律的社会主义公民,形成好学上进的社会风气,对于发扬民主、健全法制,促进安定团结,成人教育也有着直接的作用。

成人教育的主要任务是:(一)对已经走上各种岗位,以及需要转换工作岗位或重新就业的工人、农民、干部、专业技术人员和其他从业人员,进行相应的岗位培训,使他们在政治思想、职业道德、文化知识、专业技术和实际能力等方面达到本岗位的规范要求;(二)对已经走上岗位而没有受完初等、中等教育的劳动者,进行基础教育;(三)对已经在职而又达不到岗位要求的中等或高等文化程度和专业水平的人员进行相应的文化和专业教育;(四)适应社会的迅速发展和科学技术日新月异的进步,对受过高等教育的人进行继续教育;(五)为建设文明健康科学的生活方式,满足人们日益增长的精神文化生活的需求,对成人开展丰富多彩的社会文化和生活的教育。

社会主义建设的新时期,需要大量的多方面的人才。为此,党中央和国务院不仅对普通学校教育,而且对干部教育、职工教育、农民教育作出了一系列重要决策,促使成人教育事业得到了迅速恢复和很大的发展,取得了显著成绩。青壮年职工的思想政治教育和文化技术补课,初步改变了十年动乱造成的文化技术水平低下的状况;各种形式的培训和初步开展的继续教育,进一步提高了职工队伍的政治、文化、技术、业务素质。农村许多地区在继续扫除青壮年文盲的同时,开展了灵活多样的文化技术教育,对农村商品经济的发展起了积极的作用。普遍地轮训各级各类干部,为改善各级领导班子和整个干部队伍的文化、专业知识结构作出了贡献。各类成人高等、中等专业教育培养了一大批专门人才,在一定程度上满足了许多企业事业单位对专门人才的需求。中国成人教育进入了蓬勃发展的时期。

但是,必须看到,成人教育的基础仍然是薄弱的,很不适应社会主义现代化建设的需要。一些地方和部门的领导同志对改革、开放和两个文明建设向成人教育提出的巨大需求估计不足,缺乏预见,成人教育的重要地位和作用,还没有引起全社会的足够重视,轻视成人教育的思想仍然存在。成人教育工作中不同程度地存在着办学与社会需要脱节,学习与实际应用脱节的问题;教育思想、教育内容和教学方法不尽符合成人教育的要求和特点。现行政策规定的某些方面,不利于成人教育多样化发展,加之一些地区办学思想不够端正,出现了盲目追求文凭和高层次学历的现象。在成人教育的管理体制上,政出多门,为基层服务不够,缺乏有力的宏观指导和管理,致使各方面办学的积极性还没有得到充分的发挥和正确的引导。

要从根本上改变成人教育与社会主义现代化建设不相适应的状况,必须在提高认识的基础上,坚持一要改革二要发展的方针,使成人教育适应社会发展的需要。成人教育要从国家的国情出发,坚持直接有效地为社会主义建设服务的方向,把全面提高劳动者的素质作为根本目的,贯彻学习与工作、生产的实际需要结合,讲求实效的原则。要按照成人学习的特点,采取多种办学形式和灵活多样的教学方法,不断提高教育质量。在加强宏观管理的同时,要充分发挥各方面兴办成人教育的积极性,使成人教育事业更加健康地向前发展。

二、把开展岗位培训作为成人教育的重点

把提高从业人员本岗位需要的工作能力和生产技能作为重点,广泛地开展岗位培训,这是成人教育的一项重大改革,也是提高劳动生产率和工作效率的重要手段。要逐步做到各类从业人员走上岗位以前,都按照岗位规范的要求进行培训;走上岗位以后和转换岗位时,还要根据生产和工作中提出的新要求,经常地培训提高。岗位培训要区分不同情况提出不同要求,有计划、有步骤地展开。主要岗位的培训必须逐步规范化、制度化。

要对各级各类干部,特别是县以上领导干部进行马克思主义理论、党的路线和方针政策、现代管理理论和方法以及必备专业知识的岗位培训。在工人中,要着重抓好班组长、生产骨干、业务骨干和关键岗位人员的培训。技术工人要按岗位要求开展技术等级培训;积极开展高级技术工人、技师的系统培训和传统工艺技术的传授。农村成人教育应从农村的实际出发,适应农村经济向专业化、商品化、现代化转变的需要和农民致富的愿望,对不同地区、不同行业、不同对象分别提出不同的培训要求。对农村基层干部、专业技术人员、乡镇企业职工,要有计划地开展岗位培训;对青壮年农民要根据产业结构调整的需要进行周期短、见效快的实用技术培训,并同科学实验、推广技术结合起来。要初、高中毕业的在乡知识青年作为培训重点。

制定岗位规范,是开展岗位培训的前提和基础,也是劳动人事制度逐步科学化的一项重要内容。岗位规范一般应包括政治思想和职业道德、文化程度、专业知识、实际技能和工作经历等方面的要求。这项工作应组织各方面的专家和有丰富实践经验的人员进行科学论证,采取上下结合的方式,有步骤有重点地进行。

开展岗位培训,应当以行业为主,有关部门要明确分工,通力协作。中央和地方各业务主管部门要组织制订本行业、本地区指导性的总体规划和主要岗位的规范;制订指导性的培训计划、教学大纲,编写教材,提供各种教学服务,评估培训质量;要按行业分级建立岗位培训的考核机构,发挥工程技术人员、各方面专家和学术团体在考核中的作用。接受岗位培训的人员,经考核合格,由考核机构颁发岗位合格证书。为适应科学技术进步的要求,对某些重要岗位的人员,还应定期复核。岗位培训的方法要灵活多样,在职期间的培训一般应以短期为主、业余为主、自学为主。开展岗位培训要从中国目前的实际可能出发,充分利用现有的教育、科学、文化设施,各部门、各地方和各基层单位要提供必要的条件,并充分发挥其他各种社会力量的作用。

三、改革成人学校教育,提高办学效益和质量

各级各类成人学校要根据生产、工作的实际需要和成人教育的特点进行各项改革,发展不同形式的横向联合,提高质量,增进效益,更好地为社会主义建设服务。

有计划地在成人中开展与普通学校教育相应的学历教育是成人学校的一项基本任务。成人初等、中等文化教育是基础教育的组成部分,是进行岗位培训的前提条件,要切实搞好。成人中等专业教育要在保证质量的前提下积极发展,使高级、中级人才的比例逐步趋于合理。成人高等教育以专科教育为主,要在调整、改革、提高质量的基础上有计划地发展。农村中扫除青壮年文盲的任务还很艰巨,必须继续抓紧进行,并要把扫盲与普及初等教育、普及科学技术知识结合起来。

　　成人高等和中等专业学校要突破单一的培养规格,对学员实行三种证书制度。一种是达到国家对高等学校本科、专科和中等专业学校学历规格要求的毕业证书;一种是达到相应学历层次单科知识水平的单科及格证书;一种是达到岗位必需的专业文化知识水平,在本行业从事所学专业工作范围内适用的专业证书。专业证书制度要随着岗位培训的开展,经过试点,逐步实施。

　　成人学校要发挥多种功能。成人高等学校和中等专业学校既要办学历教育,又要办非学历教育,还可以承担函授和广播电视教育的教学辅导,有条件的还可以根据用人单位招工和录用干部的需要,招收应届高中、初中毕业生进行定向培养。职工大学、职工业余大学、管理干部学院应当利用自己同企业、行业关系紧密的有利条件,结合需要,举办高等职业技术教育,为企业事业单位培养生产、经营管理方面的专业技术人才。广播电视大学和广播电视中等专业学校覆盖面大,教学手段先进,要发挥开放性的优势,在进一步办好本科、专科、中专等学历教育的同时,积极地为岗位培训、继续教育等提供教学服务。普通高等学校要大力发展函授、夜大学。要完善和发展高等和中等专业教育自学考试制度,充实自学考试机构,逐步扩大开考专业的范围,按照社会需要调节应考者报考专业的比例。对社会力量举办的学校要加强指导的监督。职工学校要按照企业事业单位的实际需要,灵活办学。

　　要加强成人学校与普通学校之间,各类成人学校之间的横向联系和协作,发展多种形式的联合办学。一般以地区联合为主,也可以按系统联合。在能保证质量的各类成人高等、中等专业教育形式之间,要积极创造条件,逐步实现同一层次、同一专业的教学计划、教学内容互相沟通,学员在转学时学科成绩应相互承认。农村成人学校与农村的普通学校、职业学校应当互相沟通,也可以采取不同形式联合举办各种技术培训班或文化班。

　　成人学校必须贯彻理论与实践相结合的原则,根据成人学习的规律改革教学内容和教学方法,加强实践性教学环节。要根据具体条件,分别实行学年制、学分制等多种教学制度。要加强教材建设。教材要适合成人特点,注意针对性和实用性,便于成人自学。

　　应当鼓励和支持社会力量办学。社会力量主要应举办社会需要的各种辅导班、进修班和职业技术培训班。凡举办国家承认其毕业证书的高等和中等专业学校,必须符合国家的有关规定,并经教育部门审查批准;未经批准的学校,学生要取得国家承认的大学、中专毕业证书,应按国家关于自学考试的有关规定办理。对办学质量低劣,以办学为名,谋取私利的学校,要进行整顿,直至取缔。

四、积极开展大学后继续教育和专业培训、实践培训

　　大学后继续教育,对于提高专业技术人员、管理人员素质,提高新技术、高技术发展水平和现代化管理水平,具有极其重要的作用。

　　大学后继续教育的任务主要是,对具有大学专科以上学历和中级以上职称的专业技术人员和管理人员经常地进行扩展知识、提高技能的教育,以保持他们知识结构的先进性,提高他们的综合技术能力和科学管理水平,帮助他们消化、吸收先进科学技术、现代管理知识和科学技术的新成果。大学后继续教育的内容应根据不同层次人员的知识基础和实际需要,注重实用性、针对性和先进性。继续教育的方式应当灵活多样。

　　对新毕业的大学生要根据工作岗位的需要,进行专业培训、实践培训,扩展、补充所需的知识,打好专业技术工作的实践基础,以加快人才的成长。专业培训、实践培训和继续教育是与研究生教育相并行的、培养高级专门人才的一条基本途径。为此,应制定相应的政策和制度。

　　有条件的高等学校要把开展继续教育作为一项重要任务,并对新毕业大学生的专业培训、实践培训进行指导。科研机构、大型企业事业单位和学术团体等也要开展继续教育工作。各地区、各部门要认真总结经验,提出开展继续教育的具体任务、目标和重点,国家有关部门要建立和逐步完善继续教育制度。

五、制定相应的政策措施,充分调动地方和企业事业单位举办成人教育的积极性

改革和发展成人教育,需要制定和实行相应的政策措施,调动各地区、各部门、各基层单位和社会力量办学的积极性,激发广大从业人员学习的积极性,并把这些积极性引导到正确的方向。

为了增加企业事业单位举办成人教育的动力和活力,要给它们以更大的自主权。企业事业单位根据自身发展的需要,按照上级主管部门制订的指导性计划和岗位规范要求,有权确定教育培训规划、任务,制定本单位实行的岗位规范;按照国家政策和有关法规,有权制定人员培训、考核、使用和奖惩等具体规定和办法。同时,要把发展成人教育的任务列入企业厂长(经理)和机关事业单位以及县、乡(镇)行政负责人的任期目标,作为考核的重要内容。对岗位培训工作成效显著、职工队伍素质优良的企业,在确定技术引进、技术改造项目和发放贷款时应给予优先考虑。

为了推动和鼓励广大从业人员努力学习,不断提高自己的素质,要制定和改革相应的劳动人事制度和政策。要逐步建立在职人员考核制度。凡取得岗位合格证书的,表明已具备任职或继续任职的资格。今后,要首先在关键岗位实行必须取得考核合格证书才能走上工作岗位的制度。科技、管理人员通过继续教育达到中级、高级专门职务水平的,应确认其相应的职务资格。为鼓励工人安心岗位,精益求精地做好工作,应在工人中定期进行各种技术等级考核,合格者发给相应的技术等级证书。受过专业技术教育的农民,经过考核合格者,发给农民技术员、农民技师等资格证书,在发放贷款、提供良种和推广先进技术等方面给予优先安排。

为适应成人教育广泛发展的需要,中央、地方政府和有关部门都要积极创造条件,继续改进和加强卫星广播电视教育,运用它的先进技术手段和开放教育的特点,为岗位培训、成人文化专业教育、大学后继续教育以及社会文化和生活的教育提供质量较高的教育节目和声像教材。

发展成人教育,是一种周期短、见效快的智力开发,需要一定的经费和投资。从今年起,在国家预算收支科目中增列成人教育科目。地方财政在安排教育经费时,应把成人教育所需经费列入预算,并随着经济发展和财政经常性收入的增长而增长。企业职工教育经费除按规定的比例支付外,不足部分,属于企业开发新技术、研究新产品的技术培训费用,可直接在成本中列支,属于其他的职工培训费用,应在企业利润留成、包干结余和税后留利中开支;为技术开发、技术引进、技术改造项目或某个产品创优服务的培训费用(包括出国培训费用),可在项目中开支。企业职工教育经费由企业教育机构掌握使用,财务机构监督,当年用不完的允许结转。对无力单独举办职工教育的小型企业和开展职工教育很不得力的企业,业务主管部门可按隶属关系集中办学,所需经费由这些企业从职工教育经费中支付。今后城市区域建设和新建企业,都要同时规划成人教育基础设施,并列入基本建设投资项目。各部门、各地区应重点建设几个条件较好、水平较高的成人教育骨干基地。农民教育中有关扫盲、师资培训、教材编写、经验交流和表彰奖励等方面的费用,由各级教育部门在教育经费中列支。县属各类农民中等专业学校、农民技术学校的经费,由县人民政府根据财力统筹安排,有关部门仍应给予一定补助。乡(镇)农民文化技术学校的费用,由办学单位从农村教育事业费附加中提取一定的比例和采用集体自筹、收取学费、勤工俭学等办法解决。

加强成人教育的师资队伍建设。成人教育的师资队伍应以专职教师为骨干,专职与兼职相结合。要从社会的各个方面动员和争取更多热爱成人教育的同志参与成人教育的工作。有条件的科技人员和管理人员,可以定期同专职教师轮换。国家每年分配一定数量的大学、中专毕业生充实成人学校的教师队伍。普通高等学校要按国家每年下达的计划指标,为成人学校定向培养一定数量的师资。对成人学校教师应进行教育学等方面的业务培训。成人学校教师应有机会到学术水平较高的学校进修。要办好成人教育学院并通过广播电视、函授等多种教育形式提高在职教师的业务水平。致力于成人教育的教师,应与普通学校教师一样受到全社会的尊重。成人学校的专职教师在职务聘任、晋级、调升工资、分配住房、奖励和生活福利等方面,应与普通学校教师的待遇相同;企业职工教育专职教师也可以与企业科室技术人员的待遇相同;乡(镇)成人教育专职干部应与农村普通中学或中心小学校长的待遇相同。对兼职教师,要给予合理的报酬。要建立奖励制度,对成绩显著的单位和个人进行表彰。

六、加强宏观管理,积极为基层服务

成人教育是涉及全社会的事业,范围广大,门类繁多,形式多样,必须充分发挥各地区、各部门和社会各方面力量的积极性,实行多渠道办学。这就要求成人教育的管理体制与普通学校教育有所不同。要把发展成人教育的责任和权力交给地方和基层单位,给予充分的主动权。要让地方和基层单位能够从各自的实际情况出发,实事求是地制定规划、确定目标、任务和实施步骤。中央各部门要加强宏观指导和必要的监督检查,克服政出多门、行政干预过多的弊端,积极扎实地为基层服务。

在国务院领导下,由国家教育委员会负责并会同有关部门制定成人教育工作的方针政策和法规,协调国务院各部委有关成人教育的工作,掌管国家认定的各类学历规格标准,审批成人高等学校的设置。国务院各部委负责管理各自职能范围内的成人教育工作,制定培训要求,搞好编写教材、培训师资、交流经验、提供信息等各项服务。

省、自治区、直辖市人民政府对本地区成人教育要加强领导,健全和充实成人教育的管理机构,协调各有关方面的工作,做好宏观管理。要健全和充实省以下各级成人教育管理机构,切实加强对成人教育的具体指导和管理。县人民政府应当对本县的基础教育、职业技术教育和成人教育统筹兼顾,充分发挥各方面的积极作用。教育部门的农村成人教育机构和专职人员要相应地健全和充实。

工会组织要积极参与职工教育的有关管理工作,维护职工的学习权利和相应的待遇,办好工会系统的职工学校。共青团、妇联和科协等学术团体,都要在自己的职能范围内,继续积极做好成人教育工作。要发挥各民主党派、社会组织、集体经济单位和知识分子、离退休干部的积极性,按照党和政府的方针政策,为发展中国成人教育事业贡献力量。

国务院关于发布《高等教育自学考试暂行条例》的通知

各省、自治区、直辖市人民政府、国务院各部委、各直属机构：

现将《高等教育自学考试暂行条例》发给你们，请遵照执行。

国务院

一九八八年三月三日

第一章（总则）

第一条　为建立高等教育自学考试制度，完善高等教育体系，根据宪法第十九条"鼓励自学成材"的规定，制定本条例。

第二条　本条例所称高等教育自学考试，是对自学者进行以学历考试为主的高等教育国家考试，是个人自学、社会助学和国家考试相结合的高等教育形式。高等教育自学考试的任务，是通过国家考试促进广泛的个人自学和社会助学活动，推进在职专业教育和大学后继续教育，造就和选拔德才兼备的专门人才，提高全民族的思想道德、科学文化素质，适应社会主义现代化建设的需要。

第三条　中华人民共和国公民，不受性别、年龄、民族、种族和已受教育程度的限制，均可依照本条例的规定参加高等教育自学考试。

第四条　高等教育自学考试，应以教育为社会主义建设服务为根本方向，讲求社会效益，保证人才质量。根据经济建设和社会发展的需要，人才需求的科学预测和开考条件的实际可能，设置考试专业。

第五条　高等教育自学考试的专科（基础科）、本科等学历层次，与普通高等学校的学历层次水平的要求应相一致。

第二章（考试机构）

第六条　全国高等教育自学考试指导委员会（以下简称"全国考委"）在国家教育委员会领导下，负责全国高等教育自学考试工作。

全国考委由国务院教育、计划、财政、劳动人事部门的负责人，军队和有关人民团体的负责人，以及部分高等学校的校（院）长、专家、学者组成。

全国考委的职责是：

（一）根据国家的教育方针和有关政策、法规，制定高等教育自学考试的具体政策和业务规范；

（二）指导和协调各省自治区、直辖市的高等教育自学考试工作；

（三）制定高等教育自学考试开考专业的规划，审批或委托有关省自治区、直辖市的高等教育自学考试机构审批开考专业；

（四）制定和审定高等教育自学考试专业考试计划、课程自学考试大纲；

（五）根据本条例，对高等教育自学考试的有效性进行审查；

（六）组织高等教育自学考试的研究工作。

国家教育委员会设立高等教育自学考试工作管理机构,该机构同时作为全国考委的日常办事机构。

第七条 全国考委根据工作需要设立若干专业委员会,负责拟订专业考试计划和课程自学考试大纲,组织编写和推荐适合自学的高等教育教材,对本专业考试工作进行业务指导和质量评估。

第八条 省自治区、直辖市高等教育自学考试委员会(以下简称"省考委")在省自治区、直辖市人民政府领导和全国考委指导下进行工作。省考委的组成,参照全国考委的组成确定。

省考委的职责是:

(一)贯彻执行高等教育自学考试的方针、政策、法规和业务规范;

(二)在全国考委关于开考专业的规划和原则的指导下,结合本地实际拟定开考专业,指定主考学校;

(三)组织本地区开考专业的考试工作;学习资料;

(四)负责本地区应考者的考籍管理,颁发单科合格证书和毕业证书;

(五)指导本地区的社会助学活动;

(六)根据国家教育委员会的委托,对已经批准建校招生的成人高等学校的教学质量,通过考试的方法进行检查。

省自治区、直辖市教育行政部门设立高等教育自学考试工作管理机构,该机构同时作为省考委的日常办事机构。

第九条 省自治区人民政府的派出机关所辖地区(以下简称"地区")、市、直辖市的市辖区高等教育自学考试工作委员会(以下简称"地市考委")在地区行署或市(区)人民政府领导和省考委的指导下进行工作。

地市考委的职责是:

(一)负责本地区高等教育自学考试的组织工作;

(二)指导本地区的社会助学活动;

(三)负责组织本地区高等教育自学考试毕业人员的思想品德鉴定工作。

地市考委的日常工作由当地教育行政部门负责。

第十条 主考学校由省考委遴选专业师资力量较强的全日制普通高等学校担任。主考学校在高等教育自学考试工作上接受省考委的领导,参与命题和评卷,负责有关实践性学习环节的考核,在毕业证书上副署,办理省考委交办的其他有关工作。

主考学校应设立高等教育自学考试办事机构,根据任务配备专职工作人员,所需编制列入学校总编制数内,由学校主管部门解决。

第三章(开考专业)

第十一条 高等教育自学考试开考新专业,由省考委组织有关部门和专家进行论证,并提出申请,报全国考委审批。

第十二条 可以实行省际协作开考新专业。

第十三条 开考新专业必须具备下列条件:

(一)有健全的工作机构、必要的专职人员和经费;

(二)有符合本条例第十条规定的主考学校;

(三)有专业考试计划;

（四）有保证实践性环节考核的必要条件。

第十四条　开考承认学历的新专业,一般应在普通高等学校已有专业目录中选择确定。

第十五条　国务院各部委、各直属机构和军队系统要求开考本系统所需专业的,可以委托省考委组织办理,或由全国考委协调办理。

第十六条　全国考委每年一次集中进行专业审批。省考委应于每年六月底前将申报材料报送全国考委,逾期者延至下一年度重新申报办理。审批结果由全国考委于当年第三季度内下达。凡批准开考的专业均可于次年接受报考,并于首次开考前半年向社会公布开考专业名称和专业考试计划。

第四章（考试办法）

第十七条　高等教育自学考试的命题由全国考委统筹安排,分别采取全国统一命题、区域命题、省级命题三种办法。逐步建立题库,实现必要的命题标准化。

试题(包括副题)及参考答案、评分标准启用前属绝密材料。

第十八条　各专业考试计划的安排,专科(基础科)一般为三至四年,本科一般为四至五年。

第十九条　按照专业考试计划的要求,每门课程进行一次性考试。课程考试合格者,发给单科合格证书,并按规定计算学分。不及格者,可参加下一次该门课程的考试。

第二十条　报考人员可在本地区的开考专业范围内,自愿选择考试专业,但根据专业要求对报考对象作职业上必要限制的专业除外。

提倡在职人员按照学用一致的原则选择考试专业。

各级各类全日制学校的在校生不得报考。

第二十一条　报考人员应按本地区的有关规定,到省考委或地市考委指定的单位办理报名手续。

第二十二条　已经取得高等学校研究生、本科生或专科生学历的人员参加高等教育自学考试的,可以按照有关规定免考部分课程。

第二十三条　高等教育自学考试以地区、市、直辖市的市辖区为单位设考场。有条件的,地市考委经省考委批准可在县设考场,由地市考委直接领导。

第五章（考籍管理）

第二十四条　高等教育自学考试应考者取得一门课程的单科合格证书后,省考委即应为其建立考籍管理档案。

应考者因户口迁移或工作变动需要转地区或转专业参加考试的,按考籍管理办法办理有关手续。

第二十五条　高等教育自学考试应考者符合下列规定,可以取得毕业证书:

（一）考完专业考试计划规定的全部课程,并取得合格成绩;

（二）完成规定的毕业论文(设计)或其他教学实践任务;

（三）思想品德鉴定合格。

获得专科(基础科)或本科毕业证书者,国家承认其学历。

第二十六条　符合相应学位条件的高等教育自学考试本科毕业人员,由有学位授予权的主考学校依照《中华人民共和国学位条例》的规定,授予相应的学位。

第二十七条　高等教育自学考试应考者毕业时间,为每年的六月和十二月。

第六章(社会助学)

第二十八条　国家鼓励企业、事业单位和其他社会力量,根据高等教育自学考试的专业考试计划和课程自学考试大纲的要求,通过电视、广播、函授、面授等多种形式开展助学活动。

第二十九条　各种形式的社会助学活动,应当接受高等教育自学考试机构的指导和教育行政部门的管理。

第三十条　高等教育自学考试辅导材料的出版、发行,应遵守国家的有关规定。

第七章(使用与待遇)

第三十一条　高等教育自学考试专科(基础科)或本科毕业证书获得者,在职人员由所在单位或其上级主管部门本着用其所学、发挥所长的原则,根据工作需要,调整他们的工作;非在职人员(包括农民)由省自治区、直辖市劳动人事部门根据需要,在编制和增人指标范围内有计划地择优录用或聘用。

第三十二条　高等教育自学考试毕业证书获得者的工资待遇:非在职人员录用后,与普通高等学校同类毕业生相同;在职人员的工资待遇低于普通高等学校同类毕业生的,从获得毕业证书之日起,按普通高等学校同类毕业生工资标准执行。

第八章(考试经费)

第三十三条　县以上各级所需高等教育自学考试经费,按照现行财政管理体制,在教育事业费中列支。地方各级人民政府应妥善安排,予以保证。

第三十四条　各业务部门和军队系统要求开考本部门、本系统所需专业的,须向高等教育自学考试机构提供考试补助费。

第三十五条　高等教育自学考试所收缴的报名费,应用于高等教育自学考试工作,不得挪作他用。

第九章(奖励和处罚)

第三十六条　有下列情形之一的个人或单位,可由全国考委或省考委给予奖励:
(一)参加高等教育自学考试成绩特别优异或事迹突出的;
(二)从事高等教育自学考试工作,作出重大贡献的;
(三)从事高等教育自学考试的社会助学工作,取得显著成绩的。

第三十七条　高等教育自学考试应考者在考试中有夹带、传递、抄袭、换卷、代考等舞弊行为以及其他违反考试规则的行为,省考委视情节轻重,分别给予警告、取消考试成绩、停考一至三年的处罚。

第三十八条　高等教育自学考试工作人员和考试组织工作参与人员有下列行为之一的,省考委或其所在单位取消其考试工作人员资格或给予行政处分:
(一)涂改应考者试卷、考试分数及其他考籍档案材料的;
(二)在应考者证明材料中弄虚作假的;
(三)纵容他人实施本条(一)、(二)项舞弊行为的。

第三十九条　有下列破坏高等教育自学考试工作行为之一的个人,由公安机关或司法机关依法追究法律责任:

(一)盗窃或泄露试题及其他有关保密材料的;

(二)扰乱考场秩序不听劝阻的;

(三)利用职权徇私舞弊,情节严重的。

第十章(附则)

第四十条　国家教育委员会根据本条例制定实施细则。

省自治区、直辖市人民政府可以根据本条例和国家教育委员会的实施细则,制定具体实施办法。

第四十一条　本条例由国家教育委员会负责解释。

第四十二条　本条例自发布之日起施行。

1981年1月13日《国务院批转教育部关于高等教育自学考试试行办法的报告》和1983年5月3日《国务院批转教育部等部门关于成立全国高等教育自学考试指导委员会的请示的通知》同时废止。

中共上海市委、上海市人民政府关于推进学习型社会建设的指导意见

(2006 年 1 月 27 日)

建设全民学习、终身学习的学习型社会,促进人的全面发展,是贯彻落实科学发展观,构建社会主义和谐社会的主要内容。为此,现提出上海市推进学习型社会建设的指导意见如下.

一、明确推进学习型社会建设的指导思想和总体目标

(一)指导思想。以邓小平理论和"三个代表"重要思想为指导,按照科学发展观的要求,全面落实科教兴市主战略,围绕率先基本实现现代化、率先全面建成小康社会的奋斗目标,坚持政府主导与社会各方参与相结合,促进学习社会化、社会学习化;坚持终身教育体系与国民教育体系相结合,促进各类教育资源共享;坚持学习型社会建设与精神文明创建相结合,促进市民思想道德素质和科学文化素质提高。从实际出发,以人为本,分阶段、分人群、按需求、按规律、有重点地推进学习型社会建设,切实提高市民素质和城市文明程度,促进人的全面发展,激发城市创新活力,增强城市国际竞争力,推进社会主义和谐社会建设。

(二)总体目标。到 2010 年,初步建成"人人皆学、时时能学、处处可学"的学习型社会框架。基本形成终身学习的社会共识,多数市民树立终身学习的理念,把学习作为一种生活方式,每年有三分之一以上的就业人员接受更新知识、提高技能的培训教育,人均年阅读量、读书时间等城市读书指标接近或达到发达国家主要城市的水平。基本形成完善的终身教育体系,为市民提供比较充裕的学习资源、充分的学习机会,新增劳动力人均受教育年限提高到 14.5 年。基本形成多模式、广覆盖的学习型组织创建格局。全市三分之二的机关、企事业单位、社区(村镇)、家庭等成为学习型组织。基本形成个人、社会和政府共同建设学习型社会的合力,全社会的教育投入有三分之一用于终身教育。

二、完善终身教育体系,奠定学习型社会的基础

(三)完善社区教育。社区教育是社区建设的重要内容。要通过提供多样化的教育服务,满足社区居民的学习需求。把社区教育发展纳入区县经济社会发展整体规划,形成以社区学院为龙头,街道乡镇社区学校为骨干,社区内中小学小校、居民小区办学点、村民学校为基础的社区教育三级网络,开展多层次、多内容、多形式的市民教育,并为中小学生校外教育、学龄前儿童教育提供服务。与社区文化活动中心建设和中小学布局调整相结合,建设好社区学校。加强社区学校课程和教材建设,开发一批适应居民需求的课程教材。建设一支专业化社区教育工作者队伍,发挥教育志愿者作用。

(四)发展职业培训。职业培训师提高劳动者素质、促进社会就业的重要途径。要逐步建立和完善面向就业市场、依托企业、政府支持,社会化、多层次的职业培训体系。按照"实际、实用、实效"的原则,加快开发符合产业发展要求的培训项目,落实员工在岗轮岗培训制度。实施技能型人才培养工程,为一线员工和中青年员工提供岗位培训,重点培养高级技术工人、高级技师。推进再就业培训工程,为转岗、待业职工提供重新就业的技能培训。为外来务工人员提供职业技能培训,鼓励和支持他们参加各种学习培训,让有条件的外来务工人员接受中等及以上的职业教育,提高他们的

科学文化素质和职业技能。进一步加强公共实训基地建设,发挥职业技能实训和鉴定公共服务平台的作用,提高劳动者的就业能力。依托大型企业建设一批规范的行业职业技能培训基地,大力支持行业龙头企业发展特色培训。发展教育培训市场,鼓励各种社会力量开展各类职业培训,支持工会、共青团、妇联等群众团体以及非营利社会组织开展职业培训教育,促进社会化职业培训发展。

(五)推进继续教育。继续教育要以专业技术人员、经营管理人员和党政干部为重点,落实人才强市战略,深度开发人力资源。支持和鼓励高校与科研院所、企业集团、行业协会合作,开设紧跟科技和产业发展的专业课程。鼓励回归教育,落实教育培训经费,确保必需的学习时间,加强对企业专业人员的基础培训和经营管理人员的岗位培训。充分发挥各级党校和行政管理学院的作用,完善"干部在线学习城",推进党政干部的人才培训。

(六)加强农村教育。农村教育是促进城乡一体化、推进社会主义新郊区建设的重要抓手。要制定农村职业教育和培训计划,每个乡镇建设好一所符合标准的成人学校,每个村有村民学校(课堂)。实施农村劳动力转移培训工程,逐步推行免费农村职业教育,使离土青年农民通过培训更快适应城市产业转移和发展的需要。实施农村实用人才培训工程,积极推进农科教结合,普遍开展农村实用技术培训、绿色证书培训、"燎原计划"项目培训,使农业劳动力普遍掌握两门以上的实用技术。加大教育支农的力度,实行人才和资金等向农村教育倾斜的政策,增强教育为农村、农业、农民服务的能力。

(七)促进老年教育。开展老年教育有利于提高老年人生活质量。要进一步完善老年教育网络,办好市级老年大学、区县老年大学和街道乡镇老年学校、居(村)委会老年学校办学点。发展覆盖城乡的老年教育要依托社区学院、社区学校和成人学校,充分利用广播、电视和远程教育网。鼓励社会各界开展老年教育,开发一批适合老年人需求的课程,积极为老年人创造学习条件,让老年人老有所教、老有所学、老有所为、老有所乐。

三、发展学习型组织,培育学习型社会的载体

(八)创建学习型机关。创建学习型机关是提高公务员能力的迫切要求。要围绕提高依法行政能力,结合机关工作岗位要求,强化业务培训,创设学习载体,健全学习制度,增强学习意识,养成学习习惯,提高学习能力,更新知识结构。特别要强化工作实践中的学习,善于总结经验教训,切实提高学习效果。领导干部在学习型机关创建中要率先垂范,促进机关学习氛围的形成。各级党组织都要成为学习型组织,充分利用党建资源,组织党员学习科学理论,保持党员先进性,提高党的执政能力。

(九)创建学习型社区(村镇)。学习型社区(村镇)是建设学习型社会的重要支撑。区县党委和政府及有关部门要加强对学习型社区(村镇)创建的推进和指导,探索以街道乡镇党政组织为主导、职能部门负责、社会单位支持、居民积极参与的创建学习型社区(村镇)长效运行机制。统筹辖区内的教育、文化、科技、体育和党建等资源,充分发挥社区文化活动中心、社区学校、社区青少年活动中心、村民学校、信息苑等的学习教育功能,为居民提供丰富便捷的学习机会。针对社区居民学习兴趣和发展需求,注重实用性、多样性、生动性,大力开发和培育居民休闲娱乐、文化教育、技能培训等项目,特别要按照农村城市化的要求,着力推进学习型村镇建设,营造安居乐业、健康和谐的生活环境。

(十)创建学习型企事业单位。创建学习型企事业单位是增强企事业单位创新发展能力的根本要求。要按照现代企事业管理的要求,以提高员工职业素质、革新能力、团队精神为目标,在广大员工中倡导终身学习理念,形成工作学习化、学习工作化的氛围。结合企事业单位技术革新、效能提高等要求,立足班组、科室、普遍开展岗位培训、技能竞赛、学术沙龙、读书会等学习活动,调动广大员工更新知识、提高技能、大胆革新的积极性,激励岗位成才、自学成才。企事业单位党组织和工会、共青团、妇联要把创建学习型企事业单位作为一项重点工作,研究制定创建方案并组织实施,推动创建活动深入持久地开展。

(十一)创建学习型家庭。创建学习型家庭有利于提升家庭生活质量。要利用社区学校、加长学校、家庭文明建设指导中心和当地中小学校,开展家庭教育讲座和指导培训,普及家庭教育知识,提升家长素质。结合"文明小区""文明楼组""五号文明家庭"等精神文明创建项目,丰富学习型家庭创建的载体,倡导科学文明健康的生活方式。通过组织参加各类健康身心的问题活动、社会公益活动和学习交流活动,形成父母带头、全家学习、共同成长的家庭学习氛围。

(十二)培育崇尚学习的组织文化。组织文化是学习型社会的重要内涵,组织的学习功能是现代社会组织生存和发展的必要条件。要把学习活动与生产活动紧密结合起来,促进全员学习、团队学习和全过程学习,让先进文化理念渗透到组织行为规范中,推动组织的持续发展和人的全面发展。围绕增强组织的凝聚力和创造力,大力培育组织文化,帮助人们形成建设中国特色社会主义共同理想的价值追求。结合城市精神的培育和塑造,营造崇尚学习、尊重知识、爱岗敬业、和谐融洽的团队氛围,形成与时俱进、追求卓越、敢于创新的组织精神。制定组织文化建设规划,改善文化学习的环境和条件,开展有益于组织文化活动,塑造富有时代特征、个性鲜明、积极向上的组织形象。

四、深化精神文明创建活动,丰富学习型社会建设内容

(十三)提供丰富多彩的学习内容。丰富的学习内容是创建学习型社会的重要条件。要鼓励名家大师、广大文化教育工作者和文化教育机构,针对市民的需求,创作和生产学以致用的文化教育产品,编写具有生活实用性、科普性和娱乐性的读物,出版用于职业培训、休闲教育、文化学习等的课程教材,开发多媒体教育课件以及健康益智的游戏、动漫等寓教于乐的学习新品。电台、电视台、报刊、网络等大众媒体要丰富学习内容,调整和增加播出时段,策划好学习版面,方便市民学习,满足不同层次市民的学习需求。

(十四)开展形式多样的学习活动。建设学习型社会要与精神文明创建紧密结合。要以落实《上海迎世博文明行动计划》为抓手,将学习型社会建设纳入上海精神文明建设的总体规划和目标中。继续办好振兴中华读书活动,"三学"活动、争当知识型职工活动和百万家庭学习行动等,提升学习活动品牌。充分开发国际艺术节、上海书展、科技节等文化节庆和博物馆、图书馆、科技馆等公共文化场馆的学习功能,积极构建网上学习社区,支持引导市民广泛开展学习交流活动。发挥东方讲坛、东方宣教服务中心、东方社区学校服务指导中心等社会化公共文化服务机构的教育资源配送功能,把市民需要的学习内容送到社区和基层单位。

五、切实加强领导,为建设学习型社会提供保障

(十五)健全领导体制。成立由市精神文明委领导,市委宣传部、市委组织部、市精神文明办、市教委、市科委、市发展改革委、市文广影视局、市劳动保障局、市人事局、市民政局以及市总工会、团市委、市妇联等单位组成的市学习委,负责学习型社会建设的规划制定、统筹决策、指导督察等工作。具体工作机构由市精神文明办和市教委联合组建,设在市教委。各区县要建立健全相应的指导协调和工作机构,负责推进本地区的学习型社会建设工作。充分发挥工会、共青团、妇联等群众团体和社会组织的作用,形成党委领导、政府推动、社会支持、全民参与建设学习型社会的格局。

(十六)推进法制建设。按法定程序,加快制定有关上海市促进终身教育的地方性法规,明确政府、企事业单位和个人的权利、义务及相关责任,把推进学习型社会建设纳入法制轨道。按照上海市"十一五"规划中关于建设学习型社会的要求,进一步细化建设学习型社会的目标、任务、措施、工作重点以及实施途径和步骤。研究提出学习型社会指标体系,制定各类学习型组织创建工作的评估考核和奖励办法。

(十七)创新学习机制。建立健全职业资格证书制度和就业准入制度,进一步完善技术职称、技能等级体系,探索社会化评审办法。在机关和事业单位完善培训制度,把学习绩效作为上岗、晋升、评优、奖罚的依据。逐步建立无障碍入学和弹性学习制度,支持鼓励成人高校与普通高校之间的学分互认,沟通国民教育与终身教育。加强劳动监察,督促落实员工接受教育培训的规定,保障员工接受学习培训的权利。试行个人学习账户制度。采取政府补贴和购买的办法,提供职业培训服务,激发劳动者参加职业培训的积极性,并鼓励单位和个人将其拥有的资源向社会开放。

(十八)搭建学习平台。进一步整合市、区县、行业成人教育资源,充分利用现代信息技术、依托远程教育网络,建设一所既能提供学历教育,又能提供职业培训,还能开展休闲教育和文化教育,多样化、多层次、可及、开放的新型大学。以区县为基础,把终身教育服务衍生到社区(村镇),实现社区、校区、园区资源共享,形成覆盖全市、面向市民的市、区县(行业)、街道乡镇以及学校、企事业单位图书馆组成的服务网络体系,让教育服务进入千家万户,形成覆盖全市城乡的终身学习网络。

(十九)整合教育资源。有力有效整合教育资源,特别要加大统筹各类成人教育资源的力度,充分发挥上海教育资源优势,让市民就近方便地获得学习条件。鼓励和支持全日制学校、企事业培训中心和社会力量举办的学校开设适应市民学习需求的课程,更多地向社会开放学习场所和教育设施。鼓励各类社会资源参与学习型社会建设,逐步做到博物馆、公共体育场馆、科技馆、图书馆等公益性社会设施向市民免费开放。合理利用党员活动中心、文化馆、工会俱乐部等设施,开展教育培训活动。

(二十)拓宽投入渠道。各级政府要在哪找公共财政要求,将相关经费纳入财政预算,确保稳定投入,加大农村倾斜的力度。运用财政、金融、税收等政策杠杆,拓宽资金渠道,鼓励社会力量资助终身教育。鼓励企业开展员工教育培训。落实一般企业按职工工资总额的1.5%,技术要求高、经济效益较好的企业按职工工资总额的2.5%提取教育培训经费的规定,企业培训经费的三分之二要直接用于一线职工的岗位技能培训。开发支持个人参加教育培训的教育储蓄、教育保险、教育专项贷款等新业务。形成政府、企事业单位、社会团体和学习者共同承担的投入保障机制。

(二十一)加大宣传力度。建设学习型社会是一项系统工程,需要全社会共同参与。要大力宣传建设学习型社会的重要意义,广泛宣传和表彰学习型社会建设过程中涌现出来的先进典型,介绍推广个人和组织积极学习的经验,倡导"学习改变命运"的理念,在广大市民中形成终身学习的高度共识和自觉追求,引导广大市民为尽快把上海建设成为社会主义现代化国际大都市而努力学习。

上海市终身教育促进条例

(2011 年 1 月 5 日上海市第十三届人民代表大会常务委员会第二十四次会议通过)

第一条　为了满足市民终身学习的需求,发展终身教育事业,推进学习型社会建设,促进人的全面发展,根据《中华人民共和国教育法》及其他法律、行政法规,结合上海市实际,制定本条例。

第二条　本条例适用于上海市行政区域内除现代国民教育体系以外的各级各类有组织的教育培训活动。

第三条　终身教育工作应当坚持政府主导、多方参与、资源共享、促进学习的方针。

第四条　市学习型社会建设与终身教育促进委员会负责统筹、协调、指导全市终身教育和学习型社会建设。市学习型社会建设与终身教育促进委员会的办事机构设在市教育行政部门。

区、县终身教育协调机构负责辖区内终身教育工作的协调、指导。

第五条　市和区、县人民政府应当加强对终身教育工作的领导,将终身教育工作纳入同级国民经济和社会发展规划,采取扶持鼓励措施,促进终身教育事业的发展。

乡镇人民政府、街道办事处应当按照各自职责组织开展终身教育工作。

第六条　市教育行政部门是上海市终身教育工作的主管部门。区、县教育行政部门按照职责,负责本辖区内的终身教育工作。

发展改革、人力资源和社会保障、公务员管理、农业、财政、税务、工商、人口和计划生育、统计、民政、文广影视、公安等有关行政部门按照各自职责,协同做好终身教育工作。

第七条　工会、共产主义青年团、妇女联合会以及残疾人联合会、科技协会等其他组织协助开展终身教育促进工作。

鼓励社会团体按照各自章程,开展终身教育工作。

鼓励各类学习型组织开展本组织成员的终身学习活动。

鼓励市民为终身教育提供志愿服务。

第八条　各级人民政府应当将终身教育经费列入本级政府教育经费预算,保证终身教育经费逐步增长。

市和区、县人民政府有关部门应当为开展终身教育提供经费支持。

终身教育经费主要用于终身教育公共服务。

第九条　企业应当按照规定,足额提取职业培训经费,并可依法在税前扣除。企业用于一线职工的培训经费所占比例,应当高于职业培训经费总额的百分之六十,并每年将经费使用情况向职工代表大会报告。

民办非企业单位以及其他组织应当为本单位在职人员职业培训提供经费保障。

第十条　上海市鼓励自然人、法人或者其他组织捐助终身教育事业或者举办终身教育机构。捐赠人捐赠财产用于终身教育事业的,依法享受税收优惠。

第十一条　上海市逐步建立终身教育学分积累与转换制度,实现不同类型学习成果的互认和衔接。

成人高等教育同等学历水平同类课程的学分可以在各类成人高等教育机构之间相互转换。

普通高等学校的普通高等教育课程的学分，可以转换为电视大学、业余大学等的成人高等教育同等学历水平同类课程的学分。

学分转换的专业和课程的目录，由市教育行政部门会同有关部门组织编制，报市人民政府批准后实施。

第十二条　教育行政部门负责成人学历教育工作。

举办成人学历教育的学校应当按照国家和上海市的有关规定，开展成人学历教育。

第十三条　教育、人力资源和社会保障、公务员管理等行政部门负责在职人员教育培训工作。

机关、企业、事业单位、民办非企业单位、其他组织以及教育培训机构应当依法开展在职人员教育培训，提高在职人员素质。

鼓励机关、企业、事业单位、民办非企业单位以及其他组织建立带薪学习制度，支持在职人员接受教育培训。

第十四条　人力资源和社会保障行政部门负责失业人员和进城就业农村劳动者就业培训工作。

教育培训机构应当按照人力资源和社会保障行政部门的培训计划和要求，开展失业人员、进城就业农村劳动者的就业培训和创业培训。

失业人员和上海市进城就业农村劳动者的就业培训，可以按照国家和上海市有关规定享受培训费补贴。

第十五条　农业行政部门负责农业教育培训工作。

教育培训机构应当按照农业行政部门的教育培训计划和要求，对农民开展农业生产关键技术、关键环节和新品种、新技术应用能力等方面的教育培训。

第十六条　教育、民政等行政部门负责老年教育工作。

教育机构应当按照教育、民政行政部门的要求，开展适合老年人特点、丰富老年人生活、增进老年人健康的知识型、休闲型和保健型文化教育。

第十七条　教育、人力资源和社会保障行政部门、残疾人联合会负责残疾人教育培训工作。

教育培训机构应当按照教育、人力资源和社会保障行政部门、残疾人联合会的培训计划和要求，注重残疾人的潜能开发，根据残疾人身心特点和需要组织开展残疾人职业技能等方面的教育培训。

第十八条　区、县人民政府应当加强本辖区内的社区教育工作。乡镇人民政府、街道办事处负责组织开展辖区内的社区教育工作。

区、县和乡镇人民政府、街道办事处应当根据实际情况，完善社区教育网络，对社区学院、社区学校的人员和经费予以保障。社区学院、社区学校应当为社区居民提供文化、技能培训服务。社区学院应当对社区学校给予业务上的指导。鼓励其他教育培训机构为社区居民的终身教育提供服务。

教育、人力资源和社会保障、农业、人口和计划生育等行政部门以及工会、共产主义青年团、妇女联合会、残疾人联合会可以委托社区学院、社区学校和其他教育培训机构，开展社区内的在职人员、失业人员、农民、进城就业农村劳动者、老年人、残疾人教育培训。

第十九条　各级妇女联合会应当会同教育等行政部门与社区密切合作，指导和推进家庭教育，通过社区学校、家长学校、家庭文明建设指导中心等，开展家庭教育宣传，普及家庭教育知识，推广家庭教育经验。

第二十条　从事终身教育工作的专职教师应当取得相应的教师资格。

政府有关部门应当根据终身教育培训机构的性质,将从事终身教育工作的专职教师的职务评聘纳入相关行业职务评聘系列。

社区学院、社区学校专职教师的职务评聘,可以在教师职务系列中增加设置相应的学科组,参照国家教师职务评聘的相关制度执行。

从事终身教育的专职教师在业务进修、专业技术考核等方面与相应的专业技术人员享有同等权利。

第二十一条　鼓励专家、学者以及其他具有专业知识和特殊技能的人员兼职从事终身教育工作。从事终身教育的兼职教师,应当具有与终身教育有关的工作经验或者相应的专业技术资格。

市教育行政部门应当会同相关行政部门逐步建立和完善终身教育兼职教师信息资料库,为各级各类教育培训机构从事终身教育工作提供师资信息服务。

第二十二条　上海市设立的开放大学,应当逐步整合成人高等教育资源,形成开放的学习平台。

教育行政部门应当建立终身学习电子信息网站,完善市、区(县)终身教育数字学习资料库,提供公益性远程教育服务,实现资源共享。

鼓励各级各类学校和教育培训机构充分利用互联网、移动通信等开放教育课程、提供优质教育资源,促进终身教育发展。

广播电视台(站)应当保证每天一定时间用于播放终身教育节目。

第二十三条　普通学校应当发挥师资、科研、课程开发、场地、教学设备等方面的优势,在不影响正常教育教学情况下,为开展终身教育提供服务。

第二十四条　图书馆、博物馆、科技馆、美术馆、文化馆(站)、工人文化宫、青少年活动中心、社区文化活动中心等应当根据市民需求,通过举办讲座、展览展示、科普教育等多种方式开展终身教育活动。

各级人民政府及其部门可以通过购买服务的方式,将企业、民办非企业单位开发的教育学习资源用于终身教育。

第二十五条　上海市对终身教育工作中作出突出成绩的单位和个人,按照有关规定给予表彰奖励。

第二十六条　设立非经营性培训机构的,申请人应当按照国家有关规定,向教育行政部门或者人力资源和社会保障部门办理审批手续,取得办学许可证后,依法办理事业单位法人登记或者民办非企业单位法人登记。

第二十七条　设立经营性民办培训机构的,申请人应当向工商行政管理部门申请办理名称预先核准手续,然后向工商行政管理部门提出登记申请。

工商行政管理部门应当将有关申请材料送教育行政部门或者人力资源和社会保障行政部门征求意见;教育行政部门、人力资源和社会保障行政部门应当及时反馈书面意见。

工商行政管理部门应当在收到书面意见后作出是否准予登记的决定。作出准予登记决定的,颁发《企业法人营业执照》,并抄送教育行政部门或者人力资源和社会保障行政部门。作出不予登记决定的,应当书面告知理由。

第二十八条　经营性民办培训机构应当符合下列要求:

(一)有熟悉教学业务和办学管理的培训机构负责人;

（二）有与培训类别、层次与规模相适应的专职和兼职教师；

（三）有相应的办学资金和保证日常教学正常开展的经费来源；

（四）有与培训项目相适应的教学场所和教学设备；

（五）有办学和教学的管理制度。

经营性民办培训机构不得未经登记擅自从事培训活动，不得挪用办学经费，不得恶意终止办学。

第二十九条　经营性民办培训机构有下列情形之一的，应当依法办理终止办学手续：

（一）根据培训机构章程规定要求终止的；

（二）因资不抵债无法继续办学的。

第三十条　上海市建立教育培训机构学杂费专用存款账户监管制度，保障教育培训机构收取的学杂费主要用于教育教学活动，维护受教育者和教师的合法权益。具体办法由市教育行政部门会同相关部门制定。

第三十一条　教育、人力资源和社会保障、工商、公安等有关行政部门应当按照职责分工，加强对终身教育培训机构办学条件、营业登记、广告发布和校舍安全等办学事项的监督检查。

教育、人力资源和社会保障等有关行政部门应当按照职责分工，组织或者委托社会中介组织对各级各类教育培训机构从事的终身教育工作等进行评估，评估结果应当向社会公布。

第三十二条　上海市建立终身教育统计制度。终身教育协调机构应当组织有关部门依法开展终身教育统计工作，做好统计资料的管理，并定期发布相关信息。

第三十三条　市教育行政部门应当会同人力资源和社会保障、工商等行政部门设立统一的投诉电话，并向社会公布。

受教育者在终身教育活动中合法权益受到损害的，可以进行投诉。接到投诉后，有关行政管理部门应当按照职责分工依法处理，并在法定期限内将处理情况答复投诉人。

第三十四条　经营性民办培训机构未经登记擅自从事培训活动的，由工商行政管理部门会同教育行政部门或者人力资源和社会保障行政部门按照法律、法规规定予以处罚。

经营性民办培训机构挪用办学经费、恶意终止办学的，由教育行政部门或者人力资源和社会保障行政部门按照各自职责，责令改正，并处以十万元以上二十万元以下罚款；有违法所得的，退还所收费用后没收违法所得；情节严重的，责令停止招生；构成犯罪的，依法追究刑事责任。

第三十五条　本条例自 2011 年 5 月 1 日起施行。

索　引

L

N

P

(王彦祥、毋栋　编制)

编　后　记

　　《上海市志·教育分志·成人教育卷(1978—2010)》是上海市志中五部教育分卷之一,记述的时间跨度为1978年到2010年,力图全面呈现上海成人教育32年的历史轨迹与发展脉络。该卷于2011年立项,2013年1月正式启动,历时八年,历经全书框架设计、篇目制定、资料搜集、资料卡片制作、资料长编编写、志稿撰写等阶段,于2019年10月基本完成编纂任务。

　　志书编纂,需要占有大量史料。本志的资料,主要源于上海市档案馆、市教委档案室,解放日报、文汇报、新民晚报等报刊和网络,各类公开发表的著述,以及参编人员的个人收藏。需要说明的是,本书记载的时限与第一轮上海成人教育志有22年(1978—2000)的重叠,因此引用了不少第一轮志书的相关资料。由于时间跨度较大,资料的搜集工作遇到了不少困难,一些资料已经无从查找,对志书编纂造成了一定的困难,影响了志书的完整性。

　　志书的编纂,是在上海市教卫工作党委的统一领导下开展的,充分体现了"党委领导、政府修志"的原则。市教委有关领导、终身教育处历任负责人始终关心和支持修志工作;市档案馆、教委档案室的同志为资料的搜集提供了许多帮助;各区、各高校和有关成人教育机构提供了大量资料;上海市教育科学研究院职成教研究所作为主要承担单位,为志书的最终完成付出了艰苦努力。

　　集腋成裘,众志成城。志稿的如期完成,凝结了广大参编人员、领导和专家的心血与汗水。在长达八年的编纂过程中,先后有数十人参与其中,有的自始至终全程参与,有的因种种原因中途退出。本志主要编纂人员如下:第一篇:宋亦芳、周嘉方、丁海珍、袁海燕、张华亮、叶康;第二篇:徐本仁、韩雯、梁峰;第三篇:钱松年;第四篇:杨少鸣、曹天生、俞志亮;第五篇:张东平、陈巍、桂林、石华中、岑詠霆、金德琅;第六篇:钱虎根;第七篇:杨晨、魏志慧、李学书、顾凤佳、刘小龙;第八篇:范玲玲、须晓明、瞿凯诚、朱志英;第九篇:项秉健、仰丙灿(另外,张家安、张心如、石美玲承担了大量的资料收集和卡片制作工作);第十篇:李珺、周晶晶、周美红;第十一篇:钱虎根;第十二篇:高志敏、蒋亦璐、周晶晶、刘晓峰、陶孟祝、耿俊华、徐小明、贾敏、石俊杰(另外,樊小伟、孙晓双、赵云、王春晓、张欣、朱学松等在编撰过程中参与了资料搜集与卡片制作工作);第十三篇:顾晓波、李珺。此外,韩保磊、周祥康等人前期承担了大量工作。王宏、叶忠海、庄俭、顾根华、杨平、楼一峰、凌培亮、戴菊生、赵振华等多位专家为志稿的修改完善提出了许多宝贵意见。

　　值此志书问世之际,谨向所有重视、关心、支持修志工作的各位领导和专家,向付出辛勤劳动的全体参编人员致以诚挚的谢意!

　　由于水平有限,本志可能仍有不少错漏,敬请各位批评指正。

编者

2020年10月

图书在版编目(CIP)数据

上海市志. 教育分志. 成人教育卷：1978－2010/
上海市地方志编纂委员会编. —上海：上海古籍出版社，
2021. 12
ISBN 978－7－5732－0099－0

Ⅰ.①上… Ⅱ.①上… Ⅲ.①上海－地方志②地方教
育－成人教育－教育史－上海－1978－2010 Ⅳ.
①K295.1②G729.285.1

中国版本图书馆 CIP 数据核字(2021)第 222676 号

责任编辑 陈丽娟
封面设计 严克勤

上海市志·教育分志·成人教育卷(1978—2010)
上海市地方志编纂委员会 编

出版发行 上海古籍出版社
　　　　　　(201101 上海市闵行区号景路 159 弄 1 - 5 号 A 座 5F)
印　　刷 上海中华印刷有限公司
开　　本 889×1194 1/16
印　　张 37
插　　页 14
字　　数 970,000
版　　次 2021 年 12 月第 1 版
印　　次 2021 年 12 月第 1 次印刷
ISBN 978-7-5732-0099-0/K · 3059
定　　价 258.00 元